razões de estado

Noam
Chomsky

razões de estado

Tradução de
VERA RIBEIRO

EDITORA RECORD
RIO DE JANEIRO • SÃO PAULO

2008

CIP-BRASIL. CATALOGAÇÃO-NA-FONTE
SINDICATO NACIONAL DOS EDITORES DE LIVROS, RJ

Chomsky, Noam, 1928-
C474r Razões de Estado / Noam Chomsky; tradução de Vera Ribeiro. – Rio de Janeiro: Record, 2008.

Tradução de: For reasons of State
Inclui bibliografia
ISBN 978-85-01-07101-9

1. Vietnã, Guerra do, 1961-1975 – Estados Unidos. 2. Ciência política. 3. Estados Unidos – Política e governo, 1969-1974. 4. Estados Unidos – Relações exteriores – Século XX. I. Título.

CDD – 320.973
07-4023 CDU – 32(73)

Título original em inglês:
FOR REASONS OF STATE

Direitos exclusivos de publicação em língua portuguesa para o Brasil adquiridos pela
EDITORA RECORD LTDA.
Rua Argentina 171 – 20921-380 – Rio de Janeiro, RJ – Tel.: 2585-2000
que se reserva a propriedade literária desta tradução

Impresso no Brasil

ISBN 978-85-01-07101-9

PEDIDOS PELO REEMBOLSO POSTAL
Caixa Postal 23.052
Rio de Janeiro, RJ – 20922-970

CÓPIA NÃO AUTORIZADA É CRIME
ABDR
ASSOCIAÇÃO BRASILEIRA DE DIREITOS REPROGRÁFICOS
RESPEITE O DIREITO AUTORAL
EDITORA AFILIADA

O Estado é a autoridade, a dominação e o poder organizados das classes proprietárias sobre as massas (...) *a negação mais flagrante, mais cínica e mais completa da humanidade.* Ele abala a solidariedade universal entre todos os seres humanos da Terra e associa alguns deles unicamente para a finalidade de destruir, dominar e escravizar todos os demais. (...) Essa negação flagrante da humanidade, que constitui a própria essência do Estado, é, do ponto de vista do Estado, seu dever supremo e sua maior virtude. (...) Assim, ofender, oprimir, despojar, pilhar, assassinar ou escravizar o semelhante é comumente considerado crime. Na vida pública, por outro lado, do ponto de vista do patriotismo, quando essas coisas são feitas para maior glória do Estado, para a preservação ou a ampliação de seu poder, tudo se transforma em dever e virtude. (...) Isso explica por que toda a história dos Estados antigos e modernos é meramente uma série de crimes revoltantes; por que reis e ministros, passados e presentes, de todas as épocas e todos os países — estadistas, diplomatas, burocratas e militares —, se julgados pelo prisma da simples moralidade e da justiça humana, seriam cem vezes, mil vezes merecedores de condenação a trabalhos forçados ou à forca. Não há horror, crueldade, sacrilégio ou perjúrio, não há impostura, transação infame, ladroagem cínica, pilhagem descarada ou traição vergonhosa que não tenham sido ou não sejam diariamente perpetrados por representantes dos Estados, sem qualquer outro pretexto que não estas palavras elásticas, muito convenientes, mas tão terríveis: "*por razões de Estado*".

Mikhail Bakunin

SUMÁRIO

Prefácio de Arundhati Roy 9
Introdução 25

CAPÍTULO 1 A rapaziada dos bastidores 55
CAPÍTULO 2 A guerra mais ampla 227
CAPÍTULO 3 A regra da força nos assuntos internacionais 269
CAPÍTULO 4 Indochina: a próxima fase 317
CAPÍTULO 5 Sobre os limites da desobediência civil 345
CAPÍTULO 6 A função da universidade em tempos de crise 359
CAPÍTULO 7 Psicologia e ideologia 379
CAPÍTULO 8 Notas sobre o anarquismo 431
CAPÍTULO 9 Linguagem e liberdade 449

Bibliografia 471
Índice remissivo 491

PREFÁCIO
A SOLIDÃO DE NOAM CHOMSKY

Jamais pedirei desculpas pelos Estados Unidos da América, não me importa quais sejam os fatos.

— ex-presidente George H. W. Bush[1]

Sentada em minha casa, em Nova Déli, vendo um canal de notícias norte-americano se promover ("Nós informamos. Você decide"), imaginei o sorriso divertido de Noam Chomsky, com seu dente lascado.

Todos sabem que os regimes autoritários, independentemente de sua ideologia, usam os meios de comunicação de massa para fazer propaganda. Mas e os regimes democraticamente eleitos do "mundo livre"?

Hoje em dia, graças a Noam Chomsky, para milhares ou, possivelmente, milhões de nós, é quase axiomático que, nas democracias "de livre mercado", a opinião pública é manufaturada, tal como qualquer outro produto comercializado em massa no mercado — sabonetes, interruptores ou pães de forma. Sabemos que, embora possa haver liberdade de expressão, em termos legais e constitucionais, o espaço em que tal liberdade é passível de ser exercida foi arrancado de nós e é leiloado a quem der os lances mais altos. O capitalismo neoliberal não diz respeito apenas à acumulação de capital (para alguns). Tem a ver também com a acumulação de poder (para alguns) e a acumulação de liberdade (para alguns). Inversamente, para o resto do mundo, para as pessoas excluídas do corpo governante do neoliberalismo, ele tem a ver com a *erosão* do capital, a *erosão* do poder, a *erosão* da liberdade. No "livre" mercado, a liberdade de expressão tornou-se uma mercadoria como qualquer outra — justiça, direitos humanos, água potável, ar puro. Só está ao alcance dos que podem pagar por ela. E, naturalmente, os que podem pagar utilizam a liberdade de expressão para fabricar o tipo de produto, confeccionar o tipo de opinião pública que mais interessa a seus objetivos. (As notícias eles podem usar.) A maneira exata como o fazem tem sido objeto de muitos dos escritos políticos de Noam Chomsky.

O primeiro-ministro Silvio Berlusconi, por exemplo, detém o controle majoritário de grandes jornais, revistas, canais de televisão e editoras italianos. "[O] primeiro-ministro controla, na verdade, aproximadamente 90% da audiência televisiva italiana", informa o *Financial Times*.[2] Qual é o preço da liberdade de expressão? Liberdade de expressão de *quem*? Admitimos que Berlusconi é um exemplo extremo. Em outras democracias — em particular os Estados Unidos —, os barões da mídia, os poderosos *lobbies* empresariais e as autoridades do governo imbricam-se de maneira mais complexa, porém menos óbvia. (As ligações de George W. Bush com o *lobby* do petróleo, com a indústria armamentista e com a Enron, incluindo a infiltração de instituições do governo norte-americano e dos meios de comunicação de massa pela Enron, tudo isso é hoje de conhecimento público.)

Depois dos ataques terroristas de 11 de setembro de 2001, em Nova York e Washington, o desempenho espalhafatoso da corrente dominante da mídia como porta-voz do governo norte-americano, sua exibição de um patriotismo vingativo, sua disposição de divulgar como notícia os comunicados do Pentágono e sua censura explícita das opiniões dissidentes tornaram-se alvo de um bocado de humor negro no resto do mundo.

Depois disso, a Bolsa de Valores de Nova York despencou, as empresas aéreas falidas apelaram para o socorro financeiro do governo e se falou em contornar a legislação sobre as patentes, a fim de fabricar medicamentos genéricos para combater a ameaça do antraz (*muito* mais importante e urgente, é claro, do que a AIDS na África).[3] De repente, começou a parecer que os mitos gêmeos da Liberdade de Expressão e do Livre Mercado poderiam ruir, junto com as Torres Gêmeas do World Trade Center.

Mas isso, é claro, nunca aconteceu. Os mitos continuam vivos.

Entretanto, há um lado mais positivo na quantidade de energia e dinheiro que o *establishment* empenha no "manejo" da opinião pública. Ele sugere um *medo* muito real da opinião pública. Sugere uma preocupação persistente e válida com a idéia de que, se o povo descobrisse (e compreendesse plenamente) a verdadeira natureza das coisas que são feitas em seu nome, ele poderia *agir* com base nesse conhecimento. As pessoas poderosas sabem que a gente comum nem sempre é reflexivamente implacável e egoísta. (Quando as pessoas comuns pesam os custos e os benefícios, algo assim como uma consciência meio pesada pode facilmente alterar os pesos na balança.) Por essa razão, é preciso protegê-la da realidade, mantê-la num clima controlado, numa realidade alterada, como galetos na grelha ou porcos num chiqueiro.

Aqueles de nós que conseguimos escapar a esse destino e ficamos ciscando no quintal já não acreditamos em tudo que lemos nos jornais e vemos na televisão. Encostamos o ouvido no chão e procuramos outras maneiras de compreender o mundo. Buscamos a história não contada, o golpe militar mencionado de passagem, o genocídio não divulgado, a guerra civil num país africano, escritos numa coluna de poucos centímetros, ao lado de um anúncio de página inteira de roupa íntima de renda.

Nem sempre nos lembramos, e muitos de nós nem sabem, que essa maneira de pensar, essa acuidade desenvolta, essa desconfiança instintiva dos meios de comunicação de massa, seria um palpite político, na melhor das hipóteses, e uma acusação frouxa, na pior delas, não fosse o trabalho pioneiro de uma das maiores mentes do mundo. E essa é apenas *uma* das maneiras pelas quais Noam Chomsky alterou radicalmente nossa compreensão da sociedade em que vivemos. Ou será que devo dizer nossa compreensão das regras complexas do asilo de loucos em que estamos todos voluntariamente internados?

Ao falar dos ataques de 11 de setembro em Nova York e Washington, o presidente George W. Bush chamou os inimigos dos Estados Unidos de "inimigos da liberdade". "Os norte-americanos se perguntam por que eles nos odeiam", disse. "Eles odeiam nossas liberdades, nossa liberdade de culto, nossa liberdade de expressão, nossa liberdade de votar e de nos reunirmos e discordarmos uns dos outros."[4]

Se as pessoas dos Estados Unidos quiserem uma resposta verdadeira a essa pergunta (em contraste com as do *Guia do idiota para o antiamericanismo*, a saber: "Porque eles têm inveja de nós", "Porque eles odeiam a liberdade", "Porque eles são uns fracassados", ou "Porque nós somos bons e eles são maus"), eu diria: leiam Chomsky. Leiam Chomsky sobre as intervenções militares norte-americanas na Indochina, na América Latina, no Iraque, na Bósnia, na (antiga) Iugoslávia, no Afeganistão e no Oriente Médio. Se as pessoas comuns dos

Estados Unidos lessem Chomsky, talvez sua pergunta fosse formulada de maneira um pouco diferente. Talvez ela fosse: "Por que eles não nos odeiam ainda mais?", ou "Não é surpreendente que o 11 de setembro não tenha acontecido antes?"

Infelizmente, nestes tempos de nacionalismo, palavras como "nós" e "eles" são usadas com imprecisão. A linha divisória entre os cidadãos e o Estado vem sendo deliberadamente embotada, e com sucesso, não apenas pelos governos, mas também pelos terroristas. A lógica subjacente dos ataques terroristas, assim como das guerras "retaliatórias" contra os governos que "apóiam o terrorismo", é a mesma: castigar os cidadãos pelos atos de seus governos.

(Uma pequena digressão: apercebo-me de que criticar o governo dos Estados Unidos fica melhor para Noam Chomsky, um cidadão norte-americano, do que para alguém como eu, uma cidadã indiana. Não sou patriota e tenho plena consciência de que a venalidade, a brutalidade e a hipocrisia estão impressas na alma de chumbo de todos os Estados. Mas, quando um país deixa de ser um simples país e se transforma num império, a escala de operações altera-se drasticamente. Portanto, permitam-me esclarecer que falo como súdita do Império dos Estados Unidos. Falo como uma escrava que tem a pretensão de criticar seu rei.)

Se me pedissem para escolher *uma* das grandes contribuições de Noam Chomsky para o mundo, ela seria o fato de ele haver desmascarado o universo repulsivo, manipulador e impiedoso que há por trás da bela e ensolarada palavra "liberdade". Chomsky o fez de maneira racional e empírica. Sua análise é implacável e inabalável. A massa de provas que ele reuniu para construir sua tese é impressionante. Assustadora, na verdade. A premissa inicial do método de Chomsky não é ideológica, mas *é* intensamente política. Ele embarca em suas investigações com a desconfiança instintiva do anarquista em relação ao poder. Leva-nos a uma viagem pelo lodaçal da ordem estabelecida norte-americana e nos conduz pelo estonteante labirinto de corredores que liga o governo, as grandes empresas e a tarefa de gerir a opinião pública.

Chomsky nos mostra que termos como *liberdade de expressão, livre mercado* e *mundo livre* têm pouco ou nada a ver com a liberdade. Mostra-nos que, entre a miríade de liberdades reivindicadas pelo governo norte-americano, encontram-se a liberdade de assassinar, aniquilar e dominar outras pessoas. A liberdade de financiar e patrocinar déspotas e ditadores no mundo inteiro.

A liberdade de treinar, armar e proteger terroristas. A liberdade de derrubar governos democraticamente eleitos. A liberdade de acumular e usar armas de destruição em massa — químicas, biológicas e nucleares. A liberdade de guerrear contra qualquer país de cujo governo os governantes norte-americanos discordem. E, mais terrível do que todas, a liberdade de cometer esses crimes contra a humanidade em nome da *justiça*, em nome da *honradez*, em nome da *liberdade*.

John Ashcroft, procurador geral da república, declarou que as liberdades dos Estados Unidos "não são uma concessão de nenhum governo ou documento, mas (...) o dom que recebemos de Deus".[5] Basicamente, portanto, estamos diante de um país munido de um mandato celestial. Talvez isso explique por que o governo norte-americano se recusa a se julgar pelos mesmos padrões morais com que julga os outros. (Qualquer tentativa de fazê-lo é silenciada aos gritos como "equivalência moral".) Sua técnica consiste em se posicionar como o gigante bem-intencionado cujas boas ações são confundidas, nas culturas estrangeiras, pelos nativos ardilosos cujos mercados ele tenta libertar, cujas sociedades ele tenta modernizar, cujas mulheres ele tenta libertar, cujas almas ele tenta salvar.

Talvez essa crença em sua própria divindade também explique por que o governo norte-americano concedeu a si mesmo o direito e a liberdade de assassinar e exterminar pessoas *pelo bem delas*.

Ao anunciar os ataques aéreos dos Estados Unidos ao Afeganistão, o presidente Bush disse: "Somos uma nação pacífica."[6] Em seguida, afirmou: "Esta é a vocação dos Estados Unidos da América, a nação mais livre do mundo, uma nação construída sobre valores fundamentais, que rejeita o ódio, rejeita a violência, rejeita os assassinos e rejeita o mal. E não nos cansaremos."[7]

O império norte-americano apóia-se em alicerces aterradores: o massacre de milhões de indígenas, o roubo de suas terras e, depois disso, o seqüestro e a escravização de milhões de negros da África para trabalhar essas terras. Milhares deles morreram no mar, ao serem transportados como gado enjaulado entre os continentes.[8] "Roubado da África, trazido para a América", o "Soldado-Búfalo" de Bob Marley contém um universo inteiro de uma tristeza indizível. Fala da perda da dignidade, da perda do mundo natural, da perda da liberdade, do orgulho esfacelado de um povo.[9] O genocídio e a escravidão constituíram o sustentáculo social e econômico da nação cujos valores fundamentais rejeitam o ódio, os assassinatos e o mal.

Vejamos Chomsky, em seu ensaio "A fabricação do consentimento" (1984), escrevendo sobre a fundação dos Estados Unidos da América:

> No Dia de Ação de Graças, semanas atrás, dei um passeio com alguns amigos e familiares por um parque nacional. Deparamos com uma lápide que trazia a seguinte inscrição: "Aqui jaz uma índia wampanoag cuja família e cuja tribo deram a si mesmos e deram suas terras para que esta grande nação pudesse nascer e crescer."
>
> Naturalmente, não é muito exato dizer que a população indígena se entregou e entregou sua terra para esse nobre propósito. Ao contrário, eles foram massacrados, dizimados e dispersados, no decorrer de um dos maiores exercícios de genocídio da história humana (...), que celebramos a cada mês de outubro, ao homenagearmos Colombo — também ele um notável assassino em massa — no Dia de Colombo.[t1]
>
> Centenas de cidadãos norte-americanos, pessoas bem-intencionadas e decentes, passam regularmente por essa lápide e a lêem, sem nenhuma reação, ao que parece, a não ser, talvez, um sentimento de satisfação por finalmente estarmos manifestando o devido reconhecimento pelos sacrifícios dos povos nativos. (...) Talvez elas reagissem de outra maneira, se visitassem Auschwitz ou Dachau e encontrassem uma lápide com os dizeres: "Aqui jaz uma judia cuja família e cujo povo deram a si mesmos e a seus bens para que esta grande nação pudesse crescer e prosperar."[10]

Como foi que os Estados Unidos sobreviveram a seu passado terrível e despontaram com um aroma tão doce? Não foi por admitirem esse passado, nem por fazerem reparações, nem por pedirem desculpas aos norte-americanos negros ou nativos, e certamente não foi por modificarem seu estilo. (Agora o país *exporta* suas crueldades.) Como a maioria dos outros países, os Estados Unidos reescreveram sua história. Mas o que distingue essa nação de outras e a coloca à frente na corrida é que ela alistou os serviços da mais poderosa e mais bem-sucedida empresa publicitária do mundo: Hollywood.

Na versão campeã de vendas do mito popular como história, a "bondade" norte-americana atingiu o auge durante a Segunda Guerra Mundial (também conhecida como a Guerra da América Contra o Fascismo). Perdido em meio ao estardalhaço dos trompetes e das canções angelicais fica o fato de que, quando o fascismo corria solto na Europa, o governo norte-americano efetivamente desviou os olhos. Enquanto Hitler punha em prática seu *pogrom* genocida contra os judeus, as autoridades norte-americanas barraram a entrada de refugiados judeus que fugiam da Alemanha. O país só entrou na guerra depois que os japoneses bombardearam Pearl Harbor. Abafado pelos hosanas ruidosos fica seu ato mais bárbaro — a rigor, o ato mais selvagem a que o mundo já assistiu: o lançamento de bombas atômicas sobre as populações civis de Hiroshima e Nagasaki. A guerra estava praticamente terminada. As centenas de milhares de japoneses que foram mortos, assim como os inúmeros outros que foram incapacitados pelo câncer em gerações futuras, não constituíam uma ameaça à paz mundial. Eram *civis*. Exatamente como as vítimas dos ataques ao World Trade Center e ao Pentágono eram civis. Exatamente como as centenas de milhares de pessoas que estão morrendo no Iraque por causa das sanções lideradas pelos Estados Unidos são civis. O bombardeio de Hiroshima e Nagasaki foi um experimento frio e calculista, executado para demonstrar o poder da América do Norte. Na época, o presidente Truman o descreveu como "a coisa mais grandiosa da história".[11]

A Segunda Guerra Mundial, dizem-nos, foi "uma guerra pela paz". A bomba atômica foi uma "arma da paz". Somos convidados a acreditar que a intimidação nuclear impediu a Terceira Guerra Mundial. (Isso foi antes de o presidente George Bush expor a "doutrina do ataque preventivo".[12]) Será que *houve* uma irrupção da paz depois da Segunda Guerra Mundial? Certamente, houve paz (relativa) na Europa e na América — mas, porventura, isso conta como paz mundial? Não, a menos que as guerras selvagens travadas por procuração nas terras em que vivem as raças de cor (os chinas, a negrada, os viets, os nagibes e os amarelos)[t2] não sejam computadas como guerras.

Desde a Segunda Guerra Mundial, os Estados Unidos atacaram ou estiveram em guerra com vários países, entre eles: Coréia, Guatemala, Cuba, Laos, Vietnã, Camboja, Granada, Líbia, El Salvador, Nicarágua, Panamá, Iraque, Somália, Sudão, Iugoslávia e Afeganistão. Essa lista também deveria incluir as operações secretas do governo norte-americano na África, Ásia e América Latina, os golpes arquitetados por ele e os ditadores que ele armou e respaldou. Deveria igualmente incluir a guerra de Israel contra o Líbano, apoiada pelos Estados Unidos, na qual foram mortas milhares de pessoas. Deveria incluir o papel-chave que o país tem desempenhado no conflito do Oriente Médio, no qual milhares de pessoas morreram em luta contra a ocupação israelense ilegal de territórios palestinos. Deveria incluir o papel dos Estados Unidos na guerra civil do Afeganistão na década de 1980, na qual mais de um milhão de pessoas foram mortas.[13] E deveria incluir os embargos e sanções que, direta e indiretamente, levaram à morte de centenas de milhares de pessoas, mais visivelmente no Iraque.[14] Somando tudo, diríamos que fica uma impressão muito forte de que houve uma Terceira Guerra Mundial, na qual o governo norte-americano foi (ou é) um dos principais protagonistas.

A maioria dos ensaios deste livro concerne à agressão norte-americana no Vietnã do Sul, no Vietnã do Norte, no Laos e no Camboja. Essa foi uma guerra que durou mais de doze anos. Cinqüenta e oito mil norte-americanos e aproximadamente dois milhões de vietnamitas, cambojanos e laosianos perderam a vida.[15] Os Estados Unidos dispuseram em combate meio milhão de soldados terrestres e despejaram mais de seis milhões de toneladas de bombas.[16] No entanto, ainda que, assistindo aos filmes de Hollywood, você possa não acreditar, a América do Norte perdeu a guerra.

A guerra teve início no Vietnã do Sul e se espalhou para o Vietnã do Norte, o Laos e o Camboja. Depois de instaurar um regime cliente em Saigon, o governo norte-americano convidou-se a entrar no país para lutar contra uma insurgência comunista — guerrilheiros vietcongues que se haviam infiltrado nas regiões rurais do Vietnã do Sul, onde os moradores dos vilarejos os protegiam. Foi exatamente esse o modelo que a Rússia reproduziu em 1979, ao se convidar a entrar no Afeganistão. No "mundo livre", ninguém tem a menor dúvida quanto ao fato de que a Rússia invadiu o Afeganistão. Depois da *glasnost*, até mesmo um ex-ministro soviético das Relações Exteriores chamou a invasão soviética do Afeganistão de "ilegal e imoral".[17] Mas não houve uma introspecção similar nos Estados Unidos. Em 1984, numa revelação espantosa, Chomsky escreveu:

> Nos últimos 22 anos, tenho procurado encontrar alguma referência, no jornalismo ou na intelectualidade da corrente dominante, à invasão norte-americana do Vietnã do Sul em 1962 (ou em qualquer outra ocasião), ou a um ataque norte-americano contra o Vietnã do Sul, ou à agressão norte-americana na Indochina — sem nenhum sucesso. Tal acontecimento não existiu na história. Ao contrário, houve uma *defesa* norte-americana do Vietnã do Sul contra terroristas que recebiam apoio de fora (ou seja, do Vietnã).[18]

Tal acontecimento não existiu na história!

Em 1962, a força aérea estado-unidense começou a bombardear a área rural do Vietnã do Sul, onde vivia 80% da população. Os bombardeios duraram mais de uma década. Milhares de pessoas foram mortas. A idéia era bombardear numa escala suficientemente colossal para induzir a migração em pânico das aldeias para as cidades, para onde as pessoas pudessem ser mantidas em acampamentos de refugiados. Samuel Huntington referiu-se a isso como um processo de "urbanização".[19] (Estudei urbanização quando freqüentei a faculdade de arquitetura na Índia. Por algum motivo, não me lembro de os bombardeios aéreos fazerem parte do currículo.) Na época, Huntington — hoje famoso por seu ensaio "Choque de civilizações?" — presidia o Conselho de Estudos Vietnamitas do Grupo Consultor sobre o Desenvolvimento do Sudeste Asiático. Chomsky o citou descrevendo os vietcongues como "uma força poderosa, que não poderá ser desalojada dos adeptos que a apóiam enquanto esses adeptos continuarem a existir".[20] Em seguida, Huntington recomendou "a aplicação direta da força mecânica e convencional" — em outras palavras, esmague-se a guerra de um povo, elimine-se o povo.[21] (Ou, quem sabe, fazendo uma atualização de sua tese: para prevenir um choque de civilizações, aniquile-se uma civilização.)

Ouçamos um observador da época, falando sobre as limitações do poder mecânico dos Estados Unidos: "O problema é que os equipamentos norte-americanos não estão à altura da tarefa de matar soldados comunistas, a não ser como parte de uma política de terra arrasada que também destrua tudo o mais."[22] Agora esse problema foi resolvido. Não com bombas menos destrutivas, porém com uma linguagem mais imaginativa. Há um modo mais elegante de dizer "que também destrua tudo o mais". A expressão é *danos colaterais*.

E vejamos uma descrição em primeira mão do que podiam fazer as "máquinas" estado-unidenses (que Huntington chamava de "instrumentos de modernização", enquanto os oficiais do comando do Pentágono as chamavam de "bombogramas".[23] Trata-se do relato de T. D. Allman ao sobrevoar a planície de Jars, no Laos.

> Agora ela está deserta e devastada, num exemplo notável do que menos de três anos de intenso bombardeio norte-americano são capazes de fazer numa área rural.

Em grandes extensões, o verde vivo original foi destruído e substituído por um padrão abstrato de preto e cores metálicas brilhantes. Grande parte da vegetação que resta é mirrada e opaca, por causa do uso de desfolhantes. O preto é hoje a cor dominante nas áreas norte e leste da planície. O napalm é lançado com regularidade, para queimar a vegetação, e os incêndios ardem constantemente, criando gigantescos retângulos pretos. (...)

As estradas principais para a planície são implacavelmente bombardeadas, ao que parece em caráter incessante. Nelas e ao longo da borda da planície, a cor predominante é o amarelo. Toda a vegetação foi destruída, e as crateras são literalmente incontáveis. (...) Mais a sudeste, Xieng Khouangville, que no passado foi um entreposto comercial de estilo francês e a cidade mais populosa do Laos comunista, está deserta e totalmente destruída. (...)

Agora, mesmo que a guerra terminasse amanhã, talvez levasse anos para que o equilíbrio ecológico fosse restabelecido, e um prazo igualmente longo para reconstruir as cidades e vilarejos e recuperar o campo.

Mesmo assim, durante décadas, se não mais, a planície apresentaria o perigo de centenas de milhares de bombas, minas e armadilhas não detonadas.[24]

(No "custo" da guerra, nunca se contam os pássaros mortos, os animais carbonizados, os peixes assassinados, os insetos incinerados, as nascentes envenenadas e a vegetação destruída. Raramente se menciona a arrogância da raça humana em relação aos outros seres vivos com que ela divide este planeta. Tudo isso é esquecido, na luta pelos mercados e ideologias. É provável que essa arrogância acabe por constituir a destruição da espécie humana.)

O centro deste livro é um ensaio intitulado "A rapaziada dos bastidores", no qual Chomsky oferece uma análise extraordinariamente ágil e exaustiva dos Papéis do Pentágono, que ele diz "fornecerem provas documentais de uma conspiração para usar a força nos assuntos internacionais, transgredindo a lei".[25] Nesse texto, Chomsky também assinala o fato de que, enquanto o bombardeio do Vietnã do Norte é discutido com certa minúcia nos Papéis do Pentágono, a invasão do Vietnã do Sul mal chega a merecer uma citação.[26]

Os Papéis do Pentágono são fascinantes, não como uma documentação da história da guerra norte-americana na Indochina, mas por permitirem compreender as mentes dos homens que a planejaram e executaram. É fascinante nos inteirarmos das idéias que eram circuladas, das sugestões feitas e das propostas formuladas. Numa seção intitulada "A mente asiática — a mente norte-americana", Chomsky examina a discussão da mentalidade do inimigo que "aceita estoicamente a destruição da riqueza e a perda de vidas humanas", muito embora "[queiramos] a vida, a felicidade, a riqueza e o poder" e, para nós, "a morte e o sofrimento [sejam] escolhas irracionais, quando existem alternativas".[27] Com isso ficamos sabendo que os pobres da Ásia, presumivelmente por não poderem compreender o significado de felicidade, riqueza e poder, convidaram os Estados Unidos a levar essa "lógica estratégica a sua conclusão, que é o genocídio". Mas, nesse ponto, "nós" hesitamos, porque "o genocídio é um ônus terrível para se suportar".[28] (Mais tarde, é claro, "nós" fomos em frente e cometemos o genocídio, assim mesmo, e depois fingimos que ele nunca aconteceu de verdade.)

Os Papéis do Pentágono também contêm algumas propostas moderadas, é claro. Por exemplo, consideremos a seguinte, formulada por John McNaughton:

> É provável que os ataques contra alvos populacionais (em si) criem não apenas uma onda contraproducente de repulsa no exterior e no âmbito doméstico, mas também aumentem enormemente o risco de ampliar a guerra com a China e a União Soviética.
>
> A destruição de represas e barragens, entretanto — se corretamente manejada —, poderia (...) afigurar-se promissora. É conveniente estudá-la. Essa destruição não mata nem afoga as pessoas. Com a inundação dos arrozais, ela leva, após algum tempo, à fome generalizada (mais de um milhão?), a menos que se forneçam alimentos — o que poderíamos oferecer-nos para fazer "à mesa de negociações".[29]

Camada por camada, Chomsky desnuda o processo de tomada de decisões das autoridades governamentais estado-unidenses, revelando em seu núcleo o coração impiedoso da máquina de guerra norte-americana, completamente isolada das realidades da guerra, cegada pela ideologia e disposta a aniquilar milhões de seres humanos, civis, soldados, mulheres, crianças, vilarejos, cidades inteiras, ecossistemas inteiros — com métodos de brutalidade cientificamente aperfeiçoados.

Eis um piloto norte-americano, falando das alegrias do napalm:

> Nós andamos mesmo muito satisfeitos com aquela rapaziada dos bastidores na Dow. O produto original não era grande coisa — se os viets fossem rápidos, conseguiam raspá-lo fora. Assim, a rapaziada começou a acrescentar poliestireno — e ele passou a grudar feito merda no cobertor. Mas, aí, se os viets pulassem dentro d'água, ele parava de queimar, de modo que a rapaziada começou a acrescentar o Willie Peter [fósforo branco],[t3] para ele queimar mais. Agora o produto queima até debaixo d'água. E basta uma gotinha só para continuar queimando até os ossos, de modo que eles morrem de qualquer jeito, de envenenamento por fósforo.[30]

E, assim, os afortunados viets eram aniquilados para seu próprio bem. Melhor morto do que comunista.

Graças aos encantos sedutores de Hollywood e ao apelo irresistível da mídia estado-unidense, passados todos esses anos, o mundo ainda vê a guerra como uma história *norte-americana*. A Indochina proporcionou o exuberante pano de fundo tropical para os Estados Unidos encenarem suas fantasias de violência, testarem sua tecnologia mais recente, promoverem sua ideologia, examinarem sua consciência, angustiarem-se com seus dilemas morais e lidarem (ou fingirem lidar) com sua culpa. Os vietnamitas, os cambojanos e os laosianos foram apenas acessórios do roteiro. Humanóides de olhos rasgados, sem nome e sem rosto. Apenas as pessoas que morreram. Viets.

A única verdadeira lição que o governo norte-americano aprendeu com sua invasão da Indochina foi como ir à guerra sem comprometer soldados norte-americanos nem pôr em risco vidas norte-americanas. Assim, agora temos guerras travadas com mísseis teleguiados de longo alcance, helicópteros Black Hawk e bombas nucleares "arrasa-fortalezas".[t4] Guerras em que os "Aliados" perdem mais jornalistas do que soldados.

Quando menina, criada no estado de Kerala, no sul da Índia — onde o primeiro governo comunista democraticamente eleito no mundo chegou ao poder em 1959, ano em que nasci —, eu tinha uma terrível preocupação por ser asiática. Kerala ficava poucos milhares de quilômetros a oeste do Vietnã. Tínhamos florestas, rios e arrozais, e também comunistas. Eu vivia imaginando minha mãe, meu irmão e eu sendo arrancados dos matagais pela explosão de uma granada, ou metralhados por um fuzileiro norte-americano de braços musculosos, mascador de chicletes e com um histórico de antecedentes terríveis. Em meus sonhos, eu era a menina queimada da famosa fotografia tirada na estrada de Trang Bang.[15]

Como alguém que cresceu no auge da propaganda norte-americana e soviética (que neutralizavam mais ou menos uma à outra), ocorreu-me, ao ler Noam Chomsky pela primeira vez, que sua coleta de provas, assim como o volume e a implacabilidade destas, era, como direi, meio insana. Até mesmo um quarto das provas que ele havia compilado bastaria para me convencer. Eu costumava me perguntar por que ele precisava *trabalhar* tanto. Mas agora compreendo que a magnitude e a intensidade do trabalho de Chomsky são um barômetro da magnitude, do alcance e da inflexibilidade da máquina de propaganda a que ele se opõe. Ele é como a broca que vive dentro da terceira prateleira de minha estante. Dia e noite, ouço suas mandíbulas mastigando a madeira, moendo-a até transformá-la numa poeira fina. É como se ela discordasse da literatura e quisesse destruir a própria estrutura em que esta se apóia. Eu a chamo de Noam.

Ser um norte-americano que trabalha nos Estados Unidos e escreve para convencer os norte-americanos de seu ponto de vista deve ser, com certeza, como ter que perfurar túneis em madeira de lei. Chomsky é um de um pequeno grupo de indivíduos que lutam contra uma indústria inteira. E isso o torna não apenas brilhante, mas heróico.

Alguns anos atrás, numa entrevista comovente com James Peck, Chomsky falou de sua lembrança do dia em que Hiroshima foi bombardeada. Ele tinha dezesseis anos:

> Lembro-me de que, literalmente, não pude falar com ninguém. Não havia ninguém. Saí andando sozinho. Eu estava num acampamento de verão nesse dia, e fui para a mata e lá passei umas duas horas sozinho, ao ouvir a notícia. Não consegui conversar com ninguém a esse respeito e nunca entendi a reação de ninguém. Senti-me completamente isolado.[31]

Esse isolamento produziu um dos maiores e mais radicais pensadores públicos de nossa época.

Quando o sol se puser no Império Norte-Americano, como fará, como terá que fazer, o trabalho de Noam Chomsky sobreviverá. Apontará um dedo frio e incriminador contra um império impiedoso e maquiavélico, tão cruel, moralista e hipócrita quanto os que veio substituir. (A única diferença é que ele está munido de uma tecnologia capaz de impor ao mundo um tipo de devastação que a história jamais conheceu e que a raça humana nem sequer consegue imaginar.)

Como alguém que poderia ter sido uma viet e, quem sabe, talvez uma viet em potencial, mal se passa um dia em que eu não me apanhe pensando, por uma ou outra razão: "Chomsky, Zindabad!"[t6]

ARUNDHATI ROY
Nova Déli, Índia
Janeiro de 2003

Notas do Original e/ou de Tradução:

1. R.W. Apple, Jr., "Bush Appears in Trouble Despite 2 Big Advantages", *New York Times*, 4 de agosto de 1988, p. A1. Bush fez esse comentário ao se recusar a pedir desculpas pela derrubada de um avião comercial iraniano, que matou 290 passageiros. Ver Lewis Lapham, *Theater of War*, Nova York: New Press, 2002, p. 126.
2. Paul Betts, "Ciampi Calls for Review of Media Laws", *Financial Times* (Londres), 24 de julho de 2002, p. 8. Para ter uma idéia geral das empresas de Berlusconi, ver Ketupa.net Media Profiles: http://www.ketupa.net/berlusconi1.htm.
3. Ver Sabin Russell, "U.S. Push for Cheap Cipro Haunts AIDS Drug Dispute", *San Francisco Chronicle*, 8 de novembro de 2001, p. A13; Frank Swoboda e Martha McNeil Hamilton, "Congress Passes $15 Billion Airline Bailout", *Washington Post*, 22 de setembro de 2001, p. AI.
4. Presidente George W. Bush Jr., "President Bush's Address on Terrorism Before a Joint Meeting of Congress", *New York Times*, 21 de setembro de 2001, p. B4.
5. Dan Eggen, "Ashcroft Invokes Religion In U.S. War on Terrorism", *Washington Post*, 20 de fevereiro de 2002, p. A2.
6. Presidente George W. Bush Jr., "Bush's Remarks on U.S. Military Strikes in Afghanistan", *New York Times*, 8 de outubro de 2001, p. B6.
7. Presidente George W. Bush Jr., comentários feitos na sede do FBI, em Washington, D.C., 10 de outubro de 2001, Federal Document Clearing House.
8. Ver Howard Zinn, *A People's History of the United States: 1492-Present*, edição do vigésimo aniversário, Nova York: HarperCollins, 2001.
9. Bob Marley e N.G. Williams (também conhecido como King Sporty), "Buffalo Soldier".

t1. Antes comemorado nos Estados Unidos no dia 12 de outubro, hoje celebrado na segunda segunda-feira de outubro, para relembrar o descobrimento do Novo Mundo.

10. Noam Chomsky, "The Manufacture of Consent", *in* James Peck (org.), *The Chomsky Reader*, Nova York: Pantheon, 1987, pp. 121-122.

11. Ver Jim Miller, "Report From the Inferno", *Newsweek*, 7 de setembro de 1981, p. 72. Resenha do Comitê de Compilação de Materiais sobre os Prejuízos Causados pelas Bombas Atômicas em Hiroshima e Nagasaki, *Hiroshima and Nagasaki: The Physical, Medical, and Social Effects of the Atomic Bombings*, Nova York: Basic, 1981.

12. David E. Sanger, "Bush to Formalize a Defense Policy of Hitting First", *New York Times*, 17 de junho de 2002, p. A1; David E. Sanger, "Bush Renews Pledge to Strike First to Counter Terror Threats", *New York Times*, 20 de julho de 2002, p. A3. Ver também *The National Security Strategy of the United States of America*, 20 de setembro de 2002: http://www.whitehouse.gov/nsc/nss.html.

t2. No original, *chinks, niggers, dinks, wogs, gooks,* todos eles termos pejorativos que expressam hostilidade e desdém.

13. Ver Terence O'Malley, "The Afghan Memory Holds Little Room for Trust in US", *Irish Times*, 15 de outubro de 2001, p. 16.

14. Ver Anthony Arnove (org.), *Iraq Under Siege: The Deadly Impact of Sanctions and War*, 2ª ed., Cambridge: South End Press; Londres: Pluto Press, 2002.

15. Ver Noam Chomsky, "Memories", resenha de Robert McNamara, *In Retrospect*, na revista *Z* (julho-agosto de 1995). Disponível na Internet em http://www.zmag.org/.

16. "Myth and Reality in Bloody Battle for the Skies", *The Guardian* (Londres), 13 de outubro de 1998, p. 15.

17. Bill Keller, "Moscow Says Afghan Role Was Illegal and Immoral", *New York Times*, 24 de outubro de 1989, p. A1.

18. Noam Chomsky, "Afghanistan and South Vietnam", *in* Peck (org.), *The Chomsky Reader*, p. 225.

19. Samuel P. Huntington, "The Bases of Accommodation", *Foreign Affairs* 46: 4 (1968): pp. 642-656. Citado em Noam Chomsky, *At War with Asia*, Nova York: Vintage Books, 1970, p. 87.

20. Samuel P. Huntington, "The Clash of Civilizations?", *Foreign Affairs* 72:3 (verão de 1993), pp. 22-49.

21. Huntington, "The Bases of Accommodation", citado em Chomsky, *At War with Asia*, p. 87.

22. T. D. Allman, "The Blind Bombers", *Far Eastern Economic Review* 75:5 (29 de janeiro de 1972), pp. 18-20. Citado em Noam Chomsky, *Razões de Estado* (Rio de Janeiro: Record, 2008), p. 124.

23. [Os "bombogramas" seriam os "organogramas do bombardeio. (N. da T.)] Chomsky, *Razões de Estado*, p. 124; Chomsky, *At War with Asia*, p. 87; e Lapham, *Theater of War*, p. 145.

24. T. D. Allman, "The War in Laos: Plain Facts", *Far Eastern Economic Review* 75:2 (8 de janeiro de 1972), p. 16. Citado em Chomsky, *Razões de Estado*, pp. 228.

25. Chomsky, *Razões de Estado*, p. 70. Ver também Noam Chomsky, "The Pentagon Papers as Propaganda and as History", *in* Noam Chomsky e Howard Zinn (orgs.), *The Pentagon Papers: The Senator Gravel Edition: Critical Essays*, Boston: Beacon Press, 1971-1972), volume 5, pp. 79-201.
26. Chomsky, *Razões de Estado*, p. 119 e 122.
27. William Pfaff, *Condemned to Freedom: The Breakdown of Liberal Society*, Nova York: Random House, 1971, pp. 75-77. Citado em Chomsky, *Razões de Estado*, p. 147.
28. Pfaff, *Condemned to Freedom*, pp. 75-77. Chomsky, *Razões de Estado*, pp. 147.
29. *The Pentagon Papers: The Defense Department History of United States Decisionmaking on Vietnam: The Senator Gravel Edition*, 5 vols., Boston: Beacon Press, 1971-1972, volume 4, p. 43. Citado em Chomsky, *Razões de Estado*, p. 70.

t3. Na linguagem de guerra norte-americana, é comum substituírem-se nomes de armamentos, produtos químicos, táticas etc. por nomes próprios cujas iniciais sejam idênticas; é o caso de *white phosphorous* e Willie Peter.

30. Philip Jones Griffiths, *Vietnam Inc.*, 2ª ed., Nova York: Phaidon, 2001. Primeira edição citada em Chomsky, *Razões de Estado*, pp. 55-56.

t4. Esses armamentos, chamados de "*bunker-busters*", são bombas guiadas por laser ou satélite, lançadas por aviões, e que penetram no solo antes de explodir, com o objetivo de destruir instalações subterrâneas, inclusive atômicas.

t5. A foto tirada da vietnamita Kim Phuc Phan Thi, em 8 de junho de 1972, por Nick Ut, após um ataque norte-americano com napalm.

31. Noam Chomsky, entrevista com James Peck, *in* Peck (org.), *The Chomsky Reader*, p. 14.

t6. "Bravo, Chomsky!" (em hindi).

INTRODUÇÃO

No início de abril de 1972, ao depor perante a Comissão Congressual das Forças Armadas, o almirante Thomas Moorer explicou que, "se as restrições internas fossem relaxadas, os Estados Unidos teriam a opção de bombardear o porto de Haifong, no Vietnã do Norte, e de lançar ataques anfíbios atrás das linhas norte-vietnamitas".[1] As restrições internas que Moorer tinha em mente, segundo o deputado Michael Harrington, eram "as atividades do movimento pacifista e da imprensa".

Não há dúvida de que o chefe do Estado-Maior das Forças Armadas tinha razão. Existem provas, às quais retornarei, de que as atividades do movimento pacifista e o trabalho de alguns correspondentes honestos restringiram, numa medida desconhecida, a violência criminosa do governo norte-americano na Indochina. Os que fizeram passeatas, protestaram e resistiram podem comparar o que existe com o que teria acontecido e atribuir a si mesmos a diferença. Cada um de nós pode considerar aquilo que não fez e se atribuir uma parcela correspondente da agonia da Indochina. Não são muitas as pessoas capazes de se submeter a esse auto-exame com equanimidade.

A questão é mais geral. Um historiador norte-americano assinalou que, "em 1971, notava-se por toda parte que os alunos das universidades norte-americanas, que se haviam rebelado nos *campi* universitários dois anos antes, por causa do Vietnã, do Camboja e do complexo industrial-militar, estavam esquecendo quase todo o seu fervor e já não achavam interessantes essas questões públicas".[2] Não é óbvio que os estudantes já não estivessem interessados;

é possível que simplesmente já não se dispusessem a suportar os espancamentos, as detenções, as vituperações e as denúncias idiotas pelo que era, na verdade, uma corajosa dedicação aos princípios.[3] A mal disfarçada sugestão, entretanto, é pertinente. Se ao menos a "rebeldia" deles cessasse, as guerras agressivas de contra-insurgência e o desvio de recursos escassos para o desperdício e a destruição poderiam prosseguir sem empecilhos incômodos.

Qualquer que seja o desfecho na Indochina, a estrutura da ideologia e da formulação de medidas políticas, a cultura política e a atitude popular não foram substancialmente modificadas por essa catástrofe, e as mudanças significativas no sistema de instituições e na doutrina que lhe deram origem são sumamente improváveis. Não podemos descartar com leviandade a história recente, na esperança de que ela se revele uma aberração louca, de conseqüências insignificantes para a ordem internacional que está emergindo. A América do Norte está cansada dessa guerra e, nos grupos restritos que ditam a política externa, há muitos que a consideram improdutiva — uma aventura fracassada que deve ser liquidada. Mesmo assim, porém, a doutrina oficial prevalece. Ela determina os termos do debate, o que é de importância considerável. E, enquanto as vítimas forem designadas de "comunistas", sua caça será permitida. Praticamente qualquer atrocidade será tolerada por uma população que foi profundamente doutrinada.

Uma autoridade aliada descreveu os ataques atuais com aviões bombardeiros B-52 como "os ataques mais lucrativos já feitos em qualquer ocasião da guerra".

> Cada cratera causada pelas bombas fica cercada de corpos, equipamento destroçado e pessoas aturdidas e ensangüentadas. Numa dessas crateras, havia quarenta ou cinqüenta homens, todos com os uniformes verdes norte-vietnamitas, mas sem suas armas, vagando por ali em visível estado de choque. Mandamos helicópteros bombardeiros, que os livraram prontamente de seu sofrimento.[4]

Nenhum discurso presidencial fica completo sem uma denúncia dos comunistas bárbaros, pelos supostos maus-tratos que eles infligem aos pilotos norte-americanos capturados, desrespeitando a Convenção de Genebra, que exige que "os integrantes das forças armadas que houverem deposto as armas, bem como os postos fora de combate por doenças, ferimentos, detenção ou qualquer outra causa, sejam tratados com humanidade em todas as circunstâncias". No caso citado, as vítimas foram soldados norte-vietnamitas, pessoas movidas — na visão dos intelectuais de Saigon — pelos "mesmos sentimentos de nacionalismo que motivaram os heróis do passado a sacrificarem a própria vida".[5] Mas os B-52 não fazem distinções sutis entre os vietnamitas. Anos atrás, o comando dos Estados Unidos deixou perfeitamente claro que tornaria inabitável qualquer área povoada sob controle dos comunistas.[6]

Os oficiais de alta patente no teatro de operações declararam: "Nada é inviolável"; "Desta vez, não nos absteremos de usar todos os recursos disponíveis. Dissemos ao mundo que sairíamos vencedores."[7] Nenhuma pessoa letrada pode deixar de ter conhecimento da natureza da guerra aérea no Vietnã do Norte e no Vietnã do Sul, e poucos podem se enganar quanto a seu objetivo. No passado, por razões muito menos substanciais, os norte-americanos condenaram apropriadamente as atrocidades alheias.

Na verdade, a selvageria do ataque norte-americano à população da Indochina é condenada com freqüência, porém uma questão mais fundamental raras vezes é levantada na corrente central da opinião pública. Quando o presidente comenta que "é preciso acabar com eles quando eles partem para cima de nós", poucos críticos dessa retórica infantil enfatizam o aspecto crucial: eles "partem para cima de nós" em sua terra, não no Kansas, no Havaí ou mesmo na Tailândia. As intervenções bem-sucedidas são rapidamente esquecidas. Enquanto prevalecer essa atitude,[8] podemos esperar que haja novas intervenções no Sudeste Asiático e em outros locais e, se a resistência local voltar a ser mal calculada, as restrições internas que possam ser impostas continuarão a constituir a principal barreira contra o terrorismo irrestrito.

O depoimento do almirante Moorer foi divulgado no dia de uma das primeiras manifestações contra a guerra. Ela se revelou bastante tranqüila. Cerca de mil pessoas se reuniram no Parque Lafayette, bem em frente à Casa Branca. Com presteza e cortesia, várias centenas delas foram detidas, por se haverem reunido pacificamente, sem permissão, para protestar contra os crimes do Estado. Os manifestantes, como de hábito, eram majoritariamente jovens. Havia entre eles um bom número de veteranos do Vietnã. Um destes se encontrava numa cadeira de rodas, sem membros — um tronco e uma cabeça. Enquanto eram levados em ônibus da polícia, os manifestantes puderam ver os restos desse homem, sozinho no Parque Lafayette, já sem sua visão da Casa Branca obstruída por manifestantes e agentes da polícia montada. A Casa Branca, em sua majestade, erguia-se serena e imperturbável, preocupada com assuntos mais importantes do que apenas mais um punhado de vagabundos. Na delegacia policial, horas depois, os manifestantes detidos ouviram a última notícia: aviões B-52 estavam bombardeando Haifong.

A matéria de capa dos jornais do dia seguinte informou-nos que aviões de guerra dos Estados Unidos haviam "destruído reservatórios e estações de bombeamento de petróleo na cidade de Haifong em 1966". Haviam mesmo — e também tinham destruído fábricas, residências e as pessoas que viviam nelas. Um dos detidos foi Bob Eaton, libertado, havia pouco, de vários anos na prisão como resistente. Ele tinha levado seu barco ao porto de Haifong em 1967 e, pouco antes do recebimento da última notícia, por acaso estivera descrevendo os danos do bombardeio que vira nessa ocasião: grandes áreas residenciais inteiramente varridas do mapa e o bairro chinês local em ruínas. Tanto a imprensa norte-americana quanto a estrangeira haviam publicado testemunhos oculares de correspondentes ocidentais dando conta de que a zona oeste de Haifong se transformara num "deserto" (abril de 1967), de que bairros inteiros tinham sido demolidos, as casas, destroçadas, grande parte da cidade fora perfurada por crateras, as fábricas de esmalte e cimento, totalmente destruídas, e as indústrias de beneficiamento de alimentos e arroz, danificadas.[9] Mas o governo dos Estados Unidos afirmou que apenas alvos militares tinham sido atacados, e a imprensa, com sua memória curta e seus instintos subservientes, divulgou devidamente como realidade aquilo que o governo proclamou.

O primeiro ataque dos B-52 a Haifong ocorreu à noite, sem controle terrestre e sem aviões de reconhecimento para guiar a escolha dos alvos. Relatos de testemunhas oculares confirmaram o que qualquer pessoa sensata sabia que devia ser verdade:

> Há muitas provas do bombardeio extremamente pesado que Haifong suportou ao longo deste último mês. O visitante vê áreas niveladas, como as cidades alemãs submetidas a bombardeios estratégicos durante a Segunda Guerra Mundial. (...) Uma grande série de quarteirões de edifícios (...) foi quase completamente destroçada. (...) Os três prédios que compõem a escola [de Thai Phien] estão em completa ruína. (...) A escola e as casas dos funcionários

> situam-se, talvez, a cerca de um quilômetro e meio do porto. Um hospital atingido pelo recente bombardeio não fica perto de nenhum alvo militar visível. (...) Centenas de acres estão praticamente arrasados, com apenas uma parede de pé aqui ou ali.[10]

Um oficial norte-americano de alta patente informou aos jornalistas em Saigon que os alvos de Haifong eram "todos de natureza logística — áreas de armazenamento de petróleo, alguns pontos de transbordo, pátios de manobras de ferrovias, todos eles alvos grandes, e muito distantes das áreas povoadas".[11] O vice-presidente, num noticiário transmitido pela televisão no mesmo dia, afirmou que os ataques a "sistemas logísticos e de comunicações" no Norte haviam levantado o moral no Sul. Que lástima Goebbels não ter vivido para assistir à sua vitória final sobre seus inimigos!

Bombardear uma cidade com aviões B-52 foi mais uma novidade para o presidente e seu simpático assessor, embora cidades e vilarejos tenham sido arrasados em todo o Vietnã do Norte e embora se tenham registrado ataques com B-52 a áreas populosas do Sul desde 1965. Isso é pura tática terrorista. A primeira opção do almirante Moorer foi implementada no mesmo dia em que foi anunciada. Nixon e Kissinger, que já são responsáveis por mais bombardeios do que qualquer outro governante na história da guerra, podem agora orgulhar-se de mais um ato de "nervos de aço" e "coragem política".

Poderíamos supor que é contraproducente os porta-vozes oficiais insistirem em que foram atingidos apenas alvos militares, quando os observadores *in loco* podem provar o contrário. Que vantagem esperaria o Pentágono tirar da negativa peremptória de que bombardeiros norte-americanos haviam atacado o distante vilarejo de Phuc Loc, quando Anthony Lewis pôde visitá-lo dias depois e verificar que "essa ilhota num mar de arrozais" fora devastada?[12] Qual seria o propósito de insistir despreocupadamente em que os aviões dos Estados Unidos só atacaram alvos militares no Laos, diante das provas esmagadoras de que "os bombardeios visaram a destruição sistemática da base material da sociedade civil"?[13] No momento em que escrevo, o embaixador da Suécia e jornalistas ocidentais em Hanói descrevem o bombardeio de diques e represas no Vietnã do Norte. Mas o governo afirma que as informações são incorretas e oferece o vergonhoso pretexto de que, se houver uma catástrofe, será culpa dos norte-vietnamitas, que não consertaram adequadamente os diques depois das enchentes do ano passado. Os repórteres são desafiados a provar que os aviões que eles viram bombardear os diques não tinham por alvo algum oleoduto escondido — e, é claro, não têm como fazê-lo.[14]

Na verdade, o governo não espera convencer ninguém com seus argumentos e afirmações, mas apenas semear confusão, confiando na tendência natural do povo a confiar nas autoridades e a evitar os problemas complexos e inquietantes. Como podemos ter certeza da verdade? O cidadão confuso volta-se para outros interesses e, aos poucos, à medida que as mentiras governamentais são reiteradas, dia após dia, ano após ano, a mentira transforma-se em verdade.

Esse mecanismo foi descrito com perspicácia por James Boyd, no contexto da estranha história de Dita Beard, Richard Kleindienst e da ITT.[t1] As evasivas foram "transparentes e ridículas", mas isso é irrelevante: "A idéia é levar o público a uma situação de desnorteamento (...)." O advogado não procura "convencer, mas confundir e cansar".[15] Do mesmo modo, o Estado contenta-se em perder todos os debates, enquanto vence a guerra da propaganda.

Pouco depois da divulgação dos Papéis do Pentágono, Richard Harwood escreveu no *Washington Post* que um leitor cuidadoso da imprensa poderia ter conhecido os fatos desde sempre, e citou casos em que eles tinham sido divulgados com veracidade. Mas não acrescentou que a verdade fora afogada, nas mesmas páginas, por um mar de propaganda estatal. Com raras exceções, a imprensa e o público acabaram aceitando a estrutura de tapeação do governo em praticamente todos os pontos cruciais. Tanto os falcões, isto é, a favor da guerra, quanto os pombos, isto é, contra a guerra, referem-se ao conflito como uma guerra entre o Vietnã do Norte e o Vietnã do Sul, na qual os Estados Unidos entraram em defesa do Sul — talvez de maneira insensata, afirmam os democratas, e com meios desproporcionais aos justos fins buscados. Tratou-se de um trágico erro de cálculo — com a implicação de que, se recursos limitados tivessem sido suficientes, a intervenção norte-americana teria sido legítima. A situação é complexa: "Há no Vietnã componentes de uma tragédia grega: dois direitos acham-se em conflito; o valor da paz está em disputa com o valor da democracia."[16] Ou então lemos, numa declaração vigorosa de um editorial contra a guerra:

> Isso não significa que os norte-americanos, inclusive os comandos político e militar e os próprios recrutas, não tenham originalmente concebido seu papel, com toda honestidade, como o de libertadores e aliados na causa da liberdade; mas esses motivos idealistas tinham pouca probabilidade de prevalecer contra líderes locais que são peritos na arte de manipular seus protetores estrangeiros.[17]

Temos aí uma imagem da liderança política norte-americana, nobre e virtuosa, perplexa e vitimada, mas não responsável, nunca responsável pelo que faz. A corrupção do intelecto e a covardia moral reveladas por afirmações dessa natureza, que são abundantes,[18] desafiam qualquer comentário. O que elas revelam com clareza é que não houve nenhuma mudança fundamental na corrente dominante da opinião pública, enquanto as pilhas de corpos continuam a crescer na Indochina. Os culpados foram outros; a liderança política estado-unidense foi uma simples vítima de fatores que escapam a seu controle, e não uma agente ativa da perturbação das questões mundiais. Por isso, ela está livre para fazer novas tentativas em outros lugares, quando as circunstâncias forem mais propícias.

Faz muito tempo que há na cultura política norte-americana a premissa profundamente arraigada de que os Estados Unidos têm o direito de intervir nos assuntos internos de terceiros. Escrevendo em 1947, A. A. Berle, um típico membro da elite governante do país, expôs a tese "revolucionária" de que o mundo estava entrando numa nova fase, na qual os direitos dos povos ganhavam precedência sobre os direitos dos governos soberanos. Os Estados Unidos deveriam servir de garantia dos direitos dos povos, intervindo, se necessário, para defender esses direitos, e agindo com a mesma solicitude que sempre demonstraram às nações protegidas dos males pela Doutrina Monroe ("há quase um século", os Estados Unidos sustentam seu "objetivo dominante" de assegurar a paz mundial). O que justificaria nossa assunção desse grandioso papel, substituindo até mesmo a Organização das Nações Unidas, se ela se revelasse ineficaz? A razão era simples. Ao lado da Grã-Bretanha, os Estados Unidos eram mais representativos do povo do que outras nações e, por conseguinte, interessavam-se naturalmente pela demanda popular de paz mundial — uma refutação da doutrina marxista, observou Berle sabiamente. Para ilustrar a necessidade de intervenção em defesa dos direitos dos povos, ele citou o caso da Grécia, onde "a agressão inspirada na Rússia" foi implementada por "bandos subsidiados de soldados irregulares e apóstatas locais, agindo sob o comando de líderes locais, porém dirigidos pelo exterior".[19] A despeito do importante questionamento da ideologia conservadora norte-americana nos últimos anos, idéias como essas conservam sua influência sobre a opinião pública estado-unidense, e o desprezo de Berle pela realidade histórica é igualmente típico nos "líderes de opinião" contemporâneos.

No que concerne à Guerra do Vietnã, existem os "otimistas", que acreditam que, com persistência, poderemos vencer, e os "pessimistas", que alegam que os Estados Unidos não podem garantir, mediante um custo razoável, a prevalência do regime de sua escolha no Vietnã do Sul. São essas as duas posturas que aparecem nos "relatórios Kissinger" secretos, divulgados pelo *Washington Post* em 25 de abril de 1972. Os pessimistas esperam um "sucesso da pacificação em 13,4 anos", enquanto a interpretação dos otimistas "implica que levará 8,3 anos para pacificar os 4,15 milhões contestados e a população vietcongue de dezembro de 1968". Como sempre, os pessimistas divergem dos otimistas em sua estimativa de quanto tempo levará para impor a submissão à resistência vietnamita — nada mais.

Não admira muito que, no Conselho de Segurança Nacional, não haja ninguém expressando a idéia de que os Estados Unidos *não devem* (em vez de *não podem*) pacificar o Vietnã ou assegurar a dominação do regime de traidores instituído por eles. Mas talvez surpreenda um pouco que, fora do governo, o debate se mantenha, muito comumente, dentro dos mesmos canais, como documentei extensamente em outro texto. Há aqueles que, como Joseph Alsop, acreditam que a vitória está ao nosso alcance, e os que, como Arthur Schlesinger, "rezam para que o Sr. Alsop esteja certo", mas duvidam disso. O mesmo se aplica, ao que parece, à Grã-Bretanha. Uma revista liberal de esquerda forneceu num editorial a seguinte análise da atual fase do conflito:

> Os anticomunistas afirmaram ser bem possível que os norte-vietnamitas saiam perdendo nessa última aposta desesperada, e que, depois disso, não possam ou não queiram repeti-la. Os críticos da política norte-americana argumentaram que os sul-vietnamitas parecem ser os perdedores mais prováveis, e que o Vietnã do Sul pode desmoronar como um castelo de cartas. Tais argumentos têm certa força; conforme a política de cada um, pode-se escolher o primeiro ou o segundo.[20]

As suposições da propaganda governamental dos Estados Unidos são adotadas aqui sem nenhuma restrição. O Norte está em luta com o Sul — havendo-se esquecido há muito tempo que a guerra foi desencadeada pelos Estados Unidos e pelas forças locais que essa nação reuniu contra grande parte da população rural do Vietnã do Sul. Conforme a política de cada um, o indivíduo pode ser falcão ou pombo, Alsop ou Schlesinger, pessimista ou otimista, no sentido do Conselho de Segurança Nacional. Mas "a política de cada um" não pode refletir um compromisso com o princípio de que os Estados Unidos não têm o direito de desempenhar papel algum nos assuntos internos da Indochina.

É curioso e de certa importância que, numa parcela substancial da opinião pública anglo-americana, a oposição à intervenção forçada dos Estados Unidos seja vista como uma postura "radical" ou "extremista". É preciso atravessar o Canal da Mancha para vê-la caracterizada de modo geral, com mais exatidão, como uma postura moderada, estabelecida no direito internacional e em "obrigações solenes de tratados" e, portanto, também no direito interno dos Estados Unidos. Assim é o poder das mentiras interminavelmente repetidas, ligadas a uma força esmagadora, numa cultura política que adota com muita facilidade as antigas premissas da doutrina e dos padrões de pensamento imperialistas.

Uma das marcas de uma cultura firmemente submetida a controles ideológicos é que aquilo em que se deve acreditar, para justificar a política estatal, passa a ser digno de crédito, independentemente dos fatos. A guerra norte-americana na Indochina oferece muitos exemplos notáveis desde seu início, quando os Estados Unidos se empenharam em restabelecer a dominação do Ocidente. Um ex-chefe da Divisão de Assuntos do Sudeste Asiático no Departamento de Estado (1945-1947) declarou, recentemente:

> Nunca encontrei um norte-americano que houvesse conhecido Ho Chi Minh, fosse ele militar, integrante do Escritório de Serviços Estratégicos [OSS], diplomata ou jornalista, e que não tivesse chegado à mesma convicção: a de que Ho Chi Minh era, antes e acima de tudo, um nacionalista vietnamita. Ele também era comunista e acreditava que o comunismo oferecia a melhor esperança para o povo vietnamita. Mas sua lealdade era para com o seu povo. Quando estive na Indochina, impressionei-me com o fato de que o alto escalão de competentes autoridades francesas sustentava, quase com unanimidade, a mesma opinião.[21]

O registro interno dos Papéis do Pentágono revela que os analistas do governo norte-americano reconheciam que a intervenção ocidental destruiria, necessariamente, o mais poderoso movimento nacionalista da Indochina. Mas a vitória das forças do nacionalismo revolucionário na Indochina era considerada incompatível com os objetivos globais norte-americanos, de modo que era necessário definir a Vietminh[t2] como um movimento de agentes de agressão estrangeira, enquanto os franceses estariam defendendo a independência da Indochina. Essa premissa necessária logo foi incorporada à ideologia do Estado e, a partir de então, raras vezes foi questionada nos documentos internos ou na propaganda oficial.

Convém assinalar, de passagem, que é muito enganoso descrever os Papéis do Pentágono como um registro de mentiras, como fizeram muitos comentaristas. Há uma semelhança marcante entre a retórica e as convicções expressas nos campos interno e externo. Ao que parece, aquilo em que era preciso acreditar, para justificar a política norte-americana, foi eficientemente internalizado. "Mentir" não é propriamente o termo correto para descrever esse tipo de comportamento.

Os Estados Unidos trataram de subverter de imediato os Acordos de Genebra de 1954, e de maneira muito explícita, como veremos. Mas era preciso acreditar que esse governo, comprometido com o estado de direito, interessava-se apenas por restabelecer o *status quo* estabelecido em Genebra. A premissa necessária transformou-se na doutrina oficial, interminavelmente reiterada pelos comentaristas políticos.

Para justificar a escalada norte-americana durante o governo Kennedy, era necessário acreditar que uma vitória norte-americana tinha importância cósmica. A premissa apropriada foi convenientemente adotada. Como a expressou o "lendário" general Lansdale:

> Se o Vietnã Livre for dominado pelos comunistas, o restante do Sudeste Asiático se tornará uma presa fácil para nosso inimigo, porque a mais dura força local que está do nosso lado terá desaparecido. Uma vitória comunista também seria um grande golpe para o prestígio e a influência dos Estados Unidos, não apenas na Ásia, mas no mundo inteiro.[22]

Os pronunciamentos oficiais elevaram o Vietnã à categoria de "precedente": o desfecho da luta nesse país praticamente determinaria o curso da história mundial. Quando Blair Seaborn, integrante canadense da Comissão Internacional de Controle, transmitiu as advertências dos Estados Unidos a Hanói, em julho de 1964, ele "alertou para o fato de que o interesse norte-americano em resistir a uma vitória norte-vietnamita era grande, uma vez que os Estados Unidos viam o conflito no Sudeste Asiático como parte de um confronto geral com a guerrilha subversiva em outras partes do mundo".[23] Tempos depois, o suposto expansionismo agressivo da China comunista foi apresentado como uma razão da escalada norte-americana. Uma fantasia superpôs-se à outra, de acordo com as exigências da política.

Há amplas provas de que o sucesso da Frente de Libertação Nacional [FLN] pode ser atribuído aos atrativos de seus programas construtivos para os camponeses (ver Capítulo 1, nota 215). Admitir isso, entretanto, equivaleria a desacreditar a iniciativa norte-americana (embora seja lícito admiti-lo em retrospectiva; só os fanáticos se interessam pela história antiga). Por conseguinte, os porta-vozes do governo e a imprensa, de modo geral, só falam do "controle" dos camponeses pelos vietcongues. A mesma incapacidade de perceber as realidades incompatíveis com os requisitos da propaganda oficial é um traço comum das análises dos serviços de informações,[24] os quais se esperaria que fossem imunes a essas distorções. Para citar apenas um caso, a insatisfação dos camponeses foi reconhecida como um dos fatores da deterioração da posição de [Ngo Dinh] Diem em 1960, porém de maneira reveladora. De acordo com os serviços de informações, "a maioria dos camponeses vietnamitas [era] politicamente apática", mas eles tinham queixas do governo, especificamente quanto à "falta de proteção efetiva contra as exigências dos vietcongues".[25] As análises do Ministério da Defesa tomaram essa "falta de segurança" como "a única queixa significativa dos camponeses, ou a queixa esmagadoramente predominante, ou a base das demais", no dizer dos historiadores do Pentágono; mas a CIA e o Departamento de Estado, mais perspicazes, reconheceram que a opressão do regime de Diem era outro fator.[26] O que estava em discussão, portanto, era se a incapacidade do governo de proteger os camponeses dos vietcongues era uma dentre muitas queixas ou se era a base de todas elas. A hipótese de que os camponeses tivessem alguma razão positiva para apoiar a FLN era uma possibilidade remota demais para ser considerada, embora existissem indícios. Por exemplo, a SNIE[t3] 63.1-60 informou que os vietcongues "exploraram a tendência da população, predominantemente passiva, a se acomodar à presença deles e, com isso, a evitar retaliações", embora, "em algumas áreas de operação (...), eles tenham obtido a cooperação ativa da população local",[27] por razões que não são registradas, pelo menos nos históricos disponíveis.

Sem dúvida, a eficiência dos programas da FLN foi tacitamente admitida. No Vietnã, tal como no Laos, os Estados Unidos procuraram imitar algumas realizações dos nacionalistas revolucionários, no esforço de granjear apoio para seus cúmplices. Esse caráter homeopático[28] dos programas norte-americanos para tratar a infecção representada pelos vietcongues teve algumas conseqüências intrigantes. Assim, uma pesquisa recente mostrou que a reforma agrária de Saigon tem progredido em áreas em que "a Vietminh e os vietcongues romperam há anos a dominação dos senhores de terras", de modo que o programa, "na visão de alguns, parece meramente confirmar uma distribuição de terras já feita pelos comunistas". Nos casos em que os comunistas não haviam preparado o terreno, "os latifundiários intimidaram seus arrendatários e fizeram acordos com as autoridades locais", e as reformas continuam paralisadas. A reforma agrária difere da dos comunistas por excluir os trabalhadores rurais, que são os camponeses mais pobres.[29] Embora deva à Vietminh e à FLN o sucesso obtido, esse programa é saudado como uma grande realização dos Estados Unidos e do governo de Saigon. "Um aspecto da nova legislação considerado sumamente progressista e revolucionário", escreveu um observador sediado em Saigon, "é o que confere aos camponeses a posse formal da terra que eles vinham lavrando nos últimos anos"[30] — ou seja, as terras que já lhes tinham sido dadas na redistribuição feita pela FLN.

Convém destacar que outras "queixas" populares são diretamente atribuíveis à intervenção norte-americana. Por exemplo, a Can Lao, que é de fato a polícia secreta do regime,[31] "foi, em sua essência, criação de um profissional sumamente respeitado do alto escalão do corpo diplomático dos Estados Unidos", no dizer do general Lansdale; "realmente não consigo me solidarizar com os norte-americanos que ajudam a promover um Estado fascista", acrescentou ele, "e depois se aborrecem quando este não age como uma democracia."[32]

Em 1964, ficou evidente que, mesmo com o amplo envolvimento dos Estados Unidos, o regime instituído pelos norte-americanos não conseguiria controlar a insurgência no Sul.[33] Assim, os Estados Unidos encarregaram-se diretamente da guerra e invadiram o Vietnã do Sul, acabando por devastar a sociedade camponesa. Ao fazê-lo, tornaram a defender o Vietnã livre da "agressão vinda do Norte". Ao mesmo tempo, iniciaram o bombardeio contínuo do Vietnã do Norte, no esforço de obrigar o governo norte-vietnamita a utilizar seus pretensos "poderes diretivos" para suspender a insurgência. Quando a República Democrática do Vietnã (RDV) despachou tropas regulares para o Sul, essa reação foi incorporada à estrutura da propaganda estatal, de maneira muito eficiente, como uma prova da agressão norte-vietnamita. A imprensa e o público em geral conformaram-se a essa visão.

Na primavera de 1972, o "inimigo" — agora o Governo Revolucionário Provisório da FLN e a RDV, após sete anos de guerra norte-americana total — tornou a ficar à beira da vitória. Assim, o governo estado-unidense passou para um confronto internacional mais amplo, no qual esperava prevalecer. O afundamento de um navio russo no primeiro ataque aéreo a Haifong, o ataque a dois navios russos, semanas depois,[34] e a instalação de minas no porto de Haifong indicam que os líderes do mundo livre estão dispostos a correr o risco de uma guerra generalizada para atingir seus objetivos. O presidente busca a cooperação da União Soviética e da China, para que eles lhe permitam impor um regime não comunista. Tal como seus predecessores, ele rejeita qualquer idéia de um acordo entre os vietnamitas. Não se pode prever se a diplomacia de Nixon-Kissinger logrará êxito, mas é sumamente improvável que a China e a União Soviética sejam imprudentes a ponto de testar a disposição do presidente e de seu principal assessor, que há muito insistem em que devemos estar preparados para "enfrentar os riscos do armagedão" na busca de nossos objetivos — para explodir o planeta, se necessário. Seja qual for o desfecho desse confronto particular, é bem possível que ele se repita, de uma forma não muito diferente, enquanto a resistência não for esmagada e os Estados Unidos continuarem a rejeitar um acordo entre os vietnamitas.

Entrementes, tal como em 1965, os Estados Unidos vêm intensificando seu ataque à Indochina, no contexto de um agravamento do confronto, e a propaganda estatal marca uma outra vitória, à medida que os moralistas norte-americanos e britânicos ruminam a culpa relativa que cabe aos estado-unidenses e aos norte-vietnamitas pela incrível carnificina. A violência do exército de Saigon contra a população do Vietnã do Sul fica misteriosamente ausente desses cálculos, e, quanto ao Governo Revolucionário Provisório da FLN, o leitor norte-americano costuma ser poupado de saber de sua existência. Se investigássemos os arquivos nazistas, encontraríamos denúncias raivosas sobre os invasores anglo-americanos de 1944, que teriam agravado sua agressão com ataques brutais aos civis na pacífica zona rural francesa.[35] Sendo assim, por que nos surpreendermos quando autoridades norte-americanas denunciam, indignadas, a agressão norte-vietnamita — em regiões devastadas anos antes pela violência dos Estados Unidos, em regiões em que um coronel do corpo de fuzileiros descreveu um dos exercícios norte-americanos mais brandos como não sendo guerra, e sim genocídio?[36]

Essa analogia, é claro, não deve ser levada longe demais. Os invasores anglo-americanos eram forças estrangeiras. Mais ainda, estavam certamente decididos a dominar a França, ao passo que o suposto objetivo norte-vietnamita de dominar o Vietnã do Sul, ou até parte de seu território, é afirmado, mais uma vez, não com base em qualquer prova que se tenha exibido, mas em função do papel necessário dessa hipótese no sistema de propaganda estatal. A tática norte-vietnamita parece coerente com a dos primeiros anos:[37] afastar das áreas populosas as forças dos Estados Unidos e o exército criado por estes, a fim de que os guerrilheiros locais tenham a oportunidade de reconstruir a estrutura que foi gravemente danificada pelas táticas terroristas dos programas de "pacificação" pós-Tet, com suas inúmeras atrocidades, das quais o episódio de My Lai é o exemplo mais conhecido.[38] Mais revelador foi o massacre do lugarejo vizinho de My Khe, onde morreram dezenas de civis, que veio a público por meio da investigação de My Lai feita pelo painel do general W. R. Peers. O general Peers declarou falsamente aos jornalistas que não se haviam apresentado provas de outro massacre. O processo contra o oficial encarregado da operação foi arquivado, sob a alegação de que não tinha havido massacre algum, e sim uma mera operação normal, na qual uma aldeia foi destruída e sua população foi deslocada à força.[39] A exoneração da responsabilidade do oficial por essa operação rotineira diz mais sobre a Guerra do Vietnã do que uma dezena de livros. A descoberta acidental do massacre de My Khe também traz uma mensagem. Consideremos a provável densidade das atrocidades, dada a maneira como esse acontecimento foi descoberto. Mais significativa ainda foi a tática do general Ewell no delta do Mekong, onde milhares de pessoas foram assassinadas em operações de rotina em áreas controladas pela FLN (ver Capítulo 1, nota 149).

A verdade é que, depois da ofensiva do Ano Tet, em janeiro-fevereiro de 1968, o comando dos Estados Unidos, que já havia esfrangalhado boa parte do Vietnã, em seu esforço de erradicar a FLN, realizou campanhas de uma selvageria sem precedentes. É provável que jamais conheçamos a escala desse ataque frenético. Aliada ao terrorismo maciço do Projeto Fênix e de outras operações dos Estados Unidos e do governo do Vietnã, essa guerra de aniquilação teria, supostamente, restabelecido a "segurança" no interior, debilitando seriamente a FLN.

É nesse contexto que devemos examinar as contribuições dos moralistas sutis que condenam ambos os lados. Consideremos o seguinte exemplo, bastante típico:

> O ataque do Norte não foi meramente imoral: demonstrou que Hanói não convenceu a população do Sul a se livrar do jugo dos "fantoches" de Washington em Saigon para abraçar seus "libertadores". Os exércitos norte-vietnamitas têm conseguido a hegemonia sobre o Sul pelo direito de conquista, e não por demanda popular (os refugiados fogem para o Sul, não para o Norte).[40]

O pressuposto tácito é claro: para a RDV, a "abordagem moral" consistiria em recuar, enquanto os Estados Unidos impunham a dominação de seus colaboradores pelos meios que acabaram de ser descritos,[41] esmagando os remanescentes da resistência sulista cuja vitória fora impedida pela força norte-americana em 1965. Quanto aos pobres refugiados, novamente expulsos de suas casas, eu não teria a pretensão de avaliar suas preferências e desejos, já que não disponho de mais informações do que aqueles que falam com tanta confiança dos desejos mais profundos dessas pessoas. O fato de elas fugirem para o Sul, em vez de permanecerem em suas casas ou fugirem para o Norte, a fim de serem varridas do mapa pelo mais violento ataque aéreo da história, não parece ser uma prova realmente convincente de que elas prefiram o regime de Saigon à dominação comunista, como sugeriria um instante de reflexão.

Em toda essa visão, o pressuposto subjacente, expresso de maneiras variadas, é que a intervenção dos Estados Unidos é incontestável, desde que possa lograr êxito sem um custo demasiadamente grande. Portanto, é imoral os vietnamitas resistirem à agressão norte-americana ou socorrerem as forças de resistência que não conseguem suportar a selvageria dela. É preciso ficar claro que insistir no caráter malévolo desse pressuposto generalizado não implica coisa alguma com respeito às táticas usadas por qualquer grupo de vietnamitas.

É desnecessário dizer que tal pressuposto é lugar-comum nos estudos técnicos. Para citar um exemplo, consideremos os comentários de Dennis Paranzino sobre uma pesquisa que pareceu mostrar uma correlação entre a posse desigual da terra e o controle governamental no Vietnã do Sul. Ele julga perturbadoras as implicações: "Antes de mais nada, eles questionam a desejabilidade de uma classe importante de programas de reforma agrária."[42] Por quê? Evidentemente, a preocupação com a justiça social deve ficar subordinada ao princípio preponderante de que a dominação do regime apoiado pelos Estados Unidos deve ser imposta. Felizmente, após uma análise criteriosa dos dados, Paranzino conclui que "o aumento da igualdade tem uma associação positiva com o controle governamental". Logo, não precisamos implementar a injustiça tradicional e podemos passar a ratificar algumas partes do programa da FLN.

Desde a época em que se abandonou a esperança de que fosse possível desalojar a Vietminh no Vietnã do Norte, a política norte-americana tem-se orientado para a destruição de todos os centros de poder, com exceção de dois: o Vietnã do Norte e os Estados Unidos, tais como representados por regimes compostos de colaboradores extraídos da elite urbana. Por enquanto, grande parte da operação foi concentrada à força em regiões que os Estados Unidos têm alguma esperança de controlar, através da polícia local e das forças militares que eles criaram. Para vencer, os Estados Unidos devem agora oferecer aos remanescentes da sociedade sul-vietnamita, como único meio de sobrevivência, a absorção no sistema do Leste Asiático, que eles esperam vir a dominar. Ao mesmo tempo, os Estados Unidos devem procurar criar um conflito regional do tipo que sua propaganda sempre afirmou existir, enquanto o país desferia seu ataque direto à sociedade rural do Vietnã do Sul. Retornarei mais adiante a outros detalhes (ver Capítulo 4). Neste ponto, pretendo apenas frisar o óbvio: os falcões que acreditam que a estratégia imperial dá algum sinal de ter sucesso, e que aplaudem esse desfecho, pelo menos são honestos. Em contraste, é cínico insistir em que tenhamos uma "visão equilibrada", que tanto condene a "agressão norte-vietnamita" quanto a escalada da guerra aérea norte-americana em "resposta" a essa "agressão".

Nixon e Kissinger têm adotado uma variação da estratégia implícita no antigo compromisso estado-unidense com a imposição de regimes orientados pelo Ocidente, variação esta antevista nos debates sobre medidas políticas em 1967-1968. Assim como seus predecessores, eles têm estado livres para assassinar e destruir, sem medo de represálias. Uma vez que grande parte da crítica "responsável" é fácil de neutralizar, pelas razões já discutidas, as restrições internas revelam-se limitadas. Bem antes da expansão da guerra aérea em 1972, já tinha sido demonstrado que o nível da violência norte-americana tende a aumentar à medida que diminuem as restrições dentro do país. No caso limítrofe, quando não existirem restrições, a destruição será total. Pensemos na planície de Jars, no norte do Laos. A imprensa não teve conhecimento, ou se calou. As atividades militares norte-americanas não foram objeto de nenhuma ação do movimento pacifista. A planície de Jars é hoje um deserto estéril, que provavelmente ficará inabitável por décadas.[43]

Nixon e Kissinger podem ou não conseguir atingir seus fins, mas deram amplas demonstrações de que são capazes de cobrar um preço pavoroso pela recusa da submissão. Se seus esforços fracassarem, a carnificina poderá ultrapassar todos os limites. Homens tacanhos e perversos, aprisionados nos destroços de seus projetos, poderão ser levados a extremos inimagináveis de violência. Os acontecimentos dos últimos anos servem de ilustração imparcial e convincente do que será feito por um sistema de poder centralizado, relativamente livre de restrições e imune à retaliação. Quem se interessa por salvar a Indochina de uma destruição maior deve ouvir atentamente o chefe do Estado-Maior das Forças Armadas, quando ele fala das restrições no âmbito nacional que tanto o afligem. E, se de algum modo a tortura do povo da Indochina chegar ao fim, os norte-americanos que conseguirem libertar-se do jugo da doutrina oficial se lembrarão destas palavras, quando o próximo Vietnã ganhar forma, seja qual for a sua escala.

Há quem acredite que a diplomacia de Nixon-Kissinger prenuncia o fim do intervencionismo global no período do pós-guerra, mas essa me parece ser uma interpretação sumamente duvidosa. A nova diplomacia é um esforço para institucionalizar o sistema da Guerra Fria com controles mais racionais. A Guerra Fria nunca foi um simples jogo de soma negativa, um conflito entre superpotências em que o ganho de uma é o prejuízo da outra. Ao contrário, ela tem funcionado como um recurso esplendidamente eficaz para mobilizar o apoio, em ambas as superpotências, para aventuras que trazem em si um custo econômico e moral significativo. O cidadão tem que arcar com o ônus das guerras imperiais e da produção da destruição induzida pelo governo, o que é um recurso crucial da gestão econômica.[44] Ele tem sido açoitado a entrar em linha pelo medo de ser esmagado por um inimigo externo, se baixarmos a guarda.

O caso do Vietnã, mais uma vez, é instrutivo. Teria sido difícil convencer os norte-americanos de que Ho Chi Minh representava uma ameaça para seu bem-estar ou sua sobrevivência. Já a União Soviética ou o bilhão de chineses de Dean Rusk são uma outra história. Assim, a doutrina governamental identificou Ho como agente de uma conspiração dirigida pelo Kremlin ou pelo expansionismo militante chinês. Esse padrão tem sido tão persistente nos assuntos internacionais quanto na impostura referente à disparidade tecnológica dos bombardeiros e dos mísseis. A utilidade do inimigo externo voltou a ser ilustrada logo no início da ofensiva da primavera de 1972. A resposta reflexa do governo foi advertir que os Estados Unidos não ficarão calados enquanto a União Soviética acolhe a agressão. Na verdade, as estimativas dos serviços de informações norte-americanos indicam que a ajuda militar russa ao Vietnã do Norte, em 1971, foi inferior a um quinto do que tinha sido em 1967; a ajuda militar e econômica dada à RDV por todos os países comunistas foi de 775 milhões de dólares em 1971 (e tinha sido de 1,02 bilhão de dólares em 1967), o que são valores insignificantes, se considerarmos os custos da defesa contra ataques aéreos e da reconstrução, ou se os compararmos aos imensos gastos norte-americanos na Indochina. Afirma-se que os Estados Unidos estão gastando bem mais de um bilhão de dólares por ano no esforço de "neutralizar" a "infra-estrutura vietcongue", o que é um pequeno componente da guerra norte-americana no Vietnã do Sul. Existe um programa de assistência militar ao Vietnã e ao Laos, no valor de 2,25 bilhões de dólares, que nem sequer está listado nos gastos com a Indochina previstos no orçamento do governo (além dos muitos bilhões que foram arrolados). Em dois meses e meio de combate, em 1972, os Estados Unidos gastaram mais de 400 milhões de dólares apenas com munição.[45] Mas esses fatos não impedem os porta-vozes do governo, que culpam o grande inimigo global pelo colapso das forças militares de Saigon, de explorar a comprovada técnica do sistema de dominação imperial da Guerra Fria.

Uma aliança conservadora das grandes potências, cada qual com liberdade para controlar seus próprios domínios, com arranjos (como os recentes Tratados de Limitação de Armas Estratégicas [SALT]) para uma expansão controlada do sistema de produção militar, oferece vantagens claras às grandes potências. E suas conseqüências internacionais não são obscuras.

> O tempo dos Estados independentes — Vietnã do Norte, Coréia do Norte, Albânia e Cuba, Egito e Israel — parece estar chegando ao fim; as aventuras agressivas que ameaçam a paz maior já não podem contar com o apoio ideológico e material automático dos gigantes comunistas. As pequenas nações que se dispuseram a desempenhar nos assuntos internacionais um papel semelhante aos dos seqüestradores de aviões começam a descobrir que já não têm carta branca para ameaçar a segurança da maioria, na busca de seus interesses minoritários fanáticos.[46]

Temos aí uma clara expressão da ideologia do imperialismo: o Vietnã do Norte é que é agressivo, e não o país que mobilizou mais de meio milhão de soldados em terra para destruir a FLN e que lançou mais de seis milhões de toneladas de bombas na Indochina. Mais importante, essa é uma avaliação imparcial das intenções da diplomacia de Nixon-Kissinger por parte de um observador bem informado, que simpatiza com seus objetivos. Os fanáticos que buscam a independência e a mudança social devem ser esmagados por seus respectivos senhores imperiais, sem medo de conflitos entre as grandes potências.

O controle racional do sistema da Guerra Fria pela diplomacia de alto nível é passível de reduzir o perigo da guerra nuclear, que só pode ser calmamente contemplado pelos que são criminosamente loucos.[47] Também deverá reduzir a liberdade de barganha de Estados mais fracos que tiverem a esperança de jogar uma grande potência contra a outra, na busca de seus "interesses minoritários fanáticos". Mas há ainda dificuldades potenciais. Talvez não seja tão simples invocar o inimigo externo nos momentos de necessidade. Esse problema é mais grave nas sociedades mais democráticas, nas quais a opinião pública é uma força mais poderosa e um freio potencial das políticas. Uma solução possível seria transformar os Estados Unidos numa sociedade mais disciplinada e controlada. O governo Nixon tem tomado providências nesse sentido, com seu flagrante desrespeito às determinações do Congresso, com a reconstrução autoritária da Suprema Corte e com o ataque à mídia por seus desvios ocasionais da doutrina oficial.

É útil ter em mente, no entanto, que o compromisso com uma sociedade rigidamente manejada e submetida ao controle central também encontra lugar na ideologia liberal (e na chamada ideologia "socialista"). Consideremos, por exemplo, algumas idéias de Robert McNamara sobre a organização social. "O processo decisório vital", afirma ele, "particularmente nas questões de medidas políticas, deve permanecer no topo." Ao que parece, esse é um imperativo divino.

> Deus — ao contrário do que dizem os comentaristas comunistas — é claramente um democrata. Ele distribui universalmente o poder cerebral, mas espera, com justa razão, que façamos algo eficiente e construtivo com essa dádiva inestimável. É nisso que consiste a gestão. Seu veículo é a capacidade humana e sua tarefa mais fundamental é lidar com as mudanças. Ela é o portão através do qual a mudança social, política, econômica e tecnológica, a rigor, a mudança em qualquer dimensão, distribui-se racionalmente pela sociedade.
>
> (...) a verdadeira ameaça à democracia não vem do excesso de gestão, mas de sua falta. Gerir a sociedade de forma insuficiente não é mantê-la livre. É simplesmente deixar que outras forças que não a razão moldem a realidade (...) quando não é a razão que governa o homem, ele fica aquém de seu potencial.

E a razão deve ser identificada com a centralização do processo decisório no topo, nas mãos dos gestores. O envolvimento popular na tomada de decisões é uma ameaça à liberdade, uma violação da razão, uma rendição à "emoção irrefreada", à "ganância", à "agressividade" e assim por diante. A gestão é "um mecanismo pelo qual os homens livres podem exercer da maneira mais eficiente sua razão, sua iniciativa, sua criatividade e sua responsabilidade pessoal". Portanto, devemos fortalecer as instituições em que a gestão possa funcionar com êxito em sua "tarefa arriscada e imensamente satisfatória".[48]

Essa, na verdade, é a autêntica voz da intelectualidade técnica, quer a serviço do capital privado ou do poder estatal no capitalismo de Estado de estilo norte-americano, quer associada às forças estatais da esquerda. O marxista holandês Anton Pannekoek comentou, pouco antes da Segunda Guerra Mundial:

> O objetivo do Partido Comunista — chamado de revolução mundial — é levar ao poder, por meio da força de combate dos trabalhadores, uma camada de líderes que então estabeleça a produção planejada por meio do poder estatal; em sua essência, ele coincide com as metas da democracia social. Os ideais sociais que vicejam na mente da classe intelectual, agora que ela sente sua importância crescente no processo de produção — uma organização bem ordenada da produção, a ser usada sob a orientação de especialistas técnicos e científicos —, não chegam a ser diferentes.[49]

A intelectualidade técnica encontra seu espaço natural numa administração estatal, organizando a sociedade para fins pretensamente liberais e humanos.

O foco dos ensaios que se seguem não é a Indochina, mas os Estados Unidos. O mais longo deles é primordialmente dedicado aos Papéis do Pentágono, que têm um valor considerável como fonte de discernimento sobre o exercício do poder pelo Executivo norte-americano, questão esta que tem grande importância para o futuro. O registro documental e a própria história do Pentágono relacionam-se apenas indiretamente com a "desagradável" guerra na Indochina, como a chama Cyrus Sulzberger,[50] e proporcionam uma oportunidade valiosa de voltarmos nossa atenção para Washington, o que é, para nós, de longe o assunto mais importante. Os outros ensaios também concernem ao poder e à ideologia do Estado e à imagem dos Estados Unidos, tal como refletida em sua guerra no Sudeste Asiático — uma imagem distorcida, felizmente, ou haveria pouca esperança para o futuro, mas uma imagem que revela facetas de realidade que nenhuma pessoa séria há de ignorar. Os textos dizem respeito a certos problemas do direito e da justiça, assim como à responsabilidade do cidadão diante dos crimes do Estado; às universidades, principal centro da vida intelectual na fase atual da sociedade industrializada; às contribuições da fraude acadêmica para a ideologia do controle, e, o que é mais interessante, à justificação da injustiça, produzida por cientistas que não conseguem perceber que a força de seus argumentos deriva da aceitação tácita dos princípios mais banais da ideologia dominante. Por último, eles abordam a crítica libertária ao poder político e econômico centralizado e as possibilidades de uma teoria social que se fundamente numa ciência da capacidade, das necessidades e da conduta humanas, que hoje não existe, ao contrário das afirmações pretensiosas e irresponsáveis de cientistas que sempre fogem do desafio simples:

produzir um sistema de hipóteses empíricas não banais sobre o comportamento ou os fatores que lhe dão origem, respaldadas por provas e com uma relação demonstrável com os assuntos de interesse humano.

As barreiras culturais e institucionais que bloqueiam o caminho para uma sociedade mais justa e mais humana são imensas. Mas há, apesar disso, tendências de longo prazo que ameaçam a hegemonia das instituições e ideologias coercitivas. É provável que grupos significativos do Terceiro Mundo reconheçam o impacto destrutivo da integração numa economia global dominada pelas nações industrializadas e que organizem lutas revolucionárias contra as potências imperialistas e seus associados locais. Ou então consideremos, como um bom exemplo, o problema dos limites do crescimento, hoje objeto de muitos debates. À medida que se chegar perto desses limites, uma técnica eficaz de controle social se perderá. Não é irracional o "homem econômico" culturalmente determinado aceitar o sistema de desigualdade existente, quando lhe parece possível que, com o crescimento do bolo, sua parcela cresça com ele. À medida que tais possibilidades diminuem, ele deixa de ter essas razões para tolerar um sistema de injustiça e pode voltar-se para um exame mais rigoroso de seus pressupostos ideológicos, tais como, por exemplo, a crença em que todos saem ganhando quando alguns são recompensados, ou em que as recompensas recaem sobre os que servem de algum modo ao bem-estar público. É possível, além disso, que os pressupostos degradantes da ideologia capitalista sejam seriamente questionados por pessoas que reconheçam que existem mais coisas na vida do que o consumo de bens, e que o trabalho criativo e intrinsecamente compensador, livremente escolhido, é uma necessidade humana fundamental, ao lado de outras que não podem ser satisfeitas num mundo de indivíduos em competição.

A demanda de redistribuição da riqueza e do poder, se for além da retórica, não será tolerada pelos privilegiados. Se essa demanda se tornar séria, ou se o desafio se aprofundar ainda mais, somente a força maciça, que bem poderá estar disponível, impedirá uma rebelião social das sociedades industrializadas. O desfecho será determinado pelo estado de compreensão e eficácia atingido pelas organizações populares comprometidas com os princípios de uma nova sociedade, talvez uma forma de socialismo libertário.

Não conheço programas concretos e substantivos para promover uma mudança social sumamente necessária e tecnicamente viável. O sistema político oferece poucas possibilidades. Os centros de poder encontram-se em outros lugares e continuarão a ditar os limites da mudança "dentro do sistema" enquanto sua autoridade e sua dominação continuarem a não ser questionadas. Existem pequenos grupos empenhados em importantes esforços de organização comunitária e de controle pelos trabalhadores. Multiplicados por um número grande, tais esforços poderiam trazer alguma esperança de formular um desafio sério, de base ampla, ao controle centralizado das instituições econômicas e políticas.

A ebulição da década de 1960 ofereceu oportunidades de análise crítica das instituições da sociedade industrializada e do consenso imperialista, bem como algumas possibilidades limitadas de participação popular no planejamento social. A recusa dogmática a analisar a política externa norte-americana pelos padrões aplicados a todas as outras nações já não sufoca os debates. Com o enfraquecimento dos controles ideológicos, os radicais já não estão praticamente excluídos da vida acadêmica — um desdobramento que tem levado ao clamor de que a esquerda tomou conta das universidades, assim como as propostas de limitação do orçamento "da defesa" são descritas como uma convocação ao desarmamento unilateral. As faculdades são instituições de massa, e sem dúvida permanecerão assim. Nas sociedades industriais avançadas, cientistas, engenheiros e profissionais de várias categorias têm um papel social crucial. Essas camadas da sociedade certamente devem envolver-se em qualquer processo significativo de mudança social, embora, se alcançarem a posição de uma "vanguarda" dominante, ou de uma nova elite ou classe dirigente, a promessa de revolução ou de reforma significativa venha a ser novamente traída.

Notas do Original e/ou de Tradução:

1. Thomas Oliphant, "Harrington Says Admiral Discussed N. Viet Invasion", *Boston Globe*, 15 de abril de 1972.
2. Robert H. Ferrell, "The Merchants of Death, Then and Now", *Journal of International Affairs*, vol. 26, nº 1 (1972). Convém deixar claro que Ferrell não defendeu o que ficou implícito nessa observação.

3. Lemos que o ativismo estudantil resulta de uma necessidade de gratificação instantânea, ou é um exercício de irracionalidade, ou uma explosão de fascismo esquerdista. Decerto é possível encontrar casos a que essas acusações se aplicam, mas os que criticam duramente o movimento estudantil como dominado por tais tendências não têm conhecimento dos fatos, ou então fazem um jogo mais cínico. Para uma discussão, ver Julius Jacobson, "In Defense of the Young", *New Politics*, vol. 8, nº 1 (1970), e meu artigo "Revolt in the Academy", *Modern Occasions*, vol. 1, nº 1 (1970).
4. Malcolm W. Browne, "B-52 Attacks on Highlands Slow Enemy and Buy Time", *New York Times*, 6 de maio de 1972. O principal assessor norte-americano nas regiões montanhosas, John Paul Vann, disse aos repórteres que "os ataques dos B-52 estão transformando o terreno numa paisagem lunar. (...) Percebe-se pelo mau cheiro que os ataques têm sido eficazes". "Há cadáveres por toda parte", informou ele, acrescentando que "os norte-americanos dão mais valor à vida do que os vietnamitas." William Shawcross, "Vietnam: The Breakdown of Advice and Leadership", *Sunday Times* (Londres), 30 de abril de 1972; "Life and Death of a Hawk", *New Statesman*, 16 de junho de 1972.
5. Benjamin Cherry, "Balance of Weakness", *Far Eastern Economic Review*, 1º de julho de 1972. Enquanto isso, os helicópteros norte-americanos que transportam equipes médicas de evacuação são supridos de gás lacrimogêneo e aguilhões elétricos para gado ("regularmente usados nas missões na região de An Loe"), a fim de impedir que soldados vietnamitas, pouco afeitos à guerra norte-americana, "tomem de assalto as aeronaves e tentem fugir da zona de combate". As missões perigosas são realizadas por norte-americanos, enquanto os helicópteros do exército da República do Vietnã [ERV] "ficam parados, ociosos, em suas plataformas de decolagem, com as tripulações recostadas e dormindo". "Eles têm uma enorme falta de motivação", queixou-se um oficial norte-americano. Quando as aeronaves do ERV efetivamente voavam, "as famílias vietnamitas ricas (...) carregavam os helicópteros com ventiladores elétricos e até motocicletas Honda", enquanto "soldados do exército de Saigon empurravam para fora dos helicópteros mulheres e crianças em prantos, a fim de abrir espaço para seus amigos e a bagagem destes", quando eles desertavam do *front*. "US Copters Get 'Cattle Prods'", UPI, *Boston Globe*, 17 de julho de 1972; Sydney H. Schanberg, "Saigon's Pilots Shun Dangers of Anloc", *New York Times*, 24 de junho de 1972; Judith Coburn, "Vietnam Refugees: Hostages of Kontum", *Village Voice*, 18 de maio de 1972.
6. Ver Sydney H. Schanberg, "Quangtri Villagers Tell of Fleeing Bombing", *New York Times*, 5 de julho de 1972; Daniel Southerland, "Quang Tri Refugees: 'B-52's — Terrible'", *Christian Science Monitor*, 7 de julho de 1972. Semanas antes, a AFP havia informado, no jornal *Le Monde* (28-29 de maio), que, de acordo com os refugiados, "é o medo causado pelos ataques constantes da aviação norte-americana, dia e noite, assim como dos canhões da sétima frota e da artilharia, que tem provocado sua fuga, mais do que o medo dos comunistas". O poder de fogo estado-unidense, usado como foi depois das vitórias da Frente de Libertação Nacional na ofensiva do Ano Tet, em 1968, atingiu

novos níveis e, como sempre, apequena qualquer coisa que esteja ao alcance dos vietnamitas de ambos os lados.

7. Editorial, *New York Times*, 27 de maio de 1972.
8. Dada a maneira como é estabelecida a política nacional, pode-se questionar a importância desse fato.
9. Ver Jon M. Van Dyke, *North Vietnam's Strategy for Survival*, pp. 148-152.
10. Anthony Lewis, *New York Times*, 18 de maio de 1972. Ver também a reportagem de Claude Julien enviada de Haifong durante o bombardeio, *Le Monde*, 12 de maio.
11. Craig R. Whitney, "B-52 Relied Upon More Than Troops to Blunt Foe's Offensive in Vietnam", *New York Times*, 19 de maio de 1972.
12. Anthony Lewis, "The Cost of Phucloc", *New York Times*, 12 de junho de 1972. Ver também, do mesmo autor, "Death in Phucloc", *New York Times*, 22 de maio de 1972, sobre o resultado dos ataques dos B-52 nesse vilarejo "no meio de lugar nenhum".
13. George Chapelier, assessor belga da Organização das Nações Unidas; ver referências do Capítulo 2, seção 1.
14. Seymour Hersh, "French Newsman and U.S. Differ on Bombing of Dikes", *New York Times*, 13 de julho de 1972. Ao regressar de Hanói para Estocolmo, o embaixador Jean-Christophe Oberg afirmou "não ter a menor dúvida de que esses ataques [a represas, diques e eclusas, com foguetes e 'bombas inteligentes'] são deliberados e precisos". Informou ele que os Estados Unidos vêm praticando "uma política de aniquilação", não apenas bombardeando alvos industriais, mas também lançando bombas de fragmentação sobre áreas residenciais, escolas e hospitais. *Dagens Nyheter*, 29 de junho de 1972; "Civilian Targets?", Reuters, *Christian Science Monitor*, 29 de junho de 1972; "Bombing Criticized by Swedish Envoy", *New York Times*, 30 de junho de 1972.

t1. Dita Beard era lobista da ITT, na época uma multinacional poderosíssima, e protagonizou um escândalo que incluiu uma sentença muito favorável dada à empresa, sob pressão de Richard Kleindienst, procurador geral do governo Nixon, num processo movido com base na lei antitruste. O episódio envolveu a "doação" de centenas de milhares de dólares ao Partido Republicano pela ITT e esteve associado, tempos depois, ao escândalo Watergate.

15. James Boyd, "Following the Rules with Dita and Dick", *Washington Monthly*, julho de 1972.
16. Michael Harrington, presidente do Partido Socialista, *Village Voice*, 2 de julho de 1970. Harrington não explica quem representa, a seu ver, "o valor da democracia" no Vietnã. Para alguma discussão, ver meu artigo "Revolt in the Academy".
17. Editorial, *New York Times*, 7 de maio de 1972.
18. Por exemplo, Charles W. Yost, ex-embaixador nas Nações Unidas, escreveu que os Estados Unidos "sofreram um revés no Vietnã", mas a falha "não foi nossa, exceto na medida em que cometemos um erro de julgamento. (...) A falha decisiva coube a nossos aliados vietnamitas, que, por falta de vontade política e dedicação, não tiraram proveito suficiente da imensa ajuda que fornecemos ao longo de um período de sete [*sic*] anos" (*Christian Science Monitor*, 12 de maio de 1972).

19. A. A. Berle, "The Formulation and Implementation of American Foreign Policy", *in* J. C. Vincent *et al.*, *America's Future in the Pacific.* Sobre o papel de Berle, ver G. William Domhoff, *The Higher Circle.*
20. "War with No End", *New Society*, 13 de abril de 1972.
21. Depoimento mimeografado de Abbot Low Moffat perante a Comissão de Relações Exteriores do Senado, 11 de maio de 1972. Ver o estudo feito para a comissão por Robert Blum *et al.*, *The United States and Vietnam: 1944-47*, para uma crítica esclarecedora das atitudes dos Estados Unidos durante esses anos. No Capítulo 1, seções V e VI (subseção 7), voltaremos à documentação dos Papéis do Pentágono, que revela que os planejadores norte-americanos tinham plena consciência do caráter das forças que se haviam comprometido a destruir. É notável que um observador bem informado ainda possa escrever que a política norte-americana levou ao "desastre no Vietnã" porque, "como nação, não percebemos as circunstâncias peculiares do tipo de comunismo de Ho Chi Minh". (Chalmers M. Roberts, "How Containment Worked", *Foreign Policy*, vol. 2, nº 3 [1972]). As pessoas responsáveis pela propaganda que determinou o que "nós, como nação" percebíamos tinham amplas informações e, em momentos cruciais de seu planejamento, poucas ilusões, embora se enredassem facilmente nos mitos que elas mesmas fabricavam.

t2. Frente de Independência do Vietnã (1941), nome depois substituído por Lien Viet (Frente Nacional do Vietnã).

22. Memorando para o secretário da Defesa após uma visita ao Vietnã do Sul em janeiro de 1961, *in* U.S. Department of Defense, *United States-Vietnam Relations, 1945-67* (doravante citado como *DOD*), livro 2, IV.A5, tabela 4, p. 66. Essa é a edição governamental dos Papéis do Pentágono.
23. *DOD*, livro 4, p. 2. Seaborn alertou ainda para "a suprema devastação" do Vietnã do Norte, caso este persistisse nas "pressões auxiliadas pela RDV [República Democrática do Vietnã] contra o Vietnã do Sul". Os estrategistas norte-americanos estavam cientes de que "os [insurgentes] reagrupados forneceram praticamente todos os infiltradores no período de 1959-64" (*DOD*, livro 2, IV.A.5, tabela 3, p. 32) e de que a insurgência se enraizava no Sul.
24. Para um exemplo notável, ver Capítulo 1, seção V, p. 103, e também a nota 202. Quando há relatórios do serviço secreto, às vezes descobrimos ressalvas importantes, que desaparecem do registro secundário. Assim, há muito estardalhaço sobre a pretensa agressão norte-vietnamita do Laos a partir de 1959, mas, ao investigarmos as fontes mais de perto, emerge uma imagem diferente. Ver meu artigo "The Pentagon Papers as Propaganda and as History", *in The Pentagon Papers, Senator Gravel Edition*, vol. 5, *Critical Essays*, org. de Noam Chomsky e Howard Zinn. Para citar outro exemplo não mencionado aqui, descobrimos que a chamada "335ª Divisão do ENV" [exército norte-vietnamita] — o posto de comando da RDV supostamente montado em 1959 perto da fronteira do Laos — "foi formada a partir dos 'voluntários laosianos' reagrupados na RDV em 1955" (*DOD*, livro 2, IV.A.5, tabela 3, p. 62). Nesse contexto, ver também

Bernard Fall, *Vietnam Witness*, p. 249; diz ele que a 335ª Divisão incluía muitos montanheses que moravam na região da fronteira.

25. SNIE 63.1-60; *DOD*, livro 2, IV.A.5, tabela 4, p. 49.
26. Idem, p. 4. Sobre esse fator, ver a observação do general Lansdale citada na p. xviii.

t3. Special National Intelligence Estimate, ou Estimativa Especial do Serviço Nacional de Informações.

27. Ibid., p. 51.
28. Expressão oportuna de Alexander Woodside. Ver "Ideology and Integration in Postcolonial Vietnamese Nationalism", *Pacific Affairs*, vol. 44, nº 4 (1971-1972).
29. Daniel Southerland, "Saigon Land Reform: Still Doubtful", *Christian Science Monitor*, 1º de abril de 1972. Ver também Jeffrey Race, *War Comes to Long An*, pp. 272-273. É comum fazer-se referência aos horrores da coletivização totalitária no regime comunista, mas, embora esses críticos condenem justificadamente a matança nos estágios iniciais da reforma agrária na RDV, eles raramente assinalam as circunstâncias ou o fato de que a reforma agrária lançou as bases da superação da fome generalizada e da injustiça. Para uma discussão, ver meu livro *At War with Asia*, p. 280-282, e meu artigo "Revolt in the Academy". Em *At War with Asia*, assinalei que *From Colonialism to Communism*, de Hoang Van Chi, livro em que se baseia boa parte da discussão sobre a reforma agrária, é uma fonte extremamente duvidosa, com muitos erros e uma incorrigível tendenciosidade. Eu não fazia idéia, na época, de quão "duvidoso" ele realmente era. Para corroborar suas conclusões, Chi cita diversos pretensos documentos e lemas de origem norte-vietnamita, e outros comentaristas apoiaram-se nessa documentação. Recentemente, D. Gareth Porter investigou os originais e descobriu que grande parte da documentação de Chi foi fabricada ou gravemente mal traduzida, inclusive as partes mais nocivas. Confrontado com esses fatos, Chi respondeu que havia "procurado transmitir mais o sentido verdadeiro do que as traduções literais", e é seguro prever que os defensores do governo dos Estados Unidos se apoiarão nessa defesa, agora que foi desmascarado mais um esforço de fazer uma lavagem cerebral no público norte-americano. O livro de Chi foi escrito com uma verba concedida pelo Congresso pela Liberdade Cultural, e sua publicação foi secretamente subsidiada pela USIA [Agência de Informações dos Estados Unidos]. Antes disso, ele tinha sido funcionário da USIA em Saigon, assim como do Ministério das Informações do governo de Saigon, que financiou parcialmente seu primeiro livro sobre a reforma agrária. Ver Porter, *The Myth of the Bloodbath: North Vietnam's Land Reform Reconsidered*.
30. Phi Bang, "Land: Theory and Practise", *Far Eastern Economic Review*, 23 de abril de 1970.
31. Cf. Dennis Duncanson, *Government and Revolution in Vietnam*, p. 402; Joseph Buttinger, *Vietnam: A Dragon Embattled*, vol. 2, p. 947.
32. Memorando citado na nota 22; essa é outra pequena revelação dos Papéis do Pentágono.
33. Ver Capítulo 1. Essa afirmação é admitida de um modo geral. Ver *At War with Asia*, capítulo 1, p. 41, n. 72.
34. William Beecher, "Washington, Discouraged, Hints at Wider Bombings", *New York Times*, 3 de maio de 1972; Claude Julien, *Le Monde*, 12 de maio; Joel Henri, "Thirty Minutes in Hanoi: A Sky Alive with Planes", AFP, *New York Times*, 11 de maio de 1972.

35. Para um relato de uma testemunha ocular sobre um ataque feito com napalm a um vilarejo francês, que deixou muitos mortos, ver Howard Zinn, *Vietnam: The Logic of Withdrawal*, p. 51.
36. William Corson, *The Betrayal*, p. 71. Corson refere-se à retirada da população próxima da zona desmilitarizada em maio de 1967. Ele observou que nenhuma das autoridades estado-unidenses presentes "pestanejou diante do fato de que, das 13 mil [pessoas deslocadas], apenas cerca de cem eram homens com idade entre 16 e 45 anos".
37. Ver Frances FitzGerald, *Fire in the Lake*, pp. 307, 342-343. Parece implausível que Giap esperasse que as tropas regulares se afastassem muito das áreas das bases, dada a vantagem esmagadora do poder de fogo dos Estados Unidos e seu controle total do espaço aéreo. A única cidade capturada na província, Quang Tri, na verdade parece ter sido abandonada antes do combate. A política norte-americana na ofensiva do Ano Tet foi a de arrasar de uma só vez as áreas urbanas capturadas pela Frente de Libertação Nacional. Essa política permanece em vigor, o que torna improvável que as forças da República Democrática do Vietnã (RDV) tentem capturar cidades. Judith Coburn, em "Vietnam Refugees", citou o venerando budista Tu Quang, em Kontum: "O que acontecerá quando os comunistas entrarem na cidade? O exército de Saigon se retirará e Kontum será destruída pelas bombas e pela artilharia. Isso já aconteceu em An Loc, e os refugiados de Tan Canh e Dak To dizem-nos que acabou de acontecer lá."
38. Insignificante nesse contexto, porém instrutivo. Enquanto a nação se afligia com o veredicto sobre [William] Calley, uma nova liberação do terreno nessa região expulsou talvez 16 mil pessoas de suas casas. Um ano depois, o acampamento para o qual tinham sido transferidos os remanescentes de My Lai foi praticamente destruído por bombardeios aéreos e pela artilharia do exército sul-vietnamita; a destruição foi atribuída aos vietcongues. Henry Kamm, "New Drive Begins in Area of Mylai", *New York Times*, 1º de abril de 1971; Martin Teitel, "Again, the Suffering of Mylai", *New York Times*, 7 de junho de 1972.
39. "Ten Get Jail for Raiding a Draft Office [*sic*]", *New York Times*, 10 de junho de 1970; Seymour Hersh, *Cover-up*; Hersh, "The Army's Secret Inquiry Describes a 2nd Massacre, Involving 90 Civilians", *New York Times*, 5 de junho de 1972.
40. "Cohorts in Immorality", editorial, *Far Eastern Economic Review*, 6 de maio de 1972. Escolhi esse exemplo, dentre muitos, por se tratar de uma das publicações mais independentes e bem informadas. Sobre a abordagem objetiva da qual os editores se orgulham, ver Capítulo 3, nota 25.
41. Em outro texto, os editores explicaram que "Nixon havia demonstrado que queria desvincular-se da guerra" (idem, 13 de maio de 1972). Essa demonstração não convenceu os correspondentes da própria *Review*, entre outros. Ver Capítulo 4, nota 1. Mas os editores ficaram convencidos e, por não haverem concordado, os líderes da RDV tornaram-se parceiros na imoralidade [título do editorial].
42. Dennis Paranzino, "Inequality and Insurgency in Vietnam: A Further Re-analysis", *World Politics*, vol. 24, nº 4 (1972).

43. Ver Capítulo 2, seção I. Cf. também o que foi registrado nos Papéis do Pentágono a respeito do bombardeio do Vietnã do Norte e do Sul, discutido no Capítulo 1, seções I e VI.
44. Para minhas idéias sobre esse assunto, ver *At War with Asia*, Capítulo 1. Ver também Michael Reich e David Finkelhor, "Capitalism and the Military Industrial Complex: The Obstacles to Conversion", *Review of Radical Political Economics*, vol. 2, nº 4 (1970).
45. "Soviet Arms Aid to Hanoi is Down", AP, *New York Times*, 13 de abril de 1972; Capítulo 1, seção VI, subseção 3, p. 145, adiante; depoimento de Earl Ravenal, Comissão de Relações Exteriores do Senado, 19 de abril de 1972; John W. Finney, "Laird Projects Big Rise in Cost of Vietnam War", *New York Times*, 6 de junho de 1972. R. H. Shackford assinalou que "a ajuda militar russa e chinesa ao Vietnã do Norte nos últimos sete anos é tão pequena que dificilmente pagaria um ano de juros sobre os mais de cem bilhões de dólares gastos pelos EUA na guerra no Sudeste Asiático" (*Washington Daily News*, 21 de abril de 1972).
46. Editorial, *Far Eastern Economic Review*, 24 de junho de 1972. Essa análise não deve ser desconsiderada meramente com base nos exemplos citados (a Albânia porá fim a suas aventuras agressivas? Israel não pode mais contar com o apoio comunista?).
47. Isso não implica que os riscos do armagedão não tenham sido enfrentados com ousadia. Ver meu livro *Problems of Knowledge and Freedom*, p. 106ss. Sobre as notáveis concepções de Kissinger, ver Virginia Brodine e Mark Selden (orgs.), *Open Secret*.
48. Robert S. McNamara, *The Essence of Security*, pp. 109-110. Outros oferecem justificativas igualmente convincentes para a autoridade administrativa. O historiador William Letwin explica que "nenhuma sociedade é capaz de funcionar sem executivos empresariais", cuja função é "fazer as escolhas mais arbitrárias na produção". Mas ele não assinala que, em sua teoria, o gestor da empresa pode ser substituído por uma tabela de números aleatórios ("The Past and Future of the American Businessman", *Daedalus*, inverno de 1969). A fragilidade dos argumentos comumente apresentados em favor do controle centralizado tem certo interesse. Na verdade, os conhecimentos são poucos e há ampla margem para a experimentação social. É uma pena que tal experimentação seja feita predominantemente em países que mal ultrapassaram os estágios iniciais do desenvolvimento, e não nos Estados Unidos, que poderiam facilmente arcar com o custo dos fracassos e, com uma organização social diferente, levar os sucessos a resultados drásticos.
49. Anton Pannekoek, *Lenin as Philosopher*, p. 78-79). Para uma discussão mais ampla, ver meu livro *American Power and the New Mandarins*, Capítulo 1; "Knowledge and Power", *in* Priscilla Long (org.), *The New Left*; *Problems of Knowledge and Freedom*, Capítulo 2.
50. C. L. Sulzberger, "Through the Looking Glass", *New York Times*, 5 de julho de 1972.

CAPÍTULO 1

A RAPAZIADA DOS BASTIDORES[T1]

I. INTRODUÇÃO

Se a próxima edição dos Papéis do Pentágono tiver que conter uma epígrafe, eu sugeriria um comentário de uma correspondente de guerra que é inusitada, se não ímpar, em seu interesse pelos vietnamitas e em suas reportagens detalhadas sobre o significado da guerra para eles. Um ano de exposição à guerra de Nixon-Kissinger, esta que agora vai perdendo fôlego, deixou-a com "uma desconfiança e um desprezo profundos e enraivecidos" em relação à Casa Branca, ao Pentágono, ao exército, aos diplomatas e aos especialistas no Vietnã, "pois há entre eles alguns lunáticos e mentirosos estarrecedores, que causaram muitos danos a seu próprio país e quase mataram este".[1]

Os Papéis do Pentágono têm um caráter frio e anti-séptico que os leitores talvez julguem revoltante, se tiverem algum conhecimento da realidade, a qual parece muito distante da mente dos planejadores em Washington. Essa, pelo menos, foi minha reação pessoal. Talvez tenha sido por isso que, depois de fechar o volume IV, apanhei-me folheando um estudo do verdadeiro Vietnã, feito pelo fotógrafo e escritor britânico Philip Jones Griffiths.[2] Sua técnica é simples e eficaz. Numa página, vê-se uma fotografia de um piloto norte-americano de aparência séria, que tem uma caveira pintada no capacete, e, na página ao lado, uma vítima do napalm, com um texto curto:

> Algumas das principais vantagens [do napalm] me foram explicadas por um piloto em 1966: "Nós andamos mesmo muito satisfeitos com aquela rapaziada dos bastidores na Dow. O produto original não era grande coisa — se os viets

> fossem rápidos, conseguiam raspá-lo fora. Assim, a rapaziada começou a acrescentar poliestireno — e ele passou a grudar feito merda no cobertor. Mas, aí, se os viets pulassem dentro d'água, ele parava de queimar, de modo que a rapaziada começou a acrescentar o Willie Peter [WP — fósforo branco], para ele queimar mais. Agora o produto queima até debaixo d'água. E basta uma gotinha só para continuar queimando até os ossos, de modo que eles morrem de qualquer jeito, de envenenamento por fósforo.

Os Papéis do Pentágono não versam sobre assassinato e destruição. Não são — não têm a pretensão de ser — um relato histórico da guerra nem do envolvimento norte-americano na Indochina. Mas proporcionam, efetivamente, um bom discernimento do raciocínio e das maquinações da rapaziada dos bastidores, que tem a responsabilidade primária por uma catástrofe da qual não parece ter conhecimento. O estudo não versa sobre a guerra, mas sobre a percepção da guerra em Washington, o que é um assunto bem diferente. Às vezes o relato é impreciso e enganoso, refletindo aquilo em que os formuladores das medidas políticas se convenceram a acreditar. A atenção relativa dada às várias fases do conflito também reflete a percepção de Washington, e não a importância dos acontecimentos em si.

Há muita inquietação, por exemplo, a respeito da guerra aérea no Vietnã do Norte. Em contraste, o bombardeio do Sul, que tem uma escala muito maior, mal chega a ser mencionado. "*Tomar decisões difíceis leva tempo*", escreveu John McNaughton. "Levamos quase um ano para tomar a decisão de bombardear o Vietnã do Norte."[3] Essa decisão foi estudada com detalhes minuciosos. Não há praticamente uma só palavra sobre a decisão de bombardear o Vietnã do Sul em 1966, com mais do que o triplo da intensidade (IV, 49). Alguns comentários anteriores a fevereiro de 1965 indicam um certo interesse no "uso explícito da força aérea norte-americana no Vietnã do Sul" (III, 618 — a utilização inexplícita de helicópteros e de apoio aerotático nas operações de combate é relatada a partir de 1960, e já era ampla no começo de 1962[4]). Esses comentários são tão insignificantes que os historiadores do Pentágono — a quem foi dada, como convinha, uma interpretação estreita de sua tarefa — nem sequer os incluíram em seu histórico do planejamento de Washington.

Em fevereiro de 1965, "pela primeira vez, aviões a jato norte-americanos foram autorizados a apoiar as forças armadas da República do Vietnã (Vietnã do Sul) [FARV] em operações terrestres no Sul, sem nenhuma restrição" (III, 391), e o céu desabou sobre a população rural do país. A partir da terceira semana de fevereiro, "bombardeiros a jato deram início a ataques diários contra alvos sulistas".[5] Essa foi a decisão política fundamental do começo de 1965. Como assinalou Bernard Fall não muito depois, "o que modificou o caráter da Guerra do Vietnã *não foi* a decisão de bombardear o Vietnã do Norte, *nem* a decisão de usar tropas terrestres norte-americanas no Vietnã do Sul, mas a decisão de travar uma guerra aérea irrestrita no interior do país, ao preço de literalmente esfacelar o local".[6] Sobre essa decisão, no entanto, não ficamos sabendo quase nada. E apenas algumas frases dispersas indicam os efeitos do bombardeio.

Esse contraste é ainda mais notável ao considerarmos que o Vietnã do Sul, a partir do início de 1965, foi submetido não só a ataques aéreos maciços, mas também a bombardeios da artilharia, que bem podem ter sido ainda mais destrutivos. Há um longo estudo da RAND Corporation[t2] que fornece uma comprovação detalhada da tática aérea e de artilharia dos Estados Unidos, bem como de seus efeitos sobre as atitudes dos camponeses e "o moral dos vietcongues", com base em entrevistas feitas com prisioneiros, desertores e refugiados. É bem possível que ele seja uma extensão do estudo apresentado por Robert McNamara em seu depoimento no Congresso, em janeiro de 1966.[7] Esse relatório visa "destacar, em especial, algumas vulnerabilidades dos vietcongues [VC] que parecem oferecer oportunidades de exploração" — por exemplo, a vulnerabilidade a bombardeios por aviões B-52, "as armas mais devastadoras e assustadoras usadas até o momento contra os VC"; "soldados e civis vietcongues disseram achar que não existe proteção contra esses ataques". O relatório afirma: "Os ataques aéreos e de artilharia — estes últimos muito mais freqüentes do que os primeiros —, apesar de prejudicarem as atividades dos VC e intensificarem a cisão entre a população e os VC, muitas vezes parecem causar danos e baixas [apagado] aos aldeões [apagado]." Esses danos e baixas [apagado] levam os aldeões "a se mudarem para locais onde fiquem a salvo desses ataques (...), independentemente de sua atitude para com o governo do Vietnã [GVN]". Aí está uma coisa muito útil. "Os efeitos da partida de um grande número de moradores dos vilarejos para áreas do GVN começam a se fazer sentir", com uma conseqüente redução do efetivo à disposição dos vietcongues e a ameaça de "uma grande deterioração de sua base econômica".

O relatório cita um quadro vietcongue: "Cada pessoa que se muda [de uma área dos vietcongues] faz com que um VC morra de fome." As unidades vietcongues descobrem-se "impossibilitadas de comprar alimentos nos vilarejos abandonados". Com isso, o mar de gente em que nadam os guerrilheiros "está secando". As coisas parecem animadoras para o nosso lado.[8]

O registro oficial fornece amplos indícios de que, no fim de 1965, o comando dos Estados Unidos valorizou a lógica dessa análise. Em dezembro de 1965, ao fornecer informações a correspondentes de guerra, o general Westmoreland explicou que, anteriormente, os camponeses tinham três opções: podiam "seguir seu instinto natural" e permanecer em casa, mudar-se para uma área controlada pelo governo ou se aliar aos vietcongues. Agora, porém, com a escalada da guerra, "se eles ficarem onde estão, haverá riscos adicionais". "Os VC não têm como cuidar dos ferimentos" e "já não dispõem de áreas seguras", por causa dos bombardeios com os B-52 e de outras táticas. Quando lhe perguntaram se isso deixava aos camponeses "apenas a possibilidade de se tornarem refugiados", Westmoreland respondeu: "Espero um enorme aumento no número de refugiados"[9] — uma expectativa rapidamente transformada em realidade.

Nos Papéis do Pentágono, o contraste entre a atenção dada à decisão de bombardear o Norte e a decisão de realizar amplos bombardeios aéreos e de artilharia no Sul é impressionante. E a razão disso parece bastante clara. O bombardeio do Vietnã do Norte era sumamente visível, muito oneroso para os Estados Unidos e bastante perigoso, com a ameaça constante e reconhecida de uma guerra generalizada. O bombardeio muito mais perverso do Sul, por outro lado, simplesmente destruía a sociedade rural do Vietnã do Sul e, por isso, não merecia a atenção da rapaziada dos bastidores.

Os Papéis do Pentágono são um estudo sobre o processo decisório, nada mais. Não discorrem sobre os resultados das decisões, a não ser em termos de sucesso e custos militares — custos, bem entendido, para os planejadores e os interesses representados por eles. Não há memorandos sobre as bombas que rasgam a carne com flechas minúsculas, concebidas para causar o máximo de dor e impossíveis de extrair sem graves lesões. Não há cenas de campos transformados em crateras e de arrozais envenenados,[10] nem cheiro de carne queimada. Não encontramos nenhuma descrição de uma senhora idosa vasculhando os escombros de sua "choça" destruída por napalm, nem de uma criança acorrentada a um leito hospitalar, enlouquecida desde os dois anos de idade, quando sua mãe foi morta pelos disparos de um helicóptero quando a segurava no colo. Tampouco há qualquer comentário sobre a destruição da sociedade aldeã do Vietnã, nem sobre a vida nas favelas urbanas densamente povoadas para onde os aldeões fugiram, por "não gostarem de nossos ataques aéreos e de artilharia",[11] ou por estarem passando fome, ou por terem sido retirados à força. Esse sentimentalismo está muito distante da mente dos homens cujas idéias são registradas no estudo do Pentágono.

A sensação de distanciamento da realidade transmitida pelo registro documental é acentuada pela análise que o acompanha. Dois dos autores teceram comentários sobre

> a quietude e o isolamento bem acarpetados dos escritórios governamentais em que foram inicialmente redigidos os Papéis do Pentágono. O *staccato* eficiente das máquinas de escrever, a brancura anti-séptica dos memorandos com margens bem-feitas, os homens afáveis, competentes e sempre corteses que os redigiram, tudo isso fica a um mundo espiritual e geográfico de distância das pilhas de cadáveres em decomposição numa vala nos arredores de Hue,[12] ou de um vilarejo bombardeado no Laos, ou do pavilhão de queimados de um hospital infantil em Saigon, ou mesmo de um cemitério ou de um hospital de veteranos daqui.[13]

A essência dos Papéis do Pentágono é transmitida num resumo e análise da situação depois da ofensiva do Ano Tet, em 1968 (II, 414-415). O analista pondera sobre uma pergunta: podem os Estados Unidos

> superar o fato evidente de que os vietcongues "capturaram" o movimento nacionalista vietnamita, enquanto o GVN tornou-se o refúgio dos vietnamitas que se aliaram aos franceses na batalha contra a independência de sua nação? As tentativas de responder a essa pergunta são complicadas, é claro, pela difícil questão da fidelidade dos vietcongues à China comunista e de seu controle por ela.

Em seguida, o analista medita sobre "a questão da adequação da teoria e da doutrina da contra-insurgência" e sobre o problema de "sua transformação numa realidade operacional" — uma "tarefa difícil e frustrante" em que "não existe um 'controle' mediante o qual se possam fazer comparações laboratoriais entre cursos de ação alternativos", mas um problema que precisa ser estudado, "a fim de melhor nortear a política futura".

Em suma, os Estados Unidos estão apoiando os antigos agentes do colonialismo francês contra o movimento nacionalista, capturado — ilegitimamente, como fica implícito — pelos vietcongues, tal como o fora pela Vietminh antes dele. Vinte anos antes, um relatório de orientação política do Departamento de Estado havia observado que os comunistas, no governo de Ho Chi Minh, haviam "capturado o controle do movimento nacionalista", com isso criando obstáculos ao "objetivo de longo prazo" dos Estados Unidos, que era "eliminar a influência comunista na Indochina, tanto quanto possível".[14] As biografias de Thieu, Ky e Khiem indicam a continuidade dessa política: todos serviram com as forças francesas.[15] Isso não suscita um dilema moral, e sim um dilema técnico. Como explicou Dean Acheson certa vez, "a questão de Ho ser tão nacionalista quanto comunista é irrelevante". Ele é um "comuna deslavado", e é só isso que importa (além do que, "todos os stalinistas das áreas coloniais são nacionalistas"; *DOD*, livro 8, p. 196). Na pior das hipóteses, esse fato representa um dos dilemas da contra-insurgência e, como os teóricos se apressam a assinalar, "todos os dilemas são práticos e, num sentido ético, tão neutros quanto as leis da física".[16] Se as crianças do pavilhão de queimados do hospital de Quang Ngai discordam, bem, provavelmente elas também não compreendem as leis da física. Ao definir os problemas como técnicos, a pessoa se afigura pragmática e realista, afastam-se quaisquer considerações de ordem moral, e o público fica efetivamente excluído, uma vez que, obviamente, os problemas técnicos devem ficar a cargo dos especialistas.

Além disso, o técnico interessado em transformar a teoria da contra-insurgência numa realidade operacional, na falta de controles laboratoriais, não precisa preocupar-se com a origem da idéia de que talvez os vietcongues sejam agentes chineses. Essa "questão", uma hipótese oriunda do departamento de outra pessoa, meramente enuncia os termos do problema técnico, o qual, portanto, o teórico da contra-insurgência fica livre para abordar, sem compreender nada. Os fatos são tão pouco relevantes para ele quanto foram para Dean Acheson, quando este insistiu no reconhecimento e no fornecimento de ajuda ao governo de Bao Dai, em maio de 1949, para salvaguardar o Vietnã dos "desígnios agressivos dos comunas chineses" (*DOD*, livro 8, pp. 190-191).

Na verdade, a função dessa hipótese é transparente: ao presumi-la, pode-se enfrentar com isenção o problema de reprimir o movimento nacionalista do Vietnã, sem a perturbação de escrúpulos morais sentimentalistas, uma vez que, na realidade, o inimigo é a China (ou talvez o Kremlin, que vem dirigindo uma "ofensiva coordenada" contra o Sudeste Asiático),[17] e não o Vietnã. Esse tipo de raciocínio, se é que esta é a palavra certa, contribui muito para explicar o barbarismo da Guerra do Vietnã, na qual a tecnologia mais avançada do mundo é jogada contra o movimento nacionalista "capturado" pelos vietcongues. Se a rapaziada dos bastidores na Dow fosse obrigada a percorrer o pavilhão de queimados de um hospital infantil, talvez pensasse duas vezes no que anda fazendo em seus laboratórios. É concebível que até o Metternich moderno ficasse abalado num confronto cara a cara com refugiados da planície de Jars, se porventura uma de suas pequenas excursões o levassem ao local em que a diversão e as brincadeiras são "transformadas numa realidade operacional". O mesmo se aplica, em linhas mais gerais, aos planejadores de Washington e ao meio acadêmico, isolados dos fatos e posando como especialistas técnicos e solucionadores de problemas.[18]

Por fim, o analista anteriormente mencionado é perspicaz ao reconhecer que o problema técnico deve ser estudado, "a fim de melhor nortear a política futura" na Indochina e em outros locais, na busca de uma ordem mundial estável em que os direitos dos privilegiados sejam garantidos. O Vietnã foi visto como um grande experimento, desafiante e quase revigorante, um laboratório da contra-insurgência e um teste da viabilidade das "guerras de libertação nacional" — inspiradas, por definição, pelo "comunismo internacional" —, quando elas ocorrem dentro do "mundo livre". No governo Kennedy, "houve uma ênfase no treinamento antiguerrilheiro e contra-revolucionário".[19] A doutrina kissingueriana da "guerra limitada", liberta de sua racionalização em termos do conflito entre grandes potências, é um tema natural da orientação político-militar global dos Estados Unidos, dadas as relações entre os países industrializados e o mundo em desenvolvimento. A tecnologia avançada faz uma contribuição dupla. Por um lado, fornece as armas antipessoais, o campo de batalha eletrônico, os sistemas automáticos de controle de disparos e coisas similares, todos projetados para as guerras contra os fracos. Fornece também um arcabouço intelectual para proteger o responsável pelas decisões de qualquer reconhecimento do que ele está realmente fazendo e para desviar a atenção do público — um ponto importante, já que a maioria das pessoas não se compõe de bandidos por natureza e tende a não ficar satisfeita com o assassinato e a destruição. É difícil arquitetar a agressão "sob os grandes holofotes da democracia".[20] Muito mais conveniente é apenas enfrentar problemas técnicos, tão neutros, no sentido ético, quanto os da física.

A pose técnica também permite que os historiadores do Pentágono resvalem para uma aceitação acrítica dos pressupostos que norteiam o pensamento dos próprios planejadores políticos. Seguindo as diretrizes de McNamara, secretário de Estado, esses historiadores não se empenham em investigar a sério o papel norte-americano nos assuntos mundiais e suas motivações e objetivos de longo prazo, nem tentam situar o material que investigam no contexto geral da história do pós-guerra. Assim, os analistas descrevem as variações da "teoria dos dominós" que aparecem ao longo de todo o texto. O diretor do estudo, Leslie Gelb, assinala que "essa teoria, esteja ou não completamente articulada, aparece nos papéis pertinentes do Conselho de Segurança Nacional do período da guerra na Indochina e subjaz a todas as grandes decisões políticas tomadas pelos Estados Unidos com respeito a essa região".[21] Mas os historiadores do Pentágono não analisam o conteúdo implícito da teoria dos dominós — o fato de que, como diz Gabriel Kolko, "traduzida em termos concretos, a teoria dos dominós foi uma doutrina contra-revolucionária que definiu a história moderna como um movimento em que as nações do Terceiro Mundo e as nações dependentes — as que têm valor estratégico para os Estados Unidos ou seus sócios capitalistas — afastaram-se do colonialismo ou do capitalismo, em direção a uma revolução nacional e a formas de socialismo".[22] Eles também não levam em conta o importante fato de que essa mesma teoria dos dominós foi igualmente formulada para outras áreas, em termos bastante similares, como quando o secretário de Estado Marshall disse a um grupo de líderes importantes do Congresso, em fevereiro de 1947, que, "se a Grécia se dissolver numa guerra civil", a Turquia poderá cair, e "com isso a dominação soviética poderia estender-se por todo o Oriente Médio e a Ásia".[23]

Ademais, a interpretação dada pelos analistas revela, de modo geral, o compromisso não verbalizado, mas preponderante, com a convicção de que a postura dos Estados Unidos é defensiva e reativa, e de que o país não é um agente perturbador nas questões mundiais. Por vezes, essa postura geral leva a uma representação seriamente equivocada do registro documental. Para mencionar apenas um caso crucial (ver pp. 152-155), o registro documental revela claramente que os Estados Unidos tiveram a intenção de solapar os Acordos de Genebra desde o começo, mas os historiadores do Pentágono não descrevem com precisão o conteúdo do documento básico e falam apenas na "resposta" estado-unidense à situação vigente, fornecendo uma descrição essencialmente inexata dos acontecimentos do Vietnã e do Laos na época. Do mesmo modo, a história produzida pelo Pentágono minimiza ou deixa de mencionar por completo as atividades clandestinas norte-americanas na Indochina. Não leva em conta, por exemplo, o fato de que, no fim de 1963 e início de 1964, houve uma expansão acentuada das ações militares norte-americanas e patrocinadas pelos Estados Unidos em todos os países da Indochina, nem a coincidência da subversão patrocinada pelos norte-americanos no Laos e no Camboja no fim da década de 1950. As iniciativas dos Estados Unidos em outros locais do Sudeste Asiático, particularmente na Tailândia, também não são registradas, embora seja somente por meio do exame desse contexto mais amplo que podemos ter a esperança de uma compreensão real da evolução dos projetos norte-americanos para o Sudeste Asiático.

Não obstante, essas limitações dos Papéis do Pentágono como história, bem como a preocupação exclusiva com a questão do custo para a potência imperial, fornecem uma reflexão fiel e amiúde reveladora sobre as limitações dentro das quais operam os próprios formuladores da política, pelo menos no nível secundário ricamente ilustrado pelo registro documental aqui apresentado. Não chega a surpreender que os planejadores políticos não formulem nenhuma indagação rigorosa sobre as pessoas cujas vidas e destinos eles manipulam, sobre a validade de suas próprias crenças ou de sua visão de uma sociedade adequadamente organizada, ou sobre seu direito de agir com base nessas crenças para impor arranjos sociais e econômicos a terceiros. De forma correspondente, os planejadores tendem a não se perceber como agressores imperialistas, como uma força hostil e diruptiva em terras estrangeiras; ao contrário, eles defendem os valores da civilização e o *status quo*. Buscam a paz e a ordem. São vítimas, não agentes, e meramente reagem aos atos das grandes potências que são suas rivais, ou dos elementos obstinados, recalcitrantes e perversos de terras estrangeiras que não se curvam à vontade da superpotência, rejeitam a visão que ela tem de seu futuro e até resistem à força a suas intromissões, com isso se transformando em agressores violentos em suas próprias casas. O técnico que apenas estuda os atos praticados no dia-a-dia pelos planejadores imperiais também pode, com facilidade, evitar as dolorosas questões que surgem de imediato para qualquer um que se livre do arcabouço da ideologia oficial.

Os problemas levantados pelos Papéis do Pentágono enquadram-se em diversas categorias. Em primeiro lugar, há questões relativas à divulgação do material e à reação do governo: a questão do privilégio do Executivo, do alcance da Primeira Emenda[t3] e dos direitos e deveres do cidadão (seção II, adiante). O conteúdo do estudo também tem uma relação direta com problemas de direito e de consciência moral, bem como da ação social legítima (seção III). É também importante explorar o valor duradouro mais amplo dessa coleção de documentos e análises, como contribuição para o registro histórico (seção IV) e para a compreensão dos objetivos da estratégia global norte-americana (seção V), bem como para a percepção que ela proporciona da mentalidade dos planejadores e do funcionamento do governo (seção VI). Todos esses assuntos merecem um estudo extenso. E eu gostaria de comentar cada um deles, na seqüência indicada.

II. SOBRE A DIVULGAÇÃO DOS PAPÉIS DO PENTÁGONO

O senador Sam Ervin, que vem conduzindo um inquérito sobre a separação dos poderes, observou recentemente:

> Ao longo de toda a história, os governantes têm imposto o sigilo a seus atos, a fim de escravizar os cidadãos nos grilhões da ignorância. Em contrapartida, o governo cujos atos são completamente visíveis para todos os seus cidadãos é o que melhor protege as liberdades incorporadas na Constituição.[24]

Ervin referia-se especificamente à doutrina do privilégio do Executivo, invocada com freqüência crescente como recurso para ocultar informações do Congresso e do público, a fim de que "os governantes não tenham que se responsabilizar por seus atos". Nessa matéria, o senador Ervin toma posição numa tradição ilustre. Thomas Jefferson advertiu que, quando os cidadãos "ficam desatentos aos assuntos públicos", o governo "transforma-se todo ele numa alcatéia"[25] — uma observação perspicaz, bem como uma previsão exata. A história revelada pelos Papéis do Pentágono é exatamente o que se esperaria de um sistema de poder centralizado, isolado do escrutínio popular e do controle democrático, e esquecido — talvez até desconhecedor — das conseqüências humanas de seus atos.

Durante uma geração inteira, houve uma desatenção deliberada aos assuntos oficiais no campo da política externa. O sigilo governamental foi um fator que contribuiu para isso, mas sua importância foi superada em muito pela intensa doutrinação que deixou o público inerte até época muito recente, quando a resistência vietnamita despertou uma certa dose de ceticismo e largueza de horizontes com respeito ao comportamento do Executivo e às suas declarações oficiais. Com o desmoronamento parcial do consenso ideológico dos anos do pós-guerra, está muito mais fácil fazer investigações sérias sobre o papel dos Estados Unidos nas questões mundiais. A divulgação e a publicação dos Papéis do Pentágono resultaram, em parte, desse clima intelectual mais sadio, e podemos esperar que contribuam para ele.

Naturalmente, a reação do governo é tentar escorar as barragens. O governo Nixon-Kissinger chegou até a ir além de seus antecessores na invocação do "poder intrínseco do Executivo", em particular do proclamado direito de ocultar informações do Congresso e da população. Isso é coerente com a ideologia nixoniana do autoritarismo radical (muitas vezes erroneamente rotulado de "conservadorismo") e com a convicção kissingueriana da necessidade de uma rigorosa administração central da política externa.[26]

Uma questão correlata é o flagrante desrespeito à lei por parte do governo Nixon, que talvez ultrapasse até o de seus predecessores. Como ilustração reveladora, embora insignificante, consideremos a utilização de mercenários tailandeses no Laos, que recentemente foi objeto de alguns comentários ásperos no Congresso. Convocou-se uma sessão executiva do Senado para examinar a guerra da CIA no Laos, em especial o fato "de que, atualmente, os Estados Unidos estão pagando por tropas estrangeiras, mercenários, se os senhores quiserem, a despeito de uma legislação que, tanto em sua letra quanto em sua intenção, foi concebida para proibir qualquer prática dessa natureza".[27] Apesar dos reiterados esforços do senador Fullbright, essa informação foi ocultada, até que alguns repórteres verificaram que milhares de soldados tailandeses, recrutados e financiados pela CIA, estavam combatendo no Laos sob o comando de oficiais tailandeses, numa nova fase da guerra decenal conduzida sob a direção da CIA, "sem autorização do Congresso e basicamente sem o conhecimento — e portanto, obviamente, sem o consentimento — do Congresso ou do povo norte-americano".[28] Com esses atos, o governo deu mais um passo em direção à concretização da proposta de George Ball em 1965: "Controlar o vale do Mekong será crucial em qualquer solução a longo prazo, seja pela divisão territorial do Laos, com as forças americano-tailandesas ocupando a metade ocidental, seja por um acordo secreto" (IV, 618; Ball foi fartamente elogiado por haver reconhecido, nesse memorando, as dificuldades de travar uma guerra impopular contra grande parte da população do Vietnã do Sul).

Nas audiências do Senado, perguntou-se a Alexis Johnson, que falava em nome do governo, se ele considerava que os tailandeses no Laos eram forças locais, como exigia a lei. "Sim, eu os considero forças locais", respondeu ele. Quando também lhe perguntaram se acreditava que, nos termos da legislação, seria permissível "recrutar cambojanos e malásios, australianos ou quem mais lhe ocorrer, chamando-os de forças locais", o Sr. Johnson explicou que, sim, acreditava: nesse caso, eles se tornariam "forças laosianas ou forças locais", como era exigido pela legislação que restringia as verbas às forças laosianas locais.[29]

Diante de tão flagrante violação da lei, o senador Symington fez uma pergunta: "Se aprovamos uma lei e se essa lei pode ser respeitada em sua violação, qual é a verdadeira razão de existirem senadores nos Estados Unidos?"[30] E o senador Fullbright observou: "Eu e alguns de meus colegas ficamos quase reduzidos a uma situação em que não faz diferença o que é transformado em lei, porque o governo não o respeita", e acrescentou que, um dia, talvez "este país recupere o bom senso, e então tenhamos a oportunidade de ressuscitar os princípios fundamentais de direito sobre os quais esta nação foi fundada".[31]

Esse é, sem dúvida, um exemplo insignificante no contexto da ilegalidade geral do Executivo na Indochina, mas serve para indicar por que o governo tem que continuar a "escravizar os cidadãos [e também o Congresso] nos grilhões da ignorância". Não admira, portanto, que tenha havido um esforço de cerceamento prévio — o primeiro na história norte-americana —, seguido por um indiciamento que alegou uma conspiração por parte de Daniel Ellsberg, Anthony Russo[t4] e outros, com outras acusações pendentes. A idéia geral foi sucintamente captada num cartum de Mauldin[t5] em que Nixon, preocupado, sussurra para Lyndon Johnson: "Se eu os deixasse publicar a verdade a seu respeito, eu seria a próxima vítima." O que o governo teme é um rompimento do sistema de sigilo que tanto tem facilitado o planejamento e a execução de políticas que não podem ser defendidas perante a população.

Num estudo importante da Primeira Emenda, Thomas Emerson assinalou que "as limitações da liberdade de expressão constituem, por natureza, uma tentativa de impedir a possibilidade de ocorrência de certos acontecimentos, e não uma punição pela conduta indesejável depois que eles se dão".[32] No caso atual, essa observação se aplica, com uma ligeira modificação. A punição pretende impedir os esforços de informar o público sobre acontecimentos ainda por ocorrer. Reexaminando os esforços anteriores de restringir os direitos constantes na Primeira Emenda, Emerson concluiu, corretamente, a meu ver, que, na totalidade dos casos, a pretensa necessidade de restringir a liberdade de expressão foi seriamente exagerada, a imposição das limitações criou um aparelho "execrável" de implementação e, o que é mais significativo, "na prática, as restrições foram empregadas para atingir objetivos bem diferentes dos propósitos teóricos das leis", com prejuízos sociais que se revelaram significativos. A resposta à publicação dos Papéis do Pentágono é um bom exemplo disso.

A questão central nesse caso é que, à parte os legalismos, há um componente de absurdo em qualquer investigação ou processo contra aqueles que divulgaram os Papéis do Pentágono para o povo norte-americano. Qualquer indiciação dos envolvidos na disponibilização dessas informações não representa nada além de um esforço, por parte do governo, de punir a denúncia de seus crimes. Podemos indagar se é a lei em si que é absurda, por permitir tais procedimentos, ou se, mais uma vez, a lei está sendo violada.

É plausível o argumento de que a Primeira Emenda fornece um arcabouço adequado para denunciar o absurdo do processo. O governo alega que a divulgação desse material para o público norte-americano viola diversas leis — por exemplo, os artigos da Lei de Espionagem que proíbem a transmissão de documentos "relacionados com a defesa nacional", ou de "informações relativas à defesa nacional cujo possuidor tenha razão para crer que possam ser usadas em prejuízo dos Estados Unidos, ou em benefício de qualquer nação estrangeira".[33] Mas o Congresso não aprovou nenhuma lei que proíba a divulgação de documentos ou informações relacionados não com a defesa nacional, mas com uma história de agressões (o Executivo, é claro, sempre caracterizará a agressão como "defesa nacional"), ou que proíba a divulgação de informações cujo possuidor tenha razão para crer que serão usadas em benefício dos Estados Unidos — isto é, do povo dos Estados Unidos e do Congresso. Se não foi intenção da Lei de Espionagem proteger o Executivo de revelações constrangedoras nem permitir que ele oculte seus atos do público e do Congresso, não há razão para supor que a divulgação dos Papéis do Pentágono, no esforço de informar o povo norte-americano sobre os atos — talvez criminosos — de governos sucessivos, viole a Lei de Espionagem.

Também seria possível argumentar que, nos termos da Primeira Emenda, nenhuma lei congressual pode inibir a transmissão de informações à imprensa. Os tribunais, entretanto, nunca adotaram uma interpretação rigorosa da Primeira Emenda. Antes, têm sustentado que a imprensa não pode, por exemplo, divulgar "as datas de partida de transportes ou o número e a localização dos soldados"[34] e depois recorrer à Primeira Emenda para se proteger de processos. Vários casos que poderiam enquadrar-se nessa proibição são mencionados nos Papéis do Pentágono. A Casa Branca suspendeu um ataque planejado ao quartel de Tchepone, no sul do Laos, em dezembro de 1964 (ele foi "cancelado como sendo uma missão secundária"), "porque um artigo de Hanson Baldwin o havia apontado com um alvo provável" (III, 255). Mais tarde, ataques a instalações petrolíferas do Vietnã do Norte, em Haifong, foram temporariamente cancelados quando a agência de notícias Dow Jones divulgou os planos, num "vazamento extremamente grave, em função do alto risco de prejuízos para os Estados Unidos, caso as defesas norte-vietnamitas se preparassem plenamente" (IV, 106). Em outro incidente, o presidente parece haver anunciado o "ataque retaliatório" ao golfo de Tonquim antes de os aviões norte-americanos serem interceptados pelo radar norte-vietnamita. De acordo com um importante estudo de Anthony Austin, a razão disso foi que, embora, "se o presidente falasse cedo demais, ele estaria dando uma pista a Hanói", por outro lado, "se adiasse muito mais, perderia sua audiência em toda a orla marítima oriental" (uma vez que já passava das 23:00h pelo horário de Washington).[35]

Nos últimos anos, os tribunais têm afirmado que os direitos constantes da Primeira Emenda devem ser ponderados com outros interesses. Emerson sugeriu que esse teste de "equilibração" tem recebido uma interpretação tão ampla, que a Primeira Emenda pode ficar reduzida "a uma formalidade frouxa e sem vida (...), ameaçada de desintegração".[36] Como quer que encaremos a doutrina da equilibração, ela só é aplicável, no caso em exame, se o governo representar algum interesse público legítimo em seus esforços de perseguir aqueles que divulgaram o estudo do Pentágono para o público norte-americano. Nesse caso, podemos indagar se esse interesse, seja ele qual for, supera a Primeira Emenda. Mas essa questão nem chega a ser levantada, caso o governo não represente nenhum interesse público legítimo. Nessa situação, o interesse público reside firmemente na interpretação rigorosa e literal da Primeira Emenda, que confere ao cidadão certa proteção contra o Estado, uma vez que a investigação pode revelar planos secretos que talvez sejam criminosos ou que seriam simplesmente condenados por um público esclarecido. Estas considerações são de especial importância num sistema político que não tem nenhum partido de oposição no campo dos assuntos externos, nem tampouco um sistema de questionamento parlamentar. Privado das informações reveladas por uma imprensa substancialmente livre, o cidadão não tem defesa contra as maquinações do Executivo estatal. Por isso, é essencial que a imprensa desempenhe um papel oposicionista, como permite a Primeira Emenda. Na medida em que a imprensa seja inibida por restrições ideológicas, por intimidações ou pela simples concentração da riqueza e do poder, haverá uma violação de direitos fundamentais. O governo não pode fazer reivindicação legítima alguma de reduzir esses direitos em nome de "escravizar os cidadãos nos grilhões da ignorância". A Primeira Emenda, por si só, é suficiente para barrar os esforços atuais do governo de intimidar a imprensa e coibir suas investigações adicionais, processando e assediando de outras maneiras os indivíduos que denunciam seus segredos sujos.

No caso dos Papéis do Pentágono, esse problema fica particularmente claro, porque o governo tem procurado punir a divulgação de informações históricas. O mesmo se aplicaria, no entanto, ao caso mais interessante dos planos para o futuro. Por exemplo, em 26 de fevereiro de 1966, o presidente declarou: "Não temos em minha escrivaninha, no momento, nenhuma solicitação não atendida do general Westmoreland."[37] Na verdade, havia, nessa ocasião, um pedido para duplicar o engajamento das tropas, e o presidente tinha em sua escrivaninha um memorando do ministro da Defesa que dizia que, com um destacamento do tipo recomendado (de até 400 mil soldados no fim de 1966 e talvez mais de 600 mil no ano seguinte), era esperável que o número de norte-americanos mortos em combate atingisse mil por mês (IV, 309, 623-624).

O presidente e seus assessores não julgaram apropriado que o povo norte-americano tomasse conhecimento do que lhe estava reservado. Para citar outro exemplo, quando o ministro Rusk disse na televisão, em 3 de janeiro de 1965, que estava "excluída a hipótese (...) de uma grande expansão da guerra" (III, 138, 263), a base da escalada que veio logo depois já tinha sido solidamente lançada, e ele sabia disso. Sabia também das conseqüências possíveis, qualquer que tivesse sido sua estimativa pessoal das probabilidades. Um grupo de trabalho do Conselho de Segurança Nacional tinha previsto que o compromisso de "manter um Vietnã do Sul não comunista (...) envolveria altos riscos de um grande conflito na Ásia", o que "implicaria, quase inevitavelmente, uma ação terrestre na escala da Coréia e, possivelmente, até mesmo o uso de armas nucleares em algum momento".[38] Em data anterior, o próprio ministro Rusk havia enfatizado ao general Khanh que os Estados Unidos "nunca mais se envolveriam numa guerra terrestre, na Ásia, que se limitasse a forças convencionais", e que, "se a escalada acarretasse um grande ataque chinês, também implicaria o uso de armas nucleares" (II, 322, maio de 1964).

Para os que estão no poder, parece óbvio que a população deve ser adulada e manipulada, amedrontada e mantida na ignorância, a fim de que as elites dirigentes possam funcionar sem empecilhos "a bem do interesse nacional", como optam por definir suas práticas. O cidadão só deve ser informado "das coisas que precisa saber para ser um bom cidadão e se desincumbir de suas funções", como explicou Maxwell Taylor, ao comentar sobre o "direito de saber" dos povos, depois da divulgação dos Papéis do Pentágono.[39] Para que as políticas sejam modificadas, é necessário "um condicionamento do público dos Estados Unidos", e, nos casos em que isso não puder ser feito com rapidez, o Executivo poderá descobrir-se apanhado na armadilha de suas próprias mentiras anteriores.[40]

Mas os ocupantes dos cargos de governo não têm autoridade legal para agir de acordo com seu desprezo pelo público e para mentir com impunidade.[41] E, com uma interpretação sensata da Primeira Emenda, eles não têm autoridade para processar a denúncia de sua falsidade e de seus atos.

Os Papéis do Pentágono fornecem provas documentais de uma conspiração para usar a força nos assuntos internacionais, transgredindo a lei. Pode-se debater a suficiência das provas, mas não sua existência. O Ministério da Justiça, que instaura as investigações e processos criminais, está a serviço dos conspiradores. Naturalmente, em vez de investigar uma possível conspiração para envolver os Estados Unidos numa crescente guerra de agressão na Indochina, com riscos permanentes e reconhecidos de guerra nuclear (ver pp. 69-70),[42] ele procura proteger do escrutínio os herdeiros dessa política e processar aqueles que divulgam os fatos ao público, o qual precisa tomar conhecimento deles, se quiser agir no sentido de impor limites ao Executivo. Em suma, o Ministério procura demonstrar que Proudhon tinha toda razão ao escrever que as leis são "teias de aranha para os ricos e poderosos, correntes que nenhum aço é capaz de romper para os pequenos e fracos, e redes de pesca nas mãos do governo".[43]

A Declaração de Direitos e Garantias representa um esforço de grande importância histórica para proteger o cidadão do poder estatal. O verdadeiro conteúdo desses direitos formais é determinado pela disposição do povo de defendê-los. Um componente essencial da proteção do cidadão é seu acesso a informações sobre os atos e projetos do Executivo. É preciso energia e determinação para superar a tendência natural do Executivo a ocultar suas práticas. Essa, ao que me parece, é a questão fundamental levantada pela divulgação dos Papéis do Pentágono e pelos acontecimentos posteriores ligados a essa divulgação.

III. CRIMES CONTRA A PAZ

O conteúdo dos Papéis do Pentágono, e não as simples circunstâncias de sua divulgação, tem uma relação direta com problemas de direito e consciência moral e com a ação social legítima. O estudo do Pentágono não diz respeito ao caráter das atividades militares e policiais dos Estados Unidos na Indochina e, por conseguinte, fornece poucas informações sobre crimes de guerra em sentido estrito: evacuação forçada, destruição da terra, massacres e assim por diante. Mas fornece uma documentação importante a respeito de uma segunda categoria de crimes possíveis, a saber, o "planejamento, a preparação, a deflagração ou a manutenção de guerras de agressão, ou de guerras que violem tratados, acordos ou garantias internacionais", ou conspirações para esse fim, nos termos de Nuremberg.[44]

É importante deixar claras as questões em jogo numa investigação sobre a legalidade da guerra norte-americana na Indochina. Não se contesta, entre as pessoas racionais que têm algum interesse nos fatos, que o comando dos Estados Unidos é responsável por grandes crimes, no sentido que o leigo dá a esse termo. O que é lícito indagarmos é se os atos que estão incontestavelmente documentados também são crimes no sentido jurídico, reconhecendo que, ao formularmos essa pergunta, o que está em julgamento não é a guerra, mas a lei. O que perguntamos — se tivermos seriedade — é se a lei é um instrumento suficientemente preciso e delicado para ficar apto a rotular um crime monstruoso de violação da lei. Do mesmo modo, ao considerar a legalidade da intervenção em si (à parte os meios empregados), a pessoa que tem seriedade quanto a esse assunto não examina a propriedade do ato, mas a adequação da lei. Vamos supor que determinássemos que o direito internacional não condena a intervenção norte-americana como criminosa, no sentido técnico. Nesse caso, a pessoa racional encarará a lei, entendida dessa maneira, com todo o respeito conferido ao direito divino dos reis.[45] Na verdade, a lei não me parece tão deficiente que não possa considerar ilegal essa intervenção, porém, repetindo, é importante que fique claro o que está em jogo quando essa questão é levantada.

A obrigação fundamental dos Estados Unidos em matéria de tratados é para com a Carta da Organização das Nações Unidas, à qual ficam explicitamente subordinados outros tratados, como o da Organização do Tratado do Sudeste Asiático (SEATO). A Carta das Nações Unidas, que é um tratado válido, faz parte da suprema lei da terra e especifica uma série de "meios pacíficos" (negociações etc.) que devem ser empregados na eventualidade de uma disputa que possa colocar a paz em risco (artigo 33). É responsabilidade exclusiva do Conselho de Segurança da ONU "determinar a existência de qualquer ameaça à paz, ruptura da paz ou ato de agressão" e determinar as medidas a serem tomadas (artigo 39). Os Estados-membros são solicitados a "resolver as suas controvérsias internacionais por meios pacíficos" e a "abster-se, nas suas relações internacionais, de recorrer à ameaça ou ao uso da força, seja contra a integridade territorial ou a independência política de um Estado, seja de qualquer outro modo incompatível com os objetivos das Nações Unidas"; e nem mesmo a ONU está autorizada "a intervir em assuntos que dependam essencialmente da jurisdição interna de qualquer Estado" (artigo 2), em particular a insurgência interna e a guerra civil. Há apenas uma exceção: "Nada na presente Carta prejudicará o direito inerente de legítima defesa individual ou coletiva, no caso de ocorrer um ataque armado contra um membro das Nações Unidas, até que o Conselho de Segurança tenha tomado as medidas necessárias para a manutenção da paz e da segurança internacionais" (artigo 51). A distinção entre "agressão por meio de um ataque armado" e ameaças "de outra natureza, que não por ataque armado" (inclusive "atividades subversivas dirigidas de fora"), está inscrita no tratado da SEATO, que só permite a consulta neste último caso, ao mesmo tempo que reafirma o direito de autodefesa coletiva na situação de "ataque armado". O artigo 51 é compatível com o restante da Carta, na suposição de que o "ataque armado" seja interpretado de maneira estreita, por exemplo, como um ataque "instantâneo, esmagador e que não deixe opção de meios, nem tampouco um momento para a deliberação", numa formulação clássica.[46]

A lei é razoavelmente clara e direta. As questões em aberto têm a ver com a interpretação histórica. Elas dizem respeito ao "Estado do Vietnã do Sul", um Estado criado e mantido vivo pela força dos Estados Unidos; um Estado que afirma, em sua Constituição de 1967, que "o Vietnã é uma república territorialmente indivisível, unificada e independente", que se estende, portanto, das fronteiras da China até a península de Camau (artigo 1; essa, ademais, é a única cláusula da Constituição que não ficou sujeita a emendas ou à eliminação),[47] como também estipulam os Acordos de Genebra. A pergunta é: porventura esse Estado foi submetido a um ataque súbito e maciço, que não deixou oportunidade para que o Conselho de Segurança determinasse a existência de uma ameaça à paz, de tal modo que os Estados Unidos ficaram autorizados a intervir em legítima defesa coletiva, nos termos do artigo 51 da Carta das Nações Unidas?

Nem chegamos a precisar do estudo do Pentágono para refutar essa afirmação. O estudo fornece apenas provas adicionais e ainda mais conclusivas de que a suposta "agressão do Norte", longe de constituir um ataque armado, foi considerada pelo Executivo norte-americano como algo que dava "apoio e orientação" à insurgência interna, numa época em que os Estados Unidos estavam diretamente engajados em operações de combate no Vietnã do Sul,[48] e como algo que proporcionava "nossa liderança e a orientação de nossos oficiais, bem como do equipamento que lhes possamos fornecer".[49] O estudo também acrescenta provas corroborativas da conclusão de que o envolvimento militar direto do Vietnã do Norte seguiu-se ao bombardeio sistemático de todo o Vietnã e à invasão do Vietnã do Sul por uma força expedicionária norte-americana, no começo de 1965,[50] como uma conseqüência que sempre fora prevista pelos planejadores estado-unidenses. Revela ainda que cada passo da escalada dos Estados Unidos foi dado para sustentar um regime incapaz de resistir a uma revolta esmagadoramente doméstica, e que a política norte-americana consistiu em evitar "negociações prematuras" que permitissem ao "inimigo", detentor de todas as cartas, lograr seus objetivos por meios pacíficos.

O Executivo dos Estados Unidos não tinha autoridade para determinar que o envolvimento norte-vietnamita que ele julgava existir constituía um ataque armado, nem para reagir à insurgência no Sul com o envio da força militar norte-americana a partir do início da década de 1960. Não tinha autoridade para implantar uma ditadura terrorista no Vietnã do Sul em 1954 (ou sequer uma democracia benevolente), nem para realizar atividades secretas ou praticar atos militares diretos em outros pontos da Indochina.

Os planejadores da guerra nunca tiveram dúvidas quanto a essas questões. Sabiam que o artigo 51 da Carta das Nações Unidas era a única base possível para defender a legalidade da intervenção estado-unidense, e que recorrer a ele exigiria "um grande esforço de relações públicas" (III, 229). Esse esforço de relações públicas tinha várias facetas. Um de seus componentes era uma mentira escancarada com respeito à "agressão norte-vietnamita", como no depoimento do ministro Rusk perante a Comissão de Relações Exteriores do Senado. Os especialistas jurídicos do Departamento de Estado elaboraram a teoria de que o retorno dos sulistas reorganizados para suas casas, a partir de 1959 (a fim de participar da luta permanente contra o terrorismo do regime imposto pelos norte-americanos, que se recusava a obedecer aos Acordos de Genebra), constituiu um "ataque armado" contra o "Vietnã do Sul". Mentes ainda mais sutis inventaram o conceito de "agressão interna", anteriormente usado por Dean Acheson com respeito à Vietminh. Afirmou-se até que a atividade política contrária aos objetivos dos Estados Unidos constituía uma agressão. Para disfarçar o absurdo dessas formulações, alegou-se que os "agressores internos" eram agentes de uma potência comunista estrangeira. A inexistência de provas nunca constituiu problema.

Em termos mais significativos, antes que secasse a tinta dos Acordos de Genebra de 1954, o Conselho de Segurança Nacional formulou um programa explícito para solapá-los e para recorrer ao uso da força, violando a lei. Em anos posteriores, os planejadores elaboraram uma política explícita (e flagrantemente ilegal) de exercer a força antes do recurso a meios pacíficos, a fim de compensar a fraqueza política da posição norte-americana na Indochina.

Retornaremos a todos esses pontos na seção VI, com uma documentação explícita.

Convém assinalar que a defesa da intervenção norte-americana deu margem a algumas construções curiosas por parte dos geopolíticos mais inventivos. Numa etapa dessa guerra de 25 anos, era necessário derrotar os comunistas vietnamitas para impedir que o Kremlin dominasse a Indochina; em outra, para salvar o povo vietnamita da influência estrangeira da China; e em mais outra, para impedir que a ideologia chinesa militante ganhasse ascendência sobre a versão kremliniana mais moderada no mundo comunista. Amanhã, é muito provável que ouçamos que os Estados Unidos têm que continuar a transformar a Indochina em pó para promover o interesse sino-americano comum de impedir a hegemonia soviética no sul e no sudeste da Ásia. É digno de nota que, enquanto as premissas se substituem em rápida sucessão, a conclusão deduzida delas continua constante: matem os vietcongues.

Também convém enfatizar que o envolvimento direto das forças terrestres do Vietnã do Norte no Vietnã do Sul foi uma resposta à escalada norte-americana da guerra terrestre e aérea no Sul e ao bombardeio do Norte, e que o envolvimento de russos e chineses na Indochina foi uma resposta à escalada norte-americana a partir de 1964. Todavia, uma vez ocorrida a "intervenção", os propagandistas do governo apressaram-se a explorá-la como justificativa para uma escalada norte-americana ainda maior, a fim de salvar da agressão o povo do Vietnã do Sul.

É possível conceber uma defesa da intervenção estado-unidense que seja menos vergonhosa, em termos intelectuais, do que o apelo ao artigo 51 da Carta das Nações Unidas, e é provável que essa defesa seja ouvida com mais freqüência, agora que os Papéis do Pentágono minaram ainda mais a tese baseada no direito intrínseco à legítima defesa coletiva contra o ataque armado.[51] Seria viável afirmar que a Carta não proíbe explicitamente um governo de convocar seus aliados para reprimir uma rebelião interna. Segundo essa interpretação, seria legítimo usar a força para destruir um movimento interno no território de outro Estado, a pedido do governo no exercício do poder. É preciso, usando essa interpretação, declarar que tal uso da força é compatível com o artigo 2(7) da Carta, que proíbe até a própria Organização das Nações Unidas de intervir em assuntos da jurisdição interna de qualquer Estado, e afirmar que ele é compatível com os objetivos da ONU (ver artigo 2(4)), que incluem o compromisso com meios pacíficos para a resolução de controvérsias, o respeito à autodeterminação dos povos etc. A defesa deve ainda rejeitar a posição, assumida pela Assembléia Geral, de que "nenhum Estado tem o direito de intervir, direta ou indiretamente, seja por que razão for, nos assuntos internos ou externos de qualquer outro Estado", nem de "interferir nas lutas civis de outro Estado".[52] Mas, pelo menos, essa interpretação não é um ataque frontal aos fatos históricos e pode recorrer a uma certa ambigüidade da Carta, assim como a uma tradição que confere direitos aos governos no exercício do poder.

A virtude primordial dessa defesa é que ela evita a hipocrisia. A interpretação da lei que lhe é subjacente é explicitamente contra-revolucionária e expressa o fato de que, independentemente da lei, as grandes potências fazem o que querem para atingir os objetivos de suas elites dirigentes ("o interesse nacional"), sendo limitadas apenas pelo custo ou por forças rivais. A Conferência de Juristas Asiáticos realizada em Bangkok (1965) concluiu que "nos antigos territórios coloniais, o estado de direito é mais visto como um instrumento maléfico de dominação tirânica do que como uma força de emancipação ou de proteção dos direitos humanos".[53] Como conclusão geral, isso é bastante exato.

"O direito de ajudar os governos no exercício do poder", seja ele afirmado pelos Estados Unidos no Vietnã do Sul ou pela União Soviética na Hungria, não passa de um disfarce precário da ambição imperialista. O mesmo se aplica ao conceito de "soberania limitada", criado pelos Estados Unidos no Caribe e, mais tarde, quase nos mesmos termos, pela União Soviética no Leste Europeu. Em ambos os casos, a essência da doutrina é que "uma organização regional pode designar uma determinada ideologia sociopolítica como alheia a sua região" e chamar a defesa dela por grupos locais de uma forma de agressão.[54] De acordo com essa doutrina, os guatemaltecos, vietnamitas, húngaros e tchecos transformam-se em agressores em seus próprios países, quando se inspiram numa ideologia tida como alheia e intolerável pela grande potência que domina a esfera de influência em que eles se encontram.

Numa interpretação sensata da Carta das Nações Unidas, a intervenção nessas condições não é permissível, mas isso de modo algum inibe a prática das grandes potências. A conclusão é semelhante à da seção II, anteriormente. Existe uma interpretação sensata do corpo de leis existentes na qual a lei não é absurda e a conduta do Executivo é imprópria ou até criminosa. Mas o poder estatal constrói e procura implementar uma interpretação diferente, na qual não fica sujeito a praticamente nenhuma restrição. A lei, concebida dessa maneira, não tem legitimidade. Qual dessas interpretações prevalece, pelo menos na esfera internacional, é determinado não por argumentos jurídicos ou históricos — por mais que deploremos esse fato —, mas pela distribuição do poder.

É nesse contexto que os Papéis do Pentágono levantam algumas questões incômodas a respeito da ação social legítima. Confirmando outros indícios, eles sugerem que o medo da perturbação doméstica foi uma restrição eficaz da política. O analista reconhece que um dos problemas mais graves do governo foi "a maciça manifestação contra a guerra, organizada em Washington em 21 de outubro [de 1967]", com "a passeata maciça em direção ao Pentágono": "a visão de milhares de manifestantes pacíficos, em confronto com soldados de uniforme de guerra, não pode ter sido tranqüilizadora para o país como um todo e para o presidente em particular" (IV, 217, 197). McNaughton preocupou-se com a hipótese de que a escalada da guerra terrestre para além do Vietnã do Sul levasse a uma desobediência civil em massa, particularmente em vista da oposição à guerra entre os jovens, os desfavorecidos, a intelectualidade e as mulheres (IV, 482, 478). Ao considerar o envio de tropas adicionais para o Vietnã depois da ofensiva do Ano Tet, o Estado-Maior das forças armadas teve que se certificar de que "ainda haveria forças suficientes para o controle dos distúrbios civis" (IV, 541). Um memorando do Ministério da Defesa, algumas semanas depois, preocupou-se com a possibilidade de que o aumento dos níveis de força levasse a "uma resistência maior ao recrutamento e a uma agitação crescente nas cidades", trazendo o risco de "provocar uma crise interna de proporções sem precedentes" (IV, 564).

As considerações de custo são os únicos fatores que inibem os responsáveis pela formulação política, segundo o que indicam esses volumes. Não encontrei exceções a esta conclusão. Entre os custos efetivos estão os que acabamos de assinalar. Estava e continua ao alcance dos cidadãos norte-americanos elevar esses custos e, dessa maneira, refrear a violência criminosa do Estado.

IV. O ESTUDO DO PENTÁGONO E O REGISTRO HISTÓRICO[55]

Apesar de não ser, em nenhum sentido, uma história do envolvimento estado-unidense na Indochina, o estudo do Pentágono acrescenta alguns detalhes importantes ao registro histórico. Como avaliação geral, é lícito dizer que ele corrobora algumas inferências razoáveis feitas na literatura mais crítica sobre a guerra. Os historiadores do Pentágono tentam, vez por outra, distinguir os indícios que apresentam das conclusões da literatura crítica, mas sem sucesso: dão uma idéia falsa das visões que discutem dos críticos da guerra, além de também distorcerem acentuadamente o registro histórico.

Como não é de admirar, os historiadores do Pentágono reiteram, caso após caso, as afirmações feitas pelo governo dos Estados Unidos, como se elas fossem fatos confirmados. Com freqüência, vão além da propaganda do governo, na tentativa de justificar a política estado-unidense e defender a idéia de que o Vietnã do Norte foi a força diruptiva e agressiva na Indochina, e às vezes falseiam até a documentação em que seu relato se baseia. Seu raciocínio, quando eles vão além do registro documental, também revela a extrema parcialidade em relação ao governo que seria esperável, naturalmente, num estudo desse tipo. Para citar um caso, consideremos a interpretação do período pós-Genebra (presumivelmente, dada pelo diretor do estudo, cf. nota 21). A seu ver, os Estados Unidos e o governo do Vietnã, apesar de não "cooperarem plenamente", "consideraram-se restringidos pelos Acordos" e não "romperam (...) deliberadamente a paz". "Em contraste, a RDV tratou de mobilizar todos os seus recursos sociais, praticamente sem nenhuma pausa, desde o dia em que o tratado de paz foi assinado, como que para consubstanciar a declaração" de Pham Van Dong de que "conseguiremos a união" (I, 250). Portanto, ao mobilizar a totalidade de seus recursos societários para a reconstrução social e econômica, a RDV demonstrou claramente sua intenção de romper os acordos, em contraste com os Estados Unidos e o governo do Vietnã do Sul, amantes da paz, que meramente mantiveram o *status quo* estabelecido em Genebra, ao rejeitarem a cláusula de eleições centrais dos acordos e deflagrarem uma repressão criminosa da Vietminh e de outros elementos da oposição, violando o artigo 14(c) dos acordos. A RDV só poderia ter demonstrado sua sinceridade sucumbindo à fome que parecia iminente em 1954 (cf. *At War with Asia*, p. 282), abstendo-se do desenvolvimento econômico e permitindo que os Estados Unidos lograssem êxito em seus esforços de miná-la. A lógica do historiador é muito parecida com a de Dean Acheson, quando este declarou, em 1950, que o reconhecimento de Ho Chi Minh pela China e pela União Soviética "eliminaria qualquer ilusão quanto ao caráter nacionalista das metas de Ho Chi Minh e o revelaria em sua verdadeira face, como inimigo mortal da independência nacional do Vietnã" (I, 51). Para Acheson, ao que parece, Ho só poderia provar suas credenciais nacionalistas capitulando aos franceses, os quais, na visão de Acheson, defendiam a liberdade e a independência nacional do país contra a agressão da Vietminh (ver pp. 167-168, adiante).

Com base em premissas ideológicas similares, o analista afirma que "não se estabeleceu nenhuma ligação direta entre Hanói e os perpetradores da violência rural" no período de 1956-1959 (I, 243). Por "perpetradores da violência rural" ele pretende referir-se às forças de resistência do Vietnã do Sul que tomaram medidas de legítima defesa (ao contrário da política dos comunistas vietnamitas) em resposta ao império do terror instituído pelo presidente Diem e seus associados, que organizaram expedições maciças a áreas pacíficas controladas pelos comunistas, matando inúmeros camponeses e destruindo vilarejos com bombardeios de artilharia, assassinando, torturando e aprisionando dezenas de milhares de dissidentes.[56] Quanto a isso, o analista meramente afirma que, "pelo menos até 1957, Diem e seu governo obtiveram um sucesso marcante com programas de pacificação bastante sofisticados no interior" (I, 254), embora diga que Diem instituiu várias "medidas opressivas" (I, 253, 255). Mas ele conclui que o regime de Diem "saiu-se bem na comparação com outros governos asiáticos do mesmo período, em seu respeito à pessoa e à propriedade dos cidadãos" (I, 253; em particular, à propriedade dos 2% de latifundiários que detinham 45% da terra em 1960; I, 254). Diem e seus parceiros não são descritos como "perpetradores de violência rural". Aliás, há pouca dificuldade de estabelecer "ligações diretas" entre Washington e os organizadores dos "programas sofisticados de pacificação", fato que não é discutido nesse contexto.

Quando o estudo do Pentágono veio a público, houve protestos sonoros de que ele era tendencioso, enganoso, um coro de pombos. Em certo sentido, isso é correto. Em geral, os historiadores do Pentágono realmente parecem acreditar que o envolvimento dos Estados Unidos no Vietnã pode muito bem ter sido um erro dispendioso. Ao mesmo tempo, tendem a aceitar acriticamente o arcabouço da ideologia oficial e raras vezes questionam as assertivas do governo. Tal como o termo tem sido usado no discurso político norte-americano, eles são pombos, em sua maioria, e por isso ficaram sujeitos a muitas críticas, naturalmente, por parte dos ideólogos estatais que se escandalizam quando os meios de comunicação, o meio acadêmico ou a opinião pública exibem o menor sinal de independência intelectual ou ceticismo em relação aos dogmas oficiais.

A tendenciosidade geral dos analistas deve ser reconhecida por qualquer um que tenha a esperança de utilizar a sério esse material. O estudo desinteressado dos assuntos contemporâneos é uma espécie de ilusão, embora não seja incomum confundir-se o compromisso com a ideologia dominante com "neutralidade". Essa ingenuidade não raro se evidencia em tais análises, embora não mais do que na maioria dos trabalhos acadêmicos. Mesmo assim, nenhum leitor deixará de aprender muito sobre o envolvimento dos Estados Unidos no Vietnã, bem como sobre as atitudes e metas subjacentes a ele, por meio de um estudo criterioso das análises e da documentação em que elas se baseiam.

O traço mais marcante do registro histórico, tal como apresentado no estudo do Pentágono, é sua notável continuidade. O exemplo mais significativo talvez seja o que diz respeito às premissas políticas dos quatro governos abrangidos pelo relato (e agora podemos acrescentar o quinto). Nunca houve o menor desvio do princípio de que é preciso impor um regime não comunista, independentemente dos sentimentos populares. É verdade que o alcance desse princípio foi limitado, quando enfim se admitiu, por volta de 1960, que o Vietnã do Norte estava "perdido". Afora isso, ele foi inequivocamente mantido, como indica o histórico. Dados esse princípio, a intensidade da resistência vietnamita, o poderio militar à disposição dos Estados Unidos e a falta de restrições eficazes, é possível deduzir, com precisão quase matemática, a estratégia de aniquilação que foi aos poucos empreendida.

Em maio de 1949, Acheson informou às autoridades norte-americanas em Saigon e Paris que "não se deve poupar nenhum esforço" para garantir o sucesso do governo de Bao Dai (o qual, acrescentou ele, seria reconhecido pelos Estados Unidos quando as circunstâncias o permitissem), já que parecia "não haver outra alternativa para o estab[elecimento] do padrão comunista no Vietnã". Ele insistiu ainda em que o governo de Bao Dai fosse "verdadeiramente representativo, a ponto de incluir os líderes não comunistas de destaque que hoje apóiam Ho".[57] Acheson estava ciente, é claro, de que Ho Chi Minh havia "capturado o controle do movimento nacionalista".[58] Para ele, entretanto, a popularidade de Ho não tinha maior importância do que suas credenciais nacionalistas.

Em maio de 1967, McNaughton e McNamara apresentaram um memorando que, na visão do analista, implica uma reorientação significativa da política, afastando-se da ênfase anterior na vitória militar, em direção a uma postura mais limitada e conciliatória. McNaughton sugeriu que os Estados Unidos enfatizassem "que o único objetivo dos EUA no Vietnã foi e é permitir que o povo do Vietnã do Sul determine seu próprio futuro". Por conseguinte, o governo de Saigon deveria ser incentivado "a uma conciliação com os sul-vietnamitas não comunistas que estão sob a bandeira dos vietcongues; a aceitá-los como membros de um partido político de oposição e, se necessário, a aceitar sua participação individual no governo nacional".[59] Era precisamente a proposta de Acheson de 18 anos antes (agora restrita ao Vietnã do Sul).

As palavras finais da análise dos Papéis do Pentágono descrevem uma nova política, adotada depois que a ofensiva do Ano Tet em 1968 esfacelou a antiga: "As forças norte-americanas permaneceriam no Vietnã do Sul para impedir a derrota do governo pelas forças comunistas e proporcionar um escudo atrás do qual esse governo pudesse reunir-se, tornar-se eficiente e conquistar o apoio de seu povo" (IV, 604). Mais uma vez, trata-se do mesmo pressuposto: os Estados Unidos deveriam suprir o poderio militar, para permitir que um governo não comunista, apesar de sua fraqueza política, sua corrupção e sua injustiça, conseguisse de algum modo estabilizar-se. Em parte alguma se observa o menor desvio desse compromisso fundamental.[60] A mesma política permanece em vigor atualmente, a despeito de algumas modificações táticas.[61]

Não admira, portanto, que muitos vietnamitas vissem os norte-americanos como herdeiros do colonialismo francês. O analista cita estudos de atitudes dos camponeses que demonstram "que, para muitos deles, a luta iniciada em 1945 contra o colonialismo continuou ininterrupta durante todo o regime de

Diem: em 1954, os inimigos dos nacionalistas deixaram de ser a França e Bao Dai e se transformaram em Diem e os Estados Unidos (...), mas as questões em jogo nunca se alteraram" (I, 295; ver também I, 252). Em consonância com isso, o Pentágono considerou que seu problema era "intimidar os vietcongues (anteriormente chamados de Vietminh)" (maio de 1959; *DOD*, livro 10, p. 1186; também II, 409).[62] O próprio Diem, vez por outra, parece haver adotado uma postura bem semelhante. Ao discursar para os soldados franceses que se retiravam, em 28 de abril de 1956, ele prometeu que "suas forças, que lutaram para defender a honra e a liberdade, encontrarão em nós dignos sucessores".[63] Em janeiro de 1964, o general Minh alertou para o "sabor colonial de todo o esforço de pacificação". Os franceses, disse ele, em seus piores e mais desastrados momentos, nunca haviam entrado nos vilarejos ou distritos como os norte-americanos estavam prestes a fazer. (Observe-se a data.) Em resposta ao argumento de Lodge de que a maioria das equipes era vietnamita, o general Minh assinalou que "elas são consideradas iguais aos vietnamitas que trabalharam para os japoneses". A reação dos Estados Unidos foi rejeitar as propostas de Minh como "um retrocesso inaceitável" e estender o sistema de assessoria a um nível ainda mais baixo que "o nível setorial e dos batalhões" (II, 307-308). Decorrido um ano e meio, foi perfeitamente apropriado que William Bundy se perguntasse se a população do interior, que já se sentiria tentada a ver os norte-americanos como sucessores dos franceses, não "correria em bando para a bandeira dos VC", depois da invasão em larga escala que estava sendo planejada pelos Estados Unidos nessa ocasião (IV, 611).

O atual regime de Thieu tem uma base de poder notavelmente semelhante à de Diem, talvez ainda menor.[64] A esta altura, segmentos substanciais da intelectualidade urbana — "as pessoas que importam", no dizer de Lodge (II, 738) — encaram a intervenção norte-americana como um imperialismo flagrante. Pode-se argumentar, é claro, que o clima da população tem menos importância do que em anos anteriores, agora que os Estados Unidos conseguiram, pelo menos em parte, "triturar o inimigo com seu simples peso e massa" (Robert Komer; IV, 420).

V. O VIETNÃ E A ESTRATÉGIA GLOBAL DOS ESTADOS UNIDOS

Com respeito aos objetivos dos Estados Unidos a longo prazo, os Papéis do Pentágono também acrescentam uma documentação útil, que em geral corrobora, a meu ver, as análises baseadas nos registros oficiais apresentadas em outros lugares.[65] No período inicial, o registro documental apresenta uma descrição bastante explícita da busca mais ou menos racional do que é percebido como interesse próprio. A tese primária era clara. Os Estados Unidos tinham no Sudeste Asiático interesses estratégicos e econômicos que precisavam ser garantidos. Controlar a Indochina era essencial para assegurar esses interesses. Portanto, deveríamos controlar a Indochina. Uma consideração crucial era o Japão, que viria a se conciliar com o "bloco soviético", caso o Sudeste Asiático fosse perdido. Com efeito, nesse caso, os Estados Unidos teriam perdido a fase do Pacífico da Segunda Guerra Mundial, que fora travada, em parte, para impedir o Japão de construir na Ásia uma "esfera de co-prosperidade" fechada, da qual os Estados Unidos ficariam excluídos. O quadro de referência teórico dessas considerações era a teoria dos dominós, que fora claramente formulada antes da Guerra da Coréia, do mesmo modo que a decisão de apoiar o colonialismo francês. Objetivo: uma nova "esfera de co-prosperidade" adequada aos interesses estado-unidenses e que incorporasse o Japão.

Hoje em dia está em voga ridicularizar a teoria dos dominós, mas ela efetivamente contém um importante núcleo de plausibilidade ou, talvez, de verdade. A independência nacional e a mudança social revolucionária, se bem-sucedidas, podem muito bem ser contagiosas. O problema é o que Walt Rostow e outros às vezes chamam de "ameaça ideológica" — especificamente, "a possibilidade de que os comunistas chineses possam provar aos asiáticos, por meio do progresso da China, que os métodos comunistas são melhores e mais rápidos que os democráticos".[66] O Departamento de Estado temia que "uma fonte fundamental do perigo enfrentado por nós no Extremo Oriente derive da taxa de crescimento econômico da China comunista, que provavelmente continuará a superar a dos países asiáticos livres, com a possível exceção do Japão", o que era uma questão de impacto real e psicológico em outros lugares (*DOD*, livro 10, p. 1198; junho de 1959). O Estado-Maior das Forças Armadas repetiu a mesma formulação, duas semanas depois (p. 1213), acrescentando ainda que "os fantásticos avanços econômicos realizados pela China comunista, nos últimos dez anos, impressionam enormemente as nações da região e representam um sério desafio para o Mundo Livre" (p. 1226). Por isso, o Estado-Maior insistiu em que os Estados Unidos fizessem todo o possível para retardar o progresso econômico dos Estados asiáticos comunistas (p. 1208),[67] numa decisão que se distingue por sua crueldade.

Alguns anos depois, em meio ao planejamento da ampliação da guerra, no outono de 1964, Michael Forrestal afirmou que devíamos preocupar-nos com a "expansão ideológica" chinesa, com sua necessidade "de obter sucessos ideológicos no exterior" e com o perigo de que algum desses sucessos ideológicos estimulasse a necessidade de outros sucessos. Portanto, "nosso objetivo deve consistir em 'conter' a China pelo mais longo período possível" (III, 592; 4 de novembro de 1964); ou, como disse o analista, com um pouco mais de precisão, parafraseando Forrestal, "o objetivo dos EUA deve consistir em 'conter' a influência política e ideológica chinesa" (III, 218). William Sullivan retomou o mesmo tema, vendo "a agressividade política e ideológica chinesa (...) como uma ameaça à possibilidade de esses povos determinarem seu próprio futuro e, portanto, desenvolverem-se por vias compatíveis com os interesses dos Estados Unidos" (III, 218, paráfrase do analista).

Observe-se o pressuposto típico de que a autodeterminação é compatível com os interesses estado-unidenses, pressuposto este mais do que habitualmente insípido, à luz do que os Papéis do Pentágono revelam sobre a verdadeira resposta norte-americana aos esforços de autodeterminação dos vietnamitas. O mesmo pressuposto, com efeito, apareceu muito antes, na importante declaração de orientação política do Departamento de Estado em setembro de 1948, já mencionada antes, que registrou "nossa impossibilidade de sugerir qualquer solução viável para o problema da Indochina". Essa impossibilidade decorria da incompatibilidade de nossos objetivos de longo prazo com certas realidades desagradáveis. Um dos objetivos de longo prazo é eliminar ao máximo a influência comunista e impedir a influência chinesa, e "a realidade desagradável [é] que o comunista Ho Chi Minh é a figura mais forte e, talvez, mais competente da Indochina, e que qualquer solução sugerida que o exclua constitui um expediente de resultado incerto". O que é particularmente interessante é a razão por que devemos "impedir uma penetração chinesa indevida e sua influência posterior na Indochina". A razão é "que os povos da Indochina não sejam prejudicados, em seu desenvolvimento natural, pela pressão de uma população estrangeira e de interesses estrangeiros".

Essa louvável preocupação com o "desenvolvimento natural" dos povos da Indochina, livres de interesses estrangeiros, alia-se à afirmação de outro objetivo de longo prazo da política norte-americana: "ver instalado um Estado nacionalista autônomo que seja amistoso para com os EUA e que (...) tome por modelo nossa concepção do Estado democrático", que se associe "às potências ocidentais, particularmente à França, com cujos costumes, língua e legislação [os povos da Indochina] estão familiarizados, no intuito de que esses povos prefiram cooperar livremente com as potências ocidentais, nos planos cultural, econômico e político", e "trabalhem produtivamente e, desse modo, contribuam para uma economia mundial mais equilibrada", ao mesmo tempo que desfrutem de uma elevação do padrão de renda (*DOD*, livro 8, pp. 148, 144). Os Estados Unidos e a França, em suma, não constituem "uma população estrangeira e interesses estrangeiros" no que concerne aos povos da Indochina, e a associação com eles não prejudica o "desenvolvimento natural".

O grupo de trabalho do Conselho de Segurança Nacional [CSN], ao discutir a teoria dos dominós em novembro de 1964, assinalou o perigo de que o território continental do Sudeste Asiático viesse a cair sob a dominação comunista caso o Vietnã do Sul o fizesse, bem como observou que, "se a Tailândia ou a Malásia se perdessem, ou viessem a se deteriorar seriamente, haveria um perigo real de que a deterioração se espalhasse por toda a região continental do Sudeste Asiático" (III, 627). O Estado-Maior das Forças Armadas acrescentou estar "convencido de que a Tailândia realmente se afastaria". O grupo de trabalho do CSN preocupou-se também com os "efeitos no Japão, onde o cenário se direciona claramente para vínculos mais estreitos com a China comunista, com uma clara ameaça de reconhecimento precoce", e com a possibilidade de que, "se o restante do Sudeste Asiático vier de fato a sucumbir, no correr do tempo", os efeitos poderiam "multiplicar-se várias vezes" e, "com o tempo, tender a desarticular toda a estrutura de defesa do Pacífico". O Estado-Maior acrescentou que a simples perda do Vietnã do Sul já teria esses efeitos, que os Estados Unidos não conseguiriam impedir que a deterioração se espalhasse, muito provavelmente, a não ser por meio da "guerra generalizada", e que o prazo para a desarticulação de toda a estrutura defensiva do Pacífico seria curto.

Pouco depois, William Bundy e John McNaughton observaram que o "resultado mais provável" da opção menos agressiva que eles estavam considerando (opção A) "seria um acordo negociado com os vietnamitas, em cujos termos um Vietnã comunista eventualmente unificado reafirmaria sua hostilidade tradicional à China comunista e restringiria suas ambições ao Laos e ao Camboja". E acrescentaram: "Nesse caso (...), seria difícil julgar se a deterioração se estenderia à Tailândia." Mas era provável que os tailandeses "se reconciliassem de algum modo com a China comunista, mesmo sem nenhuma ação militar acentuada da China comunista", porque eles "concluiriam que simplesmente não podiam contar conosco" (III, 661).

A opção A era inaceitável: os Estados Unidos não se dispunham a aceitar seu "resultado mais provável" — um acordo negociado com os vietnamitas que levasse a um Vietnã unificado, liderado por comunistas, hostil à China e com ambições limitadas ao Laos e ao Camboja. Portanto, os planejadores passaram prontamente à agressão intensificada. Eles são vagos a respeito de como a deterioração se estenderia à Tailândia ou de por que temiam uma "conciliação" tailandesa com a China. Essa imprecisão não pode constituir um lapso; afinal, essas eram as questões cruciais, as questões que levaram os planejadores a recomendar estágios sucessivos de agressão na Indochina, com um risco e um custo imensos. Mas até mesmo os documentos internos, as análises detalhadas das opções e das conseqüências possíveis referem-se a essas questões centrais em termos soltos e quase místicos. Vez por outra, como no documento há pouco citado, os planejadores deixam claro que a dominação militar não era o mecanismo pelo qual a deterioração se espalharia. Sem dúvida, eles não achavam que Ho Chi Minh fosse conquistar a Tailândia ou a Malásia, ou zarpar em direção a Djacarta ou Tóquio. Devemos presumir que estivessem em suficiente contato com a realidade para compreender que o apoio vietnamita aos movimentos guerrilheiros dificilmente poderia ser muito significativo na Tailândia ou na Malásia (e não teria a menor importância fora delas). Esses movimentos só poderiam lograr êxito se tivessem raízes poderosas e fossem capazes de arregimentar a população local. Que mais não fosse, os fracassos repetidos na incitação à resistência no Vietnã do Norte seriam suficientes para estabelecer esse fato. E é difícil acreditar que os planejadores, que não eram homens ignorantes, temessem a agressão chinesa no Sudeste Asiático. Como vemos pelo documento citado, eles consideravam até mesmo um Vietnã unificado e hostil à China um perigo para seus projetos e previam que a misteriosa "conciliação" tailandesa ocorreria mesmo sem ações militares declaradas por parte da China.

Na verdade, a liderança política norte-americana buscava desesperadamente uma indicação de que a China tinha intenções agressivas. Um bom exemplo disso foi sua interpretação da declaração feita por Lin Piao, em setembro de 1965, enfatizando que os movimentos de libertação nacional deveriam contar com eles mesmos e não com um apoio significativo da China. Para McNamara, Rusk e outros, isso foi um novo *Mein Kampf*.[68] A reação dos intelectuais de Kennedy ao discurso de Mao sobre a vitória do Vento Leste sobre o Vento Oeste,[69] ou às declarações de apoio de Kruchov às guerras de libertação nacional, foi da mesma ordem. Seria enganoso dizer que tais afirmações inspiraram medo ou preocupação em Washington; ao contrário, os ideólogos apossaram-se delas com avidez, no esforço de justificar os programas que desejavam iniciar ou que já haviam posto em andamento. Como veremos dentro em pouco, as agências de informações dos Estados Unidos fizeram esforços resolutos (embora inúteis) para desencavar indícios que provassem que a Vietminh era formada por agentes do "comunismo internacional", depois de haverem decidido, com algumas apreensões, apoiar a reconquista da Indochina pela França.

Há apenas uma explicação racional para esse e muitos incidentes similares, assim como para a imprecisão dos planejadores com respeito à disseminação da deterioração e à conciliação que eles tanto temiam. A "deterioração" seria a "ameaça ideológica" comunista, a ser combatida pela intervenção direta contra a revolta comunista local, havendo ou não envolvimento de ataques armados (ver p. 153-154, adiante). A elite tailandesa, temiam eles, "concluirá que simplesmente não pode contar conosco" para ajudá-la a impedir a mudança social interna na Tailândia ou para reprimir uma insurgência doméstica. A única "ameaça" representada por um Vietnã unificado, hostil à China e de ambições limitadas ao Laos e ao Camboja, era a ameaça de progresso social e econômico numa estrutura inaceitável para os interesses imperialistas norte-americanos. Era essa a deterioração que poderia difundir-se para a Tailândia, inspirando ali um movimento nacionalista liderado por comunistas. Mas nenhum ideólogo habilidoso quereria ver essas implicações enunciadas com demasiada clareza, para ele mesmo ou para terceiros. Por conseguinte, os fatores centrais assinalados permanecem como um mistério, afora comentários ocasionais como os que acabamos de citar.

Convém lembrar que, nessa época, falava-se muito em concorrência entre os modelos de desenvolvimento chinês e indiano (ver nota 66). Nesse contexto, o medo da "expansão ideológica" chinesa conferia peso à teoria dos dominós, à parte qualquer fantasia sobre tropas chinesas circulando à vontade pelo norte da Tailândia ou sobre uma agressão da Vietminh orientada pelo Kremlin (ver nota 210 e pp. 92, 167-168, adiante).

É importante deixar claro o que está em jogo na discussão da teoria dos dominós e assuntos correlatos. A realidade dos perigos percebidos, naturalmente, é irrelevante para determinar a motivação dos responsáveis pela formulação política. O fato de se haverem percebido ameaças e de elas terem sido levadas a sério é suficiente para estabelecer a motivação. Mas a questão da realidade das ameaças tem interesse por uma outra razão. Se, com efeito, a tolice ou a ignorância levavam à percepção de perigos imaginários, como muitas vezes se alega (ver notas 86, 97, 98), então era possível "aprimorar" a política (em benefício de quem é uma outra questão), substituindo os formuladores políticos por outros, mais inteligentes e mais bem informados. Às vezes essas questões não se mantêm separadas, daí resultando muita confusão.

No Sudeste Asiático, a ameaça era intensificada por uma olhadela para os aliados dos Estados Unidos. Ao voltar do Vietnã em maio de 1961, Lyndon Johnson falou do problema de tranqüilizar nossos amigos: além de Diem, eles eram Chiang [Kai-shek], Sarit e Ayub [Khan] (II, 56). Amigos como esses — os únicos mencionados — certamente correriam perigo em função da "ameaça ideológica" percebida por Rostow e outros. Essa ameaça aumentaria se o Vietnã se unificasse sob uma liderança comunista e lograsse êxito em mobilizar a população em prol do desenvolvimento social e econômico, como bem poderia ter-se dado se a força dos Estados Unidos não se houvesse introduzido.

A comparação entre o desenvolvimento do Vietnã do Norte e o do Vietnã do Sul não era particularmente animadora para os Estados Unidos nesse aspecto. Uma estimativa de maio de 1959, preparada pelo serviço de informações, concluiu que "o desenvolvimento ficará aquém do observado no Norte, e o GVN continuará a depender maciçamente do apoio norte-americano para cobrir o déficit entre seus recursos e suas necessidades" (*DOD*, livro 10, p. 1191). No Norte, o padrão de vida era baixo e "a vida [era] difícil e rigidamente disciplinada", mas "o esforço nacional está concentrado na construção do futuro". O Sul tem um padrão de vida mais alto (e "há muito mais liberdade e alegria") — não se especifica para quem, nem se discute a redistribuição da riqueza), porém "o crescimento econômico básico tem sido mais lento que o do Norte". O pretenso padrão de vida mais elevado no Sul não deixava de ter relação com os mais de um bilhão de dólares de ajuda não militar norte-americana, o grosso dos quais financiava a importação de *commodities* (*DOD*, livro 10, pp. 1191-3). Num contexto semelhante, alguns anos depois, um grupo de trabalho do CSN registrou o desânimo, na Coréia do Sul, "ante a impossibilidade de obter tanto progresso político e econômico quanto a Coréia do Norte" (III, 627).

Talvez agora a ameaça tenha diminuído, com a vasta destruição do Vietnã do Sul e outras regiões e com os ódios e a comoção social causados pela guerra estado-unidense. É possível que o Vietnã fique perdido para os vietnamitas, sem a terrível conseqüência de um progresso social e econômico que possa ser significativo para os pobres da Ásia. Talvez a "segunda linha de defesa" de que falavam os planejadores norte-americanos possa ser mantida, ao menos por algum tempo. Partindo desses pressupostos, talvez os Estados Unidos se disponham a reverter sua duradoura oposição a um acordo político entre os vietnamitas.

Se nossos amigos fossem derrubados por movimentos populares, talvez acabando por levar o Japão a se realinhar, influenciando a Índia e afetando até mesmo o Oriente Médio, rico em petróleo, e a Europa, como postulava a teoria dos dominós, haveria um grave impacto no sistema global dominado pelos Estados Unidos e pelas empresas internacionais com sede nos Estados Unidos. Embora algumas formulações da teoria dos dominós fossem realmente fantasiosas, o conceito subjacente não o era. Por conseguinte, não admira descobrirmos que ele raras vezes é questionado nesse registro documental. O analista vê o apoio aos franceses contra Ho Chi Minh como "o caminho da prudência, em vez do caminho do risco"; ele "pareceu ser a escolha mais sensata", dada a probabilidade de que todo o Sudeste Asiático ficasse sob a liderança de Ho (obviamente, não pela dominação militar, digamos, da Indonésia). O analista encara isso como "um pesadelo apenas ligeiramente menor do que o acontecido no Vietnã desde então" (I, 52). O princípio dos dominós, observa ele, "esteve na raiz da política norte-americana" desde a derrota de Chiang

Kai-shek. Esteve também na raiz da política francesa, embora os dominós com que eles se preocupavam estivessem no norte da África (I, 54). A teoria dos dominós foi firmemente reiterada por McGeorge Bundy em meados de 1967 (IV, 159; cf. p. 168, adiante), assim como por muitos outros.

Nos anos de permeio, debate-se apenas a questão do momento oportuno e da probabilidade. Uma análise da CIA, datada de junho de 1964, tem sido freqüentemente descrita como um questionamento da validade da teoria dos dominós.[70] Contudo, essa análise (III, 178) meramente afirma que as nações circunvizinhas provavelmente não "sucumbiriam *prontamente* ao comunismo, em decorrência da queda do Laos e do Vietnã do Sul" (grifo meu), e a disseminação do comunismo não seria "inexorável" e poderia ser revertida, embora a perda do Vietnã do Sul e do Laos "viesse a ser profundamente prejudicial à posição dos Estados Unidos no Extremo Oriente" e pudesse estimular as "políticas militantes" de Hanói e Pequim.

A documentação concernente ao período pré-Kennedy fornece provas substanciais dessa interpretação dos motivos estado-unidenses. Em abril de 1945, os Estados Unidos haviam apoiado publicamente a reconstituição da autoridade francesa, de forma um tanto evasiva, enquanto um padrão "mais liberal" — a saber, a "liberalização das restritivas políticas econômicas francesas" — foi recomendado "para proteger os interesses norte-americanos" (*DOD*, livro 8, pp. 6-10). O interesse norte-americano na Indochina ("quase exclusivamente uma reserva econômica francesa, bem como uma mixórdia política") era consideravelmente menor do que na Indonésia, onde "os volumosos investimentos norte-americanos e britânicos (...) proporcionavam uma base comum para a intervenção" (I, 29). Exortou-se a França a conceder autonomia a suas colônias (senão o povo "poderá abraçar ideologias contrárias à nossa ou desenvolver um movimento pan-asiático contrário a todas as potências ocidentais"), e se insistiu na busca de uma política de portas abertas (*DOD*, livro 8, p. 23). Em dezembro de 1946, observou-se que "os franceses parecem reconhecer que já não é possível manter as portas fechadas aqui, e os interesses não franceses terão uma oportunidade de participar de possibilidades econômicas incontestavelmente ricas" (p. 87). Embora os recursos da Indochina em si sejam repetidamente mencionados no texto (por exemplo, p. 183), era a região inteira (na hipótese da teoria dos dominós), é claro, que constituía a consideração primordial: "se os comunistas obtiverem o controle da

Indochina, a Tailândia e o resto do Sudeste Asiático ficarão em perigo" (p. 220, junho de 1949).

Um relatório do Conselho de Segurança Nacional, datado de dezembro de 1949, examinou a situação com certa minúcia (NSC 48/1; *DOD*, livro 8, pp. 226-227). O problema era que, naquele momento e no futuro previsível, a União Soviética ameaçava dominar a Ásia, uma área de significativo poder político, econômico e militar. O "bloco stalinista" poderia chegar à dominação global se lhe fosse acrescentado o Japão, "o principal componente e um complexo bélico no Extremo Oriente". "Se o potencial [japonês] for desenvolvido, e dependendo da maneira como venha a ser utilizado, isso influenciará intensamente os padrões futuros da política na Ásia." "No potencial de força da Ásia, o Japão desempenha o papel mais importante", em razão de seu potencial econômico e de sua posição estratégica. "O parque industrial do Japão seria o mais rico prêmio estratégico para a URSS na Oriente Médio." A pressão comunista no Japão aumentaria, em virtude da proximidade do movimento comunista local japonês, que poderia explorar os fatores culturais e as dificuldades econômicas, e do "potencial da China comunista como fonte de matérias-primas vitais para o Japão e como mercado para seus produtos". O Japão precisava de alimentos, matérias-primas e mercados asiáticos; os Estados Unidos deveriam estimular "um aumento considerável das exportações de alimentos e matérias-primas para o Sudeste Asiático", a fim de evitar "uma dependência preponderante de fontes chinesas". Considerações análogas aplicavam-se à Índia. Além disso, tais mercados e fontes de matérias-primas deveriam ser desenvolvidos em prol dos objetivos norte-americanos. "Algum tipo de associação regional (...) entre os países não comunistas da Ásia poderia tornar-se um meio importante para desenvolver um clima favorável a esse comércio entre eles e com outras partes do mundo."

Como enfatizou John Dower, entre outros, "os Estados Unidos nunca tiveram a intenção de arcar sozinhos com o ônus da consolidação anticomunista e antichinesa. Sempre encararam o objetivo final como um regionalismo asiático semidependente".[71] Os Papéis do Pentágono enriquecem de maneira muito interessante a documentação disponível sobre esse assunto.

Continuando com a NSC 48/1, recomendou-se que, com certas restrições, o comércio com a China comunista fosse permitido, a bem da saúde das economias japonesa e norte-americana. O parque industrial do Japão e materiais estratégicos como o petróleo indonésio deveriam ser negados à União Soviética e mantidos na órbita ocidental. O problema particular do Sudeste Asiático era que ele era "alvo de uma ofensiva coordenada, dirigida pelo Kremlin" (o que "está claro agora") e não tinha líderes responsáveis fora da Tailândia[72] e das Filipinas. Se o Sudeste Asiático "for invadido pelo comunismo, teremos sofrido uma grande derrota política, cujas repercussões se farão sentir no resto do mundo, especialmente no Oriente Médio e na Austrália, que então ficaria perigosamente vulnerável".

As linhas gerais dessa análise persistiram ao longo dos governos Truman e Eisenhower. A NSC 64 (I, 361-362) concluiu que a Tailândia e a Birmânia cairiam "sob a dominação comunista" e que o resto do Sudeste Asiático ficaria "em grave perigo" se a Indochina viesse a ser "controlada por um governo dominado pelos comunistas". O Estado-Maior das Forças Armadas insistiu em "medidas de longo prazo, para fornecer ao Japão e às outras ilhas uma fonte segura de alimentos e outros materiais estratégicos, a partir de áreas não dominadas pelos comunistas no Extremo Oriente" (I, 366, abril de 1950; eles também recomendaram ajuda militar e operações secretas). Uma comissão de formulação política do Departamento de Estado interpretou que a NSC 64 afirmava que "a perda da Indochina para forças comunistas levaria, sem sombra de dúvida, à perda do Sudeste Asiático" (*DOD*, livro 8, p. 351, outubro de 1950). A NSC 48/5 entendeu que a União Soviética estava tentando colocar sob controle soviético a região continental do Sudeste Asiático e, mais tarde, o Japão (pp. 425-426, maio de 1951). Dada a população, a capacidade militar e os recursos cruciais da Ásia, bem como a capacidade industrial japonesa, era essencial barrar esse projeto. Um estudo de fevereiro de 1952, feito pela direção do CSN, advertiu:

> A queda do Sudeste Asiático sublinharia as aparentes vantagens econômicas que o Japão teria em se associar à esfera asiática dominada pelos comunistas. Excluir o Japão do comércio com o Sudeste Asiático afetaria seriamente a economia japonesa e aumentaria a dependência do país em relação à ajuda dos Estados Unidos. A longo prazo, a perda do Sudeste Asiático, sobretudo da Malásia e da Indonésia, poderia resultar em pressões econômicas e políticas de tal ordem, no Japão, que elas tornariam extremamente difícil impedi-lo de acabar entrando em acordo com o bloco soviético. (I, 375)

Em seguida, o texto fala da importância das matérias-primas do Sudeste Asiático (por exemplo, o petróleo indonésio e a importância da Malásia, maior ganhador de dólares do Reino Unido, para a recuperação da economia britânica) e dos interesses estratégicos dos Estados Unidos, desenvolvendo em detalhe a teoria dos dominós.

A NSC 124/2, de junho de 1952, identificou a China como o principal inimigo e forneceu uma formulação clara da teoria dos dominós, voltando a enfatizar o problema das matérias-primas e a ameaça da conciliação japonesa com o comunismo (I, 83-84, 384-385). O mesmo tema persistiu, com ênfase adicional e ainda mais clara, no governo de Eisenhower. Enfatizou-se que o Japão era a pedra angular da política dos Estados Unidos e que a perda do Sudeste Asiático (conseqüência provável da perda da Indochina, ou até de Tonquim) levaria o Japão a se conciliar com o bloco comunista, permitindo que a China vermelha (já então a grande culpada, embora algumas análises ainda se referissem à "campanha comunista soviética no Sudeste Asiático", cf. *DOD*, livro 9, p. 214, janeiro de 1954) construísse um bloco militar mais portentoso que o do Japão antes da Segunda Guerra Mundial. Os efeitos mundiais seriam desastrosos. Portanto, era preciso salvar a Indochina e incentivar seus países a se integrarem ao sistema do "mundo livre", bem como estimular o fluxo de matérias-primas para o mundo livre, sendo o Japão o fator crucial (ver I, 436, 438, 450, 452). Em junho de 1956, John F. Kennedy deu uma formulação clara da tese fundamental:

> O Vietnã representa a pedra angular do Mundo Livre no Sudeste Asiático, a chave do arco, o dedo na represa. A Birmânia, a Tailândia, a Índia, o Japão, as Filipinas e, obviamente, o Laos e o Camboja figuram entre aqueles cuja segurança seria ameaçada se a maré vermelha do comunismo transbordasse para o Vietnã. (...) Além disso, a independência do Vietnã Livre é crucial para o mundo livre em outros campos que não o militar. Sua economia é essencial para a economia de todo o Sudeste Asiático, e sua liberdade política é uma inspiração para os que procuram obter ou preservar sua liberdade em todas as partes da Ásia — e do mundo, aliás. Os esteios fundamentais da política externa desta nação, em suma, dependem, numa medida considerável, de uma nação vietnamita forte e livre.[73]

Com nuances variadas, as avaliações do serviço de informações repetiram os pressupostos gerais da teoria dos dominós (ver *DOD*, livro 10, p. 999, setembro de 1955, para uma exposição modificada). Diversos memorandos do CSN e do Estado-Maior das Forças Armadas também elaboraram sistematicamente os mesmos pressupostos, acrescentando recomendações convencionais de que se aprimorasse o clima de investimentos para o capital dos Estados Unidos (p. 1206) e de que os países do Sudeste Asiático fossem integrados ao sistema econômico do mundo livre (pp. 1206, 1228, 1234, 1288).

Às vezes se argumenta que, na melhor das hipóteses, "a citação dessas idéias [que agora podem ser fartamente documentadas, com base em documentos internos e nos registros oficiais] não prova nada além da convicção, e uma convicção equivocada, aliás", e que, portanto, a "tese radical" de que as relações japonesas com o Sudeste Asiático foram urna consideração dominante no planejamento norte-americano pode ser abandonada.[74] Tal afirmação é um *non sequitur* óbvio, um exemplo particularmente claro da falácia já assinalada (p. 88, *supra*). A documentação sobre a *convicção* é suficiente para estabelecer a motivação; sua *exatidão* é claramente irrelevante para se determinar a motivação. Robert W. Tucker agravou sua falácia lógica com um erro factual ao afirmar que "a tese radical da dependência japonesa em relação ao Sudeste Asiático é difícil de levar a sério". Não se trata de uma "tese radical", mas da convicção expressa dos formuladores políticos norte-americanos. Ao defender meramente a questão irrelevante da exatidão da convicção, Tucker admite, na verdade, a "tese radical" efetiva, embora pareça rejeitá-la. Para piorar as coisas ainda mais, ao se voltar para a questão de a convicção ter sido sustentada ou não, ele foge de uma resposta direta, afirmando apenas que, "pelo menos depois de 1964", não se pode atribuir a essa convicção a política referente ao Vietnã. Também isso é irrelevante, uma vez que o que realmente se afirmou é que esse foi o fator atuante durante a década de 1950, tendo assumido uma importância decrescente em anos posteriores, à medida que o aprofundamento do envolvimento norte-americano passou a motivar a si mesmo e se tornou cada vez mais irracional, com base em alegações imperialistas, o que acabou levando a um sério desencanto por parte dos imperialistas racionais e a uma "cisão da classe dirigente". Por qualquer ponto de vista, portanto, a discussão de Tucker sobre esse aspecto é totalmente inepta, embora constitua, ao que eu saiba, a única tentativa de responder seriamente ao que ele chama de "a tese radical".[75]

Na década de 1960, houve um componente crescente de irracionalidade e afetação, falando-se muito em testes psicológicos da vontade, em humilhação, na imagem norte-americana e assim por diante. A insistência em que o outro seja o primeiro a recuar não deixa de ter seus aspectos irônicos. Assim, o analista considera 1961 "um ano singularmente difícil" para os Estados Unidos, por causa da "postura geralmente agressiva e confiante dos russos (...) e da postura geralmente defensiva dos norte-americanos" (II, 21). Por isso, era difícil fazer concessões ou ceder terreno aos soviéticos, questão que afetava indiretamente o Vietnã. Qualquer coisa, em qualquer lugar, que "fosse ou pudesse ser interpretada como uma resposta fraca dos Estados Unidos só fazia reforçar a pressão para permanecer no Vietnã". Chester Cooper acredita, entretanto, que "a postura da política externa de Kennedy ganhou um estímulo adicional no fim de 1962, após seu sucesso dramático" na crise dos mísseis cubanos. O Vietnã proporcionou então a oportunidade de provar a Pequim e Moscou que sua política de "guerras de libertação" era perigosa e pouco promissora, e também "constituiu um desafio e uma oportunidade para testar as novas doutrinas" da contra-insurgência.[76] Portanto, quer a postura dos Estados Unidos com respeito a seu rival como grande potência fosse defensiva, quer não, a determinação de vencer na Indochina fortaleceu-se.

Pelo menos em parte, é lícito, creio eu, atribuir a irracionalidade crescente da política norte-americana na Indochina, durante a década de 1960, ao afluxo da intelectualidade tecnológica para Washington e à expansão do papel estatal no sistema de capitalismo militarizado de Estado que tem evoluído nos Estados Unidos desde a Segunda Guerra Mundial. A fidelidade primordial da intelectualidade técnica é para com o Estado e seu poder, e não para com os interesses específicos do capital privado, tanto quanto seja possível distinguir tais interesses. Além disso, a reivindicação de uma parcela do poder por parte da intelectualidade tecnológica apóia-se em sua suposta especialização. Por esse motivo, é difícil ela admitir erros ou formular a política estatal em termos de um cálculo pragmático de interesses, uma vez assumido um compromisso com determinada política. Ao admitir o erro, esses intelectuais admitem que sua reivindicação de poder era fraudulenta. Tais problemas não são enfrentados na mesma medida por uma pessoa cuja autoridade se baseie em seu papel de controlar impérios privados, ou numa herança aristocrática. Quando as políticas dela fracassam e seus juízos se revelam errôneos, seu direito ao poder não é correspondentemente diminuído e, por isso, ela tem um pouco mais de liberdade para pôr fim a iniciativas que sejam perdulárias, falhas ou inconclusivas.

No início de 1964, a preocupação com os efeitos da "perda" do Vietnã do Sul chegou ao auge do que talvez se possa chamar, apropriadamente, de "histeria". Na formulação do analista, referindo-se às deliberações de fevereiro, "Impedir Hanói de ajudar os vietcongues tornou-se praticamente idêntico a proteger os interesses dos Estados Unidos contra a ameaça de insurgência no mundo inteiro" (III, 153). Ralph Stavins não chegou a exagerar ao descrever as "nuvens no horizonte", tais como vistas por Washington no começo da década de 1960: "Hanói derrubaria Diem com alguns bandos de guerrilheiros e, em conseqüência direta disso, os Estados Unidos seriam forçados a se retirar da arena da política mundial."[77] Tais temores foram incorporados ao importante memorando NSAM 288, de março de 1964, que apresentou o que o analista chama de "uma exposição clássica da teoria dos dominós" (III, 3). No mundo inteiro, dizia essa exposição, "o conflito no Vietnã do Sul é visto como um teste da capacidade norte-americana de ajudar uma nação a enfrentar a 'guerra de libertação' comunista. Portanto, em termos puramente de política externa, são altos os riscos em jogo (...)". O memorando afirmou em termos claros que "buscamos um Vietnã do Sul não comunista e independente", livre para aceitar a ajuda externa — leia-se norte-americana —, inclusive "assistência policial e militar para desarraigar e controlar os elementos insurgentes". E há uma afirmação de que, a menos que logremos esse objetivo, "quase todo o Sudeste Asiático provavelmente sucumbirá à dominação comunista", ou "se conciliará com o comunismo", com um aumento da ameaça à Índia, à Austrália, ao Japão e, a rigor, ao mundo inteiro, uma vez que o conflito era um "teste" (III, 50-51; II, 456-461). Embora essas concepções tenham sido moduladas posteriormente (cf. III, 220, 658), a idéia essencial do Vietnã do Sul como um "teste" persistiu, e o compromisso com um Vietnã do Sul não comunista nunca foi modificado.

Apesar da hipérbole, o núcleo racional da formulação política persistiu no começo dos anos sessenta e, a rigor, pode até ser detectado na doutrina exagerada do Vietnã como um "teste". Em certo sentido, o Vietnã realmente deveria servir de teste. Os países em desenvolvimento deveriam aprender uma dura lição. Deveriam observar as regras do sistema internacional, tais como determinadas pelos poderosos — que, como muitos disciplinadores severos, viam-se como benevolentes e até dotados de intenções nobres. Os países em desenvolvimento não deveriam buscar a "libertação nacional" segundo o modelo chinês, afastando-se do sistema internacional dominado pelo capitalismo de Estado ocidental e japonês, mediante a mobilização em massa, a concentração nas necessidades internas e a exploração dos recursos materiais e humanos em prol do desenvolvimento doméstico. Se fossem imprudentes a ponto de desobedecer às normas internacionais, eles ficariam sujeitos à subversão, ao bloqueio ou até à destruição completa pelo juiz e executor global.

O problema do Japão continuou a ser uma questão séria, embora muito menos central. Em novembro de 1964, um importante grupo de trabalho do Conselho de Segurança Nacional, considerando o problema da escalada, discutiu "o efeito exercido nas atitudes japonesas por qualquer desdobramento que pareça tornar a China comunista e seus aliados uma força dominante com que conviver na Ásia". Eles já percebiam o perigo de que o Japão estabelecesse laços mais estreitos com a China comunista, e "é bem possível que se acentue o sentimento crescente de que, de algum modo, será preciso conviver com a China comunista", se os Estados Unidos não prevalecessem na Indochina (III, 623, 627; rascunho de William Bundy). Era importante, em suma, que o Japão não se compatibilizasse com a China nem resvalasse para a disposição de conviver com ela. Mais uma vez, em junho de 1965, William Bundy alertou para a importância de levar em conta as idéias japonesas na escolha da política, por medo de que o Japão se voltasse para "uma conciliação e um relacionamento realmente amplos com a China comunista" (IV, 614). Sabemos por outras fontes que, na década de 1950, o Japão foi pressionado a romper suas relações comerciais com a China, e que o acesso ao Sudeste Asiático foi explicitamente oferecido como um incentivo.[78] A necessidade japonesa de mercados também foi uma consideração importante para o presidente Kennedy.[79] Convém ter em mente, é claro, que o Japão daqueles anos não costumava ser percebido como um rival imediato; até 1965, na verdade, o país sempre tivera uma balança comercial desfavorável com os Estados Unidos.[80] O Japão era percebido como uma ameaça potencial, caso se afastasse do sistema global norte-americano e começasse a "conviver" com a China.

O não reconhecimento das circunstâncias históricas e do leque de opções efetivamente à disposição dos formuladores políticos leva, vez por outra, a comentários superficiais sobre esse assunto. Por exemplo, Charles Kindleberger afirmou que o Japão era um "difícil exemplo contrário" da teoria de que a política externa econômica norte-americana era motivada por interesses próprios,[81] refutando especificamente a teoria de que "a ajuda externa aos países menos desenvolvidos [servia] para mantê-los dependentes" e de que as políticas norte-americanas "[eram] concebidas para usar o dólar como grande instrumento de controle do mundo capitalista". Deixando de lado a questão de a teoria ser ou não defensável, consideremos a lógica da tese de Kindleberger: por que ele considera o Japão um "difícil exemplo contrário"? Sua razão é que o Japão foi auxiliado de várias maneiras pelos Estados Unidos, mas não é "um joguete dos Estados Unidos". Pela mesma lógica, podemos provar que a ajuda soviética à China e à Romênia não foi concedida por interesses próprios. Na verdade, a tese de Kindleberger só será aplicável se presumirmos também que os Estados Unidos são onipotentes: por esse pressuposto, se a ajuda norte-americana tiver a intenção de induzir um país a permanecer no sistema dominado pelos Estados Unidos, esse país deverá ser um joguete; e, se ele não for um joguete, deduz-se daí que a ajuda norte-americana não pode ter sido concebida como um instrumento para manter o controle ou a influência.

Na vida real, os formuladores políticos dos Estados Unidos enfrentaram um problema bem diferente. Tinham em mãos uma variedade de meios para influenciar o desenvolvimento japonês do pós-guerra em direção a uma integração ao sistema do "mundo livre". Uma alternativa possível, que eles superaram com sucesso, era que "a oficina do Pacífico" sofresse uma mudança social revolucionária ou se "compatibilizasse" com os sistemas fechados que se desenvolviam no Sudeste Asiático (cf. NSC 48/1, discutida anteriormente). A opção de garantir que o Japão se tornasse "um joguete" não estava disponível; se teria ou não sido escolhida, caso fosse viável, é uma outra questão.[82]

Os resultados foram uma bênção duvidosa para o capital norte-americano — ruim para os produtos têxteis e excelente para os interesses petrolíferos, para citar dois exemplos —, mas decerto foram preferíveis às alternativas percebidas. De qualquer modo, uma vez eliminada a insustentável hipótese implícita de Kindleberger, o "difícil exemplo contrário" torna-se bem fácil de manejar. A discussão sensata desse assunto é impedida por uma espécie de paranóia que se vem desenvolvendo a respeito do "Japão S.A.". Por exemplo, Zbigniew Brzezinski, num artigo que critica esse exagero, mesmo assim prevê que o Japão tentará "excluir" os computadores de sua política de liberalização do investimento estrangeiro, e não menciona que uma subsidiária totalmente pertencente à IBM, a IBM Japão, detém uma parcela estimada em 40% do mercado japonês de computadores (afora outros arranjos entre empresas norte-americanas e japonesas no campo dos computadores).[83] Na verdade, a liberalização japonesa prossegue e, se o desfecho da competição entre o capital norte-americano e o japonês pode ser duvidoso, não se deve esquecer que, à parte as questões de escala, os Estados Unidos detêm muitas cartas — por exemplo, o controle da maioria das fontes de petróleo do Japão.[84] Antes da invasão irrestrita do Vietnã do Sul pelos Estados Unidos, com seus custos imensos e imprevistos, era bastante sensato supor que, durante algum tempo, o Japão continuaria a ser um sócio minoritário razoavelmente bem comportado no sistema dominado pelos norte-americanos.

Talvez possamos acrescentar uma palavra sobre a tese comumente ouvida de que os custos da Guerra do Vietnã provam que os Estados Unidos não têm motivações imperialistas (assim como os custos da Guerra dos Bôeres provam que o imperialismo britânico era uma fantasia da imaginação radical). Os custos, é claro, representam lucros para certos segmentos seletos da economia norte-americana, em larga medida. É absurdo descrever os gastos do governo com petróleo, aviões a jato, bombas de fragmentação ou computadores para a guerra aérea automatizada como simples "custos de intervenção". Existem, é claro, custos do imperialismo que não beneficiam ninguém: 50 mil cadáveres de norte-americanos ou a deterioração do poder da economia dos Estados Unidos em relação a seus rivais industrializados. Os custos do imperialismo podem ser consideráveis para a sociedade imperial como um todo. Mas esses são ônus sociais, ao passo que, digamos, os lucros dos investimentos externos, garantidos pelos sucessos militares, são também sumamente concentrados em alguns segmentos especiais da sociedade. Em geral, os custos do imperialismo se distribuem pela sociedade como um todo, ao passo que seus lucros revertem para um pequeno número de pessoas dentro dela. Nesse aspecto, o imperialismo serve como um recurso para a consolidação interna do poder e do privilégio,[85] e é irrelevante observar que seus custos sociais costumam ser grandes, ou que, à medida que eles aumentam, também podem surgir diferenças entre os que estão nas posições de poder e influência. Ao mesmo tempo que serve de instrumento para a consolidação interna do privilégio, o imperialismo também proporciona mercados, fontes garantidas de matéria-prima barata, um mercado de trabalho barato, oportunidades de exportação da poluição (o que não é nada insignificante para o Japão, por exemplo) e oportunidades de investimento. Segundo os pressupostos da teoria dos dominós, mesmo em suas versões mais racionais, o que estava em jogo no Vietnã, nesse aspecto, era considerável.

A mesma falácia é uma das várias que solapam a conhecida tese de que nosso interesse econômico no Terceiro Mundo é uma fração pequena demais do produto interno bruto para desempenhar um papel significativo na motivação de intervenções no Terceiro Mundo.[86] Os interesses privados que têm a ganhar com a intervenção externa não se deixam dissuadir pelos custos sociais que ela representa e exercem sua influência, amiúde substancial, no sentido de comprometer o apoio do poder estatal a suas metas, independentemente da percentagem do PIB que esteja em jogo. À parte isso, em geral é impossível desvincular os interesses econômicos no Terceiro Mundo dos que há nas sociedades industrializadas, como ilustra claramente o caso do Vietnã, com a preocupação permanente dos responsáveis pela formulação das políticas com o destino dos dominós mais distantes, como o Japão, e, nos estágios iniciais, a relação com o problema crucial de reconstruir o capitalismo europeu ocidental (cf. a questão da capacidade malásia de ganhar dólares, assinalada na p. 93, ou a questão da má vontade francesa em aceitar a Alemanha Ocidental como participante irrestrita de uma aliança do Ocidente antes da reconstrução exitosa do sistema imperial francês).

Não obstante, talvez seja realmente verdade que, se os custos tivessem sido previstos, a aventura do Vietnã não teria sido empreendida. Na vida real, porém, os formuladores da política não funcionam com um conhecimento dos custos finais nem podem recomeçar tudo quando os planos dão errado. A cada ponto, eles consideram os custos e benefícios de atos futuros. Com base nisso, o envolvimento no Vietnã pode muito bem ter parecido razoável no contexto das motivações imperialistas, embora, na década de 1960, com o afluxo de ideólogos e gestores de crises para Washington, possamos argumentar que outras considerações, mais irracionais, passaram a predominar.

Além disso, mesmo agora que a conta já foi recebida, o esforço pode ser julgado um sucesso moderado pelos segmentos da sociedade norte-americana que têm grande interesse em preservar um "sistema global integrado" em que o capital norte-americano possa operar com razoável liberdade. Consideremos a avaliação feita pelo editor da *Far Eastern Economic Review*, em geral comprometida com o liberalismo econômico. Ele fala do "círculo de histórias de sucesso do Leste e Sudeste Asiáticos", com a economia japonesa servindo como "o fator principal que une a região, fornece os contornos ainda vagos de uma futura esfera de co-prosperidade (...) e complementa muito bem" as economias do restante da área. "A presença dos Estados Unidos no Vietnã", segundo esse editor, "ganhou tempo para o Sudeste Asiático, permitindo que países vizinhos construíssem suas economias e seu senso de identidade com um grau de estabilidade que os equipou para se oporem à subversão, [e] oferecessem uma alternativa mais atraente para o camponês do que as promessas do terrorista que emerge sub-repticiamente das montanhas ou florestas durante a noite" — ou, usando premissas ideológicas diferentes, permitindo que esses países fossem absorvidos com mais segurança no sistema neocolonial global. Seja qual for a premissa adotada, o fato é que "o empresariado norte-americano (...) está convencido do potencial da Ásia e da baía do Pacífico como o terceiro maior mercado do mundo, e o que cresce com mais rapidez", e vem-se mudando rapidamente para essa região, num processo que persiste "desde o início da 'vietnamização'". Os investimentos norte-americanos totalizam hoje quase 70% de todos os investimentos estrangeiros na região.[87]

É bem possível que o impulso imperialista que se expressa com clareza em muitos documentos tenha sido embotado pela elasticidade e obstinação inesperadas da resistência vietnamita. Mesmo assim, alcançou em parte seus objetivos, embora, em retrospectiva, seja possível dizer que talvez outros meios tivessem sido mais eficazes.

É claro que, muitas vezes, o impulso imperialista é mascarado em termos defensivos: não é que estejamos procurando dominar um sistema mundial integrado, que incorpore a Europa Ocidental e o Japão, mas sim que devemos negar áreas estratégicas ao Kremlin (ou a "Peiping" [Pequim]), com isso protegendo a nós mesmos e a terceiros da "agressão". Os grandes senhores do império russo fazem a mesma pose, sem dúvida com igual sinceridade e igual justificação. Essa prática tem antecedentes históricos respeitáveis, e o termo "segurança" é um eufemismo convencional. Os planejadores buscam apenas garantir a segurança da nação, não os interesses das classes sociais dominantes.

Existe, de fato, um sentido em que a retórica "defensiva" é apropriada. É natural que os dirigentes da superpotência industrial mais avançada do mundo, mais ou menos organizada em moldes capitalistas, busquem a concorrência livre e aberta no mundo inteiro, confiando legitimamente em que os interesses que eles representam tenderão a predominar. Assim, eles apenas procuram negar várias áreas a sistemas fechados, sejam estes nacionais ou imperiais. Os Estados Unidos, assim como a Grã-Bretanha em seu período de dominação mundial, tendem para o "imperialismo do livre comércio", ao mesmo tempo que mantêm a prática da intervenção estatal em benefício de interesses especiais e exigem direitos especiais (como nas Filipinas) onde eles podem ser obtidos.[88]

Muitos comentaristas negam que a política dos Estados Unidos tenha sido determinada ou sequer influenciada por objetivos imperialistas de longo prazo e afirmam que os Papéis do Pentágono não revelam nenhum impulso imperial. Pode-se defender essa visão, especificamente na década de 1960. Leslie Gelb faz a interessante observação de que "nenhum exame sistemático ou sério da importância do Vietnã para os Estados Unidos jamais foi empreendido dentro do governo".[89] Ele atribui a persistência da aventura vietnamita, diante desse lapso, a múltiplos fatores: a influência coercitiva das premissas da Guerra Fria, as avaliações burocráticas, o anticomunismo como força na política norte-americana e outras pressões internas, e assim por diante.[90] Assinala Gelb que, embora tenha sido defendida a idéia de que "o Vietnã tinha uma importância estratégica, militar e econômica intrínseca", ela nunca prevaleceu — o que é apropriado, é claro, uma vez que o Vietnã não tem essa importância *intrínseca*. Ao contrário, a importância dele deriva dos pressupostos da teoria dos dominós, a teoria, na formulação de Gelb, "segundo a qual a queda da Indochina levaria à deterioração da segurança norte-americana em todo o globo". "Foram o anticomunismo ritualístico e a política exagerada do poder que nos fizeram entrar no Vietnã", diz ele, observando que esses "artigos de fé" nunca foram seriamente debatidos (*New York Review*). Tampouco existe, acrescentaríamos, qualquer registro de um debate ou uma análise sobre a maneira pela qual a "segurança" norte-americana seria prejudicada por uma vitória do movimento nacionalista liderado pelos comunistas na Indochina, ou quais componentes da "segurança norte-americana" seriam prejudicados pela vitória de um movimento nacionalista que, segundo se esperava, seria hostil à China e limitaria suas ambições ao Laos e ao Camboja (ver p. 86).

Hannah Arendt discutiu uma variedade de fatores irracionais bem diferentes, que teriam impelido os formuladores da política para o Vietnã.[91] "O objetivo último", concluiu ela, "não era o poder nem o lucro (...) [nem] interesses particulares tangíveis", mas "a criação de uma imagem", "algo novo no imenso arsenal dos desatinos humanos". "A política norte-americana não buscou nenhum objetivo real, bom ou ruim, que pudesse limitar e controlar a pura fantasia", em particular nenhuma estratégia imperialista. A ignorância, o anticomunismo cego, a arrogância e o auto-engodo estariam por trás da política estado-unidense. Ela certamente tem razão de assinalar esses elementos na história produzida pelo Pentágono. Assim, diante de todas as provas históricas, as autoridades norte-americanas persistiram na suposição — um ponto doutrinal rígido — de que a China era agente de Moscou, os vietcongues, agentes do Vietnã do Norte, e este, por sua vez, um fantoche de Moscou ou "Peiping", ou de ambos, dependendo do estado de espírito dos planejadores e propagandistas, que decerto dispunham de informações mais do que suficientes para refutar esses pressupostos, ou, no mínimo, para abalar sua confiança neles. Uma espécie de estupidez institucionalizada parece ser uma explicação possível.

Há nos Papéis do Pentágono amplo material para corroborar essas interpretações, desde a época em que Dean Acheson, num telegrama a Saigon, falou da necessidade de ajudar os franceses e os Estados Associados da Indochina a "defenderem a integridade territorial da Indochina e impedirem a incorporação dos Estados associados ao bloco de Estados escravos dominado pelos comunistas" (I, 70, outubro de 1950), até o presente. Uma das revelações mais notáveis do estudo do Pentágono é que os analistas só conseguiram descobrir um estudo, num registro de mais de duas décadas, "que trata as reações comunistas primordialmente em termos dos interesses nacionais separados de Hanói, Moscou e Peiping, e não primordialmente em termos de uma estratégia comunista global da qual Hanói funcionaria como agente" (II, 107; estimativa do serviço de informações datada de novembro de 1961). Mesmo na "comunidade de informações", cujos integrantes são pagos para obter dados exatos, e não para arengar sobre ajudar os franceses a defenderem a integridade territorial da Indochina do povo indochinês e do bloco de Estados-satélites dominados pelos comunistas, parece ter sido quase impossível perceber ou, pelo menos, expressar a verdade simples de que o Vietnã do Norte, tal como a

União Soviética, a China, os Estados Unidos e a FLN, tinha seus próprios interesses, amiúde decisivos.

É divertido acompanhar os esforços para determinar que Ho Chi Minh era um mero joguete russo (ou chinês) — como devia ser o caso, obviamente. O Departamento de Estado, em julho de 1948, não conseguiu encontrar "nenhum indício de uma ligação direta entre Ho e Moscou" (mas, naturalmente, "presume que ela exista").[92] No outono, o serviço de informações do Departamento de Estado encontrou indícios de "uma conspiração orientada pelo Kremlin (...) em praticamente todos os países, exceto o Vietnã". A Indochina afigurava-se "uma anomalia". Como explicar isso? Para o serviço de informações, a explicação mais provável era que "nenhuma diretriz rígida foi emitida por Moscou" ou que "uma dispensa especial para o governo do Vietnã foi providenciada em Moscou" (I, 5, 34). Em setembro de 1948, o Departamento de Estado observou: "Continua a não haver comunicação conhecida entre a URSS e o Vietnã, embora se acumulem indícios de que pode ter-se estabelecido uma comunicação por rádio através da agência Tass em Xangai" (*DOD*, livro 8, p. 148, tentando agarrar-se a qualquer dado insignificante). Autoridades norte-americanas em Saigon acrescentaram: "Ainda não surgiu nenhum indício de que Ho Chi Minh venha recebendo instruções atuais de Moscou, da China ou da missão diplomática soviética em Bangkok." "Pode-se presumir", concluíram disso, "que Moscou considera que Ho e seus assessores tiveram treinamento e experiência suficientes, e são suficientemente leais para que se possa confiar em que determinem sua política do dia-a-dia sem supervisão" (p. 151). Em fevereiro de 1949, eles sentiram alívio ao descobrir que "publicações moscovitas de data bastante recente são capturadas com freqüência pelos franceses", o que indicaria que "existem comunicações satisfatórias", embora o canal destas continuasse a ser um mistério (p. 168); além disso, "tem havido uma cooperação direta surpreendente[mente] pequena entre os comunistas chineses locais e a Vietminh".

"Não pudemos determinar se Peiping ou Moscou têm a responsabilidade última pela política da Vietminh", relatou uma avaliação do serviço de informações em junho de 1953 (I, 396), mas tinha que ser uma coisa ou outra — isso era axiomático. No contexto de uma discussão sobre a estratégia comunista chinesa, o serviço de informações concluiu que os comunistas estavam adotando sua estratégia da época, na Indochina, porque ela "desvia da Europa recursos franceses e norte-americanos muito necessários, a um custo relativamente pequeno para os comunistas", e "proporciona oportunidades de promover os interesses comunistas internacionais, ao mesmo tempo preservando a ficção dos movimentos 'autônomos' de libertação nacional, e fornece um instrumento, a Vietminh, com o qual a China comunista e a URSS podem exercer pressões militares e psicológicas indiretas sobre os povos e governos do Laos, do Camboja e da Tailândia" (I, 399). Haveria alguma outra razão para a Vietminh continuar lutando?

É tentador usar esses indícios para corroborar a afirmação de que a ignorância, a mitologia e a estupidez institucionalizada levaram os formuladores da política dos Estados Unidos a cometer uma série de erros desastrosos. Que bom se eles houvessem percebido que Stalin tinha uma postura morna ou negativa em relação a Mao e aos guerrilheiros gregos, que não havia um "padrão de dominação comunista (...) manifesta" na Guatemala, em 1954,[93] ou que os vietnamitas estavam conduzindo sua própria luta pela libertação nacional. Que bom se William Bundy tivesse feito um curso sobre história vietnamita em Yale. Mas a ignorância e a paranóia obscureceram os fatos.

Esse teoria, entretanto, deixa perguntas demais sem resposta. Para mencionar apenas as mais simples: por que os formuladores das políticas estariam sempre sujeitos à mesma forma de ignorância e irracionalidade? Por que houve um erro tão sistemático nos sistemas delirantes construídos pelos ideólogos do pós-guerra? A simples ignorância ou tolice levariam a erros aleatórios, não a uma distorção regular e sistemática: a adesão inflexível[94] ao princípio de que, quaisquer que fossem os fatos, a causa dos conflitos internacionais era a conduta das nações comunistas, e de que todos os movimentos revolucionários dentro do sistema dos Estados Unidos eram patrocinados pela União Soviética, pela China ou por ambas.[95] Por que esta última suposição ficou tão fora de questionamento que nunca se fez um exame da importância do Vietnã (Gelb)? A ignorância e a estupidez com certeza podem conduzir ao erro, mas dificilmente a um erro tão sistemático, ou a tamanha certeza no erro. E há uma segunda pergunta, ainda mais óbvia: por que os Estados Unidos são anticomunistas?

Com respeito à primeira indagação, quer se trate de Acheson, Rostow, Stevenson, Kissinger ou seja lá quem for, em geral se constata a mesma distorção do registro lamentável da "comunidade de informações". De uma ou outra dessas fontes, ouvimos dizer que Stalin apoiou Mao e incitou os guerrilheiros gregos e Ho Chi Minh, que a China atacou a Índia, que os vietcongues são agentes da agressão comunista internacional etc. Trata-se, com efeito, de artigos de fé. Os gestores das crises não discutem essas afirmações, apenas as enunciam. Todas, na melhor das hipóteses, são sumamente duvidosas e provavelmente falsas, pelo que indicam os registros disponíveis, mas as questões de fato não vêm ao caso em disputas teológicas.

O que não é irrelevante é que esses artigos de fé são sumamente funcionais. A verdade é que o anticomunismo proporciona uma mitologia conveniente para justificar as guerras coloniais e conquistar o apoio da população, muitas vezes difícil de obter, em função da natureza repulsiva e dos custos substanciais dessas iniciativas. Mas explicar o ataque dos Estados Unidos ao Vietnã com base em fantasias anticomunistas seria tão superficial quanto explicar a invasão russa da Tchecoslováquia ou da Hungria pela simples alegação de medo da Alemanha Ocidental ou de Wall Street. Em algum nível, sem dúvida, a liderança soviética acredita no que diz e fica perplexa com a reação negativa a sua conduta altruísta e benevolente. Talvez a opinião pública russa realmente "sinta orgulho do poderio armado de seu país em Praga e fale da fraqueza, ingratidão, irresponsabilidade etc. da Tchecoslováquia".[96] Similarmente, Washington afirma estar defendendo a democracia e prevenindo a "agressão interna", ou a subversão por agentes do comunismo internacional, quando ajuda a destruir um movimento popular das massas na Grécia, apóia uma invasão da Guatemala, invade a República Dominicana e devasta as sociedades rurais da Indochina. Seus defensores, assim como muitos críticos, dispõem-se no máximo a admitir um erro quando os custos se elevam demais e não conseguem conceber que qualquer observador "responsável" ou "qualificado" tenha uma visão muito diferente. Alguns ainda insistem em que, na maioria das vezes, os Estados Unidos seguem sua política externa "em busca de metas reformistas, até utópicas", e em que essa política só é censurável por ser "imatura, sentimental, selvagemente néscia (...), muito aquém da obra de uma liderança intelectualmente séria".[97] É notável a dificuldade, mesmo para os que se vêem como críticos, de interpretar o comportamento dos Estados Unidos segundo os padrões de avaliação e análise que seriam apropriadamente aplicáveis a qualquer outra grande potência.

O fato de que os responsáveis pela formulação política podem ser apanhados nas fantasias que tecem para disfarçar a intervenção imperialista — e, às vezes, descobrir-se complicados por elas — não deve impedir-nos de indagar que função é preenchida por esses constructos ideológicos — por que *esse* sistema de mistificação é consistentemente exposto, em vez de alguma alternativa. Do mesmo modo, não devemos deixar-nos enganar pelo fato de o sistema delirante apresentar um pálido reflexo da realidade. Afinal, ele precisa ter certo poder de persuasão. Mas isso não deve impedir que procuremos separar a motivação do mito.

Os esforços da "comunidade de informações" para estabelecer a tese de que os integrantes da Vietminh eram agentes do comunismo internacional revelam com bastante clareza a função da "conspiração comunista internacional" na política externa norte-americana do pós-guerra. Não há dúvida de que a União Soviética, dentro dos limites de seu poder, impôs uma dominação imperial dura e opressiva. Mas não foi isso que determinou a política norte-americana no Sudeste Asiático. Ao contrário das fantasias de Walt Rostow (ver nota 192) e outros, os Estados Unidos não descobriram, primeiro, que a Vietminh compunha-se de agentes de uma conspiração orientada pelo Kremlin e, em seguida, trataram de ajudar a França a repelir a agressão russa contra o Sudeste Asiático. Ao contrário, os Estados Unidos simplesmente aplicaram à Indochina a política geral de estabelecer regimes de orientação ocidental, que cooperassem ("livremente") com o Ocidente e o Japão nos planos "cultural, econômico e político" e que "contribuíssem para uma economia mundial mais equilibrada" — entendendo-se a economia em questão, é claro, como a do "mundo livre" (cf. p. 85). Em essência, essa política não diferiu fundamentalmente, digamos, da política norte-americana na Itália em 1943, ou na Grécia e na Coréia pouco depois.[98] Para implementá-la no Vietnã, era necessário destruir as forças que haviam "capturado o movimento nacionalista", uma vez que tais forças tinham em mente um modelo de desenvolvimento social e econômico diferente. Mas isso pareceria cínico demais, se enunciado com franqueza. Portanto, era preciso reformular a questão em termos "defensivos" e estabelecer que essas forças nacionalistas eram, na verdade, agentes da agressão de uma conspiração internacional, que almejava, em última instância, destruir a liberdade dos próprios Estados Unidos. Assim, atribuiu-se à "comunidade de informações" a tarefa de demonstrar a tese que se fazia necessária como esteio ideológico da intervenção norte-americana. É interessante, mas não muito surpreendente, dados os antecedentes, notar que a impossibilidade de essa comunidade estabelecer o elo necessário não constituiu empecilho para os ideólogos, que simplesmente continuaram a insistir em que a tese exigida era a correta, aceitando-a e proclamando-a como um artigo de fé. O mesmo padrão apareceu em outros lugares, com previsível regularidade.

Passando à segunda pergunta: por que os Estados Unidos são anticomunistas? Uma resposta convencional é que o país se opõe ao comunismo pelo caráter agressivo e expansionista deste. Assim, argumenta-se que não procuramos derrubar o comunismo onde ele representa o *status quo*, como no Leste Europeu, e que, quando o presidente Kennedy, num comentário citado com freqüência, disse que sempre preferiria um Trujillo a um Castro,[99] ele quis dizer que "as exigências de força da luta com a União Soviética tiveram precedência sobre o compromisso com um 'regime democrático digno'". Quanto à China:

> A contenção da China não tem sido buscada pelo simples fato de ela ter um governo comunista, mas por causa da visão da China, em geral, e de sua política na Ásia, em particular. São a insistência da China em modificar a situação asiática e os métodos empregados por ela que explicam a hostilidade norte-americana.[100]

Tais formulações não resistem a uma análise. É verdade, porém é irrelevante, que os Estados Unidos não se dispõem a correr o risco da destruição nuclear para impor um recuo ao comunismo; convém também não perdermos de vista os limites objetivos do poderio norte-americano. A interpretação que Tucker dá ao comentário do presidente Kennedy parece pressupor que a hostilidade norte-americana a Castro foi conseqüência da guinada deste para a União Soviética, o que é obviamente inverídico. Talvez se possa argumentar que a hostilidade norte-americana não foi um fator decisivo nesse gesto, mas não há como duvidar de que esta o antecedeu.[101] Com respeito à China, a argumentação de Tucker é ainda mais fraca. Que métodos a China usou para modificar o *status quo* fora de suas fronteiras? Em que aspecto esses métodos foram "objetáveis", em comparação com os métodos norte-americanos no Extremo Oriente? Em que sentido a reimposição forçada do colonialismo francês, em oposição a um movimento nacionalista vietnamita liderado pelos comunistas, foi uma tentativa de preservar o *status quo* posterior à Segunda Guerra Mundial? Por que o empenho em demonstrar que os revolucionários vietnamitas — ou os que apoiavam Arbenz ou Bosch — eram agentes russos ou chineses, a despeito das provas disponíveis, levando, em última instância, à convicção religiosa de que tinha de ser assim? As respostas a estas perguntas solapam inteiramente o esforço de Tucker de "explicar a hostilidade norte-americana".

Na verdade, Tucker se equivoca quanto ao que constitui uma explicação da política. Ele chega mais perto do alvo ao assinalar que Castro "se recusaria a cumprir nossas ordens" e "se postaria como um desafio a nossa hegemonia inconteste neste hemisfério", mas não leva essas observações ao grau de especificidade a ser atingido por qualquer discussão séria das políticas adotadas. Em que aspectos Cuba se recusaria a cumprir nossas ordens e questionaria nossa hegemonia? Essa é uma pergunta que Tucker não responde ou sequer formula. Ele apenas diz que "a política intervencionista e contra-revolucionária da América (...) pode ser explicada em termos de um temor razoavelmente bem fundamentado de que o exemplo norte-americano se torne irrelevante para grande parte do mundo", bem como da "vontade de exercer a dominação sobre outros". Tucker erra ao afirmar que "uma crítica radical não pode aceitar *coerentemente* essa explicação".[102] Mas seria muito correto dizer que nenhuma crítica séria pode aceitar essas colocações *como uma explicação da política*. Ao contrário, qualquer crítica séria examinaria mais o assunto, indagando que elementos do "exemplo norte-americano" uma sociedade estrangeira teria que adotar para aplacar esses temores. Será que foi o medo de que a Guatemala escolhesse o futebol como esporte nacional, em vez do beisebol, que precipitou a intervenção de 1954? Será que a invasão da baía dos Porcos enraizou-se no medo de que os intelectuais cubanos preferissem a fenomenologia européia à filosofia analítica de estilo norte-americano? Será que é nossa preocupação com a possibilidade de que a democracia política estado-unidense se revele "irrelevante" que explica por que o poder executivo dos Estados Unidos prefere o Brasil ao Chile governado por Allende? Mais uma vez, um exame sério de exemplos históricos reais revela de imediato como são vazias as afirmações de Tucker. Ele acredita oferecer uma alternativa mais convincente à "crítica radical", quando, na verdade, não oferece alternativa alguma, simplesmente se afasta, mediante abstrações, das perguntas específicas que devem ser enfrentadas por qualquer esforço sério, radical ou não, para explicar a política norte-americana de intervenção contra-revolucionária.

A impossibilidade de Tucker de enfrentar os problemas reais segue um padrão similar. É comum afirmar-se que o intervencionismo norte-americano não é atribuível ao funcionamento normal do capitalismo de Estado, e sim a uma motivação mais profunda, como a "ambição de poder". Esse é um raciocínio de segunda categoria, e é importante verificar por quê. A falha dessa tese não está na identificação da "ambição de poder" como causa da intervenção imperialista; essa premissa é tão vaga que podemos admiti-la como verdadeira, sem medo de refutação. A tese fracassa, ao contrário, por não reconhecer que não se refuta uma generalização reformulando-a em termos que são logicamente equivalentes, ou mesmo ligando-a às teses mais profundas de que ela deriva. Assim, vamos supor que afirmássemos que o comportamento normal de um empresário não é regido pela busca do lucro (ou, digamos, do crescimento, presumindo que essa seja uma tese empiricamente distinguível), mas por uma ambição "mais profunda" de poder. Também nesse caso podemos aceitar a afirmação de que a conduta normal do empresário é explicada pela ambição de poder, que se manifesta, na sociedade capitalista, na busca do lucro. Tal colocação só faz reafirmar, sem contradizê-la, a hipótese de que o comportamento dos empresários nas sociedades capitalistas é regido pela busca do lucro.

Exatamente o mesmo se aplica às vagas meditações sobre uma "ambição generalizada de poder" que amiúde aparecem nas discussões da política externa norte-americana. Pode muito bem ser verdade que qualquer sistema autocrático de dominação apóie e intensifique a "ambição de poder", dando-lhe rédea solta. Na sociedade capitalista, a forma operacional da dominação autocrática é o controle privado dos meios de produção e dos recursos naturais, do comércio e das finanças, bem como a influência significativa exercida na política estatal pelos que dominam a economia privada e que, aliás, ocupam grande parte dos cargos de governo. Os componentes da autocracia privada que têm um interesse específico nos assuntos externos tendem, naturalmente, a usar seu poder e influência para orientar a política do Estado em benefício dos interesses que eles representam. Quando eles logram êxito, é muito comum termos uma intervenção imperialista.

Seria possível argumentar que uma democracia saudável barraria os planejadores imperialistas, por duas razões: em primeiro lugar, as considerações sobre o interesse pessoal serviriam de freio às aventuras imperialistas, com seu custo social freqüentemente significativo; em segundo, uma democracia atuante poderia fomentar outros valores além da dominação e do poder — a solidariedade, a compaixão, os impulsos de cooperação, o interesse pelo trabalho criativo e útil etc. A ideologia dominante tende a minimizar e ironizar essas motivações, apelando com freqüência para as pretensas descobertas das "ciências comportamentais", porém essa farsa não precisa deter-nos aqui (ver Capítulo 7). O importante é que o recurso à "ambição de poder" como explicação da intervenção imperialista não é falso, mas irrelevante, uma vez desnudado seu verdadeiro caráter. É lícito sugerir, creio eu, que essa "explicação alternativa" funciona meramente como uma forma de mistificação; serve para obscurecer o funcionamento real do poder.

A pergunta persiste: por que a ideologia e a política norte-americanas são anticomunistas? Ou então, outra pergunta: por que os Estados Unidos têm sido antifascistas (ainda que seletivamente)? Por que o Japão fascista era ruim em 1940, enquanto a Grécia e Portugal fascistas (que mantêm o *status quo* com armas norte-americanas na África) são perfeitamente toleráveis hoje em dia? E por que os Estados Unidos são geralmente anticolonialistas, como na Indonésia, pouco depois da Segunda Guerra Mundial, quando a liderança nacionalista conservadora pareceu, a princípio, favorecer o investimento estrangeiro, mas não (relutantemente) na Indochina, onde a alternativa a um colonialismo francês mal disfarçado era uma resistência comunista local?

Não é muito difícil discernir um critério que serve bastante bem para determinar quais são os elementos, em terras estrangeiras, que recebem apoio, e quais são os rotulados de inimigos. Com certeza, não se trata do impulso humanitário (ver p. 114, adiante); tampouco são as perspectivas de desenvolvimento que determinam a reação oficial dos Estados Unidos: a China ou Cuba poderiam muito bem ter-se beneficiado da concessão de verbas para o desenvolvimento — pelo menos, mais do que do bloqueio, da invasão e do assédio. Também não é o medo das grandes potências tidas como nossos rivais que nos leva a intervir em metade do mundo, como se demonstra claramente pelo esforço decisivo de provar que a Rússia e a China foram responsáveis pela "agressão interna" no Vietnã, diante dos indícios de que não o foram, e por esforços análogos feitos no Caribe e em outros lugares. O governo democrático ou autoritário, o caráter sanguinário, a agressividade ou a ameaça à segurança dos Estados Unidos (no sentido apropriado do termo) também não constituem critérios plausíveis. O Brasil e a África do Sul não poderiam ser mais perversos. O pavoroso massacre indonésio de 1965 foi recebido com serenidade. A China tem sido a menos agressiva das grandes potências. A Vietminh e o Pathet Lao dificilmente constituiriam uma ameaça à segurança norte-americana. O Japão fascista foi uma nação agressiva, sem dúvida — em alguns aspectos, não muito diferente dos Estados Unidos de hoje[103] —, mas os Estados Unidos se dispuseram a buscar um *modus vivendi* em 1939, desde que seus direitos e interesses no território continental fossem garantidos. E está tudo certo com a Grécia fascista atual: ela desempenha seu papel na OTAN, oferece bases para as forças navais norte-americanas[104] e, como atrativo adicional, existem — como disse liricamente o ministro do Comércio, Maurice Stans, não faz muito tempo — "a acolhida dada aqui às empresas norte-americanas e a sensação de segurança que o governo da Grécia lhes proporciona".[105]

Amigos e inimigos podem ser identificados, numa aproximação inicial bastante boa, em termos de seu papel na manutenção de uma economia global integrada em que o capital norte-americano possa operar com relativa liberdade. As chamadas nações "comunistas" são particularmente maléficas, porque seu modelo de desenvolvimento, no estilo "faça você mesmo", tende a retirá-las desse sistema. Por essa razão, até o colonialismo europeu, que já era bastante ruim, mostrou-se preferível ao comunismo nativo. Pela mesma razão, Washington sempre há de preferir um Trujillo a um Castro.

O grupo de estudo da Fundação Woodrow Wilson e da Associação Nacional de Planejamento foi perspicaz, e mais honesto do que muitos ideólogos contemporâneos, ao descrever a ameaça primordial do comunismo como a transformação econômica das nações comunistas "de modos que reduzam sua disposição e sua capacidade de complementar as economias industrializadas do Ocidente"[106] — sua recusa a fazer o jogo das vantagens comparativas e a confiar primordialmente no investimento estrangeiro para se desenvolver. Se as "nações em desenvolvimento" optarem por usar seus recursos para seus próprios fins, ou por realizar mudanças sociais internas de modos que reduzam sua contribuição para as economias industrializadas do mundo capitalista estatal, estas últimas potências deverão estar dispostas a empregar força suficiente para impedir esse comportamento insensato, o qual, sem dúvida, será descrito como uma agressão por parte de agentes do comunismo internacional.

A União Soviética não reage de maneira diferente quando a Tchecoslováquia busca um certo grau de independência ou de mudança social.

Num nível muito diferente de dominação, não se deve permitir que os operários britânicos da indústria automotiva exijam benefícios econômicos grandes demais ou participação na gestão da fábrica da Ford, devendo permanecer sujeitos às ameaças que podem ser impostas, de maneira muito eficaz, por uma empresa internacional.[107] No Leste Asiático, que muitos encaram como uma região extremamente promissora para a "internacionalização da produção" e o fornecimento de matérias-primas (ver Capítulo 4), os problemas deverão ser particularmente agudos. Com certeza, tais considerações encontram-se bem no cerne da política externa norte-americana. Embora estejam longe de ser os únicos fatores atuantes na política estado-unidense e sejam, muitas vezes, dominadas pelo impacto dos compromissos ideológicos — os quais, por sua vez, nascem desses interesses —, não há dúvida de que o começo da sabedoria está em reconhecer seu papel crucial.

Afirma-se com freqüência que a política adotada pelos Estados Unidos é motivada pelo compromisso com a democracia política. Para testar a força desse interesse, podemos examinar a evolução típica da política norte-americana quando a democracia política é destruída, mas a intervenção econômica dos Estados Unidos fica livre de constrangimentos, e podemos comparar essa postura com a reação norte-americana típica quando uma economia se fecha à penetração econômica dos Estados Unidos, seja ou não mais ou menos mantida a democracia política. A América Latina oferece um vasto conjunto de exemplos. Considerando a política norte-americana com o Brasil e o Chile, com a Guatemala nos últimos vinte anos, com a República Dominicana em 1965 etc., não há dúvida quanto ao resultado dessa investigação. Gordon Connel-Smith enunciou a questão em termos que parecem bastante adequados:

> (...) o interesse dos Estados Unidos pela democracia representativa na América Latina é uma faceta de sua política anticomunista. Não há qualquer dúvida séria quanto à intervenção norte-americana no caso dos muitos golpes militares de direita, dos quais, é claro, essa política em geral se beneficia. Só quando seu próprio conceito de democracia, estreitamente identificado com a iniciativa capitalista privada, é ameaçado pelo comunismo é que o país se sente impelido a exigir uma ação coletiva para defendê-la.[108]

Os que são convocados a implementar e defender a política estado-unidense não raro são muito francos a esse respeito. O diretor da USAID no Brasil, para citar um caso recente e muito importante, explicou com clareza que a proteção de um clima de investimento favorável aos interesses da iniciativa privada é um objetivo primordial dos Estados Unidos. É claro que ele mencionou também outros objetivos: nossos "interesses humanitários" e nossos "objetivos de segurança". Quanto a nossos interesses humanitários, eles parecem meio seletivos e têm uma notável correlação com "a proteção e a expansão, se possível, de nossos interesses econômicos, comerciais e de investimento no hemisfério".[109] Portanto, nossos interesses humanitários no Brasil, avaliados pelo programa de ajuda, exibiram um aumento acentuado depois da "revolução" de abril de 1964, que, entre outras realizações, superou os "obstáculos administrativos à remessa de lucros criados no regime de Goulart" (pp. 185-187, 215). Outra realização correlacionada com o vasto fluxo de ajuda foi o aumento dos investimentos privados, de 50% para 75% do total investido.[110]

Ou talvez nossos interesses humanitários, tais como medidos pelo fluxo de ajuda, tenham sido instigados pela incidência da violência e tortura estatais no Brasil no novo regime, ou pelo declínio significativo da parcela do PIB dos 80% inferiores da população,[111] e pela queda registrada nos salários da maioria dos trabalhadores, que acompanhou o aumento expressivo da produção, numa "ditadura estabelecida para proteger os privilégios de uma pequena classe proprietária e para garantir o controle crescente da economia da nação por interesses imperialistas".[112] Quanto aos objetivos de segurança, o medo de que o Brasil de Goulart representasse uma ameaça à segurança dos Estados Unidos parece meio fantasioso; e, no que concerne ao Brasil em si, os militares não discernem nenhuma ameaça externa ao país,[113] de modo que a extensa ajuda militar norte-americana destina-se, claramente, à "segurança interna" — isto é, a proteger da própria população o regime cujos atos tanto despertaram nossas preocupações humanitárias —, ou a ameaças aos vizinhos do Brasil, em particular aqueles que optem por pôr em risco os interesses econômicos estreitamente correlatos da elite privilegiada brasileira e dos investidores norte-americanos. Ficamos reduzidos, receio, ao primeiro objetivo: a proteção e a ampliação de "nossos" interesses econômicos no hemisfério.

Antes de atribuirmos tal ou qual contratempo ao "anticomunismo cego", seria bom distinguirmos diversas variedades de anticomunismo. A oposição aos movimentos locais passíveis de adotar o chamado modelo de desenvolvimento comunista, arrancando suas sociedades do sistema capitalista internacional, não constitui um "anticomunismo cego", estritamente falando. Ela pode ser "anticomunismo", mas está longe de ser cega. Trata-se, antes, de um imperialismo racional, que procura impedir o desgaste do sistema mundial dominado pelo capital ocidental e japonês. Por outro lado, a referência a uma "ofensiva coordenada, orientada pelo Kremlin", contra o Sudeste Asiático em 1949 (NSC 48/1), ou à "política expansionista militante e agressiva defendida pelos atuais dirigentes da China comunista" (George Carver, da CIA; IV, 82, abril de 1966), é, de fato, um anticomunismo cego — ou, para sermos mais exatos, talvez seja cego, mas não tem nada de anticomunista. Ao contrário, é pura ideologia imperialista, fora do alcance da comprovação ou do debate: um recurso de propaganda destinado a granjear apoio para a intervenção militar contra movimentos locais liderados pelos comunistas. (Esse recurso, sem dúvida, é útil para a auto-imagem dos próprios responsáveis pela formulação de políticas.) No Vietnã, a primeira forma de anticomunismo motivou a intervenção norte-americana, ao passo que a segunda foi invocada para justificá-la — tal como em outros lugares, repetidamente.

Pode-se argumentar, com justiça, que esta visão não passa de uma aproximação inicial de uma compreensão geral da política externa, e que omite muitas considerações secundárias. Assim, não seria correto dizer que a formação da política externa é do interesse de uma elite empresarial monolítica. Ao contrário, existem interesses conflitantes. Mas seria de se esperar constatarmos — e de fato constatamos — que os interesses particularmente preocupados com a política externa são bem representados em sua formação.[114] Por uma dinâmica similar, as agências reguladoras tendem a cair nas mãos de indústrias particularmente interessadas nas decisões desses órgãos. Além disso, certamente é fato que, em algum momento, a ideologia adquire uma força motivacional própria. Há outros fatores que interagem e, em sua maioria, apóiam-se mutuamente: o interesse da "administração estatal" do Pentágono em aumentar seu próprio poder;[115] o papel da produção, induzida pelo governo, de bens suntuosos (sobretudo militares) de rápida obsolescência, como técnica de administração econômica da qual resulta a necessidade de garantir matérias-primas estratégicas; a utilidade de um inimigo externo como instrumento para obrigar o contribuinte a andar na linha, apoiando a produção do desperdício e os custos do imperialismo; a sensação inebriante de poder, à qual os ideólogos acadêmicos, em particular, parecem sucumbir com muita presteza. Fatores como esses produzem um sistema bastante estável de apoio ao impulso imperialista básico, que é, de qualquer modo, uma segunda natureza nos homens de poder no Executivo estatal.[116] Há muitos fatores específicos a considerar num exame pormenorizado de decisões específicas, tais como as que nos levaram a nos afundarmos cada vez mais na Indochina. Todavia, parece razoavelmente claro que a política norte-americana, como a de qualquer grande potência, é norteada pelo "interesse nacional", tal como concebido pelos grupos sociais dominantes — no caso, o objetivo primordial de maximizar o livre acesso do capital norte-americano aos mercados e aos recursos humanos e materiais do mundo, o objetivo de manter, com a máxima extensão possível, sua liberdade de operação na economia global. Ao mesmo tempo, os ideólogos trabalham para mascarar esses interesses num sistema funcional de crenças.

É interessante observar que tais análises da política externa, que incorporam os interesses materiais do capital privado ou quase privado como um fator central em interação com outros, costumam ser caracterizadas como "determinismo econômico vulgar", ou coisa semelhante, quando são formuladas por adversários do sistema de controle privado dos recursos naturais e dos meios de produção. Por outro lado, formulações similares recebem pouca atenção quando aparecem, como é comum acontecer, nas explicações oficiais da política de Estado. E mais: as explicações que enfatizam, digamos, vagos estados emocionais, ou componentes ideológicos ou erros, não são similarmente caracterizadas como "determinismo emocional (ideológico) vulgar" ou "falibilidade vulgar".

A expressão "determinismo econômico vulgar" é especialmente surpreendente, dado que os segmentos do capital privado ou quase privado particularmente afetados pelas decisões da política externa costumam estar bem representados na formação da política estatal. Portanto, seria esperável que a visão equivocadamente rotulada de "determinismo econômico vulgar" servisse como uma espécie de hipótese nula. Além disso, já que ela é bastante plausível como explicação de decisões básicas da política externa (e, não raro, como justificação oferecida para elas), essa reação torna-se ainda mais curiosa. Muitas vezes, esse rótulo serve para desviar a atenção das explicações propostas, que são muito mais fáceis de ignorar quando enganosamente descritas. Essa é uma reação típica às análises que levantam questões sobre a ideologia dominante. Podemos compará-la com a reação aos trabalhos "revisionistas" sobre a Guerra Fria, alguns anos atrás.[117] É possível fornecer muitas ilustrações; aliás, existe um interessante gênero literário, digno de investigação por si só, dedicado à refutação de teses inexistentes, atribuídas a "radicais" — por exemplo, as teses de que o capitalismo precisa da guerra para sobreviver, ou de que os Estados Unidos são os únicos responsáveis pela Guerra Fria.

É possível dar alguns conselhos úteis ao aspirante a analista político que queira ver seu trabalho aceito como ponderado e penetrante — conselhos que decerto se aplicam a qualquer sociedade, não apenas à nossa. Antes de mais nada, esse analista deve determinar, com o máximo rigor possível, o funcionamento efetivo do poder em sua sociedade. Depois de isolar certos elementos primordiais e vários componentes periféricos e insignificantes, ele deve tratar de descartar os fatores primários como sendo desprovidos de importância, como da alçada de extremistas e ideólogos. Deve concentrar-se, antes, nos componentes insignificantes e periféricos da tomada de decisões. Melhor ainda, deve descrevê-los em termos que pareçam muito gerais e independentes da estrutura social discutida por ele ("ambição de poder", "medo da irrelevância" etc.). Ao examinar políticas falhas, ele deve atribuí-las à estupidez e à ignorância, isto é, a fatores socialmente neutros. Ou pode atribuir os fracassos a impulsos nobres que desvirtuaram os formuladores da política ("ironia trágica"), ou à venalidade, à ingratidão e ao barbarismo dos povos subjugados. Feito isto, ele pode ter razoável confiança em que escapará à crítica de que seus esforços explicativos são "simplistas" (a verdade, muitas vezes, é espantosamente simples). Em suma, ele se beneficiará da tendência natural, por parte dos privilegiados de qualquer sociedade, a suprimir — deles mesmos e dos outros — o conhecimento e a compreensão da natureza de seu privilégio e das manifestações deste.

No caso particular do Vietnã, o anticomunismo serviu como um recurso conveniente para mobilizar o povo norte-americano a apoiar a intervenção imperialista. Após algum tempo, o povo não mais se dispôs a arcar com os custos, ou ficou estarrecido com as conseqüências. Nesse ponto, o dispositivo de propaganda, já não sendo eficaz, foi descartado. Agora ouvimos lamentos sobre os mitos da Guerra Fria que nos levaram a uma "tragédia grega" no Vietnã. Mas a guerra continua.

A força motriz da guerra norte-americana na Indochina reside, ao que me parece, no lugar em que foi situada nos primeiros documentos internos do Executivo estatal: na percepção da importância do Sudeste Asiático para o sistema global integrado que deveria ser organizado pelo poder norte-americano — e, segundo premissas razoáveis, dominado pelo poder norte-americano, em benefício primordial dos detentores desse poder. Embora, na década de 1960, outras considerações mais irracionais possam ter passado a predominar, o esforço contínuo dos Estados Unidos para chegar a uma solução do tipo coreano na Indochina, seja qual for o ônus para a população dela, ainda pode ser atribuído, em parte, aos mesmos objetivos fundamentais.[118]

VI. A MENTALIDADE DA RAPAZIADA DOS BASTIDORES

Talvez a contribuição mais importante do estudo feito pelo Pentágono seja a visão que ele proporciona da mentalidade dos planejadores. Como não há razão para esperar mudanças nesse aspecto nos próximos anos, é particularmente importante examinarmos as atitudes reveladas pelas decisões e debates deles.

1. O bombardeio do Vietnã do Norte

O descaso insensível dos planejadores pelas vítimas do terrorismo norte-americano é ilustrado, de forma bastante típica, quando um dos rapazes dos bastidores explica que um programa de bombardeio contínuo do Norte "parece barato", apesar de seu custo mais alto em baixas norte-americanas — sobretudo uma vez que a política de represália "demonstra a disposição dos Estados Unidos de empregar essa nova norma na contra-insurgência". Assim, no futuro, ela "estipulará um preço mais alto para todas as aventuras da guerra de guerrilha e, portanto, deverá aumentar um pouco nossa capacidade de impedir tais aventuras".[119] A importância da Operação Rolling Thunder [Ronco do Trovão, RT], explica o analista, foi que se "consumou o rompimento da barreira representada pelo direito de asilo" (IV, 53). Foi uma conquista importante, já que, até então, os Estados Unidos tinham sido defensores ferrenhos da "barreira do direito de asilo", como quando o embaixador do país na ONU, Adlai Stevenson, enfatizou a reprovação norte-americana aos "ataques retaliatórios, onde quer que ocorram e por quem quer que sejam praticados", depois dos ataques britânicos ao Iêmen, em represália a ataques iemenitas.[120]

Mas é importante acrescentar que, embora a "barreira do direito de asilo" tivesse sido efetivamente rompida, restava ainda a barreira do genocídio,[121] por razões sumamente esclarecedoras. Uma análise feita pela CIA em março de 1966 recomendou explicitamente a intensificação da RT, voltada sobretudo contra "a vontade do regime como sistema-alvo". Mas a agricultura e o potencial humano, como sistemas-alvo, "não [eram] recomendados nesse momento" — a barreira do genocídio continuava de pé. A única razão era que "os efeitos são discutíveis, e é provável que provoquem reações hostis nas capitais do mundo".[122] E John McNaughton insistiu:

> É provável que os ataques contra alvos populacionais (em si) criem não apenas uma onda contraproducente de repulsa no exterior e no âmbito doméstico, mas também aumentem enormemente o risco de ampliar a guerra com a China e a União Soviética. A destruição de represas e barragens, entretanto — se corretamente manejada —, poderia (talvez depois da *próxima* pausa) afigurar-se promissora. É conveniente estudá-la. Essa destruição não mata nem afoga as pessoas. Com a inundação dos arrozais, ela leva, após algum tempo, à fome generalizada (mais de um milhão?), a menos que se forneçam alimentos — o que poderíamos oferecer-nos para fazer "à mesa de negociações". [IV, 43]

Isso foi em 18 de janeiro de 1966. Um relatório sobre a guerra aérea na época afirma que apenas oito represas e barragens eram apontadas como "significativas para os canais navegáveis do interior, o controle de enchentes ou a irrigação", e uma delas fora atingida e seriamente danificada (IV, 56). Não há outras informações sobre a continuação, se é que houve, da proposta de McNaughton de que os Estados Unidos praticassem crimes de guerra explícitos, do tipo que foi punido após a Segunda Guerra Mundial.[123] A RDV, entretanto, registrou ataques a represas na província de Thanh Hoa (4 de abril de 1965; a história produzida pelo Pentágono registra apenas ataques a pontes em Thanh Hoa, de 2 a 8 de abril; III, 285) e à província de Nghe An (26-28 de junho de 1965, e em muitas ocasiões posteriores), bem como em outros lugares.[124] Esses ataques tiveram um aumento drástico depois de 1965.[125] Alguns relatos de testemunhas oculares apareceram vez por outra na imprensa estado-unidense, e o bombardeio de sistemas hidráulicos e de irrigação no Vietnã do Sul foi relatado com freqüência.[126] Os Papéis do Pentágono não contêm informações sobre este último nem sobre a maioria dos aspectos da guerra norte-americana no Vietnã do Sul.

O interessante, no presente contexto, é a razão de McNaughton para não romper a barreira do genocídio no Norte. Exatamente as mesmas considerações foram frisadas por McNamara quando ele afirmou que o bombardeio de centros populacionais do Norte deveria ser evitado, por causa do risco de que viesse a precipitar uma intervenção soviética ou chinesa direta e "estarrecer aliados e amigos" (IV, 28-29) — uma conseqüência realmente lastimável.

O analista tem a ilusão de que "as áreas populosas foram escrupulosamente evitadas" no Norte (IV, 18). Isso é um disparate, como descobre prontamente qualquer visitante da RDV assim que sai de Hanói. A CIA estimou que, em 1966, depois de despejadas 161 mil toneladas de bombas, havia quase 30 mil baixas civis (IV, 136). Observe-se também que a cifra de mil mortos ou feridos graves por semana, citada adiante, refere-se aos bombardeios no Vietnã do Norte. Já em dezembro de 1965, Bernard Fall informou que "pelo menos um hospital [no Vietnã do Norte] foi completamente destruído pelos bombardeiros", como foi "confirmado por observadores externos não comunistas", e que "autoridades canadenses recém-retornadas do Vietnã do Norte também me disseram que a cidade de Vinh foi 'arrasada'" — uma cidade de 60 mil habitantes, destacou ele.[127] Eu mesmo vi as ruínas de cidades e vilarejos não muito distantes de Hanói e os restos do hospital da cidade de Thanh Hoa, destruído, segundo os norte-vietnamitas, em junho de 1965.[128] Os depoimentos a esse respeito são hoje tão volumosos que é admirável — um verdadeiro tributo ao poder da propaganda governamental — que ainda se possa ler que o bombardeio do Norte restringiu-se escrupulosamente a alvos militares. A estarrecedora destruição do Norte, que sofreu menos de 10% do total de bombardeios até 1971 (e, é claro, nenhum dos canhoneios ainda mais destrutivos, à parte o bombardeio naval), só é pequena em comparação com os feitos de nosso governo em outros locais da Indochina.

A propaganda do governo norte-americano tentou dar a impressão de que o bombardeio aéreo atingia uma precisão quase cirúrgica, de modo que era possível destruir alvos militares com efeitos mínimos sobre os civis. Os documentos técnicos militares fornecem uma imagem diferente. Por exemplo, o capitão C. O. Holmquist escreveu:

> Fica-se intrigado, naturalmente, com a razão por que são necessárias tantas surtidas de bombardeiros para destruir uma ponte ou outro alvo pontual. (...) Entretanto, mesmo com o mais sofisticado sistema de computadores, qualquer tipo de bombardeio continua a ser um processo intrinsecamente inexato, como se evidencia por nossos resultados até hoje no Vietnã. Erros de mira, erros de alinhamento, erros do sistema computacional, erros da dispersão das bombas, tudo isso contribui para reduzir a precisão do sistema. Ventos desconhecidos em altitudes inferiores ao ponto de lançamento da bomba, assim como o fator da "degradação do combate", acrescentam mais erros a esse processo. Em suma, é impossível atingir com bombas um alvo pequeno, a não ser por pura sorte. O bombardeio tem-se revelado mais eficiente em áreas-alvo como reservatórios de suprimentos, áreas construídas e cidades.[129]

A afirmação do governo norte-americano de que o bombardeio do Vietnã do Norte foi orientado para alvos militares não resiste a uma investigação direta. Entretanto, mesmo que a aceitássemos, considerações como as mencionadas pelo capitão Holmquist indicam que, em larga medida, essa foi uma distinção sem diferença.

Posteriormente, McNaughton e McNamara levantariam outras objeções aos bombardeios:

> A imagem da maior superpotência do mundo matando ou ferindo gravemente mil não combatentes por semana, na tentativa de subjugar pelas bombas uma nação minúscula e atrasada, por uma questão cujos méritos são acaloradamente debatidos, não é bonita. É concebível que possa produzir uma distorção custosa na consciência nacional norte-americana e na imagem mundial dos Estados Unidos — especialmente se os danos ao Vietnã do Norte forem suficientemente completos para alcançar o "sucesso". [IV, 172, 484]

O risco mais importante continua a ser "a provável reação soviética, chinesa e norte-vietnamita". A questão de ser concebível que haja alguma outra objeção a matar ou mutilar mil não combatentes por semana, afora os custos potenciais para nós, não é levantada.

Essa mesma lógica subjaz à defesa de uma "campanha ilimitada" como "a mais promissora", feita pela CIA em janeiro de 1967 (IV, 139-140, analista), mas com a ressalva de que, embora "o bombardeio do sistema de diques que mantém sob controle o rio Vermelho, se realizado no momento oportuno, pudesse causar grandes prejuízos à lavoura", os efeitos militares talvez fossem de curta duração. Um rascunho de memorando do Grupo Clifford, em março de 1968, opôs-se a "uma mudança de nossa política de bombardeios que inclua ataques deliberados a centros populacionais e ataques à população agrícola, através da destruição de diques", sob a única alegação de que isso "alienaria ainda mais os sentimentos domésticos e no exterior" e poderia levar à perda do apoio europeu e outros (IV, 251). Por essa razão, a barreira do genocídio deveria ser mantida. Nem todos concordaram: ver as propostas do CINCPAC (Comandante-em-Chefe no Pacífico) e do ministro da Aeronáutica, Harold Brown (IV, 261).

Numa análise elucidativa sobre a gestão da guerra aérea no Norte, Ralph Stavins apontou algumas diferenças entre os planejadores, determinadas por entrevistas. Paul Warnke "opôs-se ao bombardeio até o fim" e procurou restringir os alvos. De acordo com Alvin Friedman, do Pentágono, ele vinha "de uma era geológica diferente, comparado a homens com McNaughton, M. Bundy, McNamara e Rusk". McNaughton, em particular, era bastante acrítico na recomendação de alvos. "O próprio Warnke disse que sua discordância de McNamara surgiu em torno da possibilidade de que os bombardeios atraíssem as superpotências comunistas para a guerra", o que, durante todo o processo, foi um grande fator de dissuasão do bombardeio radical dos grandes centros populacionais.[130]

2. Operações militares no Vietnã do Sul

O Vietnã do Sul, é claro, suportou o grosso dos ataques norte-americanos na Indochina. Como já foi assinalado, as realidades da guerra estado-unidense no Vietnã do Sul mal chegam a ser discutidas nos milhares de páginas de documentos e análises e, como sugerem os registros, não foram objeto de grande interesse ou preocupação para a rapaziada dos bastidores. Por exemplo, a partir da análise da estratégia terrestre dos Estados Unidos, o leitor pode tomar conhecimento de que, "na estimativa da equipe do Comando de Ajuda Militar no Vietnã, [a Operação Cedar Falls] obteve resultados extraordinários, capturando um grande número de armas, munição e outros materiais bélicos, além de quase meio milhão de páginas de documentos do inimigo", e destruiu o Triângulo de Ferro como "área básica segura".[131] Mas ele terá que procurar em outro lugar para descobrir que, durante mais de uma semana antes dessa operação, as janelas de Saigon chacoalharam com os ataques concentrados de aviões B-52 nessa área povoada, ou para descobrir qual foi o destino dos habitantes de Ben Suc, evacuados à força de sua aldeia demolida para campos estéreis, cercados de arame farpado, com uma placa na entrada que dizia "Bem-vindos à Liberdade".[132]

Nas raras ocasiões em que se levantam questões sobre o ataque dos Estados Unidos ao Vietnã do Sul, o nível moral da análise se equipara aos escrúpulos ocasionais manifestados a respeito da operação RT. Por exemplo, William Bundy (30 de junho de 1965) defendeu a idéia de que "nossas ações aéreas contra o Sul devem ser executadas com o grau máximo de eficácia", incluindo "o uso substancial de aviões B-52 contra os refúgios dos vietcongues". Ele reconheceu apenas um problema: "pareceremos tolos e despertaremos críticas se esses [ataques com B-52] não mostrarem resultados expressivos" (IV, 612). Se os ataques com aviões B-52 realmente mostrarem resultados expressivos, poderemos transformar-nos em assassinos em massa (já que, pela natureza do caso, só haveria, na melhor das hipóteses, informações parciais sobre os alvos), mas isso não parece constituir problema algum.[133]

Como já foi assinalado, os Papéis do Pentágono não contêm praticamente registro algum sobre a decisão de bombardear o Sul. Talvez devamos inferir que ela foi tomada, tal como o bombardeio do Norte, para elevar o moral da população sul-vietnamita. O leitor que julgar este comentário exageradamente crítico poderá examinar II, 546, na qual aparece uma avaliação mensal do MACV [Comando de Ajuda Militar do Vietnã] referente a fevereiro de 1965: "*Os ataques dos EUA/GVN contra a RDV e o aumento do uso de aviões a jato dos EUA contra a RVN* [República do Vietnã, ou Vietnã do Sul] tiveram um efeito salutar no moral de militares e civis, que talvez resulte num maior esforço nacional e, *esperamos, reverta a tendência descendente*" (grifos do original). Nem uma palavra sobre o caráter do bombardeio, que vinha levantando o moral no Vietnã do Sul mediante a prática de "literalmente esfacelar o local" (ver Bernard Fall, p. 56-57). Tão eficaz foi esse esfacelamento que McNamara, numa análise em geral desanimada de 20 de julho de 1965, pôde ao menos assinalar que "os ataques aéreos dos EUA/FAV[t6] no interior provavelmente abalaram um pouco o moral dos vietcongues" (IV, 620), o que era uma questão importante, dado o moral elevado dos vietcongues locais e da sociedade civil em que eles estavam inseridos.

Este não é o lugar para examinar mais uma vez o banho de sangue pelo qual os Estados Unidos são diretamente responsáveis no Vietnã do Sul. Para avaliar sua escala, recordemos as estimativas apresentadas por Bernard Fall em abril de 1965 — antes da invasão norte-americana escancarada, antes da introdução de quaisquer unidades regulares de norte-vietnamitas, ao que Washington soubesse: 66 mil vietcongues mortos entre 1957 e 1961, isto é, antes do envolvimento de aviões e helicópteros das forças norte-americanas no combate em larga escala (ver nota 4); 89 mil mortos entre 1961 e abril de 1965.[134] McNamara calculou que outros 60 mil componentes do "inimigo" tinham sido mortos em meados de 1966 (IV, 348), sobretudo sul-vietnamitas e, provavelmente, incluindo muitos civis (ver p. 124, adiante). "O problema é que os equipamentos norte-americanos não estão à altura da tarefa de matar soldados comunistas, a não ser como parte de uma política de terra arrasada que também destrua tudo o mais", de modo que a tarefa da tecnologia estadounidense deveria ser "'estraçalhar a Indochina com bombas', como disse um aviador".[135] Além disso, tornou-se necessário demolir a sociedade rural, por razões a que retornaremos. As conseqüências são indescritíveis, além de totalmente ausentes dos Papéis do Pentágono.

Os fatos, é claro, tendem a ser negados, independentemente da solidez das provas. Por exemplo, o brigadeiro W. A. Tidwell, chefe da Divisão de Reconhecimento e Informações Fotográficas no Vietnã e diretor do Centro de Pesquisa e Análise de Alvos em 1964-1965, escreveu ter desenvolvido muitas técnicas de bombardeio (inclusive com aviões B-52) e garantiu aos leitores que praticamente não havia possibilidade de que as aldeias fossem atacadas, exceto durante combates em terra.[136] E, sejam quais forem os fatos, sempre haverá um Sidney Hook para afirmar que Bertrand Russell "exagera, tomando como atrocidades norte-americanas deliberadas a perda acidental e lamentável de vidas humanas que decorre dos esforços das forças militares estado-unidenses para ajudar os sul-vietnamitas a repelirem as incursões do Vietnã do Norte e seus partidários".[137] Podemos imaginar o que escreveria o mesmo comentarista se os inimigos do Estado, cuja propaganda ele macaqueia tão fielmente,[138] se entregassem a uma pequena parcela da selvageria do ataque norte-americano à população do Vietnã do Sul.

Numa era que tem encontrado bons alemães e apologistas do terrorismo de Stalin, talvez não surpreenda depararmos com pessoas que retratam os horrores infligidos pelos Estados Unidos à Indochina como "conseqüências não planejadas da ação militar". Não obstante, até os mais cínicos talvez se admirem um pouco quando essa apologética se alia a ataques aos críticos da guerra norte-americana, sob a alegação de que eles não enxergam a barbárie do inimigo. Quase diríamos ouvir a voz de políticos sectários desancando os críticos da intervenção russa na Hungria, por eles não denunciarem o terrorismo da resistência. Na verdade, foi perfeitamente apropriado que Russell, duramente criticado por Hook por essa "omissão", se preocupasse com as atrocidades pelas quais os norte-americanos são responsáveis, seja por seus próprios atos, seja pelos de seus agentes locais. Em contraste, consideremos a prática de Hook: denúncia das atrocidades dos comunistas, silêncio absoluto com respeito às atrocidades muito maiores do governo do Vietnã (pelas quais os Estados Unidos têm grande parte da responsabilidade) e uma defesa lamentável do ataque norte-americano à população civil, de escala incomparavelmente maior, além de ser de origem estrangeira.

No estudo do Pentágono, os vietnamitas só aparecem marginalmente, mesmo assim como elementos a serem controlados pelo regime instituído pelos norte-americanos, nunca apto a executar a tarefa que lhe é atribuída, ou como uma infra-estrutura a ser extirpada, ou como pessoas que devem ter permissão para "desfrutar do direito intrínseco de escolher seu estilo de vida e sua própria forma de governo" (John McNaughton, descrevendo o "compromisso nacional" dos Estados Unidos, IV, 393), no contexto de um sistema constitucional que "se opõe a qualquer forma de comunismo" e proíbe "toda e qualquer atividade destinada a divulgar ou pôr em prática o comunismo" — Artigo 5 da Constituição de 1967, a proclamada base legal de monstruosidades como o Projeto Fênix; ver adiante, pp. 144-145).

Há um reconhecimento ocasional de que as criaturas que habitam o Vietnã talvez sejam humanas, ou, pelo menos, seres animados. Presume-se, por exemplo, que elas tenham um limiar de dor que talvez possa ser atingido sem perigo excessivo para os Estados Unidos — já assinalamos as razões por que o bombardeio "foi leve demais, deu um sinal muito tímido e inseguro e fez sentir muito pouca dor" (IV, 20). O bombardeio do Norte, bem entendido.

Quanto ao Sul, o leitor cuidadoso poderá determinar, pelo estudo do Pentágono, que ele vinha sendo bombardeado. Há afirmações dispersas que se referem a esse fato, comentários à parte na revisão do amplo debate sobre a invasão terrestre norte-americana, ou no decorrer da discussão complexa e detalhada do bombardeio perverso, embora muito mais brando, do Norte, que foi o verdadeiro "despertador da atenção" (III, 431). Comparada a isso, a decisão de desembarcar fuzileiros de combate, em março de 1965, "criou menos do que uma marola" (III, 433), embora as propostas de uma escalada maior "tenham constituído o centro de muitos debates particulares na primavera e começo do verão de 1965" ("nos bastidores, enquanto o público norte-americano ignorava os trabalhos", III, 445), e por isso mereçam um extenso capítulo no estudo do Pentágono. Esperava-se que o aumento das forças de combate norte-americanas, assim como o bombardeio do Norte, fosse dispendioso para os Estados Unidos, bem como incerto e perigoso em termos de suas conseqüências adicionais. Assim sendo, ele era digno de atenção.

A decisão de destroçar o Vietnã do Sul não foi objeto de nenhum debate interno, pelo que indicam os registros. Na verdade, a decisão e seu impacto foram tão insignificantes que nem mesmo a despreocupação com os dois recebe qualquer comentário (em contraste com a decisão de desembarcar fuzileiros de combate). Uma observação similar aplica-se a segmentos "responsáveis" do movimento pacifista, em larga medida. Em 30 de julho de 1965, McNamara assinalou ao presidente, não sem exatidão, que "a grita" contra os bombardeios relacionava-se primordialmente com o Norte (III, 387). Havia, é claro, aqueles que McGeorge Bundy chamava de "desvairados dos bastidores",[139] mas o clamor destes contra a destruição da sociedade rural do Vietnã do Sul ainda não tinha chamado a atenção de Washington, e não o faria enquanto não se tornasse consideravelmente mais estridente e indecoroso (ver p. 77).

Com respeito à escala, lemos que, "desde o começo, os requisitos de ataque no Vietnã do Sul tiveram prioridade nos recursos da aviação norte-americana no Sudeste Asiático" (IV, 18). O analista se refere a "recomendações feitas anteriormente pelo COMUSMACV [Chefe do Comando de Ajuda Militar dos EUA no Vietnã] e, com especial insistência, pelo CINCPAC [Comandante-em-Chefe no Pacífico], no sentido de expandir o uso do poderio aéreo dos EUA no Vietnã do Sul" (III, 337). Ele cita um exemplo de cada uma dessas autoridades. O general Westmoreland, em 25 de fevereiro de 1965, achou que poderia "ganhar tempo" e reverter o declínio do Sul, acrescentando três companhias de helicópteros do exército, aumentando os vôos das missões de apoio e reconhecimento e usando tropas de combate terrestre. O almirante Sharp escreveu ao general Wheeler no dia seguinte, dizendo que "a coisa mais importante que podemos fazer para melhorar a situação de segurança no Vietnã do Sul é utilizar plenamente nosso poderio aéreo". Essas recomendações vieram logo depois do início dos bombardeios aéreos regulares e intensivos no Vietnã do Sul (ver p. 56, e nota 140).

Nos meses anteriores, tinha havido algumas referências à possibilidade de bombardear o Sul e certa discordância quanto à conveniência disso (ver III, 562, 581, 587, 591, 618, 634). Em 27 de janeiro, quando a base política do esforço norte-americano no Sul parecia estar desmoronando, McNamara concordou em que Westmoreland deveria ser autorizado a usar jatos norte-americanos, no caso de "emergências no Vietnã do Sul" (III, 687). Isso parece esgotar os registros anteriores a fevereiro, quando o bombardeio do Norte foi realizado em clima de desespero, e os jatos norte-americanos foram "autorizados a apoiar sem restrições as forças armadas do Vietnã do Sul em operações terrestres no Sul" (III, 391), com as conseqüências já assinaladas.

Um telegrama do almirante Sharp (CINCPAC) ao Estado-Maior das Forças Armadas, em 24 de fevereiro, recomendou que uma esquadrilha de aviões F4 dos Fuzileiros Navais fosse destacada para Da Nang, a fim de dar apoio imediato aos dois batalhões de fuzileiros que logo seriam despachados e "para outras missões paralelas à missão primordial" (III, 419). Essas "outras missões" não são explicitadas. O governo do Vietnã [GVN] só concordou com o destacamento de uma esquadrilha tática de caças da marinha no dia 6 de abril (III, 455). Essa relutância das autoridades do GVN não foi a única (outro exemplo de "xenofobia vietnamita", sem dúvida). O padrão geral, durante toda a década de 1960, consistiu em as autoridades norte-americanas decidirem sobre as medidas apropriadas da escalada e tentarem convencer o GVN a aceitá-las. Por fim, quando se chegava a um acordo, emitia-se um comunicado para divulgação na imprensa que dizia, tipicamente, que, "após consultas entre os governos do Vietnã do Sul e dos Estados Unidos, o governo dos Estados Unidos concordou com a solicitação do governo do Vietnã de que (...)" (III, 423). Essa manobra complexa era necessária para manter a farsa de que os

Estados Unidos estavam atendendo a pedidos de ajuda do governo local autêntico para resistir à agressão. Como afirma o analista, ao comentar algumas propostas do presidente Diem, em 1961, que provavelmente causaram "a reação inicial (...) de surpresa", "Os EUA não estavam acostumados a iniciativas do GVN; raramente as buscavam" (II, 446-447). Em anos posteriores, à medida que essa fachada se desintegrou, aumentou o problema de obter a aquiescência do GVN. Num caso crucial, o novo programa de escalada do presidente norte-americano, em fevereiro de 1965, foi recebido "com entusiasmo" pelo embaixador Taylor, em Saigon, mas, em sua resposta ao presidente, "ele explicou as dificuldades que enfrentava para obter a concordância genuína do GVN, 'na situação de praticamente não-governo' [expressão de Taylor] que existia em Saigon naquele momento" (III, 323). Comparemos a maneira como Lyndon Johnson relembrou a resposta de Taylor (*Vantage Point*, p. 130): "Em sua resposta, Taylor informou que nossa decisão fora aceita em Saigon com 'intenso entusiasmo'."

Em 5 de março, o CINCPAC tornou a recomendar ao general Wheeler que "a coisa mais importante que podemos fazer para melhorar rapidamente a situação de segurança no Vietnã do Sul é utilizar plenamente nosso poderio aéreo" (III, 429). Quatro dias depois, as restrições aos aviões norte-americanos "foram suspensas, permitindo sua utilização em operações de combate no Vietnã do Sul, com os símbolos da Força Aérea dos Estados Unidos [USAF] e sem pessoal da FAV a bordo" (III, 334) — ou seja, sem o engodo dos anos anteriores (ver notas 4, 142; Capítulo 3, nota 14).

Na época em que foram suspensas essas restrições ao uso explícito do poderio aéreo norte-americano, o chefe do Estado-Maior do Exército, Harold K. Johnson, estava no comando de uma "equipe de alto nível" para investigar a situação no Vietnã do Sul. Ele regressou em 12 de março com 21 recomendações, quatro delas relacionadas com o uso de forças em aviões e helicópteros no Sul. As três primeiras, aprovadas pelo ministro McNamara, propunham mais helicópteros para a movimentação de tropas, aeronaves para o serviço de informações e para a pesquisa e análise de alvos, "para maior utilização até atingir a eficácia" — como, não se explicita. A quarta recomendação, com uma interrogação acrescentada à margem pelo ministro da Defesa, é: "Avaliar os efeitos do emprego irrestrito de caças-bombardeiros pelo COMUSMACV no Vietnã do Sul" (III, 95; as recomendações do general Johnson foram aprovadas pelo presidente em 1º de abril; III, 703). Imediatamente abaixo, lemos que, "em 17 de março (...) houve um aumento dos problemas dos refugiados nos Corpos I e II" (III, 97) — talvez em decorrência do bombardeio irrestrito, embora nada seja dito. É o que parecem indicar as reportagens da imprensa. Por exemplo, A. J. Langguth escreveu que, na primavera de 1965, "observou uma tribo de montanheses, perto de Kontum [Corpo II], arrastar-se de seu vilarejo para fugir do bombardeio norte-americano" e "ouvir um sermão de um oficial vietnamita sobre os males do comunismo" ao chegar a um acampamento de refugiados.[140]

Num memorando de 18 de fevereiro, William Bundy mencionou um incidente "em que agentes comunistas incitaram a um 'protesto' num vilarejo contra os ataques aéreos do governo" (III, 692). Não há maior identificação desse incidente. Talvez ele tenha sido semelhante ao que aconteceu semanas depois, quando, após o bombardeio de uma aldeia por aviões sul-vietnamitas, que matou 45 pessoas (entre elas, 37 crianças), aldeões carregando caixões marcharam em protesto para Da Nang, mas foram repelidos por tropas vietnamitas.[141]

Maxwell Taylor, com quem sempre se pode contar para acrescentar o toque certo de humor negro, aparentemente já havia concluído a avaliação solicitada pelo general Johnson. Informou ao presidente em 11 de março: "O fenômeno mais animador da última semana foi a elevação do moral vietnamita causada pelos ataques aéreos contra o Vietnã do Norte no dia 2 de março, bem como o anúncio de nossa intenção de utilizar jatos dos EUA no Vietnã do Sul e do desembarque dos fuzileiros em Da Nang. (...) A imprensa e o público tiveram uma reação extremamente favorável a esses três acontecimentos" (III, 345; os fuzileiros em Da Nang não tardariam a ter uma visão diferente — ver adiante, p. 136-137). Não ficou registrado se o levantamento da opinião pública feito pelo embaixador incluiu os habitantes de cinco aldeolas ao norte de Saigon, nas quais cinqüenta camponeses tinham sido mortos, meses antes, num ataque de napalm por aviões B-26 pilotados por norte-americanos — ou seja, bem antes da suspensão das restrições às aeronaves dos Estados Unidos.[142] Já destacamos a avaliação do COMUSMACV, em fevereiro, sobre os efeitos benéficos dos ataques aéreos norte-americanos ao Norte e ao Sul no moral sulista, (ver *supra*, p. 123; também III, 424-425).

No rascunho de um "plano de ação para o Vietnã do Sul", datado de 24 de março, McNaughton sugeriu "ataques aéreos e navais dos EUA/FAV contra operações e bases dos vietcongues no Vietnã do Sul", como um dos componentes de um complexo "programa de pressão militar progressiva" (III, 697). Dois dias depois, o general Westmoreland apresentou o que descreveu como "uma clássica Estimativa da Situação pelo Comandante". Nessa análise extremamente detalhada, ele afirmou: "Se *a estratégia básica do bombardeio punitivo na RVN* não surtir efeito em meados do ano, devem-se considerar destacamentos adicionais de forças dos EUA e de um terceiro país" (III, 464, grifo meu). A referência à RVN — Vietnã do Sul — mereceu um "*sic!*" do analista.

Sabemos por outras fontes que o "bombardeio punitivo na RVN" surtiu efeito em vários aspectos. Além de "literalmente esfacelar o local", ele também conseguiu triplicar o número de recrutas dos vietcongues. Em 1966, só os ataques não observados conseguiram ainda fornecer ao "inimigo" cerca de 27 mil toneladas de bombas e explosivos não deflagrados, material mais do que suficiente para as minas e armadilhas que causaram a morte de mais de mil soldados norte-americanos naquele ano — um ano em que o número de vietcongues e norte-vietnamitas mortos por esses ataques foi calculado em provavelmente menos do que cem.[143]

No jargão do Pentágono, a tática de bombardeios maciços deve ser rotulada de "contraproducente" e só pode ser atribuída a uma imbecilidade avançada, *se* a meta dos Estados Unidos era limitar as baixas norte-americanas ou conquistar apoio popular para o governo de Saigon, ou "proteger a população". Mas ela é bastante racional como recurso para demolir a sociedade em que uma revolta se enraíza e se refugia. Os corações e mentes podem ficar para uma etapa posterior, quando a população for empurrada para campos de refugiados ou favelas urbanas, sem ter como sobreviver (espera-se) fora da estrutura estabelecida pelo terrorismo norte-americano. Nesse momento, os gentis construtores da nação poderão entrar em cena, para conquistar os corações e mentes que sobrarem, enquanto os apologistas da violência estatal falarão em "conseqüências não planejadas da ação militar" (ver seção III, adiante).

No começo de março, dois batalhões de fuzileiros foram posicionados em Da Nang, juntando-se aos 1.300 fuzileiros que já estavam lá (III, 402) — a primeira disposição franca de forças de combate norte-americanas. Sua missão era proteger a base de Da Nang, "que dava apoio maciço à atividade aérea sobre o Vietnã do Norte e o Vietnã do Sul" e era, por conseguinte, "um alvo lucrativo" para os vietcongues (III, 424, 389). A missão, em suma, era prevenir outro "ato ultrajante" dos rebeldes sulistas, como o ataque à base aérea norte-americana em Bien Hoa, em 1º de novembro de 1964 (ver p. 173). Em 1-2 de abril, o presidente decidiu "envolver unidades norte-americanas de combate terrestre na guerra contra os insurgentes" (III, 394). Na reunião de Honolulu, em 20 de abril, "concordou-se em que as tarefas no Vietnã *do Sul* devem ter prioridade sobre os recursos aéreos na região" (III, 359; minutas de McNaughton, grifado por ele). De acordo com o analista, "parece evidente que Honolulu marcou a redução relativa das pressões contra o norte, em favor de uma atividade mais intensa no sul". Uma avaliação do embaixador Taylor, datada de 4 de maio, assinalou que o Vietnã do Norte poderia introduzir "unidades adicionais do EPV [Exército Popular do Vietnã], da ordem de vários regimentos, [na esperança de] contrabalançar a aplicação do poderio aéreo pelos EUA/GVN" (III, 364). Ver adiante, pp. 163, 178-179.

"Conforme a decisão de abril de dar prioridade ao Vietnã do Sul em relação ao Vietnã do Norte na utilização do poderio aéreo dos Estados Unidos, tomou-se a importante decisão governamental, após a pausa no bombardeio [encerrada em 18 de maio], de atribuir as missões de bombardeio de saturação no Sul aos bombardeiros B-52 do Comando Aéreo Estratégico (...)" (III, 383). Essa decisão seguiu-se a reclamações do general Westmoreland (com o "aval político" de Taylor) de que os ataques aéreos a bases aéreas dos vietcongues (um em 15 de abril, despejando 900 toneladas de explosivos) eram ineficazes, pois a topografia era "mais adequada ao bombardeio concentrado". O primeiro ataque com aviões B-52 foi autorizado em 18 de junho. Os ataques aéreos "tiveram um aumento significativo no Vietnã *do Sul*" (III, 383-384).

Há outras referências ocasionais à proposta de "aumentar o uso da aviação no interior, incluindo os B-52" (McNamara, 20 de julho de 1965, IV, 298), porém não há mais nada sobre a escala e o caráter da guerra aérea, nem sobre a devastadora guerra com helicópteros e artilharia no Sul, assim como praticamente não se diz nada, em termos diretos, acerca do impacto das operações terrestres dos Estados Unidos sobre os vietnamitas. Desse modo, ficamos sabendo que "o Vietnã passou de exportador de arroz, nos anos decorridos até 1964, a importador maciço, a partir de 1965" (II, 366), mas as razões disso continuam a ser um mistério — um dos muitos que não tiveram "força marcante" suficiente para chegar aos círculos superiores da tomada de decisões.

Podemos deduzir do estudo do Pentágono que a guerra norte-americana não foi exatamente um mar de rosas para os vietnamitas. Um estudo sobre Papéis e Missões, datado de agosto de 1966, recomendou que "as conseqüências físicas e atitudinais das atuais políticas de utilização da força aérea e da artilharia sejam estudadas" (II, 385). Mas o acompanhamento, se é que houve, não aparece nesse registro, embora seja presumivelmente encontrável no estudo secreto da RAND mencionado acima (ver p. 57). O mesmo relatório insistiu em que as unidades de tropas de assalto do exército da República do Vietnã [ERV] fossem dispensadas, "por sua conduta geralmente ruim", isto é, por aterrorizarem a população; mas o COMUSMACV objetou, alegando que isso "reduziria drasticamente a força de combate do ERV".

Para levantar a história da guerra aérea no Vietnã do Sul, após a decisão de abril de 1965 de priorizá-lo no emprego do poderio aéreo, novamente temos que recorrer a outras fontes. Em maio de 1965, vastos setores tinham sido declarados "zonas de bombardeio livre", e "dezenas de milhares de toneladas de bombas, foguetes, napalm e fogo de artilharia [eram] despejados nessas vastas regiões toda semana", acarretando baixas pesadas, "nem que seja pelas leis do acaso".[144] Mas a rapaziada dos bastidores estava tão preocupada com as agressivas políticas expansionistas da China e coisas similares,[145] que não pôde arranjar tempo para "as pilhas de mortos na zona de batalha, inclusive muitos aldeões locais que não fugiram a tempo".[146] A substituição da realidade bruta por estranhos delírios geopolíticos produz um tom de imbecilidade moral que só faz se acentuar quando, vez por outra, os planejadores manifestam alguma reserva sobre as políticas que eles mesmos recomendam, invariavelmente com base em alegações do tipo ilustrado acima.

A documentação sobre a guerra aérea antes de 1965 também é escassa. Um relatório da CIA de julho de 1962 menciona uma "vasta relocação de montanheses", pretensamente por medo dos vietcongues, "e um respeito renovado pelo poder manifestado pelo GVN [com os] ataques de bombardeiros e o uso de helicópteros" (II, 687; em outros casos, a CIA observa, com muito tato: "a movimentação se deu a convite do GVN"). O analista da CIA partilha a preocupação do embaixador, "temendo o impacto político adverso de bombardear instalações não pertencentes aos vietcongues e concentrações de pessoas". Em dezembro de 1962, o serviço de informações do Departamento de Estado assinalou relatos "de que o bombardeio indiscriminado no interior está empurrando camponeses inocentes ou relutantes para os vietcongues" (II, 706) e calculou que mais de 100 mil montanheses haviam fugido de áreas controladas pelos vietcongues,

> principalmente em função dos excessos dos vietcongues e da intensificação geral dos combates nas regiões montanhosas, e não de quaisquer medidas positivas tomadas pelo GVN para atrair as populações tribais. O uso intensivo da artilharia e do bombardeio aéreo, bem como de outras medidas aparentemente excessivas e indiscriminadas por parte das forças militares e de segurança do GVN, na tentativa de eliminar os vietcongues, sem dúvida matou muitos camponeses inocentes e deixou muitos outros mais dispostos do que antes a cooperar com os vietcongues (...). (II, 708-709)

O relatório insiste ainda na "restrição do uso tático do poderio aéreo", uma vez que sua utilização extensa e a destruição da lavoura poderiam provocar "uma oposição militante entre os camponeses e uma identificação positiva com os vietcongues" (II, 714), que faziam recrutamentos locais e dependiam predominantemente da população local. Sua capacidade de se reagruparem, intactos, depois das operações militares de limpeza do GVN, "é consideravelmente favorecida pelo acobertamento que lhes é proporcionado, voluntariamente ou não, pela população local" (II, 696). Resta ao leitor imaginar os efeitos do uso da artilharia e do poderio aéreo "para 'amaciar' o inimigo" (II, 703), um inimigo que era ocultado pela população local.

Preocupações similares foram expressas, pouco depois, por Michael Forrestal (II, 717-718), que informou que os assessores, os helicópteros, o apoio aéreo e os armamentos norte-americanos levaram a uma "agressividade maior" por parte do exército da República do Vietnã. Os Estados Unidos dificilmente poderiam furtar-se à responsabilidade pelas conseqüências — digamos, pelo fato de "ninguém saber de verdade (...) quantos dos 20 mil 'vietcongues' mortos no ano passado eram apenas aldeões inocentes, ou, no mínimo, passíveis de ser persuadidos", em particular por força do envolvimento direto dos Estados Unidos (ver nota 4 e Capítulo 3, notas 14 e 15).

Dennis Duncanson, membro da Missão Consultiva Britânica e defensor apaixonado da intervenção norte-americana, relatou que a política de bombardeios aleatórios de aldeias das "zonas livres" foi a "principal causa de uma imensa migração de aldeões tribais no verão de 1962", e citou uma estimativa de 125 mil a 300 mil deles (*Government and Revolution in Vietnam*, p. 321).

Em abril de 1966, organizou-se uma força-tarefa "para estabelecer um conjunto de prioridades entre agências". No "mais alto grau de importância" a força-tarefa situou "as atividades que convencem a população de que as forças armadas da República do Vietnã estão totalmente ao lado do povo e agindo em prol de seus interesses" (II, 580-583). Nesse ponto, as palavras nos faltam. Durante anos, as FARV — as forças armadas sul-vietnamitas, treinadas, equipadas e orientadas pelos Estados Unidos — haviam expulsado de suas casas a população do Vietnã do Sul e pulverizado suas aldeias; e então, em abril de 1966, uma tarefa prioritária suprema da missão norte-americana foi persuadir o povo de que as FARV estavam a seu lado e agiam em nome de seus interesses. Que idéias devem passar pela cabeça de uma pessoa capaz de produzir tal recomendação?

O estudo do Pentágono termina antes da escalada maciça da guerra aérea em 1968, que atingiu seu auge de fúria nos primeiros meses do governo Nixon, e antes do ataque aéreo concentrado ao Laos e, em seguida, ao Camboja, presumivelmente sob a direção do amável professor que dizem ter fornecido ao presidente seus mais profundos conceitos estratégicos. Um dos últimos documentos do estudo do Pentágono é um telegrama enviado aos embaixadores dos Estados Unidos, informando-os da decisão de redistribuir o bombardeio em 1º de abril de 1968 (o que o analista descreve — talvez ironicamente — como "a decisão de reduzir o bombardeio", IV, 275): "o poderio aéreo hoje usado ao norte do 20º [no paralelo 20 do Vietnã do Norte] provavelmente poderá ser usado no Laos (...) e no Vietnã do Sul" (IV, 595) — um presságio sombrio e exato, como logo descobririam os camponeses do Vietnã do Sul, do Laos e, mais tarde, do Camboja (ver nota 228 e Capítulo 2).

Nesses documentos, algumas políticas são consideradas controvertidas, mas não a de "eliminação dos vietcongues da (...) área de Saigon e do delta do Mekong", por exemplo. Era tarefa dos soldados norte-americanos "empreender vigorosamente" esse programa de eliminação das forças vietcongues, sabidamente nativas (IV, 301, 302, verão de 1965). No delta, um grande centro da força dos vietcongues, registraram-se poucas forças do exército norte-vietnamita durante o período abarcado por esse estudo, embora as forças norte-americanas de aviação e terrestres, mais tarde, tenham sido maciçamente enfrentadas em combate, depois que a invasão dos Estados Unidos atingiu uma escala suficiente para "tomar o delta".[147] "As unidades do exército dos EUA continuaram seu trabalho nas províncias densamente povoadas do delta", registra brandamente o analista (II, 399, início de 1967). Por seu silêncio, devemos presumir que os documentos de que ele dispunha não descreviam esse "trabalho". Uma vez dispostas as unidades norte-americanas, um oficial no comando disse ao correspondente Peter Arnett que era sua esperança "expulsar os vietcongues dessa região, antes que [as forças estado-unidenses] tivessem que reduzir a cinzas toda a zona rural".[148] Não conseguiram. Foi mais um erro, com outras conseqüências não planejadas. No fim de 1969, as autoridades queixaram-se de que os esforços de pacificação vinham sendo prejudicados pela matança indiscriminada de civis pelos soldados norte-americanos e de que os camponeses estavam fugindo dos campos mortos, negros e cinzentos e das ruínas carbonizadas dos vilarejos do delta.[149]

No fim de 1966, o plano era dar "maior ênfase (...) à identificação e eliminação da infra-estrutura dos vietcongues" — por exemplo, através de operações de patrulhas fluviais armadas no delta (IV, 379), que deveriam mostrar "um sucesso expressivo em privar o inimigo da liberdade e da iniciativa nas áreas do delta, ricas em população e recursos naturais" (IV, 539), onde "o esforço vietcongue é primordialmente local" (IV, 487). McNamara explicou que "sempre foi nossa tarefa" "eliminar a infra-estrutura dos vietcongues e estabelecer a presença do GVN" (novembro de 1966, IV, 376). O Plano Conjunto de Campanha de 1967 anunciou que "a população é o maior trunfo do inimigo", pois lhe fornece "alimentos, suprimentos, dinheiro, pessoal, refúgio e informações". Conclusão: "Durante essa campanha, serão envidados todos os esforços para negar ao inimigo esses trunfos" (IV, 380). Damos a isso o nome de "proteger a população", assim como a "identificação e eliminação da infra-estrutura dos vietcongues" é uma defesa do povo sul-vietnamita contra a agressão.

Não é preciso ser um gênio militar para prever o que acontecerá com as pessoas que estão sendo protegidas dessa maneira. Ao regressar de uma viagem a Saigon, em outubro de 1966, McNamara informou ao presidente: "*A única coisa demonstravelmente a nosso favor no Vietnã, durante este último ano, foi o grande número de inimigos mortos em combate, como resultado das grandes operações militares*" (IV, 348; o grifo é dele). Em 17 de novembro, McNamara informou que "as forças dos EUA e do Sudeste Asiático saíram-se excepcionalmente bem". O inimigo "perdeu 114 mil soldados neste último ano, incluindo quadros de valor inestimável" (IV, 368). Mas há alguma dúvida quanto a quem realmente seriam esses "soldados" inimigos: "ao que parece, os vietcongues/exército norte-vietnamita perdem apenas um sexto do número de armas em relação ao número de pessoas, o que sugere a possibilidade de que muitos mortos sejam trabalhadores ou espectadores desarmados" (IV, 371; ver notas 146, 149). Sem nenhum comentário, o texto cita a informação dos fuzileiros, no fim de 1966, sobre "5 mil a 6 mil soldados do exército do Vietnã do Norte mortos ou feridos, com perda de 414 armas" (II, 609). Na ofensiva do Ano Tet, em 1968, quando o comando norte-americano admitiu que "os inimigos" eram majoritariamente da FLN, e não do exército norte-vietnamita [ENV],[150] os mortos e capturados foram cinco vezes mais numerosos do que as armas (IV, 539). Pelo mesmo critério, as cifras apresentadas em IV, 377 sugerem que as forças dos Estados Unidos vinham matando muito mais civis do que o ENV.

Sem descrever as práticas militares norte-americanas, McNamara assinalou ainda que "aproximadamente 30% do aumento relatado [no número da população sob controle do GVN] vieram, provavelmente, do movimento de refugiados para as metrópoles e cidades" (IV, 374). Com certeza, não eram os atrativos do GVN que induziam esses refugiados a fugir do interior. O mesmo relatório observou a convicção dos vietnamitas rurais de que "o GVN é indiferente ao bem-estar do povo; as autoridades de nível subalterno do GVN são instrumentos dos ricos do lugar, e o GVN é extremamente corrupto, de ponta a ponta" (IV, 374). Essa era uma razão, sem dúvida, por que os vietcongues "só podem substituir as perdas atuais dentro do Vietnã do Sul" (IV, 371), e por que "*a pacificação, quando muito, retrocedeu*" (ênfase de McNamara), enquanto "a infra-estrutura política vietcongue prospera na maior parte do país, continuando a dar ao inimigo sua imensa vantagem em termos de informações", e não há plena segurança em parte alguma, "nem mesmo atrás das linhas dos fuzileiros navais norte-americanos e em Saigon" (IV, 348). Na verdade, ao serem posicionados, na primavera de 1965, os fuzileiros descobriram, "para seu próprio assombro", que "a guerra mais dura para eles era nos vilarejos em sua retaguarda", e eles se "afastaram do inimigo para envidar um esforço extenuante e dolorosamente lento de pacificar as aldeias".[151] Sua estratégia derivou, em parte, "de suas próprias tradições nas 'repúblicas de bananas' e na

China" da década de 1930, onde muitos oficiais de alta patente tinham servido. Eles depararam com a oposição até mesmo do partido político de direita que dominava a região (II, 535-536).

A percepção disso não escapou a Robert Komer, que estava encarregado da "outra guerra". Sua recomendação, ao partir para Saigon em abril de 1967, foi "*acelerar os programas de refugiados que visam deliberadamente privar os vietcongues de sua base de recrutamento*" (IV, 441, ênfase dele). Tradução para a "linguagem operacional": empurrar a população para as áreas controladas pelos norte-americanos, com isso privando o inimigo de seu "maior trunfo", a saber, o povo. Não há dúvida de que Komer compreendeu isso em abril de 1967. Nicholas Katzenbach formulou a idéia em termos mais delicados: "Devemos estimular um fluxo maior de refugiados, através de incentivos psicológicos, para reduzir mais a base de pessoal do inimigo" (IV, 508; ver pp. 57-58 e notas 7-9). Mais uma vez, temos que recorrer a outras fontes para obter informações sobre os "incentivos psicológicos" empregados: por exemplo, os 26 bilhões de folhetos que já tinham sido lançados sobre o Vietnã do Sul até o verão de 1971, alertando os aldeões a se mudarem para áreas do GVN ou "serem considerados hostis e correrem perigo"; a "voltarem depressa para a causa justa" ou "permanecerem e morrerem com sofrimento e em meio a perigos terríveis"; ou advertindo que "os fuzileiros dos Estados Unidos não hesitarão em destruir de imediato qualquer vilarejo ou aldeia que dê guarida aos vietcongues".[152]

Mediante o uso desses incentivos psicológicos, juntamente com medidas destinadas a deixar clara a sua realidade, foi possível esvaziar a base de recrutamento do inimigo. Quando McNamara visitou Saigon em julho de 1967, o serviço de informações do exército e o general Westmoreland puderam relatar-lhe que a guerra vinha-se "tornando cada vez mais uma guerra do Vietnã do Norte", porque se "negara [ao inimigo] o número de recrutas necessários nas áreas povoadas ao longo da costa, com isso o obrigando a buscar pessoal no Vietnã do Norte" (IV, 520, 518). Essa foi a razão primordial da infiltração, como sabia o COMUSMACV (ver pp. 178-179, adiante), embora, como viria a mostrar a ofensiva do Ano Tet, seus cálculos resultassem de "fantasias desejantes, agravadas por uma coleta maciça de informações e/ou por falhas de avaliação" (IV, 557).

Mesmo assim, a recomendação de Komer foi pertinente. Hoje ele escreve que, "até 1967, a maioria das forças reunidas contra Saigon era de vietcongues do Sul, e não de tropas regulares do Norte", mas, "atualmente, a base de recrutamento dos vietcongues foi reduzida".[153] A maneira pela qual esta foi reduzida não é explicitada por ele, e Komer tampouco se lembra de sua recomendação de que isso fosse feito deliberadamente. Tal como McNamara, Komer entende que não foi o poder de atração do GVN que esvaziou a base de recrutamento dos vietcongues. Ao contrário, "o histórico de Saigon no manejo das causas subjacentes da revolução dos vietcongues ainda é irregular, na melhor das hipóteses", conquanto o poder de fogo norte-americano tenha sido um substituto eficaz.

Em 1966, Komer achou que o número crescente de refugiados constituía um problema, se bem que fosse "um ponto positivo" em certos aspectos, já que ajudava a "privar os vietcongues do potencial de recrutamento e de plantadores de arroz". Além disso, foi "uma indicação parcial do desejo crescente dos camponeses de buscarem a segurança do nosso lado" (II, 569). Que significativo e gratificante que os camponeses tenham buscado a segurança do nosso lado, ligando-se à causa justa, em vez de permanecerem em suas aldeias com os vietcongues, "para morrer com sofrimento e em meio a perigos terríveis"!

O problema geral foi resumido num estudo sobre a necessidade de forças, no início de 1967. No I Corpo, no Norte, era necessário eliminar as forças e as áreas de sustentação do inimigo, "e eliminar seu controle sobre grandes recursos populacionais e alimentares" em regiões em que "o inimigo tem operado há anos, praticamente sem ser incomodado" (COMUSMACV). "A segunda situação mais perigosa", resume o analista, "parecia ser a do II Corpo (...), [na qual] o inimigo, orientado pela população, representava um problema diferente"; no III Corpo, era preciso "expandir radialmente a segurança a partir da área de Saigon-Cholon (...), [com] a intensificação de uma campanha conduzida para extirpar a infra-estrutura vietcongue". As forças norte-americanas deveriam "fornecer um escudo protetor atrás do qual os programas do Desenvolvimento Revolucionário pudessem cooperar", conduzindo operações de busca e destruição contra as forças nativas dos vietcongues e contra "aglomerados de áreas de sustentação" (IV, 433-435). A menos que a infra-estrutura vietcongue ("as autoridades e os organizadores dos vietcongues") "fosse destruída, os militares e as forças de pacificação dos EUA/GVN logo degenerariam em nada além de um exército de ocupação", concluiu um estudo da Seção de Análise de Sistemas. Nunca se perguntou "se as forças norte-americanas devem ou mesmo podem ser engajadas de maneira proveitosa na pacificação" (IV, 513). Sabemos por muitas outras fontes, aparentemente não disponíveis para o analista, que as forças norte-americanas engajaram-se proveitosamente na destruição, no massacre e na concentração forçada da população que foram uma preliminar necessária do "Desenvolvimento Revolucionário".

O comando estado-unidense descobriu-se "travando uma guerra psicológica no Sudeste Asiático", de acordo com o conceito de "moedor de carne" de Westmoreland — "matar um grande número de inimigos, mas acabar fazendo pouco mais do que sustentar nossa posição" (IV, 442). "Em essência, estamos lutando contra a taxa de natalidade do Vietnã", afirmou uma autoridade citada numa reportagem jornalística "de exatidão surpreendente" (IV, 587). No Vietnã do Norte, especificamente, "o bombardeio não conseguiu superar a taxa de natalidade" (IV, 227). Só existe um modo de superar a taxa de natalidade no Vietnã do Norte, porém, em termos mais cruciais, no Vietnã do Sul, onde o inimigo primordial dos Estados Unidos, o camponês sul-vietnamita, permite que a FLN "se oriente pela população". O método é o que foi sucintamente descrito pelo principal planejador do general Westmoreland: "A solução no Vietnã são mais bombas, mais explosivos, mais napalm (...), até o outro lado entrar em colapso e desistir."[154]

3. Construção nacional e crimes de guerra

No Sul, a tarefa enfrentada pelos Estados Unidos era construir uma nação, ao mesmo tempo extirpando a infra-estrutura da organização que havia capturado o movimento nacionalista. Uma tarefa difícil, mas não impossível, desde que houvesse força e terrorismo suficientes. Robert Komer, sempre otimista, julgou que era viável. Defendeu "um aumento do desgaste da força vietcongue no Sul" (IV, 391) e, animado, informou ao presidente (em fevereiro de 1967) que, embora "poucos de nossos programas — civis ou militares — sejam muito eficientes, (...) estamos moendo o inimigo pelo simples peso e massa" (IV, 420). Tempos depois, Komer explicaria que, "graças à intervenção maciça dos Estados Unidos a um custo pavoroso" , criou-se um ambiente militar favorável, "no qual a competição predominantemente política pelo controle e apoio da população rural-chave pôde recomeçar", nesse "conflito revolucionário e basicamente político".[155] Os "objetivos construtivos" da pacificação, explicou Komer, são proteger a população rural dos insurgentes, "o que também ajuda a privar a insurgência de sua base popular rural", e gerar apoio para o regime de Saigon — nada fácil, dado o caráter desse regime, como assinalado por McNamara (ver p. 136, *supra*) e outros. Muito mais fácil era atingir a meta construtiva de privar a insurgência de sua base popular rural, acelerando os programas de geração deliberada de refugiados, como proposto por Komer.

Komer tem dificuldade de entender por que algumas pessoas o vêem como um possível candidato a um julgamento por crimes de guerra. Essa questão foi levantada por Eqbal Ahmad, com referência a um discurso em que Komer explicou que o Vietnã tinha revelado a ineficácia da "escalada gradativa", que permitia que "os guerrilheiros fizessem ajustes"; a lição do Vietnã, no dizer dele, era fazer uma escalada implacável e rápida, "soterrá-los". Numa resposta ultrajada a Ahmad, Komer reexaminou sua carreira como assessor especial do presidente, a partir de abril de 1966, e como "principal assessor de pacificação no GVN", de maio de 1967 a novembro de 1968. A acusação, afirmou ele, deveria soar estranha a qualquer um que estivesse familiarizado com o programa posterior a 1966, que ele ajudou a desenvolver, "um dos esforços mais sensatos e construtivos que, tardiamente, os Estados Unidos apoiaram no Vietnã". A primeira fase deste "foi, essencialmente, um esforço de construção nacional, uma tentativa de ajudar a criar um tecido socioeconômico viável em meio a uma guerra explosiva". A partir de maio de 1967, quando foi criado o CORDS,[t7] sob a direção de Komer, o programa de pacificação "*foi inteiramente guarnecido e comandado por vietnamitas*" (grifado por ele), consistindo o seu papel unicamente em "fornecer orientação e ajuda logística/financeira" ao esforço do GVN. O programa não se baseava em "bombardeios, napalm, desfolhação e outros meios tecnológicos", e os "pacificadores" se opunham à geração de refugiados e procuravam minimizá-la; "a ênfase recaía sobre o autogoverno local, as verificações e balanços políticos e o estado de direito".[156]

Em geral, explicou Komer, sua tarefa foi limpa, exangue e construtiva: ajudar o regime de Saigon a "construir uma nação". Com certeza, portanto, só os mal informados ou os maldosos poderiam acusá-lo de cumplicidade em atos criminosos.

Assinalando a louvável preocupação de Komer de que "o histórico do apoio e da orientação dos Estados Unidos na pacificação não precise ocultar-se por trás de uma tela de sigilo", comparemos sua exposição com o registro disponível, agora que a tela de sigilo foi parcialmente retirada.

Os "pacificadores", diz ele, não buscavam "o deslocamento e o esbulho da população rural" e procuravam minimizar a geração de refugiados. Como já assinalamos, Komer é uma das poucas autoridades administrativas que aparecem nos registros com a recomendação explícita de "*acelerar os programas de refugiados que visam deliberadamente privar os VC de uma base de recrutamento*".

Komer afirmou que, após a criação do CORDS, o programa de pacificação foi "*inteiramente guarnecido e comandado por vietnamitas*".

Mas esqueceu de mencionar o fato — infindavelmente documentado pela imprensa, pelos Papéis do Pentágono e por outras fontes — de que extirpar a infra-estrutura vietcongue e "negar as aldeias aos vietcongues" era uma responsabilidade primordialmente norte-americana. O poderio armado estado-unidense deveria "fornecer o escudo" atrás do qual o exército sul-vietnamita pudesse empreender a "pacificação" (Westmoreland, agosto de 1966, II, 588). Ao discutir o programa do CORDS, chefiado por Komer como assistente do COMUSMACV, o analista comenta que a estrutura desse órgão era "tão maciça que os vietnamitas corriam o risco de ser quase esquecidos" (II, 622). Em setembro de 1966, McNamara propôs que se atribuísse ao COMUSMACV a responsabilidade pela pacificação. Apoiando essa proposta, Komer assinalou que "os militares estão muito mais bem estruturados para gerir o imenso esforço de pacificação", uma vez que 60-70% do "verdadeiro trabalho de pacificação consiste em fornecer a segurança local (...), [o que] só pode ser feito pelos militares" (II, 590). Como ele explica em outro texto,[157] "Dado o maciço apoio militar exigido, era sensato, pelo lado norte-americano, colocar a nova estrutura unificada de assessoramento dos Estados Unidos [o CORDS] sob comando militar".

Num comunicado redigido por Komer em maio de 1967, o embaixador Bunker afirmou que o apoio ao Desenvolvimento Revolucionário [DR] não deveria "ser uma função exclusivamente civil nem exclusivamente militar, mas, essencialmente, de caráter civil-militar", implicando "o oferecimento de segurança local contínua no interior — uma tarefa primordialmente militar, necessariamente [—] e os programas de construção conduzidos pelo Ministério do Desenvolvimento Revolucionário [do GVN], sobretudo através de suas equipes de DR, formadas por 59 membros", todos treinados pela CIA (II, 616-617, 567-568). Bunker informou que o general Westmoreland assumiria "a responsabilidade pelo desempenho de nossos programas de campo da Missão dos Estados Unidos em apoio à pacificação ou Desenvolvimento Revolucionário", tendo Komer a função de "único gestor da pacificação" (II, 428). O Plano Conjunto de Campanha das forças militares dos Estados Unidos e de Saigon para 1967 (MACV/JGS; II, 495-496) atribuiu às forças regulares do exército sul-vietnamita a tarefa das "operações para destruir os guerrilheiros e a infra-estrutura vietcongues em áreas especificadas de aldeias ou vilarejos", em conjunto com as forças militares das províncias e a inteligência e polícia civis. Os militares da força aérea dos Estados Unidos deveriam conduzir operações conjuntas com as forças militares e policiais de Saigon "para destruir os guerrilheiros e a infra-estrutura vietcongues em áreas especificadas de aldeias ou vilarejos", embora ficasse a cargo das forças provinciais e da Polícia Nacional exercer diretamente o "controle da população e dos recursos naturais". Os militares da força aérea norte-americana também deveriam realizar "ações militares e civis para ajudar a obter o apoio da população ao governo, com ênfase em assegurar que o mérito seja atribuído ao GVN", diretriz observada por Komer nos comentários citados em seu "Epílogo".

Os comentários de Komer sobre o programa "*inteiramente guarnecido e comandado por vietnamitas*" também devem ser lidos à luz de sua recomendação de que a "pressão" fosse "sempre [exercida] de maneira a manter o GVN em primeiro plano na imagem apresentada a seu povo e ao mundo em geral" (II, 503-504). Estávamos "exercendo mais pressão sobre a pacificação", acrescentou ele. Sua opinião era que "o uso intensificado da pressão dos Estados Unidos (...) deve ser feito com discrição" (II, 430; analista). Talvez fosse mais exato dizer que os Estados Unidos devem fingir que o governo do Vietnã existe, para nós, para o mundo em geral e para a população cujo apoio tentamos granjear para ele.

Komer sempre enfatizou o componente militar central da pacificação: "devemos concatenar as operações militares amplas e a pacificação civil", a fim de "controlar e manter livre o interior, através de operações militares". Komer "avisava polidamente a todos" que não hesitaria em apelar para "recursos militares, que são, com freqüência, os melhores e os mais prontamente disponíveis" (II, 570). A pacificação "exige uma resposta civil-militar multifacetada" para garantir a segurança, "*acabar com a dominação dos VC sobre o povo*", "*sistematizar o fluxo de refugiados*" etc. (II, 572-573, grifos de Komer). O problema mais importante da pacificação, em sua visão constantemente reiterada, é a segurança, um problema militar e policial. Em comparação, sua postura quanto à reforma agrária, embora ele solicitasse com urgência sinais de progresso e insistisse na aceleração dela, "para consolidar o apoio rural ao GVN", foi que "ela não era um problema importante no Vietnã" (II, 400, 569, 392; IV, 441).

Um relatório do CORDS vindo da província de Bien Hoa, referente ao período encerrado em 31 de dezembro de 1967, elucida um pouco melhor os programas inteiramente vietnamitas em que Komer e seus colegas norte-americanos eram meros assessores. Em virtude da corrupção e ineficiência das autoridades do GVN (cujo "interesse primordial [...] é o dinheiro"), "o CORDS tem precisado contar cada vez mais com os recursos, habilidades e qualificações das unidades militares norte-americanas residentes". "O CORDS em Bien Hoa (assim como o próprio GVN) deve muito a essas unidades e seus comandantes, que se têm dedicado altruisticamente a promover a pacificação." A "verdade inquietante" é que "o governo [do Vietnã do Sul], com uma orientação vigorosa e significativa de cima para baixo, ainda está por começar a assumir a responsabilidade pela continuação desta guerra e pelo esforço de pacificação" (II, 407). O estudo do Pentágono termina nesse ponto, mas sabemos por muitas outras fontes que, nos meses seguintes, aumentou a dependência em relação aos militares estado-unidenses na preparação do terreno para a "pacificação", e o massacre de My Lai foi apenas o exemplo mais famoso e mais grotesco disso (ver nota 149). Allan Goodman escreveu: "Independentemente de qualquer outra coisa que a introdução de [tropas de combate norte-americanas] possa haver conseguido, agora está claro que sua participação no conflito (sobretudo nos doze meses posteriores à ofensiva do Ano Tet, em 1968) debilitou seriamente a capacidade de os vietcongues/Vietnã do Norte conduzirem uma guerra móvel eficaz no Vietnã do Sul."[158] A retirada forçada da população e a devastação maciça se intensificaram, preparando o terreno para o bem-intencionado programa de Komer para a construção nacional.

Esse mesmo período assinalou a implementação de outra importante recomendação de Komer: "*Reformular e dar novo fôlego a um esforço coordenado de coleta de informações e ação dos EUA/GVN, visando a infra-estrutura vietcongue nos níveis cruciais das províncias, distritos e aldeias*" (IV, 441, ênfase dele). O problema, relatou Komer, era que "simplesmente ainda não vimos obtendo uma compensação suficiente das informações maciças que coletamos cada vez mais. A coordenação policial/militar é lamentavelmente deficiente na coleta e na rapidez de reação".

Dois meses depois, em 14 de junho de 1967, num memorando para o general Westmoreland intitulado "Organização para o ataque à infra-estrutura dos vietcongues", Komer recomendou "a consolidação, sob sua direção, do esforço de informações dos EUA contra a infra-estrutura", além de expressar seu desejo de uma "'estrutura administrativa' civil/militar unificada do GVN/EUA, 'que tenha como alvo a infra-estrutura'". Em resposta, em julho de 1967 criou-se a estrutura da ICEX[t8] (Coordenação e Exploração de Informações), sob a direção de Westmoreland e Komer (II, 429, 585). A ICEX, que envolvia a CIA, civis e militares norte-americanos e o aparelho militar-policial de informações do GVN, foi a predecessora imediata do Projeto Fênix, segundo indicam outras fontes. As diretrizes internas iniciais descrevem o Projeto Fênix como um programa norte-americano de assessoramento, apoio e assistência ao programa *Phung Hoang*, do governo do Vietnã. As modificações posteriores eliminaram a referência ao "Fênix" e se referem meramente ao programa *Phung Hoang* do GVN, novamente em conformidade com a abordagem que consistia em "manter o GVN em primeiro plano na imagem apresentada a seu povo e ao mundo em geral".

Em 4 de março de 1968, o ministro da Defesa recomendou que "a Operação Fênix, que tem por alvo os vietcongues, seja implementada com mais vigor, em ligação mais estreita com os Estados Unidos", enquanto "as forças armadas vietnamitas devem dedicar-se prioritariamente a atividades voltadas contra a infra-estrutura" (IV, 578).

Depois que a ICEX de Westmoreland e Komer transformou-se no Projeto Fênix, os programas coordenados policiais, militares e de informações dos EUA/GVN conseguiram "neutralizar" cerca de 84 mil integrantes da "infra-estrutura vietcongue", com 21 mil mortos, de acordo com as "cifras oficiais" divulgadas.[159] De acordo com a mesma reportagem da UPI, Komer realmente tem razão ao dizer (em "Epilogue") que os assessores norte-americanos criticaram os excessos. Informa-se que as autoridades locais no delta haviam decidido matar 80% dos suspeitos, mas os assessores norte-americanos conseguiram convencê-las de que a proporção deveria ser reduzida ao máximo de 50%. Outro assessor norte-americano admitiu que, "naturalmente, matamos e torturamos muitos vietcongues. (...) A única maneira de combater essas pessoas que agem como animais é matá-las". Nós as tratamos exatamente como elas nos tratam, acrescentou ele, mas sem listar as cidades norte-americanas em que quadros auxiliados, treinados e pagos pela FLN realizaram missões de tortura e assassinato. Segundo a mesma reportagem, os assassinatos como tais são predominantemente executados por ex-presidiários ou ex-comunistas recrutados e remunerados pela CIA, que também organiza os centros provinciais de interrogatório onde os prisioneiros são torturados. Outras reportagens indicam que há uma ampla utilização de equipes dirigidas pela CIA, extraídas de minorias étnicas, que militares norte-americanos freqüentemente conduzem as operações e que, muitas vezes, as unidades incluem mercenários nacionalistas chineses e tailandeses. Um voluntário da organização International Voluntary Services contou ter dado carona a dois homens no delta do Mekong, ex-presidiários que lhe disseram que, entregando alguns cadáveres de vez em quando e recebendo a recompensa, levavam uma vida bastante confortável.[160]

Afirmou-se que o programa de "pacificação" foi substancialmente acelerado em março de 1971, tendo como "alta prioridade" a neutralização do aparelho político dos vietcongues, a um custo informado de consideravelmente mais de um bilhão de dólares para os Estados Unidos, além de uma soma não revelada para o regime de Saigon (portanto, indiretamente paga pelos Estados Unidos).[161] Uma rara estatística de abril de 1971 revela que, nesse mês, dos 2 mil "neutralizados", mais de 40% foram assassinados[162] — possivelmente, os primeiros frutos da aceleração do programa terrorista. Um oficial do serviço de informações norte-americano, ligado ao Projeto Fênix no delta do Mekong, afirmou que, ao chegar a seu distrito, recebeu uma lista com duzentos nomes de pessoas que deveriam ser mortas, e que, quando foi embora, seis meses depois, 260 tinham sido mortas, mas nenhuma das que constavam em sua lista.[163]

Como em outros casos de "contagem dos corpos", os números fornecidos e a identidade das vítimas levantam diversas questões. Há amplos indícios de que os agentes e os coletores de informações (maciçamente infiltrados, é provável, pela FLN) muitas vezes evitam as dificuldades e os riscos de tentar se envolver na infra-estrutura da FLN e cumprem suas quotas de outras maneiras.[164]

Como recurso para aterrorizar a oposição política, entretanto, é bem possível que o Projeto Fênix seja eficaz. Embora os assassinatos, a tortura e as detenções propriamente ditos sejam praticados por agentes treinados, assessorados e pagos pelos Estados Unidos, seria "uma distorção perversa", insiste Komer ("Epilogue"), criticar com demasiada severidade o "programa *Phung Hoang* do GVN".

Assinalamos a insistência de Komer em que seus "pacificadores" são dedicados ao estado de direito. É possível que seja verdade, embora a significação desse nobre compromisso só fique clara ao examinarmos o sistema de leis que eles defendem. Os "crimes contra a segurança" podem ser julgados por tribunais militares de campo, e as leis são tão severas que praticamente qualquer forma de dissidência franca pode ser vista como uma violação da segurança nacional: minar o moral popular, ou atos que promovam o comunismo ou o neutralismo pró-comunista, ou atos que minem o espírito anticomunista do país, tudo isso é passível de punições que vão de cinco anos à pena de morte.[165]

O problema que Komer sempre considerou o mais importante, a saber, "a segurança no interior", foi abordado pelos métodos que acabamos de indicar. Entre os mais selvagens estiveram os programas de geração deliberada de refugiados e "reação rápida" dos militares e da polícia, nos termos do "esforço coordenado de coleta de informações e ação dos EUA/GVN", conforme explicitamente recomendado em ambos os casos por Komer, que nos diz que se preocupou apenas com as tarefas bem-intencionadas de construção nacional, depois que a força militar dos Estados Unidos forneceu um "ambiente militar favorável" para essas atividades benéficas. Ele tem toda razão, aliás, em enfatizar que, no espectro completo das atividades norte-americanas no Vietnã, as dirigidas por ele foram as menos criminosas.

4. A mentalidade asiática — a mentalidade norte-americana

No que concerne ao bombardeio do Norte, o analista conclui que essa idéia se baseou "numa suposição plausível sobre a racionalidade dos líderes do Vietnã do Norte", a saber, que eles não quereriam arcar com seu custo (IV, 57). Mas os guerrilheiros, "de modo geral, vinham-se abastecendo localmente" (IV, 57) e, como explicou McNamara com muita meticulosidade a uma comissão senatorial, "a consideração [dos líderes norte-vietnamitas] pelo conforto, ou até pela vida da população que eles controlam, não parece ser suficiente para levá-los a negociar um acordo, a fim de deter um nível intensificado de ataques" (IV, 202). Qualquer nazista poderia ter dito o mesmo sobre Winston Churchill.

Desde então, essa linha de raciocínio tem sido ampliada por vários comentaristas reflexivos. William Pfaff, liberal residente do Instituto Hudson, explicou que "nossa estratégia foi razoável", mas era "a estratégia dos que são ricos, amam a vida e temem os 'custos'".[166] Para nós, "a morte e o sofrimento são escolhas irracionais, quando existem alternativas". "Queremos a vida, a felicidade, a riqueza, o poder." Mas não conseguimos compreender "a estratégia dos fracos", que "lidam com absolutos, entre eles o de que o homem inevitavelmente sofre e morre". O inimigo "aceita estoicamente a destruição da riqueza e a perda de vidas"; "felicidade, riqueza, poder: essas próprias palavras, em conjunto, revelam uma dimensão de nossa experiência que ultrapassa a dos pobres da Ásia". Portanto, os fracos nos convidam a levar "nossa lógica estratégica a sua conclusão, que é o genocídio",[167] porém nós hesitamos, por não nos dispormos a "nos destruir (...), contradizendo nosso próprio sistema de valores". Na formulação de Hoopes, hesitamos por perceber "que o genocídio é um fardo terrível para carregar". E por isso falhamos. Nem Pfaff nem Hoopes nos dizem como determinaram que os pobres da Ásia não amam a vida, não temem os custos nem buscam a riqueza e a felicidade. Talvez isso seja demonstrado em alguma pesquisa secreta do Instituto Hudson.

Diversos ministros de Estado rivalizam com Pfaff e Hoopes em sua compreensão da mentalidade asiática. Byrnes, em dezembro de 1946, aludiu aos problemas causados pela "atitude e conhecimento quase infantis das questões econômicas por parte dos vietnamitas, e por seu vago tatear pela 'independência'", que vinham provocando toda sorte de problemas, e citou Abbot Moffat[t9] (*DOD*, livro 8, p. 89). Talvez essas atitudes infantis e esse vago tatear fossem ainda mais pronunciados pelo fato de os vietnamitas terem "sido inteiramente doutrinados pela Carta do Atlântico e outros pronunciamentos ideológicos", com isso esperando, ingenuamente, a ajuda norte-americana (Richard Sharp, relatando comentários do general Philip Gallagher, *DOD*, livro 8, p. 56). O ministro Marshall, mais prático e realista do que os vietnamitas, compreendeu a necessidade de "uma associação estreita e contínua entre os povos recém-autonomizados e as nações que por muito tempo foram responsáveis por seu bem-estar", como a França tinha sido responsável pelo bem-estar dos vietnamitas,[168] e reconheceu que, "por um período indefinido", os vietnamitas precisariam não apenas de assistência material e técnica francesa, mas também de "orientação política esclarecida", nos termos de uma associação voluntária (*DOD*, livro 8, pp. 100-101). Outro ministro de Estado comentou que, "como acontece com a maioria dos orientais, Diem deve estar sumamente desconfiado do que acontece a seu redor" (Dulles, abril de 1955; *DOD*, livro 10, p. 909); ao que parece, porém, Diem não desconfiou o bastante, como ficaria provado pelos acontecimentos de meados de 1963.

O Conselho de Segurança Nacional, igualmente astuto, explicou as perspectivas favoráveis da União Soviética na Ásia, em parte, pelo fato de "seus protegidos lidarem com povos asiáticos tradicionalmente submissos ao poder, quando este é efetivamente aplicado" (*DOD*, livro 8, p. 239, dezembro de 1949) — uma percepção que foi corroborada, de maneira muito conclusiva, pela aplicação eficiente da força contra os vietnamitas nos últimos 25 anos.[169]

Perspicácia similar foi exibida por Maxwell Taylor, embaixador dos Estados Unidos, descrito em outro texto como "o principal assessor, se não a eminência parda" do governo Kennedy.[170] Ele lamentou o "atributo nacional" que "limita o desenvolvimento de um espírito verdadeiramente nacional" entre os sul-vietnamitas, talvez "inato", talvez resíduo da experiência colonial. Em seguida, especulou sobre "a capacidade dos vietcongues de reconstruírem continuamente suas unidades e compensarem suas perdas" — "um dos mistérios desta guerra de guerrilha" —, bem como sobre seu notável moral, sua capacidade de recuperação e sua força permanente, para os quais "ainda não encontramos uma explicação plausível" (III, 668, 27 de novembro de 1964). A única explicação que Taylor conseguiu imaginar foi o envio para o Sul de "quadros treinados e equipamento militar", bem como o fluxo de mensagens de rádio. Ao que parece, não lhe ocorreu que, por algum motivo, as operações dos EUA/GVN no Vietnã do Norte não tinham um impacto semelhante. Ultrapassa inteiramente a sua compreensão, é claro, que a verdadeira fonte da resistência dos vietcongues possa ser justamente um "atributo nacional", profundamente arraigado na sociedade camponesa que vimos destruindo sistematicamente, um "atributo" que estimula os camponeses vietnamitas a uma resistência contínua à dominação colonial — o atributo repetidamente caracterizado como "xenofobia" nesses documentos. A mesma tolice notável se revela na recomendação de maio de 1961 de que se lançassem folhetos de avião sobre o Vietnã do Norte, "para manter o moral da população norte-vietnamita", como se o povo do Vietnã do Norte, escravizado por seus amos e senhores comunistas, aguardasse, rezando, a salvação vinda dos bombardeiros norte-americanos, ou, quem sabe, das "redes de resistência, bases secretas e equipes de sabotagem e assédio leve" a serem formadas nesse país, "usando os alicerces criados pelas operações do serviço secreto" (II, 641).

Talvez seja injusto citar as várias contribuições do Estado-Maior das Forças Armadas, a exemplo de sua sugestão de que uma firme declaração da intenção norte-americana de bloquear "a agressão proveniente de fora da Indochina (...) elevaria, em linhas gerais, o moral de todos os povos do Sudeste Asiático, e, em particular, aumentaria a determinação dos indochineses de lutar, até a conclusão exitosa da guerra", contra a "campanha comunista soviética no Sudeste Asiático" (15 de janeiro de 1954, *DOD*, livro 9, pp. 214, 216).

Comparado a isso, Eisenhower parece um modelo de profundidade, "ao comentar filosoficamente" o moral baixo das "forças democráticas no Laos" e se indagar em voz alta "por que, em intervenções dessa natureza, sempre parecemos constatar que o moral das forças comunistas é superior ao das forças democráticas" (II, 637). "Sua explicação foi que a filosofia comunista parecia produzir um sentimento de dedicação" que não era igualado pelos que "apóiam as forças livres". Esse problema já fora notado muito antes, como uma avaliação do Serviço Secreto Nacional de junho de 1953, que destacou as perspectivas sombrias do "governo vietnamita", dados "a incapacidade dos vietnamitas de se agregar em torno [dele]", o "controle" eficiente da Vietminh, o fato de a população ajudar mais a Vietminh do que os franceses (o que dificultava "fornecer segurança à população vietnamita"), a incapacidade de "a liderança do Vietnã" "superar a apatia popular e mobilizar a energia e os recursos do povo", e assim por diante (I, 391-392). Com pouco mais do que uma troca de nomes, essa análise poderia ter sido extraída do já citado relatório desanimado dos especialistas em pacificação (MACCORDS), de 31 de dezembro de 1967, que deplorou a corrupção do GVN,[171] o "grau cada vez maior de desconfiança, desagrado e desilusão entre o povo e o GVN", e a crescente debilidade deste. Com essas palavras se encerra o registro das relações entre os Estados Unidos e o governo do Vietnã (II, 406-407). *Plus ça change...*[t10]

Por algum motivo, os Estados Unidos nunca conseguiram "influenciar o GVN a fazer o que acreditamos que eles devem fazer para salvar seu país"

(II, 623). Em outubro de 1966, McNamara lamentou "que os EUA ainda não tenham encontrado a fórmula para treinar e inspirar os vietnamitas" (II, 388; analista): "*a desanimadora verdade é que, como aconteceu em 1961, 1963 e 1965, não descobrimos a fórmula, o catalisador, para treiná-los e inspirá-los a uma ação eficaz*" (IV, 349, ênfase de McNamara; Carver, da CIA, discordou: II, 598). Parece que tudo que conseguimos fazer é matar, acrescentou ele.

Não que não se apresentassem idéias sobre a fórmula ou o catalisador apropriados. Um memorando de 20 de outubro de 1954, enviado ao diretor da CIA, sugeriu que talvez "um conceito das operações psicológicas, intitulado 'liberdade militante'", pudesse resolver o problema. Esse conceito foi posteriormente endossado pelo general Bonesteel, da Diretoria de Planejamento do CSN (*DOD*, livro 10, pp. 777, 975), mas depois desapareceu dos registros. O Estado-Maior das Forças Armadas, em fevereiro de 1964, ao recomendar um aumento da destruição da lavoura e outras medidas, acrescentou que seria útil "criar uma 'causa' que possa servir de ponto de encontro para os jovens/estudantes do Vietnã". Um "Plano Nacional de Operações Psicológicas" poderia ajudar, acharam os militares (III, 45).

A intelectualidade técnica também foi convocada para o esforço de descobrir a fórmula adequada para inspirar os vietnamitas a uma ação eficaz. A revista *Army* (dezembro de 1966) discutiu um encontro de

> um grupo de físicos da chamada divisão Jason do Instituto de Análises da Defesa (IAD), um banco de idéias que trabalha em estreita ligação com o Ministério da Defesa. (...) Embora eles tenham-se concentrado em questões como a visão noturna para detectar guerrilheiros, o aperfeiçoamento das comunicações e a vulnerabilidade das aeronaves ao fogo da guerrilha, os cientistas finalmente concluíram que a necessidade preponderante de pesquisa não era nas ciências "exatas", mas na "programação" — as ciências sociais.
>
> "Constatamos que o problema era muito diferente do que havíamos encontrado ao lidar com armas estratégicas, que costumam estar distantes dos fatores humanos", disse o Dr. Jack Ruina, ex-presidente do IAD e atual vice-reitor do Instituto de Tecnologia de Massachusetts. "Com as armas nucleares, é máquina contra máquina. Quando começamos a pensar na contra-insurgência, logo percebemos que não é possível isolar esses problemas das pessoas. Que sabíamos sobre essas pessoas — os vietcongues e os vietnamitas em geral? Percebemos que precisávamos aprender muito mais com os antropólogos, com os

cientistas sociais. A melhor percepção que obtivemos da situação do Vietnã veio de antropólogos que sabem falar vietnamita.

"O que concluímos na sessão da [divisão] Jason foi que o conhecimento social, político e cultural era muito importante. Era claramente necessário um estudo sistemático e esclarecido dessas regiões do mundo. Haveria sérias dificuldades nesse tipo de pesquisa, alguns erros iniciais e alguns obstáculos, mas ele precisava ser feito."

Em seguida, o relatório cita alguns resultados — por exemplo, um estudo da RAND Corporation sobre os efeitos dos bombardeios norte-americanos, que "constatou que esses ataques ao Vietnã do Norte elevavam o moral no Vietnã do Sul; que os ataques ao Vietnã do Norte prejudicavam o moral dos vietcongues, e que a hostilidade aos Estados Unidos não tinha um aumento substancial nas áreas bombardeadas" (ver nota 8).

Outro estudo da RAND "mostrou que os recrutas vietcongues dos vilarejos são atraídos pela promessa de ter seu próprio fuzil e seu uniforme. Como resultado, o governo de Saigon decidiu procurar atrair os jovens com uniformes vistosos, elegantes, com cachecóis vermelhos, amarelos ou de outra cor viva". Essa idéia não parece ter sido propriamente a resposta. Ao que parece, faltava algum componente; eram necessárias mais pesquisas.

Outro estudo da RAND observou: "A comunicação de um carisma (poderes milagrosamente adquiridos) ou de um conjunto de símbolos simpáticos tem recebido atenção como um recurso eficaz de liderança, a fim de despertar a receptividade em populações de sociedades subdesenvolvidas. O carisma ou um simbolismo semelhante é parcimonioso com a habilidade administrativa, mas é também instável e difícil de usar na obtenção de uma cooperação social complexa." Não há dúvida de que o Pentágono ainda está quebrando a cabeça sobre a maneira de traduzir essa recomendação num catalisador eficaz.

Não devemos rir desse tipo de inanidade. Quando falha a inteligência, há muita força bruta de reserva. Quando as elucidações dos cientistas sociais se revelaram insuficientes, os Estados Unidos simplesmente ampliaram e intensificaram sua guerra de máquinas contra pessoas.

Os embaixadores norte-americanos em Saigon não estavam em condições de aguardar os resultados das pesquisas feitas pelos intelectuais do governo e, sendo assim, propuseram seus próprios projetos para criar uma "causa" que pudesse "obter uma cooperação social complexa" por parte dos vietnamitas. O embaixador Bunker sugeriu que os Estados Unidos usassem sua influência para fazer o GVN "adotar um programa e identificá-lo com o de um antigo herói nacional" — em suas palavras, "para dar ao novo governo um apelo ou uma filosofia idealista que possa competir com o declarado pelos vietcongues" (agosto de 1967, II, 403). Mas essa proposta engenhosa não obteve melhor resultado que o Programa em Dez Pontos para o Sucesso, proposto pelo embaixador Lodge dois anos antes. Primeiro ponto: "Saturar a mente das pessoas com uma ideologia atraente e dotada de consciência social, que seja passível de execução" (II, 530). Ao que parece, não importava muito qual seria essa ideologia. Pelo menos, nada mais é dito sobre ela. Por algum motivo, esses conceitos de amplo alcance nunca conseguiram superar o "apelo idealista" dos vietcongues.

Como jamais conseguiram "saturar a mente das pessoas" com uma ideologia suficientemente atraente, os Estados Unidos voltaram-se para a tarefa mais fácil de saturar o país com tropas, bombas e desfolhantes. Um texto do Departamento de Estado observou: "O bombardeio de saturação, através da artilharia e de ataques aéreos, (...) é uma tática aceita, e é provável que não haja nenhuma província em que tal tática não tenha sido amplamente empregada (...)" (IV, 398). A única objeção levantada foi que talvez fosse mais proveitoso dar maior ênfase à "guerra não convencional" — especificamente, a conquistar apoio popular para o regime de Saigon. Ao que parece, o fato de a força norte-americana dever dedicar-se a granjear apoio para sua própria criação — o governo de Saigon — não pareceu mais estranho ao autor do que o fato de os Estados Unidos deverem realizar bombardeios de saturação em todas as províncias do Vietnã do Sul.

5. "Os membros (...) deverão resolver as suas controvérsias internacionais por meios pacíficos" (Carta da ONU)

5.1. Genebra, 1954

Dada a sua impossibilidade de obter apoio popular para o regime que impusera ao Vietnã do Sul, o governo dos Estados Unidos via com maus olhos as conferências internacionais, as negociações, as eleições e outros meios pacíficos de resolução de conflitos. A atitude estado-unidense diante da Conferência de Genebra de 1954 prenunciou uma política que, em essência, persiste até hoje. Envidaram-se todos os esforços para sabotar a Conferência de Genebra. Quando, apesar disso, assinaram-se acordos, o governo norte-americano tratou de subvertê-los prontamente. O chefe da delegação francesa em Genebra, Jean Chauvel, concluiu que o "único objetivo dos acordos de Genebra, tal como visto [pelos norte-americanos], é servir de capa para os preparativos políticos, econômicos e militares da dominação".[172] A documentação hoje disponível oferece uma confirmação dramática dessa conclusão.

Imediatamente após a Conferência de Genebra, o Conselho de Segurança Nacional se reuniu e adotou a instrução NSA 5429/2, em 20 de agosto de 1954 (*DOD*, livro 10, p. 731ss). Esse documento, que só aparece na edição do governo e é deturpado a ponto de ficar irreconhecível na história relatada pelos Papéis do Pentágono, começa por reconhecer as conseqüências desastrosas da Conferência de Genebra. Um grande problema é a "aparência de moderação" dos comunistas, que lhes proporciona "uma base para acentuar marcantemente sua 'propaganda de paz' e seu 'programa de paz' na Ásia, numa tentativa de aplacar os temores da política expansionista comunista e estabelecer relações mais estreitas com as nações da Ásia livre". A "perda do Sudeste Asiático", aparentemente considerada uma perspectiva grave, à luz desses sucessos comunistas, "poria em risco a preservação do Japão como elemento-chave na cadeia de ilhas ao largo do continente". Como já vimos (seção V, *supra*), o vínculo do Japão com o Sudeste Asiático era um componente central do planejamento global norte-americano nesse período.

O documento resume em seguida uma variedade de propostas de operações clandestinas e outras formas de pressão. A passagem central, repetida na íntegra nas formulações da orientação política do CSN em dezembro de 1954 e junho-julho de 1959 (*DOD*, livro 10, pp. 844, 1203), é a seguinte (grifo meu):

> Se solicitados por um governo local legítimo, que necessite de ajuda para derrotar uma subversão ou rebelião comunista local que *não constitua um ataque armado*, os Estados Unidos devem encarar tal situação com tanta gravidade que, além de fornecer todo o apoio secreto e manifesto que seja possível dentro da autoridade do poder executivo, o presidente deve imediatamente considerar

> um pedido de autorização ao Congresso para tomar as medidas apropriadas, que poderão, se necessário e viável, incluir o uso de forças militares norte-americanas, seja no local, seja contra a origem externa dessa subversão ou rebelião (inclusive a China comunista, se ela vier a ser determinada como a fonte).

Essa doutrina é uma clara e explícita violação da lei (ver seção III, *supra*). Na verdade, a NSC 5429/2 e suas elaborações posteriores anunciam que os Estados Unidos não têm compromisso com suas obrigações fundamentais assumidas nos termos da Carta das Nações Unidas, e que ridicularizam os apelos subseqüentes ao Artigo 51 da Carta, que aliás é uma farsa, como já observamos. Uma vez que a "legitimidade" de um governo local é uma questão de decisão unilateral dos Estados Unidos, essa afirmação implica que o país interverá como lhe aprouver nos assuntos internos de outras nações, sendo limitado apenas pela necessidade de obter a aprovação do Congresso (como fez, fraudulentamente, após o incidente do golfo de Tonquim em 1964) para seu uso ilegal da força, e que se disporá a usar a força militar contra qualquer Estado que considere responsável por uma subversão ou rebelião local contra um governo designado como "legítimo" pelos Estados Unidos. Em consonância com esse princípio, a declaração — numa seção "a ser considerada como base para considerações posteriores" — recomenda políticas para "reduzir o poder da China comunista na Ásia, mesmo com o risco de guerra, mas sem provocá-la deliberadamente": por exemplo, "apoio a atos perturbadores dos nacionalistas chineses" e esforços para "criar uma divisão interna no regime comunista chinês e prejudicar as relações sino-soviéticas, por todos os meios possíveis, divulgados e secretos".

A declaração de orientação política do CSN propõe ainda que o Japão seja remilitarizado e que a Tailândia seja desenvolvida "como ponto focal das operações secretas e psicológicas dos Estados Unidos no Sudeste Asiático". Com respeito à Indochina, os Estados Unidos deverão "envidar todos os esforços possíveis, desde que não abertamente incompatíveis com a postura norte-americana quanto aos acordos de armistício [de Genebra], para manter e apoiar os governos não comunistas amistosos do Camboja e do Laos, manter um Vietnã do Sul que seja amistoso e não comunista, e impedir uma vitória comunista nas eleições gerais de todo o Vietnã". Os Estados Unidos devem realizar "operações secretas, em escala ampla e eficaz", para respaldar essas políticas em toda a Indochina, inclusive no Vietnã do Norte, onde devem "explorar os meios disponíveis para tornar mais difícil o controle pela Vietminh no Vietnã do Norte".

Adeus, Genebra, agosto de 1954.

Essa declaração do CSN formula resumidamente as políticas então adotadas pelo governo estado-unidense, violando seu compromisso de "se abster de recorrer à ameaça ou ao uso da força para perturbar" o acordo de Genebra, e violando seu compromisso mais fundamental com a Carta das Nações Unidas. O conteúdo básico desse documento, altamente significativo, é omitido na história relatada pelos Papéis do Pentágono. Pior ainda, essa história cita o documento com uma exposição bastante detalhada de seu conteúdo implícito, pouco ou nenhum do qual aparece de fato no documento em si (I, 204). Num outro capítulo, o historiador que discute as conseqüências do acordo de Genebra afirma que, "lida dentro do contexto", a formulação do "objetivo-corolário (afirmado pelo CSN em agosto e aprovado pelo presidente) de 'impedir uma vitória comunista nas eleições gerais de todo o Vietnã' *não* conotou uma intenção norte-americana de subverter os acordos", mas "significou que a influência norte-americana almejaria garantir que os comunistas não obtivessem a vitória eleitoral por métodos enganosos e antidemocráticos" (I, 177). Ele omite o contexto, citado acima, que revela claramente que a declaração do CSN, aprovada pelo presidente, conota exatamente uma intenção norte-americana de subverter os acordos, como parte de uma campanha geral de intervenção em todo o Leste Asiático. O diretor do estudo do Pentágono, resumindo, afirma apenas que, "quase de imediato [depois de Genebra], (...) a política dos Estados Unidos começou a responder a urgências militares" (I, 181).

Essa distorção, convém assinalar, está em perfeita harmonia com a incapacidade geral, na história produzida pelo Pentágono, de indagar sobre o papel dos Estados Unidos como agente de subversão e agressão, e sobre a tendência dessa história a ver os Estados Unidos como uma simples vítima que reage a situações criadas por terceiros (ver pp. 62-63 e seção IV, *supra*).[173] Convém também notar que o relatório de Lansdale sobre operações secretas no Vietnã do Norte e do Sul, nos anos de 1954 e 1955 (I, 573ss; ver também II, 643ss., alguns anos depois), não fez parte dos Papéis do Pentágono e, ao que parece, foi obtido pelo *New York Times* de outra maneira. Sem fazer referência às missões de sabotagem e subversão de Lansdale no Norte, o historiador do

Pentágono afirma ainda, falsamente: "Embora a política norte-americana falasse em tomar medidas para impedir a absorção completa da RDV no bloco soviético, essas medidas não constituíram nada além da manutenção de um consulado dos Estados Unidos em Hanói" (I, 213). O fato de o historiador do Pentágono não mencionar exemplos documentados de subversão e sabotagem — a rigor, sua negação da existência deles — não nos deixa nenhuma outra informação com respeito ao relato de Bernard Fall de que pequenos grupos de sabotadores foram soltos de pára-quedas ou infiltrados no Vietnã do Norte, com pouco sucesso e grandes baixas, "pelo menos desde 1956".[174] A combinação de omissões e falsificações, que leva a uma deturpação completa das origens da guerra norte-americana na Indochina, revela de forma notável a eficácia dos controles ideológicos que regem a história produzida nos Papéis do Pentágono.

Como deixam claro os registros da Comissão Internacional de Controle [ICC, na sigla em inglês], os Estados Unidos e o governo do Vietnã tentaram, durante a década de 1950, fazer um uso seletivo dos Acordos de Genebra, contando com a ICC para proteger o frágil governo de Saigon e, ao mesmo tempo, obstruindo-a a todo momento em seus esforços de implementar os acordos, conduzindo uma vasta campanha de terrorismo no Sul e excluindo a cláusula mais importante dos acordos, ou seja, a cláusula das eleições para reunificar o país.[175] Praticamente todos esperavam que a RDV vencesse as eleições e, sendo assim, os Estados Unidos e o GVN "pareceram decididos, desde o começo, a abandonar os Acordos de Genebra", para grande insatisfação de Nehru, por exemplo, que assinalou que "a questão é fazer vigorar os Acordos de Genebra [especificamente a cláusula das eleições], ou pôr fim a eles e enfrentar as conseqüências", isto é, voltar à luta armada. No início de 1956, as potências ocidentais "negaram sua responsabilidade pela cláusula mais importante dos Acordos de Genebra", a das eleições; e a ICC (com a abstenção do Canadá) declarou que a oposição explícita do GVN aos Acordos de Genebra "equivale, naturalmente, a uma revogação". O papel britânico foi particularmente objetável.[176] A ICC informou em 1956 que, "embora a Comissão tenha enfrentado dificuldades no Vietnã do Norte, a maior parte de suas dificuldades surgiu no Vietnã do Sul".[177] Todas as discussões com uma tentativa mínima de seriedade assinalam a diferença no grau de observância, que é fácil de explicar, dada a expectativa geral de que o Vietnã se unificasse sob um governo comunista, caso os acordos fossem respeitados.

Um estudo do Ministério da Defesa, datado de abril de 1955, concluiu que, se os comunistas permitissem eleições sob supervisão internacional, "não há razão para duvidar, neste momento, de que venceriam facilmente as eleições de 1956" (*DOD*, livro 10, p. 936), e o mesmo temor foi expresso, com diversas ressalvas, ao longo de todo esse período (*DOD*, livro 10, pp. 692, 806, 867, 883), embora se tenha esperado, posteriormente, que fosse possível enfraquecer os comunistas no Norte e fortalecer o governo do Sul, a fim de que o país inteiro pudesse acabar sendo unificado sob uma liderança anticomunista (p. 1.131, abril de 1958). Em abril de 1955, Dulles propôs (p. 892) que as nações do Ocidente insistissem em algumas "salvaguardas", que "provavelmente [seriam] inaceitáveis para os comunistas, por causa das cláusulas de obediência estrita, a fim de garantir eleições genuinamente livres" (como as realizadas na Ásia sob a égide dos Estados Unidos), e, como se sabe, os Estados Unidos apoiaram Diem em sua recusa a realizar eleições ou mesmo iniciar discussões preliminares, como era exigido pelos Acordos de Genebra, que obviamente estipulavam que o paralelo 17 era uma simples linha de demarcação militar provisória, e não uma fronteira política ou territorial. Diem adotou sistematicamente a postura de que seu governo não estava sujeito aos Acordos de Genebra (p. 1.077).

O interessante é que nenhum desses fatos impediu Washington, em anos posteriores, de afirmar que seu único desejo era restabelecer as "cláusulas essenciais dos Acordos de Genebra de 1954" (William Bundy, junho de 1967, IV, 502). O conteúdo dos Acordos de Genebra foi tão completamente esquecido, que até Chester Cooper, que participou da Conferência de Genebra e continuou atuante nos assuntos da Indochina desde então, é capaz de dizer, inocentemente, que o programa de ajuda norte-americana ao Vietnã foi regido por "um intenso desejo de preservar para os sul-vietnamitas a independência que lhes foi concedida em Genebra" (ao discutir a "filosofia básica da ajuda norte-americana ao Vietnã", muito "ingênua e idealista").[178] Assim se criam os mitos.

5.2. Eleições e democracia

No fim da década de 1960, os Estados Unidos apoiaram a realização de eleições no GVN, desde que elas se dessem nos termos de uma legislação que excluísse os comunistas e neutralistas que trabalhavam direta ou indiretamente para os comunistas, ou "cujos atos beneficiem os comunistas".[179] Um comentarista vietnamita assinalou: "As leis eleitorais da República do Vietnã destinam-se a excluir todos os patriotas que têm dado a contribuição maior para proteger seu país e suas aldeias, e que jamais serão intimidados pelos estrangeiros."[180] Ele estava comentando as idéias de um juiz sul-vietnamita que escrevera pouco antes: "Numa sociedade de bordéis [o Vietnã sob ocupação aliada], se as prostitutas forem obrigadas a organizar eleições para escolher sua líder, a madame sempre poderá fazê-las votar numa caftina que execute suas ordens com eficiência."

Desde a publicação dos Papéis do Pentágono e da "eleição" de um homem só em outubro de 1971, virou moda assinalar que, obviamente, os Estados Unidos nunca tiveram a intenção verdadeira de levar a democracia ao Vietnã. Mas convém lembrar que, enquanto essa ilusão pôde ser popularmente mantida, a intervenção norte-americana era sistematicamente justificada exatamente com base nisso, tanto para o público quanto internamente. Ver, por exemplo, os já citados comentários de John F. Kennedy ou as observações de William Bundy sobre o "esforço corajoso e extremamente difícil [do Vietnã do Sul] de se tornar uma verdadeira democracia durante uma guerra de guerrilha", bem como o compromisso dos Estados Unidos de impedir qualquer solução que não fosse "voluntariamente aceitável para o governo e o povo sul-vietnamitas".[181] Essas idéias ainda são expressas, por exemplo, por *Sir* Robert Thompson, uma das dádivas britânicas ao povo vietnamita, que escreve que "dar liberdade de escolha ao povo do Vietnã do Sul" é a pedra angular da política norte-americana.[182]

O conceito de "liberdade de escolha" de *Sir* Robert proporciona uma boa visão da mentalidade colonialista. Ele é explicado por Roger Hilsman, ao discutir o conceito de Thompson sobre os vilarejos estratégicos, que deveriam "criar a segurança física de que o aldeão necessita para poder fazer uma escolha livre entre os vietcongues e o governo". O plano fracassou, explica Hilsman, porque Nhu, o irmão de Diem, não seguiu um programa cuidadoso, "no qual as lealdades de cada área fossem garantidas e todos os agentes vietcongues fossem eliminados, antes de as tropas e as equipes de ação civil passarem para a área seguinte". Assim, "os agentes dos vietcongues permaneceram instalados" e a liberdade de escolha revelou-se impossível. Para uma verdadeira "liberdade de escolha", era necessário eliminar fisicamente a oposição. Depois disso, os aldeãos poderiam escolher livremente entre o governo e os vietcongues, em seus acampamentos cercados de arame farpado e ocupados por tropas do governo, apoiadas pelos norte-americanos.[183]

Num levantamento do programa estratégico das aldeias, o qual, segundo o GVN, havia reassentado um terço da população do Vietnã do Sul até o verão de 1962,[184] o analista dos Papéis do Pentágono (II, cap. 2) registra a "contribuição" de Thompson, em particular sua convicção de que o programa deveria ser "clínico", não "cirúrgico" — enfatizando mais a polícia do que os militares —, e de que fracassou porque a infra-estrutura dos vietcongues não foi eliminada. O analista observa que os "aspectos físicos" do programa foram "similares, se não idênticos, aos esforços anteriores de reassentamento e controle da população feitos pelos franceses e por Diem"; "todos foram um fracasso lamentável, porque depararam com o ressentimento, quando não com a resistência ativa, dos camponeses cujo controle, segurança e, posteriormente, lealdade tinham por alvo". Isso se evidenciou desde o começo, quando a maioria dos camponeses se recusou a cooperar e teve que ser "arrebanhada à força de suas casas", na Operação Sunrise [Alvorada]. Outra maneira de expor a situação é dizer que os camponeses, inexplicavelmente, rejeitaram a liberdade de escolha que lhes foi oferecida com tanta generosidade.

A forma de "democracia" contemplada pelos norte-americanos que estavam intervindo amplamente nos assuntos internos da Indochina revela-se em alguns comentários do general Lansdale. Ao discutir a situação do Laos em 1961, escreveu ele: "Há também uma organização local de veteranos e uma organização política de base no Laos, ambas sujeitas à orientação e ao controle da CIA (...)" (II, 647). A idéia de uma organização de base sob a orientação e o controle da CIA simboliza os objetivos norte-americanos na Indochina, além de destacar a realidade por trás da retórica em que eles são mascarados.

A concepção de democracia enunciada por nossos vários embaixadores também proporciona uma leitura interessante. O embaixador Durbrow, por exemplo, achou que um código liberal de imprensa seria uma boa idéia: "ele seria sumamente benéfico para uma melhor compreensão dos esforços fecundos que vêm sendo feitos por seu governo [o de Diem] em prol da população." No sistema imaginado por ele, "o governo só interviria se as reportagens fossem flagrantemente desonestas, incorretas ou favoráveis aos comunistas"

(*DID*, livro 10, p. 1354, dezembro de 1960). Trocando alguns nomes, que *komissar* poderia discordar?

As contribuições do embaixador Lodge seguiram uma linha semelhante. Ele se opôs a Diem, quando pareceu que este não conseguiria "conquistar o apoio das pessoas que importam, ou seja, da classe instruída, dentro e fora do serviço governamental" (II, 738, agosto de 1963). Meses depois, ele reconheceu que os generais vietnamitas eram, obviamente, "tudo o que temos" (II, 304), mas não se deixou desanimar por essa percepção. Em sua segunda missão diplomática, passou a apoiar as eleições, que, a seu ver, deveriam ser tão limpas quanto possível, "a fim de melhorar ao máximo a imagem do GVN nos Estados Unidos e internacionalmente". Elas deveriam "reunir" todos os grupos não comunistas que tinham o compromisso de aceitar a ajuda norte-americana (para defender "a independência de seu país"). Com sua concordância, "a legislação eleitoral aprovada deu ao Conselho [o regime de Ky] amplos poderes para excluir os candidatos indesejados, e impediu os budistas de usarem seu símbolo (...) na cédula eleitoral". Além disso, Lodge "apoiou sem restrições" a exclusão dos budistas do Movimento de Luta, como "medidas moderadas para impedir que a eleição seja usada como veículo para uma tomada do poder pelos comunistas". Lodge via os budistas "como equivalentes a comunistas de carteirinha", relata o analista (II, 376-378, 384). Afinal, qualquer democracia deve tomar medidas especiais para excluir os comunistas do processo eleitoral, caso eles tenham alguma chance de vencer, bem como para se defender dos elementos criminosos; e os budistas de Hue e Da Nang, no juízo abalizado do embaixador Lodge, eram responsáveis por "uma violência criminosa, que age sob um disfarce político, econômico e social". Os atos deles lhe demonstravam que, obviamente, os vietnamitas não estavam prontos para se governar, e levantavam a possibilidade de que "tenhamos que decidir quanto vale, para nós, negar o Vietnã a Hanói e Pequim — independentemente do que pensem os vietnamitas" (IV, 99-100). Lodge também se opôs a uma "assembléia constituinte" (uma "expressão francesa perniciosa") que "se arraste e crie dificuldades por um período indefinido", preferindo uma "convenção constitucional" que "se reúna, adote a constituição e se desfaça" (II, 371).

Talvez uma boa indicação de como os Estados Unidos realmente viam a política vietnamita seja dada pela reação às eleições para a Assembléia Nacional, em 27 de setembro de 1963, "com um comparecimento previsivelmente alto e maioria para os candidatos do governo" (II, 215). Exatamente nesse período, informa o analista, "autorizamos, sancionamos e incentivamos os esforços de golpe de Estado dos generais vietnamitas, além de oferecermos pleno apoio a um governo sucessor" (II, 207), isso porque o governo tinha "alienado o apoio popular" a tal ponto que a vitória sobre os vietcongues, no governo de Diem, era considerada praticamente impossível (II, 201ss).

Poderíamos acrescentar que a atitude em relação à democracia norte-americana não era muito diferente (ver nota 39). Isso se revelou de maneira notável durante as deliberações de 1964. Os planos para a escalada de fevereiro de 1965 foram feitos em 1964, com pleno conhecimento da necessidade de esperar que o presidente obtivesse autorização do Congresso e um mandato popular.

> (...) o período de meados de 1964 não era uma fase auspiciosa para novos desvios na política, por parte de um presidente que queria representar alternativas "moderadas" às propostas "radicais" de seus adversários. O período anterior ou imediatamente posterior à eleição também não foi muito atraente, pela mesma razão. (...) O presidente Johnson não tinha autorização congressual nem popular para americanizar a guerra, nem para ampliá-la drasticamente, "indo para o Norte". [III, 2-4; cf. NSC 5429/2, discutida na subseção 5.1, acima]

Em junho de 1964, reconheceu-se "que somente níveis relativamente pesados de ataque à RDV teriam probabilidade de surtir um efeito significativo convincente", porém a maioria dos assessores do presidente "reconheceu a necessidade de construir um apoio mais firme do público e do Congresso para um envolvimento maior dos Estados Unidos no Sudeste Asiático, antes que se realizassem ações militares mais amplas" (III, 107). Após o incidente no golfo de Tonquim e o resultante apoio do Congresso, e a "vitória esmagadora [do presidente Johnson] nas urnas", "aumentaram suas opções viáveis". Nesse momento, ele foi "munido de um mandato popular e de ampla autorização do Congresso" e, por conseguinte, pôde ir adiante (III, 4-6). Em setembro, "havia pouca discordância essencial entre os dirigentes quanto à necessidade de ações militares contra o Norte". Numa importante reunião de altas autoridades (Rusk, McNamara, Wheeler, Taylor, McCone), essa idéia foi proposta, "com o sentimento de que tais ações eram inevitáveis". Mas algumas "considerações táticas", entre elas a campanha eleitoral em andamento, na qual o presidente "se apresentava como o candidato da razão e da moderação", impediram que se executasse qualquer ação, "por enquanto" (III, 111). Durante as deliberações de setembro, a "união da opinião pública norte-americana" foi vista como uma precondição da escalada, mas, nos debates de novembro, esse "já não [era] um fator importante", embora o presidente continuasse "cauteloso e ambivalente". Nesse ínterim, ele fora eleito "com uma aprovação esmagadora" (III, 113-116). As decisões de promover a escalada ou realizar provocações deliberadas, a fim de justificar a reação dos Estados Unidos, deveriam ser adiadas, "provavelmente até novembro ou dezembro". Ao longo dessas deliberações, 1º de dezembro ou 1º de janeiro foram considerados o "dia D" (III, 198-200, 207), ou seja, depois das eleições.

O notável é que em parte alguma o analista julga apropriado mencionar que a autorização popular *não foi* para uma escalada, ou que o apoio do Congresso foi obtido de forma bastante duvidosa.[185] Era suficiente obter-se a aprovação do Congresso e haver uma vitória esmagadora nas urnas. A conclusão óbvia a extrair dessa história é que as pessoas pacifistas deveriam ter votado em Goldwater, a fim de que o "mandato" fosse menos esmagador, já que, aparentemente, o que importava era apenas sua escala, e não seu caráter. Todo esse episódio é um exemplo marcante dos instintos totalitaristas dos planejadores, aceitos como naturais pelo historiador.[186]

5.3. Negociações

Uma grande razão de o presidente estar "cauteloso e ambivalente" era o medo de que uma reação comunista à escalada norte-americana derrubasse o instável governo do Vietnã, e de que as pressões internacionais acarretassem "negociações prematuras" — ou seja, negociações que pudessem levar a um acordo político e, portanto, a uma vitória comunista, dado o poder político das forças de oposição. Convém lembrar que esse foi um período em que, como disse Douglas Pike, os não comunistas do Vietnã do Sul, com a possível exceção dos budistas, não podiam correr o risco de entrar numa coalizão, "por medo de que, se o fizessem, a baleia engolisse o peixinho".[187]

Esses temores foram expressos logo no começo do ano, quando os planos de uma ação militar direta contra o Norte foram seriamente considerados.

O ministro McNamara informou ao presidente que tais operações eram de "natureza extremamente delicada": "Haveria o problema de expor a idéia de modo a justificar essa ação, o problema da escalada comunista e o problema de lidar com as pressões em favor de negociações prematuras ou 'de cartas marcadas'" (III, 504, 16 de março de 1964). Dias depois, o presidente informou ao embaixador Lodge, em Saigon, que a tarefa imediata deveria consistir em "fortalecer a base no Sul". "Por essa razão", prosseguiu ele, os planos de ação militar manifesta contra o Norte deveriam ser "contingenciais neste momento, e o problema imediato nessa área é criar a mais forte base militar e política para uma possível ação posterior" (III, 511). As deliberações adicionais mantiveram-se dentro dessa linha até as eleições.

Afirmou-se que não houve realmente um embuste durante a campanha presidencial de 1964, uma vez que os planos de uma escalada eram apenas "contingenciais". O registro exclui essa interpretação. Com efeito, os planos eram "contingenciais", pelas razões que acabamos de assinalar: a necessidade de autorização popular e do Congresso, a fragilidade da base no Vietnã do Sul e o risco de negociações prematuras. Incluir essas deliberações na categoria de planos de bombardear Moscou ou invadir o Brasil, caso as circunstâncias o justificassem, é flagrantemente absurdo.

Ao longo de todo o fatídico ano de 1964, o planejamento continuou, com base nos pressupostos assinalados. Depois da eleição, não houve dúvida de que a escalada ocorreria. Como explicou com muita clareza o embaixador Taylor, em 27 de novembro, se o GVN caísse, "devemos estar preparados para uma ação militar de emergência contra o Norte, nem que seja para escorar uma situação de colapso"; e "se, por outro lado (...), o governo se mantiver e se provar confiável, devemos estar preparados para embarcar num programa metódico de aumento dos ataques aéreos" (III, 241). Em suma, qualquer que fosse a situação, bombardear. E ele também acrescentou: "Não iniciem negociações enquanto a RDV estiver em dificuldades."

Este último pressuposto não foi questionado ao longo de 1964. O medo que McNamara sentia das negociações prematuras ou "de cartas marcadas" foi reiterado durante todo esse detalhado planejamento. A RDV poderia reagir com uma ação militar a um ataque direto com bombardeiros, o qual "talvez tenha que continuar em níveis substanciais de destruição militar, industrial e governamental na RDV" (III, 620). Essa perfídia comunista poderia derrubar o já desmoronadiço governo do Vietnã. E também poderia instigar esforços internacionais para buscar uma solução por meios pacíficos. Mas as negociações, se levadas a sério, conduziriam a uma solução política e, portanto, a uma derrota norte-americana. Já destacamos a recusa dos planejadores a aceitar o resultado provável de um acordo negociado pelos vietnamitas, que conduziria a um Vietnã unificado e hostil à China (ver p. 86, *supra*).

A insistência em usar a força antes de qualquer negociação deve ser lida à luz da obrigação legal, nos termos da Carta das Nações Unidas, de os países se absterem de recorrer à ameaça ou ao uso da força e de empregarem meios pacíficos (como as negociações) para resolver as controvérsias. Numa paródia da suprema lei da terra, a igrejinha insistiu em que "depois, *mas só depois*, de estabelecermos um padrão claro de pressão" é que seria possível considerar meios pacíficos (William Bundy, 11 de agosto de 1964; III, 526, ênfase dele). Esse mesmo enunciado se repetiu, dias depois, numa mensagem do Executivo para Saigon, com o título de "Elementos essenciais da política dos Estados Unidos" (III, 535). Primeiro a força, depois a conversa.

Não encontramos nenhuma discussão sobre os compromissos jurídicos dos Estados Unidos.[188] Ao contrário, todos os órgãos "viam as negociações como algo que não deveria ser iniciado enquanto as pressões estivessem prejudicando o Vietnã do Norte" (III, 204). Como se expressou Taylor em fevereiro, deveríamos "transmitir sinais que, em conjunto, apresentem aos líderes da RDV a visão de uma destruição inevitável e completa, se eles não modificarem seu procedimento"; "o grau de destruição e o número de baixas infligidos avaliam o impacto de nossas operações sobre a liderança de Hanói e são, por conseguinte, importantes como medida do incômodo dela" (III, 316). Em consonância com isso, a política dos Estados Unidos consistia em evitar a armadilha[189] de confiar em meios legais pacíficos, até que se transmitissem os sinais adequados, mediante prejuízos e baixas suficientes, bem como uma ameaça crível de destruição completa.

A política posterior aderiu ao princípio do "primeiro a força, depois a conversa". O discurso do presidente Johnson em 7 de abril de 1965, de acordo com o analista, "foi compatível com a lógica da 'política de pressão' elaborada em novembro de 1964, que afirmava que a disposição de negociação dos Estados Unidos só deveria vir à tona depois de realizada uma série de ataques aéreos contra alvos importantes no Vietnã do Norte" (III, 356). Por essa razão, "significativamente", tinha havido bombardeios de especial intensidade nas duas semanas anteriores à "iniciativa" do presidente. O cinismo dessa abordagem escapa inteiramente ao analista. E, numa seção posterior, ele também não estabelece nenhuma ligação entre a "política de pressão" geral e o curioso fato de que, repetidas vezes, as evidentes sondagens de paz e oportunidades de negociação oferecidas pela RDV foram solapadas pela escalada súbita dos bombardeios (IV, 135, 205). Para o analista, a escalada dos bombardeios nessas ocasiões foi "inadvertida", ou representou uma "coincidência lamentável" (embora ele admita que os líderes da RDV deviam sentir "a forte impressão de estarem sendo espremidos pela tática de pressão de Johnson"). Ele atribui o fracasso das negociações ao "orgulho ferido do Vietnã do Norte", exibindo um grau de sensibilidade igualmente revelado por sua referência aos "clamores sobre baixas civis (...) ouvidos em alto e bom som em Hanói", quando a usina elétrica dessa cidade foi bombardeada, em maio de 1967 (IV, 153).

Historiadores que não aceitam irrefletidamente a estrutura de propaganda do governo registraram as "coincidências lamentáveis" e sugeriram algumas explicações possíveis, que não precisam interessar-nos aqui.[190] É possível que todos esses casos tenham apenas refletido a lógica da "política de pressão" washingtoniana, a suposição geral de que, em explícita contradição com a lei suprema da terra, a ameaça e o uso da força devem preceder os esforços de "resolução pacífica" das controvérsias.

Isto não significa negar que o consenso dos planejadores no fim de 1964 fosse realista. Ele era. Simplesmente não havia base para negociações, dado o equilíbrio das forças políticas. O papel predominante dos Estados Unidos na determinação da estrutura econômica e social do Vietnã não será negociável enquanto as forças nacionalistas que se opõem a esse desfecho forem fortes o bastante para continuar sua resistência. Por isso, todas as negociações estão fadadas ao fracasso, à parte as que levem a uma verdadeira retirada norte-americana ou à ratificação da rendição dos que "capturaram" o movimento nacionalista aos Estados Unidos e a seus associados locais.

Os volumes dos Papéis do Pentágono que versam sobre as negociações ainda não foram abertos ao público, mas há algumas curiosidades interessantes no registro aqui apresentado. Durante todo o ano de 1964 e começo de 1965, há referências reiteradas a vários esforços de negociação, mas um deles está conspicuamente ausente, a saber, o esforço de U Thant, que foi, provavelmente, o mais promissor de todos. Em outubro de 1964, U Thant disse a Stevenson, embaixador dos Estados Unidos na ONU, que Ho Chi Minh parecia haver concordado com negociações em Rangun. Essa proposta parece ter sido escondida internamente, até que U Thant ameaçou "denunciar" a história em janeiro, quando os Estados Unidos rejeitaram a proposta.[191] Em 6 de janeiro de 1965, William Bundy informou ao secretário de Estado que a União Soviética, a China e a RDV haviam "convocado uma conferência sobre o Laos, sem nenhuma precondição, mas se abstiveram de mencionar uma conferência sobre o Vietnã" (III, 684), e em seguida sugeriu uma explicação para esta última omissão. Ao que parece, Bundy não tinha conhecimento da proposta (tal como seu irmão, segundo Cooper). Na falta de maiores informações, parece ter havido, nesse caso, uma conspiração dentro da conspiração.

6. Iniciativa e resposta: a agressão ao Vietnã do Sul

Em sua propaganda oficial, o governo dos Estados Unidos, tal como a maioria dos outros, apresenta-se como uma potência do *status quo* que procura defender uma ordem internacional estável, frente à violência e à agressão. Como vimos, os historiadores do Pentágono, de modo geral, funcionam dentro desse arcabouço ideológico. O registro documental que estamos examinando, todavia, revela que se deu exatamente o inverso. Em todos os momentos, os Estados Unidos recorreram à força, para perturbar os arranjos sociais e políticos que viam como nocivos a suas políticas globais. Nesses casos, a reação das forças autóctones era rotulada de "agressão" e apresentada ao público como uma justificativa para novas escaladas norte-americanas.

A essência da postura dos Estados Unidos é revelada pelos pronunciamentos públicos que explicam o conceito de "agressão". Consideremos, por exemplo, as observações bastante típicas feitas por Adlai Stevenson ao Conselho de Segurança da ONU em 21 de maio de 1964 (III, 715-716). Observou ele que "a questão do Vietnã de hoje é a mesma da Grécia em 1947". Em ambos os casos, os Estados Unidos estavam defendendo um povo livre da "agressão interna":

> Eu lembraria aos senhores membros que, em 1947, depois de os agressores assumirem o controle da maior parte do país, muitas pessoas acharam que a causa do governo da Grécia estava irremediavelmente perdida. Mas, desde que o povo da Grécia se dispusesse a lutar pela vida de seu país, os Estados Unidos não se disporiam a ficar como espectadores, enquanto a Grécia era devastada.

Similarmente, "os Estados Unidos não podem ficar assistindo enquanto o Sudeste Asiático é devastado por agressores armados".

A analogia histórica de Stevenson é mais ou menos pertinente. No Vietnã, assim como na Grécia, os Estados Unidos procuravam bloquear uma "agressão interna", ou seja, a "agressão" de um movimento local de massa contra um governo protegido por uma potência estrangeira, no qual a "agressão interna" tem o tipo de apoio externo que poucas guerras de libertação deixaram de ter (por exemplo, a Revolução Norte-americana, para citar um caso em que um apoio externo muito maior foi decisivo; cf. Capítulo 3, p. 302).

Em ambos os casos, contrariando inteiramente as provas disponíveis, o Executivo norte-americano procurou mascarar o absurdo de suas afirmações, fingindo que os "agressores internos" eram meros agentes de uma conspiração global dirigida por Moscou ou "Peiping".[192] Enquanto os Estados Unidos tratavam de derrubar o *status quo* de 1945-1946, tentando restabelecer a influência e o controle franceses sobre a Indochina, o Departamento de Estado informou solenemente ao governo francês, em junho de 1949, sobre a "intenção inevitável" da Vietminh de "subverter a causa nacionalista, no final, às exigências do comunismo internacional". Os despreparados vietnamitas, incapazes de compreender essa realidade, estavam impressionados com "a liderança eficaz do movimento nacionalista [pela Vietminh]". Mas os Estados Unidos a compreendiam muito bem e, sendo assim, julgavam que a "questão fundamental da Indochina" era "se o país será salvo do controle comunista", sendo "irrelevantes" todas as outras questões, dada a necessidade de "preservar a Indochina de uma tirania estrangeira" (*DOD*, livro 8, pp. 208-209). Dean Rusk informou ainda à imprensa que os franceses e os Estados Associados "independentes" vinham resistindo firmemente, em "defesa da Indochina contra o colonialismo comunista" encabeçado pela Vietminh (p. 397).

O Conselho de Segurança Nacional (fevereiro de 1950) afirmou que o exército francês, juntamente com tropas nativas, "trava hoje um conflito armado com as forças da agressão comunista" e "tenta restabelecer a lei e a ordem" (I, 361). No começo de 1954, a Comissão Especial sobre o Sudeste Asiático, a serviço do presidente, explicou ainda que os franceses haviam demonstrado, ao concederem a independência aos Estados Associados, que "a Vietminh não está lutando pela liberdade". Os franceses lutavam por "defender a causa da liberdade e da libertação do comunismo na Indochina". "A causa da Vietminh", em contraste, era "a causa da colonização e da subserviência à dominação do Kremlin, como foi a causa da China, da Coréia do Norte[193] e dos Estados-satélite europeus" (*DOD*, livro 9, p. 342).

Os colonialistas eram a Vietminh; os franceses defendiam a independência vietnamita.

Em sua primeira mensagem no discurso sobre a Situação da União, o presidente Kennedy alertou para o fato de que, "na Ásia, as pressões incessantes dos comunistas chineses ameaçam a segurança de toda uma área — desde as fronteiras da Índia e do Vietnã do Sul até as florestas do Laos — que luta para proteger sua independência recém-conquistada".[194] O rascunho de um relatório da Força-Tarefa Gilpatric (maio de 1961), que discutia o posicionamento de "grupos de batalha norte-americanos", afirmou que a finalidade destes era impedir "uma *nova* agressão comunista proveniente do Vietnã do Norte, da China ou da União Soviética, ao mesmo tempo elevando o moral dos vietnamitas" (II, 48, grifo meu). Às vésperas da escalada de fevereiro de 1965, John McNaughton, com a anuência de McNamara, descreveu o "objetivo dos Estados Unidos no Vietnã do Sul" como o de "conter a China" (III, 686, 267) e, dois meses depois, declarou que um objetivo fundamental era "preservar o Vietnã do Sul e o território (então adjacente) das mãos dos chineses".[195] Seria difícil imaginar uma compreensão mais profundamente equivocada do teor do nacionalismo vietnamita e de sua liderança comunista. E George Carver, falando pela CIA em abril de 1966, proclamou um objetivo: "Demonstrar a inutilidade estéril da política expansionista militante e agressiva defendida pelos governantes atuais da China comunista" (IV, 82, cf. nota 145). Essencialmente a mesma visão foi também desenvolvida por McGeorge Bundy em meados de 1967, quando ele afirmou que, independentemente do que pensassem os intelectuais do Oriente, a maioria dos norte-americanos e "quase todos os asiáticos" sabiam que a teoria dos dominós estava certa; por conseguinte, a intervenção dos Estados Unidos "já salvou a esperança de liberdade de centenas de milhões de pessoas", nada menos (IV, 159). Robert McNamara acrescentou que o objetivo de "limitar o expansionismo chinês na Ásia" já fora alcançado (VI, 1974).[196] E assim por diante.

As idéias dos intelectuais de Kennedy e da CIA mal chegam a diferir de algumas visões estranhas dos especialistas militares norte-americanos. Por exemplo, o general Van Fleet, ao informar sobre sua missão ao Extremo Oriente em outubro de 1954, fez a acusação de que, "desde o fim da Segunda Guerra Mundial, o regime comunista chinês vem travando uma guerra incessante contra o mundo livre, especificamente contra os Estados Unidos". "Será impossível restabelecer a paz com liberdade na Ásia enquanto o regime comunista chinês continuar a existir" (*DOD*, livro 10, p. 794). Seria interessante explorar mais as idéias do general Van Fleet sobre o "restabelecimento" da liberdade na Ásia. O diretor do estudo do Pentágono comentou que "todas as expectativas estado-unidenses [em 1950] pareciam apoiar-se na convicção do Estado-Maior das Forças Armadas de que 'a consecução dos objetivos dos Estados Unidos na Ásia só será possível mediante o sucesso último na China'" (I, 179).

De modo geral, os documentos internos se referem à "agressão vietcongue no Sul" (e.g. IV, 58, outubro de 1965). Similarmente, um memorando do Pentágono descreveu "a força óbvia e não totalmente prevista da infra-estrutura vietcongue" após a ofensiva do Ano Tet, em 1968, acrescentando que isso "mostra que não pode haver perspectiva de uma solução militar rápida para a agressão no Vietnã do Sul" — ou seja, a agressão organizada pela infra-estrutura vietcongue (IV, 581).

A propósito do caráter da "agressão", há também comentários interessantes dos chefes do Estado-Maior das Forças Armadas. Em fevereiro de 1955, eles previram "três formas básicas de ocorrência de agressão no Sudeste Asiático: a) ataque armado aberto, proveniente de fora da área; b) ataque armado aberto, proveniente do interior da área de cada Estado soberano; c) agressão não armada, isto é, guerra política ou subversão" (*DOD*, livro 10, p. 885). O conceito de "ataque armado aberto, proveniente do interior" de um Estado soberano, corresponde à "agressão interna" de Stevenson. Ao definir a "guerra política" como uma forma de agressão, os chefes do Estado-Maior revelaram compreender com exatidão e perspicácia a postura fundamental do Executivo dos Estados Unidos.

Vale notar que se trata do mesmo conceito de "agressão interna" empregado por Sidney Hook nos comentários anteriormente citados, quando ele se refere ao emprego da força militar norte-americana para repelir as "incursões" da FLN (mera "partidária" do Vietnã do Norte), através, por exemplo, de ataques com aviões B-52 no delta do Mekong, com sua "perda acidental e lamentável de vidas humanas" (p. 124, *supra*).

Em janeiro de 1959, a Coordenadoria de Operações publicou um "Plano de Operações para o Vietnã", a ser implementado por agências-membros. Como o plano foi elaborado no Ministério da Defesa, o Estado-Maior das Forças Armadas recebeu a incumbência de "impedir os vietcongues (antes chamados de Vietminh) de atacar ou subverter o Vietnã Livre ou outros Estados vizinhos". Ele também deveria "sondar as fraquezas dos vietcongues e explorá-las, interna e internacionalmente, sempre que possível" (*DOD*, livro 10, p. 1186, maio de 1959). O Pentágono, em suma, deveria impedir a "agressão interna" por parte do movimento nacionalista da Indochina.

De acordo com o mesmo plano, o Pentágono deveria "incentivar visitas [de vietnamitas] aos Estados Unidos, para efeito de treinamento e orientação", expandir os programas existentes e, "por ocasião de seu regresso, estimular a mais completa assimilação dos beneficiados pelo sistema de intercâmbio, participantes e estagiários na vida vietnamita (militar, econômica, social, política e cultural)", com isso "ajudando-os a exercer uma influência favorável ao mundo livre entre seus conterrâneos vietnamitas". Ou então, para usar a terminologia preferida pelos propagandistas norte-americanos, as forças armadas dos Estados Unidos deveriam intensificar seu programa de infiltração de elementos treinados e reagrupados no Vietnã do Sul, a fim de subverter esse país e colocá-lo mais firmemente sob a dominação estrangeira. O Plano de Operações para o Vietnã não discorre sobre o problema de barrar a contínua "agressão vinda do Norte", já que não havia nenhuma. Sua preocupação é, antes, implementar a intervenção norte-americana no Sul, ou seja, as ações militares e de outra natureza contra os "vietcongues" nativos. Ao mesmo tempo, o comando militar dos Estados Unidos deveria ampliar seus esforços de colocar o Vietnã do Sul na órbita norte-americana, conforme os objetivos de longo prazo formulados anos antes.

Há uma certa ironia no fato de o aparelho de propaganda do governo estado-unidense e estudiosos independentes terem dado grande atenção a uma reunião realizada em Hanói no mesmo mês, maio de 1959, na qual o Partido Comunista do Vietnã do Norte — segundo afirmavam os porta-vozes do governo — teria acionado seu esforço de subverter e dominar seu vizinho livre do Sul. Nessa reunião, o partido teria autorizado os quadros sulistas a pegarem em armas para se defender do terrorismo do regime imposto pelos Estados Unidos, que havia dizimado a Vietminh meridional durante o período em que Hanói insistia na moderação e na abstenção do uso da força e da violência.[197] Essa mesma reunião teria autorizado os sulistas que se haviam reunido com o Norte, nos termos dos Acordos de Genebra, a retornarem a suas casas no Sul, a fim de participarem da rebelião meridional em andamento. Nem mesmo o defensor mais extremado da intervenção estado-unidense afirma que o partido fez mais do que iniciar, em maio de 1959, programas do tipo daquele que o Estado-Maior norte-americano recebera a responsabilidade de *ampliar* na mesma ocasião. Tudo isso, é claro, deixa de lado uma assimetria fundamental: os que estavam implementando o Plano de Operações para o Vietnã dificilmente poderiam ser classificados de vietnamitas, e a fronteira que estavam cruzando era, com toda a certeza, uma fronteira política e territorial.

O mesmo conceito de "agressão interna" foi empregado com respeito ao Laos. O presidente justificou o início do reconhecimento armado (isto é, bombardeios e fogo de artilharia aérea) no Laos, em maio de 1964, como reação a "novos atos de agressão comunista no Laos" (III, 720). Os "agressores", no caso, eram os neutralistas de inclinação esquerdista e o Pathet Lao, que haviam restabelecido o *status quo* em abril de 1963, possivelmente em resposta a uma tentativa direitista de golpe de Estado em Vientiane e a um esforço de integrar as forças neutralistas de esquerda no exército direitista.[198] No Laos, tal como no Vietnã do Sul, fazia muitos anos que os Estados Unidos vinham treinando forças militares de direita no exterior e, em seguida, devolvendo-as ao país, para que participassem de rebeliões e da repressão interna. Por exemplo, no fim de 1960, o país entregou mais de duzentos pára-quedistas laosianos que tinham feito treinamento na Tailândia (o "ponto focal" das operações norte-americanas no Sudeste Asiático — ver p. 154-155) a Phoumi Nosavan, o favorito da CIA e dos militares estado-unidenses, que na época estava em franca rebelião contra o governo de Souvanna Phouma,[199] pró-ocidental, mas não suficientemente reacionário para conseguir o apoio dos Estados

Unidos. Esse foi um período em que correspondentes norte-americanos informaram que, "se hoje se realizassem eleições livres no Laos, todos os observadores qualificados, inclusive a embaixada norte-americana, admitem que este reino de eremitas se tornaria comunista por uma vitória esmagadora", que o Partido Comunista Laosiano [Pathet Lao] "controla a zona rural [e] que as probabilidades [em qualquer eleição] são maciçamente favoráveis a esse partido, que construiu diligentemente uma organização que controla a maioria dos dez mil vilarejos do país".[200] O envio de pára-quedistas laosianos, no esforço de derrubar o regime centrista que, por si só, não conseguiria resistir ao Pathet Lao numa competição política franca, não é visto pelo governo dos Estados Unidos nem pelos historiadores do Pentágono[201] como uma agressão ou uma intervenção armada, embora a volta de reunificados sulistas a suas casas, a partir de 1959, tenha sido um "ataque armado" contra o Vietnã do Sul, que justificou a "resposta" norte-americana nos termos do Artigo 51 da Carta das Nações Unidas.[202]

Nesses e em muitos outros casos, o conceito de agressão empregado pelo poder executivo dos Estados Unidos entrega o jogo. As forças autóctones praticam "agressão interna" quando o fazem contra os regimes escolhidos pelas potências ocidentais para governar, bem como protegidos de sua própria população por uma força externa (que age "em legítima defesa coletiva" contra essa "agressão").

O historiador do Pentágono atribui ao fim da década de 1950 a "consciência norte-americana da necessidade de promover a estabilidade interna", destacando, em particular, a contribuição da Comissão Draper (a Comissão da Presidência para Estudo do Programa de Ajuda Militar dos Estados Unidos) em 1958-1959. A Comissão Draper fez uma clara distinção entre duas tarefas das forças militares auxiliadas pelos Estados Unidos: "opor-se à agressão externa" e opor-se à "agressão interna" (II, 435). Talvez seja essa a origem da curiosa expressão "agressão interna", posteriormente adotada por Adlai Stevenson e outros. Os documentos da Comissão Draper também "procuraram popularizar os programas militares de ação civil e ligá-los a precedentes politicamente aceitáveis — como o papel do exército norte-americano no desenvolvimento do oeste dos Estados Unidos". Essa referência é sugestiva. O exército dos Estados Unidos protegeu os construtores do oeste norte-americano contra a agressão interna dos índios, que foram varridos de suas terras. Tomando isso como "precedente", quem desempenha o papel dos índios norte-americanos nos "programas militares de ação civil" orientados e auxiliados pelas forças armadas dos Estados Unidos em terras estrangeiras? E para quem é "politicamente aceitável" esse precedente ou seu análogo contemporâneo? Examinando essas perguntas, chegamos a algumas percepções interessantes sobre as doutrinas de contra-insurgência que se desenvolveram a partir das deliberações da Comissão Draper e que tanto extasiaram os intelectuais do governo Kennedy.[203]

Vez por outra, registra-se explicitamente o fato de que, "no Vietnã do Sul, os comunistas embarcaram claramente numa 'guerra de libertação nacional' de insurgência e subversão internas, e não de agressão manifesta".[204] Essa distinção é fundamental. Ela mina qualquer recurso à Carta das Nações Unidas ou à Organização do Tratado do Sudeste Asiático, como muitas vezes se assinalou. Mas os fatos não impediram o presidente Kennedy de afirmar que "a agressão sistemática que hoje faz aquele país sangrar não é uma 'guerra de libertação', pois o Vietnã já é livre" (II, 806, janeiro de 1962), uma vez que nunca impediram seus assessores de dizer que os Estados Unidos estavam inteiramente engajados em defender da agressão um povo livre, ou que, em 1962, "a agressão [foi] contida no Vietnã".[205] Essa descrição deturpada transforma-se num absurdo quando nos damos conta de que, no mesmo ano, 1962, as forças norte-americanas engajaram-se diretamente em operações de combate contra os insurgentes do Vietnã do Sul.[206] O tempo todo, afirma-se que os Estados Unidos, exatamente como a França, estão lutando para preservar a liberdade dos vietnamitas da Vietminh colonialista e de seus sucessores na agressão. Partindo desse pressuposto, foi perfeitamente apropriado que o embaixador Maxwell Taylor espumasse de indignação ante os "atos ultrajantes dos vietcongues no Vietnã do Sul, tais como o ataque a Bien Hoa", a base aérea norte-americana, que danificou ou destruiu 27 dos 30 aviões B-57 dos Estados Unidos e matou diversos norte-americanos. Para "vingar" esses atos ultrajantes, "poderíamos engajar-nos em bombardeios de represália" contra o Vietnã do Norte, o qual determinamos ser o responsável (III, 669; II, 341; III, 288; outubro-novembro de 1964).

Em outras ocasiões, porta-vozes do governo viram-se em situações em que a referência à "agressão interna" pareceria cínica demais, ou pouco convincente, e assim, simplesmente afirmaram que tinha havido uma agressão clara pelos norte-vietnamitas antes da escalada norte-americana de fevereiro de 1965.

O ministro Rusk, depondo perante a Comissão de Relações Exteriores do Senado em janeiro e fevereiro de 1966, declarou que a 325ª Divisão do exército norte-vietnamita havia penetrado no Vietnã do Sul em janeiro de 1965, num ato que constituía uma "agressão por meio de ataque armado" e facultava aos Estados Unidos uma reação nos termos do Artigo 51 da Carta das Nações Unidas. O registro oficial bastou para desmentir essa afirmação, como Theodore Draper demonstrou numa análise criteriosa feita na época.[207] Os Papéis do Pentágono demonstram agora, de maneira conclusiva, que, quando os Estados Unidos fizeram a escalada de fevereiro, não tinham conhecimento de nenhuma unidade norte-vietnamita regular no Vietnã do Sul. Na verdade, no começo de julho de 1965, o vice-ministro da Defesa ainda estava preocupado com a *possibilidade* de que houvesse forças do Exército Popular do Vietnã [EPV] no Vietnã do Sul ou perto dele; e, semanas depois, o comando do Estado-Maior incluiu um regimento da 325ª Divisão do EPV em sua estimativa de 48.500 "unidades organizadas de combate dos vietcongues" (a única unidade do EPV a ser identificada). A título de comparação, observe-se que a reunião de Honolulu, no dia 20 de abril, havia recomendado que as tropas norte-americanas fossem aumentadas para um efetivo de 82 mil homens, complementado por 7.250 soldados coreanos e australianos (2 mil coreanos tinham sido despachados em 8 de janeiro de 1965). Em junho, os Estados Unidos decidiram "inundar o país de tropas dos EUA, o mais rápido que fosse possível mobilizá-las" (II, 362), e, em meados de julho, o presidente aprovou o pedido de que o número dos soldados norte-americanos fosse elevado para 175 mil.[208] À luz desses fatos, a afirmação de que os Estados Unidos estavam defendendo o Vietnã do Sul de um ataque armado é simplesmente ridícula.

Caberia argumentar que o depoimento do ministro Rusk não é incompatível com o histórico apresentado nos Papéis do Pentágono e em outras fontes. Seria possível especular que as informações obtidas antes de seu depoimento, mas depois do verão de 1965, revelavam que a 325ª Divisão do EPV realmente se infiltrara no Vietnã do Sul em janeiro de 1965, como Rusk sustentou em seu depoimento ao senado.

Mas há duas dificuldades nessa defesa, que é a única possível. Em primeiro lugar, não há provas de que essa seja uma especulação correta. Segundo, e mais importante, mesmo que ela fosse correta, seria irrelevante. O depoimento de Rusk foi um esforço para justificar a escalada norte-americana de fevereiro como legítima defesa coletiva contra um ataque armado. Deixando de lado várias outras objeções, essa justificativa só teria validade caso se soubesse, na ocasião da escalada, que havia ocorrido um ataque armado. Os registros históricos deixam absolutamente claro que isso não aconteceu. Portanto, a justificativa fracassa nos termos de qualquer suposição referente a fatos desconhecidos.

Por exemplo, suponhamos que, depois de invadir a Tchecoslováquia, os russos houvessem descoberto que, sem seu conhecimento, havia ocorrido um ataque armado à Tchecoslováquia, digamos, por forças da Alemanha Ocidental. Eles não poderiam argumentar que essa "descoberta" justificava sua intervenção armada com base no Artigo 51. Fica claro, portanto, que o depoimento de Rusk consistiu em declarações falsas ou em representações fraudulentas, de modo que foi tecnicamente criminoso (ver nota 41). Também podemos lembrar que a natureza fraudulenta do depoimento de Rusk (e não apenas do dele) foi prontamente reconhecida e demonstrada (cf. Draper, *Abuse of Power*), mesmo sem a confirmação muito mais ampla que hoje é possível. E, por último, podemos assinalar as homilias sobre "o estado de direito" que são proferidas nos tribunais ou nas páginas das publicações formadoras de opinião, quando os cidadãos praticam pequenos atos de desobediência civil não violenta, em protesto contra a agressão e o assassinato em massa: o tecido social se desagregará e cairemos na anarquia e no barbarismo, se a lei não for uniformemente aplicada.

Os Papéis do Pentágono revelam que os responsáveis pela formulação das políticas dos Estados Unidos acreditavam que a FLN era uma criação de Hanói e que Hanói era agente do "comunismo internacional". Por lei, o país tinha o direito de expressar essas convicções e solicitar ao Conselho de Segurança da ONU que determinasse a existência de uma ameaça à paz. O fato de não o ter feito é significativo e dispensa explicações. Mas vale a pena mencionar que há uma defasagem lógica entre a demonstração de que os formuladores da política norte-americana expressavam (e talvez até tivessem) essas convicções e a demonstração de que as convicções eram corretas. Isso não influi na questão da agressão norte-americana, mas, ainda assim, pode ser considerado. É interessante, por exemplo, notar que a União Soviética havia praticamente suspendido a ajuda ao Vietnã do Norte de 1962 a 1964 (IV, 116), quando se dizia que esse agente do comunismo internacional estava engajado numa agressão ao povo livre do Vietnã do Sul. Tão marginal era o interesse soviético no Sudeste Asiático, antes da escalada norte-americana de 1964, que o grupo de trabalho do CSN (novembro de 1964) externou a opinião de que "é provável que o papel de Moscou no Vietnã permaneça relativamente insignificante" (III, 215). Mas esse "período de quase três anos de diligente desvinculação" chegou ao fim; "a União Soviética (...) tornou a entrar ativamente na política do Sudeste Asiático", com o "relato de um compromisso soviético, em novembro [de 1964], de aumentar a ajuda econômica e militar ao Vietnã do Norte", e com advertências posteriores de que ela apoiaria a RDV diante dos ataques navais no litoral e dos ataques aéreos norte-americanos no Laos, que então se aproximavam da fronteira da RDV (III, 266-267). Quanto à ameaça chinesa, o Relatório Oficial dos Estados Unidos de fevereiro de 1965 pôde informar a descoberta de três fuzis de 75 mm, sem recuo, de origem comunista chinesa (há outras afirmações nos documentos internos, cf. III, 502). Os únicos chineses diretamente engajados na Indochina, ao que se saiba, eram os "poucos nacionalistas chineses" envolvidos em operações secretas no Vietnã do Norte (III, 500) e os que estariam engajados em operações clandestinas, sob a orientação da CIA, no Vietnã do Sul e no Laos.[209]

O historiador do Pentágono observa que a atividade comunista chinesa no Sudeste Asiático afigurou-se "ominosa" a Washington no fim de 1964 (III, 267), mas só consegue citar como base factual "a retirada abrupta da participação da Indonésia na ONU por Sukarno", que levou a várias especulações. Já assinalamos os esforços resolutos e sempre inúteis de demonstrar a ligação com o "comunismo internacional" em anos anteriores, bem como a importância desse empenho (ver *supra*, pp. 103-107). Veja-se também a ridícula descrição do padrão de agressão comunista na Ásia, em 1964-1965, feita por Lyndon Johnson (*Vantage Point*, p. 134-136).

Quanto à questão do suposto controle norte-vietnamita da FLN, é relevante que o comandante-em-chefe no Pacífico (CINCPAC) também acreditava que Hanói vinha fornecendo "apoio e orientação" à "insurgência na Tailândia" (IV, 124), exatamente como foi afirmado em relação à FLN. Quando pressionadas, no entanto, as autoridades norte-americanas não conseguem fornecer provas de que a insurgência tailandesa fosse orientada pela China ou pelo Vietnã do Norte, ou recebesse deles mais do que um apoio ínfimo, mesmo muito depois do uso da Tailândia como "ponto focal" de operações militares clandestinas e diretas dos Estados Unidos (inclusive guerra aérea) em toda a Indochina.[210] Houve esforços para demonstrar que o Pathet Lao era pouco mais do que um agente da RDV, mas eles não impressionam muito.[211] Os Estados Unidos realmente tentaram provar a agressão norte-vietnamita num Relatório Oficial de fevereiro de 1965. Mas, como observou Chester Cooper, isso "se revelou um desapontamento desolador", porque "os indícios reais pareciam muito frágeis".[212] A afirmação de Cooper ganha um interesse adicional ao sabermos que ele estava encarregado de preparar as provas da infiltração para fins de divulgação (III, 255, 681).

A história produzida pelo Pentágono refere-se a avaliações do serviço de informações que supostamente demonstrariam o controle norte-vietnamita da FLN, mas nenhuma prova é efetivamente apresentada.[213] É útil lembrar que o serviço secreto dos Estados Unidos não é a única fonte de informações sobre a Indochina e não se destacou por seu discernimento. Outras fontes, com uma compreensão mais íntima dos assuntos indochineses, tiveram um sucesso mais sistemático em interpretar, explicar e prever acontecimentos nessa região. Ao recorrermos a essas fontes, deparamos com um ceticismo considerável quanto à crença em que a FLN seria um joguete bem comportado do Vietnã do Norte. "Até um conhecimento superficial das realidades vietnamitas", escrevem dois desses especialistas, "exclui a possibilidade de que a insurreição no Sul seja dirigida ou sequer inspirada pelos norte-vietnamitas. Embora o Vietnã seja um só, persistem as diferenças regionais, e os membros da resistência são por demais bem informados para deixar de levar esse dado em conta."[214]

Examinando os indícios existentes, as afirmações do governo norte-americano com respeito ao controle da RDV sobre a FLN antes de 1965 não são convincentes, embora forças da RDV tenham sido atraídas para a guerra pela agressão dos Estados Unidos e, à medida que a sociedade sul-vietnamita desmoronou sob o maciço ataque norte-americano, o grau de influência e controle exercido por Hanói tenha indubitavelmente aumentado, como fora previsto pelos planejadores estado-unidenses.

Com efeito, sempre se compreendeu que a intensificação da intervenção norte-americana poderia levar a "ações terrestres da RDV no Vietnã do Sul ou no Laos", a título de "retaliação" (III, 616; William Bundy, novembro de 1964). Os mesmos pressupostos subjazem à análise do "arrocho rápido/completo", a opção mais agressiva considerada em novembro de 1964 (III, 633ss). Essa análise considera as possíveis "sérias respostas comunistas ao aumento das pressões militares" dos Estados Unidos contra a RDV: "uma ofensiva vietcongue no Vietnã do Sul; ataques aéreos da RDV ou dos comunistas chineses no Vietnã do Sul; ofensivas terrestres da RDV no Vietnã do Sul; e ofensivas dos comunistas chineses/RDV no Vietnã do Sul ou no Laos." Essas eram identificadas como as possíveis formas de "retaliação" comunista, em resposta a "um programa sistemático de pressões militares contra o Norte, mesclando-se em algum momento com negociações, mas cabendo dar prosseguimento aos atos de pressão, em ritmo bastante rápido e ininterrupto, até alcançarmos nosso objetivo atual de tirar Hanói completamente do Vietnã do Sul e restabelecer um Vietnã do Sul independente e seguro". Na eventualidade de uma ofensiva terrestre da RDV no Vietnã do Sul, em resposta ao ataque norte-americano ao Norte, os Estados Unidos implementariam o OPLAN[t11] 32-64 do CINCPAC, Fase III, que "contempla ainda um ataque terrestre precoce ao Norte, a fim de tomar, libertar e ocupar o Vietnã do Norte". Na eventualidade de haver uma participação de tropas chinesas na "retaliação" contra a escalada norte-americana da guerra, os Estados Unidos "empregariam o poderio naval e aéreo maciço dos EUA contra a China comunista e seus satélites [não explicitamente identificados], em ocasiões e locais de nossa escolha, para forçar o término da agressão [*sic*] (...), incluindo a libertação e o controle do Vietnã do Norte e a reunificação do Vietnã sob um governo alinhado com o mundo livre (...) e o cerceamento da influência comunista no Sudeste Asiático".

Examinemos o raciocínio dos planejadores norte-americanos. Os Estados Unidos iniciariam um "arrocho rápido/completo" contra a RDV. Se a RDV "retaliasse", enviando tropas ao sul (onde mais de 20 mil soldados norte-americanos estavam em posição, e onde fazia três anos que as tropas estado-unidenses se engajavam em combates e no apoio a combates contra os rebeldes sulistas), os Estados Unidos "libertariam e ocupariam o Vietnã do Norte". Se a China se unisse à RDV na resposta à agressão norte-americana, os Estados Unidos atacariam à vontade a China comunista e seus "satélites", "para forçar o término da agressão". Eis-nos expostos, com toda clareza, ao raciocínio de uma gangue de bandidos internacionais.

Temores semelhantes foram expressos pelo embaixador Maxwell Taylor em maio de 1965. Ele submeteu uma "Avaliação dos Cursos Prováveis de Ação da RDV/VC nos Próximos Três Meses", preparada pela embaixada norte-americana, que afirmou que Hanói poderia expandir sua ação militar no Sul, "incluindo a introdução clandestina de outras unidades do EPV, da ordem de vários regimentos", curso de ação este que oferecia "a perspectiva de grandes vitórias militares, passíveis de neutralizar o emprego do poderio aéreo dos EUA/GVN" (III, 364; sobre as estimativas norte-americanas da força do EPV no Sul nessa época, ver a referência da nota 208). Uma avaliação do serviço secreto, datada de 23 de julho de 1965, alertou para o fato de que era "quase certo" que "forças adicionais do EPV [fossem] empregadas no Vietnã do Sul, em escala suficiente para se opor ao aumento da força das tropas norte-americanas" (IV, 25). Em julho de 1967, McNamara foi informado por Westmoreland, em Saigon, de que "o inimigo" vinha sendo obrigado "a fornecer efetivo do Vietnã do Norte" para compensar o fato de lhe terem "sido negados recrutas em número necessário, provenientes das áreas populosas ao longo da costa" no Sul, como resultado das ações militares dos Estados Unidos (IV, 518; cf. também III, 397, 621; IV, 484ss). Em suma, as autoridades norte-americanas tinham plena consciência de que sua escalada provavelmente atrairia o exército norte-vietnamita para o combate no Sul. Quando acontecesse o esperado, todos os hipócritas de Washington protestariam aos gritos, acompanhados por boa parte da imprensa (e, com nuanças, também por parte da "comunidade intelectual"), contra a infâmia dos agressores norte-vietnamitas, que teriam lançado um ataque não provocado contra a pacífica população sul-vietnamita e seus ferrenhos aliados norte-americanos. Com pequenas variações, a mesma história se repetiu em resposta a eventos ocorridos em outros lugares da Indochina (ver Capítulo 2).

7. **Força política *versus* força militar**

Seja qual for a realidade a respeito da influência norte-vietnamita sobre a FLN, as fontes de informação existentes não deixam dúvida de que a FLN era a principal força social e política no Vietnã do Sul. A origem de seu sucesso, como movimento nacionalista e revolucionário com programas construtivos e um apelo considerável para a população esmagadoramente rural, foi extensamente explorada em estudos valiosos.[215] Além disso, não há dúvida de que os sucessivos governos apoiados pelos Estados Unidos foram incapazes de competir com as forças políticas locais mobilizadas pela FLN. No Vietnã, assim como no Laos, isso constituía um problema constante para os Estados Unidos, mais um dos dilemas eticamente neutros da contra-insurgência.

Nos primeiros anos, "a Vietminh era o principal repositório do nacionalismo vietnamita e da oposição ao colonialismo francês" (I, 42; cf. a análise do Departamento de Estado citada *supra*, pp. 59, 81, 84). Acheson observou, em março de 1950, que os franceses pareciam "entender que o sucesso da operação [militar] (...) dependia, em última instância, de se superar a oposição da população nativa" (*DOD*, livro 8, p. 301). Recordemos que esses são os mesmos franceses que estavam defendendo a Indochina da "tirania estrangeira" — ou, como disse Acheson nesse texto, estavam "determinados a proteger a Indochina de uma invasão maior dos comunistas por medidas [políticas], [econômicas] e [militares]".

Como já assinalamos, foi uma avaliação similar do poder político dos comunistas que levou o regime imposto pelos Estados Unidos a rejeitar a cláusula das eleições dos Acordos de Genebra, em 1955-1956 (ver nota 176) e a recorrer a uma campanha de terrorismo e repressão para destruir a estrutura política da Vietminh, bem como de outros grupos potenciais de oposição, no fim da década de 1950, com isso precipitando uma resistência renovada.

Em março de 1961, o serviço de informações estimou que "os vietcongues controlavam a maior parte da zona rural" (II, 417), a despeito de sua força militar limitada.[216] Tal como nos anos seguintes, reconheceu-se que "a vasta maioria das tropas vietcongues é de origem local" e que havia "poucos indícios de grandes suprimentos de fontes externas" (II, 72). Quanto aos infiltradores, o serviço de informações alertou para as "experientes forças guerrilheiras do Vietnã do Norte, em operações de guerrilha num território que lhes é conhecido de longa data" — isto é, sul-vietnamitas que estavam voltando para casa (II, 77, outubro de 1961).

No fim do regime de Diem, o analista conclui que "somente os vietcongues tinham apoio e influência reais sobre uma base ampla no interior", e que o exército era "a única fonte alternativa real de poder político" (II, 204-205). A "ilegitimidade clara e crescente do GVN" (II, 278, janeiro de 1964) era um refrão constante, reiterado à medida que a situação passou a ser vista como "deteriorando" progressivamente ao longo de 1964-1965. A ação ofensiva contra o Norte foi empreendida, em parte, na esperança de que "proporcionasse ao menos um antídoto parcial contra a disposição dos jovens do país de se unirem aos vietcongues" (III, 95; analista, referindo-se à situação observada em março de 1965). John McNaughton explicou: "A ação contra o Vietnã do Norte, em certa medida, é um substituto para o fortalecimento do governo do Vietnã do Sul. Em outras palavras, vietcongues menos atuantes (sob as ordens da RDV) podem ser enfrentados por um GVN menos eficaz" (III, 599, 6 de novembro de 1964). Portanto, os termos do acordo (na opção preferida) seriam que "[suspenderíamos] o arrocho sobre a RDV (sem promessa de retirada do Vietnã do Sul)", isto se a RDV não apenas parasse de apoiar e orientar a insurgência, mas também "[ordenasse] aos vietcongues e ao Pathet Lao a suspensão de sua insurgência" (III, 603). Da maneira como o embaixador Taylor percebia a situação, mesmo na eventualidade improvável de se estabelecer um governo eficiente no Sul, não bastaria, para atingir os objetivos dos Estados Unidos, "expulsar a RDV de seu papel de reforço"; ao contrário, só lograríamos êxito se também "[obtivéssemos] sua cooperação para pôr fim à insurgência vietcongue". Deveríamos "persuadir ou obrigar a RDV a suspender sua ajuda aos vietcongues e a usar seus poderes de orientação para fazer os vietcongues desistirem" (III, 668-669).[217]

Quando os Estados Unidos se preparavam para estender a guerra ao Norte, o serviço secreto concluiu que "os elementos básicos da força comunista no Vietnã do Sul continuam a ser nativos" (III, 653, 24 de novembro de 1964), embora o "moral elevado dos vietcongues" fosse mantido, em parte, pelo "recebimento de orientação e apoio externos". Por que a orientação e apoio externos muito maiores não conseguiram sustentar o moral do GVN, eis uma pergunta que continua sem resposta, e até sem ser formulada (e tampouco há um esforço de explicar por que as operações de guerrilha no Norte foram um fracasso tão vexatório). Mas esse fato foi observado e dominou as discussões quando os Estados Unidos se prepararam para assumir a guerra. As altas autoridades (Rusk, McNamara, Wheeler, McCone, McGeorge Bundy, Ball) concordaram "em que a luta seria longa, mesmo com a RDV fora dela" — e, é claro, com os Estados Unidos dentro (III, 237, 24 de novembro). No mês de agosto anterior, Taylor havia informado de Saigon que o governo de Khanh "não conseguiu construir nenhum corpo substancial de apoio popular ativo no interior" e "tem cerca de 50% de probabilidade de durar até o fim do ano" (III, 82). No fim daquele mês, foi preciso convocar pára-quedistas vietnamitas, armados de baionetas, para restabelecer a ordem em Saigon (III, 86). Em 6 de setembro, Taylor explicou que os políticos de Saigon e Hue achavam que "o conflito com os vietcongues é dos norte-americanos". Por isso, os Estados Unidos deveriam "assumir ativamente (...) uma responsabilidade maior pelo resultado, seguindo um cronograma compatível com nossa estimativa da viabilidade limitada de qualquer governo sul-vietnamita". A única alternativa seria um acordo político, isto é, "o desenvolvimento de uma frente popular, sabendo que, no devido tempo, isso [poderia] exigir que os Estados Unidos [saíssem] do Vietnã com um fracasso", com conseqüências que seriam "desastrosas" em todo o Terceiro Mundo (II, 336). "Em seguida, ele recomendou que as pressões para a escalada na RDV [começassem] por volta de 1º de dezembro" — ou seja, num intervalo decente, depois de ter sido reeleito o candidato da paz.

No começo do ano seguinte, a situação era desesperadora. William Bundy escreveu, em 6 de janeiro, que "a situação no Vietnã tende agora a se desestruturar mais depressa do que tínhamos previsto em novembro (...) a forma mais provável de desarticulação seria que um governo de grupos-chave começasse a negociar em sigilo com a Frente de Libertação ou com Hanói", pedindo-nos, mais cedo ou mais tarde, para nos retirarmos (III, 685). O problema, como explica o analista, era que "não havia um sentimento de dedicação ao GVN comparável ao instilado nos vietcongues" (III, 94). Bundy achou que as ações contra o Vietnã do Norte "teriam uma vaga esperança de realmente melhorar a situação vietnamita e, acima de tudo, nos deixariam numa posição muito mais fortalecida para sustentar a linha de defesa seguinte, ou seja, a Tailândia". Portanto, não deveríamos aceitar a situação vigente, "nem qualquer negociação feita com base nela", e sim passar "para medidas mais fortes". No início de 1965, "percebeu-se que o GVN caminhava a passos largos para um colapso completo. A estimativa mais otimista era que os vietcongues tomassem o poder em um ano" (III, 390, analista).

Dada a sua força política local e a falta de legitimidade do GVN, a FLN pôde dar seguimento à estratégia de obter um acordo político, ou seja, um acordo que refletisse as forças políticas autóctones. Ou, nos termos em que o embaixador Taylor expressou essa mesma idéia, em 10 de agosto de 1964: "A estratégia comunista, tal como definida pelo Vietnã do Norte e seu fantoche, a Frente de Libertação Nacional, é buscar um acordo político favorável aos comunistas (...), passando primeiro pelo 'neutralismo', usando a máquina da

Frente de Libertação Nacional e, em seguida, a técnica de um governo de coalizão" (III, 531). Os relatórios do serviço de informações, pouco depois, "estimaram que a intenção dos comunistas era buscar a vitória por meio de uma 'coalizão neutralista', e não pela força das armas" (III, 207). McNaughton, em meados de outubro, alertou para o fato de que os Estados Unidos deveriam "vigiar as negociações escusas de Saigon e Vientiane com os vermelhos" (III, 582) — ou seja, os gestos visando a um acordo político. Mas um acordo político tinha tão pouca possibilidade de ser considerado pelos Estados Unidos quanto pelos franceses, pois significaria uma vitória do movimento nacionalista liderado pelos comunistas, como sempre se presumiu. O presidente havia claramente excluído qualquer acordo pacífico quando explicou ao embaixador Lodge que sua missão era "derrubar a idéia de neutralização, onde quer que ela mostre sua cabeça repulsiva" (III, 511, 20 de março de 1964). O neutralismo, como observou o embaixador Taylor, "parecia ter o significado de abrir a situação política interna e, com isso, convidar a uma participação comunista" (W. Bundy, memorando da reunião de 27 de novembro de 1964, III, 675). De acordo com o relatório do analista sobre essa reunião, George Ball "observou que seria impossível manter um Estado neutralista, a menos que os vietcongues fossem derrotados, e o GVN deveria continuar a ter liberdade para receber ajuda externa até que isso ocorresse" (III, 242) — um conceito interessante de "neutralismo", expresso pelo pombo oficial do governo. É possível que "as negociações escusas de Saigon" tenham contribuído para o afastamento de Diem (ver nota 223). Não há dúvida de que o governo tinha conhecimento da postura publicamente anunciada da Frente de Libertação Nacional em 1962, que clamava pela neutralidade no Vietnã do Sul, no Laos e no Camboja.[218] Mas a neutralidade e os gestos em direção a um acordo pacífico eram obviamente incompatíveis com os objetivos de longo prazo dos Estados Unidos, tais como claramente expostos em 1948 e nunca significativamente modificados.

O analista considera "irônico" que as "considerações de um acordo negociado [feitas pelo Grupo de Trabalho do CSN] não tenham incluído os problemas de um acordo político no Sul" (III, 225). Talvez isso pareça irônico para quem leva a sério a propaganda governamental sobre o papel norte-americano nos assuntos mundiais e sobre o compromisso com o estado de direito e a paz internacional. Para um observador mais realista, não há nada de irônico nesse lapso. A debilidade política dos regimes impostos pelos Estados Unidos, em comparação com seus rivais locais, excluía a possibilidade de um acordo político ou o recurso a meios pacíficos, tais como prescritos por lei. Isso não é mais irônico do que a má vontade russa de permitir eleições livres na Tchecoslováquia. Os Estados Unidos "tinham poucos elementos de barganha", observou o analista, e "foi primordialmente para preencher essa lacuna que muitos membros do grupo e autoridades do governo preferiram a iniciação de pressões militares diretas contra o Vietnã do Norte". É a pura verdade. A vitória iminente da FLN no Sul obrigou os Estados Unidos a passarem para um confronto mais amplo, na esperança de que, de algum modo, o Vietnã do Norte usasse seus pretensos "poderes diretivos" para "fazer os vietcongues desistirem". Além disso, nesse confronto mais amplo, o agressor imperialista poderia empreender uma guerra muito mais eficaz contra o Vietnã do Norte, com maciços bombardeios aéreos e de artilharia e com uma invasão direta de tropas terrestres norte-americanas, a fim de destruir a FLN nativa e, como se revelou necessário, a sociedade rural em que ela se baseava. Tudo isso, é claro, para proteger a população livre do Vietnã do Sul da "agressão proveniente do Norte", que por vários anos fora um grande tema da propaganda governamental e da maioria dos meios de comunicação de massa. O uso de termos como "irônico" para descrever esses desdobramentos revela uma completa incapacidade de compreender a política norte-americana, não apenas no Vietnã.

Já assinalamos uma certa semelhança entre a situação de maio de 1972 e a do fim de 1964 (ver nota 217). Além disso, o governo dos Estados Unidos ainda rejeita a idéia de um acordo político entre os vietnamitas, seja no Sul, seja no Vietnã como um todo (cf. referências da nota 61). As razões são as de 1964, 1962, 1954 e 1948. Outrossim, tal como em 1964-1965, o governo passou, na primavera de 1972, a um ataque ainda mais devastador ao Vietnã, no contexto do confronto internacional mais amplo que ele construiu. Somente o colapso interno do regime imposto pelos Estados Unidos, ou alguma forma de pressão doméstica ou internacional, que neste momento não parece muito provável, acarretará uma modificação de políticas que não se alteraram substancialmente, a não ser pela escala, nos últimos 25 anos.

Sabemos por outras fontes que a opinião geral em Washington e na missão diplomática norte-americana em Saigon, no tocante à viabilidade política dos regimes apoiados pelos Estados Unidos, era mais ou menos a mesma revelada nos Papéis do Pentágono. Chester Cooper, que foi íntimo do centro de planejamento por muitos anos, falou na "esperança [em 1965] de que fosse possível organizar um governo sul-vietnamita que viesse a se revelar capaz de competir politicamente com a Frente de Libertação Nacional".[219] Os porta-vozes norte-americanos em Saigon resumiram o problema de utilizar nosso vasto poderio militar, com sua base política fraca, para derrotar um inimigo com imensa força política, mas de poderio militar apenas modesto.[220] Em palavras quase idênticas, documentos capturados falam da "superioridade absoluta sobre o inimigo no campo político", em contraste com a superioridade militar dos EUA-GVN.[221] De modo geral, os estudiosos do Ocidente chegaram à mesma conclusão. Poucos discordariam da explicação de John McAlister sobre por que os governos pró-ocidentais, de orientação urbana (e, para sermos perfeitamente honestos, impostos pelo Ocidente), "não tiveram alternativa senão confiar na força militar" — uma força militar estrangeira, aliás: "Sem meios de transformar o controle territorial em lealdades políticas populares, esses governos simplesmente não puderam competir no mesmo plano com seus adversários comunistas", que lograram "êxito em mobilizar o poder político", principalmente por causa da "pertinência de seus valores para a vida que os aldeães tinham que levar".[222] Daí a inescapável necessidade de os Estados Unidos demolirem a sociedade rural.

Nessa mesma linha, Mieczyslaw Maneli relatou uma discussão ocorrida em 1964 com um intelectual vietnamita anticomunista que optou por apoiar a FLN, considerando "inevitável" a sua vitória, uma vez que os comunistas "eram os únicos a lutar pela libertação nacional e por reformas sociais significativas", e dizendo que a única alternativa possível seria "o regime corrupto mantido no poder pelos norte-americanos".[223] Uma alta autoridade da elite governante laosiana falou comigo quase exatamente nos mesmos termos em Vientiane, em abril de 1970.

Para complementar a extensa documentação que revela a oposição dos Estados Unidos ao neutralismo e a um acordo político no Sul, devemos voltar-nos mais uma vez para fontes que estão além do estudo do Pentágono, fontes que tomam conhecimento da situação da FLN e da RDV. A postura oficial da FLN desde 1962, com o apoio constante da RDV, tem sido que o Vietnã do Sul, "independente e soberano", deve ser não-socialista e constituir uma zona neutra, junto com o Laos e o Camboja. A reunificação do Vietnã deve ser um processo evolutivo gradual (ver nota 47). Georges Chaffard apresentou provas consideráveis de que a FLN e a RDV tinham esperança de que os Acordos de Genebra de 1962 referentes ao Laos servissem de modelo também para o Vietnã do Sul, com um governo tripartite (como no Laos) em que a FLN constituísse um dos elementos. Os Estados Unidos rejeitaram qualquer idéia dessa natureza — o que não surpreende, dada a sua avaliação do poderio relativo das forças políticas do Sul (ver nota 219). Para os Estados Unidos, o acordo do Laos visava "permitir o isolamento da infecção vietcongue, para que fosse possível tratá-la melhor".[224] De modo bastante plausível, Chaffard concluiu que, ao adotarem essa atitude, os Estados Unidos e seu aliado britânico destruíram qualquer possibilidade de sucesso do "experimento laosiano", ao mesmo tempo, é claro, que jamais chegaram sequer a considerar a possibilidade de neutralidade e de um acordo político no Vietnã do Sul.[225]

Nos anos posteriores, o problema enfrentado pelos Estados Unidos manteve-se basicamente inalterado. Em janeiro de 1966, McNaughton informou que "a infra-estrutura política do GVN está moribunda, e mais fraca do que a infra-estrutura vietcongue na maior parte da população rural" (IV, 47); ou, dito em termos mais simples, a FLN era a força política dominante na sociedade rural do Vietnã. Meses antes, McNamara havia relatado a estimativa do primeiro-ministro Ky de que "seu governo [controlava] apenas 25% da população" (IV, 622). Em abril de 1966, McNaughton destacou um relatório de Saigon de que "não controlamos quase nenhum território" e "as pessoas não votariam no 'nosso lado'" (IV, 84). Depois do Ano Tet, em 1968, o general Wheeler informou que, "em grande medida, os vietcongues agora controlam o interior", sendo essa situação particularmente ruim no delta (IV, 548);[226] e a Seção de Análise de Sistemas concluiu que "nosso controle da zona rural e da defesa das áreas urbanas está hoje, essencialmente, no nível anterior a agosto de 1965" (IV, 558). E assim por diante.

Mas essas questões não tinham importância, a não ser pelas dificuldades técnicas que criavam. Para a mentalidade imperialista, é perfeitamente compreensível que as forças políticas mais bem organizadas de um país se engajem numa "agressão interna" contra o governo em exercício, instalado e mantido no poder pelo amo imperial responsável pelo bem-estar da população mal orientada e atrasada. Essa suposição não só é constantemente expressa pelos planejadores, assessores, executivos do governo e líderes políticos, como também fica implícita até nos julgamentos da "comunidade da informação". Por exemplo, uma avaliação do serviço de informações feita em outubro de 1955 pôde falar, com cara séria, do progresso de Diem "em direção ao estabelecimento do primeiro governo vietnamita plenamente independente" (I, 297) — ou seja, o governo descrito com precisão pelo analista como "essencialmente, uma criação dos Estados Unidos" (II, 22). Naturalmente, o serviço secreto desconsiderou a RDV, mero agente do colonialismo comunista.

É interessante notar que a posição atual do Governo Revolucionário Provisório (GRP), com o apoio da RDV, mal chega a diferir da de dez anos atrás. Correspondentemente, os Estados Unidos continuam a rejeitar qualquer idéia de um governo de coalizão sulista que incorpore o GRP e insistem, antes, num "cessar-fogo", isto é, numa rendição das forças revolucionárias locais à maciça estrutura militar e policial criada pelos Estados Unidos, que continuará a manter "a lei e a ordem" através do "programa *Phung Hoang* do GVN" (ver acima, subseção 3) e de outros dispositivos similares, nos termos de um cessar-fogo. A postura norte-americana baseia-se na alegação razoável de que, se o aparelho militar e policial apoiado pelos Estados Unidos for neutralizado, não haverá força organizada que se oponha aos comunistas; os generais continuam a ser "a única coisa que temos", como assinalou o embaixador Lodge em janeiro de 1964.

A proposta dos Estados Unidos é o que Henry Kissinger chama de "deixar a determinação do futuro político a cargo dos vietnamitas" (entrevista coletiva, 9 de maio de 1972). Talvez, como seus predecessores, as autoridades de governo anunciem sua disposição de aceitar uma vitória comunista nas eleições, desde que essas eleições se dêem nos moldes legais e constitucionais que descrevemos antes (cf. subseções 3, 5.2), e com o país sob o controle firme do aparelho de terrorismo e repressão instalado pelos Estados Unidos. Se, por outro lado, esse aparelho for neutralizado e um regime de coalizão de grupos políticos sul-vietnamitas for estabelecido, é provável que os comunistas despontem como a força política dominante no Vietnã do Sul, contrariando os objetivos estado-unidenses a longo prazo.

"Essa foi a única questão em que as negociações não funcionaram", explicou Kissinger. "Trata-se do que chamamos de imposição, sob o mais tênue disfarce, de um governo comunista." A demanda de um governo tripartite de coalizão que inclua o GRP é o que o presidente (8 de maio) chama de "ultimato [comunista] (...) de que os Estados Unidos imponham um regime comunista a 17 milhões de pessoas que não querem um governo comunista" — afirmação digna de um homem capaz de anunciar que "os Estados Unidos têm exercido um grau de comedimento sem precedentes nos anais da guerra".

Tal como no passado, o conflito no Vietnã do Sul joga uma força militar criada por estrangeiros contra uma força política nativa, agora enfraquecida (talvez dizimada, como afirmam os porta-vozes norte-americanos) pela "estratégia semigenocida de contra-insurgência" responsável pelos "sucessos" que os Estados Unidos têm obtido em sua guerra no Vietnã do Sul,[227] e agora respaldada pelas forças armadas da RDV que foram introduzidas em resposta à agressão norte-americana no Sul e ao bombardeio do Vietnã do Norte.

Quando Kissinger fala da "ilusão constante de que só existe uma fórmula, que de algum modo nos escapou", talvez esteja sendo um tanto dissimulado. Averell Harriman com certeza tem razão ao afirmar: "Enquanto prosseguiram as negociações, este governo nunca aceitou a idéia de um Sul neutro e não alinhado nem desistiu de sua vã tentativa de manter um governo pró-americano em Saigon."[228] Na verdade, a fórmula de um acordo político entre os sul-vietnamitas continua a "escapar de algum modo" a Henry Kissinger, em razão do dilema não resolvido de 1948 (ver p. 84). Um acordo baseado nas forças políticas existentes, seja no Vietnã do Sul, seja no Vietnã como um todo ou em toda a Indochina, é incompatível com o objetivo norte-americano de longo prazo de manter a dominação ocidental. Portanto, as pessoas da Indochina devem continuar a massacrar umas às outras, sob uma tempestade de bombas norte-americanas.

Talvez convenha acrescentar uma palavra sobre a interpretação desse histórico por alguns comentaristas estado-unidenses. John Roche criticou o estudo do Pentágono por uma "falha grave":

> Não há um exame da opção de "neutralização" que floresceu depois do Acordo de Genebra sobre o Laos, em 1962. Em retrospectiva, a idéia da neutralização de toda a Indochina, sob os auspícios das grandes potências, foi sem dúvida uma fantasia — Hanói simplesmente se recusou a cooperar. Mas, na época, diversos homens íntegros, dentro e fora do governo, levaram a sério essa possibilidade.[229]

Como correção geral do estudo do Pentágono, ele sugere que o "analista consciencioso" se volte para "os comentários existentes sobre nossa política no Vietnã, particularmente *The Vantage Point*, de Lyndon B. Johnson, com sua documentação criteriosa sobre o que ocorreu no círculo íntimo da presidência".

O analista consciencioso encontrará pouca coisa significativa no relato oportunista de Johnson, com seus muitos exemplos de distorção e falsificação, mas encontrará alguns comentários sobre a alternativa da neutralização.[230] Johnson cita a "sombria" avaliação feita por McNamara em dezembro de 1963: "As tendências atuais, a menos que sejam revertidas nos próximos dois ou três meses, levarão à neutralização, na melhor das hipóteses, e, mais provavelmente, a um Estado controlado pelos comunistas." Johnson confirma que "a 'neutralização' do Vietnã estava na cabeça de muitas pessoas, na época, e tinha um significado particular" — ou seja, significava a proposta de De Gaulle de "que o Vietnã do Norte e o Vietnã do Sul sejam unificados e neutralizados, e de que todas as forças estrangeiras sejam retiradas".[231] Entretanto, prossegue Johnson, "a maioria das pessoas pensantes, creio eu, reconhecia que a fórmula de 'neutralização' de De Gaulle significaria a rápida comunização de todo o Vietnã e, provavelmente, também do Laos e do Camboja". Em seguida, ele cita aprovadoramente a resposta ríspida do presidente Kennedy à proposta de De Gaulle, a qual Kennedy interpretou como uma exigência de que "simplesmente vamos todos para casa e deixemos o mundo entregue a nossos inimigos" — impensável, é claro. A visão de Kennedy-Johnson implica claramente que, se possível, devemos dominar e reorientar qualquer parte do mundo em que as forças locais sigam um caminho inamistoso para "nossos interesses". Foi pensando nesse "significado particular" da "neutralização" que Johnson explicou ao embaixador Lodge a missão dele, e que a rapaziada dos bastidores expressou seus temores sobre o neutralismo e o acordo político, como resumimos anteriormente.

À luz do histórico existente, é espantoso que um cientista político possa escrever que "homens íntegros" de Washington "levaram a sério a possibilidade [da neutralização]", mas que essa alternativa era uma "fantasia", porque "Hanói simplesmente se recusou a cooperar". Como vimos, a opção foi mesmo uma fantasia, mas não exatamente por essa razão.

Os observadores norte-americanos *in loco* não chegaram propriamente a ser mais precisos. Para citar um exemplo, não atípico, Robert Shaplen escreveu que a visão atual (junho de 1972) no Vietnã do Sul não é "inteiramente sombria — ou seja, talvez os norte-vietnamitas se satisfaçam com pouca coisa, inclusive alguns ajustes territoriais, a retomada do comércio e de outras relações com o Sul e um processo político emergente, capaz de impedir que o resto do Vietnã do Sul se torne comunista no futuro imediato".[232] Em suma, talvez os norte-vietnamitas se satisfaçam com bem mais do que jamais pleitearam (nunca houve menção de "ajustes territoriais"). Quanto às posturas da FLN-GRP/RDV de 1962, é como se elas não existissem. Trata-se da mesma animada desconsideração da realidade que permite que a imprensa norte-americana, caso após caso, especule que "Hanói, prevendo o fracasso militar, talvez retome as negociações dentro de poucas semanas",[233] enquanto as colunas de notícias informam que Hanói continua a pressionar pela retomada das conversações em Paris, e enquanto os Estados Unidos continuam a se recusar.

Ao examinar o amplo registro documental sobre os temas aqui investigados e contrastá-lo com os comentários jornalísticos e "doutos", tem-se a impressão de estar vivendo num hospício.

8. Devemos construir uma nação

Quando os Estados Unidos tomaram o lugar dos franceses, uma Avaliação do Serviço Secreto Nacional observou, com perspicácia, que "a energia e os recursos necessários" para "construir Estados nacionais" nas áreas não comunistas da Indochina "não surgirão espontaneamente entre os indochineses não comunistas, mas terão que ser patrocinados e alimentados de fora para dentro" (*DID*, livro 10, p. 695). Em 1º de maio de 1967, o diretor da Seção de Análise de Sistemas do Pentágono assinalou: "Estamos enfrentando a mais forte corrente política do mundo atual: o nacionalismo." Portanto, "devemos equiparar ao nacionalismo que vemos no Norte um nacionalismo igualmente forte e paciente no Sul"; devemos "construir uma nação no Vietnã do Sul" (IV, 463). Como era típico, ele desconsiderou as forças nacionalistas do Sul que os Estados Unidos, na época, estavam tentando esmagar. Reconhecer o verdadeiro caráter da guerra norte-americana no Vietnã do Sul estava, como sempre, além da capacidade do comentarista.

Nós devemos construir uma nação no Sul para nos opormos aos vietnamitas comunistas, que parecem ser ímpares em sua capacidade de mobilizar o povo do Vietnã, no Norte ou no Sul, na busca de metas nacionalistas e revolucionárias. *Nós* devemos "estabelecer um governo adequado no Vietnã do Sul" (Maxwell Taylor, III, 668). *Nós* devemos realizar atividades que "contribuam para a força do GVN e para sua imagem de interesse por todos os seus cidadãos".[234] "Creio que nos defrontamos com um inimigo que pode muito bem ter descoberto uma estratégia perigosamente inteligente para derrotar os Estados Unidos", alertou o diretor da Seção de Análise de Sistemas. "A menos que a reconheçamos e nos oponhamos a ela agora, essa estratégia poderá tornar-se demasiadamente popular no futuro" (IV, 466). A estratégia era travar uma guerra de libertação nacional baseada nas aspirações dos vietnamitas à independência e à justiça social.

Por algum motivo, a potência estrangeira nunca pôde competir. Os Estados Unidos eram capazes de matar e aleijar, de expulsar camponeses de suas casas, de destruir a zona rural e a vida social organizada, mas não conseguiam construir uma nação segundo a imagem aprovada. Ao que parece, só os vietnamitas eram capazes de governar o Vietnã. Os Estados Unidos enfrentavam uma sociedade e uma cultura que simplesmente não se prestavam à dominação imperialista. Portanto, era preciso destruí-las. Isso foi pior do que um crime: foi um erro crasso, como sobriamente explicam os especialistas.

As pessoas que conhecem pessoalmente os indivíduos cujas deliberações são relatadas no estudo do Pentágono descrevem-nos como humanos, liberais, talentosos e, em alguns casos, até opositores sinceros da guerra. Como não conheço nenhum deles pessoalmente, não tenho comentários a tecer sobre esse juízo. A presumir que ele seja exato, o estudo do Pentágono serve como um registro dramático do impacto exercido sobre qualquer um pela participação numa aventura odiosa. Jovens decentes foram transformados em assassinos perversos pelas circunstâncias do Vietnã, e muitos deles falaram com coragem e sensibilidade desse processo e de suas conseqüências.[235] Não há nada parecido na rapaziada dos bastidores, cuja responsabilidade foi incomparavelmente maior e que, é claro, estava em muito melhores condições de refletir sobre seus atos do que um soldado num vilarejo em que qualquer criança de dez anos poderia tentar matá-lo.

O deputado Robert Drinan, numa viagem pelo Vietnã do Sul, ouviu de um advogado vietnamita:

> (...) muito depois que vocês se forem, conduziremos nossos próprios julgamentos de Nuremberg. Vocês os descartarão como propaganda comunista ou asiática,[236] mas devem lembrar-se que, para metade da população, os norte-americanos serão vistos como bárbaros.[237]

Será uma lástima para a sociedade norte-americana se tivermos que esperar pelo julgamento das vítimas.

VII. COMENTÁRIO FINAL

A meu ver, um dos parágrafos mais deprimentes do estudo do Pentágono encontra-se no epílogo, em que o analista comenta a mudança de tática depois da ofensiva do Tet, no começo de 1968 (IV, 603). Diz ele que "um número grande e crescente de integrantes do público norte-americano começou a achar que o custo [da guerra] já atingiu níveis inaceitáveis, e faria um protesto vigoroso contra uma grande elevação desse custo". Se o analista está certo, isso significa que o público se une ao Executivo em sua preocupação quase exclusiva com o custo que a agressão continuada tem para nós. Duvido da exatidão dessa avaliação, mas parece que o governo Nixon conta com ela, e espera que uma guerra tecnológica menos dispendiosa, com sistemas automáticos de controle de fogo e mercenários em lugar de recrutas norte-americanos, com helicópteros de ataque e bombas inteligentes, em vez do "moedor de carne" de Westmoreland, ainda possa lograr êxito na destruição da infra-estrutura do inimigo e em garantir ao povo da Indochina a variedade particular de independência que a estratégia global dos Estados Unidos se dispõe a tolerar. Se o analista está certo em sua avaliação, as revelações dos Papéis do Pentágono terão pouco impacto nas atitudes do público para com o Vietnã, ou na política global da qual o Vietnã foi um episódio particularmente desastroso. Se ele está certo, o estudo de McNamara pode muito bem ficar apanhando poeira nos porões do Pentágono.

Notas do Original e/ou de Tradução:

t1. O título original de Chomsky, *The Backroom Boys*, faz referência explícita à prática de política dos bastidores por grupos controladores ou dirigentes que exercem sua autoridade de forma indireta e inconspícua.

1. Gloria Emerson, do *New York Times*, "Vietnam Diary", *McCall's*, agosto de 1971.
2. Philip Jones Griffiths, *Vietnam Inc.*
3. *The Pentagon Papers, Senator Gravel Edition*, vol. IV, p. 48 [IV, 48] (o grifo é de McNaughton). As referências serão feitas a essa edição, daqui em diante, no estilo indicado entre colchetes, salvo nota em contrário. As outras referências são ao Department of Defense [Ministério da Defesa], *United States-Vietnam Relations, 1945-67* — a edição dos Papéis do Pentágono impressa em ofsete pelo governo, censurada, mas que inclui documentos valiosos, não disponíveis em outras fontes, e que será doravante indicada como *DOD*. Para uma comparação das diversas edições, ver L. Rodberg, *in* Noam Chomsky e Howard Zinn (orgs.), *The Pentagon Papers, Senator Gravel Edition*, vol. 5, *Critical Essays*.
4. II, 360. Em novembro de 1961, o presidente autorizou a "execução do apoio aéreo às tropas terrestres" e, em 1º de fevereiro, havia três companhias de helicópteros em operação, cada qual com 22 helicópteros (II, 656-657). Unidades da força aérea também foram mobilizadas para esse apoio aerotático, e os primeiros aviões C-123 foram despachados em missões de desfolhação. As equipes de consultores dos Estados Unidos estenderam-se ao nível dos batalhões. Em uma única semana de maio, aviões e helicópteros norte-americanos executaram cerca de 350 missões: ofensivas, de socorro aéreo etc. (II, 656-658, 677). Durante 1962-1963, os Estados Unidos "forneceram companhias de helicópteros para transporte tático rápido" e "apoio aerotático e de artilharia para assegurar ao ERV [exército da República do Vietnã] a superioridade do poder de fogo sobre os insurgentes". Isso levou a diversas queixas, como a de que "o apoio aéreo e de artilharia induzia a uma dependência do poder de fogo indiscriminado como substituto da agressividade" (II, 455). Quanto a alguns efeitos sobre a população, ver pp. 132-133. Roger Hilsman descreveu uma operação, realizada em janeiro de 1962, na qual aviões pilotados por norte-americanos atingiram um vilarejo cambojano por um "erro trágico" e depois atacaram o povoado certo, com baixas civis em ambos os casos (*To Move a Nation*, p. 437).

   A título de comparação, os franceses tinham cerca de dez helicópteros em operação na época de Dien Bien Phu e, nos 56 dias da batalha de Dien Bien Phu, gastaram menos bombas do que os Estados Unidos em um único dia de 1966-1967 (Bernard Fall, *Street Without Joy*, p. 242; *Last Reflections on a War*, p. 231). Fall acrescentou: "A totalidade da aviação francesa em toda a Indochina (...) compunha-se de 112 caças e 68 bombardeiros. Isso é o que os Estados Unidos utilizam numa única missão." Seguindo um padrão imperialista mais clássico, os franceses contavam primordialmente com mercenários, em vez de naturais da França, e nunca enviaram recrutas ao Vietnã. Havia cerca de 20 mil franceses natos lutando em toda a Indochina em fevereiro de 1949, e cerca de 51 mil (mais 6 mil assessores) em toda a Indochina em abril de 1953 (*DOD*, livro 8, p. 179; I, 400). No processo de "vietnamização", os Estados Unidos estão voltando ao padrão clássico, e um exército mercenário asiático vem sendo criado com nacionais de muitos países. Ver a nota 198, abaixo, com referência aos estágios iniciais. Ver também Fred Branfman (org.), *Voices from the Plain of Jars*, e Alfred W. McCoy *et al.*, *The Politics of Heroin in Southeast Asia.*

5. George McT. Kahin e John W. Lewis, *The United States in Vietnam*, p. 186.
6. Bernard Fall, "Vietnam Blitz", *New Republic*, 9 de outubro de 1965.

t2. A RAND Corporation é uma instituição norte-americana sem fins lucrativos, que se anuncia como entidade que contribui para aprimorar a adoção de políticas e o processo decisório através da pesquisa e da análise.

7. "Vietcong Motivation and Morale", junho-dezembro de 1965, reproduzido em *Vietnam Perspectives*, maio de 1966, com base nas audiências da Comissão do Senado sobre Forças Armadas e Dotações Orçamentárias, janeiro-fevereiro de 1966. Algumas partes do estudo da RAND sobre as atrocidades perpetradas pelas forças mercenárias coreanas no Vietnã (dezembro de 1966) foram divulgadas pela Alternative Features Service, P.O. Box 2250, Berkeley, Califórnia, em 9 de junho de 1972. Anthony Russo, que trabalhou nos estudos da RAND em Saigon de fevereiro de 1965 a setembro de 1966, informou que as entrevistas revelaram que os quadros da Frente de Libertação Nacional eram idealistas dedicados, intensamente empenhados em libertar o Vietnã do controle estrangeiro. Entretanto, a despeito do conteúdo das entrevistas, o chefe do projeto (Leon Gouré, provável autor do memorando citado acima) interpretou-as de modo a respaldar seu ponto de vista quanto ao uso do poderio aéreo norte-americano para debilitar a FLN. A conclusão de Gouré, no verão de 1965, de que a criação de refugiados estava prejudicando a FLN, por privá-la de "apoio estratégico", logo se transformou na política militar geral dos Estados Unidos. Anthony Russo, "Inside the RAND Corporation and Out: My Story", *Ramparts*, abril de 1972. Para alguns trechos seletos do estudo da RAND, agora liberados, ver *Ramparts*, novembro de 1972.
8. De acordo com o relatório, "As entrevistas não revelam nenhum ressentimento ou ódio arraigados em relação ao governo do Vietnã ou aos norte-americanos, por causa dos ataques aéreos ou de artilharia às aldeias. [Apagado]". Como observou Russo ("Inside the RAND Corporation"), é bem possível que tenha havido uma divergência entre o teor das entrevistas e as conclusões do relator. Mesmo assim, a afirmação pode ser literalmente correta. Em outras palavras, talvez seja verdade que refugiados entrevistados por agentes da potência militar que os expulsou de suas casas digam que realmente não se importaram. Observei o mesmo fenômeno, bastante previsível, ao entrevistar refugiados da planície de Jars, no Laos, pouco depois de eles serem deslocados para acampamentos miseráveis perto de Vientiane. Vários deles disseram, a princípio, que não guardavam rancor dos norte-americanos, os quais tinham bombardeado tão intensamente suas aldeias que eles haviam precisado esconder-se em túneis nas profundezas da floresta

para sobreviver, lavrando a terra somente à noite, se é que o faziam, em função do pavor sempre presente que vinha do céu. Afinal, os refugiados não são imbecis. Ver meu livro *At War with Asia*, pp. 69, 241.

9. Citado por Richard Critchfield, *The Long Charade*, p. 173. Referindo-se à última citação, Critchfield afirmou que, "obviamente, Westmoreland estava tentando chegar a um equilíbrio entre a humanidade comum e as exigências militares". Posteriormente, Critchfield culpou o "Politburo de Hanói" pela geração maciça de refugiados. "Era exatamente esse o efeito que [eles] estavam tentando produzir; foi uma exploração habilidosa, calculada e lógica do sofrimento humano" (p. 177). Muitos outros observadores norte-americanos adotaram uma postura similar: foi responsabilidade de Hanói, conseqüência da perniciosidade comunista, os Estados Unidos terem expulsado de suas casas as pessoas do Vietnã do Sul, com suas explosões.

10. Seis anos depois de sua instauração, o programa criminoso de destruição da lavoura foi avaliado num relatório secreto da RAND e considerado "ineficaz" contra os vietcongues. Ver Russo, autor do relatório, "Inside the RAND Corporation". O programa foi mantido.

    Como era inteiramente previsível desde o começo, a destruição da lavoura "exerceu seus efeitos máximos nas populações civis controladas pelo inimigo", e "criou uma miséria generalizada e muitos refugiados" (L. Craig Johnstone, chefe do Grupo de Estudos de Pacificação, Comando de Ajuda Militar, Vietnã, 1956-1970, "Ecocide and the Geneva Protocol", *Foreign Affairs*, vol. 49, nº 4 [1971]). Uma vez que "nem o programa de destruição da lavoura nem o programa de desfolhação foram nada além de um prejuízo para a pacificação", ambos foram gradualmente extintos. Além disso, os tratores Rome são um instrumento mais eficaz de destruição. A esse respeito, ver Arthur H. Westing, "Leveling the Jungle", *Environment*, novembro de 1971.

    No estudo do Pentágono, há apenas uma referência passageira e pouco informativa sobre os programas de destruição da lavoura e desfolhamento. Os militares encararam-nos como um "truque" desde o começo, ou, na melhor das hipóteses, como um "esforço de P&D" (II, 658). As vítimas, se consultadas, talvez escolhessem termos diferentes.

11. Coronel Charles Smith, da 196ª Brigada de Infantaria Ligeira, citado por Griffiths, *Vietnam Inc.*, p. 67. J.-C. Pomonti, do jornal *Le Monde*, informou que "surgiu uma série de guetos urbanos" desde 1965, com "pelo menos metade da população, ao passo que, em 1960, o país ainda era 85% rural" ("The Other South Vietnam", *Foreign Affairs*, vol. 50, nº 2 [1972].

12. Referência ao massacre ocorrido em fevereiro de 1968, depois da captura de Hue pelos comunistas. A esse respeito, ver Capítulo 3, pp. 287-289.

13. Anthony Lake e Roger Morris, "The Human Reality of Realpolitik", *Foreign Policy*, vol. 1, nº 4 (1971).

14. *DOD*, livro 8, pp. 144-145. Para mais discussões sobre essa importante afirmação, ver p. 84, adiante.

15. Para dados biográficos, ver Eqbal Ahmad, "Revolutionary War and Counterinsurgency", *Journal of International Affairs*, vol. 25, nº 1 (1971).

16. George K. Tanham e Dennis J. Duncanson, "Some Dilemmas of Counterinsurgency", *Foreign Affairs*, vol. 48, nº 1 (1969); trata-se de um comentário esclarecedor, com implicações que devem ser cuidadosamente consideradas.
17. NSC 48/1, 23 de dezembro de 1949; *DOD*, livro 8, p. 248. Ver pp. 91-92, adiante, para citações extensas.
18. Ver a descrição de Anthony Russo sobre a "atitude ingenuamente despreocupada" que prevalecia na RAND, "Inside the RAND Corporation".
19. General-de-brigada George S. Beatty, chefe da missão militar dos Estados Unidos no Brasil, Hearings Before the [Church] Subcommittee on Western Hemisphere Affairs [Audiências da Subcomissão (Church) sobre Assuntos do Hemisfério Ocidental], Senado dos Estados Unidos, maio de 1971, p. 86. Doravante citado como Audiências da Subcomissão Church.
20. III, 648; William Bundy, num memorando de 24 de novembro de 1964, no qual ele pergunta se a opção preferida da escalada (opção C) poderia ser executada na prática, "em vista de sua exigência de que mantenhamos a ameaça crível de uma grande ação, ao mesmo tempo que procuramos negociar, ainda que em sigilo". Sobre a seriedade do esforço de negociação, ver VI, 5, 7.
21. I, 187. A "carta de transmissão" (I, xvi) identifica Leslie Gelb como o autor das seções de resumo e análise, inclusive a citada acima, na p. 59 (II, 414-415).
22. Gabriel Kolko, "The American Goals in Vietnam", *in* Chomsky e Zinn, *Critical Essays*.
23. Idem. Kolko observa que, nesse caso, tal como na Indochina, os dominós mais distantes é que eram realmente importantes. Ver Joyce e Gabriel Kolko, *The Limits of Power*, p. 340.
t3. É nessa emenda constitucional norte-americana, convém lembrar, que figuram os dispositivos sobre a liberdade de religião, de expressão, de reunião etc.
24. Sam Ervin, "Executive Privilege: Secrecy in a Free Society", *The Nation*, 8 de novembro de 1971.
25. Thomas Jefferson, numa carta de 1787, citada por Hannah Arendt, *On Revolution*, p. 241.
26. Sobre essa questão, ver Virginia Brodine e Mark Selden, "The Kissinger-Nixon Doctrine", *in* Brodine *et al.*, *Open Secret*.
27. Senador Stuart Symington, *Congressional Record*, 3 de agosto de 1971, p. S12931.
28. Idem, 4 de outubro de 1971, p. S15763. Os soldados tailandeses descrevem-se como tropas regulares de exército, servindo no Laos em troca de um soldo extra. Informou-se que 12 mil deles estariam "disponíveis para combate" em 1º de março de 1972. Ver as matérias de Don Ronk e Tammy Arbuckle reproduzidas no *Congressional Record*, 4 de outubro de 1971, p. S15768-9. "Fontes de alto escalão dos EUA" em Bangkok confirmam essas informações (ver *Washington Post-Boston Globe*, 22 de janeiro de 1972.
29. Audiências da Comissão do Senado sobre Forças Armadas, Senado dos Estados Unidos, julho de 1971, p. 4275-7.
30. *Congressional Record*, 3 de agosto de 1971, p. S12956.

31. Idem, 4 de outubro de 1971, p. S15773-4. Restou ao senador Hart observar que "toda a gritaria sobre a lei e a ordem neste país estará falando de uma coisa minúscula, se realmente ficar estabelecido que um ramo do governo desconhece a lei dos legisladores" (3 de agosto, S12955).

t4. Ellsberg e Russo foram os funcionários da RAND Corporation responsáveis pelo vazamento dos Papéis do Pentágono para a imprensa.

t5. Bill Mauldin (1921-2003), cartunista norte-americano que ganhou fama na Segunda Guerra Mundial e recebeu duas vezes o Prêmio Pulitzer.

32. Thomas Emerson, *Toward a General Theory of the First Amendment*, p. 20.

33. *United States Code*, título 18, sec. 793d,e. Informações sigilosas são continuamente vazadas para os correspondentes para fins específicos do governo, e é comum a prática de ex-ocupantes de cargos oficiais liberarem tais informações e documentos em livros de memórias. Um exemplo pertinente ao caso em exame é *The Vantage Point*, de Lyndon Johnson, que contém, entre outras coisas, material sigiloso que aparece nos Papéis do Pentágono, apresentado, como se pode argumentar, em benefício pessoal. Um ex-presidente não tem direitos especiais nesse aspecto. Do mesmo modo, compromissos de sigilo são livremente violados pelo Executivo para seus próprios fins, como quando Nixon optou por revelar negociações secretas sobre a Indochina em 25 de janeiro de 1972. Os volumes do estudo do Pentágono sobre as negociações ainda são omitidos pelo governo como ultra-secretos, mas os participantes têm vazado suas versões pessoais para a imprensa (como fez LBJ), incluindo nomes e datas. Ver Benjamin Welles, *New York Times*, 14 de fevereiro de 1972.

Prendendo a respiração, estamos no aguardo da detenção de Lyndon Johnson e outros.

34. Near *versus* Minnesota, 1931, citado pelo juiz Brennan, ao corroborar a decisão contrária às restrições anteriores no caso dos Papéis do Pentágono. Ver Gerald Gold *et al.*, (orgs.), *The Pentagon Papers*, p. 656.

35. Anthony Austin, *The President's War*, pp. 313, 297-298. Mas esse dificilmente seria o aspecto mais grotesco da história do golfo de Tonquim.

36. Emerson, *First Amendment*, introdução. Para uma resenha da história dessa questão, ver Edward G. Hudon, *Freedom of Speech and Press in America*.

37. Citado em Gold *et al.*, *Pentagon Papers*, p. 467. O comentarista do *Times* (Fox Butterfield) afirma que "nem as solicitações do general Westmoreland nem as aprovações do presidente Johnson foram trazidas a público". Na verdade, como de praxe, a informação foi vazada para a imprensa, e o pedido (embora não a aprovação) foi mencionado numa reportagem do *Times* vinda de Saigon, que o historiador do Pentágono diz ter "refletido o pensamento de muitas autoridades de baixo e médio escalão da Missão dos EUA e do governo do Vietnã" (II, 544). Esse é um dos muitos exemplos indicativos de que um observador com tempo e energia ilimitados, suficientemente realista para tratar os pronunciamentos do governo com extremo ceticismo, conseguiria acompanhar os acontecimentos à medida que eles se desdobrassem. Outro exemplo é o relato de Hanson

Baldwin sobre os ataques aéreos secretos conhecidos como Barrell Roll, ocorridos no Laos em 1964 e citados na p. 68 .

38. III, 217, 623; 8 de novembro de 1964. Os integrantes do Estado-Maior comentaram, em tom tranqüilizador, que o risco maior não é para nós, mas para os chineses. "'Possivelmente, até o uso de armas nucleares, em algum momento', constitui, é claro, a razão de gastarmos bilhões para possuí-las." Portanto, eles achavam que o risco de uma guerra nuclear era baixo. Acrescentaram que a perda do Vietnã do Sul seria desastrosa, pior até do que a perda de Berlim (III, 628), rejeitando a opinião do grupo de trabalho do Conselho de Segurança Nacional de que "a perda do Vietnã do Sul" só "*poderia*" ser tão grave quanto a perda de Berlim.

39. Citado, com alguns comentários apropriados, por James Aronson, "The Media and the Message", *in* Chomsky e Zinn (orgs.), *Critical Essays*. Taylor elaborou uma visão similar em seu livro *Swords and Plowshares*, ao discutir "a nova técnica de Guerra Fria voltada contra as fontes de nosso poder", mais aguda do que nunca, "por causa da força e ousadia crescentes do movimento revolucionário interno e do poder entorpecedor da mente que têm a imprensa e a televisão, em seu efeito sobre o juízo crítico do público". Para "enfrentar (essa ameaça), precisamos de um novo conceito de segurança nacional, que seja amplo o bastante para garantir que se tomem providências defensivas contra essa forma de subversão" (p. 413). Citado e discutido em "The Mind of the Ruling Class", *Monthly Review*, junho de 1972. Para uma expressão de preocupações similares por parte de intelectuais acadêmicos, ver *At War with Asia*, pp. 60-63. As queixas sobre a tendenciosidade da mídia — isto é, sobre os desvios ocasionais da propaganda governamental — são hoje comuns entre os militares. Ver, por exemplo, coronel Wesley W. Yale (reformado), "On Ignorance of Armies", *Army*, junho de 1972. Ele teme que "a política editorial provavelmente não retorne a seus padrões de responsabilidade da Segunda Guerra Mundial, recusando-se a publicar matérias que sejam prejudiciais aos interesses da nação", tais como definidos, muito apropriadamente, pelo exército, uma vez que "o exército é o povo". Esse é um assunto sério, numa era em que "a expropriação de propriedades norte-americanas vem causando prejuízos, tanto psicológicos quanto econômicos", e na qual é preciso fazer a população compreender a "dolorosa verdade de que, se você deseja influência e prosperidade econômica para si e para seus filhos, deve estar não apenas disposto a lutar por elas, mas também a exibir a vontade de fazê-lo"; "é preciso fazer uma sociedade leniente e abastada compreender que a guerra total é o caminho mais lógico para a paz permanente".

40. William Bundy, comentando os problemas da mentira, IV, 611.

41. Ao contrário, "as declarações ou representações falsas, fictícias ou fraudulentas" por autoridades do governo, nas áreas de sua jurisdição, constituem crimes passíveis de ser punidos por multas pesadas e por até cinco anos de prisão (*United States Code*, título 18, sec. 1001). Para uma discussão, ver Peter Dale Scott, *The War Conspiracy*, p. xxiii e outros pontos, que faz um exame detalhado da fraude e da impostura no decorrer da guerra da Indochina.

42. Em dezembro de 1965, a "comunidade de informações" estimou em quase meio a meio a probabilidade de que uma escalada significativa dos Estados Unidos levasse à introdução de forças chinesas, sempre compreendida como o gatilho da "retaliação" nuclear. Com exceção do Serviço de Informações e Pesquisas do Departamento de Estado, a comunidade de informações parecia ser favorável à escalada, inclusive a ataques às reservas petrolíferas norte-vietnamitas (IV, 64-65). O senador Symington, defensor de longa data de um uso mais amplo do poderio aéreo, externou recentemente a opinião de que os ataques dos B-52 no norte do Laos, longe da trilha de Ho Chi Minh e conduzidos em sigilo, "são perigosos para a segurança dos Estados Unidos" e de que "qualquer atividade aérea em torno do norte do Laos traz em si o perigo incipiente de dar início a uma grande guerra" (*Congressional Record*, 3 de agosto de 1971, pp. S12939, S12951).
43. Proudhon, citado *in* Daniel Guérin (org.), *Ni Dieu ni Maître*, p. 115.
44. Minhas opiniões sobre esse assunto, pautadas por um material anterior ao estudo do Pentágono, são expostas no Capítulo 3. Ver as referências ali citadas para uma ampla discussão. Ver também os importantes ensaios incluídos em Richard A. Falk, *Legal Order in a Violent World*, e em Falk (org.), *The International Law of Civil War.*
45. Notando que também essa doutrina foi concebida para proteger um tirano contra o direito de resistência. Ver Gerald A. Sumida, "The Right of Revolution", *in* Charles A. Barker (org.), *Power and Law*, p. 133.
46. Ver Lawyers Committee on American Policy Toward Vietnam [Comissão de Juristas sobre a Política Norte-americana em Relação ao Vietnã], *Vietnam and International Law*, pp. 27-28. Sobre a SEATO, ver Capítulo 8.
47. *Congressional Record*, 6 de junho de 1967, S7733-4. O artigo 1, também não passível de emenda nesse caso, é o primeiro artigo da Constituição do GVN de 1956. A Constituição da República Democrática do Vietnã [RDV] de 1960 afirma (artigo 1): "O território do Vietnã é um todo único e indivisível, do norte ao sul". Ver Bernard Fall, *The Two Viet-Nams*, apêndices 1 e 2. A FLN tem exposto sistematicamente a visão oficial de que "a zona meridional" do Vietnã deve ser "um Estado independente e soberano", parte de uma zona neutra que inclua também o Laos e o Camboja, sendo a reunificação um assunto de evolução lenta. Cf. a declaração de 10 de agosto de 1962, em quatorze pontos, e outros documentos e declarações oficiais (Georges Chaffard, *Les Deux Guerres du Vietnam*, p. 266, 255ss., capítulos 7 e 10, apêndice). A RDV indicou repetidamente sua aceitação dessa posição (idem, p. 441-442).
48. Muito tempo depois, os documentos comumente usavam os mesmos termos. Em abril de 1966: "O objetivo global é fazer com que o Vietnã do Norte pare de apoiar, orientar e controlar as insurgências no Vietnã do Sul e no Laos" (IV, 81). Cf. também IV, 59, 562 etc.
49. Lyndon Johnson, 28 de setembro de 1964. Citado *in* Lawyers Committee on American Policy Toward Vietnam, *Vietnam and International Law*, p. 35.
50. Em março de 1965, quando se destacaram fuzileiros para entrar em combate, a Terceira Força Expedicionária de Fuzileiros teve seu nome trocado por "Terceira Força Anfíbia

de Fuzileiros", para não ofender as sensibilidades vietnamitas — com vistas àquilo a que o embaixador Sullivan referiu-se, em outro lugar, como "fins cosméticos" (II, 282, 319; 355; III, 462).

51. Desconsidero alguns outros argumentos apresentados. Por exemplo, Wilson C. McWilliams observou, com suprema irrelevância, que "Washington não *pensou* estar planejando uma guerra agressiva". Sua culpa foi apenas por imprecisão, não crime. *New York Times Book Review*, 26 de setembro de 1971, resenha de Ralph Stavins *et al.*, *Washington Plans an Aggressive War* ["Washington planeja uma guerra agressiva"] — título preciso para esse estudo, que acrescenta informações complementares consideráveis aos Papéis do Pentágono.

52. Organização das Nações Unidas, Secretaria, *Annual Report of the Secretary-General, 16 June 1964 to 15 June 1965* (A/6001), p. 48, citado por William Bruce, "The United States and the Law of Mankind", *in* Barker, *Power and Law*, p. 100. Discutindo o mesmo assunto, P. E. Corbett concluiu que as diversas resoluções da Assembléia Geral "parecem colocar no mesmo pé a intervenção em favor de um governo existente e a ajuda a sua oposição rebelde", mas assinalou que isso requer uma mudança radical na prática estabelecida dos Estados. "The Vietnam Struggle", *in* Falk, *International Law of Civil War*, pp. 374, 402.

53. Conforme o relato de John Spencer no *American Journal of International Law*, vol. 61, nº 3 (1967), citado por Nam-Yearl Chai, "Law as a Barrier to Change", *in* Barker, *Power and Law*, p. 114. Chai ilustra em seguida o modo como "as regras do direito foram usadas como barreiras legais pelo Japão e pelas nações do Ocidente para frustrar as aspirações coreanas de independência nacional" e para explicar por que "os coreanos viam o direito como um instrumento de opressão".

54. Edward Weisband e Thomas M. Franck, "The Brezhnev-Johnson Two-World Doctrine", *Trans-action*, outubro de 1971. Ver também Franck e Weisband, *Word Politics*, para uma elaboração desses temas.

55. Esta seção constitui, em grande parte, um excerto de meu artigo "The Pentagon Papers as Propaganda and as History", *in* Chomsky e Zinn, *Critical Essays*, que contém uma farta discussão e documentação sobre os assuntos brevemente mencionados aqui, bem como sobre outros temas correlatos.

56. Ver meu ensaio em Chomsky e Zinn, *Critical Essays*, para referências e discussão. Ver, em especial, o importante estudo de Jeffrey Race, *War Comes to Long An*. Ele assinala que, até 1959, o governo tinha quase o monopólio da violência. Só quando os comunistas rescindiram a proibição da luta armada, em 1959, foi que "a ameaça se igualou dos dois lados", embora, também em anos posteriores, "o governo tenha aterrorizado muito mais do que o movimento revolucionário" e, desse modo, contribuído para a força crescente deste último. Ver também Chaffard, *Les Deux Guerres*, p. 233: em 1959, Hanói respondeu ao apelo dos veteranos sulistas da Vietminh, permitindo "a violência *somente* em legítima defesa".

57. *DOD*, livro 8, pp. 190-191. Como era característico, Acheson acrescentou que esse pareceu ser o único meio de proteger o Vietnã dos "desígnios agressivos da Chi[na] comunista".

58. Idem, pp. 145, 148. Relatório de orientação política do Departamento de Estado, datado de setembro de 1948, citado acima, p. 69.

59. IV, 488-489. Ele também assinalou (IV, 487) que, no delta, com 40% da população, o esforço dos vietcongues era primordialmente nativo, e as unidades da força norte-vietnamita principal não desempenhavam quase nenhum papel (embora as forças de combate dos Estados Unidos estivessem em operação; ver adiante, notas 133 e 147). Não obstante, ele conseguiu dizer que nosso objetivo é permitir que o povo sul-vietnamita determine seu próprio futuro.

60. Caberia acrescentar que a política posteriormente chamada de "vietnamização" foi recomendada, em meados de 1967, pela Seção de Análise de Sistemas; IV, 459, 467. Cf. também IV, 558, opção (4); 564.

61. Ver meus artigos na revista *Ramparts*, abril e maio de 1972 (este último parcialmente incorporado no Capítulo 4), e na *New York Review of Books*, 15 de junho de 1972; ver também Gabriel Kolko, "The Nixon Administration's Strategy in Indochina-1972", Assembléia Mundial de Paris, fevereiro de 1972. Ver seção VI, 7, abaixo.

62. Cf. Joseph Buttinger, *Vietnam: A Dragon Embattled*, vol. 2, p. 981: "a Frente de Libertação Nacional foi, na verdade, o renascimento da Vietminh"; havia uma "semelhança, ou melhor, uma quase identidade entre a Vietminh e a Frente de Libertação Nacional". Notei um uso similar da terminologia no Laos, ao entrevistar refugiados da planície de Jars. Em geral, eles se referiam ao Partido Comunista Laosiano, o Pathet Lao, como "Issara", nome do movimento pela independência que combateu os japoneses e, em seguida, os franceses. Ver Branfman, *Voices from the Plain of Jars*, p. 12. Embora quase não haja dúvida de que a FLN incorporou muito da antiga Vietminh sulista, ela se apresentava como sendo de base mais ampla e de caráter não estritamente socialista. Cf. Chaffard, *Les deux guerres*, p. 419. Chaffard e vários outros observadores independentes e altamente qualificados levam isso a sério, embora fontes próximas do governo dos Estados Unidos em geral não o façam.

63. Citado a partir da AFP, *in* Nguyen Khac Vien (org.), *South Vietnam: Realities and Prospects*, p. 27.

64. Para uma análise pormenorizada, ver Peter King, "The Political Balance in Saigon", *Pacific Affairs*, vol. 44, nº 3 (1971). Ver também Gareth Porter, "The Diemist Restoration", *Commonweal*, 11 de julho de 1969. Outra mudança no caráter do regime é sua profunda corrupção, que ultrapassa em muito a do período de Diem, como conseqüência direta da invasão norte-americana em larga escala em meados da década de 1960. A esse respeito, ver *At War with Asia*, pp. 71-72, 195-196, 205, 257-258; Frances FitzGerald, *Fire in the Lake*, pp. 311, 346ss; e McCoy *et al.*, *Politics of Heroin*.

65. Cf., em particular, Gabriel Kolko, *The Roots of American Foreign Policy*, e a discussão em Kolko e Kolko, *Limits of Power*; *At War with Asia*, cap. 1; Committee of Concerned Asian Scholars [Comitê de Estudiosos Asiáticos Interessados], *The Indochina Story*, parte 3; e outras referências citadas antes. Ver também os artigos de Dower, Du Boff e Kolko *in* Chomsky e Zinn, *Critical Essays*.

66. Ver Walt W. Rostow e Richard W. Hatch, *An American Policy in Asia*, p. 7. Na opinião de Rostow, essa "ameaça ideológica a nossos interesses (...) é tão grande quanto a ameaça militar" representada pela China comunista e pela União Soviética. É essencial, observa Rostow, "enfatizar (...) especialmente a estreita ligação entre o perigoso problema do Japão no comércio exterior e as exigências de crescimento no Sudeste Asiático" (p. 12), e eliminar o "glamour ilusório" do comércio com o bloco comunista, que "representa um atrativo poderoso" (embora irreal), particularmente para o Japão (pp. 46-47). Além disso, "é bem possível que o desempenho relativo da Índia e da China comunista, ao longo de seus respectivos Planos Qüinqüenais, determine o desfecho da luta ideológica na Ásia" (p. 37). "A Índia e a Ásia poderiam ser conquistadas pelo comunismo sem que um único soldado comunista chinês atravessasse a fronteira da China", caso "a aposta comunista de conquistar a Ásia, demonstrando uma industrialização rápida", viesse a ter mais sucesso do que o desenvolvimento de "sociedades asiáticas livres" (pp. 51-52). É também necessário "aprender a lidar eficazmente com a subversão e a insurreição (...), como [ocorre] agora no Vietnã do Sul" (p. 7). O livro é interessante como expressão ideológica de um planejador influente da década de 1960, com sua ênfase em nosso interesse fundamental de preservar sociedades abertas, sem nenhuma "concentração do poder" no Estado (pp. 4-5, 14; não são mencionadas outras formas de "concentração do poder"). Para mais discussões, ver *American Power and the New Mandarins*, p. 332.
67. Esses temores não tardaram a ser reavaliados, quando a China pareceu atravessar uma crise econômica, mas podem muito bem voltar a ser verbalizados no futuro.
68. Para algumas discussões, ver Donald Zagoria, "The Strategic Debate in Peking", *in* Tang Tsou (org.), *China in Crisis*, vol. 2, p. 249ss.
69. Ver, por exemplo, a discussão desse discurso por Roger Hilsman, em seu livro *To Move a Nation*. Para outros comentários, ver meu *American Power and the New Mandarins*, cap. 3, pp. 262-266.
70. Por exemplo, Chester Cooper, "The CIA and Decision-making", *Foreign Affairs*, vol. 50, nº 2 (1972).
71. John Dower, "The Superdomino in Postwar Asia: Japan in and out of the *Pentagon Papers*", *in* Chomsky e Zinn, *Critical Essays*.
72. Comparem-se Ho Chi Minh e Phibun Songkhram, o colaboracionista japonês que derrubou o governo da Tailândia em abril de 1948, depois de seu resultado precário nas eleições — "o primeiro ditador pró-Eixo a recuperar o poder depois da guerra" (Frank C. Darling, *Thailand and the United States*, p. 65). O apoio dos Estados Unidos foi imediato, como uma das medidas adotadas "para dissuadir a agressão comunista no Sudeste Asiático" (p. 67).
73. Citado em Chester Cooper, *The Lost Crusade*, p. 168. Meio "melodramático", na opinião de Cooper, mas, afora isso, impecável.
74. Robert W. Tucker, *The Radical Left and American Foreign Policy*, pp. 116-117.
75. Sobre as relações entre o Japão e o Sudeste Asiático, bem como a importância delas, ver Jon Halliday e Gavan McCormack, *Japanese Imperialism*.

76. Cooper, *Lost Crusade*, pp. 410-411.
77. Stavins *et al.*, *Washington Plans an Aggressive War*, p. 20.
78. Ver *At War with Asia*, cap. 1, para referências. Quanto aos antecedentes gerais, ver Dower, "The Superdomino in Postwar Asia".
79. Ver C. Fred Bergsten, "Crisis in U.S. Trade Policy", *Foreign Affairs*, vol. 49, nº 4 (1971).
80. Para obtenção de dados, ver Yasuo Takeyama, "Don't Take Japan for Granted", *Foreign Policy*, vol. 1, nº 2 (1971-1972).
81. Ou, como disse Kindleberger em sua caricatura, a teoria de que "a política externa dos Estados Unidos é implacavelmente maléfica". Artigo de crítica sobre *The Age of Imperialism*, de Harry Magdoff, *Public Policy*, verão de 1971.
82. Sobre a evolução da política estado-unidense no período crucial de 1945-1950, ver John Dower, "Occupied Japan and the American Lake", *in* Edward Friedman e Mark Selden (orgs.), *America's Asia*. Sobre os limites do poderio norte-americano na vida real, ver Kolko e Kolko, *Limits of Power*.
83. Zbigniew Brzezinski, "Japan's Global Engagement", *Foreign Affairs*, vol. 50, nº 2 (1972); Takeyama, "Don't Take Japan for Granted". A título de comparação, as empresas norte-americanas controlam cerca de 40% da indústria britânica de computadores (Raymond Vernon, *Sovereignty at Bay*, p. 240). Excetuados os computadores de mesa, a IBM detém aproximadamente 70% do mercado de computadores do Japão (Koji Nakamura, "The Okinawa Payoff", *Far Eastern Economic Review*, 21 de agosto de 1971).
84. Sobre esse e outros assuntos correlatos, ver Malcolm Caldwell, "Oil and Imperialism in East Asia", *Journal of Contemporary Asia*, vol. 1, nº 3 (1971).
85. Assim, o diretor da USAID no Brasil acha muito natural que "tenhamos gasto dois bilhões de dólares [desde 1964] num programa que tem como um de seus objetivos a proteção de um clima de investimento favorável aos interesses da iniciativa privada nesse país", enquanto o investimento total é de aproximadamente 1,7 bilhão. Senador Frank Church, nas Audiências da Subcomissão Church, pp. 165-166. Sobre os outros supostos objetivos, ver adiante, p. 150.
86. Isso foi alegado, com referência ao Vietnã, por Arthur Schlesinger Jr., num depoimento perante a Comissão de Relações Exteriores do Senado, em 10 de maio de 1972, e é comumente afirmado por outros. Schlesinger considerou a tese econômica "mais sofisticada" que afirma que a derrota no Vietnã poria em risco os interesses econômicos norte-americanos em todo o Terceiro Mundo, sem notar que isso é apenas parte do argumento apresentado por aqueles a quem ele espera refutar. Estes, ao contrário, em geral assinalam que a política dos Estados Unidos na Indochina tem-se relacionado estreitamente com seus esforços para consolidar o capitalismo japonês e da Europa Ocidental. Schlesinger também comentou que os Papéis do Pentágono não parecem registrar "nenhum caso de intervenção comercial na política norte-americana no Vietnã". A pertinência dessa observação não se evidencia, dado que inúmeros cargos do poder Executivo são ocupados por representantes de interesses empresariais, como já se assinalou várias vezes (ver nota 114). Nem chega a ser necessário as empresas "intervirem" numa

empreitada que é predominantemente controlada por elas. Schlesinger também insistiu em que não se subestime a "estupidez" como um dos fatores que moldam a política.

87. Derek Davies, "The Region", *Far Eastern Economic Review Yearbook*, 1971, p. 38; 1972, pp. 37-40. Embora Davies se refira à teoria dos dominós como "uma fantasia", ele expressa inadvertidamente uma versão moderada dela em avaliações dessa natureza. A importância econômica e estratégica do Sudeste Asiático é enfatizada por muitos observadores. Poucos chegariam tão longe quanto Peter Lyon, que afirma que, se um inimigo monopolizasse a região e explorasse plenamente seus recursos (como o Japão não pôde fazer durante a Segunda Guerra Mundial), "fica claro que, muito provavelmente, o equilíbrio de poder mundial já se haveria inclinado para a nova força hegemônica do Sudeste Asiático" (*War and Peace in South-east Asia*, p. 106). Com algumas ressalvas, no entanto, esse ponto de vista não é incomum.

88. Sobre o precedente britânico, ver Michael Barratt Brown, *After Imperialism*; Eric Hobsbawm, *Industry and Empire*.

89. Leslie H. Gelb, "Vietnam: The System Worked", *Foreign Policy*, vol. 1, nº 3 (1971). Ver também os comentários de Gelb em "On Schlesinger and Ellsberg: A Reply", *New York Review of Books*, 2 de dezembro de 1971, e em "Lessons of the Pentagon Papers", *Life*, 17 de setembro de 1971.

90. Daniel Ellsberg explora em detalhe a hipótese de que fatores internos, em particular o efeito do anticomunismo no sucesso eleitoral, tenham predominado na tomada de decisões. "The Quagmire Myth and the Stalemate Machine", *Public Policy*, primavera de 1971. Ver uma versão extensa em seu livro *Papers on the War*. A ênfase nesses fatores não é incompatível com a interpretação imperialista, se examinarmos melhor as origens do anticomunismo doméstico, embora persista uma importante questão de ênfase (ver nota 102). Observe-se também que, em 1965, as questões da motivação a longo prazo tinham uma importância menor. Estávamos lá. Ponto. Ver os comentários de John McNaughton (IV, 47).

91. Hannah Arendt, "Lying in Politics: Reflections on the Pentagon Papers", *New York Review of Books*, 18 de novembro de 1971.

92. Similarmente, ao discutir as origens da insurgência, o analista observa que não se estabeleceu nenhuma ligação direta entre Hanói e os insurgentes do sul no período de 1956-1959. Apesar disso, com bastante cautela, ele tende para a visão de que "alguma forma de aparelho da RDV" pode ter "originado e controlado a insurgência" nesses anos (embora "ela só possa ser inferida" — e o leitor é convidado a verificar as provas apresentadas para essa inferência; I, 243).

93. A Resolução Congressual Conjunta [Senado e Câmara dos Deputados] nº 91, de 25 de junho de 1954, encontrou "fortes indícios de intervenção do movimento comunista internacional no Estado da Guatemala, mediante a qual instituições do governo foram infiltradas por agentes comunistas, armas de guerra foram embarcadas em sigilo para esse país, e o padrão da dominação comunista se evidenciou" (citado por Franck e Weisband, *Word Politics*, p. 52).

94. Afirma-se às vezes que a política dos Estados Unidos revelou-se livre de imperativos contra-revolucionários na Bolívia e na Iugoslávia. Na Bolívia, Eisenhower apoiou o grupo mais direitista que tinha alguma base de poder — com sucesso, como se constatou, do ponto de vista dos interesses econômicos norte-americanos. Para uma crítica sucinta, ver Rebecca Scott, "Economic Aid and Imperialism in Bolivia", *Monthly Review*, maio de 1972. Quanto a Tito, Acheson explicou, considerando a possibilidade de um "desfecho à la Tito" na Indochina, que "a atitude dos Estados Unidos só [poderia] levar [em conta] essa possibilidade caso se fechassem todas as outras vias possíveis para preservar essa área do controle do Kremlin" (*DOD*, livro 8, p. 197; maio de 1949). Convém lembrar que Acheson não tinha nenhuma prova de controle do Kremlin na Indochina, o que ilustra muito bem o ponto em questão. Em geral, a política dos Estados Unidos em relação à Iugoslávia, no contexto da Guerra Fria, mal serve de exemplo contrário da tese de que o país é norteado pelo princípio da manutenção de um sistema "estável" de sociedades abertas à penetração econômica norte-americana.

95. Sobre esse assunto, ver John Gittings, "The Great Asian Conspiracy", *in* Friedman e Selden, *America's Asia*. Ele mostra a facilidade com que a China substituiu a Rússia como principal conspirador na interpretação oficial e acadêmica das questões do Extremo Oriente, quando a confiança no pretenso papel russo tornou-se fantasiosa demais. Atualmente, a demonologia oficial parece estar sendo novamente reconstruída, com a União Soviética figurando como o grande vilão, o que é, sem dúvida, uma sábia medida dos propagandistas do Estado. A longo prazo, seria difícil, por exemplo, obter o apoio dos contribuintes para um orçamento militar gigantesco com base na "ameaça chinesa", mas é consideravelmente mais fácil intensificar a histeria em torno da pretensa ameaça soviética, nos moldes da "escassez de bombardeiros" e na "escassez de mísseis" de anos anteriores. É exatamente o que vemos hoje. Os Estados Unidos lideram a tecnologia das ogivas de lançamento e das armas estratégicas (e.g., MIRV); ainda assim, os irmãos Alsop e outros similares querem que acreditemos que estamos praticamente à mercê do Kremlin.

96. Peter Wiles, "The Declining Self-confidence of the Super-powers", *International Affairs*, vol. 47, nº 2 (1971).

97. William Pfaff, *Condemned to Freedom*, p. 80. Uma variante é a visão expressa por Michael Howard: "A desconfiança, a inabilidade e a brutalidade dos russos; a inexperiência e confusão dos norte-americanos; o cansaço, a impotência e a nostalgia dos britânicos", foram esses os principais fatores que impediram um acordo no pós-guerra. "Os norte-americanos, Deus os abençoe, ainda achavam difícil acreditar que processos naturais não viessem a derrubar, em toda parte, os regimes que não aceitassem docilmente a sua liderança" ("Realists and Romantics: On Maintaining an International Order", *Encounter*, abril de 1972). Essa forma particular de sentimentalismo encontra pouco respaldo no registro histórico, que revela medidas bastante sistemáticas para tomar as posições de poder e influência dos britânicos e criar uma ordem capitalista global em que os Estados Unidos, dadas as suas imensas vantagens, tendessem a predominar. Os Estados Unidos

não acreditavam que "processos naturais" levassem a regimes subservientes na Europa Meridional, na França, no Leste Asiático e no Caribe, e tampouco esperaram por esses processos; ao contrário, agiram de maneira direta e impositiva para solapar as forças populares a que se opunham, ou para instituir regimes do tipo que preferiam. Embora não tenham sido uniformemente bem-sucedidas, essas políticas e sua execução não revelaram mais inexperiência ou confusão do que se poderia esperar, dadas as inevitáveis incertezas do planejamento global. Ver Kolko e Kolko, *Limits of Power*.

98. Sobre a Itália, ver Gabriel Kolko, *The Politics of War*. Sobre a Grécia, ver as referências da nota 192. Sobre a Coréia, ver Jon Halliday, "The Korean Revolution", *Socialist Revolution*, vol. 1, nº 6 (1970); ver também Soon Sung Cho, *Korea in World Politics, 1940-1950*, e Gregory Henderson, *Korea: The Politics of the Vortex*, capítulos 5-6. Embora Cho e Henderson não aceitem a interpretação dada por Halliday a esses acontecimentos, o que eles descrevem é a destruição das estruturas políticas e sociais autóctones da Coréia pela força e pelo terrorismo, bem como a imposição de um regime de direita. A explicação que eles fornecem, em termos de "asneiras", "ignorância e fraqueza das medidas políticas" e coisas similares, torna-se muito menos persuasiva, se considerarmos a política norte-americana na Coréia não isoladamente, como é feito na prática acadêmica comum, porém em seu contexto global, no qual aparecem semelhanças notáveis com a intervenção norte-americana e seus efeitos noutros lugares, a exemplo da Grécia, exatamente na mesma época.

As simpatias de Halliday pela revolução socialista, expressas de maneira franca e clara, podem ser comparadas à tendenciosidade conservadora implícita — mas, como é típico, nunca explicitamente reconhecida — de Henderson e Cho. Consideremos algumas observações: embora tenha havido, no governo da República Popular que os Estados Unidos destruíram na Coréia do Sul, alguns atos ocasionais como "intervenções, em geral contra latifundiários e em disputas entre arrendadores e arrendatários", "em geral, as pessoas se portaram bem" (Henderson, p. 119); "(...) os norte-americanos no sul tomaram providências para estimular a democratização, criando um governo coreano eletivo subordinado ao governo militar e esmagando o que julgavam ser movimentos políticos esquerdistas irresponsáveis" (Cho, p. 131), a começar pela completa eliminação do Partido Comunista, no fim de 1946.

Na verdade, a política coreana dos Estados Unidos a partir de 1945 apresenta algumas analogias sugestivas, em certos aspectos interessantes, com sua política no Vietnã, assunto que poderia ser mais explorado.

99. Arthur M. Schlesinger, Jr., *A Thousand Days*, p. 769.

100. Tucker, *The Radical Left*, p. 112; *Nation or Empire?*, p. 117.

101. Isso é admitido até pelos que negam que "Castro foi empurrado a contragosto para o campo soviético pelos disparates ou pela malevolência norte-americanos" (Ernst Halperin, caracterizando a posição de Andrés Suárez, *Cuba: Castroism and Communism*, no prefácio). Assim, Suárez assinala que Cuba foi atacada "por aviões baseados na linha costeira norte-americana", na época em que os Estados Unidos estavam usando sua influência para

impedir os cubanos de comprarem jatos na Grã-Bretanha (outubro de 1959), e acrescenta: "Creio que isso deixa suficientemente claro por que e para que foi solicitada a ajuda soviética" (p. 74). Embora essa questão não seja relevante para refutar a afirmação de Tucker, é possível fazer uma boa defesa da idéia de que a hostilidade norte-americana foi um fator de certa importância na guinada de Castro para o campo soviético. Ver Maurice Zeitlin e Robert Scheer, *Cuba: Tragedy in Our Hemisphere*. Para uma discussão geral dos antecedentes, ver Gordon Connel-Smith, *The Inter-American System*. Ele chega à conclusão bastante razoável de que "a intenção do governo cubano de implementar uma política destinada a acabar com a situação de privilégio até então desfrutada pelos Estados Unidos nos assuntos da ilha" tornou o choque tão inevitável quanto "as ligações crescentes entre Cuba e o comunismo internacional" (p. 170); e essa intenção também está por trás do fato de que "os Estados Unidos preferiam infinitamente Trujillo a Castro" (p. 169). Dado o caráter vago de sua discussão, não fica claro se Tucker concordaria com essa conclusão. Se concordasse, sua objeção à "crítica radical" teria um conteúdo empírico quase nulo.

102. Tucker, *The Radical Left*, pp. 111-112, grifo meu. Tucker se refere a uma terceira consideração subjacente à observação de Kennedy a respeito de apoiar alguém como Trujillo enquanto houvesse o risco de alguém como Fidel Castro, ou seja, a preocupação com o anticomunismo interno. Isso desconsidera a questão crucial da origem e função desse anticomunismo interno, em particular o papel e a finalidade da propaganda de Estado. A esse respeito, ver Richard M. Freeland, *The Truman Doctrine and the Origins of McCarthyism*, bem como vários ensaios em David Horowitz (org.), *Corporations and the Cold War.*

103. A propósito de algumas semelhanças, ver *American Power and the New Mandarins*, cap. 2; ver também Hilary Conroy, "Japan's War in China: Historical Parallel to Vietnam?", *Pacific Affairs*, vol. 43, nº 2 (1970).

104. Respaldando o que se poderia chamar, enganosamente, de um interesse de segurança dos Estados Unidos. Sobre a relação entre a Grécia e os interesses norte-americanos no Oriente Médio, ver Kolko e Kolko, *Limits of Power*, cap. 8.

105. M. S. Modiano, "Stans, in Athens, Hails the Regime", *New York Times*, 24 de abril de 1971. Convém lembrar que, em primeiro lugar, a Doutrina Truman foi especificamente orientada para a Grécia e a Turquia. A Grécia precisava da ajuda dos Estados Unidos "para se tornar uma democracia autônoma e com amor-próprio", e "o futuro da Turquia como Estado independente e economicamente sólido é, claramente, não menos importante para os povos amantes da liberdade no mundo do que o futuro da Grécia" (Harry S. Truman, 12 de março de 1947). Uma olhada para a situação da liberdade na Grécia e na Turquia, 25 anos depois, proporciona uma certa compreensão da "política dos Estados Unidos", tal como formulada pelo presidente Truman naquela oportunidade: "apoiar os povos livres que estejam resistindo às tentativas de subjugação por minorias armadas ou por pressões externas."

106. William Y. Elliot (org.), *The Political Economy of American Foreign Policy*, p. 42. Para citações desse documento interessante, bem como alguma discussão, ver meu livro

At War with Asia, pp. 5, 17, 35-38. Ver Brown, *After Imperialism*, para uma discussão histórica desse assunto.

107. Raymond Vernon (*Sovereignty at Bay*) conclui que as empresas multinacionais são "vistas como ameaçadoras [nos países anfitriões] pelos líderes governamentais que fazem questão do controle, pelos empresários locais que aspiram a competir, e pelos intelectuais que esperam questionar o *status quo*" (pp. 249, 265). Mas ele não faz referência aos trabalhadores que se preocupam, digamos, com a possibilidade de que a direção acabe com uma greve mediante a ameaça de transferir suas operações para outro país. Os sindicatos e outras pessoas preocupadas com os interesses dos trabalhadores têm uma visão diferente. Ver, e.g., Hugh Scanlon, "International Combines Versus the Unions", *Bulletin of the Institute for Workers' Control*, vol. 1, nº 4 (1969), e diversos artigos da edição especial anterior sobre a indústria de motores. A propósito, esses artigos versam sobre exemplos concretos, e não meras preocupações hipotéticas. Ver também John Gennard, *Multinational Corporations and British Labour*, igualmente com vários exemplos concretos. A impossibilidade de Vernon examinar essa questão não pode ser atribuída a sua crença (provável) em que tal preocupação é irracional, uma vez que ele não parece excessivamente impressionado com as "necessidades psíquicas" dos "grupos de elite" que examina.

Além disso, é inquietante ver como os mitos se perpetuam nessa obra. Consideremos a referência de Vernon ao "extraordinário conceito de ajuda aos países menos desenvolvidos" — uma espiada nos fatos mostraria que tal conceito é menos do que extraordinário; ver, e.g., Michael Hudson, "The Political Economy of Foreign Aid", *in* Denis Goulet e Michael Hudson, *The Myth of Aid*, ou sua especulação de que as nações "continuarão a enfatizar metas como a redistribuição da renda pessoal" (pp. 213, 257). Que nações "continuarão" a enfatizar essas metas? Os Estados Unidos?

108. Connell-Smith, *Inter-American System*, pp. 343-344.

109. Audiências da Subcomissão Church, p. 165. Ver nota 85, acima.

110. Idem, p. 208. Ver, a esse respeito, "The Hanna Industrial Complex, Part I", *NACLA Newsletter*, vol. 2, nº 3 (maio de 1968). A Hanna foi uma das maiores beneficiárias do golpe de 1964.

111. *Washington Post*, 6 de dezembro de 1971: "pontos incômodos" para Médici, o ditador em exercício. Christopher Roper informou, na seção de finanças do *Manchester Guardian Weekly* de 13 de maio de 1972: "Os salários foram deliberadamente mantidos num nível baixo, e os dados estatísticos mostram que o salário real dos operários das fábricas de São Paulo — o maior centro industrial do mundo no hemisfério sul — foi quase reduzido à metade nos últimos dez anos. A renda familiar só pôde ser mantida aumentando-se as horas de trabalho dos operários e com suas esposas passando a trabalhar fora." Mas "o capital estrangeiro foi calorosamente acolhido"; "a Volkswagen opera uma das maiores fábricas integradas de automóveis do mundo; a Ford está prestes a fabricar os motores [modelo] Pinto para Detroit em São Paulo [aqueles que Henry Ford decidiu não fazer na Grã-Bretanha? Cf. nota 107]; e a Nippon Steel, do Japão, está pensando em

construir ali uma das maiores siderúrgicas do mundo". Observe-se que, embora a política dos Estados Unidos seja muito claramente determinada, como foi dito, pela "proteção e expansão (...) de nossos interesses econômicos", as regras do jogo capitalista internacional, quando mais ou menos seguidas, levam a certos problemas até mesmo para o jogador mais forte.

112. Marcio Moreira Alves, "Brazil: What Terror Is Like", *The Nation*, 15 de março de 1971. Alves é um ex-deputado, líder da esquerda católica, que está hoje exilado em Paris. Ele cita números que indicam que o salário médio de 70% dos trabalhadores caiu quase 20% desde 1964, enquanto a produção teve um aumento superior a 20%. Descreve também a concentração da riqueza, "a fome e a miséria que levam milhões de camponeses sem terra para as cidades", a destruição das ligas de camponeses pelo exército, pela polícia e pelas forças paramilitares particulares dos latifundiários, a proibição, em muitos lugares, do movimento católico de ensino básico, que promoveu a organização dos camponeses, a destruição de escolas criadas para os camponeses por missionários estrangeiros, "a violência inacreditável que o próprio Estado tem que usar para manter as massas quietas, enquanto os privilegiados esbanjam a riqueza da nação", a tortura e os assassinatos, o anti-semitismo dos oficiais militares etc.

113. Audiências da Subcomissão Church, p. 149.

114. Sobre esse assunto, ver Kolko, *Roots of American Foreign Policy*, cap. 1; Richard Barnet, *The Economy of Death*, parte 2, e *Roots of War*, cap. 3 e parte 2; C. William Domhoff, *The Higher Circles*, cap. 5; David Horowitz, "The Foundations", *Ramparts*, abril de 1969, e "The Making of America's China Policy", *Ramparts*, outubro de 1971. Ver também Scott, *War Conspiracy*, introdução e cap. 8, sobre as interligações da CIA com importantes interesses empresariais.

115. Ver p. 95. Esse fator específico foi explorado por Seymour Melman em seu livro *Pentagon Capitalism*.

116. Ver *At War with Asia*, cap. 1, para uma discussão maior da multiplicidade de fatores que se apóiam mutuamente e do sistema estável que eles tendem a produzir.

117. Por exemplo, Herbert Feis ridiculariza a idéia, que atribui sem referência específica a Gar Alperovitz, de que "o governo soviético (...) foi apenas o desafortunado objeto de nossa diplomacia perversa". A idéia efetivamente desenvolvida por Alperovitz é que "não se pode entender a Guerra Fria simplesmente como uma resposta norte-americana a um desafio soviético, mas sim como a interação insidiosa de desconfianças mútuas cuja culpa deve ser compartilhada por todos". Cf. Alperovitz, *Cold War Essays*, pp. 135, 31; ver também os comentários de Christopher Lasch, na introdução, sobre "a impossibilidade geral de os historiadores ortodoxos enfrentarem a tese revisionista".

118. Sobre a substância da "Doutrina Nixon", ver o ensaio de John Dower *in* Brodine *et al.*, *Open Secret*.

119. McGeorge Bundy, 7 de fevereiro de 1965; III, 687-691. As represálias contra o Vietnã do Norte são para "*qualquer* ato de violência dos vietcongues contra pessoas ou propriedades", como no caso do ataque a Pleiku, usado como pretexto para dar início ao bombar-

deio do Norte, no qual não houve nem mesmo uma simulação de envolvimento de norte-vietnamitas. Isso está em perfeito acordo com o memorando NSC 5429/2, de mais de dez anos antes. Cf. p. 153.

120. Em 6 de abril de 1964. Em seguida, o Conselho de Segurança passou a adotar uma resolução que condenava as represálias como "incompatíveis com os objetivos e os princípios das Nações Unidas". Para essa e outras referências à ilegalidade das represálias, ver Lawyers Committee on American Policy Toward Vietnam, *Vietnam and International Law*, pp. 53-54, 98-101.

121. Pelo menos no Norte. No Sul e sob a orientação de Nixon-Kissinger no Laos e no Camboja, a questão surge sob uma forma diferente. Com a lembrança das câmaras de gás, alguns talvez relutem (como eu mesmo relutei) em usar termos como "genocídio". Mas a questão de esse termo ser ou não tecnicamente apropriado, à luz da Convenção das Nações Unidas de 1948, é outra história. Ela foi considerada pelo Tribunal Russell bem antes da significativa escalada da guerra tecnológica, em 1968, e com base numa pequena parcela das provas hoje disponíveis. Ver John Duffett (org.), *Against the Crime of Silence*, pp. 612-643.

122. IV, 71-4. Ao discutir os planos para destruir as reservas petrolíferas norte-vietnamitas, o analista observa que "nem no gabinete do ministro da Defesa nem na Casa Branca alguém se opôs a essas medidas senão por razões de prudência — o risco de alienar os aliados, ou de provocar a intervenção chinesa ou russa, ou a incerteza de que os resultados justificariam os riscos ou os custos" (IV, 74-75).

123. Ver Gabriel Kolko *in* Duffett, *Against the Crime of Silence*, p. 224.

124. Ver *Chronology of the Vietnam War*, livro 1, distribuído pela Association d'Amitié Franco-Vietnamienne, 5, rue Las Cases, 75, Paris (7).

125. Note-se que a RT, in 1965, equivaleu a 33 mil toneladas de bombas, de um total de aproximadamente 530 mil lançadas no Vietnã do Norte no fim de 1968. Ver Rafael Littauer *et al.*, *The Air War in Indochina*, p. SS-14.

126. Ver *American Power and the New Mandarins*, p. 15; Capítulo 3, pp. 282-283. Ver também Barry Weisberg (org.), *Ecocide in Indochina*, em particular o testemunho ocular de Orville Schell e Barry Weisberg, p. 24. Os ataques às "represas e vias navegáveis no crucial delta do rio Vermelho" foram relatados durante a primeira estação das monções depois do início da operação RT ("The 'Enemy': 20,000 Missions Later", *Newsweek*, 11 de outubro de 1965). Os aviões atacaram em agosto, de acordo com essa reportagem. Sobre a lógica desses ataques, ver o estudo coletivo "The Attack on the Irrigation Dams in North Korea", *Air University Quarterly Review*, inverno de 1953-1954. Gabando-se do ataque da força aérea norte-americana contra as represas, que causou uma violenta inundação que "varreu 44 quilômetros de vale abaixo" e constituiu "uma das mais importantes operações aéreas da Guerra da Coréia", o estudo explica que destroçar as represas significa "a destruição do principal meio de sustento deles — o arroz": "o ocidental mal pode imaginar o incrível significado que tem a perda desse gênero alimentício de primeira necessidade para a fome e a morte lenta na

Ásia (...), mais temida do que a mais mortífera das pragas. Daí a manifestação de ódio, a explosão de ânimos violentos (...)."

127. Bernard Fall, "This Isn't Munich, It's Spain", *Ramparts*, dezembro de 1965; reproduzido em *Last Reflections*, pp. 232-233.

128. O complexo hospitalar que o substituiu foi bombardeado em 26 de dezembro de 1971. Ver o relato do testemunho pessoal de Banning Garrett, que fez uma visita dias depois, em *The Guardian* (Nova York), 16 de fevereiro de 1972; o *New York Times* de 10 de fevereiro de 1972 contém uma reportagem sucinta. O hospital foi visitado por George Wald em 19 de fevereiro; ver seu artigo "Our Bombs Fall on People", *Washington Monthly*, maio de 1972. Ver também a reportagem de Joel Henri, da AFP, no *New York Times*, 9 de maio de 1972: "Nas províncias bombardeadas de Thanhhoa e Namha, onde não se conseguia ver nenhum alvo militar, este correspondente visitou hoje um hospital e uma escola atingidos por bombas norte-americanas. (...) Para os visitantes, foi difícil acreditar que a destruição [do hospital de Thanh Hoa], que foi considerável, pudesse ter resultado de um erro. Os prédios, cercados por arrozais, também foram atacados em dezembro último, de acordo com os norte-vietnamitas." Henri descreve o ataque de 27 de abril de 1972. Essa destruição final do hospital fez com que ele fosse evacuado para as montanhas. Henri também visitou uma aldeia em que a escola primária fora bombardeada durante o período matinal de aulas, deixando 20 mortos e 25 feridos: "Procuramos alvos militares que pudessem ter justificado o ataque, mas não havia nada — apenas lama e cabanas de palha."

129. C. O. Holmquist, "Developments and Problems in Carrier-Based Attack Aircraft", *Naval Review*, 1969, p. 214. As bombas controladas por laser e outras inovações conferem-lhes agora uma exatidão pontual, segundo se afirma. Portanto, a vasta destruição de alvos civis não pode ser atribuída a "erros". Cf. Claude Julien, numa reportagem de Hanói sobre a "notável precisão dos bombardeios norte-americanos" de "hospitais, diques e aldeias", *Le Monde*, 20 de maio de 1972. Ver introdução, p. 12-13.

130. Stavins *et al.*, *Washington Plans an Aggressive War*, pp. 182-183. A análise de Stavins também é interessante com respeito à "conspiração" contra Washington no campo de batalha. Alguns pilotos se queixavam de que as rivalidades entre as forças armadas levavam a missões perigosas, com um alto índice de perdas. Ver também coronel James Donovan, *Militarism, U.S.A.*, pp. 180-181.

131. IV, 408-409. Logo depois que o Triângulo de Ferro foi "destruído" na "Operação Cedar Falls", "basicamente a mesma área" tornou a ser invadida na "Operação Junction City". O leitor encontrará uma descrição sucinta desta última, porém não o mapa oficial indicando as áreas — inclusive muitos vilarejos — programadas para serem destruídas pelo bombardeio preliminar aéreo e de artilharia.

132. Griffiths, *Vietnam Inc.*, p. 89. Fall, *Last Reflections*, p. 248. Ver também Jonathan Schell, *The Village of Ben Suc*, e meu *American Power and the New Mandarins*, cap. 3, n. 19, pp. 276-278.

133. Os ataques dos B-52, em 1965, no delta densamente povoado do Mekong, foram registrados por Bernard Fall, "Vietnam Blitz". Takashi Oka informou sobre ataques

com B-52 no "populoso delta" em 4 de dezembro de 1965 (*Christian Science Monitor;* Melman, *In the Name of America*, p. 248), observando as baixas civis e a fuga de refugiados para áreas controladas pelo governo, "porque eles não conseguiam mais suportar os bombardeios contínuos". Fall também voou em ataques de bombardeiros contra aldeias indefesas, mais ou menos na mesma época ("This Isn't Munich, It's Spain"), assim como muitos outros. George Smith, um sargento das forças especiais capturado pela FLN, registrou ataques de B-52 (no Camboja, acha ele), junto com bombardeios constantes e pesados com napalm e explosivos de ruptura na zona livre de fogo em que se localizava seu acampamento, estes últimos a partir de dezembro de 1964 (*P.O. W.: Two Years with the Vietcong*). Naturalmente, os bombardeiros foram tão incapazes de evitar as aldeias quanto seu campo de prisioneiros de guerra.Ver também Russo, "Inside the RAND Corporation", sobre os efeitos dos ataques dos B-52, conforme determinados pelas entrevistas com refugiados. Ver igualmente pp. 57-58.

t6. FAV é a força aérea da República do Vietnã, ou Vietnã do Sul.

134. Bernard Fall, "Vietcong - The Unseen Enemy in Vietnam", *New Society*, 22 de abril de 1965, reproduzido em Bernard Fall e Marcus G. Raskin (orgs.), *The Vietnam Reader*, p. 261.

135. T. D. Allman, "The Blind Bombers", *Far Eastern Economic Review*, 29 de janeiro de 1972.

136. *New York Times*, carta, 12 de janeiro de 1972.

137. Sidney Hook, "Lord Russell and the War Crimes 'Trial'", *New Leader*, 24 de outubro de 1966. O leitor desconfiado de que Hook talvez tenha aprendido alguma coisa desde então pode consultar *The Humanist*, janeiro de 1971, em que ele descreve a destruição causada no Vietnã como "conseqüências não intencionais da ação militar".

138. Com bastante coerência. No mesmo artigo (1966), Hook se refere à intervenção dos Estados Unidos na República Dominicana, em 1965, como um "erro" atribuível a uma "avaliação equivocada do envolvimento de regimes comunistas estrangeiros".

139. McGeorge Bundy, "End of Either/Or", *Foreign Affairs*, vol. 45, nº 2 (1967). Minha referência é inexata, visto que Bundy parecia considerar desvairado qualquer um que discordasse de algo além de questões táticas. Antes disso, "o grupo de McGeorge Bundy" (que incluía McNaughton, Cooper e Unger) redigira um memorando (7 de fevereiro de 1965; III, 309) que "representa uma avaliação e um ponto de vista sumamente pessoais de Bundy" e que assinala que "nenhuma das soluções especiais ou das críticas zelosamente formuladas por reformadores individuais, no governo ou na imprensa, tem grande importância". Os norte-americanos no Vietnã são a "equipe número um" e, embora algumas de suas decisões táticas possam não ter sido perfeitas, é claro que só um homem desvairado nos bastidores se atreveria a questionar a equipe número um de maneira mais fundamental.

140. A. J. Langguth, "Vietnam - 1964: Exhilaration - 1968: Frustration - 1970: Hopelessness", *New York Times Magazine*, 4 de outubro de 1970, p. 89. Cinco anos antes, ele escrevera na mesma publicação: "Eu diria que a guerra no Vietnã do Sul modificou-se de maneira

irreversível em 19 de fevereiro de 1965 (...) [quando] a América do Norte começou a usar seu imenso poderio aéreo (...) [para] bombardear o Vietnã do Sul" (Melman, *In the Name of America*, p. 174). A mesma fonte contém muitas outras matérias de correspondentes norte-americanos sobre as "centenas de ataques aéreos cotidianos contra aldeias e outros alvos 'suspeitos' de dar abrigo aos vietcongues, em casos em que não há combates em terra" (Raymond Coffey, p. 181) — o padrão da geração forçada de refugiados através do uso de bombas e projéteis. Lembremos as afirmações do general Tidwell, p. 124 *supra*.

141. Reuters, *New York Times*, 18 de março de 1965; Melman, *In the Name of America*, p. 185.

142. Stanley Kamow, *New York Herald Tribune*, 28 de dezembro de 1964; Melman, *In the Name of America*, pp. 184-185. Kamow culpa os vietcongues, cuja presença levou ao ataque e que, em menos de uma semana, "denunciavam hipocritamente 'esse crime monstruoso'". Embora convencido de que a denúncia dos vietcongues era "hipócrita", Kamow não abordou a questão mais pertinente: era correta?

A propósito, podemos assinalar que o exército sul-vietnamita, segundo os relatos, teria usado habitantes dos vilarejos, inclusive crianças, especificamente para atrair o fogo inimigo. Ver a reportagem de agosto de 1965 citada por Edward S. Herman, *Atrocities in Vietnam*, pp. 31-32. Desde então, os Estados Unidos aprimoraram essa estratégia. As tropas locais são usadas para estabelecer contato com o inimigo e, em seguida, retiradas (quando possível), a fim de que a área possa ser arrasada com uma barragem aérea e de artilharia (cf. Branfman, *Voices from the Plain of Tara*, p. 25). Vez por outra, como na invasão do Laos no começo de 1971, essa tática sai parcialmente pela culatra e as forças "amigas" também são dizimadas. Um recurso correlato é o uso de civis para obrigar os soldados a lutar, como quando se impediu a evacuação de famílias montanhesas de Kontum (primavera de 1972), ou quando se negou aos remanescentes da tribo Meo, no Laos, a oportunidade de se mudarem para áreas não povoadas a oeste, e eles foram mantidos no caminho do avanço do Pathet Lao/exército norte-vietnamita para Vientiane, segundo observadores bem informados.

143. Alain C. Enthoven e K. Wayne Smith, *How Much Is Enough?*, pp. 305-306, transmitindo um estudo da Seção de Análise de Sistemas. Os "ataques não observados" são ataques a "locais onde o inimigo poderia estar". Os civis também "poderiam" estar ali, ou, para sermos mais realistas, são eles o verdadeiro inimigo. O estudo concluiu que os efeitos desses ataques a civis vietcongues e áreas amigas eram amiúde "indesejáveis", provavelmente criando mais vietcongues do que os "eliminavam". Os ataques não observados constituíram aproximadamente 65% da tonelagem de bombas e cargas de artilharia em 1966 e custaram mais de dois bilhões de dólares. A despeito do simulacro de avaliação estatística, a verdade é, certamente, que os Estados Unidos não têm informações sobre os efeitos desses ataques cegos e indiscriminados a áreas "inimigas" e "amigas".

Quanto ao aumento do recrutamento de vietcongues, em geral atribuído aos bombardeios irrestritos, ver referências em *American Power and the New Mandarins*, cap. 3,

n. 11, p. 276. São comuns os informes semelhantes vindos do Laos (ver Fred Branfman, "Presidential War in Laos", *in* Adams e McCoy, *Laos*, p. 241) e do Camboja (ver Richard Dudman, *Forty Days with the Enemy*; ver Boris Baczynskyj, "Bombing Turns Cambodian Villagers into Refugees", Dispatch News Service International, 21 de fevereiro de 1972, que cita, por exemplo, o caso de um homem que se aliou aos comunistas depois que um ataque aéreo deixou cinqüenta mortos em sua aldeia natal). Ver Capítulo 2, seção II, adiante.

144. Malcolm Browne, citado em *American Power and the New Mandarins*, p. 285, com outras referências do mesmo período (cf. pp. 335-336). Mais de metade da tonelagem total lançada sobre o Vietnã do Sul veio de aviões B-52, grande parte dela em áreas povoadas. Ver Littauer *et al.*, *Air War*, pp. 4-8; ver também a nota 133, *supra*. Para detalhes sobre os bombardeios, ver Jonathan Schell, *The Military Half*, além de muitas outras fontes.

145. Cf. os comentários de George Carver, da CIA (IV, 82), citado acima, p. 115. Talvez tenham sido comentários como esses que Chester Cooper tinha em mente ao observar que os Papéis do Pentágono fazem a CIA "parecer boa" ("The CIA and Decision-making", p. 228).

146. Bernard Fall, "Vietnam Blitz". Essa é a razão, sugere Fall, de serem encontradas poucas armas entre os cadáveres. Note-se a data precoce desses comentários. O autor estava muito bem informado e não era nenhum pombo.

147. IV, 360. Cf. IV, 487, 548. A data do "primeiro embate direto das tropas no delta" é indicada como janeiro de 1967 (IV, 389). Jeffrey Race afirma que um batalhão da 25ª Divisão de Infantaria chegou à província de Long An em setembro de 1966, "primeiro destacamento de uma unidade de combate norte-americana no delta do Mekong", embora somente em fevereiro de 1967 tenham sido "adotadas táticas mais agressivas" (*Long An*, p. 216-217). As perdas da FLN foram elevadas, "desde o início das operações sérias de combate dos norte-americanos, no começo de 1967" (p. 270). O "programa de violência" do governo envolveu o uso pesado de ataques aéreos e de artilharia, que "tiveram um impacto muito mais devastador nos não combatentes do que nos combatentes", segundo desertores. Durante 1968, os bombardeios de artilharia intensificaram-se a tal ponto que "grandes áreas da província ficaram parecendo (nas palavras de uma autoridade) 'a face da Lua'" (pp. 236-237).

Race explica em detalhe como a FLN derrotou o governo do Vietnã, apoiado pelos Estados Unidos, nessa província crucial do delta, em 1965. A infiltração foi "desprezível", e os primeiros batalhões da força principal do Exército Popular do Vietnã [EPV] (norte-vietnamita) entraram na província entre dezembro de 1967 e fevereiro de 1968, para realizar missões contra Saigon (p. 211). Quanto às reportagens da imprensa sobre as tropas do EPV no delta, ver *At War with Asia*, pp. 99-100.

148. 9 de janeiro de 1967; Melman, *In the Name of America*, p. 98.

149. Cf. idem, p. 384; *At War with Asia*, pp. 93-101; Ellsberg, "Bombing and Other Crimes", *in Papers on the War*. Ellsberg observou que o general Ewell, comandante da 9ª Divisão no delta, "liberou tão completamente seus atiradores de helicópteros das restrições a atirar

contra sampanas, em canais ladeados por habitações em ambas as margens, que a Divisão registrou proporções de contagem de corpos de 'amigos' e 'inimigos' que não tiveram paralelo na história da guerra". Ewell seguia os princípios táticos formulados pelo general que comandava a 1ª Divisão, William DePuy, o principal planejador de Westmoreland, nas áreas densamente povoadas do Norte. Kevin Buckley estudou em detalhe uma operação da 9ª Divisão de Ewell em 1968, na província de Kien Hoa, no delta. "O saldo de mortos nesse local", escreveu ele, "fez o massacre de My Lai parecer insignificante." As estatísticas oficiais citaram quase 11 mil mortos, havendo-se encontrado 748 armas. Estimou-se que 5 mil ("no mínimo") eram civis não combatentes. Os demais eram combatentes, isto é, pessoas que defendiam suas casas dos agressores norte-americanos. Essa operação foi considerada um dos episódios mais bem-sucedidos (e "mais representativos") "da história da pacificação no Vietnã". Como afirmou tempos depois o general Abrams, "o desempenho dessa divisão foi magnífico". Nessa operação, "destruiu-se o tecido da sociedade estabelecida desde longa data pela FLN" (*Newsweek*, 19 de junho de 1972).

150. Naturalmente, isso não impediu o Departamento de Estado (nem a imprensa) de se referir a essa ação como a "ofensiva de Hanói" (IV, 581).
151. II, 517. Tipicamente, o analista não repara no absurdo dessa formulação, nem no que ela implica quanto a quem é "o inimigo".
152. Littauer *et al.*, *Air War*, pp. 4-10ss. Ver Schell, *Military Half.*
153. *Boston Globe*, 10 de dezembro de 1971; reproduzido do *Washington Post.*
154. General DePuy; cf. Ellsberg, "Bombing and Other Crimes".
155. Komer, "Impact of Pacification on Insurgency in South Vietnam", *Journal of International Affairs*, vol. 25, nº 1 (1971). Cf. Capítulo 3.

t7. Sigla de Civil Operations Revolutionary Development Support (Apoio das Operações Civis ao Desenvolvimento Revolucionário).

156. Komer, "Epilogue", idem, nº 2; Eqbal Ahmad, "Revolutionary War and Counter-insurgency", ibid., nº 1, p. 44.
157. Robert Komer, "Pacification: A Look Back", *Army*, junho de 1970, p. 23.
158. Allan Goodman, "The Ending of the War as a Setting for the Future Development of South Vietnam", *Asian Survey*, vol. 11, nº 4 (1971), p. 342 n.

t8. Sigla de Intelligence Coordination and Exploitation.

159. UPI, *Le Monde*, 5 de novembro de 1971. As citações foram retraduzidas, uma vez que não encontrei essa reportagem da UPI na imprensa norte-americana, a não ser por uma referência de Richard Ward em *The Guardian*, 17 de novembro de 1971. Para informações sobre a Operação Fênix em 1968-1969, ver *At War with Asia*, pp. 301-302, e Herman, *Atrocities in Vietnam*, p. 47. Sobre os programas norte-americanos de anos anteriores para criar "pelotões de fuzilamento" e "promotores-executores", ver William A. Nighwsonger, *Rural Pacification in Vietnam*, p. 136-137.

Para registros mais recentes, ver também Seymour Hersh, *Cover-up*; Race, *Long An*; Fitzgerald, *Fire in the Lake.* Para uma resenha geral do programa Fênix, ver Jon Cooper, "Operation Phoenix", Departamento de História, Dartmouth College.

Os números oficiais citados na matéria da UPI são muito mais conservadores do que os citados em outras fontes. Uma publicação oficial do Ministério da Informação de Saigon indica a cifra de 40.994 mortos no programa Fênix, de um total de 81.039 condenados, mortos e reagrupados. O período abarcado vai de 1º de agosto de 1968, indicado como data de lançamento do programa Fênix, até meados de 1971 (*Vietnam 1967-71*, p. 52). O senador Kennedy referiu-se a "uma estimativa de 48 mil civis da infra-estrutura vietcongue mortos por pelotões de fuzilamento patrocinados pelos norte-americanos" (*Problems of War Victims in Indochina*, audiências da Subcomissão [Kennedy] sobre Refugiados e Fugitivos, Senado dos Estados Unidos, 9 de maio de 1972, p. 9). A matança de 40 mil pessoas da "infra-estrutura comunista" é registrada pelo Ministério da Informação de Saigon sob o título "Programa de Defesa do Povo Contra o Terrorismo".

160. Relatado em Jon Cooper, "Operation Phoenix". O informante foi Don Luce.

161. Tad Szulc, *New York Times*, 7 de abril de 1971.

162. Frances Stamer, "I'll Do It My Way", *Far Eastern Economic Review*, 6 de novembro de 1971.

163. Richard West, "Vietnam: The Year of the Rat", *New Statesman*, 25 de fevereiro de 1972. Ver também Capítulo 3, nota 71.

164. Ex-participantes norte-americanos informaram que as redes de informações dos Estados Unidos também foram infiltradas por grupos vietnamitas de direita, que forneciam matérias para alimentar a "teoria do banho de sangue", sabendo que elas seriam transmitidas a Washington e seriam vazadas para repórteres industriosos. Para explicar a ausência das revoltas e banhos de sangue previsíveis, os mesmos agentes de direita apontaram para o sucesso do programa Fênix no enfraquecimento da infra-estrutura da FLN. Assim, enquanto tentavam incitar o medo de banhos de sangue, a fim de conquistar o apoio dos Estados Unidos, esses agentes também tentavam aumentar o apoio a projetos terroristas, que podiam muito bem fornecer a seitas como a Viet Nam Quoc Dan Dang [VNQDD, ou Partido Nacionalista Vietnamita] uma certa medida de controle político sob a égide dos norte-americanos. Ver a reportagem de Jeffrey Stein, contratador de agentes em 1968-1969, "Bloodbath over the Rainbow", *The Phoenix* (Boston], 10 de maio de 1972. Como ele observa, a tese do banho de sangue desconsidera, convenientemente, a inexistência de um banho de sangue em áreas controladas desde longa data pela FLN — a não ser pelo banho de sangue causado pela força aérea e pela artilharia dos Estados Unidos.

165. Ver maiores detalhes em Jon Cooper, "Operation Phoenix". Ver também Kahin e Lewis, *The United States in Vietnam*, apêndice 15.

166. Pfaff, *Condemned to Freedom*, pp. 75-77, paráfrase quase perfeita (sem que isso seja admitido) de alguns trechos notáveis de Townsend Hoopes, *Limits of Intervention*, que comentei em outra obra (*At War with Asia*, p. 297-300). Uma vez que Hoopes menciona Pfaff nesse livro anterior, não fica claro quem merece o crédito por essas percepções.

167. Pfaff acrescenta, nesse ponto, que "não fica claro se [os comunistas chineses] compreendem o significado da afirmação de Mao Tsé-tung de que a China pode 'vencer' uma guerra nuclear em que morreriam 300 milhões de chineses". Essa "afirmação" tem sido freqüentemente atribuída a Mao na propaganda anticomunista, mas não se descobriu nenhuma fonte. Chang Hsin-hai concluiu que ela é "uma mentira ultrajante e deslavada, que todos aceitaram como uma verdade evangélica" (*America and China*, p. 227).

t9. James Byrnes (1882-1972) foi senador pela Carolina do Sul e ministro do governo Truman; Abbot Low Moffat (1901-1996) chefiou a Divisão de Assuntos do Sudeste Asiático, no Departamento de Estado, em 1944-1947.

168. Sobre o bem-estar dos vietnamitas sob a dominação francesa, ver Ngo Vinh Long, *Before the August Revolution.*

169. Sobre o período anterior, ver Truong Buu Lam, *Patterns of Vietnamese Response to Foreign Intervention*; Tam Vu e Nguyen Khac Vien, *A Century of National Struggle*; David C. Marr, *Vietnamese Anticolonialism*; Long, *August Revolution.*

170. Colin S. Gray, "What RAND Hath Wrought", *Foreign Policy*, vol. 1, nº 4 (1971) .

171. "A lucrativa presença dos EUA (...) criou praticamente uma mina de ouro de riqueza, direta ou indiretamente explorada e embolsada pelas autoridades." Compare-se a situação observada desde então. De 1966 a 1971, a ajuda econômica dos Estados Unidos ao Vietnã do Sul teve uma média de mais de 600 milhões de dólares por ano; o fluxo de capital do Vietnã do Sul correspondente a aproximadamente um terço disso. As recentes reformas fiscais (alardeadas como a "revolução do outono" — outono de 1971) elevaram os preços do arroz, do açúcar, do leite em pó e dos produtos farmacêuticos, ao mesmo tempo que reduziram o preço de geladeiras e aparelhos de ar-refrigerado. Arroz de péssima qualidade ainda é vendido a preços de mercado negro. Phi Bang, "South Vietnam: A Hand-to-Mouth Economy", *Far Eastern Economic Review*, 15 de janeiro de 1972. Para mais exemplos, ver *Thoi-Bao Viet Nam Quoc Dan Dang Ga*, dezembro de 1971. Sobre a corrupção, ver referências da nota 64.

t10. Alusão de Chomsky ao famoso dito de Alphonse Karr, "*Plus ça change, plus c'est la même chose*" ("Quanto mais muda, mais é a mesma coisa").

172. Citado em Philippe Devillers e Jean Lacouture, *End of a War*, pp. 322-323. Os autores assinalam que o relato de Chauvel descreveu "com grande clareza" as intenções dos Estados Unidos. Ver *At War with Asia*, p. 33, para um excerto mais longo.

173. Para uma discussão da grave distorção do período crucial de 1954-1960 na história do Pentágono, ver meu ensaio em Chomsky e Zinn, *Critical Essays*, que também discute as atividades secretas registradas no estudo do Pentágono, em particular as operações 34-A, lançadas em 1º de fevereiro de 1964, e sua relação com a escalada da guerra no Laos em 1964.

174. Bernard Fall, "Viet-Nam — The Agonizing Reappraisal", *Current History*, fevereiro de 1965; reproduzido em Fall e Raskin, *Vietnam Reader*, p. 339. Ver *American Power and the New Mandarins*, cap. 3, notas 46, 47, para outras informações extraídas do registro oficial. Uma descrição detalhada dessas operações, que Fall data de 1958, é fornecida

por Chaffard, *Les deux guerres*, pp. 366-375. Ver também Wilfred Burchett, "The Receiving End", *in* Chomsky e Zinn, *Critical Essays*, para relatos provenientes do Vietnã do Norte.

Só deparei com uma referência às missões de Lansdale nos Papéis do Pentágono propriamente ditos, a saber, *DOD*, livro 2, tabela 1, IV.A.5, p. 11: "O coronel Lansdale descreveu uma campanha de propaganda falsa instigada pelos Estados Unidos, com panfletos e anúncios ostensivamente provenientes da Vietminh." Isso vem do material que falta na edição Gravel, I, 291.

175. Para alguns comentários divertidos sobre a cláusula das eleições, ver Dennis Duncanson, *Government and Revolution in Vietnam*, pp. 7-8. Ele a vê como um detalhe secundário, não um aspecto central, e afirma que, excetuada a RDV, "todas as outras pessoas" encaravam os acordos apenas como "uma negociação para estabelecer a paz através de concessões territoriais". Sobre o que "todas as outras pessoas" realmente pensavam, há uma farta bibliografia. Ver, e.g., S. R. SarDesai, *Indian Foreign Policy in Cambodia, Laos and Vietnam*, cap. 4.

176. Citações e comentários de SarDesai, *Indian Foreign Policy*. Ver também Mieczyslaw Maneli (o ex-assessor jurídico e político, intensamente anticomunista, da delegação polonesa na ICC), *War of the Vanquished*, cap. 2; Kahin e Lewis, *U.S. in Vietnam*; Marvin E. Gettleman (org.), *Vietnam: History, Documents and Opinions*, parte 5; e muitas outras fontes. Bernard Fall expressou a visão de fontes anticomunistas sérias ao afirmar que "o Vietnã do Sul recusou-se a realizar eleições em julho de 1956, uma vez que isso significaria entregar o controle do Sul a Ho Chi Minh" (*Last Reflections*, p. 146). O problema era que Ho havia criado "a *única* organização política eficiente que o país já tivera" e estava lutando por objetivos vietnamitas puramente *nacionais*, fato que é tremendamente importante até hoje" (1967; idem, pp. 46, 87).

177. Gettleman, *Vietnam*, p. 172.

178. Cooper, *Lost Crusade*, p. 166.

179. Cf. Kahin e Lewis, *U.S. in Vietnam*. Ver também os comentários de Kahin sobre a história das eleições promovidas pelos Estados Unidos em *The New Republic*, 12 de fevereiro de 1972. Ver ainda Fall, "Vietnam's 12 Elections", *in Last Reflections*.

180. Thieu Son, no jornal *Dien Tin*, de Saigon, 24 de agosto de 1971; parcialmente traduzido em *Thoi-Bao Ga*, outubro de 1971.

181. Maio de 1967; IV, 182. Para concretizar esse compromisso, os naturais do Vietnã do Sul que se haviam infiltrado novamente "deveriam ser expulsos, por uma questão de princípios", ou autorizados a permanecer, se estivessem "dispostos a aceitar a atividade política pacífica nos termos da Constituição" (que proibia o comunismo). Bundy não acrescenta que eles tinham que se dispor a obedecer a leis como as descritas nas referências da nota 165, que transformavam em crime grave a atividade comunista ou muitas atividades neutralistas.

182. Robert Thompson, "A Successful End to the War in Viet Nam", *Pacific Community*, vol. 2, nº 3 (1971).

183. Roger Hilsman, "Two American Counterstrategies to Guerrilla Warfare", *in* Tang Tsou, *China in Crisis*, vol. 2, pp 283, 291. Hilsman elabora melhor esse conceito de "liberdade

de escolha" em seu livro *To Move a Nation*. Sobre a formulação do próprio Thompson, exposta com precisão por Hilsman, ver seu livro *Defeating Communist Insurgency*, pp. 141-143.

184. Dean Rusk afirmou, em abril de 1963, que sete milhões de vietnamitas — quase metade da população — viviam em aldeolas estratégicas. Citado em Cooper, *Lost Crusade*, p. 201.

185. Ver Austin, *President's War*; Scott, *War Conspiracy*, cap. 3; Stavins *et al.*, *Washington Plans an Aggressive War*; Joseph C. Goulden, *Truth is the First Casualty*; E. G. Windchy, *Tonkin Gulf*. Esses estudos levantam sérias dúvidas a respeito de o incidente de 4 de agosto no golfo de Tonquim, que levou ao bombardeio "retaliatório", ter realmente ocorrido. Eles deixam claro que, independentemente daquilo em que Washington tenha preferido acreditar, os indícios do pretenso ataque eram pequenos e contraditórios, e que o testemunho do governo seguinte demonstrou uma ignorância espantosa ou uma franca tapeação. Mesmo que o ataque houvesse ocorrido (sem nenhum dano para os navios norte-americanos), o ataque retaliatório seria indefensável, não só por sua escala, mas pela extensa provocação: especificamente, ataques navais do GVN, com os navios norte-americanos procurando atrair a atenção para outro lugar. O analista do Pentágono conclui que o ataque de 4 de agosto ocorreu e foi quase certamente proposital (III, 186). Mas sua análise é superficial, comparada aos estudos citados. Ela segue, em linhas gerais, o desacreditado depoimento de McNamara no Senado.

186. Como não é de admirar, *Sir* Robert Thompson vê a eleição de 1964 exatamente pelo mesmo prisma. "Só depois do incidente de Tonquim, em agosto de 1964, com a conseqüente resolução do Congresso e com o extraordinário sucesso [de Johnson] contra o senador Goldwater na eleição presidencial, no fim do ano, é que o presidente Johnson ficou em condições de tomar uma decisão fundamental (...) a única opção que restava era a escalada" (*No Exit from Vietnam*, p. 16).

187. Douglas Pike, *Vietcong*, p. 362.

188. Após a decisão de bombardear o Norte, a Casa Branca informou a Taylor, em Saigon, que se estava considerando uma declaração presidencial, que afirmaria que o bombardeio "será informado ao Conselho de Segurança da Organização das Nações Unidas, nos termos do estipulado no Artigo 51 da Carta das Nações Unidas" — ou seja, como uma medida de legítima defesa coletiva —, mas o analista afirma que essa "intenção (...) foi abandonada dias depois". Não parece ter havido nenhum outro exemplo de qualquer consideração das obrigações legais dos Estados Unidos.

189. Convém lembrar a formulação do relatório oficial do Departamento de Estado datado de 1961, que explica que "as autoridades do Vietnã do Sul recusaram-se a cair nessa cilada bem montada" — ou seja, nas eleições de 1956, que tinham sido objeto de acordo em Genebra. Citado em Kahin e Lewis, *U.S. in Vietnam*, p. 58. Durante todo o tempo, o poder executivo dos Estados Unidos e suas subsidiárias locais tiveram que continuar a pisar com cuidado, para evitar essas armadilhas preparadas pelos ardilosos comunistas.

190. Ver, e.g., Franz Schurmann *et al.*, *The Politics of Escalation in Vietnam*; Scott, *War Conspiracy*. Compare-se também a discussão de Scott sobre o bombardeio do navio soviético *Turkestan*, no porto de Haifong, com a referência do analista a "um caso lastimável de mira ruim" (IV, 187) — o que possivelmente ocorreu, embora uma análise séria dificilmente se limitasse a repetir as desculpas do governo.

191. Ver Cooper, *Lost Crusade*, pp. 327-328. Ver também Draper, *Abuse of Power*, pp. 167-168; Chaffard, *Les deux guerres*, pp. 382-388, 393-394.

192. Por exemplo, Walt Rostow afirmou que os comunistas indochineses foram "inflamados" por Stalin depois da Segunda Guerra Mundial e que Stalin também foi responsável pela rebelião grega. Rostow não cita nenhuma prova. Para algumas citações, ver meu *American Power and the New Mandarins*, pp. 327-328, 360. Para uma discussão dos fatos referentes à Grécia, ver Gabriel Kolko, *Politics of War*; Kolko e Kolko, *Limits of Power*; Richard Barnet, *Intervention and Revolution*. Para alguns paralelos entre a Grécia e o Vietnã, ver Todd Gitlin, "Counter-insurgency: Myth and Reality in Greece", *in* David Horowitz (org.), *Containment and Revolution*; e L. S. Stavrionos, "Greece's Other History", *New York Review of Books*, 17 de junho de 1971. As crenças de Rostow e outros a respeito da Grécia talvez sejam atribuíveis à ignorância. No tocante à Indochina, essa suposição é improvável. Ver também nota 95. Como parte das "muitas boas sugestões e conselhos sensatos" oferecidos por Truman, Lyndon Johnson cita a experiência que Truman teve ao enfrentar "problemas de agressão" na Grécia e na Turquia (*Vantage Point*, p. 31).

193. Tal como comparado com o "governo democraticamente eleito da República da Coréia" (memorando do NSC, março de 1949, *DOD*, livro 8, p. 269). Para um exemplo da persistência dessas ilusões espantosas, ver o memorando secreto enviado ao presidente por George Ball, 5 de outubro de 1964, *Atlantic Monthly*, julho de 1972. Ao estabelecer uma distinção entre o caso da Coréia e o do Vietnã, ele escreveu: "Em 1950, o *governo coreano*, sob o comando de Syngman Rhee, era estável. Contava com o apoio geral dos principais elementos do país (...). O povo coreano ainda estava empolgado com sua liberdade recém-descoberta, recém-saído da guerra." Com respeito aos fatos, ver as referências da nota 98. Em *American Power and the New Mandarins*, discuti muitos exemplos similares de fantasias históricas nos altos níveis do processo decisório (cf. cap. 3, pp. 262-266, e cap. 6, pp. 364-365, n. 29, a respeito das "provas" de Hilsman e Stevenson sobre a agressividade dos chineses). Infelizmente, esses absurdos têm que ser levados a sério, dados os vastos recursos de terrorismo nas mãos daqueles cujas decisões são guiadas (ou justificadas) por eles.

194. Citado por Cooper, *Lost Crusade*, p. 171. Ver p. 108. Cooper só se pergunta por que ele não mencionou os norte-vietnamitas, "que, mais ainda do que os comunistas chineses, estavam causando os males no Laos e no Vietnã". Sobre os acontecimentos no Laos nessa época, ver notas 198-201, 216, 225; Capítulo 2, seção I; e as referências aqui citadas. Ver também Introdução, nota 24.

195. Atribuiu-se a esse objetivo a importância de 20%, comparada aos 70% de importância do objetivo de "Evitar uma derrota humilhante para os Estados Unidos (para nossa

reputação como garante)" (III, 349). Ao bem-estar dos vietnamitas atribuiu-se uma importância de 10%.

196. Ver também as curiosas conclusões de William Bundy em 1971, discutidas em meu livro *Problems of Knowledge and Freedom*, pp. 82-83.

197. Sobre o caráter e a importância da reunião de maio de 1959 em Hanói, como discutida nos Papéis do Pentágono e por estudiosos independentes, ver meu ensaio em Chomsky e Zinn, *Critical Essays*.

198. Ver Gareth Porter, "After Geneva: Subverting Laotian Neutrality", *in* Adams e McCoy, *Laos*; Scott, *War Conspiracy*; C. A. Stevenson, *The End of Nowhere*; e as referências citadas no Capítulo 2, seção I. É possível que tenha havido apoio norte-vietnamita ao Pathet Lao, como afirma Arthur Dommen com base em provas que não parecem propriamente persuasivas. Pilotos tailandeses foram mandados ao Laos para missões de contra-insurgência em março de 1964. O papel das tropas de assalto tailandesas em operações secretas no Laos (Operação Indômito ["Hardnose"]) permanece obscuro (ver III, 578, 610). Fred Branfman estima que, em 1970, os Estados Unidos haviam introduzido pelo menos 10 mil asiáticos no Laos como mercenários, comparados aos talvez 5 mil norte-vietnamitas engajados no combate ("Presidential War in Laos", pp. 266, 278-279). O relatório de Lansdale de julho de 1961 (II, 643-644) descreve algumas etapas iniciais dessas operações. As Equipes Móveis de Treinamento Estrela Branca, compostas por pessoal das forças especiais norte-americanas, introduzidas no Laos em operações secretas nas últimas semanas do governo Eisenhower (Stevenson, *End of Nowhere*, p. 185), ou talvez em 1959 (Porter, "After Geneva", p. 183), "tiveram o propósito e o efeito de estabelecer o controle dos Estados Unidos sobre as forças estrangeiras" (II, 464). O Laos serviu de modelo para o Vietnã, nesse e em outros casos. Ver as referências citadas para provas adicionais. Sobre a contribuição da história formulada pelo Pentágono, ver Stevenson, *End of Nowhere*, pós-escrito; Walter Haney, "The Pentagon Papers and U.S. involvement in Laos", *in* Chomsky e Zinn, *Critical Essays*; Jonathan Mirsky, "High Drama on Foggy Bottom", *Saturday Review*, 1º de janeiro de 1972.

Em 1964, o envolvimento dos Estados Unidos era amplo. Os refugiados relataram bombardeios a partir de maio de 1964. Sobre os relatos dos refugiados, ver Capítulo 2, seção I.

199. Hugh Toye, *Laos: Buffer State or Battleground*, p. 154. Sobre o treinamento de comandos no exterior para operações secretas no Vietnã do Norte, ver Chaffard, *Les deux guerres*, p. 368.

200. Jim Lucas, da [Fundação] Scripps-Howard, citado em Stevenson, *End of Nowhere*, p. 89; Denis Warner, julho de 1961, citado em *At War with Asia*, p. 203.

201. A interpretação do que ocorreu no Laos nesse período é particularmente distorcida nos Papéis do Pentágono. Ver meu ensaio em Chomsky e Zinn, *Critical Essays*.

202. Sobre a escala e o caráter dessa infiltração, as estimativas do governo dos Estados Unidos devem ser vistas com certa reserva. Chaffard relata que o serviço de informações francês fornece estimativas muito menores (*Les deux guerres*, p. 359). Essa é uma fonte mais

neutra e, provavelmente, mais exata, em função dos longos anos de contato. O analista do Pentágono comenta que os julgamentos de um "aumento e mudança da natureza da infiltração" em agosto de 1964 talvez tenham sido influenciados pelo fato de que isso era esperado, em reação às "represálias de Tonquim", e que os indícios de uma infiltração muito maior foram uma condição explícita da "ação militar sistemática contra a RDV", a qual as altas autoridades começavam a considerar "inevitável" (III, 192). Um ex-analista da Agência de Informações da Defesa [DIA, Defense Intelligence Agency] informou que, de 1964-1965 a 1967, "os generais em Saigon trabalhavam pelo fortalecimento das tropas norte-americanas" e, por conseguinte, "queriam que se trouxesse para o primeiro plano qualquer indício capaz de mostrar que a infiltração estava aumentando. A DIA os atendeu" (enfatizando também a capacidade do inimigo de fazer recrutamentos locais). Patrick McGarvey, citado por Graham T. Allison e Morton H. Halperin, "Bureaucratic Politics", *World Politics*, vol. 24, nº 3 (1972), p. 74. Cf. também Allen S. Whiting, "Scholar and Policy-maker", idem, p. 233, sobre o papel crucial da "percepção e intuição", em vez de "provas 'concretas', clandestinamente obtidas", nas avaliações do serviço de informações. O autor, até meados de 1966, foi diretor do Escritório de Pesquisas e Análises para o Extremo Oriente, do Serviço de Informações e Pesquisas do Departamento de Estado, que era, a julgar pelos Papéis do Pentágono, a mais bem-sucedida das agências de informações em termos de análise e avaliação.

203. A imagem de "luta contra os índios" estava muito presente no pensamento dos militares norte-americanos. Ver *American Power and the New Mandarins*, cap. 3, n. 42, para referências. Ver também Michael Rogin, "Liberal Society and the Indian Question", *Politics and Society*, maio de 1971, para alguns antecedentes interessantes.

204. II, 693; Serviço de Informações e Pesquisas do Departamento de Estado, 3 de dezembro de 1962.

205. Schlesinger, *Thousand Days*, p. 759.

206. Ver nota 4. Para algumas referências do registro oficial, ver Capítulo 3.

207. Draper, *Abuse of Power*.

208. Ver meu ensaio em Chomsky e Zinn, *Critical Essays*, para detalhes sobre as crenças do governo dos Estados Unidos com respeito às unidades do Exército Popular do Vietnã no Sul, tal como reveladas pela história produzida pelo Pentágono.

209. Ver p. 155-156 e as referências da nota 198. Em julho de 1967, descobriu-se que nacionalistas chineses, "disfarçados de modo a parecerem sul-vietnamitas de ascendência Nung", foram usados em operações secretas pelo GVN, aparentemente como resultado de um acordo secreto de 1966. O Estado-Maior das Forças Armadas desaprovou, "apesar dos apelos do Chefe do Comando de Ajuda Militar dos EUA no Vietnã [COMUSMACV]": o Comando de Ajuda Militar no Vietnã [MACV] "desaconselhou a cooperação dos EUA" na ocupação, pelo GVN, de uma ilha reivindicada pela China comunista e nacionalista, com a intenção de construir um campo de aviação (II, 402). Norte-americanos que se engajaram em operações clandestinas na Indochina registraram a presença de nacionalistas chineses treinados pela CIA, mas não tenho meios de

verificar esses relatos. A presença de muitos chineses (até 50 mil) foi registrada no Vietnã do Norte, em operações de construção e reparos, durante o bombardeio do Norte em 1965-1968; esses relatos raras vezes assinalam que os Estados Unidos vinham bombardeando uma ferrovia interna chinesa, a única ligação ferroviária entre o sudoeste da China e o resto do país, que por acaso passava perto de Hanói. Não constatei nenhuma referência a esse fato no estudo do Pentágono, mas ele é mencionado por George Ball (ver nota 192, *supra*) como uma possível razão pela qual a China poderia intervir.

210. Ver Audiências da Subcomissão [Symington] sobre Acordos de Segurança dos Estados Unidos e Compromissos no Exterior [Hearings Before the (Symington) Subcommittee on United States Security Agreements and Commitments Abroad], Senado dos EUA, 1969, parte 3: "Kingdom of Thailand", pp. 646-647, 753-754, 851-853, discutidas em meu ensaio "Revolt in the Academy". O depoimento pode ser proveitosamente contrastado, neste ponto, com os comentários do senador Gordon Allott, que afirmou que "tropas vermelhas chinesas perambulavam à vontade [em 1962] por boa parte do norte da Tailândia", e "ainda o fazem, só que agora efetivamente engajadas em atos de guerra" (12 de agosto de 1969, reproduzido em *Congressional Record*, 3 de agosto de 1971, p. S12948).

211. Ver Capítulo 2, seção I, e as referências ali citadas, particularmente a nota 12.

212. Cooper, *Lost Crusade*, p. 264-265. Ver Capítulo 3, adiante.

213. Para uma discussão dessas provas, ver meu capítulo em Chomsky e Zinn, *Critical Essays*.

214. Jean-Claude Pomonti e Serge Thion, *Des courtisans aux partisans*, p. 209. Bernard Fall também questionou — a rigor, ridicularizou — a "visão oficial norte-americana" ("Viet-Cong — the Unseen Enemy in VietNam"), tal como fizeram outros observadores não comunistas. Cf. Chaffard, *Les deux guerres*, para uma longa discussão. Cf. também a reportagem de Richard West enviada da ilha de Phu Quoc, 48 quilômetros a oeste do continente e distante da infiltração, mas predominantemente controlada pela FLN (*Sketches from Vietnam*). Uma vez que as fontes de informação dos Estados Unidos não estão disponíveis, é impossível avaliá-las (ver notas 164, 202). Entretanto, alguns comentários ocasionais levantam dúvidas quanto a até que ponto elas corroboram a "visão oficial norte-americana", rejeitada por Fall e outros. Allan Goodman informa que "os vietcongues que desertaram em 1961-1962, em parte, forneceram como razão para trocar de lado a relutância de Hanói em autorizar qualquer coisa além da ação política na população" ("Diplomatic and Strategic Outcomes of the Conflict", *in* Walter Isard (org.), *Vietnam: Issues and Alternatives*). Um levantamento dos prisioneiros e desertores vietcongues, pouco antes da escalada norte-americana do início de 1965, constatou que "a maioria dos guerrilheiros nativos sul-vietnamitas desconhece qualquer papel norte-vietnamita na guerra, a não ser como um aliado valioso" (*New York Times*, 7 de junho de 1965; citado em *American Power and the New Mandarins*, pp. 243, 282-283).

t11. Abreviatura de "plano de operações".

215. Cf. Race, *Long An*; Fitzgerald, *Fire in the Lake*, Chaffard, *Les deux guerres*; Robert Sansom, *The Economics of Insurgency in the Mekong Delta of Vietnam*. Para uma breve discussão

do valioso estudo de Race nesse contexto, ver meu ensaio em Chomsky e Zinn, *Critical Essays*. Também muito útil é a documentação apresentada em Pike, *Viet Cong*.

216. Em janeiro de 1962, as forças vietcongues eram estimadas em 16.500 homens, comparados a forças "sul-vietnamitas" de mais de 175 mil, com tropas paramilitares adicionais de 110 mil (II, 656). A avaliação da situação do Laos feita pelo governo dos Estados Unidos no mesmo ano (1961) não é muito diferente: "Na primavera de 1961, o NLHS [Partido da Frente Patriótica Laosiana, braço político do Pathet Lao] parecia estar em condições de tomar o país inteiro" (*Background Notes*, Departamento de Estado, março de 1969), apesar dos vastos esforços norte-americanos para apoiar a extrema direita.

217. Observe-se a analogia com a atual diplomacia de Nixon-Kissinger: a China e a União Soviética devem impor restrições à RDV e ao Governo Revolucionário do Povo e influenciá-los a suspender a luta contra o regime imposto pelos Estados Unidos no Sul. É natural que Kissinger, que se imagina um geopolítico, generalize a estratégia de um período anterior para uma escala global.

218. Ver nota 47 e pp. 185-186, adiante.

219. Cooper, *Lost Crusade*, p. 256; cf. também pp. 313-314, 430. Cf. ainda a análise da situação feita em 1965 por John Paul Vann, discutida adiante, no Capítulo 3, pp. 289-290. As autoridades norte-americanas em Saigon estimaram, em 1962, que metade da população apoiava a FLN (Robert Scigliano, *South Vietnam: Nation Under Stress*, p. 145). Uma estimativa similar foi repetida até mesmo por Douglas Pike (*War, Peace and the Viet Cong*, p. 6). É duvidoso que George Washington conseguisse obter um apoio tão grande.

220. Cf. Jean Lacouture, *Vietnam: Between Two Truces*, p. 188.

221. Para detalhes de um documento interessante de dezembro de 1963, ver meu ensaio em Chomsky e Zinn, *Critical Essays*.

222. John T. McAlister Jr. E Paul Mus, *The Vietnamese and their Revolution*, p. 160. Para uma declaração particularmente vigorosa nesse sentido, ver Bernard Fall, citado no Capítulo 3, pp. 278-279. Convém lembrar que Fall era um anticomunista ferrenho e apoiava com vigor os objetivos dos Estados Unidos no Vietnã, apesar de estarrecido com os meios pelos quais eles vinham sendo postos em prática, e embora se haja preocupado, no final, com o fato de que "O Vietnã, como entidade cultural e histórica (...), está ameaçado de extinção" sob os golpes da máquina de guerra norte-americana (*Last Reflections*, pp. 33-34).

223. Maneli, *War of the Vanquished*, pp. 214, 216. Ver nota 176. O livro é interessante por diversas revelações, em particular pelo respaldo que dá aos rumores persistentes de uma reaproximação de Diem-Nhu com Hanói, que estaria sendo considerada em 1963, pouco antes do golpe que derrubou Diem. Cf. também Chaffard, *Les deux guerres*, cap. 8. Se isso realmente constituiu um fator no golpe, o papel dos Estados Unidos foi ainda mais cínico do que indica o registro dos Papéis do Pentágono. John P. Roche afirmou que o governo Kennedy havia tomado a "decisão" de "não permitir que [Diem e Nhu] chegassem a uma negociação privada com Ho Chi Minh", e que Washington considerava "impensável" a perspectiva de "um afastamento norte-americano do local" (uma conseqüência esperada

de uma "negociação privada", isto é, de um acordo político). Ele afirmou também que os historiadores do Pentágono ignoraram as provas que ele lhes fornecera nesse sentido. "The Pentagon Papers", *Political Science Quarterly*, vol. 87, nº 2, 1972). Se ele estiver certo, esse exemplo figura como mais um caso em que os historiadores distorceram a verdade, no esforço de apresentar os atos dos Estados Unidos sob um prisma menos desfavorável (o que decerto não é a idéia de Roche).

224. Chaffard, *Les deux guerres*, p. 288.

225. É comum afirmar-se, nos estudos norte-americanos, que os norte-vietnamitas são responsáveis pela violação dos Acordos de Genebra de 1962, a começar por sua recusa a retirar as grandes forças militares que o governo dos Estados Unidos afirma que eles haviam deslocado para o Laos. Stevenson, num dos trabalhos mais sérios, afirma que "apenas quarenta dos 10 mil norte-vietnamitas estimados no Laos saíram pelos postos de controle da ICC" (*End of Nowhere*, p. 179). Sua fonte é Arthur Dommen, *Conflict in Laos*, p. 240. A fonte de Dommen é um porta-voz não identificado do corpo diplomático britânico. Quanto à fidedignidade de Dommen, ver Capítulo 2, seção I, e meu ensaio em Chomsky e Zinn, *Critical Essays*. Evidentemente, com base em provas dessa natureza, não se pode concluir praticamente nada, e é irresponsável apenas citar essas afirmações não corroboradas, feitas por comentaristas profundamente comprometidos, como prova de que o Vietnã do Norte foi responsável pela violação dos Acordos de Genebra. Para mais discussões, ver *At War with Asia*, cap. 4; seção I do Capítulo 2, adiante, e as referências ali citadas; Chaffard, *Les deux guerres*. Dommen admite que guerrilheiros meos apoiados pela CIA, "sentados na rota de comunicação natural entre Vientiane e a área da base do NLHS em Sam Neua", podem ter prejudicado as comunicações o bastante para causar uma deterioração da infra-estrutura bem desenvolvida do NLHS (ver *supra*, notas 200, 216) na província de Vientiane (Dommen, p. 308); mas ele não assinala em seguida que o apoio dos Estados Unidos aos guerrilheiros constituiu, desde o começo, uma grave violação dos acordos de 1962 e foi um componente da renovação do conflito.

226. Foi essa, é claro, a razão do programa terrorista dos Estados Unidos então intensificado no delta (cf. nota 149), onde, convém lembrar, havia poucos soldados do exército norte-vietnamita.

227. King, "Political Balance", p. 405. Ele cita (p. 417) o jornal *Dien Tin*, de Saigon, de 30 de março de 1971: em qualquer lugar "em que estejam presentes os nossos magníficos aliados norte-americanos, as vidas vietnamitas não têm mais valor que a das minhocas ou dos grilos" — uma descrição dolorosamente exata.

228. Averell Harriman, "Missed Opportunities: How We Got Where We Are", *Washington Post*, 9 de maio de 1972. Harriman também assinala que, quando se iniciaram as negociações, o Vietnã do Norte retirou 90% de suas tropas das duas províncias do Norte, metade delas em mais de 320 quilômetros no Vietnã do Norte. "Nesse momento, os Estados Unidos encontravam-se numa posição favorável de negociação, já que tinham mais de meio milhão de homens no Vietnã do Sul", para não falar nos mais de 50 mil

mercenários coreanos. Para referências da imprensa na época, ver *At War with Asia*, p. 43ss. De janeiro a setembro de 1969, houve um declínio acentuado no bombardeio das rotas de infiltração no sul do Laos, provavelmente relacionado com a mesma retirada de forças militares pela RDV, na expectativa de que houvesse resultados nas negociações de Paris. Os aviões disponíveis foram simplesmente deslocados para o norte do Laos, onde se voltaram para as iniciativas descritas no Capítulo 2, seção I, adiante. Cf. Audiências da Subcomissão [Symington] sobre Acordos de Segurança e Compromissos Externos dos Estados Unidos, Senado dos EUA, outubro de 1969, parte 2: "Kingdom of Laos", p. 464.

229. Roche, "Pentagon Papers".
230. Johnson, *Vantage Point*, p. 63.
231. Em 29 de agosto de 1963, o governo francês anunciou seu apoio a uma política para o Vietnã baseada na "independência em relação ao exterior, na paz e união internas e na concórdia com os vizinhos". O comentário de Kennedy, citado adiante, foi uma resposta a essa declaração (cf. Fall, *Two Viet-Nams*, p. 392; quanto às reservas de Fall, ver p. 463ss.). Em 23 de julho de 1964, o general De Gaulle recomendou uma conferência que visasse ao estabelecimento da neutralidade de toda a Indochina. O presidente Johnson respondeu: "Não confiamos em conferências convocadas para ratificar o terrorismo, de modo que nossa política se mantém inalterada." Cf. Chaffard, *Les deux guerres*, p. 362ss.
232. Robert Shaplen, "Letter from Vietnam", *New Yorker*, 24 de junho de 1972.
233. *Wall Street Journal*, 16 de junho de 1972.
234. Uma das mais altas prioridades recomendadas entre as agências em abril de 1966; II, 582.
235. Ver, por exemplo, Vietnam Veterans Against the War [Veteranos do Vietnã Contra a Guerra] (orgs.), *Winter Soldier Investigation*; James S. Kunen, *Standard Operating Procedure*; D. Thorne e G. Butler (orgs.), *The New Soldier*; Citizens' Commission of Inquiry [Comissão de Inquérito dos Cidadãos], *The Dellums Committee Hearings on War Crimes in Vietnam*.
236. Descrito, talvez, como "o conhecido zurro comunista neutralista" (III, 621).
237. Robert Drinan, *Boston Globe*, 7 de fevereiro de 1972.

CAPÍTULO 2

A GUERRA MAIS AMPLA

I. LAOS

Os Papéis do Pentágono, discutidos no Capítulo 1, fornecem apenas informações limitadas com respeito à guerra no Laos. Mas exibem com clareza o quadro de referência geral em que foi travada essa guerra. No Laos, tal como no Vietnã, o princípio norteador das decisões táticas foi a doutrina de Tanham-Duncanson: "todos os dilemas são práticos e, num sentido ético, tão neutros quanto as leis da física" (ver Capítulo 1, seção I). Os problemas, em suma, são técnicos. O objetivo é estabelecer o domínio de grupos sociais seletos na sociedade submetida ao experimento da contra-insurgência. Há vários métodos disponíveis, que vão desde o desenvolvimento rural e os programas de importação de *commodities* até os aviões B-52, as bombas de fragmentação e a destruição da lavoura, e a tarefa enfrentada pelo técnico é combinar esses métodos de maneira a maximizar a probabilidade de que a ordem social aprovada seja mantida, e de que todas as formas de vida que se distanciem desse padrão sejam impedidas ou exterminadas. A única restrição é o custo: o custo para os planejadores e para os interesses que eles representam. Quando o custo é pequeno, a destruição é correspondentemente vasta. Dado que a sociedade camponesa do Laos era fraca e indefesa, e que a guerra foi conduzida praticamente em sigilo, os custos foram mínimos. O resultado previsível foi a planície de Jars, antes uma próspera comunidade predominantemente rural e hoje uma terra devastada e enegrecida.

O ministro da Aeronáutica, Robert Seamans, afirmou ter visitado o norte do Laos — onde, segundo relatou, "não vi indícios de bombardeio indiscriminado".[1]

Os norte-vietnamitas é que são "duros", e o povo não é "contra os Estados Unidos, muito pelo contrário". O embaixador William Sullivan prestou depoimento no Congresso, dizendo que apenas alvos militares foram atacados, que "as aldeias ou quaisquer locais habitados [estão] fora dos limites das atividades aéreas norte-americanas" e que "os norte-vietnamitas estão empurrando e expulsando a população à sua frente".[2] Nenhum refugiado escreve cartas aos jornais dos Estados Unidos nem aparece em audiências senatoriais para contestar essas afirmações. Apesar disso, a documentação sobre a guerra norte-americana no Laos vem-se acumulando aos poucos, e revela que tais afirmações são uma mentira deslavada.

A declaração do ministro da Aeronáutica de não ter visto sinais de bombardeio indiscriminado pode ser proveitosamente comparada com o depoimento de uma testemunha ocular, T. D. Allman, que sobrevoou a planície de Jars mais ou menos na mesma época:

> Agora ela está deserta e devastada, num exemplo notável do que menos de três anos de intenso bombardeio norte-americano são capazes de fazer com uma área rural.
>
> Em grandes extensões, o verde vivo original foi destruído e substituído por um padrão abstrato de preto e cores metálicas brilhantes. Grande parte da vegetação que resta é mirrada e opaca, por causa do uso de desfolhantes. O preto é hoje a cor dominante nas áreas norte e leste da planície. O napalm é lançado com regularidade, para queimar a vegetação, e os incêndios ardem constantemente, criando gigantescos retângulos pretos. Durante o vôo, foi possível ver colunas de fumaça erguendo-se de áreas recém-bombardeadas.
>
> As estradas principais para a planície são implacavelmente bombardeadas, ao que parece em caráter incessante. Nelas e ao longo da borda da planície, a cor predominante é o amarelo. Toda a vegetação foi destruída, e as crateras são literalmente incontáveis. (...) Em muitos locais, é impossível distinguir crateras isoladas; há apenas faixas intermináveis de terra carbonizada, repetidamente bombardeada. (...) Mais a sudeste, Xieng Khouangville, que no passado foi um entreposto comercial de estilo francês e a cidade mais populosa do Laos comunista, está deserta e totalmente destruída. (...)
>
> Ao longo das principais rotas de acesso comunistas que levam à planície, as inúmeras perfurações feitas por bombas de 500 libras [227 quilos] dão lugar ao padrão das crateras gigantescas criadas pelos B-52. Utilizam-se bombardeios

> de saturação, na tentativa de extinguir toda a vida humana na área-alvo e de criar deslizamentos de terra que bloqueiem as estradas. (...)
>
> Tanto o líder do Pathet Lao, príncipe Souphanouvong, quanto a missão de ajuda dos Estados Unidos faziam planos, antigamente, para desenvolver a planície e transformá-la no centro econômico da região montanhosa do norte do Laos. Agora, mesmo que a guerra terminasse amanhã, talvez levasse anos para que o equilíbrio ecológico fosse restabelecido, e um prazo igualmente longo para reconstruir as cidades e vilarejos e recuperar o campo.
>
> Mesmo assim, durante décadas, se não mais, a planície representaria o perigo de centenas de milhares de bombas, minas e armadilhas não detonadas.[3]

Até em áreas controladas pelo governo, há campos e vilarejos coalhados de armas antipessoais não detonadas. Michael Morrow visitou uma aldeia a 6,5 quilômetros de Luang Prabang, a capital do reino. Ela foi temporariamente ocupada por tropas comunistas, que atacaram uma base aérea vizinha. "Quando veio o contra-ataque, todas as casas de bambu e telhado de sapê existentes no vilarejo, com exceção de uma, foram totalmente queimadas ou destruídas por bombas lançadas de avião. (...) Ao percorrer um bambuzal que, segundo os aldeães, fora previamente verificado por especialistas norte-americanos em demolição, este repórter deparou com duas BF [bombas de fragmentação] não detonadas, numa exploração de quinze minutos." Em outras áreas vizinhas, Morrow "viu pelo menos 25 BFs e um projétil de artilharia não detonados, um morteiro intacto e uma granada M-79 não detonada", todos descobertos por aldeães durante sua rotina normal de trabalho. "Ainda mais dramático, num morro coberto de moitas e bananeiras, bem atrás da aldeia, há uma 'bomba-mãe' não detonada de BFs, com alguns de seus 'filhotes' amarelos do lado de dentro e outros do lado de fora, como uma ova de esturjão encalhada", nos quais são claramente visíveis as marcas da Força Aérea dos Estados Unidos. Os aldeães não podem cultivar seus campos nem deixar os filhos brincarem livremente. "E é improvável que os norte-americanos estejam ou jamais venham a estar por aqui para recolher as partes não detonadas da mais vasta campanha de bombardeios da história."[4]

Mas Robert Seamans não viu nenhum sinal de bombardeios indiscriminados.

Vários integrantes da força aérea que participaram da ação informaram sobre o bombardeio de vilarejos. Um major da aeronáutica que dirigiu um bombardeio em grande altitude, a bordo de um avião rastreador, disse ao repórter Joe Nicholson Jr.: "Eu recebia do posto de comando aéreo esquadrilhas de caças-bombardeiros e, vez por outra, orientava os caças para os vilarejos." Um piloto do corpo de fuzileiros declarou: "Até onde eu sabia, bombardeávamos aldeias o tempo todo. Em geral, nossos bombardeios eram só uma questão de soltar as bombas em certas coordenadas." Um intérprete de fotos da Base Aérea Udorn, na Tailândia, relatou:

> Vi fotografias de 10 a 25 aldeias destruídas — todas com crateras causadas por bombas. Havia muitos veículos destruídos nas aldeias, o que indicava que eram vilarejos vivos, habitados. O único lugar em que as pessoas poderiam viver, lá na planície de Jars, seria na mata fechada ou numa caverna. E estávamos bombardeando as cavernas. Bastava uma única trilha humana para que largássemos as bombas. Qualquer atividade humana era considerada atividade inimiga.[5]

O perito em informações fotográficas James Walkley, que assessorava o CINCPAC (Comandante-em-Chefe no Pacífico) no Laos, relatou ter visto cerca de 150 fotografias de mais de cem vilarejos bombardeados. Mas, segundo suas informações, essas fotos de aldeias bombardeadas nunca eram escolhidas para as reuniões de instrução, apenas fotos de caminhões destruídos, suprimentos pegando fogo etc. Quanto aos setores meridionais do Vietnã do Norte, eles ficaram "bem desprovidos de qualquer aldeia que pudesse ter existido um dia". Walkley também relatou o bombardeio de um hospital numa caverna, com bombas de fragmentação e mísseis Rockeye, e o bombardeio de um vilarejo próximo de Xieng Khouangville por aviões B-52.[6]

Os depoimentos de refugiados também vêm-se acumulando.[7] O principal responsável pela conscientização popular da guerra norte-americana no Laos e suas conseqüências é Fred Branfman, um norte-americano que fala laosiano e passou quatro anos nesse país, no Serviço Voluntário Internacional (SVI), como consultor educacional da Agência Norte-Americana para o Desenvolvimento Internacional (USAID) e como jornalista. Parte da documentação compilada por ele apareceu em audiências realizadas no Senado.[8] Também convém examinar seu livro *Voices from the Plain of Jars*, uma coletânea de ensaios e desenhos feitos por refugiados laosianos, com discussão e análise, que até hoje constitui o único registro oficial extenso proveniente das pessoas vitimadas na Indochina.

Outro norte-americano que fala laosiano, Walter Haney, compilou uma coleção detalhada de entrevistas com refugiados: "Levantamento de baixas civis de guerra entre os refugiados da planície de Jars."[9] Haney passou a se preocupar com o bombardeio na planície de Jars quando alguns de seus alunos laosianos começaram a transmitir informações de refugiados em 1970. Um deles escreveu:

> Durante o bombardeio, quando os aviões não conseguiam escolher um lugar para bombardear, mas viam animais ou pessoas, simplesmente lançavam as bombas sobre eles. Essa foi a principal razão de os refugiados terem fugido das casas em que haviam nascido e vindo para cá. (...) A razão mais importante de os refugiados terem vindo de suas aldeias para cá deve ter sido o bombardeio.

Os refugiados que Haney entrevistou descreveram não apenas um vasto leque de bombas e armas antipessoais, mas também o que parecem ser vários tipos de veneno. Eles relatam bombardeios indiscriminados de aldeias e campos, sem nenhuma relação com qualquer combate terrestre. Um deles relatou (por ouvir dizer) o lançamento de canetas e relógios explosivos. Algumas das mortes informadas datam do fim de 1964 e de 1965, mas o bombardeio só chegou ao nível da verdadeira aniquilação em 1968 e 1969.

O embaixador Sullivan, em comentários que acompanharam o texto, concordou em que o levantamento de Haney era "um trabalho sério e cuidadosamente preparado", e não pôde contestar suas conclusões, embora tenha negado o uso de venenos. Sullivan sugeriu que as entrevistas de Haney, apesar de precisas, são atípicas, uma vez que esses refugiados foram apanhados no combate que "grassou de um lado para outro na planície de Jars". Afirmou também que as 189 mortes, numa população de 8.500 refugiados, apesar de "excessivas", ainda foram um número pequeno, "dada a intensidade dos combates ocorridos".

Essa explicação não convence. Os dados provenientes de outras fontes (especificamente, os citados acima e as outras referências que eles contêm) indicam que as entrevistas de Haney são bastante típicas, exceto pela informação sobre venenos, proveniente de três campos de refugiados. Além disso, como os leitores poderão facilmente perceber, as entrevistas revelam que não houve combates próximos, na maioria dos casos, e que, na verdade, em muitos deles, não havia nem tinha havido soldados presentes. Em geral, refugiados, desertores e prisioneiros informam que os bombardeios tiveram pouca importância militar, em sentido estrito, como é bastante compreensível. Naturalmente, os soldados do Exército Popular do Vietnã [EPV] (norte-vietnamitas) e do Pathet Lao permanecem escondidos nas florestas, longe dos alvos visíveis, como entendem perfeitamente bem a Força Aérea dos Estados Unidos e as autoridades civis de Vientiane. Os propósitos dos bombardeios, a presumir sua racionalidade, foram bem diferentes. Quanto à referência a 189 mortes numa população de 8.500 habitantes, essa é apenas uma mentirinha; Haney não realizou 8.500 entrevistas, mas fez uma amostragem de uma população de 8.500 pessoas. Como foi assinalado, Sullivan e outros prestaram repetidos depoimentos ao Congresso, dizendo que os aviões dos Estados Unidos não atacaram aldeias nem áreas povoadas. Essas entrevistas são uma contribuição significativa para a massa crescente de provas do contrário. Só uma pessoa cuja mente esteja fechada à comprovação empírica é capaz de manter a confiança no que o governo informou ao Congresso e ao público. Convém lembrar que as afirmações e descrições falsas, fictícias ou fraudulentas por parte de autoridades do governo, em sua área de competência, são não apenas moralmente grotescas em assuntos como este, como também criminosas, em termos técnicos (ver Capítulo 1, nota 41).

O mais famoso autor norte-americano que escreve sobre o Laos contemporâneo, Arthur Dommen, fala das "perturbações contínuas causadas pelos bombardeios norte-americanos", que "incomodaram o Pathet Lao".[10] Termos como "perturbação" e "incômodo" não transmitem propriamente a essência das experiências narradas pelos refugiados. Dommen escreve com muito desdém sobre os repórteres que enviam suas matérias da piscina do Hotel Lane Xang, em Vientiane (p. 302), mas parece não ter conseguido descobrir (ou não ter desejado informar) o que se pode saber pelos refugiados que se encontram em campos miseráveis, a poucos quilômetros de distância. Ele também faz apenas uma referência oblíqua ao testemunho ocular de Jacques Decornoy na província de Sam Neua, em 1968,[11] que não foi divulgado na imprensa norte-americana, ao que eu saiba, apesar dos esforços consideráveis de obtenção de cobertura da imprensa. Dommen interessa-se muito mais pelos norte-vietnamitas que desceram a Trilha de Ho Chi Minh como "uma fileira de formigas", "um monstro orgânico vivo"; "alguém põe um pé em sua trilha, esmagando alguns deles e semeando uma confusão temporária", e "depois a coluna inteira recomeça a avançar, pisoteando os corpos dos companheiros mortos" (p. 357: "O sapato representa o súbito aparecimento de uma esquadrilha de bombardeiros norte-americanos no céu", caso o leitor não tenha percebido o sentido). Quanto aos "responsáveis pela formulação da política dos Estados Unidos", eles são escoteiros de coração puro que "concordam em ver o comportamento de Hanói como um desafio direto à tradicional convicção norte-americana de que a justiça deve prevalecer no mundo" (p. 381). "Somente tendo por referência essa tradição de imparcialidade e justiça é que se pode compreender o engajamento norte-americano de meio milhão de homens na Guerra do Vietnã."

As premissas ideológicas subjacentes a esse tipo de julgamento revelam-se em outros pontos, como quando Dommen assinala que as metas "norte-vietnamitas" no Laos incluem a tributação progressiva, as medidas orientadas para a igualdade econômica e o desestímulo ao consumo ostensivo que estabelece o *status* dos habitantes das aldeias. Eles fazem parte do "preço a ser pago pela libertação" nas mãos dos norte-vietnamitas ou do Pathet Lao, segundo a visão de Dommen (p. 361). Em passagens como essa, ele expressa abertamente sua confiança dogmática na pureza dos objetivos norte-americanos e nos princípios da ideologia não igualitária, que só poderiam ser questionados por comunistas perversos. Caracteristicamente, os autores que abordam as questões contemporâneas a partir desses pressupostos vêem-se como neutros e isentos de juízos de valor, em comparação com os "eruditos engajados" que explicitam seus valores e suas convicções sociais.

A postura oficial do governo dos Estados Unidos é que o país foi arrastado para a guerra no Laos em resposta à agressão norte-vietnamita. As fontes do governo procuram demonstrar que o Pathet Lao é inteiramente controlado pela RDV, enquanto a imprensa tende a desconhecer por completo sua existência. Os dados que corroboram a posição do governo são escassos e pouco convincentes.[12] É claro que o bombardeio do sul do Laos está relacionado com o esforço norte-americano no Vietnã, e agora no Camboja, mas, como já foi assinalado, o governo admite que o bombardeio do norte do Laos não se relaciona com as operações no Vietnã do Sul e no Camboja.[13] A questão da participação da RDV, militar ou de outra natureza, é interessante e importante. É preciso tornar a enfatizar que os dados disponíveis são escassos, as fontes originais por todos os lados são parciais e indignas de confiança, e as conclusões extraídas vão, comumente, muito além dos indícios, sendo em seguida acriticamente repetidas em outros lugares. A literatura deve ser tratada com cautela, quando se fazem afirmações específicas. Levantando as referências, muitas vezes descobrimos que a fonte original foi obviamente uma parte interessada que não forneceu nenhuma prova, ou uma suposta afirmação de uma autoridade não identificada de algum governo, ou um relatório do serviço secreto que não está disponível, de modo que sua base e suas possíveis restrições não são conhecidas. (ver, por exemplo, Capítulo 1, nota 225; Introdução, nota 24).

A título de exemplo, consideremos a afirmação categórica de Langer e Zasloff de que "estima-se que 67 mil militares norte-vietnamitas estejam hoje em serviço no Laos".[14] A única fonte apresentada pelos autores é uma declaração feita nesse sentido pelo presidente Nixon, em 6 de março de 1970. Mas o discurso em que essa afirmação aparece estava repleto de erros factuais,[15] e a cifra particular citada é sumamente questionável, nem que seja porque os adidos militares norte-americanos em Vientiane forneciam uma cifra de 50 mil ou menos, exatamente na mesma época,[16] e pareciam desconhecer a nova invasão norte-vietnamita informada pelo presidente no citado discurso.

Usando os números de Langer e Zasloff, Arthur Dommen fornece a estimativa notavelmente baixa de cerca de um regimento de combate do EPV no norte do Laos em 1968.[17] É preciso ter em mente, é claro, que os números dos "militares norte-vietnamitas" informados nas declarações do governo dos Estados Unidos incluem qualquer velho que carregue um saco de arroz nas costas. O bombardeio intensivo deve ter aumentado os problemas de abastecimento do Pathet Lao e dos norte-vietnamitas no Laos e, por conseguinte, podemos supor que tenha aumentado a proporção de "militares" dessa ordem.

De acordo com um relatório recente, o Real Governo do Laos detinha 92 prisioneiros norte-vietnamitas; 73 norte-vietnamitas tinham sido capturados desde 1968, em comparação com 2.494 integrantes do Pathet Lao.[18] Carl Strock informou que a Cruz Vermelha lista os prisioneiros vietnamitas meramente como "de etnia vietnamita", "deixando em aberto a possibilidade de que eles venham da própria grande comunidade vietnamita do Laos". Tais números dificilmente confirmariam as afirmações do governo norte-americano ou as matérias da imprensa, que geralmente se referem a todas as ações no Laos como "norte-vietnamitas". Strock também informou a ocorrência de pelo menos 1.500 baixas dos Estados Unidos, inclusive 400 mortos e mais de 200 desaparecidos no Laos.[19]

Tal como antes fizera a França, os Estados Unidos mobilizaram membros de tribos montanhesas para barrar as forças de resistência do Laos (Lao Issara, Pathet Lao). Em 1961, cerca de 9 mil integrantes da tribo Meo engajaram-se em operações de guerrilha no "território laosiano dominado pelos comunistas" sob a liderança política de Touby Lyfoung, que havia tomado o partido dos franceses contra o Lao Issara, e sob a direção militar de Vang Pao, sendo o controle do comando "exercido pelo chefe da CIA em Vientiane, com assessoria do chefe do Grupo Consultivo de Assistência Militar [MAAG, Military Assistance Advisory Group] no Laos".[20] Ronald J. Rickenbach, ex-funcionário da ajuda humanitária aos refugiados da ADI/Laos, testemunhou que, "depois das restrições impostas pelos Acordos de Genebra de 1962 ao envolvimento militar franco dos Estados Unidos no Laos, o papel de orientar as forças guerrilheiras coube à ala operacional da CIA", e acrescentou que "nessa época, (...) a ADI [Agência para o Desenvolvimento Internacional] passou a se envolver, direta e oficialmente, nos aspectos paramilitares do programa".[21] Como já foi assinalado, as ações da guerrilha dirigida pela CIA foram um fator significativo no desrespeito aos acordos bastante pífios de 1962 (ver Capítulo 1, nota 225). As conseqüências foram desastrosas, e os relatórios indicam que os membros das tribos montanhesas estão ameaçados de extinção como sociedade organizada.

Um dos poucos ocidentais não vinculados à CIA ou à USAID que viajaram pela região dos Meo no Laos é John Everingham, um australiano que fala laosiano e visitou várias vezes essas áreas a partir de fevereiro de 1968. Ele descreveu vividamente o que aconteceu com os Meo que "tiveram a ingenuidade de confiar na CIA", a qual prometera criar uma "nação Meo" se eles combatessem o Pathet Lao. Everingham encontrou poucos meninos de mais de doze anos, em setembro de 1970, ao circular "por uma aldeia agonizante após outra". O "exército clandestino da CIA é uma passagem de helicóptero para a morte, uma passagem só de ida", disse ele. "Nenhum, nenhum dos que foram recrutados desde 1966 jamais voltou." Meninos de onze e doze anos estão sendo levados pelos recrutadores da CIA para essa viagem de helicóptero para a morte. "A política norte-americana de bombardeio também transformou mais de metade da área total do Laos numa terra de ruínas carbonizadas em que as pessoas têm medo do céu",[22] a fim de que "não reste nada vivo ou de pé para os comunistas herdarem." Os muitos desertores da tribo Meo não podem fugir para as zonas do Pathet Lao; caso contrário, também eles ficarão sujeitos a bombardeios implacáveis. "Eles ficam presos como cães desesperados, e a CIA segura a guia e não se dispõe a soltá-la enquanto o exército dos Meo puder refrear o Pathet Lao por mais algum tempo, dando aos norte-americanos e seus aliados um pouco mais de segurança, 160 quilômetros ao sul, na fronteira com a Tailândia."[23]

Um levantamento do Serviço de Informações dos Estados Unidos [USIS] sobre os refugiados da planície de Jars, conduzido em junho e julho de 1970, concluiu que "o bombardeio é, claramente, a razão mais imperiosa do deslocamento". Metade dos refugiados pesquisados disse que o medo dos bombardeios era a razão de sua fuga; 20% apontaram a antipatia pelo Pathet Lao como sua razão. Oito meses depois, a embaixada dos Estados Unidos no Laos publicou um livro chamado *Facts on Foreign Aid*, com uma seção sobre as "Causas e motivos da movimentação de refugiados":

> Os motivos que levam uma pessoa a escolher entre dois tipos de governo nem sempre são claros, mas três condições de vida sob o regime do Pathet Lao parecem haver instigado a escolha da evacuação: o imposto sobre o arroz, o frete e o recrutamento militar. As pessoas plantavam mais arroz do que jamais haviam plantado, porém dispunham de uma quantidade menor para si. Pagavam por ele sob a forma de impostos — arroz para ajudar o Estado, arroz para comercialização e arroz beneficente. O Pathet Lao concebeu um sistema laboral complexo, com comboios e equipes de trabalhadores. Ele recrutava todos os rapazes para o exército. Os refugiados da planície de Jars dizem ter sido primordialmente por essas razões que optaram por deixar sua terra natal.[24]

Não há nada nesse texto sobre o que foi "claramente, a razão mais imperiosa do deslocamento", ou sequer sobre as "perturbações" ou "incômodos" causados pela guerra aérea norte-americana no Laos.

Um relatório de assessoramento da Subcomissão Kennedy (28 de setembro de 1970)[25] concluiu que o objetivo do bombardeio foi "destruir a infraestrutura física e social" em áreas dominadas pelo Pathet Lao, e "interditar a infiltração norte-vietnamita". As provas disponíveis indicam que o primeiro desses objetivos foi substancialmente alcançado. Portanto, a guerra secreta do Executivo no Laos logrou êxito em dois aspectos: primeiro, destruir a infraestrutura física e social das áreas do Pathet Lao que ainda abrigam cerca de um terço da população; e segundo, alcançar esse objetivo com relativo sigilo.

Também em outros aspectos a guerra norte-americana no Laos foi um sucesso parcial. O custo não foi elevado, pelos padrões do Vietnã. O relatório de assessoramento da Subcomissão Kennedy estimou que "os militares gastaram, nos períodos de pico, mais de 4.680.000 dólares por dia nas surtidas para bombardeios no Laos". A ajuda militar direta é protegida pelo sigilo, mas parece ter sido da ordem de 500 milhões de dólares desde 1962, havendo ultrapassado 90 milhões em 1969 e mais do que isso em 1970.[26] Os gastos da CIA, é claro, são desconhecidos. O "programa de assistência humanitária aos refugiados" mantido pela USAID, que atinge vários milhões de dólares por ano, também deve ser computado como um gasto militar direto, uma vez que foi sobretudo "um programa para apoiar os guerrilheiros anticomunistas em áreas que, nos termos dos Acordos de Genebra, eram controladas pelo Pathet Lao".[27] Ainda assim, os gastos militares não se parecem em nada com os do Vietnã.

O relatório da Subcomissão Kennedy citou três "grandes programas operacionais no Laos", além dos bombardeios: (1) "A criação de um governo civil dirigido pelos norte-americanos, equiparado à estrutura" do Real Governo do Laos; (2) "Apoio e supervisão de uma guerra terrestre, travada principalmente por grupos paramilitares extraídos das tribos montanhesas, como os Meo"; (3) "Realização e apoio a evacuações maciças de aldeães locais das regiões do Pathet Lao, a fim de negar ao inimigo recursos populacionais."[28] Mais uma vez, as semelhanças com o Vietnã são evidentes (ver Capítulo 1).

Esses programas, assim como os bombardeios maciços, obtiveram algum sucesso. O relatório de assessoramento conclui que o governo civil dirigido pelos norte-americanos conseguiu "manter o governo em funcionamento" e "preservar a aparência, se não a substância, de um governo neutralista em Vientiane", com autoridade nominal "pelo menos na estratégica região do vale do Mekong que faz fronteira com a Tailândia". Isso atende aos objetivos norte-americanos de longo alcance, ganha tempo para a elite tailandesa, principal aliada dos objetivos estado-unidenses no Sudeste Asiático, e ajuda a garantir a "segunda linha de defesa" no Sudeste Asiático. Quanto à guerra terrestre, ela teve apenas um sucesso parcial. As forças comunistas parecem mais fortes do que nunca em terra, e os membros da tribo Meo foram dizimados.

Quais serão as possibilidades de reconciliação entre os remanescentes dos Meo e o Pathet Lao é algo que só se pode especular. Os refugiados da planície de Jars falam constantemente da selvageria do exército clandestino da CIA, formado por membros da tribo Meo e de outras tribos. Para citar um de muitos exemplos, um refugiado cujo irmão mais novo foi morto por soldados Meo em 1964, quando vasculhava a floresta em busca de alimento e de alguma coisa que pudesse vender, disse que os soldados Meo "atiravam em qualquer um que vissem na floresta".[29] Atrair forças do exército norte-vietnamita para a guerra do Laos também atende aos objetivos norte-americanos, em certo sentido. Reduz ainda mais a possibilidade de um nacionalismo laosiano independente, combinado com o desenvolvimento social e econômico no regime do Pathet Lao, e prepara o terreno para uma rivalidade entre a Tailândia e o Vietnã que poderá enfraquecer e fragmentar a região continental do Sudeste Asiático por muitos anos. Uma vez que as baixas norte-americanas foram pequenas, não há muita reação nem preocupação no âmbito doméstico — um ingrediente necessário da contra-insurgência bem-sucedida.

O terceiro grande programa operacional — a evacuação maciça de civis — contribuiu para "gerar" centenas de milhares de refugiados, muitos dos quais mal conseguem subsistir nas áreas controladas pelo governo. Mas esse programa decerto negou "recursos populacionais" ao inimigo, ainda que alguns homens e mulheres aptos a portar armas pareçam ter optado por permanecer com o Pathet Lao.

Em suma, embora a guerra possa não ter logrado tanto êxito quanto o senador Javits e outros acreditam,[30] a combinação do sigilo com a força bruta, aplicada contra uma sociedade fraca e predominantemente indefesa, obteve resultados que escaparam às forças norte-americanas no Vietnã.

As informações concernentes ao Pathet Lao e seus programas são escassas e, por enquanto, têm que ser predominantemente extraídas dos relatos dos refugiados.[31] Em abril de 1970, entrevistei refugiados recém-trazidos da planície de Jars e diversos intelectuais urbanos que haviam residido naquela área,[32] e obtive muitas transcrições detalhadas de entrevistas com refugiados vindos do sul e do norte do Laos. As informações extraídas dessas fontes devem ser tratadas com cautela. Alguns informantes simpatizam claramente com o Pathet Lao. Naturalmente, eles insistem no anonimato, e não há como obter uma confirmação independente de seus depoimentos, a não ser com outros refugiados. A maioria dos refugiados tende a dar respostas bastante estereotipadas e reluta em falar abertamente com pessoas que eles supõem serem representantes do governo norte-americano (ou, como comentou um deles, soldados norte-americanos em trajes civis). Em diversas ocasiões, as discussões em campos de refugiados foram encerradas por espectadores, quando surgiam tópicos sensíveis — particularmente quando um informante oferecia informações que pareciam favoráveis ao Pathet Lao. Mesmo assim, as descrições da experiência pessoal dão uma imagem bastante coerente da vida nas zonas do Pathet Lao. Com base nas informações que pude obter de outras fontes, creio que essa imagem é plausível.

Os programas descritos pelos refugiados eram bastante moderados e discretos. Em 1965, efetuou-se uma pequena reforma agrária na planície de Jars, região rica em terras. Ela foi seguida por esforços para estimular a cooperação entre os camponeses, levando a uma mistura de lavouras coletivas e particulares que parecia já ser amplamente praticada em 1967. Houve reformas educacionais significativas. Uma campanha de alfabetização parece ter tido muito sucesso, e foi implementado um programa de educação de adultos que incluiu a aritmética e outras habilidades, além da leitura e da escrita. A língua do ensino nas escolas passou do francês para o laosiano. Os professores foram instruídos a introduzir o que se chamou de um "estilo liberado de educação" que "ensinasse o povo a amar seu país". Um funcionário da USAID informou que os camponeses consideravam o Pathet Lao "tradicionalista", e a ênfase na "cultura nacional", na cultura popular etc. foi frisada por muitos informantes. Os professores relatam que o nível de ensino se elevou em linguagem e matemática e que, em princípio, foram introduzidas quatro séries para todos. O projeto de estender a educação para sete anos não pôde ser implementado, por causa dos bombardeios, que esvaziaram as cidades e vilarejos em 1968-1969. O ensino mecânico da leitura foi substituído por uma instrução com conteúdo, versando principalmente sobre agricultura e assuntos práticos, com ênfase em "construir nosso próprio país, em vez de trabalhar para estrangeiros".

Alguns homens e mulheres foram levados para a cidade vizinha de Phonesavan (inicialmente bombardeada em 1965 e completamente destruída em janeiro de 1969) para receber treinamento como professores, servidores públicos e trabalhadores da área de saúde. As opiniões variam quanto à eficiência dessa formação. As fontes norte-americanas (ver nota 31) afirmam que laosianos e membros de tribos montanhesas foram levados para o Vietnã do Norte para receber formação técnica e médica.

Ao mesmo tempo, os camponeses foram exortados a melhorar a produção. Um camponês rico, que antipatizava muito com o Pathet Lao, disse que todos eram sempre obrigados a estudar.

> Eles nos ensinavam principalmente agricultura. É preciso produzir mais. Construir a economia. Cada homem deve fazer o trabalho de dez. Se você produzir mais, poderá trocar sua produção por roupas e dinheiro. Além disso, podemos trocar a produção com outros países.

Outro camponês rico disse que "eles só respeitam a pessoa se ela estiver com a roupa rasgada". E, com efeito, as reformas do Pathet Lao parecem ter beneficiado primordialmente os pobres. Os camponeses eram exortados a abandonar o uso de expressões honoríficas e a agir e tratar uns aos outros como iguais. As mulheres deveriam ser tratadas em nível de igualdade, e muitas receberam formação como enfermeiras e militares. O dinheiro parece ter sido predominantemente eliminado. Os quadros que regressavam à aldeia depois do treinamento eram financiados pela tributação. Todas as fontes concordaram em que o governo do Pathet Lao era honesto, inclusive as que reclamaram dos impostos, dos estudos e de outras mudanças. Os refugiados referiram-se constantemente ao empenho incessante dos quadros em persuadir e em evitar a força ou a coação. A principal queixa expressa pelos refugiados contra o Pathet Lao disse respeito ao imposto sobre o transporte de cargas, que se tornou um ônus pesado para os camponeses depois que os bombardeios empurraram os soldados para regiões remotas, onde não era possível levar-lhes suprimentos de caminhão.

Grosso modo, os refugiados informaram ter tido pouco contato com norte-vietnamitas, tanto militares quanto civis, ou mesmo com soldados do Pathet

Lao. Em 1967, os forasteiros foram substituídos, na área de Phonesavan, por quadros locais extraídos de "grupos de conscientização" nas aldeias, os quais eram responsáveis pela implementação local dos programas do Pathet Lao.

As aldeias tinham uma multiplicidade de organizações: de administração, defesa, juvenis, femininas, educacionais, agrícolas etc. Elas elegiam seus próprios líderes e escolhiam representantes para lidar com especialistas de fora em assuntos como a irrigação.

Afora os livros didáticos do Pathet Lao, que impressionam bastante, não vi nenhuma prova documental referente aos programas dessa entidade. Pelos dados de que disponho, parece lícito considerar que o Pathet Lao é a única força local organizada laosiana que tem um projeto realista ou abrangente de desenvolvimento social e econômico, um programa capaz de mobilizar a massa de camponeses ou de lhe fornecer um modo de participar das instituições sociais e políticas. Só nos resta especular quanto ao sucesso que esses programas poderiam ter alcançado, não fosse o implacável ataque norte-americano.

Os programas do Pathet Lao, tal como descritos pelos refugiados, podem ser proveitosamente comparados com os programas da Frente de Libertação Nacional, conforme revelados nas investigações citadas anteriormente (ver Capítulo 1, nota 215). No caso dos programas do Pathet Lao, as conclusões das pesquisas financiadas pelo governo norte-americano deixam transparecer algumas atitudes notáveis, muito parecidas com a reação de Dommen (citada na p. 233) às medidas orientadas para a igualdade econômica.[33] É interessante, nesse mesmo contexto, contrastar os estudos factuais da FLN com os pronunciamentos de alguns dos ideólogos mais engajados, como Dennis Duncanson, que afirma — sem o menor simulacro de comprovação — que a "técnica da guerra revolucionária" começa pela "atrelagem a uma causa política externa do crime organizado", em países em que não há polícia suficiente; o "problema fundamental" enfrentado pelo Vietnã é "a proteção de cada aldeão contra a intimidação imediata ou futura dos revolucionários" (e "que ninguém se engane", diz ele, repreendendo os céticos, quanto aos motivos dos Estados Unidos, que são "de um altruísmo sem precedentes").[34] A propósito, esse é o mesmo autor que adverte, em outro texto, contra os "que repudiam a busca espinhosa da objetividade, substituindo-a por uma Verdade predeterminada de sua própria escolha".[35]

Similarmente, Ithiel Pool enxerga apenas "bandidos aldeões" que "se alinham com grandes potências".[36] Com espantoso cinismo, ele acrescenta:

> Nas circunstâncias atuais, os vietcongues nem sequer podem oferecer segurança em troca de sua inclemência. Como resultado, um fenômeno corriqueiro é que, onde quer que os vietcongues detenham o controle, a população se reduz com bastante rapidez, à medida que as pessoas vão embora.

A "inclemência" que Pool alega existir, segundo sua própria descrição, é a conduta "exploradora e violenta" dos vietcongues, à medida que sua "situação (...) piorava", ou seja, depois da invasão norte-americana do Vietnã do Sul. Se, em resposta a um ataque devastador de uma superpotência, as forças de resistência são levadas a se tornarem exploradoras e violentas, a culpa é exclusivamente da resistência, na opinião de Pool. Quanto ao declínio populacional, apesar de se referir a "refugiados que fogem da guerra", ele não faz menção a exatamente do que estes fogem: dos bombardeios dos B-52 em áreas povoadas, por exemplo, ou das práticas que destruíram 70% dos vilarejos da província de Quang Ngai em 1967. A implicação de que, de algum modo, os vietcongues seriam culpados pelo declínio populacional é grotesca demais para ser comentada. Talvez não devamos esperar mais do que isso de um teórico político que conclui, por último, que "o que queremos dizer com modernização e desenvolvimento político" é que "a organização que exerce o monopólio da força" deve estender-se da alta sociedade até o nível dos vilarejos, onde pode operar com eficiência. Esse é o único critério. Ao aplicá-lo, concluímos que a mais eficiente das sociedades totalitárias atingirá — por definição — o auge da modernização e do desenvolvimento político.

No Laos, assim como no Vietnã do Sul, os Estados Unidos têm levado a modernização e o desenvolvimento social e político para os ricos, com bombas de fragmentação, napalm e subornos. No Laos, assim como no Vietnã do Sul, eles têm sido obrigados a combater os movimentos populares locais, mais bem organizados e muito eficientes, e, fracassando nesse esforço, a destruir o tecido político e social da sociedade rural. Têm conseguido impedir a vitória das forças populares locais e trabalhado vigorosamente para converter sua agressão imperial na Indochina num conflito regional, segundo o modelo coreano. No Laos, o bombardeio maciço revelou-se o único recurso disponível para solucionar os dilemas eticamente neutros da contra-insurgência. Para os Estados Unidos, o custo não foi enorme, embora seja incalculável para o povo do Laos. Além disso, os formuladores da política estado-unidense podem muito bem concluir que essas "guerras executivas", travadas em sigilo, com tropas mercenárias, com a subversão promovida pela CIA e com bombardeios maciços lançados de refúgios inexpugnáveis, constituem uma técnica exitosa de intervenção contra-revolucionária. Parece ser esse o sentido da "Doutrina Nixon". Se assim é, o custo potencial para os países em desenvolvimento em outras regiões pode ser imenso.

II. CAMBOJA

Embora não haja muitas informações, a tragédia do Laos parece estar sendo reencenada no Camboja. Uma equipe de investigação do Superior Tribunal de Contas (GAO[t1]) concluiu que o bombardeio do Camboja pelos Estados Unidos e pelos sul-vietnamitas é "uma causa muito significativa das baixas entre refugiados e civis" e estimou que quase um terço da população de sete milhões seria de refugiados. Ao discutir essa investigação, conduzida a pedido dele, o senador Kennedy citou um memorando do serviço de informações que relatara, a partir de determinada área, que "o que os aldeões mais temiam era a possibilidade de ataques indiscriminados de artilharia e aéreos". Correspondentes norte-americanos capturados deram depoimentos semelhantes, alguns ainda não publicados. Trata-se de uma história já conhecida, que inclui as negações do governo estado-unidense e suas afirmações de que a causa é a invasão pelos norte-vietnamitas, bem como a avaliação dos repórteres de que os bombardeios e os ataques de artilharia são um fator fundamental, talvez primordial, ao lado da contribuição feita pela selvageria do exército de Saigon, outra herança dos tempos do imperialismo francês. E uma nota final do relatório do GAO afirma: "A política dos Estados Unidos consiste em o país não se envolver com os problemas das vítimas civis da guerra no Camboja."[37]

Também em outros aspectos a história é conhecida, bem como significativamente esclarecida por diversas publicações recentes.[38] Pomonti e Thion assinalam que "o mecanismo pelo qual as bombas norte-americanas geram resistência é por demais conhecido para que o descrevamos aqui" (p. 288). Eles citam relatórios de correspondentes capturados e outras pessoas que forneceram alguns detalhes, e discutem também a fidelidade dos camponeses a Sihanouk e o sucesso dos guerrilheiros khmers, apoiados e orientados por comunistas vietnamitas, na criação da base de uma luta popular de longo prazo contra o regime de Phnom Penh, que se torna mais e mais um instrumento do poder estrangeiro. A intervenção militar dos Estados Unidos e do exército sul-vietnamita em março-abril de 1970, bem como a invasão direta no fim de abril, teve o efeito de ampliar o movimento guerrilheiro em todo o Camboja. Embora os apelos feitos por Sihanouk em Pequim tenham dado certa legitimidade à insurreição, "certamente foi a realidade súbita e aterradora da guerra acarretada pelas forças militares de Saigon que disparou o processo", juntamente com a ampliação dos bombardeios norte-americanos, que "desmantelaram" a sociedade rural "em condições mais brutais que as do Vietnã do Sul em 1965" (pp. 261ss, 274).

Charles Meyer, que também escreve com base num conhecimento íntimo do Camboja, descreveu como os comunistas vietnamitas, ao saírem das regiões de fronteira depois do golpe de 18 de março de 1970 e das incursões subseqüentes dos EUA/ERV, trataram de construir, de acordo com a clássica estratégia asiática de guerrilha, uma organização camponesa maciça e um exército popular nos moldes do vietnamita. Segundo esse relato, estão-se criando estruturas populares autenticamente cambojanas em dois terços da região controlada pelas forças revolucionárias, baseadas nos métodos dos maquis khmers de anos anteriores, em particular dos que fugiram da repressão de 1967. Calcula ele que os vietnamitas componham cerca de 90% das forças militares das regiões fronteiriças, nas quais elas enfrentam as forças dos EUA/ERV, e cerca de 20-25% nas outras regiões, onde enfrentam as forças do governo cambojano e de seus aliados de Saigon (pp. 390-391). Meyer prevê uma guerra civil prolongada, com "o exército [urbano] dos privilegiados, apoiado pela potência mais rica do mundo, contra o exército dos pobres, o exército do interior, o verdadeiro exército do povo khmer", "um exército revolucionário de camponeses" (pp. 401, 398). Não há necessidade de muita propaganda para atrair os camponeses para a causa revolucionária. "Os camponeses viram os soldados que obedecem à disciplina revolucionária, e depois aqueles que os seguiam, portarem-se como salteadores. Depois de terem sofrido as maldades do exército dos ricos, eles se unem naturalmente às forças guerrilheiras dos pobres" (p. 344). E mais:

> O Camboja, por sua vez, tem sido submetido à destruição causada pelo poderio aéreo norte-americano. A destruição metódica dos recursos econômicos, das plantações e fábricas de borracha, dos arrozais e florestas, das aldeias pacíficas e encantadoras que foram desaparecendo, uma após outra, sob as bombas e o napalm, não tem justificação militar e serve essencialmente para matar de fome a população (...) é difícil imaginar a intensidade do ódio que eles sentem pelos que destruíram suas aldeias e suas posses. [p. 467]

Os norte-americanos, prevê Meyer, terão que continuar a americanizar e vietnamizar a guerra, a fim de respaldar um governo que eles sabem ter pouco apoio popular: "é evidente que o destino do Camboja [isto é, do regime de Phnom Penh] está ligado ao dos governos extremistas de tendência fascista, cuja sobrevivência depende exclusivamente da continuidade da proteção norte-americana" (pp. 424-426). Pomonti e Thion fornecem uma imagem parecida em seu estudo, muito esclarecedor (ver Parte 3). A propósito, Meyer é visto pela esquerda como um observador hostil.

Recentemente, Serge Thion passou duas semanas em regiões situadas imediatamente a oeste e a noroeste de Phnom Penh. Suas reportagens no *Le Monde* (26-28 de abril de 1972) são a descrição mais recente e mais detalhada da situação nas zonas controladas pelos maquis cambojanos, a Frente Unida Nacional do Camboja (FUNC). Essas zonas, diz ele, começam logo nos arredores de Phnom Penh. Thion compareceu a um encontro de três ou quatro mil pessoas, muitas das quais estavam morando em áreas controladas por Phnom Penh. Pareceu-lhe que o controle político e militar da Frente era completo. Depois da retirada das tropas do regime de Lon Nol, "a insegurança vem principalmente do céu". Todas as aldeias visitadas por ele tinham sido submetidas a ataques aéreos com bombas e napalm, aparentemente aleatórios. Muitos desses vilarejos foram evacuados, e as precauções complexas limitam o número de baixas: "as vítimas são sobretudo os idosos, os surdos ou doentes, ou então crianças, todos mortos de surpresa", exatamente como informam os refugiados do Laos. Tal como em outros lugares, os ataques aéreos destrutivos e a pilhagem e violência das forças de Lon Nol — particularmente do antigo Khmer Serei,[t2] treinado pela CIA — serviram para consolidar o apoio dos camponeses à resistência. O superior de um templo destruído por um ataque com napalm, que também incendiou todas as instalações dos monges budistas, descreveu a destruição das estruturas religiosas por ataques aéreos e pelas tropas de Lon Nol, que depois acusaram os norte-vietnamitas por esses atos. Outros deram depoimentos similares. Embora tais acusações possam ter certa credibilidade no Ocidente, e talvez até em Phnom Penh, os camponeses vêem com os próprios olhos o que está acontecendo.

Depois do golpe de março de 1970, que derrubou o regime de Sihanouk, o marechal Lon Nol tentou despertar o fanatismo religioso em apoio ao regime, convocando para uma guerra santa contra os ateus vietcongues e do Pathet Lao (ele também tentou instigar ódios étnicos, tomando até a iniciativa de um massacre de milhares de vietnamitas, do qual, ao que parece, os camponeses cambojanos em geral se recusaram a participar). A impressão de Thion é que esse esforço foi um completo fracasso e que, no fim, irá "voltar-se contra seus autores", uma vez que o clero budista vivencia diretamente uma conduta do exército de Lon Nol, com seus apoiadores norte-americanos e do GVN, por um lado, e por outro, a conduta contrastante dos guerrilheiros, com seu apelo aos sentimentos camponeses tradicionais e com sua simplicidade e continência. Thion adverte que isso talvez seja apenas uma impressão, baseada em informações parciais.

Ele não viu "nenhum indício de ajuda externa", fosse sob a forma de assessores vietnamitas, fosse sob a de forças militares, ou mesmo suprimentos. Ao contrário, o que observou foi a "construção progressiva de uma força inteiramente autônoma". As forças vietnamitas, concluiu, basicamente retornaram a seus antigos "refúgios" nas fronteiras, embora ainda possam defender certos setores estratégicos em outros lugares. "A presença de tropas da FLN ou de assessores militares reduziu-se muito desde março-abril de 1970, à medida que a FUNC foi desenvolvendo sua própria estrutura político-militar." Muitos quadros vêm recebendo treinamento, entre eles alguns intelectuais urbanos. A Frente parece contar com o apoio dos monges budistas, que conservam sua autoridade tradicional na zona rural do Camboja. Thion desconfia que uma boa proporção dos principais quadros provenha da pequena esquerda cambojana, que dominou o interior depois da repressão de 1967. Muitas pessoas, informa ele, dizem ter visto Hou Yuon, o parlamentar esquerdista desaparecido em 1967 e que era geralmente tido como assassinado pelo governo.[39] Comitês populares administram as aldeias, organizados pela Frente, embora "sua composição reflita a vontade geral dos habitantes".

Os camponeses entrevistados por Thion confirmaram que o massacre de camponeses pró-Sihanouk pelo exército, logo depois do golpe de março de 1970, despertou enorme indignação e contribuiu para o sucesso da Frente. A lealdade dos camponeses a Sihanouk é visível. Thion informa que, se o príncipe não tivesse conclamado a uma insurreição e apoiado a Frente nas mensagens que transmitiu de Pequim pelo rádio, os guerrilheiros teriam tido muito mais dificuldade para se estabelecer no coração rural do Camboja. Embora os bombardeios tenham sido "um argumento decisivo", que animou a oposição dos khmers ao regime de Phnom Penh apoiado pelos norte-americanos, Thion concluiu que um fator preponderante no sucesso da Frente foi o contraste entre a corrupção urbana de Phnom Penh e o tradicionalismo e a moral dos maquis. Os guerrilheiros estão "asfixiando as cidades", e a impressão dominante é muito parecida com a do Vietnã do Sul em 1964. Thion acredita que somente uma intervenção norte-americana maciça será capaz de impedir a vitória das forças de resistência locais baseadas no campesinato.

As observações diretas de Thion me parecem confirmar a análise e as expectativas anteriores de Meyer e Pomonti-Thion, bem como ratificar e ampliar significativamente as impressões gerais dos correspondentes capturados. A semelhança com fases anteriores dos movimentos revolucionários vietnamitas e laosianos também é marcante. Embora seja preciso frisar novamente as limitações das informações disponíveis, parece haver uma boa dose de plausibilidade no quadro geral que emerge.

O presidente Nixon descreveu o Camboja como "a doutrina Nixon em sua forma mais pura".[40] Para quebrar a monotonia, talvez ele tenha dito exatamente a verdade.

O Camboja foi mergulhado na guerra da Indochina como conseqüência imediata do golpe de 18 de março de 1970, no qual Sihanouk foi deposto. Os antecedentes imediatos desse golpe foram recentemente explorados por T. D. Allman, através de entrevistas com membros da elite cambojana.[41] Seus dados sugerem que "os componentes mais notáveis da conspiração anti-Sihanouk — pois isso é o que ela parece ter sido — foram sua completa falta de espontaneidade e o sacrifício fácil, por parte dos conspiradores, das boas relações com os onipotentes comunistas vietnamitas, a bem da conveniência interna e política". As demonstrações antivietnamitas, supostamente espontâneas, e o saque das embaixadas norte-vietnamitas e do Governo Revolucionário Provisório foram, conclui Allman, organizados pelos conspiradores. Em outros textos, Allman e diferentes autores assinalaram que, antes do golpe, as forças comunistas vietnamitas ficavam perto da fronteira e — apesar de algumas afirmações em contrário — não se tem notícia de que hajam feito outras intervenções nos assuntos cambojanos. A conclusão de Allman, no sentido de que o golpe foi bem preparado e atendeu aos interesses egoístas de um segmento da elite, também coincide com as observações gerais de terceiros.

Numa entrevista posterior com Son Ngoc Thanh, atual primeiro-ministro do regime de Phnom Penh e, durante muitos anos, ligado à CIA e às Forças Especiais norte-americanas, enquanto dirigia operações de guerrilha contra Sihanouk, Allman apresentou "indicações de apoio indireto dos Estados Unidos à expulsão do príncipe Sihanouk" no golpe de 18 de março. Thanh "indicou que pelo menos alguns norte-americanos em cargos oficiais apoiaram complôs para derrubar Sihanouk" no fim de 1969 e em 1970. Thanh forneceu detalhes de contatos entre agentes de Lon Nol e oficiais do exército cambojano envolvidos no planejamento do golpe, agentes do governo norte-americano e seu próprio quartel-general, e descreveu as garantias de apoio dadas por agentes do governo estado-unidense "a ações anti-Sihanouk no Camboja, inclusive uma invasão do país por duas frentes".[42] Essas revelações dão substância à informação de Robert Marasco, ex-capitão das Forças Especiais, de que ele tem "certeza" de que a CIA e o serviço secreto sul-vietnamita tinham agentes no Camboja antes do golpe.[43]

Numa entrevista recente, Marasco disse ao repórter Richard A. Fineberg que dirigiu redes de informações no Camboja durante 1968 e 1969, contratando e treinando agentes do Khmer Serei, além de outros cambojanos, para sua missão.[44] Outras informações referentes a esse assunto aparecem no registro amplamente censurado do julgamento de John J. McCarthy Jr., ex-capitão das Forças Especiais e "oficial comandante de uma operação cambojana ultra-secreta, conhecida como Projeto Cereja",[45] que parece ter sido descontinuada aos poucos em 1967. McCarthy cumpriu dois anos de uma pena de vinte (derrubada na apelação) pelo assassinato de um intérprete cambojano que era membro do Khmer Serei e que se suspeitava ser um agente duplo, treinado pelos comunistas. No julgamento, McCarthy identificou o Khmer Serei como "uma organização que, na verdade, planeja a derrubada política do governo cambojano". Agora, McCarthy afirma que Thanh foi uma figura-chave em sua corte marcial de 1968 em Longbinh, no Vietnã do Sul. Seus advogados solicitaram o comparecimento de Thanh, mas o exército disse que não podia obrigar nacionais de outros países a depor (na época, Thanh morava no Vietnã do Sul). Os autos do processo referem-se a um homem chamado Tan Son Hai, identificado por um membro da equipe do Projeto Cereja como "o líder ou sumo sacerdote do Khmer Serei". McCarthy informou a Fineberg acreditar que Thanh e Tan Son Hai eram "uma e a mesma pessoa". Antes do julgamento, o Khmer Serei ofereceu de presente a McCarthy um medalhão de ouro por ter matado o agente, com uma citação assinada por Son Ngoc Thanh como "líder do Khmer Serei".

O senador Mike Gravel declarou: "É incrível assumir a postura — como fez a Casa Branca — de que os Estados Unidos conduziram incursões clandestinas contínuas no Camboja, contrataram e treinaram membros de uma seita confessamente dedicada a depor Sihanouk, e de que, ainda assim, não sabiam que se estava planejando um golpe."[46] Essa postura sempre foi inacreditável. À luz da entrevista de Allman com o primeiro-ministro Son Ngoc Thanh, talvez até aqueles que antes ridicularizavam a idéia de um papel da CIA no golpe possam reconsiderar sua visão.[47]

Charles Meyer concluiu que "é evidente que a CIA desempenhou um papel no curso dos acontecimentos que levaram ao golpe de 18 de março", e levantou algumas questões a respeito do envolvimento indonésio e sobretudo japonês, bem como sobre o possível envolvimento de interesses ligados ao petróleo.[48] Ele considera que o grupo golpista tem uma orientação essencialmente pró-nipônica e descreve os esforços japoneses para assumir uma posição dominante no Camboja (p. 310-311). Pomonti e Thion discutem os mesmos desdobramentos (p. 317), assinalando que a participação japonesa na reunião de maio de 1970 em Jacarta assinalou a "reentrada política [do Japão] no Sudeste Asiático", após a recuperação de posições de poder econômico. Esses autores assinalam com acerto que esse é um componente essencial da Doutrina Nixon (ver Capítulo 4, adiante). Observam também as antigas ligações japonesas com muitos líderes atuais do regime golpista, em particular Son Ngoc Thanh, bem como suas relações com a sociedade secreta "Dragão Negro", que envolve capitães da indústria e chefes militares japoneses. Eles informam sobre o regresso ao Camboja, depois do golpe, de um diplomata nipônico muito conhecido nos círculos cambojanos desde a ocupação japonesa, que é um "membro importante" da sociedade Dragão Negro. Meyer também relata os esforços anteriores das sociedades secretas japonesas, barrados por Sihanouk na década de 1950, embora, apesar disso, a influência nipônica nos assuntos econômicos cambojanos tenha continuado, como era inevitável.

Dias depois do golpe de 18 de março, tiveram início as atividades militares dos EUA/ERV, em conjunto com o exército cambojano. Pomonti e Thion relatam que, "em 20 de março, ou seja, passados apenas dois dias da deposição do príncipe Sihanouk, o general Do Cao Tri, comandante da III Região Militar Sul-vietnamita, despachou vários regimentos para o Bico do Papagaio [província cambojana de Svay Rieng]" (p. 151). As operações terrestres e aéreas prosseguiram, inclusive uma operação conjunta dos exércitos cambojano e de Saigon em 14 de abril. Por fim, a invasão direta teve lugar em 29 de abril.[49] Até meados de abril, as unidades da FLN/exército norte-vietnamita [ENV] parecem ter permanecido nas áreas fronteiriças para as quais tinham sido empurradas pelos ataques aéreos e terrestres dos Estados Unidos no Vietnã. De acordo com Meyer, o ataque aos refúgios na fronteira tinha sido planejado ao longo de vários meses pelo comando norte-americano. O resultado foi um "cataclismo" para a população civil. As tropas da FLN e do ENV deixaram as regiões fronteiriças, para escapar aos ataques aéreos e ao cerco, mas "centenas de camponeses cambojanos foram destroçados pelo bombardeio aéreo, tendo incendiadas as suas habitações e destruídas as terras cultivadas e os seringais". A operação norte-americana foi "brutalmente executada", e a operação sul-vietnamita transformou-se de imediato numa "empreitada de pilhagens e saques, acompanhada por tortura e assassinatos", o que confirmou a "reputação sinistra" adquirida pelas unidades de elite do general Tri "nos vilarejos de seu próprio país" (Meyer, pp. 340-341). Os demais desdobramentos foram os indicados acima.

Como já foi assinalado, as informações existentes indicam que os acontecimentos no Camboja têm uma notável semelhança com os anteriormente verificados no Laos e no Vietnã do Sul. Meyer observa que, em muitos aspectos, as origens da revolução cambojana do fim da década de 1960 foram semelhantes aos estágios iniciais da FLN: revoltas campesinas em resposta à corrupção e à tirania das autoridades provinciais, seguidas por uma caça às bruxas e por uma vasta repressão. Reagindo a isso, desenvolveu-se uma resistência de perfil discreto. Pomonti e Thion informam que conhecidos intelectuais esquerdistas uniram-se aos resistentes em 1963, mas que a situação sofreu uma mudança significativa com a insurreição campesina de 1967, perto da fronteira com a Tailândia. De acordo com Meyer, Sihanouk tinha nas mãos um relatório muito detalhado, que mostrava que os camponeses tinham sido levados a se rebelar pela corrupção das autoridades provinciais, mas, apesar disso, ele instaurou uma repressão geral da esquerda, responsabilizando-a (e, mais tarde, culpando as influências comunistas externas) pela rebelião local. Na verdade, uma das primeiras declarações oficiais sobre a crise informou que "o chefe de Estado proclamou claramente que a rebelião local era um assunto rigorosamente interno, sem nenhum apoio ou incentivo estrangeiro", e culpou os agentes da CIA e outros por espalharem boatos, no esforço de "dividir a nação khmer em duas partes irreconciliavelmente hostis, a fim de preparar o pretexto para uma intervenção direta".[50] Entretanto, depois de passeatas estudantis e outros sinais de agitação, inclusive o misterioso desaparecimento de vários representantes esquerdistas, que foram assassinados pelo governo ou se uniram aos maquis,[51] Sihanouk mudou de postura e declarou que a revolta era obra de ativistas de esquerda, instigados pelo exterior.

Nem Meyer nem Pomonti e Thion encontraram nenhuma prova da afirmação de Sihanouk de que os revolucionários eram agentes do comunismo sino-vietnamita. Meyer concluiu que "a luta armada dos khmers vermelhos [expressão de Sihanouk] parece ter sido empreendida não apenas sem o apoio de chineses e vietnamitas, mas também contra a vontade deles" (p. 201). Pomonti e Thion confirmaram essa conclusão, assinalando que, ao que se saiba, os comunistas vietnamitas evitavam interferir nos assuntos cambojanos e, embora possam ter mantido contatos com os guerrilheiros do Camboja, pouco fizeram para incentivá-los ou apoiá-los antes do golpe de 18 de março e de suas conseqüências. "O progresso lento mas seguro dos resistentes", acreditam esses autores, "é fácil de explicar pelas condições opressivas do campesinato", intensificadas pela repressão policial. Sihanouk e os grupos direitistas de que ele passou a depender cada vez mais procuraram esconder a existência da rebelião através de uma "campanha xenofóbica", bem como da propaganda referente a uma "intervenção externa" que, ao que parece, a rigor não existiu (pp. 124-125).

Ao mesmo tempo, particularmente a partir de 1966, a situação econômica começou a deteriorar. Um pequeno segmento da sociedade urbana foi ficando cada vez mais rico, enquanto as massas camponesas empobreciam, fato este discutido pelos intelectuais de esquerda que se uniram aos maquis (Meyer, pp. 205, 195, 42). Em 1969, não parecia haver como escapar do declínio econômico, a não ser através da "liberalização da economia e do retorno da ajuda norte-americana, entregando-se a administração do país à extrema direita, com os resultados hoje conhecidos" (p. 215). Meyer sugere ter sido nesse contexto que Sihanouk lançou sua campanha contra os comunistas vietnamitas das regiões fronteiriças, no esforço de convencer a Casa Branca de suas "boas intenções" (p. 287). O autor sugere ainda que boa parte disso foi um "jogar para a galera", para os ouvidos dos norte-americanos, e que Sihanouk deu essa informação à FLN e a Hanói. Mas ele sem dúvida temia o socialismo vietnamita, como teria temido qualquer forma dinâmica de nacionalismo vietnamita. "Dentro da lógica de sua escolha de uma política de reaproximação dos Estados Unidos", Sihanouk e a direita cambojana não mais puderam manter a ajuda material e o apoio que davam aos comunistas vietnamitas, e as relações pioraram (p. 295). Ao se aliar com a direita para esmagar a oposição da esquerda, Sihanouk descobriu-se sem nenhum espaço de manobra. Em janeiro de 1969, o Khmer Serei, treinado e financiado pela CIA, e que estivera engajado em operações militares contra o Camboja desde o fim da década de 1950, particularmente a partir de 1963, começou a "se aliar" ao exército cambojano (pp. 274, 240, 300). Como muitos outros comentaristas, Meyer viu nisso uma iniciativa da CIA que fez parte do planejamento do golpe de 18 de março, o qual se seguiu no devido tempo.

Em resumo, esses parecem ter sido os principais acontecimentos conducentes ao golpe que mergulhou o Camboja no terror da guerra da Indochina. Antes do golpe, o país tinha sido submetido a tentativas de subversão e agressão direta por parte de vizinhos que eram apoiados pelos norte-americanos — a Tailândia e o Vietnã do Sul. As tropas de Diem haviam atacado a região do Bico do Papagaio em maio de 1957. Um complô para desmembrar o Camboja em 1958-1960, apoiado pela CIA, fora bloqueado com base em informações fornecidas pelas embaixadas da França e da China (Meyer, pp. 146-147; Pomonti e Thion, p. 56). Apesar de ter havido provocações por grupos respaldados pela CIA na Tailândia, a situação na fronteira vietnamita foi muito mais grave. "Desde 1957, mas sobretudo a partir de 1964, as forças norte-americanas/sul-vietnamitas atacaram postos e vilarejos, bombardearam arrozais, metralharam caminhões, lançaram napalm ou desfolharam o lado cambojano da fronteira", causando centenas de baixas todos os anos (Pomonti e Thion, p. 132). Meyer informou que, "no fim de 1963, os 'khmers livres', equipados e treinados pela CIA, fizeram incursões mais freqüentes no território cambojano, a partir de bases situadas no Vietnã do Sul e na Tailândia" (cf. p. 62-63).[52] As datas são sugestivas. Exatamente na mesma época, os Estados Unidos vinham intensificando suas operações clandestinas em outras regiões da Indochina, no esforço de respaldar o regime sul-vietnamita em declínio e de lançar as bases para a vasta expansão da guerra em 1965.

"Todos os dias", prossegue Meyer, "camponeses khmers tombavam sob as bombas e as balas norte-americanas", à medida que "os ataques norte-americanos/sul-vietnamitas, cada vez mais devastadores, multiplicavam-se contra os vilarejos fronteiriços do Camboja" (pp. 241, 243). Em abril de 1969, as plantações de borracha foram submetidas à desfolhação por ataques aéreos executados na província de Kompong Cham (p. 243). As razões disso não estão inteiramente claras. É possível que tais ataques tenham sido executados para preparar os ataques militares que deveriam seguir-se ao golpe então em fase de planejamento. Outra possibilidade é que tenham visado a força de trabalho predominantemente vietnamita, que "sempre havia apoiado ativamente a luta pela libertação nacional" (Pomonti e Thion, p. 207). Tudo isso, porém, não foi nada, comparado ao que estava por vir, após o golpe e os acontecimentos subseqüentes. "A população do interior do Camboja — do Camboja rural — hoje corre risco de vida, vitimada pelo poder da destruição norte-americana a serviço dos novos dirigentes de Phnom Penh" (Meyer, pp. 41-42).

Até o fim desse período, há poucos indícios de conflito militar entre forças comunistas vietnamitas e forças cambojanas. Pomonti e Thion relatam que as provocações do exército cambojano, às vezes em colaboração com militares norte-americanos, levaram a "um número muito restrito de incidentes realmente sangrentos" com as forças comunistas vietnamitas até 1969 (p. 135). Sabe-se "com certeza", dizem eles, "que, em conseqüência da linha política antivietnamita lançada por Sihanouk em 1968, militares khmers cooperaram na fronteira, ocasionalmente, com as forças norte-americanas e sul-vietnamitas contra os guerrilheiros da FLN". Ao que se saiba, foi a invasão estado-unidense do Vietnã, em meados da década de 1960, que respondeu pelo destacamento de tropas guerrilheiras nas regiões fronteiriças. A migração vietnamita para o

Camboja, encerrada em 1954, recomeçou dez anos depois, segundo Meyer, "com o êxodo dos sul-vietnamitas submetidos aos bombardeios e à 'desfolhação' do poderio aéreo norte-americano" (p. 258). Os primeiros indícios de acampamentos vietnamitas no lado cambojano da fronteira foram descobertos no fim de 1967. Não há dúvida de que, após maciças operações aéreas e terrestres como a "Junction City", em 1967, camponeses e guerrilheiros vietnamitas refugiaram-se ao longo dessas regiões de fronteira.

De acordo com um mapa constante do livro de Meyer, em março de 1970, havia vietnamitas espalhados ao longo das áreas fronteiriças até uma faixa máxima de uns 25 quilômetros, talvez, nas províncias do extremo nordeste, as quais, numa medida considerável, achavam-se sob o controle de guerrilheiros locais. Pomonti e Thion concordam. Afirmam eles, citando fontes cambojanas oficiais, que, afora a região escassamente povoada do extremo noroeste, onde o Laos, o Vietnã e o Camboja se encontram, as "zonas dos vietcongues" nunca ultrapassaram uma distância de dez quilômetros da fronteira (p. 205). Em toda a região, dizem eles, "a intervenção de uma poderosa força expedicionária norte-americana no Vietnã obrigou os insurgentes locais a construírem, progressivamente, uma rede de bases numa zona que, em algumas ocasiões, estendeu-se por vinte quilômetros adentro do lado cambojano da fronteira" (p. 179). A razão de o comando norte-americano não ter conseguido encontrar o "Pentágono vermelho" — o comando sul-vietnamita (COSVN) — durante a invasão do Camboja foi que ele não estava lá; os resistentes vietnamitas controlavam "refúgios" suficientes em seu próprio país para manter seu comando interno (pp. 209-210). As relações entre os guerrilheiros vietnamitas e os cambojanos nas regiões de fronteira eram amistosas, no dizer dos autores. Havia vantagens econômicas para os camponeses cambojanos, e a FLN também fornecia serviços administrativos e de saúde. Pomonti e Thion acreditam que as relações amistosas entre os comunistas vietnamitas e o campesinato cambojano explicam, em parte, a resposta dos camponeses ao apelo de Sihanouk para que houvesse manifestações antigovernistas depois do golpe, apelo este feito durante seu exílio em Pequim (pp. 175-180). Também é possível que os ataques militares dos EUA/ERV ao longo de muitos anos, inclusive os bombardeios por aviões B-52 e os foguetes lançados de helicóptero (p. 206), tenham reforçado a oposição dos camponeses cambojanos das regiões de fronteira a um governo central que estava claramente destinado a ser um apêndice do aliado dos Estados Unidos em Saigon.

No Capítulo 3 de *At War with Asia*, discuti os antecedentes do golpe de 18 de março de 1970 e os eventos posteriores, e forneci muitos detalhes dos acontecimentos que acabei de resumir, com base nas informações de que dispunha na ocasião (junho de 1970). Milton Osborne criticou esse relato,[53] sugerindo que os comentários que citei a respeito de Sihanouk, escritos durante a década de 1960, "necessitam de ressalvas substanciais", e que as provas que citei sobre o uso do território cambojano pelos comunistas vietnamitas em meados da mesma década são mais ambíguas do que indiquei. Ele também questionou minha confiança nas fontes francesas. Creio que Osborne está certo em sua observação sobre os comentários que citei a respeito do apoio campesino a Sihanouk e do papel ímpar que ele teve como representante do nacionalismo cambojano. Os exemplos mais extremos, entretanto, não vieram de fontes francesas, e sim de T. D. Allman e outros observadores de língua inglesa. Nesse caso, a confiança mais rigorosa nos relatos de Jacques Decornoy, em particular, teria restabelecido o equilíbrio. Decornoy vinha informando, tanto em textos publicados quanto em conversas privadas, que o apoio campesino a Sihanouk não era tão sólido quanto afirmava a maioria dos observadores, e que as revoltas camponesas de 1967 foram uma questão séria, que refletiu a insatisfação dos camponeses. Embora eu concorde com a crítica de Osborne nesse ponto (excetuado o comentário sobre as fontes francesas), creio ser pelo menos adequado acrescentar que os comentários que citei foram muito representativos da literatura então disponível.[54] Meyer assinalou — com muita exatidão, ao que eu saiba — que todos os diplomatas e observadores foram induzidos em erro por "um culto da personalidade a que faltava apoio ideológico, e superestimaram a força do príncipe sobre as massas camponesas que o aclamaram" (p. 377). As fontes citadas aqui, consideravelmente mais detalhadas do que qualquer coisa disponível em meados da década de 1970 sobre o período recente, constituem uma correção importante. Uma estimativa exata do apoio a Sihanouk entre os camponeses é impossível, é claro. Pomonti e Thion citam indícios de que ele continua a ser expressivo (cf. pp. 178-179, 274 ss). Os relatos de correspondentes capturados tendem a confirmar essa avaliação, do mesmo modo que as observações recentes de Thion, já assinaladas.

Quanto a minhas conclusões sobre o uso do território cambojano pelos comunistas vietnamitas, elas derivaram quase exclusivamente de fontes inglesas (como Michael Leifer, *Current History*, fevereiro de 1969, e diversos artigos de Allman). Embora a cautela de Osborne seja cabível, sem dúvida, não conheço outros indícios sérios que questionem essas avaliações. Elas são confirmadas pelos estudos muito mais pormenorizados e bem informados que são citados neste texto.

Curiosamente, alguns excertos do mesmo capítulo de *At War with Asia* também foram criticados com certa minúcia na revista *Pacific Affairs*, dois números depois, por Michael Leifer.[55] Ele censurou diversas omissões, algumas das quais são especificamente discutidas no original mais completo do qual os excertos foram retirados. Há pontos de discordância, entretanto. Leifer considera que a "política de assídua condescendência [de Sihanouk] para com os comunistas vietnamitas" foi um fator de peso em sua deposição e observa que o próprio Sihanouk vinha-se encaminhando para uma ruptura com eles e que os havia acusado publicamente. Eu dera pouca atenção a esses fatores, preferindo confiar nas observações anteriores de Leifer (*Current History*, fevereiro de 1969) e de outros que indicavam que os comunistas vietnamitas vinham-se restringindo rigorosamente às áreas fronteiriças, depois de serem expulsos do solo vietnamita pelas operações terrestres e aéreas norte-americanas a partir de 1967, e que tomavam muito cuidado para não interferir nos assuntos internos cambojanos. Também descontei as acusações de Sihanouk, que não eram corroboradas pelo tipo de provas apresentadas por seu governo e por observadores independentes sobre as ações militares dos EUA/ERV (como o relatório oficial do governo cambojano datado de janeiro de 1970), e que bem poderiam ser explicadas por outras razões, em especial como um esforço para explicar a crescente inquietação rural no Camboja. Embora muitas coisas continuem obscuras e as conclusões só possam ser provisórias, os dados hoje disponíveis — alguns discutidos acima — não me parecem justificar nenhuma revisão de minhas conclusões anteriores, salvo pelas exceções assinaladas: a inquietação interna e a deterioração da situação econômica do Camboja deveriam ter recebido uma ênfase muito maior, e talvez os comentários citados sobre a popularidade de Sihanouk devessem ter sofrido outras ressalvas. Caberia indicar que Meyer acredita que "Sihanouk estava convencido [erroneamente, na opinião de Meyer] de que seus problemas internos decorriam exclusivamente dos vietcongues e de 'suas infiltrações em território cambojano e sua interferência nos assuntos internos de nosso país'" (p. 310). Mas as observações e as provas anteriormente citadas sugerem que essa "convicção" talvez fosse meio artificial, uma decorrência de sua associação com as forças direitistas depois de 1966, de seus esforços para minimizar a insurgência rural e das medidas orientadas para uma aproximação maior dos Estados Unidos, no esforço de superar a deterioração das condições econômicas. Real ou não, a convicção não parece ter fundamento.

Em suas investigações recentes,[56] Allman comentou: "Curiosamente, no decorrer de meia dúzia de entrevistas, em momento algum meus informantes apontaram a política externa sihanoukiana de manter boas relações com os comunistas vietnamitas como uma razão para derrubá-lo." Um deles disse: "Ele passou tempo demais no poder. Nós queríamos o poder. A única maneira de atingir [Sihanouk] era atacar os vietcongues." O medo principal dos arquitetos do golpe, segundo Allman, era que Sihanouk voltasse, reunificasse o país e realizasse eleições, as quais ele venceria, de acordo com os informantes de Allman, "porque era muito popular entre os camponeses". Nos aspectos essenciais, essas conclusões se coadunam com as que extraí antes e com dados muito mais dispersos.

Seria interessante investigar melhor a intervenção da FLN/RDV no Camboja, para ver se é possível obter alguma prova que corrobore certas afirmações hoje correntes. Naturalmente, um estudo sério dessa questão não deixaria de examinar a relação entre o uso do território cambojano pela RDV/FLN e as operações militares norte-americanas no Vietnã que tiveram por objetivo destruir as forças vietnamitas locais e empurrá-las para o Camboja. Mais uma vez, não chega a surpreender que, digamos, depois da operação "Junction City", em 1967, tenham-se encontrado vietnamitas nas áreas vizinhas do Camboja — depois de suas aldeias serem arrasadas pelos ataques aéreos e de artilharia dos Estados Unidos e pelas devastações terrestres posteriores. Quanto a isso, simplesmente farei referência às observações constantes em *At War with Asia* (particularmente nas pp. 127-129, Capítulo 3, seção 1), que creio serem inteiramente apropriadas.

Poderíamos ter a esperança de descobrir alguma coisa sobre essas questões nos Papéis do Pentágono, mas, infelizmente, não é o que acontece. Como foi indicado no Capítulo 1, os Papéis do Pentágono têm um foco muito estreito e, de modo geral, evitam discutir as atividades clandestinas. Há algumas referências ao Camboja, mas elas não são muito esclarecedoras. A subversão e a agressão direta pelo regime de Diem e pelos tailandeses, no fim da década de 1950, muito provavelmente apoiadas pelo serviço secreto norte-americano, nem sequer são mencionadas. Há apenas um comentário de passagem no sentido de que, "em 1958, eclodiu uma crise entre o Vietnã do Sul e o Camboja, em função de disputas fronteiriças e violações das fronteiras".[57] A nova escalada das atividades clandestinas, a partir do fim de 1963, também não é assinalada. As atividades militares dos EUA/ERV contra o Camboja, a partir de 1964, apesar de razoavelmente bem documentadas,[58] também escaparam à atenção dos historiadores do Pentágono.

Em outubro de 1961, ao comentar um plano de enviar uma força da Organização do Tratado do Sudeste Asiático [SEATO] para montar uma espécie de guarda fronteiriça, o serviço secreto observou que, se essa medida parecesse eficaz para reduzir a infiltração, os comunistas provavelmente aumentariam o uso do sistema de trilhas montesas que cruzavam o Camboja (II, 78).[59] Essa referência indica que a comunidade de informações acreditava que tal sistema vinha sendo usado na época, sem dúvida marginalmente, como deixam claro outros comentários sobre a infiltração. O serviço de informações fez a observação óbvia de que a adoção do "Conceito de Intervenção no Vietnã", que então vinha sendo considerada, levaria a uma ampliação da guerra, uma vez que a resistência vietnamita reagiria. Ao mesmo tempo, ele informou que 80-90% da força estimada de 17 mil vietcongues eram localmente recrutados e dependiam de suprimentos obtidos *in loco*, e que os infiltradores estavam regressando a um "território que lhes era conhecido desde longa data", ou seja, estavam voltando para casa (II, 72, 75, 77).

Em 16 de março de 1964, o ministro da Defesa informou ao presidente que se estava "considerando seriamente" uma "ação militar direta contra o Vietnã do Norte", que incluiria medidas de controle das fronteiras, tais como "a perseguição incessante das forças vietcongues que atravessam a fronteira do Camboja e a destruição de bases vietcongues na fronteira Vietnã/Camboja". Ele recomendou que essas operações fossem notificadas com 72 horas de antecedência (III, 503; II, 195). Em dezembro de 1964, a liderança de Saigon assinalou que os planos que lhe tinham sido apresentados na época não diziam nada sobre o uso do Camboja pelos vietcongues (II, 345). Um ano depois, em dezembro de 1965, o primeiro-ministro Ky fez pressão por medidas contra os refúgios cambojanos, inclusive por ataques através da fronteira e uma expedição do Khmer Serei. De acordo com o historiador do Pentágono, "o Estado orientou Lodge a mantê-lo na rédea curta" (II, 368).

Em 1967, a preocupação com os refúgios cambojanos aumentou, como seria natural, uma vez que eles se estavam tornando realidade, em conseqüência das ações militares dos Estados Unidos no Vietnã. Em janeiro, o comandante-em-chefe no Pacífico [CINCPAC] manifestou ao Estado-Maior das Forças Armadas sua preocupação com a infiltração pelo Camboja e com a importância do "refúgio" como fonte de abastecimento, particularmente de arroz. Destacou que a infiltração de homens e suprimentos no Camboja era uma conseqüência direta do "sucesso" das operações militares norte-americanas no Vietnã do Norte e no Laos, e, "depois de pleitear um programa mais 'equilibrado'", recomendou que "estejamos preparados, em todos os aspectos, para usar o grau de força necessário para atingir nossos objetivos" (IV, 410-412). Fazendo um relatório ao presidente em abril, o general Westmoreland discutiu o uso do Camboja como base de suprimentos "no projeto-mestre sobre a RDV", primeiro de arroz, depois de munição. Ele também descreveu seus planos contingenciais de enviar tropas sul-vietnamitas com assessores norte-americanos ao Camboja (II, 443).

Em maio, John McNaughton observou que o Camboja se estava "tornando cada vez mais importante como base de suprimentos — no momento, de alimentos e remédios, e mais tarde, talvez de munição" (IV, 479). Isso foi depois das maciças operações militares norte-americanas ao longo das fronteiras, em fevereiro, março e abril (ver Capítulo 1, seção VI, subseções 6, 7). Não há como contestar, é claro, que o Camboja era uma fonte de alimentos para a FLN. Do ponto de vista do governo dos Estados Unidos, isso era uma agressão, assim como a simples existência dos quadros e unidades da FLN em seus vilarejos natais sempre foi encarada como uma agressão (ver Capítulo 1, seção VI, subseção 6).

No dia seguinte, um memorando do Estado-Maior declarou: "É possível que venha a se tornar necessário realizar operações militares no Camboja, a fim de negar às forças armadas vietcongues/norte-vietnamitas os benefícios psicológicos, militares e logísticos desse refúgio" (IV, 492). O mesmo memorando alertou, em seguida, que talvez fossem necessárias armas nucleares, na eventualidade de uma intervenção dos comunistas chineses em qualquer parte da Indochina, o que foi a suposição geral durante todo o tempo.

Uma exposição do serviço secreto feita a McNamara em julho, em Saigon, afirmou que a Região Militar 10 do inimigo, no Vietnã do Sul, estendia-se ao Camboja: "Ele afirmou que a RM 10 deverá tornar-se a maior base da guerra." Na região de Fishhook, prosseguiu o relato, o inimigo "criou um centro de reposição e reparos, supostamente guarnecido por 8 mil homens", para as unidades "muito danificadas no Vietnã do Sul". Um agente informou sobre a existência de um arsenal vietcongue na área do Bico do Papagaio, que também era usada pelos vietcongues em trânsito entre Tay Ninh e o delta (IV, 519).

Em outubro, o Estado-Maior apresentou ao presidente um "resumo das ações dentro das normas atuais", que incluiu a ampliação do "atual programa de reconhecimento 'Daniel Boone', ampliando a área de operações para toda a extensão da fronteira Vietnã do Sul/Camboja; a autorização do uso de helicópteros; a suspensão da limitação do número de missões". E mais: "Autorização para que as forças do 'Daniel Boone' conduzam atos limitados de sabotagem/destruição; autorização para recorrer a ataques aéreos táticos sobre alvos inimigos próximos da fronteira" (IV, 535). Entre os "riscos" desse programa estavam a "reação política negativa" e a possibilidade de que o Camboja "procurasse defender seu território".

É interessante que essas recomendações de que o "programa de reconhecimento" fosse ampliado e de que o uso de helicópteros e ataques aéreos fosse autorizado tenham vindo muito depois da utilização efetiva de helicópteros e ataques aéreos, exatamente como havia acontecido no Vietnã do Sul antes de 1965. Assim, em julho de 1966, por acaso uma equipe de estudos norte-americana esteve presente logo depois de um ataque de helicópteros dos Estados Unidos a uma aldeia cambojana. Primeiro o ataque foi negado, depois, admitido; testemunhas oculares, inclusive uma equipe de televisão da rede CBS, estavam presentes. O governo cambojano submeteu à ONU um relatório minucioso sobre um ataque terrestre conjunto dos EUA/ERV/Coréia do Sul, bem como sobre um ataque aéreo a uma aldeia cambojana, que em seguida foi queimada pelas forças de invasão, as quais ocuparam a área por duas semanas.[60] Todavia, essas e outras operações similares escaparam por completo à atenção dos historiadores do Pentágono; e há um fato mais interessante: muito depois de elas haverem ocorrido, descobriu-se que o comando militar estava buscando autorização para ataques contra "alvos militares" em regiões nas quais fazia muito tempo que os civis vinham sendo submetidos exatamente a esses ataques. É evidente que houve uma dissimulação considerável nas estruturas governamentais civis e de informações militares, e — mais uma vez — uma extraordinária ignorância de fatos que poderiam ter sido descobertos a partir do registro oficial.

No outono de 1967, o chefe do estado-maior da República do Vietnã declarou que "temos de solucionar o problema do Laos e do Camboja, bem como o dos refúgios, senão a guerra poderá durar trinta anos" (IV, 527). No relatório mais recente, o "problema" ainda não tinha sido resolvido. Na verdade, foi gravemente exacerbado pela genialidade do plano de Nixon-Kissinger para o Vietnã.

Um último comentário sobre o Camboja aparece num memorando do ministro da Defesa datado de março de 1968. Sugere ele que, num apelo à ONU, Sihanouk poderia "destacar sua ameaça interna apoiada pelos chineses" (IV, 582). Como de hábito (ver Capítulo 1), as mais altas autoridades dos Estados Unidos, juntamente com os órgãos de informações, aceitaram sem questionamento sério a idéia de que a China estaria apoiando a subversão e a agressão em todas as partes da Indochina. A inexistência de provas nunca abalou essa crença, sempre preservada por sua utilidade, e não com base numa corroboração factual. Como já foi destacado, Charles Meyer, que passou muitos anos em estreita associação com os círculos dirigentes do Camboja, não encontrou nenhuma substância nessa convicção e, na verdade, observou que a China era o único país a dar uma ajuda construtiva ao Camboja, e que sempre adotou "uma política muito flexível, muito respeitosa para com a soberania do país".[61] Dificilmente se poderia dizer o mesmo dos que falam com tanta facilidade em ameaças internas ao Camboja respaldadas pelos chineses.

Notas do Original e/ou de Tradução:

A seção I deste ensaio foi parcialmente extraída de meu artigo "Une guerre américaine 'camouflée'", *Le Monde diplomatique*, dezembro de 1970, reproduzido no *Journal of Contemporary Asia*, vol. 1, nº 3 (1971).

1. George Wilson, *Washington Post-Boston Globe*, 17 de janeiro de 1972.
2. Audiências da Subcomissão [Kennedy] sobre Refugiados e Fugitivos [Hearings Before the [Kennedy] Subcommittee on Refugees and Escapees], senado dos Estados Unidos, 7 de maio de 1970, pp. 54, 57. Para muitas afirmações similares, ver Audiências da Subcomissão [Symington] sobre Acordos de Segurança e Compromissos Externos dos Estados Unidos [Hearings Before the [Symington] Subcommittee on United States Security Agreements and Commitments Abroad], senado dos Estados Unidos, outubro-novembro de 1969, partes 2 e 3.

   Em outros momentos, Sullivan deu seu depoimento de que a guerra no norte do Laos nada teve a ver com as operações no Vietnã do Sul ou no Camboja. *War Related Civilian Problems in Indochina*, Audiências da Subcomissão [Kennedy] sobre Refugiados e Fugitivos, senado dos Estados Unidos, 21-22 de abril de 1971, parte 3: "Laos and Cambodia", pp. 43, 45.
3. T. D. Allman, "Landscape Without Figures", *Manchester Guardian Weekly*, 1º de janeiro de 1972; *Far Eastern Economic Review*, 8 de janeiro de 1972.
4. Michael Morrow, "Unexploded Bombs Threat to Laotian Villagers", Dispatch News Service International, reportagens asiáticas quinzenais, 10 de janeiro de 1972.
5. Joe Nicholson Jr., "Bombing of Laotian Villages Revealed", idem.
6. Entrevista com Fred Branfman, 19 de março de 1972; Jack Anderson, "U.S. Bombings of Laos Villages", *Washington Post*, 9 de abril de 1972. Walkley também depôs sobre essas questões perante o juiz John Lanham, no Tribunal da Primeira Circunscrição, Havaí, em 5-8 de outubro de 1971, depois de uma manifestação na fábrica da Honeywell. A Honeywell é um dos maiores fabricantes das armas antipessoais usadas nessas e em outras operações.
7. Sobre as informações que estavam disponíveis em meados de 1970, ver diversos artigos em Nina S. Adams e Alfred W. McCoy (orgs.), *Laos: War and Revolution*, e meu livro *At War with Asia*, cap. 4.
8. *War-Related Civilian Problems in Indochina*, Audiências da Subcomissão Kennedy, abril de 1971, apêndice 2.
9. "A Survey of Civilian War Casualties Among Refugees from the Plain of Jars". Essa coleção de entrevistas aparece no apêndice 2 das Audiências da Subcomissão Kennedy, 22 de julho de 1971. Ver também o estudo de Haney intitulado "A Survey of Civilian Fatalities Among Refugees from Xieng Khouang Province, Laos", em *Problems of War Victims in Indochina*, Audiências da Subcomissão [Kennedy] sobre Refugiados e Fugitivos, Senado dos Estados Unidos, 9 de maio de 1972, parte 2: "Laos and Cambodia", apêndice 2.
10. Arthur Dommen, *Conflict in Laos*, pp. 308, 311.
11. Idem, p. 311, sem menção explícita. Essa é a única referência ao impacto dos bombardeios do Laos sobre os civis, nesse caso, na província de Sam Neua. Os relatos de Decornoy aparecem em Adams e McCoy, *Laos*.
12. Reexaminei o material existente em *At War with Asia*, cap. 4. De lá para cá, o estudo ali examinado de Langer e Zasloff, da RAND, foi publicado em forma de livro: Paul F.

Langer e Joseph J. Zasloff, *North Vietnam and the Pathet Lao*. Sobre outro esforço para determinar os fatos, ver o importante artigo de Fred Branfman intitulado "Presidential War in Laos", *in* Adams e McCoy, *Laos*. Sobre o envolvimento norte-americano em anos anteriores, ver vários outros artigos dessa coletânea, em especial Gareth Porter, "After Geneva: Subverting Laotian Neutrality", que versa sobre o período crucial de 1962-1964. Ver também as referências citadas no Capítulo 1.

13. Ver nota 2, *supra*.
14. Langer e Zasloff, *North Vietnam and the Pathet Lao*, p. 151.
15. Cf. Branfman, "Presidential War in Laos"; Peter Dale Scott, *The War Conspiracy*, cap. 2.
16. Cf. Branfman, "Presidential War in Laos", p. 269; *At War with Asia*, p. 214, citando D. S. Greenway, da revista *Time-Life*. Carl Strock informou que os adidos militares dos Estados Unidos continuavam a fornecer a cifra de 48 mil norte-vietnamitas em janeiro de 1971; "No News from Laos", *Far Eastern Economic Review*, 30 de janeiro de 1971.
17. Dommen, *Conflict in Laos*, p. 386.
18. *Laos: April 1971*, Relatório de Assessoramento da Subcomissão [Symington] sobre Acordos de Segurança e Compromissos Externos dos Estados Unidos, Senado dos Estados Unidos, abril de 1971, p. 20.
19. Strock, "No News from Laos".
20. Memorando do general Lansdale para o embaixador Taylor, julho de 1961, "Resources for Unconventional Warfare, S.E. Asia" ["Recursos para a guerra não convencional, Sudeste Asiático"], *in* Gerald Gold *et al.* (orgs.), *The Pentagon Papers*, p. 131ss.; *The Pentagon Papers, Senator Gravel Edition*, II, p. 643ss. Ver também Branfman, *Voices from the Plain of Jars*, p. 13. Em geral, estima-se que aproximadamente dois terços da tribo Meo estivessem associados a operações da CIA, ligando-se o terço restante ao Pathet Lao. Sobre os antecedentes, ver Alfred W. McCoy *et al.*, *The Politics of Heroin in Southeast Asia*. Vang Pao era comandante de uma unidade irregular de combate da tribo Meo que lutou ao lado das forças francesas.
21. Audiências da Subcomissão Kennedy, 7 de maio de 1970, p. 24. Rickenbach aceita a afirmação governamental — para a qual não existe nenhuma comprovação séria até hoje — de que os membros da tribo Meo foram organizados para barrar uma invasão norte-vietnamita no fim da década de 1950. Os Meo, acredita ele, foram explorados pelo governo dos Estados Unidos por sua utilidade regional, destruídos nesse processo e, posteriormente, abandonados.
22. Rickenbach também informou sobre "bombardeios indiscriminados de centros populacionais civis" que provocaram um "caos e destruição sem sentido (em vez de alguma vantagem militar)". E forneceu diversos exemplos.
23. John Everingham, "Decimation of the Meo", Conferência Nacional Contra a Guerra, Sydney, Austrália, fevereiro de 1971.

Em fevereiro de 1972, Everingham foi capturado pelo Pathet Lao e posteriormente libertado, depois de um mês na região da planície de Jars. Durante todo esse período, o Pathet Lao estava no comando, pelo que ele pôde determinar. Everingham viu poucos vietnamitas — nenhum depois do primeiro dia no cativeiro. As regiões por onde passou foram submetidas a bombardeios constantes, sobretudo com BFs antipessoais, as quais, segundo ele observou, eram "lançadas a esmo (...) nas ravinas cobertas de florestas, entre as montanhas em que se escondiam acampamentos militares e, em pontos separados, aldeias de civis". Ver *American Report*, 21 de abril, 28 de abril e 5 de maio de 1972; as três reportagens saíram em *Win*, 1º de maio de 1972.

24. Relatórios do USIS e da embaixada foram citados por Walter Haney, "The Pentagon Papers and United States Involvement in Laos", *in The Pentagon Papers*, Senator Gravel Edition, vol. 5, Noam Chomsky e Howard Zinn (orgs.), *Critical Essays*.
25. *Refugee and Civilian War Casualty Problems in Indochina*, Relatório de Assessoramento da Subcomissão Kennedy sobre Refugiados e Fugitivos, Senado dos Estados Unidos, 28 de setembro de 1970.
26. Audiências da Subcomissão [Symington] sobre Acordos de Segurança e Compromissos Externos dos Estados Unidos, Senado dos Estados Unidos, outubro de 1969, parte 2: "Kingdom of Laos", pp. 526, 553, doravante citadas como Audiências da Subcomissão [Symington], 1970.
27. Relatório de Assessoramento da Subcomissão Kennedy, p. 23. John Hannah, o diretor da USAID, admitiu publicamente que essa agência funciona como "fachada" da CIA no Laos (7 de junho de 1970). Ver Adams e McCoy, *Laos*.
28. Relatório de Assessoramento da Subcomissão Kennedy, p. 19.
29. Haney, "Pentagon Papers", p. 70. Ver as referências anteriormente citadas para uma descrição da conduta do exército da CIA, quando ele conquistou por um breve período a planície de Jars, no fim de 1969.
30. Audiências da Subcomissão Symington, 1970, parte 3, pp. 792, 780-781, 790.
31. Existem diversos relatórios do governo norte-americano: Edward T. McKeithen, *Life under the P.L.* e *The Role of North Vietnamese Cadres*; Langer e Zasloff, *North Vietnam and Pathet Lao*. Esses relatórios, que, como seria de se esperar, são muito hostis ao Pathet Lao, apresentam dados consideráveis, que não são incompatíveis com os relatos de refugiados postos à minha disposição. Ver *At War with Asia* para uma pequena discussão desse material. Ver também o importante estudo de G. Chapelier e J. Van Malderghem, "Plain of Jars, Social Changes Under Five Years of Pathet-Lao Administration", *Asia Quarterly* [Bruxelas], 1971/1. No tocante a alguns assuntos específicos — como o papel dos "grupos de conscientização" —, as conclusões desses autores diferem dos relatos que obtive de refugiados que eram claramente simpatizantes do Pathet Lao. Ver também os depoimentos em *Voices from the Plain of Jars*, que parecem corroborar a imagem que obtive.
32. Uma entrevista reproduzida na íntegra, que me pareceu particularmente interessante, aparece em Adams e McCoy, *Laos*, cap. 29.
33. Para uma pequena discussão, ver *At War with Asia*, pp. 222-223.
34. Dennis Duncanson, *Government and Revolution in Vietnam*, p. 6, 21.

    Em *War Comes to Long An*, Jeffrey Race assinala as informações de que os criminosos constituíam "uma fonte de recrutas pequena, mas importante" da FLN, revelando "quão pouco [o partido] era entravado por qualquer visão doutrinária estreita" (p. 173). Em geral, "a prioridade no recrutamento e na promoção era concedida às camadas econômicas inferiores", sendo os antigos integrantes da Vietminh o primeiro grupo de recrutas pós-Genebra (pp. 168, 172). Isso se coadunava com a estratégia de "desenvolver políticas mais compatíveis com os interesses da [grande maioria da população do país] do que eram as políticas do governo" (p. 150), o que foi a chave da vitória da FLN em 1965. Race fornece detalhes que mostram que "a inexistência de recursos populares contra o comportamento criminoso das autoridades de governo" proporcionou "um terreno fértil para a propaganda do Partido" (pp. 88-89), e discute longamente o papel do terrorismo governamental. Quanto ao "crime organizado", este penetrou a fundo no Sudeste Asiático, por meio dos grupos dirigentes criados pelos Estados Unidos. Ver referências do Capítulo 4, nota 15.

35. Resenhas de livros, *Pacific Affairs*, vol. 44, nº 4 (1971-1972).
36. Ithiel de Sola Pool, "Village Violence and International Violence", Peace Research Society Papers nº 9, Conferência de Cambridge, 1968. Reproduzido *in* Pool (org.), *Reprints of Publications on Vietnam*, 1966-1970, maio de 1971, edição particular.
t1. Sigla da denominação norte-americana, General Accounting Office.
37. Ver Terence Smith, *New York Times*, 5 de dezembro de 1971; Iver Peterson, *New York Times*, 2 de dezembro de 1971; Darius Jhabvala, *Boston Globe*, 6 de fevereiro de 1972. Sobre o comportamento do exército da República do Vietnã, ver *New York Times*, 6 de dezembro de 1970; Iver Peterson, *New York Times*, 10 de dezembro de 1970; Henry Kamm, *New York Times*, 21 de março de 1971 e 2 de julho de 1971; Sydney Schanberg, *New York Times*, 9 de setembro de 1971; e os livros citados na nota 38, adiante.
38. Jean-Claude Pomonti e Serge Thion, *Des courtisans aux partisans*; Charles Meyer, *Derrière le sourire khmer*.
t2. Khmer Livre ou Movimento de Libertação Khmer.
39. Cf. *At War with Asia*, p. 142 n.
40. Coletiva de imprensa, 12 de novembro de 1971; *U.S. State Department Bulletin*, 6 de dezembro de 1971, p. 646.
41. T. D. Allman, "Who Killed Sihanouk?", *Manchester Guardian*, 18 de setembro de 1971.
42. "U.S. Indirectly Supported Sihanouk's Ouster", Dispatch News Service International, comunicados asiáticos quinzenais, 11 de outubro de 1971.
43. Pomonti e Thion, *Des courtisans aux partisans*, p. 222, citando uma reportagem do *Le Monde* sobre uma entrevista na BBC. Marasco era um capitão das Forças Especiais que foi acusado de assassinar um espião vietnamita, Thai Khac Chuyen.
44. "Ex-Beret Links New Cambodia Prime Minister to Murder Trial", Dispatch News Service International, 5 de abril de 1972; partes desse texto foram publicadas no *Chicago Sun-Times* de 9 de abril de 1972.
45. Idem.
46. Richard A. Fineberg, "Cambodian Premier Links CIA to Sihanouk Ouster", *St. Louis Post-Dispatch*, 6 de abril de 1972. Fineberg discute a entrevista de Allman com Thanh e

informa que Milton Osborne fizera um relato similar no começo de 1971, com base em entrevistas com o irmão de Thanh.

47. Por exemplo, os professores Edwin Reischauer e Milton Sacks, numa reunião pública em Cambridge, Massachusetts, no verão de 1970, sobre acontecimentos recentes no Camboja.

48. Meyer, *Derrière le sourire khmer*, p. 321-324. Cf. também Pomonti e Thion, *Des courtisans aux partisans*, caps. 10 e 11 e p. 221-222.

49. Para uma descrição detalhada das ações militares dos EUA/Exército da República do Vietnã a partir de meados de março, às vezes coordenadas com os militares cambojanos, ver Jeff Pearson e Jessica Smilowitz, "Biting the Fishhook", *Bulletin of Concerned Asian Scholars*, vol. 2., nº 4 (outono de 1970).

50. *Études cambodgiennes*, abril-junho de 1967, p. 4, citado por Pomonti e Thion, pp. 113-114.

51. *At War with Asia*, p. 142, nota.

52. Diversos veteranos norte-americanos fizeram relatos de incursões freqüentes em áreas da fronteira cambojana em 1967-1968, as quais chegaram a atingir um trecho de até vinte quilômetros. Ver o depoimento de Larry Rottmann, oficial de informações da 25ª Divisão de Infantaria, National Veteran's Inquiry, Washington, D.C., dezembro de 1970, *in* James S. Kunen, *Standard Operating Procedures*, p. 56.

Sobre a ofensiva militar no norte e no centro do Laos, com apoio norte-americano, no outono de 1963, logo depois do aumento da infiltração da CIA no Laos, ver Gareth Porter, "After Geneva", pp. 198-199. Peter Dale Scott discutiu a escalada das atividades clandestinas dos Estados Unidos na Indochina no outono de 1963 ("Vietnamization and the Drama of the Pentagon Papers", *in* Chomsky e Zinn, *Critical Essays*). Ele assinalou que a ofensiva militar do outono no Laos coincidiu com uma escalada das atividades do Khmer Serei contra Sihanouk, apoiadas pela CIA e também assinaladas por Meyer e Pomonti-Thion. Ele citou igualmente uma reportagem do *New York Times* de 20 de novembro de 1963, sobre dois infiltradores capturados do Khmer Serei que descreveram suas atividades contra o governo cambojano a partir de uma aldeola fortificada no Vietnã do Sul, controlada por assessores militares dos Estados Unidos.

53. Milton Osborne, crítica de Noam Chomsky, *At War with Asia*, *Pacific Affairs*, vol. 44, nº 2 (1971).

54. Seria possível citar muitos outros. Por exemplo, Robert Shaplen escreveu que a população khmer "valorizava e reverenciava [Sihanouk], porém, num sentido mais amplo, essa relação ia muito além da que existe entre pais e filhos, chegando à de um herói no estilo Super-homem com sua platéia" ("Cambodia Is Sihanouk", *in* Jonathan S. Grant *et al.* (orgs.), *Cambodia: the Widening War in Indochina*, p. 79). Eu acrescentaria que em minha discussão foram introduzidas várias ressalvas, como na nota 12, p. 124: "Os que estão familiarizados com a política interna do Camboja consideram as informações colocadas à disposição dos ocidentais como sendo de qualidade sumamente duvidosa, e qualquer esforço de interpretação detalhada deve, com certeza, ser empreendido com cautela."

Sobre essas questões, além das fontes citadas acima, ver também William Rosoff, "Dissension in the Kingdom", *in* Grant *et al.*, *Cambodia.*

55. Michael Leifer, resenha de Jonathan S. Grant *et al.* (orgs.), *Cambodia*, *Pacific Affairs*, vol. 44, nº 4 (1971-1972).
56. Allman, "Who Killed Sihanouk?".
57. Department of Defense [Ministério da Defesa], *United States-Vietnam Relations, 1945-67*, livro. 2, IV. A.5, tab. 3, p. 64. Essa é a edição governamental em ofsete dos Papéis do Pentágono.
58. Ver *At War with Asia*, cap. 3, para exemplos e outras referências. Alguns casos foram relatados na imprensa norte-americana (ver nota 52, *supra*).
59. Referências à Senator Gravel Edition de *The Pentagon Papers*, por volume e por página.
60. Ver *At War with Asia*, pp. 121-122.
61. Meyer, *Derrière le sourire khmer*, p. 219.

CAPÍTULO 3

A REGRA DA FORÇA NOS ASSUNTOS INTERNACIONAIS

Surgem duas questões diferentes quando se considera a experiência norte-americana no Vietnã no contexto do julgamento de Nuremberg e de convenções internacionais correlatas: a questão da "legalidade" e a questão da justiça. A primeira é uma questão técnica de direito e de história: pelas normas do direito internacional, tais como formalmente aceitas pelas grandes potências, como se deve julgar a guerra norte-americana na Indochina? A segunda questão é mais elusiva. Trata-se da questão das normas apropriadas. Será que os princípios de Nuremberg e do direito internacional correlato são satisfatórios e apropriados no caso da intervenção praticada por grandes potências, como no Vietnã e na Tchecoslováquia, por exemplo? O recente estudo de Nuremberg e do Vietnã feito por Telford Taylor — principal advogado de acusação em Nuremberg, historiador, professor de direito e general reformado — é dedicado ao primeiro desses tópicos, porém alguns comentários ocasionais referem-se também ao segundo. É possível que o estudo de Taylor, sucinto, mas informativo, estabeleça a estrutura de grande parte dos debates posteriores sobre crimes de guerra e sobre questões mais amplas da conduta internacional apropriada. Apesar de conservadora em suas suposições e estreita em sua abrangência — excessivamente, em minha opinião —, a investigação de Taylor leva a algumas conclusões fortes. Ele chega quase a sugerir que a liderança militar e civil dos Estados Unidos, de 1965 para cá, é passível de processos por crimes de guerra, segundo os moldes de Nuremberg. Não menos controvertidas são as limitações auto-impostas em seu estudo. Em muitos aspectos, o livro de Taylor oferece um ponto de partida conveniente para uma investigação das questões da legalidade e da justiça.

I. "CRIMES DE GUERRA" E "JUSTIÇA"

O problema da justiça não pode ser desconsiderado. Com efeito, o direito internacional é um corpo de princípios morais aceitos como válidos por aqueles que ratificam tratados e outros acordos. Além disso, como enfatiza Taylor, os tratados e manuais "são apenas encarnações parciais das leis da guerra". O preâmbulo da Convenção de Haia de 1907, por exemplo, afirma que as questões não abrangidas devem ser solucionadas pelos "princípios do direito das nações, de vez que resultam dos usos estabelecidos entre povos civilizados, das leis da humanidade e dos ditames da consciência pública".[1] Por isso, faz sentido indagar sobre a *aceitabilidade* e sobre o *conteúdo* político e social dos princípios que foram codificados e geralmente adotados, e considerá-los à luz dos ditames da consciência pública e das leis da humanidade, por menos claros que possam ser. Quanto aos "usos estabelecidos entre povos civilizados", o juiz Jackson, num relatório provisório enviado ao presidente dos Estados Unidos em 1945, escreveu que "temos a pesada responsabilidade de nos certificarmos de que nosso comportamento, durante este período instável, oriente o pensamento do mundo para uma aplicação mais firme das leis da conduta internacional, a fim de tornar a guerra menos atraente para aqueles que têm em seu poder os governos e o destino dos povos" (p. 77) De que modo assumimos essa responsabilidade no período pós-guerra? Esta pergunta toca não apenas na legalidade da conduta norte-americana à luz de Nuremberg e de outros princípios correlatos, mas também no caráter desses próprios princípios.

A discussão dos julgamentos de Nuremberg por Taylor revela uma falha moral fundamental nos princípios que emergiram desses julgamentos. Rejeitando a tese de que o bombardeio do Vietnã do Norte constitui um crime de guerra, Taylor observa que, "quaisquer que *devam* ser as leis da guerra nesse campo, Nuremberg decerto não fornece uma base para tais acusações" (p. 142). No entanto, esse bombardeio arrasou a maior parte do Vietnã do Norte, inclusive algumas cidades grandes, com exceção de Hanói e Haifong.[2]

A razão por que a lei dos crimes de guerra não atinge os bombardeios norte-americanos é simples:

> Visto que ambos os lados [na Segunda Guerra Mundial] haviam praticado o terrível jogo da destruição urbana — com muito mais sucesso por parte dos Aliados —, não havia base para acusações criminais contra os alemães ou os japoneses e, de fato, tais acusações não foram formuladas. [pp. 140-141]
>
> Os bombardeios aéreos tinham sido usados de maneira tão extensa e implacável do lado dos Aliados, bem como do lado do Eixo, que nem em Nuremberg nem em Tóquio essa questão fez parte dos julgamentos. [p. 89]

Similarmente, as acusações contra almirantes alemães pela violação do Tratado Naval de Londres de 1930 foram descartadas após o depoimento do almirante Nimitz, que "estabeleceu que, nesse aspecto, os alemães não tinham feito nada que os britânicos e norte-americanos também não houvessem feito" (p. 37). O Tribunal de Nuremberg decidiu que os almirantes alemães não deveriam ser submetidos a nenhuma penalidade criminal por sua violação do direito internacional, porque as leis em questão "tinham sido ab-rogadas pela prática dos beligerantes de ambos os lados, sob a pressão da necessidade militar" (p. 38). Taylor conclui que "punir o inimigo — em especial o inimigo derrotado — por uma conduta na qual a nação implementadora da lei se engajou seria tão flagrantemente injusto que desacreditaria as próprias leis" (p. 39).

Por esses comentários, podemos deduzir a definição de "crime de guerra" concebida em Nuremberg. Os atos criminosos só deveriam ser tratados como crimes se o inimigo derrotado, mas não os vencedores, os houvesse praticado. Mas seria justo e eqüitativo punir tanto o vencedor quanto o vencido por seus atos criminosos. Essa opção, que Taylor não menciona, não foi adotada pelos tribunais do pós-guerra. Em vez disso, eles optaram por "desacreditar as próprias leis", ao restringirem sua definição de conduta criminosa de modo a excluir a punição dos vencedores.[3]

A conclusão de que Nuremberg deve ser compreendido como o julgamento dos vencedores, e não como a conquista de um novo nível de moralidade internacional, é reforçada pela discussão de Taylor sobre a guerra de agressão. A contribuição distintiva de Nuremberg, assinala ele, foi estabelecer a categoria dos crimes contra a paz: "O planejamento, preparação, iniciação ou deflagração de uma guerra de agressão, ou de uma guerra que viole tratados, acordos ou garantias internacionais", ou a "participação num plano ou conspiração comum" para esse fim.[4] "Em termos do direito internacional substantivo", escreve Taylor, "e na mente do público em geral, o aspecto mais destacado dos julgamentos de Nuremberg foi a decisão de que indivíduos poderiam ser considerados culpados de participação no planejamento e na deflagração de "uma guerra de agressão"" (p. 84). "Incontestavelmente, uma parte fundamental da política do governo dos Estados Unidos no pós-guerra foi estabelecer a criminalidade, nos termos do direito internacional, das guerras de agressão (...)" (p. 76).

Mas, argumenta Taylor, dificilmente um tribunal poderia decidir a questão de os Estados Unidos terem ou não violado as cláusulas de não agressão das cartas de Nuremberg ou das Nações Unidas.[5] E isso por uma razão: "Os problemas da obtenção de provas seriam praticamente insuperáveis." Em Nuremberg e Tóquio, os Aliados tiveram acesso a arquivos diplomáticos e militares secretos, os quais não seriam disponibilizados pelos governos dos Estados Unidos e do Vietnã do Sul. "As vitórias militares totais, como as que puseram fim à Segunda Guerra Mundial, são relativamente raras na história moderna, e é difícil imaginar outras circunstâncias que pudessem destrancar os arquivos secretos" (pp. 118-119). Todavia, se apenas o acesso aos arquivos secretos é capaz de fornecer provas de que se travou uma guerra de agressão, deduz-se daí que a "característica mais destacada dos julgamentos de Nuremberg" só será relevante, em condições normais, para o caso de um inimigo que tenha sofrido uma derrota militar completa.

Na verdade, Taylor hesita um pouco quanto à questão da prova da agressão, uma vez que parece confiar em que o Executivo formule juízos unilaterais a respeito da agressão por outros Estados, a despeito dos "insuperáveis" problemas da comprovação. Escreve ele que, "até 1965, [apoiou] a intervenção norte-americana no Vietnã como uma iniciativa de impedimento da agressão, dentro do espírito da Carta das Nações Unidas" (p. 206).[6] Era permissível, na opinião dele, que o Executivo norte-americano determinasse unilateralmente que o Vietnã do Norte estivera empenhado numa guerra de agressão antes de 1965, e que se unisse ao Vietnã do Sul numa autodefesa coletiva contra o ataque armado proveniente do Norte, nos termos do artigo 51 da Carta das Nações Unidas. Tão singular é a competência dos Estados Unidos para exercer esse julgamento, Taylor parece acreditar, que não seria necessário nem mesmo aderir à cláusula do artigo 51 que determina que as medidas tomadas no exercício do direito de legítima defesa sejam imediatamente comunicadas ao Conselho de Segurança,[7] nem à cláusula do artigo 39 que reza que "o Conselho de Segurança determinará a existência de qualquer ameaça à paz, rompimento da paz ou ato de agressão", e determinará as medidas a serem tomadas.

Com efeito, creio que Taylor exagera os "problemas comprobatórios" de determinar se os Estados Unidos estão engajados numa agressão no Sudeste Asiático, assim como subestima a dificuldade de estabelecer que o país se engajou numa legítima defesa coletiva contra um ataque armado. Sua discussão da guerra de agressão também me parece insatisfatória em outros aspectos.

Está em jogo uma questão ainda mais grave, quando consideramos a aceitabilidade dos princípios do direito internacional codificados na Carta de Nuremberg e em outros textos. Esses princípios foram formulados por representantes de governos estabelecidos, sem a participação de representantes dos movimentos populares de massa que procuram depor governos reconhecidos ou que instauram governos revolucionários. Richard Falk afirma que, "do ponto de vista da ordem internacional, a capacidade de governar certamente constitui um componente da reivindicação de legitimidade política",[8] e Thomas J. Farer fala da "perigosa ambigüidade em relação a exatamente quando a insurgência atinge um *status* suficiente para exigir um tratamento igual".[9] Esse ponto é crucial para avaliarmos a crença de Taylor em que os Estados Unidos empenharam-se numa iniciativa de "deter a agressão" no Vietnã, digamos, em 1962. Naquele ano, autoridades norte-americanas em Saigon estimaram que metade da população apoiava a Frente de Libertação Nacional.[10] Ademais, não havia indícios de participação norte-vietnamita em combate algum, e havia 10 mil soldados norte-americanos no Vietnã do Sul, muitos deles diretamente engajados em ações militares.[11] Bernard Fall assinalou que, "desde 1961, há norte-americanos morrendo no Vietnã e usando uniformes norte-americanos. E eles morrem em combate".[12] Em março de 1962, autoridades estado-unidenses admitiram que havia pilotos norte-americanos executando missões de combate (bombardeios e ataques de artilharia). Em outubro, informou-se que 30% de todas as missões aéreas no Vietnã do Sul tinham pilotos da Força Aérea dos Estados Unidos no controle.[13] No fim de 1962, os Estados Unidos estavam diretamente envolvidos em grandes ações militares no Delta do Mekong e na península de Camau.[14] Num livro publicado em 1963, Richard

Tregaskis relatou entrevistas com pilotos de helicópteros norte-americanos que descreveram como os "selvagens" do 362º Esquadrão costumavam atirar em civis por esporte, em "áreas solidamente vietcongues".[15] Informou-se também que, em 1962, comandos aéreos da Força de Operações Especiais, "usando trajes civis e voando em aviões com as insígnias da Força Aérea Sul-vietnamita, (...) atacaram concentrações de vietcongues na selva".[16]

Em suma, há bons indícios de que os Estados Unidos se envolveram em ataques militares diretos a forças populares nativas do Vietnã do Sul já em 1962. Seria lícito chamar isso de "guerra de agressão", se de fato a capacidade de governar fosse um motivo para reivindicar a legitimidade política. Suponhamos que alguém afirmasse, ao contrário, que os governos reconhecidos pelas grandes potências têm permissão legal para convocar forças externas para subjugar insurgências internas, ao passo que os insurgentes não têm o direito de buscar ajuda externa. Suponhamos ainda que essa norma se aplicasse mesmo nos casos em que os insurgentes constituíssem o único governo eficaz em grandes áreas e a única organização política de massa,[17] e nos quais esses insurgentes pedissem apoio a um Estado do qual tivessem sido arbitrariamente separados por intervenção e subversão das grandes potências.[18] Se essa norma hipotética é uma interpretação exata do sistema de direito internacional que prevalece atualmente, a única conclusão apropriada é que esse sistema jurídico deve ser descartado como desprovido de força moral. Ou então, para sermos mais precisos, a conclusão deve ser que esse sistema de direito é, simplesmente, um recurso para ratificar a prática imperialista.

Essas questões não surgem de forma direta na discussão de Taylor, em parte porque ele mal toca no período pré-1965, ao qual elas são diretamente pertinentes. Entretanto, há problemas similares implícitos na discussão que ele faz da legalidade de várias formas de guerra. Como já foi assinalado, Taylor afirma que a guerra aérea não é intrinsecamente ilegal, embora o "silêncio de Nuremberg" a esse respeito levante questões "de especial relevância para as políticas de bombardeio norte-americanas (...) no Vietnã do Sul" (p. 142). A destruição rotineira de aldeias pelo poder de fogo e por ataques terrestres norte-americanos, assim como a evacuação forçada da população, no dizer dele, é de legalidade duvidosa, e os ataques sob a forma de represálias contra aldeias que abrigam vietcongues — uma política oficial, como ele assinala — são uma "flagrante violação" das Convenções de Genebra (p. 145). E mais,

Taylor considera ilegal a criação de zonas de bombardeio livre (p. 147). Mas enfatiza os grandes problemas para determinar de que modo os princípios jurídicos devem ser aplicados na situação do Vietnã, onde uma superpotência vem usando seus recursos tecnológicos para destruir forças guerrilheiras que se escondem na população. O problema básico é o seguinte:

> O inimigo não respeita essas leis, o terreno se presta a operações clandestinas de que mulheres e crianças participam com freqüência, os inimigos e os amigos não se rotulam como tais, e os indivíduos da raça amarela são de difícil identificação para nossos soldados. Tal como nas Filipinas, há 65 anos, nossos soldados estão a milhares de quilômetros de casa, em ambientes desconfortáveis, perigosos e desconhecidos. Ninguém que não esteja completamente cego para a realidade pode deixar de reconhecer e descontar as dificuldades e incertezas que eles enfrentam para distinguir os não combatentes inofensivos dos guerrilheiros hostis. [p. 152]

O inimigo "está em inequívoca violação das leis tradicionais da guerra e das Convenções de Genebra, que se baseiam na distinção entre combatentes e não combatentes", em dois aspectos específicos: não usa "um emblema fixo e distintivo que seja reconhecível à distância" nem "porta armas abertamente", como fazem os soldados norte-americanos. A lei, tal como reafirmada em Nuremberg, afirma que "o civil que ajuda, apóia ou participa da luta é passível de punição como criminoso de guerra". Talvez isso pareça duro, escreve Taylor, mas "com certeza é a lei" (pp. 136-137),[19] do mesmo modo que a lei pode não se aplicar ao bombardeio aéreo de cidades e aldeias no esforço de dobrar a vontade do inimigo ou de lhe negar recursos materiais ou humanos.

Essas observações aproximam-se muito de rotular de ilegal a "guerra do povo", ao mesmo tempo permitindo o uso da tecnologia das potências industrializadas para reprimi-la. Uma característica essencial da guerra revolucionária do povo, no estilo vietnamita, é que ela combina a ação política e a ação militar, com isso embotando a distinção entre combatentes e não combatentes. Os revolucionários vietnamitas, em geral, tentaram seguir a exigência maoísta de que "a transição sem sangue é aquilo de que gostaríamos e pelo qual devemos lutar".[20] Até Douglas Pike admitiu que a FLN "sustentava que sua batalha com o governo vietnamita e com os Estados Unidos deveria ser travada no plano político, e que o uso de um poderio militar maciço era ilegítimo em si mesmo", até ser obrigada pelos Estados Unidos e pelo governo do Vietnã "a usar uma força contrária para sobreviver".[21] Quando a FLN recorreu ao contra-ataque para sobreviver, ela explorou sua vantagem natural, que era a capacidade dos guerrilheiros de se misturarem com a população local simpatizante, assim como os Estados Unidos exploraram sua vantagem natural na tecnologia de inspeção e destruição.

Essas características da guerra do povo foram resumidas, anos atrás, pelo principal ideólogo comunista vietnamita, Truong Chinh:

> [Há] os que tendem a confiar apenas na ação militar. (...) Tendem a crer que tudo pode ser resolvido pela força das armas; não empregam a mobilização política, não se dispõem a dar explicações e a convencer as pessoas; (...) lutando com empenho, eles negligenciam o trabalho político; não (...) agem de um modo que permita ao exército e ao povo ajudarem entusiasticamente um ao outro.[22]

Citando essa passagem, Bernard Fall observou que, "mais uma vez, o inimigo fez a gentileza de nos dar a receita de sua vitória".[23] A receita é conquistar o apoio político do povo e engajar a população em geral na luta contra o governo central, apoiado — nesse caso, imposto — pela força militar estrangeira. A participação de civis na guerra revolucionária reflete seu caráter político e social, assim como o bombardeio de saturação por aviões B-52 saídos de bases protegidas em Guam e na Tailândia revela o caráter político e social essencial da "contra-insurgência" norte-americana. As leis da guerra julgam ilegal a primeira dessas práticas, ao passo que o silêncio de Nuremberg recai sobre a prática norte-americana. Essas leis, afirma Taylor, condenam como criminosos de guerra os civis que pegam em armas contra um inimigo estrangeiro ou contra seus protegidos locais; tais civis "violam inegavelmente" as leis da guerra. Mas, com respeito aos pilotos norte-americanos que destruíram cidades e aldeias e devastaram terras cultivadas e florestas, expulsando milhões de pessoas de suas casas e matando um número desconhecido delas em toda a Indochina, ou aos que planejaram essa política, as leis da guerra pouco têm a dizer. Quando muito, "o silêncio de Nuremberg (...) formula [perguntas] (...) pertinentes às políticas norte-americanas de bombardeio (...) no Vietnã do Sul" (p. 142) e, ao que podemos presumir, também no Laos e no Camboja (ver, porém, p. 275).

Compreendidas dessa maneira, essas leis são a arma dos fortes, e não têm nenhuma força nem validade morais. Trata-se de uma decisão política de aceitar uma dada interpretação da lei, que afirma que um governo instalado e mantido por uma potência estrangeira (como no Vietnã do Sul ou na Hungria) tem o direito de recorrer a essa potência estrangeira para reprimir a insurgência, uma insurgência que ganhou um respaldo político tão amplo que os insurgentes são indistinguíveis da população, e que afirma que os civis participantes da insurgência são criminosos de guerra. É uma decisão política de aceitar como válida a lei de que os combatentes devem identificar-se como tais perante os soldados do exército estrangeiro, ao passo que a mesma lei não faz qualquer objeção ao envio de soldados, "a milhares de quilômetros de casa", para "situações desagradáveis" em que eles não conseguem distinguir os não combatentes dos combatentes.

Embora Taylor tenha toda razão em insistir nas dificuldades e incertezas enfrentadas por esses soldados, não há razão para deixar de condenar os líderes políticos que os mandaram para lá, ou para reconhecer a validade de um sistema jurídico que permite isso, ao mesmo tempo que condena a receita de vitória do inimigo: conquistar o apoio popular e usar esse apoio da única maneira que um movimento popular pode fazer, para derrubar os representantes locais de uma superpotência estrangeira. Não há razão, entenda-se, à parte o juízo político de que as grandes potências têm o direito de impor à força um regime de sua escolha em terras estrangeiras. O sistema jurídico, assim interpretado, é uma simples ratificação da prática imperialista.

Embora Taylor não seja inteiramente explícito, ele parece aceitar o juízo político de que os Estados Unidos têm o direito de impor o regime de sua escolha ao Vietnã do Sul. Em sua discussão dos objetivos da guerra, ele se refere a "nossa política declarada", ou seja, "conquistar e preservar a fidelidade política dos sul-vietnamitas a um governo não comunista, oferecendo-lhes assistência defensiva contra qualquer meio militar empregado pelo Norte" (p. 189). A única objeção que ele afirma a essa política é que, nas circunstâncias do Vietnã, ela não tinha probabilidade de funcionar. Quanto à "assistência defensiva" contra o Norte, decerto ele estava ciente de que as principais unidades de combate da FLN eram naturais do país desde o começo, e assim permaneceram até os Estados Unidos internacionalizarem a guerra. Ele parece acreditar que era legítimo os Estados Unidos introduzirem suas forças militares, como fizeram no começo da década de 1960, para conquistar e preservar a fidelidade dos sul-vietnamitas ao governo não comunista instalado pelos Estados Unidos em 1954. Taylor se refere ao "traço profundamente idealista que há na tradição intervencionista norte-americana" (p. 186), como quando McKinley justificou a guerra contra a Espanha em 1898. Esse é um julgamento histórico muito superficial. Praticamente todas as potências imperiais justificam seus atos através de alegações "idealistas". Assim foi com os impérios britânico e francês, com os japoneses no Leste Asiático[24] e com os russos no Leste Europeu. O fato de os líderes e as populações das potências imperialistas poderem até sucumbir a essas fantasias não chega a ser significativo. O notável é que os padrões pelos quais julgamos outros casos de intervenção imperialista pareçam tão difíceis de compreender quando aplicados a nossos próprios atos.[25]

Taylor indaga se a condução norte-americana da guerra, com reassentamentos forçados, cumplicidade na tortura de prisioneiros, entusiasmo pela contagem das vítimas, devastação de grandes áreas para expor os insurgentes, zonas de bombardeio livre e o massacre de Son My, foi meramente "uma louca e terrível aberração" (p. 152). E responde, corretamente, que em parte isso foi conseqüência das características específicas da Guerra do Vietnã já citadas, que tornam muito difícil a aplicação das leis da guerra. Na realidade, a política de reassentamento forçado e devastação de grandes áreas do país foi uma resposta racional, talvez até necessária, às circunstâncias específicas da Guerra do Vietnã. Bernard Fall, anticomunista ferrenho e vigoroso defensor da guerra norte-americana, antes de ela atingir sua plena fúria, explicou muito bem esse fato, no começo da década de 1960:

> Por que é que devemos usar as mais qualificadas forças de elite, a nata dos comandos e escolas militares especializadas norte-americanos, ingleses, franceses ou australianos, armados com o melhor que a tecnologia avançada é capaz de oferecer, para derrotar guerrilheiros da Vietminh, argelinos ou "TCs" [terroristas chineses] malaios, quase nenhum dos quais é capaz de afirmar uma formação especializada semelhante e, a não ser em raríssimos casos, uma igualdade de poder de fogo?

> A resposta é muito simples: é preciso toda a proficiência técnica que nosso sistema pode oferecer para compensar a lamentável falta de apoio popular e sabedoria política da maioria dos regimes que o Ocidente tem procurado respaldar até aqui. Os norte-americanos que estão hoje em combate no Vietnã do Sul passaram a reconhecer esse fato por experiência, em primeira mão.[26]

Hoje em dia, há provas imensamente maiores para corroborar a conclusão de Fall. "O elemento do apoio popular verdadeiro é vital", escreveu ele.[27] E foi exatamente esse "apoio popular verdadeiro" que levou Washington a adotar a política da retirada forçada das populações, que reduziu os camponeses de cerca de 85% para aproximadamente metade da população, ao mesmo tempo que arrasou o interior. Se o direito internacional nada tem a dizer a esse respeito, exceto que os civis que ajudam a resistência são criminosos de guerra, sua falência moral se revela com flagrante clareza.

II. "CRIMES DE GUERRA" NO VIETNÃ

O tema principal que Taylor examina, entretanto, é a questão mais estrita da legalidade dos atos norte-americanos no Vietnã, quando cotejados com o arcabouço de Nuremberg e de outras convenções correlatas. Em sua análise da intervenção norte-americana depois de 1965, Taylor conclui que há claros indícios de que se cometeram crimes de guerra e de que a culpa por esses crimes se estende aos altos escalões do comando militar e da liderança civil. As provas, nesse aspecto, são fartas.

O exemplo primordial examinado por Taylor é o massacre de My Lai. O Dr. Alje Vennema, diretor de um hospital canadense próximo do local do massacre, informou ter tomado pronto conhecimento dele, mas não ter feito nada porque nada havia nele de fora do comum. Seus pacientes lhe relatavam constantemente incidentes similares. A província de Quang Ngai, onde se situa My Lai, tinha sido praticamente destruída. Metade da população fora obrigada a ir para campos de refugiados, e havia crianças feridas e passando fome.[28] O coronel Oran Henderson, o oficial de mais alta patente a enfrentar acusações na corte marcial pelo massacre de My Lai, declarou que "toda unidade do porte de uma brigada tem seu Mylai escondido em algum lugar", embora "nem toda unidade tenha um Ridenhour".[29]

Essa observação é corroborada pelo testemunho direto de veteranos de todo o país. Para citar apenas alguns exemplos aleatórios, um atirador de helicóptero altamente condecorado prestou depoimento em El Paso, no Texas, em 5 de maio de 1971, dizendo que, dos 39 vietnamitas que tinha matado, um era um velho que estava andando de bicicleta e dez eram um grupo de civis desarmados. Em cada um desses casos, ele afirmou ter agido sob as ordens diretas de seu oficial no comando. Um ex-integrante da Guarda Costeira testemunhou que suas ordens eram pilotar um pequeno barco a motor pelos canais do delta, atirando a esmo em todas as aldeias, para verificar se havia habitantes. Em audiências realizadas pela Comissão de Inquérito dos Cidadãos sobre Crimes de Guerra dos Estados Unidos, em Washington, D.C., em 1-3 de dezembro de 1970, um integrante do corpo médico da 101ª Divisão Aerotransportada testemunhou que aproximadamente 27 civis, numa reunião pacífica, foram mortos num ataque não provocado, por tanques norte-americanos que dispararam uma saraivada de pregos minúsculos, parecidos com flechas. Um observador avançado do corpo de fuzileiros atestou ter contado vinte civis mortos, depois de um ataque não provocado de artilharia a duas aldeias. Outro cabo do corpo de fuzileiros testemunhou que sua unidade recebeu ordens de disparar contra civis famintos que vasculhavam um depósito de lixo, depois que seu abastecimento de víveres foi destruído, em 1966 (os arrozais tinham sido bombardeados com napalm para destruir a reserva de alimentos nessa zona de bombardeio livre). Um ex-sargento do exército atestou, perante uma comissão não oficial da Câmara, presidida pelo deputado Ronald Dellums, ter participado do assassinato de cerca de trinta civis vietnamitas que não opuseram resistência, na aldeia de Truong Khanh, perto de My Lai, em abril de 1969. Esse testemunho foi confirmado aos repórteres por mulheres vietnamitas num campo de refugiados.[30] A Investigação Winter Soldier, em Detroit, produziu numerosos depoimentos sobre atrocidades,[31] como fizeram outras investigações.

Um ex-atirador da aeronáutica, com 176 "abates" confirmados, disse ao repórter Joseph Lelyveld que seu helicóptero recebeu ordens de impedir uma fuga de camponeses. Quando o piloto informou não ter como fazê-lo, recebeu a ordem de "atirar neles". Trinta ou quarenta aldeões desarmados foram mortos pelo helicóptero. Recrutas em treinamento disseram que seu instrutor escreveu ao presidente Nixon, depois do veredicto sobre Calley,[t1] a respeito de seu próprio envolvimento num incidente em que seis helicópteros atacaram uma aldeia, matando 350 habitantes,[32] depois que um membro da tripulação do helicóptero foi alvejado.

Refugiados, jornalistas e outros observadores apresentaram provas volumosas para substanciar essas afirmações. O que se revela de especial importância é que esses episódios parecem ser bastante rotineiros.

> Acompanhei pessoalmente uma operação rotineira em que helicópteros norte-americanos Cobra atiraram com canhões de 20mm contra as casas de um vilarejo típico, em território controlado pela Frente de Libertação Nacional. Eles também atiraram nos aldeões que correram das casas. Isso foi chamado de "preparação da área" pelo tenente-coronel norte-americano que dirigiu a operação. "Nós atiramos para ver se alguma coisa se mexe", explicou ele, e acrescentou, à guisa de tranqüilização, que esse procedimento era perfeitamente rotineiro.[33]

Um mapa oficial da 25ª Divisão de Infantaria delineia grandes áreas submetidas ao fogo de artilharia e a bombardeios aéreos antes dos ataques terrestres da Operação Junction City, de 1967. Dentro dessas áreas havia mais de vinte aldeias identificáveis, com populações de 5 mil habitantes, de acordo com números anteriores do censo.

O correspondente R. W. Apple, do *New York Times*, escreveu ter ouvido a "regra simples sobre os *gooks*",[t2] segundo a qual "qualquer coisa que se mexa e tenha a pele amarela é um inimigo, a menos que haja provas irrefutáveis em contrário", ser repetida "cem vezes, por majores, sargentos e praças". Essa, escreve ele, é a "política oficial, faz parte da vida cotidiana". E prossegue:

> Não tão evidente para o fuzileiro médio, mas bastante clara para aqueles de nós que tivemos a oportunidade de viajar pelo país, é a política deliberada de criar refugiados em todos os lugares possíveis. Um general do exército (...) assim me explicou a idéia: "É preciso secar o mar em que os guerrilheiros nadam — o dos camponeses —, e a melhor maneira de fazer isso é arrebentar as aldeias deles, para que eles venham para nossos campos de refugiados. Nada de aldeias, nada de guerrilheiros: é simples."[34]

Apple acrescenta ainda que os generais Westmoreland e Abrams, assim como os presidentes Johnson e Nixon, com certeza sabiam disso.[35]

É a essa política do "nada de aldeias, nada de guerrilheiros" — a política de destruir a sociedade rural — que se referem, chamando-a de "urbanização e modernização por recrutamento forçado", alguns dos tecnocratas acadêmicos mais cínicos que discorrem sobre o Vietnã: "o eufemismo dos eufemismos" (p. 202), como Taylor comenta apropriadamente. O relato de Apple indica que essa política não era inadvertida, algo em que o comando norte-americano houvesse "tropeçado distraidamente",[36] mas sim planejada e compreendida de antemão.

O artigo fartamente discutido de Neil Sheehan sobre crimes de guerra[37] frisa a mesma idéia. Sheehan afirma que "documentos militares sigilosos falam especificamente do bombardeio de vilarejos em áreas dominadas pelos comunistas, 'para privar o inimigo do recurso representado pela população'". Ele se refere a um estudo secreto do verão de 1966, que propôs a reconsideração da política de bombardeios e saraivadas irrestritos que vinham "urbanizando" a população.[38] Essa proposta foi vetada no escalão mais alto das autoridades norte-americanas em Saigon, escreveu ele. Em vez dela, decidiu-se continuar a empregar "o ar e a artilharia para aterrorizar os camponeses e arrasar a zona rural". Uma das táticas básicas dos Estados Unidos era "o irrestrito bombardeio aéreo e de artilharia das aldeias de camponeses" — "a devastação tornou-se um componente fundamental da estratégia [norte-americana] para vencer a guerra". A população civil rural foi alvo dos ataques estado-unidenses "por se acreditar que a existência dela era importante para o inimigo". A idéia era derrotar os comunistas vietnamitas, "obliterando sua base estratégica, a população rural".[39]

As autoridades dos Estados Unidos têm razão ao argumentar que My Lai não é o incidente típico da Guerra do Vietnã. Mais típica, quase como a guerra num microcosmo, é a história da aldeia de Phuqui, na península de Batangan, 209 quilômetros a sudeste de Hue. Em janeiro de 1969, 12 mil camponeses dessa região foram expulsos de suas casas numa ofensiva terrestre norte-americana, depois embarcados em helicópteros e enviados para centros de interrogatório e para um campo sem água perto de Quang Ngai, no qual tremulava uma bandeira com os dizeres "Agradecemos a vocês por nos libertarem do terror comunista". De acordo com as estatísticas militares oficiais, houve 158 norte-vietnamitas e vietcongues mortos e 268 feridos na campanha de seis meses da qual isso fez parte. Esses refugiados (entre os quais, a propósito, parecem ter-se incluído os remanescentes de My Lai) tinham vivido em cavernas e casamatas durante meses, antes da evacuação forçada, por causa dos pesados bombardeios, ataques de artilharia e canhonadas navais dos Estados Unidos. Uma represa foi "estourada por jatos norte-americanos, a fim de privar os norte-vietnamitas do abastecimento de comida".[40]

Em abril de 1971, a represa ainda não tinha sido consertada: "Como resultado, a água salgada do mar da China Meridional continua a submergir os campos onde um dia se plantou arroz." Desde então, cerca de 4 mil refugiados, inclusive 1.500 de Phuqui, voltaram para casa. Atualmente, Phuqui é cercada por bambuzais de três metros de altura. É mantida sob vigilância e ninguém pode entrar nem sair entre as 18 horas e as 5 horas da manhã. "As montanhas que dão para os arrozais alagados, antes cheias de cabanas, estão 'ferradas' — termo empregado pelos camponeses para dizer que estão cheias de fragmentos de bombas, minas e cápsulas de artilharia que não explodiram. Crateras de quase seis metros de profundidade, causadas por bombardeios feitos pelos B-52, perfuram as montanhas." Uma das razões de a represa não ter sido reconstruída talvez seja, nas palavras de um oficial norte-americano, que, "dois anos atrás, as pessoas da península foram descartadas como comunistas. Não seria de admirar que essas atitudes ainda persistissem entre os vietnamitas de hoje". A maioria da população não tem alimentos básicos. "As autoridades das províncias não confirmam nem desmentem a ação da polícia para restringir o arroz dos camponeses. (...) Todavia, é praxe, há muito tempo, controlar a oferta de alimentos do Vietnã do Sul, para garantir que os vietcongues não possam consumir o excesso de alimentos dos camponeses." Um norte-americano que trabalha na província afirmou: "Pode-se dizer que Phuqui foi esquecida."

Esquecida mesmo, juntamente com centenas de outras aldeias iguais a ela.

A guerra norte-americana na Indochina é um histórico de crimes de guerra e crimes contra a humanidade, um histórico de horror crescente. Pelas razões assinaladas por Bernard Fall nas primeiras etapas da guerra,[41] é bem possível que não tenha havido alternativa.[42] A guerra foi orientada contra a população rural e a terra que a sustenta. Desde 1961-1962, forças norte-americanas têm-se envolvido diretamente em bombardeios, fuzilaria com helicópteros, retirada forçada de uma população de milhões de camponeses, destruição e desfolhação das plantações, e destruição de terras agrícolas e do sistema de irrigação. A terra está esburacada com milhões de crateras feitas pelas bombas. As operações madeireiras são impossíveis em florestas onde as árvores estão crivadas de fragmentos de cápsulas. Cerca de 6,5 milhões de acres de terra foram desfolhados com venenos químicos, amiúde aplicados em altíssima concentração. Aí se inclui meio milhão de acres, talvez, de terras cultivadas. O Vietnã do Sul, antes grande exportador de arroz, agora importa enormes quantidades de alimentos, segundo fontes vietnamitas.[43] Aproximadamente um em cada seis acres foi borrifado com desfolhantes. Em muitas áreas, não há sinais de recuperação. A destruição da lavoura é feita sobretudo com um composto de arsênico que pode permanecer no solo durante anos, e que não é liberado para uso na lavoura nos Estados Unidos. Sabe-se que um contaminador de herbicidas, a dioxina, é um agente poderosíssimo, que causa defeitos congênitos nos mamíferos. Até 1969, meio milhão de acres de floresta foram destruídos por tratores gigantescos, munidos de uma lâmina Rome, amplamente usados também em outras áreas. Essas áreas foram totalmente desnudadas. Nada pode voltar a crescer nelas. Arthur Westing, biólogo, ex-oficial dos fuzileiros e diretor da Comissão de Avaliação de Herbicidas da Associação Norte-Americana para o Progresso da Ciência (AAAS), escreveu que "é bem possível que estejamos alterando, drástica e prejudicialmente, a ecologia de vastas áreas do Vietnã do Sul".[44] "Aqueles desertos de vegetação continuarão a ser um dos legados de nossa presença durante décadas"[45] — talvez para sempre.

Os efeitos dessas políticas na população são fáceis de imaginar. A fome e a inanição decorrentes da destruição da lavoura e da retirada forçada das populações têm-se feito notar desde 1961.[46] Milhões de pessoas já tinham sido retiradas — amiúde à força — e deslocadas para áreas controladas no começo dos anos sessenta. Depois de 1965, os bombardeios aéreos e de artilharia e as ofensivas terrestres responderam pela maciça maioria dos refugiados.

No Vietnã do Sul, metade da população, talvez, foi morta, mutilada ou expulsa de casa. No Laos, é possível que um quarto da população de cerca de três milhões de habitantes componha-se de refugiados. Outro terço vive sob um dos bombardeios mais intensos da história. Os refugiados relatam ter vivido em cavernas e túneis, sob bombardeios tão intensos que nem mesmo um cão podia cruzar uma trilha sem ser atacado por um jato norte-americano.

Aldeias inteiras mudaram-se repetidamente para túneis cada vez mais enfurnados na floresta, à medida que se ampliou o alcance dos bombardeios. A fértil planície de Jars, no norte do Laos, foi finalmente esvaziada e transformada numa zona de bombardeio livre. Esses refugiados, aliás, informam raras vezes ter visto soldados do Vietnã do Norte e dizem que raramente se viam soldados do Pathet Lao nos vilarejos. As áreas em questão ficam longe do Vietnã do Sul ou da "trilha de Ho Chi Minh". No Camboja, a Subcomissão Kennedy estimou que, em setembro de 1970 — após quatro meses de bombardeios regulares —, havia cerca de um milhão de refugiados, numa população de aproximadamente seis milhões. O bombardeio intensivo também foi relatado por correspondentes capturados. Segundo as observações diretas de Richard Dudman no cativeiro, "os bombardeios e a fuzilaria estavam radicalizando as pessoas do Camboja rural, e transformando o interior numa base revolucionária maciça, dedicada e eficiente".[47] Como em outros pontos da Indochina, isso tanto é conseqüência quanto causa do bombardeio norte-americano.

Em 21 de abril de 1971, o deputado Paul McCloskey, recém-chegado da Indochina, testemunhou na Subcomissão Kennedy que um tenente-coronel da aeronáutica da Base Aérea de Udorn, na Tailândia, afirmou que "simplesmente já não existe aldeia alguma no norte do Laos, nem tampouco no sul do Vietnã do Norte, aliás". Os relatórios do governo, secretos até serem desenterrados com grande esforço por McCloskey, confirmam as provas esmagadoras dos relatos de refugiados a respeito da destruição praticamente total de grandes áreas da zona rural do Laos controladas pelo Pathet Lao.[48]

O mesmo se aplica ao Vietnã. McCloskey citou uma alta autoridade do Apoio das Operações Civis ao Desenvolvimento Revolucionário (CORDS) que lhe informou que no Vietnã, um ano atrás, "numa única província, Quang Nam, as forças norte-americanas e aliadas haviam destruído e arrasado 307 das 555 aldeias originais da província". E acrescentou: "Sobrevoei quilômetro após quilômetro quadrado em que todos os vilarejos, casas e arvoredos tinham sido totalmente queimados; isso fez parte de um programa de recusa de arroz e busca e destruição que se baseou, reconhecidamente, na necessidade de negar aos vietcongues a possibilidade de obter alimento, hospitalização, proteção e esconderijo, os quais, de outro modo, os aldeães lhes proporcionariam."[49]

O *Manual de Campo do Exército dos Estados Unidos* permite medidas destinadas a "destruir, por meio de agentes químicos ou bacterianos inofensivos para o ser humano, as lavouras exclusivamente destinadas ao consumo das forças armadas (se for possível estabelecer esse fato)".[50] No entanto, as descrições de destruição da lavoura citadas anteriormente, bem como as da Comissão de Avaliação de Herbicidas da AAAS, sugerem que quase todos os alimentos destruídos teriam sido consumidos por civis. Convém lembrar que Goering foi condenado por crimes contra a humanidade em Nuremberg em parte por causa de ordens que exigiram o desvio de alimentos dos territórios ocupados para atender às necessidades dos alemães, e que, em Tóquio, os Estados Unidos também apoiaram a instauração de processos contra oficiais militares japoneses pela destruição de lavouras na China.[51]

A província descrita por McCloskey, Quang Nam, foi objeto de um livro do ex-diretor da Agência para o Desenvolvimento Internacional [ADI] do local, William Nighswonger.[52] Ele explicou que "a batalha por Quang Nam foi perdida pelo governo para forças vietcongues majoritariamente recrutadas no interior da província". Uma grande razão do sucesso deles foram "os resultados sociais e econômicos progressivos" exibidos por seus programas. Como em outros lugares da Indochina, foi o sucesso das forças lideradas pelos comunistas na conquista de apoio popular através de programas bem-sucedidos,[53] que levou ao esforço norte-americano de destruir a sociedade rural em que se enraizava a revolução.

Robert Shaplen concluiu que "os efeitos globais da guerra nos vietnamitas foram de uma destrutividade cataclísmica, não apenas em termos físicos, mas também nos planos psicológico e social".[54] Além disso, tais efeitos são maciçamente atribuíveis ao poder de fogo e às táticas norte-americanos. A menos que presumamos um alto grau de idiotia no comando norte-americano e na liderança civil em Washington, é necessário supor que algo dessa natureza foi previsto quando essas táticas foram concebidas. Ademais, há indícios crescentes, alguns dos quais acabamos de citar, de que os efeitos prováveis foram compreendidos de antemão e até mesmo pretendidos. Por último, é importante ter em mente que essas táticas, embora claramente intensificadas em 1965 e novamente em 1968, remontam ao começo da década de 1960. Na verdade, o regime de Diem, instalado e mantido no poder pelos Estados Unidos, iniciou o que foi praticamente uma guerra contra os adeptos camponeses da Vietminh em meados da década de 1950.[55]

Diante dessas constatações evidentes, agora detalhadamente registradas em muitas fontes de fácil acesso, é preciso um verdadeiro ato de fé para duvidar de que o comando militar e as autoridades civis norte-americanos são responsáveis por crimes de guerra e crimes contra a humanidade, no sentido de Nuremberg. De fato, é difícil compreender a surpresa ou a preocupação com My Lai, considerando a relativa banalidade desse incidente no contexto da política global norte-americana na Indochina.

Taylor observou, correta e apropriadamente, que "a guerra, nas dimensões maciças e letais que adquiriu depois de 1964, foi obra de acadêmicos e administradores sumamente instruídos" — os assessores de Kennedy, Rusk, McNamara, Bundy e Rostow, que continuaram com o presidente Johnson e "devem arcar com uma grande responsabilidade pela guerra e pelo rumo que ela tomou" (p. 205). O mesmo se aplica à guerra nos anos de 1961-1964, com seus efeitos letais — pequenos, é verdade, se comparados ao que veio depois, mas, ainda assim, difíceis de aceitar pelos padrões civilizados.

A discussão dos crimes de guerra norte-americanos no Vietnã, muitas vezes, é duramente criticada como desonesta, ou até como uma forma de ódio a nós mesmos, se não for "contrabalançada" pela descrição dos crimes do "inimigo". Essa crítica é irrefletida, na melhor das hipóteses, e hipócrita, na pior delas. Não só a violência criminosa dos Estados Unidos no Vietnã (e em toda a Indochina) teve uma escala muito maior do que qualquer coisa atribuível a qualquer força indochinesa, como também está numa categoria inteiramente diferente, do ponto de vista moral e jurídico, pela óbvia razão de ter sido de origem estrangeira. Como reagiríamos à afirmação de que a discussão dos atos dos agressores fascistas na Segunda Guerra Mundial deve ser "contrabalançada" pela descrição do terrorismo da resistência nos países ocupados?[56] Além disso, essa crítica raramente observa que, para discutir de maneira equilibrada os crimes de todos os participantes, também é necessário detalhar os crimes dos mercenários coreanos e outros mercenários asiáticos empregados pelos Estados Unidos e, o que é ainda mais importante, a violência criminosa do regime instituído e protegido pela força estado-unidense. Seu ataque terrorista ao povo do Vietnã do Sul precedeu em muito e sempre superou, por margem considerável, o terrorismo de seus antagonistas vietcongues.[57] Igualmente irrefletida ou hipócrita é a opinião, comumente expressa pelos críticos da intervenção norte-americana, de que o comando norte-americano desceu ao nível dos comunistas. Não há dúvida de que a selvageria e a barbárie do ataque norte-americano à população do Vietnã do Sul são totalmente ímpares nesse conflito lamentável.[58]

O único exemplo repetidamente citado no esforço de provar o contrário é o massacre ocorrido em Hue durante a ofensiva do Ano Tet, em fevereiro de 1968. Deixemos de lado o fato de ele ter ocorrido numa região que já fora devastada pelo poderio militar norte-americano, desde o princípio de 1965, e consideremos o massacre em si, que se tornou notório, nos Estados Unidos e na Inglaterra, como o exemplo clássico de um banho de sangue comunista. Don Oberdorfer o descreveu como "a mais extensa matança política da guerra".[59] As estimativas da escala do massacre comunista vão de 200 mortos (chefe de polícia de Hue) a 2.800 (Oberdorfer, baseado em dados de Douglas Pike, que, surpreendentemente, ele considera uma fonte fidedigna). Len Ackland, que trabalhava no Serviço Voluntário Internacional em Hue em 1967 e voltou lá para investigar em abril de 1968, foi informado por autoridades norte-americanas e vietnamitas de que cerca de 700 vietnamitas tinham sido mortos pelos vietcongues, estimativa esta geralmente corroborada por suas investigações minuciosas, que também indicaram que a matança foi feita por forças locais da FLN, primordialmente nos últimos dias da sangrenta batalha de um mês, quando essas forças estavam em retirada.[60] Quaisquer que tenham sido os números exatos, não há dúvida de que ocorreu um massacre brutal.

Houve também um outro massacre em Hue na mesma época, mal mencionado por Oberdorfer[61] e esquecido ou silenciado pela maioria dos outros. As mesmas autoridades que informaram sobre as 700 pessoas mortas pelos vietcongues estimaram que 3 mil a 4 mil civis tinham sido mortos pelos bombardeios e ataques de artilharia dos Estados Unidos e do governo do Vietnã. O vice-ministro da Aeronáutica, Townsend Hoopes, informou que 2 mil civis foram sepultados nos destroços do bombardeio. A FLN declarou que havia 2 mil vítimas do bombardeio enterradas em fossas coletivas. (Oberdorfer informou que "2.800 vítimas da ocupação" foram encontradas em sepulturas coletivas; talvez possamos duvidar que, quando essas sepulturas foram descobertas, vários meses depois, uma autópsia criteriosa tenha determinado que se tratava de vítimas do "massacre político" comunista.) Os fuzileiros, segundo Oberdorfer, calcularam as "baixas comunistas" em mais de 5 mil, enquanto

Hoopes declarou que uma "parcela considerável" da força comunista de mil homens que havia capturado a cidade fugiu. Um padre francês de Hue estimou que cerca de 1.100 pessoas, na maioria estudantes, professores e padres, foram mortas pelo governo do Vietnã depois de os fuzileiros norte-americanos recapturarem a cidade.[62] Richard West, que esteve em Hue logo depois da batalha, estimou que "várias centenas de vietnamitas e um punhado de estrangeiros" foram mortos pelos comunistas, e sugeriu que vítimas de massacres no estilo de My Lai talvez estivessem entre os enterrados nas sepulturas coletivas.[63] O fotógrafo e jornalista britânico Philip Jones Griffiths concluiu que a maioria das vítimas "foi morta pela mais histérica utilização do poder de fogo norte-americano já vista até hoje", e que em seguida elas foram designadas "como vítimas de um massacre comunista".[64]

Mesmo que a propaganda do governo norte-americano, largamente aceita como realidade nos países de língua inglesa, fosse verdadeira e contasse a história toda, o massacre comunista de Hue seria um evento insignificante, no contexto da matança estado-unidense da população do Vietnã do Sul. Entretanto, quando se considera toda a gama dos fatos, o massacre de Hue parece ser atribuível, em grande parte, talvez predominantemente, aos militares dos Estados Unidos. Isso não é de admirar, em vista da escala relativa dos meios de violência à disposição das forças em disputa.

Resta discutir dois pontos essenciais: primeiro, a tese de que os atos norte-americanos eram permitidos pela "necessidade militar", e segundo, a alegação de que a intervenção dos Estados Unidos foi justificada como legítima defesa coletiva contra um ataque armado, nos termos do artigo 51 da Carta das Nações Unidas. Taylor discutiu essas duas questões, mas de um modo que me parece insatisfatório.

III. A NECESSIDADE MILITAR

Em certo sentido, é correto que a política norte-americana do "nada de aldeias, nada de guerrilheiros" baseou-se na necessidade militar. Os planejadores estado-unidenses tinham plena consciência do enorme apoio popular às forças de resistência lideradas pelos comunistas, os chamados "vietcongues", e da falta de qualquer base popular significativa a favor do governo (ver p. 273).

Ademais, não é grande segredo a razão por que os vietcongues lograram tanto êxito em conquistar o apoio popular.[65]

O coordenador de operações de campo da Missão de Operações dos Estados Unidos, John Paul Vann, fez circular um relatório[66] em 1965 sobre como a guerra deveria ser travada. Suas premissas foram que havia uma revolução social em andamento no Vietnã do Sul, "primordialmente identificada com a Frente de Libertação Nacional", e que "agora não existe uma base política popular do governo do Vietnã do Sul". "A insatisfação da população agrária (...) expressa-se hoje sobretudo pela aliança com a FLN", escreveu ele. "O governo existente orienta-se para a exploração das populações rurais e da classe baixa urbana." Uma vez que é "ingênuo", explicou ele, esperar que "uma população rural sem sofisticação e relativamente analfabeta reconheça e se oponha aos males do comunismo", os Estados Unidos deveriam instituir uma "doutrinação política eficaz da população", sob um "governo autocrático" mantido pelos norte-americanos. O documento se opõe a uma dependência maior de equipamentos, poderio aéreo e artilharia, e rejeita a opinião de um oficial dos Estados Unidos que afirmou que, "se essas pessoas quiserem permanecer lá e apoiar os comunistas, podem contar que serão bombardeadas". O relatório baseia-se ainda no pressuposto de que a revolução social "não é incompatível" com os objetivos estado-unidenses, mas de que "as aspirações da maioria" só podem realizar-se "por meio de um governo não comunista". De acordo com Vann, caberia aos Estados Unidos julgar o que seria "melhor" para os camponeses pouco sofisticados do Vietnã. Os Estados Unidos, argumentou ele, deveriam impor "uma autocracia ou ditadura de inclinação benevolente (...), lançando as bases para um [governo de] orientação democrática". O relatório de Vann exibe a face benevolente do imperialismo. É franco em suas suposições colonialistas. Pelos poucos comentários de Taylor sobre o assunto, podemos presumir que ele concordaria com as propostas e os pressupostos principais de Vann.

Como já foi assinalado, Taylor aceita a legitimidade do esforço para "conquistar e preservar a fidelidade dos sul-vietnamitas a um governo não comunista" (p. 189), duvidando da possibilidade de fazê-lo. Ele considera os erros de julgamento e o excesso de confiança nos meios militares como as principais falhas da política norte-americana (pp. 188-189). Acusa as autoridades norte-americanas de "submanutenção": excesso de bombas e concentração insuficiente na "metade civil" (pp. 196-202). Não faz objeção ao uso direto da força no começo da década de 1960 nem ao apoio ao terrorismo em larga escala no fim dos anos cinqüenta, em prol da manutenção do regime que os Estados Unidos haviam instalado.[67] Em parte alguma ele formula a pergunta principal: É legítimo os Estados Unidos usarem sua força para impor uma dada ordem social e política a um país estrangeiro, presumindo que possam fazê-lo dentro dos limites da "proporcionalidade" da força empregada?

A não formulação dessa pergunta torna muito insatisfatória a discussão de Taylor sobre a "causação". Ele rejeita a idéia, atribuída a críticos cujos nomes não são fornecidos, de "as coisas [terem corrido] tão mal (...) em função de nossos líderes serem criminosos de guerra". Essa "é uma resposta insatisfatória em termos de causação, pois presume que os líderes queriam que as coisas tivessem o resultado que tiveram, quando, na verdade, fica claro que os responsáveis estão extremamente insatisfeitos com as conseqüências atuais de suas políticas". Tanto as críticas quanto a rejeição delas por Taylor só são inteligíveis se presumirmos que as questões de legitimidade ou intenção não poderiam ser levantadas no caso da liderança norte-americana. Se considerássemos criminosas as intenções da liderança norte-americana, seria correto — a rigor, praticamente tautológico — dizer que as coisas deram errado (isto é, que se cometeram atos criminosos) porque nossos líderes eram criminosos de guerra. Nos termos desse pressuposto, seria irrelevante observar que as coisas não saíram como eles esperavam. Portanto, ninguém contestaria que os réus de Nuremberg deveriam ter sido inocentados, simplesmente porque também eles ficaram "insatisfeitos com as conseqüências de suas políticas".

Ao se referir ao fato de "as coisas [terem corrido] tão mal", Taylor parece ter em mente "a avalanche de mortes e destruição" que destruiu a credibilidade de "quaisquer intenções pacifistas e protetoras que possam ter regido nosso envolvimento inicial no Vietnã". Na opinião de Taylor, as evidências "indicam fortemente que houve um desencontro entre os fins e os meios; que os líderes militares nunca apreenderam os objetivos essencialmente políticos da intervenção, e os dirigentes políticos negligenciaram ou não souberam policiar os meios adotados pelos militares para pôr em prática o que eles concebiam como sua missão". Em vez de se pautarem por "nossa política declarada", ou seja, "conquistar e preservar a fidelidade política dos sul-vietnamitas a um governo não comunista, oferecendo-lhes assistência defensiva contra qualquer meio militar empregado pelo Norte", nossos dirigentes optaram por "ignorar o povo sul-vietnamita, tratar o Vietnã do Sul como um campo de batalha e matar todos os norte-vietnamitas ou vietcongues encontrados no campo de batalha ou deslocando-se para ele" — e, na verdade, por tratar a população rural do Vietnã do Sul exatamente da mesma maneira. "A triste história da aventura da América no Vietnã é que os meios militares superaram rapidamente os fins políticos (...)." Mostramo-nos "propensos a destroçar o que tentávamos salvar" (pp. 188-189, 207).

Se "nossa política declarada" poderia ter sido seguida com êxito "é e continuará a ser uma pergunta sem resposta", observa Taylor. Se "nossa política declarada" era legítima, em primeiro lugar, e se deveria sequer ter sido adotada, eis uma pergunta que não apenas não é respondida, como tampouco é formulada. Mas, com certeza, é ela a pergunta fundamental.

Taylor expressa uma visão muito comum ao criticar a política norte-americana por havermos destruído o país para salvá-lo, na frase do desafortunado major da força aérea estado-unidense que foi responsável pela destruição de Ben Tre durante a ofensiva do Ano Tet. A verdadeira "tragédia norte-americana" — uma tragédia potencial para muitos outros, num sentido muito mais real — é, na minha opinião, nossa incapacidade permanente de aplicar a nós mesmos os padrões que usamos como convém ao avaliar a conduta de outras nações. Se os norte-americanos tivessem a coragem moral de fazê-lo, eles se perguntariam para quem estavam "salvando" o Vietnã e se tinham o direito de intervir para "salvá-lo". Perceberiam que a intervenção estado-unidense deveria ser descrita como uma guerra contra a sociedade rural do Vietnã do Sul, e não como um esforço para salvá-la de ninguém, a não ser de líderes colaboracionistas e das forças políticas marginais que eles conseguissem reunir. Em última instância, a liderança norte-americana estava salvando o Vietnã para seus próprios interesses globais. Os interesses do povo vietnamita equivaliam a dez por cento do objetivo norte-americano, nos cálculos do vice-ministro da Defesa, John McNaughton, como foi revelado pelos Papéis do Pentágono (os outros noventa por cento eram um amálgama de fantasias e auto-engano, do modo como ele expressou os objetivos dos Estados Unidos, cf. Capítulo 1, nota 195). Quais eram os objetivos norte-americanos, na realidade, é assunto para um debate legítimo (quanto a minhas opiniões, ver Capítulo 1, seção V). Mas nem chega a ser debatível que as necessidades e os interesses do povo vietnamita tiveram tão pouca importância quanto a proibição jurídica da ameaça ou o uso da força nos assuntos internacionais.

Se a liderança política norte-americana se houvesse preocupado com as necessidades e interesses do povo do Vietnã do Sul, ou com as solenes obrigações dos Estados Unidos para com os tratados, não teria empreendido a "política declarada" de impor um governo não comunista e defendê-lo de sua própria população até 1964, e de invadir o Vietnã do Sul para destruir a resistência local nos anos posteriores. Os Papéis do Pentágono deixam muito claro que a liderança política norte-americana praticou seu ataque à sociedade rural do Vietnã do Sul de olhos abertos. O memorando de Vann citado há pouco, assim como muitas outras provas, revela que o mesmo se aplicou aos que implementaram a política estabelecida em Washington.

Taylor acredita que algumas falhas norte-americanas no Vietnã podem ser atribuídas ao fato de que "as forças armadas já não têm líderes de estatura e influência comparáveis às dos heróis da Segunda Guerra Mundial" (p. 201). É uma crítica injusta. A diferença entre a Segunda Guerra Mundial e o Vietnã tem a ver com o caráter das guerras, não com o dos comandantes militares. Os militares de ambos os conflitos foram incumbidos de implementar as políticas formuladas pela liderança civil. No caso do Vietnã, tratou-se da política de "conquistar e preservar a fidelidade política dos sul-vietnamitas a um governo não comunista". Para implementar tal política de maneira eficaz, o comando militar foi obrigado a abandonar a pose imperialista benevolente e a destruir a sociedade rural, a base social da revolução. A liderança civil tinha plena consciência do que estava acontecendo e não fez esforço algum para mudar a política.

O embaixador Robert W. Komer, principal assessor de pacificação do governo do Vietnã em 1967-1968, explicou que "a intervenção militar dos Estados Unidos evitou o colapso final do governo do Vietnã, assolado por golpes, e criou um ambiente militar favorável para que pudesse recomeçar a competição basicamente política pelo controle e apoio da população rural, de suma importância".[68] A escalada dos Estados Unidos superou a dificuldade de haver "pouca administração do governo do Vietnã (...) fora de Saigon" e tornou possível, em última instância, dar início ao programa "abrangente" e "maciço" de pacificação de 1967-1970, no esforço de lidar com o que era, claramente, "um conflito revolucionário predominantemente político".[69] Apesar dos escrúpulos de imperialistas benevolentes como Vann, é difícil ver como se poderia ter atingido essa meta senão pelos meios empregados, ou seja, pelo que Komer descreveu como "uma intervenção militar maciça dos Estados Unidos, a um preço horrendo".[70]

Nesse sentido, pode-se argumentar que o preço horrendo da intervenção militar norte-americana — incluindo a desfolhação, a retirada da população à força, os bombardeios, perseguições e proibições, as zonas de bombardeio livre, as armas antipessoais, o projeto Fênix de assassinato e terrorismo,[71] a tortura de prisioneiros para obter informações — foi uma necessidade militar, e que, portanto, não há crime, já que a necessidade militar justifica o desvio da linguagem dos acordos internacionais. Tudo isso é discutível, dada a premissa essencial de que os Estados Unidos tinham uma justificativa para intervir pela força nesse "conflito revolucionário predominantemente político", a fim de garantir a dominação do regime que ele impusera originalmente em 1954, bem como a de seus sucessores — a dominação da elite latifundiária e urbana, dos militares e dos católicos do Norte, que constituíam a base social de um regime claramente incapaz de se sustentar sozinho diante de uma insurgência nacional.

A questão de essa premissa ser válida ou não surge da maneira mais nítida no período anterior a 1965, com o qual Taylor não se preocupou. Em 1965, como assinalou Vann,[72] essas questões de princípios eram basicamente irrelevantes. Após a "participação em larga escala de forças terrestres norte-americanas", escreveu ele, "é quase inconcebível que os Estados Unidos se retirem do Vietnã sem uma vitória militar ou um acordo negociado que assegure a autonomia do Vietnã do Sul".[73] A mesma visão era sustentada por civis próximos do governo, inclusive alguns que depois se tornariam pombos eloqüentes. Assim, em 1966, Richard Goodwin escreveu que a continuação do combate norte-americano era justificada pelo "vital interesse fundamental dos Estados Unidos" que deve servir de "padrão único" da formação da política, qual seja, "estabelecer que o poder militar norte-americano, uma vez comprometido com a defesa de outra nação,[74] não pode ser expulso do campo".[75]

Ainda hoje, há uma clara compreensão, no comando norte-americano, de que a força militar deve ser usada para destruir o movimento político que o regime de Saigon jamais conseguiu derrotar politicamente. Um levantamento especial do serviço de informações encomendado pelo general John H. Cushman, a mais alta autoridade estado-unidense no delta do Mekong, alerta para o fato de que o inimigo vem expandindo sua rede política e "retornando a uma fase de luta política".[76] William Colby acrescenta que "precisamos impedir que o inimigo monte essa rede, porque isso permitirá que os comunistas se revitalizem mais adiante".[77] Mais uma vez, dada a premissa de que os Estados Unidos têm o direito de intervir para impor o regime de sua escolha, a "necessidade militar" poderia justificar o uso contínuo de uma força militar esmagadora contra os vietnamitas, os laosianos e também os cambojanos da zona rural.

Convém acrescentar que a premissa de que é justificada a intervenção militar norte-americana nos assuntos de outras nações é solidamente cultuada na história dos Estados Unidos. Taylor se refere à dominação estado-unidense das Filipinas na virada do século XX. Quaisquer que tenham sido os motivos "idealistas" professados por McKinley, o fato é que os Estados Unidos derrotaram um movimento popular interno por meio da força e do terror, a um custo terrível para os habitantes nativos. Setenta anos depois, o campesinato — três quartos da população — continua a viver em condições materiais não muito diferentes das que prevaleceram durante a ocupação espanhola.[78] Na Tailândia, um esforço de democracia parlamentar, liderado no pós-guerra pelo liberal-democrata Pridi Phanomyong, foi derrubado por um golpe militar que reinstalou o colaboracionista japonês que havia declarado guerra aos Estados Unidos. A assistência norte-americana substancial e contínua havia apoiado um regime terrorista que se integrou voluntariamente ao sistema nipônico-americano do Pacífico. Pridi, que combatera no OSS[t3] norte-americano contra os japoneses durante a Segunda Guerra Mundial, seguiu para a China. Em 1949, o comando norte-americano havia conseguido destruir os sindicatos existentes, os conselhos populares locais e todos os grupos populares nativos, bem como tinha instituído uma ditadura direitista da elite econômica e das forças policial-militares — empregando um farto terrorismo nesse processo.

O Vietnã só é excepcional por ter sido tão difícil alcançar esses objetivos conhecidos. A meta no Vietnã persiste: concentrar e controlar a população, separando-a das unidades guerrilheiras da força principal, e criar uma economia dependente, que se adapte às necessidades e capacidades das sociedades industrializadas do Ocidente (e do Japão), sob o governo de colaboradores ricos e com um mero simulacro de democracia. Quanto aos camponeses, podemos recordar as palavras de um escritor sul-vietnamita ao se referir ao período de dominação francesa: "os camponeses [podem] ranger os dentes e alimentar seu ódio em meio aos arrozais."[79] E os moradores das favelas urbanas miseráveis podem fazer a mesma coisa.

É esse, na verdade, o modelo de desenvolvimento nacional e social que imperialistas benevolentes como Vann oferecem às sociedades subdesenvolvidas, tenham elas conhecimento disso ou não. É para chegar a esses magníficos resultados que eles se dispõem a submeter a população da Indochina, supostamente para o bem dela, aos benefícios da tecnologia norte-americana, como foi feito no Vietnã na última década.

IV. AGRESSÃO E LEGÍTIMA DEFESA COLETIVA

O último ponto a ser considerado é o que Taylor descreve como a "característica destacada" de Nuremberg, qual seja, a questão dos crimes contra a paz. Como observa esse autor, a justificativa da intervenção norte-americana no Vietnã só pode ser o artigo 51 da Carta das Nações Unidas. A invocação desse artigo presume que os Estados Unidos estejam empenhados numa legítima defesa coletiva contra um ataque armado do Vietnã do Norte. Houve amplas discussões desse assunto. É curioso que Taylor mal aluda a elas, e não faça o menor esforço para lidar com argumentos que têm sido repetidamente apresentados na bibliografia jurídica e histórica.[80] O problema fundamental para defender a tese dos Estados Unidos é que a intervenção militar norte-americana precedeu e sempre foi muito mais extensa do que o envolvimento norte-vietnamita. (Além disso, existe a questão dos direitos relativos de os norte-vietnamitas e os norte-americanos estarem lutando no Vietnã do Sul, depois de subvertidas as cláusulas de unificação dos Acordos de Genebra.) Para citar um momento crucial, consideremos o início de 1965, ponto em que Taylor começou a ter dúvidas quanto à legitimidade do envolvimento norte-americano. Chester Cooper, que esteve diretamente envolvido em assuntos do Sudeste Asiático desde 1954 e foi o encarregado de assuntos asiáticos para a Casa Branca no governo Johnson, escreveu:

> A força comunista aumentou substancialmente durante os primeiros meses de 1965. No fim de abril, acreditava-se que estavam no Vietnã do Sul 100 mil soldados irregulares vietcongues e 38 mil a 46 mil soldados da força inimiga principal, inclusive *um batalhão inteiro de soldados norte-vietnamitas regulares.* Enquanto isso, as forças de combate norte-americanas moviam-se com rapidez para o Vietnã do Sul; no fim de abril, mais de 35 mil soldados norte-americanos tinham sido posicionados e, no começo de maio, esse número tinha aumentado para 45 mil.[81]

Um único batalhão norte-vietnamita, composto por 400 a 500 homens, foi provisoriamente identificado no fim de abril.[82]

Em fevereiro de 1965, o governo Johnson tentou justificar a nova escalada com um relatório oficial, o qual, observou Cooper, "revelou-se uma desoladora decepção". O problema foi que "as descobertas efetivas [a respeito do envolvimento norte-vietnamita] pareceram muito frágeis". Não foi possível identificar tropas regulares. Quanto aos elementos infiltrados, mesmo que se combinassem os supostamente "conhecidos" e os "prováveis", seu movimento médio em direção ao Sul, iniciado em 1959, quando a insurreição já se achava em sólido avanço, era de "pouco mais de 9 mil por ano", o que não "avultava muito", se comparado ao meio milhão de homens do exército de Saigon e aos 23 mil soldados regulares norte-americanos em posição. "As informações sobre as armas do inimigo", observou ele, "eram de causar ainda menos comoção." As armas capturadas (e que talvez tivessem sido compradas no mercado aberto) — três fuzis de 75mm sem recuo, de origem comunista chinesa, 46 fuzis de fabricação soviética, 40 submetralhadoras e uma pistola automática de origem tcheca — não pareceram muito impressionantes, comparadas aos mais de 860 milhões de dólares de ajuda militar fornecida pelos Estados Unidos ao governo de Saigon desde 1961.[83] Na verdade, as armas de origem comunista equivaleram a menos de 2,5% do armamento capturado, como observou I. F. Stone na época.[84]

Quanto aos elementos infiltrados, os números parecem ainda menos impressionantes, se recordarmos que, ao que nos consta, eles eram majoritariamente sul-vietnamitas voltando para casa. É difícil compreender por que isso não deveria ser permissível, depois da subversão dos Acordos de Genebra e das violações desses mesmos acordos pelos Estados Unidos e Saigon,[85] da repressão de Diem e do reinício da guerra de guerrilha no Sul, em 1957. Ademais, Cooper não faz referência à "infiltração", no Vietnã do Sul, de sul-vietnamitas treinados em bases militares norte-americanas, uma infiltração praticada pelos Estados Unidos, nem tampouco, aliás, aos grupos sul-vietnamitas de sabotagem e de guerrilheiros infiltrados no Norte desde 1956, de acordo com Bernard Fall.[86] Por último, Cooper também não menciona que havia soldados norte-americanos diretamente envolvidos em operações militares desde 1961-1962.

No cômputo geral, a tese de que os Estados Unidos estavam meramente exercendo o direito inerente de legítima defesa coletiva contra um ataque armado do Vietnã do Norte é realmente frágil. No entanto, quem defende a legitimidade do envolvimento norte-americano tem que ir além até mesmo disso, e afirmar que os Estados Unidos tinham o direito de determinar, unilateralmente, que tinha havido uma "agressão do Norte", e de fazer uma escalada de seu envolvimento militar já substancial no Vietnã do Sul, contornando as estipulações da Carta das Nações Unidas a respeito do papel do Conselho de Segurança na determinação da existência de uma ameaça à paz. A menos que se aceite tudo isso, é forçoso concluir que as ações militares estado-unidenses são ilegais e constituem, em si mesmas, uma agressão — que houve uma agressão, sim, porém não do Norte, e sim do Leste.

Infelizmente, Taylor não tem praticamente nada a dizer sobre essas questões tão debatidas. Sua abordagem da questão da agressão, de modo geral, é insatisfatória. Ao discutir a alegação de que o Vietnã do Norte é responsável por uma agressão no Vietnã do Sul, Taylor se refere a "sólidos indícios". "Indiscutivelmente, toda a luta terrestre ocorreu no Vietnã do Sul", não no Vietnã do Norte. Contudo, diz ele, a situação não é clara, uma vez que os Acordos de Genebra meramente estabeleceram duas "zonas" e declararam explicitamente que a linha de demarcação militar era "provisória", e não "uma fronteira política ou territorial" (pp. 101-102). Além disso, o Vietnã do Sul, com o apoio dos Estados Unidos, recusou-se a realizar as eleições programadas. Obviamente, se não fica claro se o Vietnã do Norte foi culpado de agressão, é correspondentemente obscuro saber se a ação militar norte-americana é justificada pelo artigo 51, que, a rigor, não fala em "agressão", mas em "ataque armado", que é uma categoria mais estreita.[87]

Outrossim, os "sólidos indícios" que Taylor cita e questiona também podem ser interpretados de outras maneiras. Assim, por exemplo, os combates terrestres ocorreram no Vietnã do Sul, não nos Estados Unidos. Pelos padrões de Taylor, isso faz com que haja "sólidos indícios" de que os Estados Unidos foram culpados de agressão no Vietnã do Sul, particularmente considerando que as autoridades norte-americanas admitiram que o governo do Vietnã tinha pouca autoridade administrativa fora de Saigon em 1965 (ver pp. 289 e 293). Em nenhum momento Taylor considera essa questão ao discutir a guerra de agressão.[88] Ao contrário, eis como enuncia a tese da possível agressão norte-americana:

> (...) a tese (...) se baseia nas conclusões de que tanto o Vietnã do Sul quanto os Estados Unidos violaram a Declaração de Genebra de 1954, através de atos hostis contra o Norte, do rearmamento ilegal e da recusa a realizar as eleições nacionais de 1956 previstas na Declaração, e de que os Estados Unidos violaram similarmente a Carta das Nações Unidas, ao bombardearem o Vietnã do Norte. [pp. 96-97]

Mas essas acusações são apenas parte da história. Uma acusação muito mais grave é que os Estados Unidos empenharam-se numa guerra de agressão no Vietnã do Sul, violando as determinações da Carta das Nações Unidas a respeito do uso da força. Essas acusações baseiam-se em atos militares praticados contra uma insurgência que os Estados Unidos reconheceram ser popular e bem-sucedida — muito mais popular do que o governo instalado e mantido pelos norte-americanos, que havia perdido a guerra em 1965, a despeito da ausência de qualquer tropa norte-vietnamita regular. Taylor não menciona essas questões, presumo eu, em vista de sua suposição tácita de que os Estados Unidos tinham o direito de intervir com forças terrestres, helicópteros e a força aérea no que algumas autoridades estado-unidenses reconheceram ser um "conflito revolucionário predominantemente político" (ver p. 293, *supra*).

Poderíamos argumentar que as estipulações da Carta das Nações Unidas a respeito da ameaça ou uso da força (especificamente, artigo 2[4]) desgastaram-se a tal ponto que se tornaram efetivamente inoperantes. Essa questão foi discutida por Thomas M. Franck num estudo recente.[89] Ele discute "as realidades alteradas do quarto de século posterior à guerra", as quais abalaram a tal ponto os preceitos do artigo 2(4) que "restam apenas as palavras". Franck decerto tem razão ao afirmar que "as duas superpotências lograram estabelecer, dentro de suas organizações regionais, normas de conduta que efetivamente minaram o Artigo 2(4)", a começar pela insistência dos Estados Unidos em "que a soberania de um Estado está sujeita ao direito preponderante de uma região de exigir conformidade aos padrões regionais". Exemplo disso é a condenação norte-americana "não da intervenção por tropas estrangeiras, mas de uma ideologia 'estrangeira'", como no episódio da Guatemala em 1954. Esse foi o precursor direto da doutrina de Brezhnev. Franck também acerta ao observar que o "interesse nacional do próprio país, em particular o interesse nacional das superpotências, em geral leva a melhor sobre as obrigações dos tratados". Poderíamos acrescentar que os Estados Unidos desenvolveram um conceito de "organização regional" que incorpora grandes partes do Sudeste Asiático numa "organização regional" em que eles presumem ter o direito de atuar livremente, e acrescentar ainda que é plausível fazer as violações do artigo 2(4) remontarem às atividades das grandes potências, no período imediatamente posterior à Segunda Guerra Mundial, para assegurar suas esferas de influência. As intervenções britânica e norte-americana na Grécia, a partir de 1944, seriam exemplos particularmente significativos.

Apesar de suas observações importantes sobre o comportamento das grandes potências, a discussão de Franck me parece prejudicada, em vários casos, por uma predileção implícita por essas nações. Ao examinar a "natureza mutável da guerra", ele cita duas categorias: "as guerras de agitação, infiltração e subversão travadas em nome de terceiros, por meio de movimentos de libertação nacional", e as guerras nucleares. No que tange às violações diretas do artigo 2(4), é claro que a primeira dessas categorias é de interesse primordial, apesar das tentativas das grandes potências de disfarçar suas intervenções sob a alegação de uma suposta relação com o conflito entre elas. Todavia, a discussão dessa categoria por Franck não enfrenta a questão fundamental. Como ele assinala posteriormente, no mesmo artigo, "A guerra de libertação nacional de um homem é a guerra de agressão ou subversão de outro, e vice-versa". A tendenciosidade se revela na medida em que, em geral, ele assume a posição do segundo homem: os novos tipos de guerra que levaram ao desgaste do artigo 2(4), afirma ele, caracterizam-se como guerras de infiltração e subversão travadas em nome de terceiros. Se, adotando a visão inversa, estas se caracterizassem como intervenções imperialistas para reprimir movimentos de libertação nacional, teríamos que deduzir que o desgaste do artigo 2(4) não foi causado pelas "realidades alteradas do quarto de século posterior à guerra", mas sim, primordialmente, pelas formas do comportamento tradicional das grandes potências no pós-guerra. Ao evitar a questão, da maneira como a evita, Franck parece posicionar-se ao lado das grandes potências, sem argumentação e até sem uma afirmação explícita. Essa tendenciosidade é apenas parcialmente mitigada por suas referências posteriores a um terceiro fator no desgaste do artigo 2(4), qual seja, "o maior autoritarismo dos sistemas regionais dominados por uma superpotência", e por sua longa discussão sobre o papel das grandes potências no desgaste do artigo 2(4), através da intervenção contínua em suas respectivas "organizações regionais".

Uma tendenciosidade similar aparece quando Franck se refere ao "apoio significativo" dado a insurgentes comunistas nativos pela China, no Laos e no Vietnã do Sul, por exemplo. Como indicam seus comentários adicionais, os dados disponíveis sugerem que a ajuda chinesa sempre foi pequena, comparada à fornecida pelos Estados Unidos e seus aliados às forças de direita. A referência de Franck à propaganda como forma de intervenção dificilmente seria aplicável nesse caso. De modo geral, a postura da China tem sido a de que as guerras de libertação nacional devem ser autóctones e não podem contar com ela para obter um apoio material substantivo. A propósito, ao que eu saiba, os únicos soldados chineses em combate na guerra da Indochina são as tropas nacionalistas chinesas utilizadas pelos Estados Unidos, sobretudo em operações clandestinas no Laos.

As mesmas perguntas são evitadas quando Franck assevera que "as novas guerras de insurgência, em pequena escala e difusas, mas significativas e freqüentes, por sua própria natureza, tornaram (...) excessivamente difíceis as distinções claras entre a agressão e a legítima defesa". Por isso, ele assinala que é um abuso da credulidade "dizerem-nos que a Polônia atacou a Alemanha ou que a Coréia do Sul atacou a Coréia do Norte", mas, no caso das guerras de libertação nacional, "muitas vezes é difícil até mesmo determinar de maneira convincente" quem é o agressor. Franck poderia ter usado uma analogia diferente. Seria um abuso da credulidade ouvir que a Hungria atacou a União Soviética em 1956, ou que as Filipinas atacaram os Estados Unidos na virada do século XX, ou que as colônias norte-americanas atacaram a Inglaterra em 1776. Se adotarmos a visão de que as guerras de libertação nacional e as intervenções das grandes potências constituem uma continuação do padrão clássico, é claro que, com certas modificações, essas serão analogias mais apropriadas, e veremos que não há nada de marcantemente novo no período pós-guerra.

Quanto ao apoio externo dado às guerras de libertação nacional, convém lembrarmos o vasto respaldo dado pelos franceses às colônias norte-americanas na Guerra da Independência.

> Não há dúvida de que a Guerra da Revolução Norte-Americana, quando considerada como uma insurgência "normal", harmoniza-se perfeitamente com as muitas guerras revolucionárias que afligiram os meados do século XX. Despojada de quase dois séculos de oratória sobre o 4 de julho, ela foi uma operação militar travada por uma pequeníssima minoria armada — praticamente em nenhum momento as forças de Washington ultrapassaram 8 mil combatentes, num país que tinha pelo menos 300 mil homens aptos — e apoiada por uma tropa de 31.897 soldados de infantaria franceses, além de 12.660 marinheiros e fuzileiros que tripulavam 61 embarcações de porte.[90]

Mesmo descontando o efeito da oratória do 4 de julho, não teríamos dificuldade para aquilatar a tendenciosidade de um autor britânico contemporâneo que se referisse à Revolução Norte-Americana, nos termos de Franck, como uma guerra de agitação, infiltração e subversão, travada em nome de terceiros por meio de um movimento de libertação nacional. Adotando o ponto de vista de Fall, que creio estar muito mais perto da exatidão do que a postura implícita nos trechos aqui citados da discussão de Franck, devemos concluir que não há fator marcantemente novo na era do pós-guerra que tenha levado ao desgaste do artigo 2(4). Devemos antes, creio eu, concordar com U Thant, quando ele diz, com palavras citadas por Franck: "Em última análise, não poderá haver no mundo uma base sólida para a paz enquanto as superpotências insistirem em adotar medidas militares unilaterais toda vez que afirmarem ver uma ameaça à sua segurança"[91] — ou, acrescentaríamos, uma ameaça ao interesse pessoal percebido dos grupos sociais dominantes.

Embora esteja fora de dúvida que o que resta do artigo 2(4) são "apenas as palavras", não parece haver razão para supor que isso seja uma mudança em relação a normas anteriores, ou uma conseqüência de mudanças nos assuntos mundiais que não poderiam ter sido previstas pelos autores da Carta das Nações Unidas. Além disso, não há razão para concluir que os preceitos do artigo 2(4) não devam ser considerados aplicáveis. É claro que esses preceitos sofrem da ausência de uma autoridade implementadora, o que é uma falha geral do direito internacional.

A questão do direito de intervenção e da ameaça ou uso da força pelas grandes potências, a fim de impor arranjos sociais e políticos a países em desenvolvimento, deve ficar em primeiro plano em qualquer investigação do Vietnã, seja à luz de Nuremberg, seja num contexto histórico mais amplo. Ao nem sequer levantar essas questões, Taylor reduz consideravelmente a importância de sua discussão, ao que me parece. Para as futuras decisões políticas, essas certamente são as questões principais. Em uma dúzia de lugares do mundo, os Estados Unidos estão dando apoio militar a regimes que tentam reprimir insurgências internas, de um modo que poderia levar à intervenção militar direta.[92] É plausível argumentar que, na Grécia, é o apoio militar norte-americano aos coronéis que impede uma insurgência popular. Em boa parte da América Latina, prevalece a mesma situação.

> Quase todos os regimes latino-americanos podem agora reprimir insurreições rurais de inimigos obstinados. Por uma série de fatores, nenhum deles é tão fraco quanto o governo de Fulgencio Batista na década de 1950. A Divisão de Segurança Pública da USAID [Agência Norte-Americana para o Desenvolvimento Internacional] treinou a polícia como primeira linha de defesa contra o terrorismo, em pelo menos quatorze repúblicas; os exércitos estão mais bem equipados, uma vez que foram derramados nas Américas 1,75 bilhão de dólares de ajuda militar norte-americana; mais de 20 mil oficiais e recrutas latinos receberam treinamento em Ft. Gulick, na Zona do Canal do Panamá, e hoje se dispõe de novas armas antiguerrilha desenvolvidas no Vietnã, que vão desde helicópteros especialmente projetados até farejadores de corpos.[93]

Essas observações fazem lembrar o comentário do general Maxwell Taylor, em 1963, de que "temos [no Vietnã] um laboratório permanente, no qual vemos a insurgência subversiva (...) ser aplicada de todas as formas". O Pentágono, reconhecendo "a importância da área como um laboratório", já tinha enviado "equipes para lá, para examinar as necessidades de equipamento desse tipo de guerra de guerrilha".[94] Há indícios consideráveis, de fato, de que os Estados Unidos têm explorado o Vietnã como um laboratório de contra-insurgência, testando armas e táticas para as guerras que prevê, do mesmo modo que outras nações usaram a Espanha em 1936-1939.[95]

Entre os regimes latino-americanos que estão usando a tecnologia projetada no laboratório do Vietnã para reprimir insurgências, vários devem sua existência à interferência dos Estados Unidos. Na Guatemala, um regime promissor e reformista foi derrubado pela subversão dos Estados Unidos em 1954. Nos últimos anos, no decorrer de uma campanha anticomunista de extermínio, houve praticamente um banho de sangue, no qual cerca de 4 mil camponeses foram mortos indiscriminadamente, com armas fornecidas pelo programa de ajuda militar norte-americano.[96] Donald Robinson informou ter observado uma equipe da Força de Operações Especiais treinando homens da força aérea guatemalteca a usarem os helicópteros Bell, recém-projetados, para perseguir guerrilheiros.[97] É possível até que tenha havido um envolvimento militar ainda mais direto dos Estados Unidos. O vice-presidente Marroquin Rojas afirmou, anos atrás, que aviões norte-americanos baseados no Panamá estavam realizando ataques na Guatemala, usando napalm em áreas suspeitas de abrigar guerrilheiros[98] e retornando a suas bases panamenhas. Missionários que trabalham na Guatemala relatam ter visto os resultados dos ataques com napalm.

É impossível estimar realisticamente a extensão do envolvimento norte-americano nas guerras revolucionárias. As informações disponíveis são suficientes para indicar que é muito grande. Embora decerto os Estados Unidos não sejam os únicos a fazer intervenções à força nos assuntos internos de outras nações, nenhum outro país no período pós-guerra empregou sequer uma fração do poderio militar usado pelos Estados Unidos em seus esforços para destruir em outras terras as forças locais a que se opõe.

É essa política geral de intervenção contra-revolucionária, elevada quase ao nível de uma ideologia nacional durante o governo Kennedy e inerente à doutrina das "guerras limitadas" de Henry Kissinger,[99] que deve ser reconsiderada, se quisermos levar a sério uma investigação da política nacional ou das questões gerais de legalidade e justiça, levantadas e às vezes contornadas em Nuremberg, abordadas, mas raras vezes diretamente confrontadas nos tratados e nos acordos internacionais, e forçosamente introduzidas na consciência de qualquer pessoa civilizada pela tragédia do Vietnã.

Notas do Original e/ou de Tradução:

Este ensaio é uma versão revista de uma contribuição para um simpósio sobre crimes de guerra, baseada em Telford Taylor, *Nuremberg and Vietnam: An American Tragedy*. A versão original foi publicada no *Yale Law Journal*, vol. 80, nº 7, junho de 1971.

1. Telford Taylor, *Nuremberg and Vietnam: An American Tragedy*, p. 29. As referências subseqüentes a esse livro mencionarão apenas o número da página.
2. Não fica claro se Taylor tem conhecimento da extensão dos bombardeios norte-americanos no Vietnã do Norte. Outros comentaristas não têm. Por exemplo, Neil Sheehan escreveu: "Embora os norte-vietnamitas possam não acreditar, fez-se no Norte um esforço consciente para bombardear apenas alvos militares e os limitados alvos industriais existentes, e para pesar as prováveis baixas civis no cotejo com os benefícios militares a serem obtidos" ("Should We Have War Crimes Trials?", *New York Times*, 28 de março de 1971). Os 33 livros resenhados por Sheehan nessa matéria contêm muitas provas em contrário, e Sheehan não explica por que desconsidera essas provas. Por minhas observações limitadas nas imediações de Hanói, junto-me ao "não acreditar" dos norte-vietnamitas. Creio que Sheehan também não "acreditaria", se andasse pelas ruínas de Phu Ly ou de Thanh Hoa, muito menos pelas áreas mais maciçamente bombardeadas, mais distantes de Hanói. Não obstante, apesar de sua escala gigantesca, o bombardeio do Vietnã do Norte foi bem inferior ao do Vietnã do Sul e do Laos em matéria de intensidade e destrutividade.
3. O juiz Radhabinod Pal, um dissidente de Tóquio, afirmou que o lançamento da bomba atômica foi um ato criminoso que ultrapassou qualquer dos atos de que foram acusados os réus dos julgamentos de Tóquio. *International Military Tribunal for the Far East* (Calcutá: Sanyal & Co., 1953), p. 621. As passagens pertinentes foram citadas em meu livro *O poder americano e os novos mandarins*. Todavia, Pal não sugeriu que se movesse um processo para julgar a decisão de utilizar as bombas atômicas. Taylor acredita que pelo menos o bombardeio de Nagasaki pode ser considerado um crime de guerra (p. 143).
4. P. 79; Assembléia Geral das Nações Unidas, *Report of the International Law Commission*, suplemento 12 (A/1316), 1950, p. 11, reproduzido em Herbert W. Briggs (org.), *The Law of Nations: Cases, Documents and Notes*, 2ª ed. (Nova York: Appleton-Century-Crofts, 1952).
5. Poderíamos questionar se as cartas de Nuremberg e da Organização das Nações Unidas têm *status* equivalente. Não examinarei essa questão aqui. Mas de fato me parece, como argumentarei mais adiante, que há uma possibilidade sólida de alegar que os Estados Unidos violaram ambas, de forma grosseira, na Indochina.

   A recente divulgação dos Papéis do Pentágono parece contribuir muito para superar a dificuldade concernente aos "problemas de comprovação" citados por Taylor, os quais, a meu ver, ele superestima enormemente. Uma das características interessantes desses documentos é o quanto eles corroboram as interpretações da política norte-americana na Indochina, que aparecem, por exemplo, em Franz Schurmann *et al.*, *The Politics of Escalation in Vietnam*. O registro documental mostra que as provas disponíveis para o público eram suficientes para determinar as linhas gerais da política norte-americana. Esses documentos parecem fornecer provas diretas de uma conspiração para travar uma guerra crescente de agressão e para violar as determinações da Carta das Nações Unidas a respeito da resolução pacífica de controvérsias. Ver o Capítulo 1.

6. Não fica inteiramente claro se Taylor ainda aceita essa avaliação.
7. Os Estados Unidos só submeteram formalmente a questão do Vietnã ao Conselho de Segurança em janeiro de 1966 (Conselho de Segurança da ONU, *Official Records*, vol. 21, suplemento de janeiro-março de 1966 [S/7105], p. 105). Antes disso, os Estados Unidos pediram ao Conselho que examinasse o (pretenso) incidente do golfo de Tonquim em agosto de 1964 (*Official Records*, vol. 19, supl. de julho-setembro de 1964 [S/5849], p. 135) e submeteram relatórios em fevereiro de 1965 (*Official Records*, vol. 20, supl. de janeiro-março de 1965 [S/6174], p. 43), depois da nítida escalada dos bombardeios estado-unidenses no Vietnã do Sul e do Norte. Ver "The Legality of U.S. Participation in the Defense of Viet-Nam", *U.S. Department of State Bulletin*, vol. 54 (1966), reproduzido em Richard A. Falk (org.), *The Vietnam War and International Law*, pp. 583, 590 (doravante citado como *Falk-Vietnam*). O engajamento militar direto dos Estados Unidos teve início em 1961-1962.
8. Richard A. Falk, "International Law and the United States Role in Viet Nam: A Response to Professor Moore", *Yale Law Journal*, vol. 76 (1967), pp. 1051, 1130 n. 80, reproduzido em *Falk-Vietnam*, p. 445, 480 n. 80.
9. Thomas J. Farer, "Intervention in Civil Wars: A Modest Proposal", *Columbia Law Review*, vol. 67 (1967), pp. 266, 271, reproduzido em *Falk-Vietnam*, pp. 509, 514.
10. Robert Scigliano, *South Vietnam*, p. 145. Scigliano foi membro do Grupo Consultivo da Universidade Estadual de Michigan sobre o Vietnã.
11. Ver, por exemplo, George McT. Kahin e John W. Lewis, *The United States in Vietnam*, p. 137.
12. Bernard Fall, *Street Without Joy*, p. 346.
13. *New York Times*, 10 de março de 1962; 17 de outubro de 1962. A cifra de 30% exclui os vôos de helicóptero. No começo de 1964, os Estados Unidos tinham 248 helicópteros no Vietnã; no fim do mesmo ano, eles eram 327. Ver V. S. G. Sharp e W. C. Westmoreland, *Report on the War in Vietnam (As of 30 June 1968)*, p. 85 (1968). A título de comparação, os franceses nunca tiveram mais de dez helicópteros em operação na Indochina até abril de 1954 (Fall, *Street Without Joy*, p. 242).
14. Robert Shaplen, *The Lost Revolution*, p. 170ss. Não se descobriu um só norte-vietnamita no delta até 1968. O bombardeio norte-americano de civis na península de Camau, no início da década de 1960, foi confirmado pelo coronel (da reserva) Fletcher Prouty, que na época serviu como elemento de ligação entre a CIA e a força aérea ("Review of the War", WNET-TV, canal 13, Nova York, 15 de fevereiro de 1971). Os ataques aéreos

estado-unidenses a vilarejos, no começo dos anos sessenta, foram confirmados por repórteres. Malcolm Browne (correspondente da AP no Vietnã a partir de 1961) descreveu visitas a aldeolas atingidas por napalm e por bombas pesadas em ataques aéreos norte-americanos; "não há dúvida de que os resultados são revoltantes. Infelizmente, os vietcongues constroem casamatas com tanta habilidade, que elas raramente são afetadas pelas bombas aéreas ou pelo napalm, a não ser nos casos em que são diretamente atingidas. As cabanas, entretanto, são arrasadas, e a perda de vidas de civis costuma ser grande. Em algumas aldeias, os corpos carbonizados de crianças e bebês formavam pilhas lamentáveis em meio às ruínas de mercados" (*The New Face of War*, p. 118). É óbvio que isso era do conhecimento do comando norte-americano e das lideranças civis. Para citar apenas a prova mais óbvia, a introdução do livro de Browne foi escrita por Henry Cabot Lodge, que na época estava no intervalo entre dois mandatos como embaixador dos Estados Unidos no Vietnã. Convém assinalar que o Tribunal de Tóquio julgou que os membros do gabinete eram responsáveis por crimes de guerra ligados ao tratamento dos prisioneiros quando, tendo conhecimento deles, não pediam demissão. Ver Erwin Knoll e Judith N. McFadden (orgs.), *War Crimes and the American Conscience*, p. 195, para alguns excertos relevantes do tribunal.

15. Richard Tregaskis, *Vietnam Diary*, p. 108.
16. Donald Robinson, "America's Air Guerrillas — Will They Stop Future Vietnams?", *Parade*, suplemento do *Boston Sunday Globe*, 31 de janeiro de 1971. Foi a Força de Operações Especiais, de acordo com essa narrativa, que conduziu o ataque aéreo contra um campo abandonado de prisioneiros de guerra perto de Son Tay, no Vietnã do Norte, em novembro de 1970.
17. Até Douglas Pike, que não raro é pouco mais do que um propagandista do governo norte-americano, admite que a FLN constituía o único "partido político baseado nas massas no Vietnã do Sul", e que, no fim de 1964, era impossível o governo apoiado pelos Estados Unidos considerar uma coalizão com a FLN, por medo de que "a baleia engolisse o peixinho" (*Viet Cong*, pp. 110, 361-362). Em outro texto, Pike estimou que, em 1963, "talvez metade da população do Vietnã do Sul apoiasse, ao menos tacitamente, a FLN" (*War, Peace, and the Viet Cong*, p. 6). Ver também p. 273. Naturalmente, não é muito difícil para uma grande potência instaurar um governo que aplauda sua intervenção. Por exemplo, o XIV Congresso do Partido Comunista Tcheco-Eslovaco, o primeiro congresso "oficialmente reconhecido" desde 1966, iniciou-se com "aplausos e vivas" à invasão russa de 1968 (*Boston Globe*, Reuters, 26 de maio de 1971).
18. Refiro-me, neste caso, à recusa do regime instituído e apoiado pelos Estados Unidos, no Vietnã do Sul, a aderir à cláusula da eleição dos Acordos de Genebra de 1954. Similarmente, no Laos, quando o Pathet Lao obteve uma vitória inesperada na eleição de 1958 (depois de substanciais esforços norte-americanos no sentido de comprá-la para a direita), os Estados Unidos desempenharam um papel preponderante na derrubada do governo de coalizão. Ver Len Ackland, "No Place for Neutralism: The Eisenhower Administration and Laos", *in* Nina S. Adams e Alfred W. McCoy (orgs.), *Laos: War and*

Revolution; Jonathan Mirsky e Stephen Stonefield, "The United States in Laos", *in* Edward Friedman e Mark Selden (orgs.), *America's Asia*, p. 253-323. Ver também o Capítulo 2, seção I.

19. Se essa "com certeza é a lei" é discutível.
20. Citado por Leo Goodstadt, "Might and Right", *Far Eastern Economic Review*, 10 de abril de 1971, p. 22. Goodstadt observa que "a força física sempre foi a segunda melhor escolha para Mao".
21. Pike, *Viet Cong*, pp. 91-92. Pike observou posteriormente que "o combate armado foi uma exigência imposta pelo governo do Vietnã; a FLN foi obrigada a usar uma força contrária para sobreviver" (p. 101).
22. Truong Chinh, *La résistance vaincra*, citado em Fall, *Street Without Joy*, pp. 372-373 (excerto traduzido por Fall).
23. Fall, *Street Without Joy*, pp. 372-373.
24. Sobre as motivações supostamente defensivas e idealistas do Japão na década de 1930, ver as referências do Capítulo 2 de *O poder americano e os novos mandarins.*
25. A inocência norte-americana a esse respeito é superada, para dizer o mínimo, pela de nossos aliados britânicos. Por exemplo, o colunista semanal anônimo (presumivelmente, o editor) da *Far Eastern Economic Review*, em geral uma publicação sóbria, escreveu que "deve ser evidente, para qualquer pessoa de visão, que, sejam quais forem os efeitos da intervenção dos Estados Unidos no Vietnã, essa ação foi empreendida com os motivos mais idealistas e com a melhor das intenções. (...) Dizer que os Estados Unidos estão no Vietnã por razões imperialistas (...) é um flagrante absurdo" (coluna "Traveller's Tales", *Far Eastern Economic Review*, 20 de fevereiro de 1971). Seria concebível, portanto, afirmar que, apesar das amplas provas em contrário, os Estados Unidos são únicos na história mundial, mas insistir na segurança dessa avaliação sumamente duvidosa é uma simples forma de histeria. O colunista também demonstra a neutralidade da *Review*, em contraste com os estudiosos "engajados": a *Review*, escreve ele, não hesita em "criticar o que considera equívocos na estratégia ou na política [norte-americanas]", nem em publicar "ataques severos às atrocidades dos vietcongues". Verdadeira objetividade. O colunista também se orgulha de sua "sofisticação", por "publicar um dos poucos editoriais que tentaram criar uma compreensão simpática dos soldados que participaram do massacre de My Lai", esquecendo-se de assinalar que o movimento pacifista norte-americano, criticado por ele, adotou quase universalmente a mesma postura, mas sem se vangloriar de sua sofisticação pela capacidade de distinguir entre os atos dos soldados em combate e as decisões calculadas de planejadores que estão muito longe de qualquer ameaça.
26. Fall, *Street Without Joy*, p. 373. Note-se que isso foi escrito no início da década de 1960, na época em que Taylor "apoiou a intervenção norte-americana no Vietnã como uma iniciativa de impedimento da agressão que está dentro do espírito da Carta das Nações Unidas" (p. 206). Três anos depois de publicado esse livro, o ministro da Defesa,

McNamara, depôs no Congresso, dizendo que os vietcongues e os norte-vietnamitas estavam "operando (...), para todos os efeitos práticos, sem um único veículo com rodas em todo o Vietnã do Sul". Ver a declaração do senador Proxmire, *Congressional Record*, vol. 177 (5 de abril de 1971), p. S4585.

27. Fall, *Street Without Joy*, p. 378.
28. Entrevista no *Ottawa Citizen*, 12 de janeiro de 1970. Um norte-americano que trabalhava no hospital de Quang Ngai em 1967, um ano antes de My Lai, estimou que aproximadamente 70% das baixas civis de lá eram causadas pelos bombardeios dos norte-americanos e seus aliados — ou seja, numa área mais ou menos sob o controle estado-unidense, onde as vítimas podiam chegar ao hospital da cidade. Para citações e referências, ver meus livros *American Power and the New Mandarins*, p. 284, e *At War with Asia*, pp. 270-271.
29. *New York Times*, 25 de maio de 1971. A referência é a Ronald L. Ridenhour, o veterano do Vietnã que revelou o incidente ao ministro da Defesa, um ano depois de sua ocorrência. O incidente foi prontamente assinalado pela FLN, junto com muitos outros que ainda não foram reconhecidos nem discutidos. Os detalhes foram revelados em Paris no dia 15 de junho de 1968, mas foram negligenciados pela mídia ocidental. Para uma exposição justificadamente severa, ver Erich Wulff, "Le Crime de Song My: Avec les félicitations du commandant en chef", *Africasia* [Paris], 26 de abril – 9 de maio de 1971. Wulff é um médico da Alemanha Ocidental que passou seis anos no Vietnã e depôs sobre as "novas 'Ouradours e Lídices'" no Tribunal Russell, em 1967. Seu depoimento foi registrado em "A Doctor Reports from South Vietnam – Testimony by Erich Wulff", *in* John Duffett (org.), *Against the Crime of Silence*. [Ouradour-sur-Glane, na França, e Lídice, na Tchecoslováquia, foram duas cidades vitimadas por massacres nazistas genocidas durante a Segunda Guerra Mundial. (N. da T.)]
30. *New York Times*, 29 de abril de 1971; *Boston Globe*, 10 de maio de 1971. As audiências da Comissão Dellums foram posteriormente publicadas (1972) pela Vintage Books (Citizens' Commission of Inquiry, *The Dellums Committee Hearings on War Crimes in Vietnam*).
31. *Congressional Record*, vol. 177 (1971), pp. E2826-2900. Publicado pela Beacon Press em 1972 (Vietnam Veterans Against the War [orgs.], *The Winter Soldier Investigation*).

t1. O tenente William Calley Jr., anti-herói do massacre de My Lai, foi levado à corte marcial e condenado à prisão perpétua e trabalhos forçados. Dois dias depois do veredicto, Nixon ordenou que ele fosse solto, para recorrer da sentença em regime de prisão domiciliar. A pena foi reduzida para dez anos, Calley obteve liberdade condicional pouco mais de um ano depois, e acabou cumprindo, ao todo, três anos e meio de pena em prisão domiciliar.

32. *New York Times*, 26 de abril de 1972.
33. Depoimento de E. Opton, *in* Knoll e McFadden, *War Crimes*, p. 114.

t2. Termo pejorativo com que as forças norte-americanas designavam qualquer vietnamita.

34. R. W. Apple, "Calley: The Real Guilt", *New Statesman*, 2 de abril de 1971, p. 449. O caráter coercitivo da retirada anterior da população também era bem compreendido

pelo comando norte-americano. Sharp e Westmoreland escreveram que o primeiro Programa Estratégico Hamlet, em março de 1962, "envolveu o deslocamento forçado de camponeses da zona rural, a despeito de seu intenso apego a seus lotes de terra ancestrais" (*Report on the War in Vietnam*, p. 79). Esse relatório consiste predominantemente numa justificativa e, a meu ver, não deve ser levado a sério, a menos que receba confirmação independente, exceto no que concerne aos detalhes do engajamento militar norte-americano.

35. Apple, "Calley: The Real Guilt", p. 34.
36. Essa explicação, ouvida de vez em quando, é flagrantemente absurda, mesmo que acreditemos em sua formulação original por Samuel P. Huntington, "The Bases of Accommodation", *Foreign Affairs*, vol. 46, nº 4 (1968). O artigo de Huntington saiu antes da escalada maciça dos bombardeios norte-americanos no interior da Indochina. Mas, se os efeitos de milhões de toneladas de bombas e milhares de quilômetros quadrados desfolhados não podiam ser previstos, o que já é bem difícil de acreditar, certamente tornaram-se conhecidos em meados de 1968. A mesma hipocrisia cínica é mantida pelo tenente-coronel (da reserva) John Paul Vann, o principal assessor dos Estados Unidos na "pacificação" do Vietnã do Sul (ver adiante, pp. 289-291). A revista *Newsweek* (20 de janeiro de 1969) cita sua afirmação de que "tropeçamos inadvertidamente na solução para a urbanização da guerrilha" (citado por L. A. G. Moss e Z. M. Shalizi, "War and Urbanization in Indochina", *in* Jonathan S. Grant *et al.* (orgs.), *Cambodia: The Widening War in Indochina*, p. 192).
37. Sheehan, "Should We Have War Crimes Trials?".
38. Cf. nota 36, acima.
39. Sheehan, "Should We Have War Crimes Trials?".
40. *New York Times*, 6 de abril de 1971. As citações e a maior parte do material mencionado provêm dessa reportagem. O restante foi extraído de uma reportagem anterior de Henry Kamm no *New York Times*, 15 de novembro de 1969, e de um relatório oficial da American Friends Service Committee (5 de maio de 1969), que fornece informações de trabalhadores do campo que falam vietnamita e estavam no local.
41. Fall, *Street Without Joy*.
42. Seria possível argumentar que as considerações políticas domésticas tornavam inviável que o presidente saturasse o Vietnã com tropas suficientes para prevenir a necessidade do poder de fogo destrutivo. Convém lembrar, todavia, que os franceses nunca mandaram recrutas para o Vietnã e, provavelmente, não destacaram mais de uns 70 mil soldados naturais da França em toda a Indochina. Para referências sobre o poderio militar francês, ver o Capítulo 1, nota 4. A guerra norte-americana no Vietnã é inusitada, se não ímpar, pelo fato de o público ter-se disposto a tolerar, durante algum tempo, o destacamento de um enorme exército de recrutas para travar o que era, essencialmente, uma guerra colonial.
43. Ver nota 46.
44. Arthur Westing, "Poisoning Plants for Peace", *Friends Journal*, vol. 16 (1970). As cifras indicadas no texto provêm desse artigo e do que é citado na nota 45.

45. Arthur Westing, "Ecocide in Indochina", *Natural History*, março de 1971.
46. Ngo Vinh Long, "Leaf Abscission", *in* Barry Weisberg (org.), *Ecocide in Indochina*, p. 54. Long menciona que a destruição da lavoura foi usada, nessa época, para forçar a população a se deslocar para vilarejos estratégicos.
Na *Thoi-Bao Ga* (uma revista estudantil vietnamita publicada em Cambridge, no Massachusetts), Long escreveu que, segundo o jornal de Saigon *Tin Sang*, edição de 12 de novembro de 1970, o presidente da Comissão de Agricultura do governo do Vietnã declarou que os desfolhantes químicos norte-americanos haviam destruído aproximadamente 60% de toda a lavoura do Vietnã do Sul. A edição de 9 de março de 1971 do jornal *Duoc Nha Nam*, de Saigon, informou que o Vietnã do Sul importou meio milhão de toneladas métricas de arroz dos Estados Unidos em 1970, o bastante, na estimativa de Long, para alimentar cinco milhões de pessoas. Apesar disso, jornalistas e outros informam sobre uma carestia generalizada, ou até fome (*Thoi-Bao Ga*, março-abril de 1971, p. 6).
Bryce Nelson, um repórter do *Los Angeles Times* que antes foi repórter da revista *Science*, escreveu que um relatório não divulgado da Comissão de Avaliação de Herbicidas da Associação Norte-Americana para o Progresso da Ciência destacou a morte de noventa pessoas, num período de quatro meses (de setembro a dezembro de 1970), por exposição aos vapores e ingestão de água contaminada por herbicidas (*Village Voice*, 28 de janeiro de 1971). Um ex-empregado do Serviço Voluntário Internacional (IVS), com quatro anos de experiência no Vietnã do Sul, informou "numerosos contatos" com agricultores das províncias de Can Tho e Tay Ninh cujas lavouras foram destruídas. Informou também ter visto pacientes no hospital de Tay Ninh "com os membros e o rosto implacavelmente queimados pelo fósforo", além de "criança após criança marcada ou desfigurada de maneiras horrendas" em hospitais do delta do Mekong (carta ao editor, enviada por Roger Montgomery, *New York Times*, 22 de janeiro de 1971). Ver Capítulo 1, nota 10.
47. Richard Dudman, *Forty Days with the Enemy*, p. 69.
48. Ver *New York Times*, 22 de abril de 1971; *Boston Globe*, 16 de abril de 1971; *Boston Globe*, 23 de abril de 1971. Ver também *Congressional Record*, vol. 117 (18 de fevereiro de 1971), depoimento formal do deputado McCloskey, pp. H794-800. Ver também Capítulo 2, seção I.
49. *Congressional Record*, vol. 117 (1971), p. H796. Relatórios similares sobre as províncias de Quang Ngai e Quang Tin foram apresentados em 1967, antes da escalada maciça da guerra aérea em 1968 (Jonathan Schell, *The Military Half*).
50. *The Law of Land Warfare*, Field Manual [Manual de Campo] FM 27-10 do Departamento do Exército (1956), p. 18, par. 37.
51. Relatório de George Bunn, professor de direito da Universidade de Wisconsin e ex-consultor jurídico geral da Agência de Controle de Armas e Desarmamento dos Estados Unidos, "The Broad Implications of the Continued Use of Herbicides in Southeast Asia", Reunião Anual da AAAS, 29 de dezembro de 1970, texto mimeografado.

52. William A. Nighswonger, *Rural Pacification in Vietnam.*
53. Para uma discussão, ver Jeffrey Race, "How They Won", *Asian Survey*, agosto de 1970; Robert L. Sansom, *The Economics of Insurgency in the Mekong Delta of Vietnam.* Race foi assessor de um chefe distrital da província de Long An, ao sul de Saigon, quando estava no exército dos Estados Unidos. Sansom é capitão da aeronáutica e membro da diretoria do Conselho de Segurança Nacional. Alguns repórteres não comunistas que visitaram áreas controladas pela FLN forneceram dados corroborantes. Ver o relatório de Jacques Doyon citado em Committee of Concerned Asian Scholars, *The Indochina Story*, p. 36. Ver também Katsuichi Honda, *The National Liberation Front and Vietnam: A Voice from the Villages* (coletânea de artigos de Honda traduzida em caráter privado e reproduzida do jornal japonês *Asahi Shimbun* em 1967). Ver também Capítulo 1, referências da nota 215. Quanto aos programas do Pathet Lao, como vistos pelos refugiados, ver a transcrição literal da entrevista em Adams e McCoy, *Laos*, pp. 451-459, e meu *At War with Asia*, p. 239. Ver também Mark Selden, "People's War and the Transformation of Peasant Society", *in* Selden e Friedman, *America's Asia*; Capítulo 2, seção I, *supra.*
54. Robert Shaplen, "The Challenge Ahead", *Columbia Journalism Review*, vol. 9, nº 4, 1970-1971.
55. Para alguma discussão e outras referências, ver Edward S. Herman, *Atrocities in Vietnam*, cap. 2. Tudo isso era bem compreendido na época. Ver, por exemplo, R. W. Lindholm (org.), *Vietnam: The First Five Years.*
56. Ver, por exemplo, os comentários sobre o terrorismo nacionalista chinês contra os que colaboraram com os japoneses, citados em meu livro *Problems of Knowledge and Freedom*, p. 95.
57. Sobre o recurso da FLN à violência, ver os comentários de Douglas Pike, na p. 276, e a análise muito mais detalhada de Jeffrey Race, *War Comes to Long An.*
58. Ver Herman, *Atrocities in Vietnam*, para um esforço de estimar a escala relativa.
59. Don Oberdorfer, *Tet*, p. 201.
60. Len Ackland, "Hue", inédito, uma das fontes usadas por Oberdorfer. Como seria previsível, outros jogam com os números de maneira enganosa e displicente. Donald Kirk, um correspondente muito bem informado, noticiou que "uns 4 mil cidadãos foram massacrados nessa ocasião, antes que as forças norte-americanas empurrassem os vietnamitas para fora da cidadela (...), após 28 dias de luta casa a casa", deixando implícito que os 4 mil tinham sido massacrados pelos norte-vietnamitas (*Chicago Tribune*, 4 de maio de 1972). *Sir* Robert Thompson afirmou que os comunistas executaram 5.700 pessoas e que, "em documentos capturados, gabaram-se desse número e só se queixaram de não haver matado mais gente" (*New York Times*, 15 de junho de 1972). Nunca se exibiu documento algum dessa natureza, nem mesmo incluindo os "documentos capturados", que foram misteriosamente descobertos logo depois da divulgação dos incidentes de My Lai, em novembro de 1969, supostamente "extraviados" por um ano e meio. O senador William Saxbe não se conforma com menos de 7 mil assassinados pelos "norte-vietnamitas", consideravelmente mais do que o número total de mortos por todas as causas durante a luta (*Congressional Record*, 3 de maio de 1972).

61. Oberdorfer, aliás, registra "um pouco mais de cem civis" mortos em My Lai, citando como fonte Seymour Hersh, *My Lai 4*, onde esse número é estimado em 400 a 500.
62. Oriana Fallaci, "Working Up to Killing", *Washington Monthly*, fevereiro de 1972.
63. Richard West, *New Statesman*, 28 de janeiro de 1972.
64. Philip Jones Griffiths, *Vietnam Inc.*, p. 137. O livro de Griffiths contém imagens da luta contínua em Hue. Ver meu *At War with Asia*, pp. 295-296, e Herman, *Atrocities in Vietnam*, para algumas discussões e referências concernentes aos dois massacres, inclusive referências não identificadas acima.
65. Ver nota 53, *supra*.
66. Esse relatório, sem título em meu exemplar, foi pessoalmente apresentado por Vann, em 1971, ao psicólogo social australiano Alex Carey, que estudou, em particular, o papel australiano no Vietnã. Ver o panfleto cuidadosamente documentado de Carey, *Australian Atrocities in Vietnam* 1-19 (panfleto sem data), que descreve aquilo a que ele se refere como "nosso desvio para as normas de Hitler e da Gestapo".
67. Ver nota 55, *supra*.
68. Robert W. Komer, "Impact of Pacification on Insurgency in South Vietnam", *Journal of International Affairs*, vol. 25, nº 1 (1971). Ele se refere à invasão norte-americana irrestrita e à escalada dos bombardeios no Sul, em fevereiro de 1965.
69. Idem. Convém lembrar os comentários de Richard Falk, na p. 273, sobre a capacidade de governar como um componente da reivindicação de legitimidade política.
70. Komer, "Impact of Pacification". Esses imperialistas benevolentes, convém assinalar, não se dissociaram das políticas norte-americanas, a despeito de suas reservas, mesmo depois que os efeitos terríveis se tornaram óbvios. Ver nota 14, acima.
71. O Projeto Fênix "visa neutralizar o aparelho político-administrativo clandestino dos vietcongues, que muitos consideram ser a chave de sua capacidade de insurgência" (Komer, "Impact of Pacification"). "Neutralização" é, em "burocratês", o termo que significa "assassinato ou captura". As estimativas referentes ao número de "neutralizados" variam. William E. Colby, embaixador interino dos Estados Unidos e principal encarregado norte-americano da pacificação, declarou perante a Comissão de Relações Exteriores do Senado que quase 20 mil pessoas foram "neutralizadas" em 1969, sendo que 6.187 delas foram mortas. A título de comparação, o governo de Saigon afirma que 4.619 civis foram mortos pelo "inimigo" em 1969. O Projeto Fênix responde, é claro, apenas por uma pequena fração dos civis assassinados pelas forças conjuntas dos Estados Unidos e do governo do Vietnã. Len Ackland, ex-funcionário do Serviço Voluntário Internacional no Vietnã do Sul e, em seguida, chefe de equipe e analista da RAND, assinalou que o Projeto Fênix foi concebido para capturar ou assassinar civis: "pessoas que servem ao partido político, a Frente de Libertação Nacional, como coletores de impostos, escriturários, carteiros etc." Para referências e mais documentação, ver meu livro *At War with Asia*, pp. 301-302; Herman, *Atrocities in Vietnam*, pp. 46-47. Ver também pp. 143-146, 215.
72. Ver nota 66.

73. Esta última expressão é um código da terminologia política norte-americana para designar o controle do Vietnã do Sul por um governo não comunista. O programa político da FLN em 1962, predominantemente ignorado — ou mesmo suprimido — nos Estados Unidos, reivindicava a neutralização do Vietnã do Sul, do Laos e do Camboja. Seria possível argumentar que isso era um engodo, mas não está claro que os Estados Unidos tenham autoridade unilateral para usar a força ao agir com base em seu ceticismo.
74. Essa é outra formulação da afirmação inexprimível de que o Vietnã do Sul deveria ser dominado por um governo não comunista imposto pelos norte-americanos. Goodwin tinha plena ciência, e explica isso nesse livro, de que, mesmo nessa época, a insurgência era predominantemente doméstica.
75. Richard Goodwin, *Triumph or Tragedy*, p. 38. Para muitas outras expressões de idéias correlatas, ver as citações e referências de meu livro *American Power and the New Mandarins*, particularmente o cap. 3, "The Logic of Withdrawal" ["A lógica da retirada"], pp. 221-294.
76. *New York Times*, 24 de maio de 1971.
77. Idem. Ver nota 71 (identificando William Colby).
78. Em outubro de 1937, o presidente Manuel Quezon assinalou que, enquanto "os ricos podem viver num luxo extravagante, (...) os homens e mulheres que lavram a terra ou trabalham nas fábricas mal se encontram agora em condições melhores do que estavam durante o regime espanhol. (...) 35 anos de regime norte-americano só lhes trouxeram decepções e, em alguns casos, desespero" (G. E. Taylor, *The Philippines and the United States*, p. 21). Taylor acrescenta muitas informações que confirmam essa avaliação e conclui que, no fim da década de 1930, "a massa da população talvez estivesse pior do que antes" da ocupação norte-americana (p. 85). O relatório Bell de 1950 revelou que as desigualdades de renda haviam-se acentuado ainda mais, enquanto o padrão médio de vida não tinha atingido os níveis de antes da guerra (p. 137).

O diretor da missão da USAID nas Filipinas, Wesley D. Haraldson, prestou depoimento perante uma subcomissão da Câmara em 25 de abril de 1967, dizendo que a situação do agricultor médio "não se alterou nos últimos cinqüenta anos. (...) Nos últimos dez anos, os ricos ficaram mais ricos e os pobres ficaram mais pobres" (Haraldson, citado em Hernando J. Abaya, *The Untold Philippine Story*, p. 360).

t3. Sigla original de Office of Strategic Services, o Escritório de Serviços Estratégicos que precedeu a criação da CIA.

79. Phi-Van, "The Peasants (Dan Que)", apêndice de Ngo Vinh Long, *Before the August Revolution*.
80. Ver, por exemplo, Lawyers Committee on American Policy Towards Vietnam [Comissão de Juristas sobre a Política Norte-americana para o Vietnã], *Vietnam and International Law*. Ver também diversos artigos em *Falk-Vietnam*. O estudo mais recente, publicado depois do livro de Taylor, é William L. Standard, *Aggression: Our Asian Disaster*. Ver também Capítulo 1, seções III, VI (subseções 5, 6).
81. Chester Cooper, *The Lost Crusade*, pp. 276-277. Grifo meu.

82. Para outros detalhes, ver Theodore Draper, *Abuse of Power*, pp. 73-82. Não houve tentativa alguma de resposta à crítica devastadora feita por Draper às declarações do governo a respeito do envolvimento de tropas norte-vietnamitas no Sul. As espantosas contradições internas bastam, por si sós, para tornar indignas de crédito as alegações do governo. Ver também as referências da nota 80. Convém lembrar que esse batalhão norte-vietnamita foi supostamente detectado no Sul dois meses e meio depois de iniciado o bombardeio regular do Vietnã do Norte, e oito meses e meio depois do primeiro bombardeio estratégico no Vietnã do Norte, em "represália" por um incidente que, provavelmente, nunca aconteceu. As afirmações do governo a respeito da agressão norte-vietnamita no Laos e no Camboja são igualmente pouco convincentes. Ver Capítulo 2.
83. Cooper, *Lost Crusade*, pp. 264-265.
84. I. F. Stone, "A Reply to the White Paper", *I. F. Stone's Weekly*, 8 de março de 1965.
85. "Pelos relatórios da Comissão Internacional de Controle [CIC], parece que, até 28 de fevereiro de 1961, foram registradas cerca de 154 violações contra o Sul e apenas uma contra o Norte" (Scigliano, *South Vietnam*, p. 154). Scigliano afirma que o Norte tem a vantagem de ser "mais arguto ou dissimulado", e que a "incapacidade de as equipes do CIC cumprirem seus deveres (...) é muito maior no Vietnã do Norte que no Vietnã do Sul" (p. 155). Entretanto, diz um relatório da CIC: "Como foi revelado nos parágrafos anteriores, o grau de cooperação oferecido à Comissão pelos dois partidos não foi o mesmo. Embora a Comissão tenha encontrado dificuldades no Vietnã do Norte, a maioria de suas dificuldades surgiu no Vietnã do Sul" (International Control Commission, *Sixth Interim Report of the International Commission for Supervision and Control in Vietnam*, Cmnd. nº 31, pp. 26-31, reproduzido em Marvin E. Gettleman (org.), *Viet Nam: History, Documents and Opinions*, p. 170-172. Sobre a questão das obrigações do Vietnã do Norte e do Sul com respeito aos Acordos de Genebra, ver Daniel G. Partan, "Legal Aspects of the Vietnam Conflict", *in Falk-Vietnam*, p. 201, 209-216.
86. Bernard Fall, "Vietnam: The Agonizing Reappraisal", *Current History*, fevereiro de 1965. Para mais referências, ver meu livro *American Power and the New Mandarins*, pp. 242-243, 281-282. Para outras confirmações, ver Joseph Zasloff, *Political Motivation of the Viet Cong*, memorando RAND RM-4703-2-ISA/ARPA (maio de 1968), p. 124. Pelos Papéis do Pentágono, sabemos agora que essas ações tiveram início em 1954.
87. Ver nota 80, *supra*.
88. A única referência de Taylor a essa questão é a seguinte, num contexto diferente: "Quando enviamos centenas de milhares de soldados ao Vietnã do Sul, bombardeamos o Vietnã do Norte e passamos para o Camboja, será que nossos líderes nacionais foram tão culpados por deflagrar uma guerra de agressão quanto Hitler e seus generais (...)?" (p. 13). O assunto não é retomado.
89. Thomas M. Franck, "Who Killed Article 2(4)? or: Changing Norms Governing the Use of Force by States", *American Journal of International Law*, vol. 64, nº 4 (1970).
90. Bernard Fall, *Last Reflections on a War*, p. 276.
91. Franck, "Who Killed Article 2(4)?".

92. Para uma discussão recente dessa possibilidade, ver Walter Goldstein, "The American Political System and the Next Vietnam", *Journal of International Affairs*, vol. 25, nº 1 (1971).
93. George W. Grayson, Jr., *Washington Post*, 10 de janeiro de 1971. Grayson é professor adjunto de governança no William and Mary College, especializado em política latino-americana e teoria da revolução.
94. Hearings on Defense Department Appropriations Before a Subcommittee of the House Committee on Appropriations [Audiências sobre as Dotações Orçamentárias do Ministério da Defesa perante uma Subcomissão da Comissão da Câmara sobre Dotações Orçamentárias], 1963, citadas in M. Klare, "The Pentagon's Counterinsurgency Research Infrastructure", *NACLA Newsletter*, vol. 4, nº 9 (1971).
95. Exatamente a mesma idéia foi formulada por Malcolm Browne já em 1964 (*The New Face of War*, p. xi).
96. Gall, "Guerrilla Movements in Latin America", *New York Times*, 28 de março de 1971. O líder da campanha, assinalou ele, é hoje o presidente eleito da Guatemala; seu regime é o mais brutal da história do país, com grande número de mortos no começo de 1971, inclusive membros da oposição não comunista legalizada.
97. Idem. Ver também nota 16, acima. Essas operações, diga-se de passagem, são mundiais. De acordo com o mesmo relatório, o coronel Fletcher Prouty afirma que as unidades da aeronáutica/CIA que precederam a formação da Força de Operações Especiais levaram integrantes de tribos tibetanas ao Colorado, para lhes dar treinamento de combate, e depois os devolveram ao Tibete; organizou-se uma força de resistência com 42 mil homens, diz ele. Robinson também informa que eles fazem parte das operações norte-americanas de contra-insurgência na Tailândia e que realizaram missões na Arábia Saudita e até na Coréia do Norte.
98. Marcel Neidergang, "Violence et terreur", *Le Monde*, 19 de janeiro de 1968.
99. Ver, em especial, Henry Kissinger, *Nuclear Weapons and American Foreign Policy*, pp. 132-233; *The Necessity for Choice*, pp. 57-98. Kissinger discute a "estratégia de guerras limitadas" no contexto de um conflito entre grandes potências. Se nos perguntarmos como seriam travadas essas "guerras limitadas", entretanto, veremos sugerir-se uma interpretação diferente. Na verdade, cada superpotência costuma interpretar seus esforços para manter a hegemonia em seu próprio império como uma defesa de algum princípio (liberdade, socialismo) contra as invasões de seu rival. Nesse aspecto, a Guerra Fria serviu à liderança das superpotências como um admirável recurso de propaganda para mobilizar suas respectivas populações em apoio a esforços dispendiosos e perigosos para manter os domínios imperiais. Ver, por exemplo, Franck, "Who Killed Article 2(4)?", e Capítulo 1, seção V.

CAPÍTULO 4

INDOCHINA: A PRÓXIMA FASE

A característica mais marcante da guerra norte-americana na Indochina é, sem dúvida alguma, sua selvageria, porém não menos notáveis são a continuidade da política e a persistência dos pressupostos básicos ao longo de um quarto de século. Os Papéis do Pentágono, discutidos no Capítulo 1, fornecem-nos agora um registro revelador de como Washington percebeu a guerra — o que não se deve confundir com um registro dos fatos, o que é, por si só, um ponto interessante. Os papéis demonstram o compromisso resoluto com uma política de destruir o movimento nacional liderado pelos comunistas na Indochina, e de absorver essa região, tanto quanto possível, no campo da influência ocidental, independentemente da vontade popular expressa nos movimentos locais. Dispunha-se dos meios para demolir a sociedade em que se enraizava o movimento nacionalista, e esses meios foram empregados, por "necessidade militar". A selvageria da guerra não reflete um traço peculiar de barbarismo no comando norte-americano. Ao contrário, não havia outra maneira de resolver o problema que lhe foi apresentado pela liderança civil, o problema de destruir o movimento nacionalista que os comunistas haviam "capturado" — ilegitimamente, de vez que Washington é o juiz do que é legítimo no Vietnã.

Não tentarei prever o desfecho final dessa luta. Há diversos fatores cruciais que não sei como avaliar. Por quanto tempo a resistência vietnamita continuará a suportar o ataque terrorista da tecnologia mais avançada do mundo? Qual é a força da resistência nas concentrações urbanas criadas por uma política que foi sucintamente descrita por um general norte-americano como "Nada de aldeias, nada de guerrilheiros: é simples"? Será que a população dos Estados

Unidos se disporá a ficar assistindo, em relativa passividade, enquanto o governo leva adiante seu trabalho sinistro? Uma pesquisa Harris feita em outubro de 1971 mostrou que 57% da população se opunham ao apoio de aviões e helicópteros ao exército de Saigon, e que 65% consideravam imoral o envolvimento estado-unidense (subindo de 47% em janeiro). Será que esses sentimentos se traduzirão em ação, ou simplesmente se expressarão aos encarregados das pesquisas e, desse modo, continuarão praticamente irrelevantes para a formação das políticas adotadas? Esses fatores são decisivos e imprevisíveis, embora devamos ter em mente que um deles está sujeito a nossa influência.

Quero examinar aqui uma questão diferente, a saber: quais são os planos do governo Nixon? Já que o público claramente quer a paz, é natural que a retórica do governo prometa a paz e a retirada norte-americana. Alguns optam por acreditar nisso, enquanto, para outros observadores atentos, "agora parece que o presidente Nixon quer terminar a guerra com a vitória".[1]

O "plano de paz" de Nixon, de janeiro de 1972, aponta claramente para a intenção de levar a guerra até a vitória, se isso for possível.[2] Para impor um regime não comunista ao Vietnã do Sul, é necessário separar as áreas de concentração populacional das unidades guerrilheiras principais e das forças norte-vietnamitas, simultaneamente impedindo qualquer vida social organizada nas áreas cedidas à resistência. A tecnologia do terror é incumbida dessas tarefas. Ao mesmo tempo, é necessário controlar a população concentrada e "extirpar a infra-estrutura" do inimigo, através do Projeto Fênix e outras medidas de repressão. Se for possível destruir a estrutura política da oposição e impor com sucesso as forças militares e policiais, a população poderá receber o direito de uma "escolha livre" nos termos da Constituição (que declara ilegal o comunismo). Como sempre insistiram os "construtores da nação", a "livre escolha" entre o governo e os vietcongues só será possível quando estes últimos tiverem sido destruídos.

Não é irracional os planejadores de Washington considerarem talvez atingíveis os seus objetivos, apesar de anos de fracasso. Quem arca com os custos da guerra, é claro, são os vietnamitas: suas terras, corpos e aldeias são destruídos, enquanto os Estados Unidos sofrem com a polarização das opiniões, ou com a inflação, ou com um ou outro problema do balanço de pagamentos. Além disso, não se sabe ao certo se um movimento revolucionário que logrou êxito porque seus programas eram significativos para a sociedade do Vietnã, de esmagadora maioria rural, também saberá organizar-se com sucesso entre os moradores das favelas de Saigon, para os quais é possível que nenhum programa de base nacional seja significativo. Nenhum vietnamita pode desconhecer o assombroso poder destrutivo do terrorismo norte-americano. Os camponeses da província de Phuyen, que lutaram ao lado da Vietminh contra os franceses e conquistaram "a independência de metade do nosso país", em sua expressão exata, informam que "a nova geração de guerrilheiros tem travado uma guerra muito pior", por causa do "poder de fogo norte-americano, um poder de fogo tremendo, tal como nunca sonhamos naquela época". Um camponês que tinha abandonado a vida na resistência disse: "Eu tenho uma coisa — o meu patriotismo —, e aquelas autoridades todas do governo jamais poderão se orgulhar tanto disso quanto eu."[3] Mas os Estados Unidos reconhecerão alegremente os sentimentos patrióticos dos remanescentes dos que capturaram o movimento nacionalista, desde que possam demolir esse movimento e impor o governo dos associados locais do imperialismo ocidental. Se for possível fazê-lo através de uma "eleição democrática", uma vez criadas as condições para uma "escolha livre", tanto melhor.

Em termos mais gerais, seria correto descrever a Guerra do Vietnã como uma luta entre a vontade humana e a tecnologia avançada. A vontade humana, entretanto, tem seus limites, ainda que eles vão muito além do que se poderia imaginar, como têm mostrado os revolucionários vietnamitas. A tecnologia da destruição e da repressão pode continuar a progredir lentamente, sem nenhum limite prático. As armas antipessoais podem ser aprimoradas, passando das balas para as pequenas flechas de metal impossíveis de extrair sem grandes danos, para fragmentos de plástico não detectáveis nem pelos raios X e para sabe-se lá o que mais, amanhã. A precisão dos bombardeios pode ser continuamente aperfeiçoada, a fim de que 50 mil toneladas de bombas no próximo mês sejam equivalentes a consideravelmente mais do que isso hoje. Não é irracional supor que, se a guerra prosseguir indefinidamente, a tecnologia acabe saindo vitoriosa.

Um fator adicional que os planejadores estado-unidenses decerto consideram encorajador é que a estratégia de aniquilação do Vietnã do Sul, voltada contra o que eles sempre souberam ser um movimento nativo de resistência, baseado no campesinato, teve como conseqüência atrair forças norte-vietnamitas para a guerra (ver Capítulo 1, pp. 177-179). Ao destruir grande parte da sociedade rural e concentrar a população em favelas urbanas e no exército de Saigon, a estratégia norte-americana teve a conseqüência (e, presumindo-se um mínimo de inteligência, a conseqüência pretendida) de criar as bases para um conflito norte-sul, que a propaganda dos Estados Unidos, com a cooperação dos meios de comunicação de massa, sempre afirmou existir. Os Estados Unidos não originaram a estratégia de exacerbar as rivalidades étnicas, religiosas e regionais, mas apenas a adotaram como um dado corriqueiro de seus predecessores imperialistas. A analogia com a Coréia é sugestiva, embora inexata. Levou vários anos para que as forças norte-americanas erradicassem as estruturas sociais e políticas nativas que estavam em funcionamento quando elas desembarcaram, em setembro de 1945, e somente na Guerra da Coréia (iniciada e travada em circunstâncias muito mais ambíguas do que proclama a ideologia oficial) é que a luta civil interna no Sul foi convertida num conflito regional, mais tolerável para a potência imperial.

Presumindo-se que seja possível atingir os objetivos resumidos anteriormente, e que as forças revolucionárias do Vietnã possam ser impedidas de funcionar com eficácia em meio às ruínas da sociedade vietnamita, os "construtores da nação" enfrentarão a seguinte tarefa: criar algum tipo de estrutura social viável a partir dos destroços. Como esperam executar essa tarefa? Com base no registro oficial e em relatórios secretos que vieram à tona, podemos ter uma certa compreensão de como os cientistas sociais dos Estados Unidos esperam lidar com a fase final desse dilema de 25 anos.

Um relatório confidencial enviado ao Banco de Desenvolvimento Asiático por Émile Benoit, um economista da Universidade Columbia, trabalha com a hipótese de que Saigon terá obtido uma vitória militar em 1973, com a permanência de 25 mil soldados norte-americanos depois de 1975 e a redução dos vietcongues a uma insurgência de nível baixo. O relatório assinala que a força de trabalho vietnamita é mais qualificada do que a mão-de-obra agrícola de antes da guerra e, provavelmente, poderá ser direcionada para a produção de componentes de produtos a serem montados e depois comercializados por empresas multinacionais. O Vietnã do Sul, assim como o Sudeste Asiático em geral, deve servir primordialmente de fonte de matérias-primas, complementando a economia industrial do Leste Asiático não comunista, que tem sua base no Japão, e deve produzir alguns produtos manufaturados acabados ou semi-acabados para uso doméstico e para exportação. A intervenção estatal na economia deve ser evitada, a não ser para o financiamento de mudanças estruturais que tornem lucrativos os investimentos privados. Deve-se estimular a agricultura privada em pequena escala (mas sem limites para o tamanho das terras), porque "o agricultor se dispõe a lavrar a própria terra por uma renda muito menor do que esperaria se trabalhasse na propriedade de terceiros".[4] Os custos salariais devem manter-se em nível baixo e o capitalismo local deve ser estimulado, mas em pequena escala. Decornoy escreveu que, na opinião desse relatório, "o Sudeste Asiático do futuro parece ser uma espécie de paraíso para banqueiros e investidores internacionais, além de proporcionar uma oferta inesgotável de madeira, petróleo e minerais para a economia japonesa em expansão". Poderíamos acrescentar que essa abordagem se enquadra muito bem no arcabouço geral da política do governo Nixon, que "propõe fazer do investimento privado direto das empresas multinacionais o centro da ajuda externa norte-americana na década de 1970", consistindo o papel primordial do governo dos Estados Unidos em fornecer aos investimentos privados um "seguro contra os riscos políticos".[5]

Alguns temas similares foram retomados por Arthur Smithies, economista de Harvard, em diversos estudos. Um deles, intitulado "Desenvolvimento Econômico no Vietnã: A Necessidade de Recursos Externos", foi discutido por Jacques Decornoy na edição do *Le Monde* de 1º de setembro de 1971. Além disso, há uma série de artigos "relacionados com a transição para o desenvolvimento econômico do Vietnã", datados de agosto de 1971 e com o carimbo do Instituto de Análise da Defesa (IDA[t1]), que provavelmente fazem parte de um "Projeto de Pesquisa da Universidade Columbia sobre os Problemas e Possibilidades de um Papel Organizacional Internacional na Recuperação e no Desenvolvimento Econômico do Vietnã do Norte e do Sul", financiado pelo Departamento de Estado. Smithies foi consultor da CIA, do IDA, da RAND, da Agência para o Desenvolvimento Internacional e do Conselho de Segurança Nacional em várias ocasiões, desde 1952, e, mais recentemente, consultor da ARPA (Agência de Projetos de Pesquisa Avançados do Ministério da Defesa) em Saigon. Uma vez que esses arquivos não foram disponibilizados para o público, farei algumas citações e paráfrases para dar uma idéia do sabor geral.

Smithies prevê um "impasse militar e um lento declínio da guerra, num processo que pode durar uma década ou mais". É "viável", na opinião dele, que "a segurança militar seja suficiente para permitir que a economia funcione de acordo com as forças de mercado e seja orientada para a economia mundial, com respeito ao comércio e à utilização do capital estrangeiro". Essa possibilidade "oferece perspectivas muito melhores de desenvolvimento do que qualquer alternativa".

A análise que Smithies faz das perspectivas consiste sobretudo numa ideologia convencional, baseada na tese geral de que "é difícil pensar em qualquer interferência no sistema de mercado do Vietnã que não possa ser vista como um obstáculo ao desenvolvimento". Quanto aos efeitos da guerra, "por um custo fantástico, ela satisfez algumas das 'precondições' necessárias para o desenvolvimento". Seria mais exato dizer que a sociedade e a cultura tradicionais foram substancialmente demolidas e que se criou uma massa de indivíduos desarraigados — um mercado de trabalho clássico, praticamente ideal —, junto com "portos espetaculares", campos de aviação, um sistema de comunicações e assim por diante. O milhão de homens que serviram no exército de Saigon e os outros 250 mil que trabalharam para os Estados Unidos como civis "proporcionam a base de uma força de trabalho industrial com qualificações e atitudes modernas". "À medida que a nova geração crescer, os horrores da guerra desaparecerão, como desapareceram no Japão e na Coréia", enquanto "as profundas mudanças criadas pela guerra na vida econômica do país permanecerão". Com uma "infusão substancial de recursos externos", através da ajuda humanitária e dos investimentos estrangeiros, e com "políticas internas sólidas", as perspectivas são animadoras.

Durante a próxima década, de fato será necessária uma ajuda externa de aproximadamente meio bilhão de dólares anuais, mas, "se o desenvolvimento lograr êxito e a segurança nacional aumentar, pode-se esperar que a entrada de capital privado contribua com uma parcela crescente do total". O processo de adaptação talvez seja uma questão de um ou dois decênios. "O investimento direto [estrangeiro] terá um papel vital a desempenhar", e "é bem possível que tenha de ser o fator mais dinâmico no desenvolvimento vietnamita".

As "políticas internas sólidas" são aquelas que integram o Vietnã do Sul na economia do mundo livre, resistindo ao "provincianismo econômico" e à interferência estatal (à parte a política tributária, a reconstrução urbana, a construção de grandes projetos de infra-estrutura, a saúde pública e a educação, esta incluindo a "conversão das aptidões adquiridas no exército para fins econômicos"). Há uma oferta abundante de mão-de-obra, mas é importante resistir à pressão dos trabalhadores pela fixação de salários reais demasiadamente altos. As políticas de bem-estar social (como o salário mínimo ou o incentivo aos sindicatos) também podem elevar os custos da mão-de-obra, com isso fazendo o país perder sua vantagem comparativa da mão-de-obra barata. "A ênfase exagerada na igualdade pode reduzir a poupança e os incentivos para o investimento", e "o governo deve reconhecer que a criação prematura de um Estado de Bem-estar pode impedir seriamente o desenvolvimento".

Nem todos os vietnamitas, entretanto, precisam subordinar suas aspirações aos requisitos do desenvolvimento na economia do mundo livre. É "de suma importância para o Vietnã obter empresários", como na Coréia, "que conheçam o funcionamento do mercado mundial" (e que, como nas sociedades-modelo, vivam em consonância com ele, devemos presumir). Os conceitos anglo-americanos de organização empresarial devem ser fomentados, afastando as tradições vietnamitas, francesas ou chinesas. A iniciativa privada deve ser "fortemente encorajada", abolindo-se a maioria dos controles na agricultura e em outros setores. "O comércio exterior deve ser o foco da formação de medidas políticas." Smithies investiga em detalhe as maneiras de os Estados Unidos influenciarem o governo de Saigon, "para criar um bom ambiente para o desempenho eficaz do setor privado". Os modelos sugeridos são Taiwan, Coréia, Cingapura, Hong Kong e Paquistão (que "tem-se saído significativamente melhor do que a Índia com uma economia aberta" — e que se saiu particularmente bem para as cerca de vinte famílias que possuem e controlam quase toda a "economia aberta"). A baía de Cam Rahn poderia tornar-se o centro da indústria intensiva de mão-de-obra.

Em geral, "a melhor maneira de chegar ao desenvolvimento é no contexto de uma economia de mercado baseada na iniciativa privada", e "deve haver uma preferência acentuada pela empresa privada", a qual, além disso, deve "submeter-se aos testes da concorrência [internacional]", com o resultado inevitável (mas não explicitado) de que ficará subordinada ao capital estrangeiro.

Dado o seu papel crucial, os investimentos estrangeiros "devem ficar livres das incertezas e dos obstáculos que os cercam". Nem é preciso dizer que essa é a única forma de liberação contemplada por Smithies.

Poderíamos registrar algumas objeções possíveis à tese de que a plena integração ao sistema capitalista mundial, com uma economia de mercado calcada na iniciativa privada, seja a melhor forma de desenvolvimento imaginável. Em relação a isso, Smithies apenas comenta que, se quiser competir nos mercados internacionais, o Vietnã deverá imitar seus vizinhos asiáticos bem-sucedidos, como a Coréia do Sul, "assim como o Japão imitou o Ocidente no século passado". O Japão, é claro, não seguiu as receitas de Smithies para chegar ao desenvolvimento. Não se apoiou primordialmente nos investimentos estrangeiros nem fez meramente integrar-se ao mercado capitalista global, evitando o planejamento central ou a interferência do Estado nos assuntos econômicos. O modelo japonês dificilmente corroboraria a crença em que praticamente qualquer interferência no sistema de mercado (interno ou global) revela-se um obstáculo ao desenvolvimento. Mas o exemplo contrário é irrelevante: "Não tendo a genialidade do Japão, é provável que [o Vietnã do Sul] tenha que fazer isso [imitar seus vizinhos orientados para o mercado] convidando-os [os investidores estrangeiros] a levarem suas empresas para dentro das fronteiras do país." Boa análise econômica, sólida e não ideológica.

As conseqüências da liberação dos investimentos estrangeiros são fáceis de prever, digamos, considerando o exemplo da América Latina, onde, em 1966, mais de 40% das exportações de produtos manufaturados foram de empresas norte-americanas, comparados a menos de 12% em 1957.[6] O país de liberalização mais recente, a República Dominicana, serve de exemplo útil. Elena de la Souchère descreve o retorno efetivo de Santo Domingo à era Trujillo — mas com uma diferença. Em primeiro lugar, embora o terror e a violência sejam conhecidos, o novo "trujillismo sem Trujillo" praticamente não impõe limites à "corrupção pretoriana". O "Benfeitor", que tinha sido uma dádiva dos fuzileiros norte-americanos há duas gerações, era o verdadeiro chefe das forças armadas e, por isso, estava apto a impor ao menos alguns limites às exigências delas. Mas a pálida cópia atual do "Benfeitor" mais parece o "representante delas no Palácio Nacional". Além disso, diferentemente da versão original, Balaguer não criou um capitalismo nacional para competir com as empresas norte-americanas, sendo, antes, "o instrumento dócil dos interesses norte-americanos". Escancarou-se a porta para o capital estado-unidense, que foi liberado dos empecilhos anteriores. Embora o produto interno bruto tenha-se elevado, juntamente com o vasto aumento dos investimentos norte-americanos, aumentaram também a dívida, os déficits no balanço de pagamentos e a perigosa dependência. A expansão da economia "orienta-se para os interesses das empresas estrangeiras e das classes privilegiadas dominicanas, sem nenhuma preocupação com as necessidades reais do país". Os salários continuam baixos, a reforma agrária foi interrompida e a população excedente do campo flui para as cidades, onde não há trabalho. As greves têm aumentado e a situação social é explosiva. Frente ao poder militar respaldado pelos Estados Unidos, nenhuma mudança política parece possível. O resultado natural é o terrorismo, a degradação social e, para os investidores norte-americanos e a elite local, os lucros.[7]

Outro exemplo, o Brasil, liberalizou-se um ano antes (ver Capítulo 1, seção VI, pp. 144, 208-209).

Também é possível formular várias perguntas sobre as "histórias de sucesso" asiáticas citadas por Smithies, e sobre o modelo alternativo de desenvolvimento oferecido pela China, pela Coréia do Norte e pelo Vietnã do Norte (ou outros que se possam imaginar). Poderíamos, por exemplo, investigar a vasta contribuição das guerras asiáticas dos Estados Unidos para o desenvolvimento japonês e coreano,[8] ou as conseqüências, para a população coreana, da dependência maciça dos Estados Unidos e do Japão, da defasagem crescente na balança comercial, do endividamento cada vez maior, do vasto desemprego, da estagnação da produção agrícola etc.[9] E talvez valha a pena examinar a conclusão de um observador experiente no sentido de que, "em quase todos os aspectos, surpreendentemente, o padrão de vida dos taiwaneses parece ficar em segundo lugar", comparado ao de Cantão [Guangzou].[10] A ode de Smithies ao modelo de desenvolvimento calcado no livre mercado também poderia ter incluído uma olhadela para os detalhes da "economia aberta" paquistanesa que tanto o impressiona, a fim de ver, por exemplo, as provas de que mais de três quartos da população não estão em melhores condições do que há vinte anos, e de que talvez 15% ou 20% estejam de fato mais pobres em termos reais, apesar da estimativa de 25% de aumento da produção real *per capita*;[11] ou para assinalar o fato de que mais tempo, dinheiro e esforço "foram investidos para fornecer a Karachi marcas populares de refrigerantes do que para lhe proporcionar um abastecimento higiênico de leite".[12] As recomendações de Smithies para o Vietnã talvez não se baseiem num corpo de dados tão incontestáveis quanto ele parece acreditar.

Smithies assinala que, se for descoberto petróleo no Vietnã, toda a situação se transformará. Há rumores abundantes a esse respeito, que vão do ceticismo até relatos de que "a produção potencial do Vietnã do Sul é maior que a da Indonésia — possivelmente comparável à das grandes áreas produtoras do Oriente Médio".[13] Nem é preciso frisar que essas perspectivas reforçarão o compromisso do governo dos Estados Unidos de manter o controle das áreas costeiras da Indochina. T. D. Allman informou que a busca de petróleo no Vietnã do Sul talvez estivesse planejada há uns dez anos, mas foi adiada até que se fizessem descobertas efetivas na Indonésia e também em virtude de uma superabundância de petróleo que durou dez anos, e que agora está chegando ao fim: "Aparentemente, agora os investidores acham que a Guerra do Vietnã e a presença norte-americana na Indochina se arrastarão pelo menos por tempo suficiente para que eles recuperem seu dinheiro."[14] Convém assinalar que, à parte a importância de manter o controle do petróleo do Sudeste Asiático, há nisso uma fonte potencialmente rica de capital para reconstruir o Vietnã do Sul segundo o modelo aprovado pelo mundo livre, e para aumentar o poder dos empresários locais que conheçam o funcionamento da economia do mundo livre e tenham o compromisso de integrar o país a ela. Como salientou Gabriel Kolko, o recente surto de atividade relativo aos investimentos no petróleo deve ser visto, provavelmente, à luz da necessidade de "vietnamização econômica", que é um problema crescente, caso já não seja possível sustentar a economia artificial do Vietnã do Sul com gastos militares norte-americanos e com a doação dos contribuintes estado-unidenses.[15]

Idéias muito parecidas com as de Benoit e Smithies também são desenvolvidas no registro do poder público, como, por exemplo, em vários documentos de um simpósio organizado pelo Conselho de Estudos Vietnamitas do Grupo Consultivo sobre o Desenvolvimento do Sudeste Asiático (SEADAG[t2]), que examinou o desenvolvimento do Vietnã no período pós-guerra e foi realizado em outubro de 1970. O Conselho é financiado pela Agência para o Desenvolvimento Internacional (ADI), a fim de dar ao governo recomendações "que estamos tentando converter numa operação programática".[16] Em público, é claro, ele exibe uma face bem distinta disso, não muito diferente de grande parte dos estudos acadêmicos nas ciências sociais. O ex-presidente do Conselho, professor Samuel Huntington, de Harvard, declarou publicamente que, tanto quanto era de seu conhecimento, o Conselho nunca havia realizado nenhuma tarefa para o Departamento de Estado, e seu interesse primordial é "levantar fundos de fontes públicas e privadas para financiar pesquisas acadêmicas sobre o Vietnã".[17] O pouco que se sabe das atividades desse órgão, todavia, indica que essa declaração é bastante dissimulada e confirma as conclusões dos que pagam a conta. Por exemplo, a reunião de maio de 1969 foi dedicada a uma discussão de um artigo de Huntington intitulado "Aprontando-nos para a competição política no Vietnã do Sul". O artigo procurou elaborar uma estratégia para superar as vantagens políticas da Frente de Libertação Nacional no Vietnã do Sul, dada a possibilidade de que os acontecimentos obrigassem os Estados Unidos a entrar numa concorrência política que, por razões óbvias, eles sempre tinham buscado evitar. O artigo de Huntington e a discussão subseqüente (segundo atas que foram circuladas em particular) debateram-se de forma inconclusiva com o problema de a FLN ser, reconhecidamente, "a mais poderosa organização nacional puramente política". Huntington sugeriu diversas técnicas que poderiam ser usadas para suplantar as vantagens políticas da FLN: projetos com verbas públicas concedidas como favores políticos, vários tipos de manipulação eleitoral, "incentivos e coerções para fomentar alianças ou fusões entre atores políticos", controle dos meios de comunicação de massa e vários recursos clandestinos. Os participantes discutiram e exploraram essas possibilidades, de maneira bastante pessimista.[18] Talvez isso seja um exemplo do que o diretor do Departamento de Governo de Harvard vê como "pesquisas especializadas sobre o Vietnã". O simpósio sobre o desenvolvimento no pós-guerra — nesse caso, divulgado — é um exemplo comparável de saber acadêmico neutro e equilibrado.

Em conformidade com a imagem pública, o simpósio foi introduzido com uma declaração de que o Conselho "tem-se interessado, desde sua fundação, por ampliar os conhecimentos sobre o Vietnã", promovendo "pesquisas especializadas sobre a sociedade e a política vietnamitas" e proporcionando "um fórum para a troca de idéias entre especialistas", principalmente por meio de reuniões "nas quais é representada uma vasta gama de pontos de vista".[19] Em consonância com esse objetivo, o simpósio contém uma contribuição que considera a possibilidade de os comunistas saírem vencedores no Vietnã. O autor, Hans Heymann Jr., é identificado como economista da RAND. Presumivelmente, trata-se do mesmo Hans Heymann que esteve na equipe de Robert Komer na Casa Branca, na época em que Komer era o principal consultor do presidente Johnson sobre a pacificação, e que escreveu memorandos sobre as maneiras mais eficazes de os Estados Unidos "exercerem pressão sobre o governo vietnamita", por exemplo, mediante "sanções críveis", mas tomando o cuidado de não "minar o amor-próprio do governo vietnamita a seus próprios olhos e aos olhos da população sul-vietnamita".[20] A contribuição de Heymann para o simpósio intitula-se "A imposição do comunismo à economia do Vietnã do Sul: uma visão conjectural". Como o título sugere, o conteúdo tem o nível de neutralidade, objetividade e discernimento doutos que se esperaria de um administrador colonial preocupado com a pacificação. Ele presume, sem nenhuma argumentação, que o Sul ficará subordinado ao Norte e que o padrão de seu desenvolvimento será ditado tanto pelos "erros quanto pelos 'sucessos'" do Norte. Como estudioso objetivo, Heymann compreende que haverá erros, mas não sucessos no Norte — se tanto, "sucessos". A discussão prossegue nessa veia.

À parte esse gesto em prol de "uma vasta gama de pontos de vista", o simpósio trabalha com a premissa de que o comunismo não será "imposto" ao povo do Vietnã do Sul, o qual, por conseguinte, optará livremente por aceitar costumes ocidentais mais civilizados, depois de ser delicadamente cutucado em direção a essa livre escolha por vários milhões de toneladas de bombas e projéteis, bem como pela depredação causada por centenas de milhares de soldados norte-americanos e mercenários. Os artigos foram publicados na *Asian Survey* de abril de 1971. Um sólido defensor da "verdade revelada pela embalagem" talvez se intrigasse com a publicação, num periódico acadêmico, de um simpósio feito por um grupo organizado e financiado pela ADI para dar ao governo recomendações passíveis de ser convertidas numa operação programática, mas, apesar disso (ou melhor, por causa disso), os artigos merecem uma leitura criteriosa.

Os participantes do simpósio, em sua maioria, são entusiásticos quanto às perspectivas de uma Ásia não-comunista no Pacífico (batizada de NOCPA[t3]), a qual o presidente do Conselho de Relações Exteriores, resumindo, espera que seja "a região econômica mais dinâmica e de crescimento mais rápido no mundo na década de 1970". Como observaram diversos participantes, essa região é de especial importância para o Japão e talvez seja seu segundo mercado mais importante, depois dos Estados Unidos, além de grande fonte de matérias-primas para o Japão e os Estados Unidos, onde a demanda de produtos minerais crescerá "com extrema rapidez". Em 1980, prevêem alguns, a NOCPA poderá responder por 40-50% das importações e exportações japonesas. O Japão tem escassez de mão-de-obra e a necessidade de instalar em outros lugares indústrias manufatureiras intensivas em mão-de-obra, bem como de exportar a poluição, e a NOCPA poderá vir a ser exatamente a resposta para esses problemas. Na verdade, seria possível lembrar que, num período anterior, o Japão importou uma força de trabalho coreana,[21] mas, em vez disso, é preferível exportar instalações produtivas de propriedade japonesa, assim evitando os problemas sociais e outros subprodutos desagradáveis da industrialização.

Em termos mais gerais, "os produtores e as operações de comercialização no varejo do mundo ocidental se voltarão cada vez mais para essa região em busca de suprimentos, inclusive de produtos que eles mesmos fabricaram em épocas anteriores", ao mesmo tempo que "essa área vem-se tornando um imenso mercado para as exportações comerciais do Ocidente". "Hoje em dia, há uma exploração em rápido crescimento da internacionalização da própria base de produção", e o Leste Asiático "parece particularmente adequado para a internacionalização da produção". Por exemplo, é possível produzir partes de televisores em Hong Kong, partes na Coréia, montá-los no Japão e exportá-los para os Estados Unidos e a Europa. Uma parcela razoável dos lucros voltará para os Estados Unidos, através da participação norte-americana majoritária na propriedade de empresas multinacionais.

O Vietnã do Sul tem um papel significativo a desempenhar no sistema contemplado. A região do Mekong poderia tornar-se a principal fonte de alimentos da NOCPA; o Vietnã poderia ser o "Vale Imperial[t4] do Leste Asiático (...), porém em escala muito maior". Além disso, a "oferta de recursos humanos", assim como a infra-estrutura, foi muito aprimorada pela guerra, e houve um vasto fluxo da força de trabalho para áreas urbanas. Como disse um representante do Ministério da Agricultura dos Estados Unidos, "a população de Saigon teve um aumento fenomenal, em resposta aos esforços envidados para atrair a mão-de-obra das áreas dos vietcongues". Nenhum dos estudiosos tem a indelicadeza de descrever os métodos pelos quais a força de trabalho foi "atraída" para as áreas urbanas, embora um deles assinale que o governo do Vietnã não procurou melhorar a qualidade da vida urbana, nem tenderá a fazê-lo no futuro imediato. A população de Saigon de fato teve um aumento fenomenal.

> A densidade populacional de Saigon é, em média, de cerca de 75 mil habitantes por milha quadrada [2.600 quilômetros quadrados], mas há alguns quarteirões em que quase duas mil pessoas se amontoam em 12.000 a 16.000m^2 [e não em prédios de apartamentos]. Um funcionário norte-americano que foi consultor dos vietnamitas sobre problemas municipais durante vários anos calculou que 10% da população da cidade vivem na opulência e no conforto, 40% levam uma vida de sobrevivência no nível da baixa classe média, e 50% vivem na mais abjeta miséria. (...) Não há dúvida de que os norte-americanos alteraram todo o tecido social da vida em Saigon, e sente-se que um novo colapso é inevitável, a menos que se faça alguma coisa drástica. O que fizemos foi criar um espectro social com uma classe de novos-ricos numa extremidade, uma nova classe de pobres, quase todos refugiados, no extremo oposto, e, no meio, uma maioria sem classe social, que tem vivido da presença norte-americana.

Sobrevoando a cidade de helicóptero, podem-se ver "trechos crescentes de favelas na maioria dos bairros" e "o padrão de destruição acarretado pela guerra — sobretudo pela ofensiva do Ano Tet de 1968", na qual os piores danos foram "causados sobretudo por aviões norte-americanos que bombardearam agressores comunistas entrincheirados".[22]

A autoridade que escreveu sobre os "esforços envidados para atrair a mão-de-obra das áreas dos vietcongues" certamente não desconhece a natureza desses esforços no Vietnã rural. A frase displicente dá um toque de selvageria, de brutalidade fria e insensível, que não é atípica nas "pesquisas especializadas sobre a sociedade e a política vietnamitas", conduzidas por aqueles que fornecem ao governo recomendações "que estamos tentando converter numa operação programática", ou pelos que tentam mascarar o horror com um desapego doutoral.

Quaisquer que tenham sido os meios para atraí-la, agora a força de trabalho está lá, em favelas urbanas decrépitas. Além disso, a disciplina do exército "deve facilitar a transição dos costumes de uma sociedade tradicional para as necessidades da disciplina industrial no período pós-guerra", isto, bem entendido, se for possível resistir à pressão por políticas de bem-estar social sobre a qual Smithies advertiu. Também será preciso superar a natureza artificial da economia do Vietnã, na qual a riqueza e o emprego se concentram no fornecimento de bens e serviços ao pessoal norte-americano, e modificar as práticas dos latifundiários, importadores e empresários ricos ausentes, que esbanjam sua renda no consumo ostensivo e transferem para o exterior o capital fornecido pelo contribuinte norte-americano.

O apoio japonês é necessário, para que se materializem as esperanças do governo norte-americano de controlar o Vietnã do Sul e integrá-lo à economia do mundo livre. Isso é apenas uma questão de justiça. Como explica Smithies, o Japão foi "um grande beneficiário da atuação" dos Estados Unidos no Vietnã e, portanto, "deve arcar, no futuro, com uma grande parcela do ônus da ajuda". Houve um certo aumento da ajuda humanitária e dos investimentos japoneses, mas sua escala ainda é pequena. "O governo dos Estados Unidos, na reunião entre Sato e Nixon em 24 de outubro [de 1970], solicitou que o Japão dê 150 milhões de dólares de ajuda ao Vietnã do Sul, como parte do programa geral de assistência à Indochina, e o primeiro-ministro Eisaku Sato respondeu que o Japão daria a devida consideração ao assunto, de acordo com porta-vozes do governo que estiveram próximos da reunião de cúpula." Também foi indicado "que o Japão adotará uma postura progressista em relação a esse pedido". Desde então, foram oferecidos créditos em iene em escala menor para uma usina termelétrica e outros projetos.[23]

A ajuda japonesa, evidentemente, não é um exercício de altruísmo e interesse humanitário. Ao contrário, "a ajuda externa é um negócio sumamente estável e de lucros garantidos", e "o lema de hoje é 'não há melhor negócio do que o negócio da ajuda externa'"[24] — uma postura que não é peculiar ao Japão, é claro. Os especialistas econômicos do governo japonês têm estudado projetos de desenvolvimento potencial no Vietnã do Sul para complementar fábricas japonesas já instaladas. O presidente Thieu, na inauguração de uma delas, elogiou-a como um primeiro passo para "uma sólida economia nacional"[25] — tão sólida quanto as economias das Filipinas, da Tailândia e da Coréia do Sul, se tudo correr bem. Os planos atuais incluem fábricas apoiadas pelos japoneses, o desenvolvimento da região circunvizinha à baía de Cam Ranh (que tem depósitos substanciais de sílica e calcário da melhor qualidade) como um complexo industrial-portuário integrado, e assim por diante. Uma equipe japonesa de investimentos calculou que "levaria uns dois anos para consertar os estragos causados pela guerra e acumular recursos, de quatro a seis anos para desenvolver uma economia auto-sustentável, e oito anos para que o Vietnã do Sul possa participar produtivamente do desenvolvimento global do Sudeste

Asiático",[26] à maneira das sociedades-modelo da região. Existem hoje operações conjuntas nipo-vietnamitas para a produção de máquinas agrícolas e motores diesel, com o carimbo de Osaka (e presumivelmente comercializados a partir de lá), e os grandes fabricantes japoneses de televisores e rádios estão começando a produzir aparelhos no Vietnã do Sul.[27] A Companhia Nacional do Vietnã, uma operação conjunta da Matsushita, japonesa, e interesses vietnamitas, fabrica rádios no Vietnã do Sul desde o início de 1971, e agora está introduzindo linhas de montagem de televisores, geladeiras e fogões elétricos e a gás — justamente o que os camponeses vietnamitas e os moradores das favelas urbanas necessitam. "Elogiando a inteligência e a destreza dos jovens trabalhadores vietnamitas, a matriz japonesa também anunciou sua intenção eventual de usar a empresa de Saigon como uma fábrica de processamento de produtos de exportação", empregando trabalhadores treinados em diversas especialidades ligadas às atividades militares norte-americanas.[28]

> No campo dos investimentos no Vietnã do Sul, os japoneses estão muito à frente de outros investidores estrangeiros. O que parece havê-los atraído foi uma oferta específica do governo de Saigon: qualquer empresa estrangeira que quiser instalar uma montadora no Vietnã receberá automaticamente a concessão do monopólio para exportar para o Vietnã do Sul os produtos acabados, até que a fábrica fique pronta para entrar em operação. (...)

A legislação sul-vietnamita que regulamenta as importações, no esforço de economizar divisas, causou uma redução nas importações do Japão em 1970 e 1971. "Para compensar o declínio do comércio com o Vietnã do Sul e assegurar uma vantagem na largada da era pós-guerra, muitas firmas japoneses se estabeleceram no Vietnã do Sul em 1971 e assinaram contratos de risco com interesses locais."[29] Sempre cautelosos, os japoneses estão pensando no desenvolvimento do pós-guerra depois que se houverem estabelecido condições adequadas para os investimentos.[30] As propostas mais ambiciosas e imaginativas dos estudiosos do Conselho de Estudos Vietnamitas, por enquanto, permanecem apenas como projeções, enquanto o capital estrangeiro aguarda o desfecho das medidas preliminares necessárias para livrá-lo das incertezas e obstáculos que o acossam.

Um suplemento do *Mainichi Daily News* de 1º de novembro de 1971, fornecido ao jornal por um serviço quase governamental de notícias de Saigon, através da embaixada de Saigon em Tóquio, anunciou que "o pesadelo do conflito no Vietnã do Sul gerou dividendos inesperados, no desenvolvimento de recursos humanos e materiais que serão de importância vital para o futuro crescimento econômico", e que "o potencial industrial do Vietnã do Sul no pós-guerra oferece um campo novo e fértil para os investimentos". O texto refere-se esperançosamente ao novo complexo industrial próximo de Bien Hoa, sede das "primeiras companhias japonesas com real participação no futuro econômico do Vietnã do Sul" (a saber, a fábrica de máquinas agrícolas criada em março de 1971, com apoio japonês). "O povo do Vietnã vê a era pós-guerra desse país como um período empolgante, de expectativas crescentes", prossegue o suplemento. Espera-se que o centro de livre comércio que vem sendo planejado na baía de Cam Rahn atraia consideráveis investimentos estrangeiros. Um estudo japonês bastante detalhado do "desenvolvimento econômico do Vietnã no pós-guerra" conclui que Cam Rahn é, sem sombra de dúvida, "o melhor local para um porto franco no Sudeste Asiático". "Do ponto de vista da qualidade da mão-de-obra, o povo sul-vietnamita é considerado superior aos habitantes das nações adjacentes", e há uma grande massa de trabalhadores potenciais, inclusive os que "foram obrigados a se deslocar para áreas urbanas, já que suas casas foram queimadas e suas terras foram destruídas por operações militares". Portanto, as perspectivas para os investidores em Cam Ranh e em outros lugares não são desfavoráveis.[31]

O embaixador Bunker conclamou a

> ... uma estratégia eficaz (...) para fomentar a participação no comércio exterior e atrair investimentos privados de fora. (...) A recente lei sobre o petróleo e a nova legislação sobre investimentos, que está sendo examinada pelo Senado, indicam o desejo do governo de criar uma política flexível de longo prazo para os investimentos, que atenda aos interesses do Vietnã e, ao mesmo tempo, crie um clima econômico que os investidores estrangeiros considerem atraente.[32]

É desnecessário dizer que essa idéia de "interesses do Vietnã" é muito especial, assim como as equipes de investimento japonesas têm uma interpretação particular do que seja "participar produtivamente do desenvolvimento global do Sudeste Asiático".

Os investimentos norte-americanos também têm avançado de maneira bastante cautelosa. A Ford Motor Company apresentou uma proposta sobre uma fábrica montadora, parte de seu projeto a longo prazo de criar — e, se possível, dominar — um mercado asiático potencial, e a American Motors acompanhou-a pouco depois.[33] A Ford propõe instalar uma subsidiária de sua propriedade, com um investimento de capital de cerca de 2,5 milhões de dólares e uma capacidade projetada de uns 5 mil caminhões utilitários por ano, na primeira fase. A American Motors tem 10% de participação na Nam Viet Motor Corporation, da qual 30% pertencem à *holding* do "império industrial e de desenvolvimento Eisenberg", registrada no Panamá, que se anuncia decidida a "entrar em grande estilo no Vietnã, sem nenhuma reserva", e 60% são de "interesses vietnamitas de origem sino-americana". A companhia montará jipes a partir de maio de 1973. O "império Eisenberg" também planeja envolver-se numa fábrica de cimento e numa de pasta e papel. A fábrica de máquinas de costura Singer, o First National City Bank de Nova York (aliado ao Chase Manhattan e ao Bank of America), uma indústria química "de ponta" e uma grande empresa de cigarros norte-americana ("os excelentes cigarros norte-americanos tornaram-se muito conhecidos em todo o país durante os anos de negociação no mercado negro"), além de outras, planejam abrir divisões ou subsidiárias.[34]

> O Vietnã do Sul, herdeiro de um colossal arsenal de instalações infra-estruturais, à medida que a guerra vai chegando ao fim, dá sinais de se transformar num local de investimento potencialmente atraente para diversas empresas. (...) Embora seja improvável uma enxurrada de investimentos aqui antes de a guerra acabar, os investidores deverão receber um incentivo considerável, assim que (a) o Banco Mundial conceder seu primeiro empréstimo ao Vietnã e (b) forem disponibilizadas garantias para o investimento norte-americano.[35]

Aí é que está o senão, é claro. A dificuldade é que os investimentos estrangeiros ainda não se livraram de várias incertezas e obstáculos, em particular a incerteza quanto à possibilidade de os Estados Unidos manterem o controle militar. O governo norte-americano precisa de investimentos que lhe permitam reconstituir uma sociedade obediente, mas os investidores prefeririam que a obediência viesse primeiro. Embora apóiem as metas do governo e, a rigor, forneçam grande parte do pessoal para formular e conduzir a política de Estado, eles se recusam a cooperar, se houver riscos para seus interesses privados. Exatamente como no caso da pesquisa e do desenvolvimento da tecnologia avançada, querem que o Estado mobilize os recursos da sociedade inteira, a fim de preparar o terreno para os lucros empresariais. Os vietnamitas têm sido um osso duro de roer, e os custos da dominação da Indochina são muito maiores do que se havia previsto — embora seja possível lembrar que, para alguns componentes seletos da economia norte-americana, os chamados custos, em parte, são lucros. Como resultado, muitos representantes da elite empresarial que domina em grande parte a política de Estado, os mais dotados de visão, têm exercido grande pressão para que essa empreitada chegue ao fim. Resta saber se suas idéias prevalecerão.

Enquanto isso, os que aguardam uma prova de obediência também tentam ajudar, a seu modo, nesse aspecto do problema. A subdivisão Philco da Ford é uma grande fornecedora do campo de batalha eletrônico no Vietnã, e está envolvida no desenvolvimento de sistemas militares de comunicação em outros locais do Sudeste Asiático, particularmente na Tailândia, que por muitos anos foi a base das operações norte-americanas na região, e agora está ameaçada por sua própria e crescente insurgência.[36] Uma crítica recente resume de maneira oportuna a contribuição da Ford:

> O "Pessoal da Grande Idéia", na Ford, está empenhado numa estratégia automobilística mundial. Como empresa multinacional, a companhia dispõe de recursos para agir como uma força econômica estabilizadora no Terceiro Mundo, e, se isso se revelar insuficiente, a firma internacional é capaz de fornecer ao Pentágono os meios para estabilizar à força os mercados do Terceiro Mundo.[37]

Convém assinalar que as hesitações relativas aos investimentos limitam-se ao Vietnã. Em outros lugares da NOCPA, como disse um observador, "as empresas e gigantes financeiros norte-americanos parecem estar fazendo planos de transformar os países da 'Bacia do Pacífico', inclusive a Oceania, numa Esfera Nipo-Americana de Co-prosperidade que ofuscará a versão original".[38] Como foi salientado pelo editor da *Far Eastern Economic Review*, entre outros, tudo isso ocorre por trás do escudo protetor fornecido pela intervenção militar norte-americana no Vietnã (ver Capítulo 1, seção VI, pp. 100-101).

T. D. Allman escreveu que "a Guerra do Vietnã terminará, indubitavelmente, como um estudo clássico sobre o imperialismo, mas o componente econômico, à primeira vista, parece ter-se manifestado bem tarde".[39] Allman pensava primordialmente no petróleo, mas uma visão mais ampla e com maior profundidade histórica revelaria que a Guerra do Vietnã começou como um "estudo sobre o imperialismo" com um componente econômico significativo, e, embora outros fatores tenham-se introduzido no caminho, ela continuou a ser fundamentalmente assim durante todo o tempo. Ao contrário do que uma visão superficial poderia sugerir, o fato de os Estados Unidos virem agora solicitando ajuda ao Japão para resgatar sua empreitada vietnamita não contradiz, em absoluto, a tese de que uma motivação explícita e precoce da política norte-americana na Indochina foi oferecer incentivos ao Japão, para que este se abstivesse de ser "receptivo" às chamadas potências comunistas (ver Capítulo 1, seção V, para uma discussão mais extensa).

Para chegar a uma solução de estilo coreano no Vietnã, os Estados Unidos foram obrigados a destruir a sociedade vietnamita e a própria terra, numa escala que tem poucos precedentes. Agora, como já foi assinalado, têm que tratar de separar as áreas em que a população foi concentrada das principais unidades guerrilheiras e das forças norte-vietnamitas, que foram atraídas para a guerra pela intervenção norte-americana. De algum modo, os Estados Unidos também têm que construir uma sociedade viável nas regiões para as quais a população foi empurrada (ou "atraída", na terminologia preferida por seu porta-voz). Têm que garantir que não existam perspectivas viáveis de desenvolvimento econômico e social que se radiquem na própria sociedade nacional, porque, se essas perspectivas existirem, serão buscadas e exploradas pelas forças sociais e políticas nativas, e os Estados Unidos perderão o controle. Assim, a política norte-americana deve garantir que a única esperança de sobrevivência esteja numa economia baseada no exterior, dominada por aqueles que conhecem o funcionamento do mercado mundial, com padrões sociais e culturais orientados para as necessidades e interesses das sociedades industrializadas.

Por razões muito semelhantes, como assinalou Joseph Buttinger, o regime de Diem não foi capaz de tolerar estruturas representativas democráticas: "As eleições locais [em 1954] teriam dado à Vietminh o controle da maioria das comunidades rurais", uma vez que a Frente "era não apenas popular e detentora do controle político efetivo de grandes regiões, como só ela possuía pessoas com as aptidões organizacionais necessárias para explorar qualquer oportunidade de expressão democrática que o regime permitisse" e, assim, teria "capturado" quaisquer "organizações livremente constituídas".[40] Pelas mesmas razões, os Estados Unidos continuaram incapazes de oferecer uma "livre escolha" aos camponeses da Indochina, e continuam hoje a resistir a qualquer conciliação política entre os vietnamitas e a exigir, antes, que os insurgentes deponham as armas e, com efeito, rendam-se ao regime de colaboradores franceses de Saigon, deixando sua sorte à mercê dele, após o quê se realizarão "eleições" nos moldes delineados por Huntington e outros (ver as referências da nota 18).

Esse é o significado essencial do "plano de paz" de Nixon apresentado em 25 de janeiro de 1972, com seu apelo a um cessar-fogo, isto é, a um acordo que permita ao exército de Saigon e ao amplo aparato policial continuarem a funcionar livremente, enquanto a oposição coloca seu destino nas mãos das autoridades de Saigon e de seus patrocinadores norte-americanos. Os planos de integração das regiões "protegidas" do Vietnã do Sul ao sistema nipo-americano do Pacífico são parte integrante desse esforço de longo prazo.

O projeto de converter a Bacia do Pacífico numa esfera de co-prosperidade nipo-americana que suplante a versão original tem implicações importantes para os Estados Unidos e para os países da região. O investimento direto dos Estados Unidos no exterior aumentou rapidamente depois da Segunda Guerra Mundial, de maneira mais drástica durante a década de 1960. Os investimentos norte-americanos na Bacia do Pacífico não são enormes atualmente, mas convém lembrar que não eram enormes no Canadá em 1950.[41] As operações ultramarinas são hoje uma grande fonte de lucros para muitas empresas multinacionais.[42] Alguns economistas acreditam que os Estados Unidos vêm-se transformando num "país credor maduro", que produz mais serviços do que bens, exporta sua capacidade produtiva e usa os lucros de seus investimentos no exterior para importar produtos manufaturados,[43] feitos por uma mão-de-obra barata e disciplinada no estrangeiro. Como quer que sejam interpretadas as tendências atuais, não há dúvida de que a produção das empresas norte-americanas no exterior tem uma escala vasta — segundo algumas estimativas, é aproximadamente equivalente ao produto interno bruto do Japão. Esse fato, por si só, dá aos Estados Unidos um interesse significativo em manter a "estabilidade" no exterior. Há algumas discussões quanto a determinar se a exportação da capacidade produtiva traz ou não em si, em última instância, a perda de empregos dentro do país.[44] Os sindicatos parecem convencidos que sim.[45] Um panfleto da União Sindical dos Trabalhadores da Indústria Elétrica, intitulado *Até que ponto a concorrência "estrangeira" é estrangeira?*, cita muitos exemplos de investimentos feitos no exterior para venda nos Estados Unidos, como a fábrica da Motorola na Coréia do Sul, que tem custos de produção equivalentes a um décimo dos de uma fábrica similar no Arizona e uma mão-de-obra que trabalha seis dias por semana, dez a onze horas por dia, por 11 a 17 centavos por hora. O presidente da Mitsubishi Motor Corporation observou que os salários japoneses correspondem a um quarto dos que são pagos nos Estados Unidos, embora as qualificações e a competência tecnológica sejam muito altas. "Não seria mais lucrativo", pergunta ele, "um fabricante norte-americano importar automóveis compactos, em vez de gastar vastas somas para desenvolver seus próprios modelos nesse campo de preços baixos?"[46]

No curso natural dos acontecimentos, é esperável que a produção que visa ao lucro se desloque para a exploração da mão-de-obra mais barata, e a concentração da capacidade produtiva e da habilidade tecnológica estado-unidenses na produção de desperdício para o Pentágono só pode acelerar essa tendência, à medida que os recursos intelectuais, as habilidades técnicas e o capital são desviados da produção útil. É possível que venha a existir uma crescente população superavitária no país, que tenha de ser "controlada" do mesmo modo que os domínios estrangeiros para os quais se desloca a capacidade produtiva norte-americana terão que ser mantidos "estáveis". Essas tendências, em suma, sugerem uma intensificação do impulso imperialista e de controles internos numa sociedade administrada com rigor.

Mas as implicações para a NOCPA são ainda mais claras. Os participantes do simpósio do SEADAG vêem um futuro brilhante para o Vietnã, como o Vale Imperial do Leste Asiático. Os agricultores do Vale Imperial poderiam dizer-lhes o que isso implica para a massa da população. A analogia é certamente enganosa. Os agricultores do Vale Imperial do Vietnã não terão nem mesmo o grau de apoio político e poder econômico que está ao alcance dos agricultores norte-americanos. Não haverá boicote das uvas ou da alface para ajudá-los a se organizar, nem tampouco votos a serem conquistados por quem der apoio a seus esforços. Mas, para os latifundiários ausentes, os importadores, os empresários que servem aos investidores estrangeiros e ao mercado externo, e outros associados locais das potências imperialistas e suas instituições econômicas internacionais, as perspectivas são sem dúvida mais animadoras, pelo menos em termos materiais.

Há várias dificuldades nessa projeção, especificamente os fatores imprevisíveis que foram mencionados no começo. Se o imperialismo está longe de ser uma força esgotada, o mesmo se aplica à resistência à agressão e ao controle imperialistas. Embora alguns economistas possam considerar essa reação irracional, não há razão para crer que as populações da NOCPA adotem necessariamente o sistema de valores e os padrões ideológicos dos cientistas sociais norte-americanos. Quanto ao povo norte-americano, no que tange à Indochina, muitas pessoas são gaviões ou pombos, no sentido convencional desses termos, preocupadas meramente com os custos da intervenção à força e divergindo apenas quanto a suas estimativas desses custos. Mas há outras que têm um compromisso com a autodeterminação e os direitos humanos e que estão dispostas a agir de acordo com seus princípios.

Em março de 1968, um grupo de trabalho do Pentágono argumentou que uma continuação da escalada levaria a uma "insatisfação cada vez maior, acompanhada, como decerto o será, por um questionamento crescente do recrutamento militar e uma inquietação maior nas cidades", o que traria o "risco de provocar uma crise interna de proporções sem precedentes".[47] Muitos daqueles cujos atos levaram às modificações táticas da política norte-americana na primavera de 1968 passaram anos na prisão, por sua decência e sua coragem. O Estado, naturalmente, não vê com bons olhos os esforços para cercear sua violência criminosa.

Muitos outros parecem desanimados com o fracasso de seus esforços de pôr fim à guerra. Talvez não avaliem a imensa importância de sua realização, por imporem pelo menos algumas restrições à violência estatal. Podemos ter certeza de que, à medida que o dilema do governo dos Estados Unidos assumir novas formas na próxima fase da guerra, a reação interna continuará a ser um fator de importância crucial na determinação do destino da população da Indochina.

Notas do Original e/ou de Tradução:

Este ensaio é uma versão ampliada de um artigo publicado na revista *Ramparts* em maio de 1972.

1. T. D. Allman, "Once More for Victory", *Far Eastern Economic Review*, 19 de fevereiro de 1972.
2. Ver George McT. Kahin, "Nixon's Peace Plan", *New Republic*, 12 de fevereiro de 1972; I. F. Stone, "The Hidden Traps in Nixon's Peace Plan", *New York Review of Books*, 9 de março de 1972; meu artigo "Nixon's Peace Offer", *Ramparts*, abril de 1972.
3. Gloria Emerson, *New York Times*, 10 de outubro de 1971.
4. Jacques Decornoy, *Le Monde Weekly* (em inglês), 24 de fevereiro de 1971; *Le Monde*, 9 de fevereiro. Ver Michael Morrow, Dispatch News Service International, 4 de maio de 1971. É presumível que o relatório de Benoit seja o que é discutido por David Francis, *Christian Science Monitor*, 12 de janeiro de 1971.
5. Bruce Nussbaum, "Aid Watershed in 1972", *Far Eastern Economic Review*, 3 de julho de 1971.

t1. Sigla da denominação original, Institute of Defense Analysis.

6. Números citados na *NACLA Newsletter*, vol. 5, nº 6 (1971), extraídos de Herbert K. May, *The Effects of United States and Other Foreign Investment in Latin America.*
7. Elena de la Souchère, "République Dominicaine: le néo-trujillisme s'appuie sur le terrorisme militaire", *Le Monde diplomatique*, março de 1972. A situação não é dessemelhante na Guatemala, liberalizada uma década antes. Ver Susanne Bodenheimer, "Inside a State of Siege: Legalized Murder in Guatemala", *Ramparts*, junho de 1971.
8. Sobre esse e outros assuntos correlatos discutidos aqui, ver Jon Halliday e Gavan McCorrnack, *Japanese Imperialism Today.*
9. Ver, por exemplo, Jean Egan, "South Korea: Time to Face Facts", *Far Eastern Economic Review*, 15 de janeiro de 1972.
10. Jon Unger, "Life in Canton", Dispatch News Service International, 10 de janeiro de 1972.
11. Timothy e Leslie Nulty, "Pakistan: The Busy Bee Route to Development", *Trans-action*, fevereiro de 1971.
12. Herbert Feldman, "Aid as Imperialism?" *International Affairs*, vol. 43, nº 2 (1967). Ver, nesse contexto, "Southeast Asia in Turmoil", *Bulletin of Concerned Asian Scholars*, vol. 4, nº 1 (1972).
13. Dito por um geólogo norte-americano que trabalha com petróleo, citado por Ralph Lombardi, "Let Bidding Commence", *Far Eastern Economic Review*, 5 de fevereiro de 1972. Afirma ele que os levantamentos na plataforma continental começaram em 1966. Ver o importante ensaio de Malcolm Caldwell intitulado "Oil and Imperialism in East Asia", *Journal of Contemporary Asia*, vol. 1, nº3 (1971), quanto aos antecedentes.
14. T. D. Allman, "Search in Earnest", *Far Eastern Economic Review*, 24 de julho de 1971.

15. Já se argumentou que o envolvimento do governo dos Estados Unidos no tráfico de ópio pode ser entendido no mesmo contexto. Ver Frank Browning e Banning Garrett, "The New Opium War", *Ramparts*, maio de 1971; David Feingold, "Opium and Politics in Laos", *in* Nina S. Adams e Alfred W. McCoy (orgs.), *Laos: War and Revolution*. Ver também Peter Dale Scott, *The War Conspiracy*, cap. 8. Para um amplo estudo de toda essa questão, ver Alfred W. McCoy, *The Politics of Heroin in Southeast Asia.*

t2. Sigla original de Southeast Asian Development Advisory Group.

16. Rutherford Poats, administrador-assistente para o Extremo Oriente, ADI, audiências perante a Comissão de Assuntos Exteriores, H.R. 12169, 1966, citado por Ronald A. Witton, "Ideology and Utopia in Development", *Journal of Contemporary Asia*, vol. 1, nº 2 (1970).

17. Carta, *New York Review of Books*, 26 de fevereiro de 1970.

18. Cf. meu livro *At War with Asia*, cap. 1, p. 59, n. 99; cap. 3, p. 156, n. 65; Banning Garrett, "Vietnam: How Nixon Plans to Win", *Ramparts*, fevereiro de 1971. Quero deixar claro que o problema imediato não são os preconceitos particulares, os compromissos ideológicos deste ou daquele grupo de estudiosos, ou mesmo dos serviços que eles prestam ao poder estatal, mas sim o esforço de mascarar esses preconceitos e serviços como pesquisas acadêmicas desinteressadas. A prática geral dos jovens estudiosos asiáticos radicais, nos últimos anos, oferece um contraste revigorante. De modo geral, eles não ocultam seu engajamento, mas o declaram de maneira franca e clara. Esse trabalho costuma ser caracterizado como "estudos engajados", o que, presumivelmente, é um gênero distinto dos "estudos objetivos desinteressados". Isso é um completo disparate. Qualquer um que vá além de uma listagem de nomes e datas trabalha dentro de uma estrutura de crenças e compromissos. Alguns têm a franqueza de deixá-lo claro, alertando o leitor, enquanto outros preferem iludir a si mesmos e aos outros.

19. James P. Grant, presidente do Conselho de Desenvolvimento Ultramarino, administrador-assistente da ADI no Vietnã, 1967-1969.

20. *The Pentagon Papers*, Senator Gravel Edition, II, 503.

t3. Sigla criada a partir da expressão original "*noncommunist Pacific Asia*".

21. Para alguns dados, ver *AMPO*, n. 9-10 (AMPO Collective, Tóquio).

t4. Rica região agrícola no sul da Califórnia e norte do estado mexicano da Baixa Califórnia.

22. Robert Shaplen, "We Have Always Survived", *New Yorker*, 15 de abril de 1972.

23. Yasushi Hara, "Nixon Asks Sato to Give Aid to Saigon", *Asahi Evening News*, 26 de outubro de 1970; "S. Vietnam to Receive Yen Credit", *Japan Times*, 20 de junho de 1971. Reproduzido em *Looking Back*, julho de 1971.

24. Koji Nakamura, "The Okinawa Payoff", *Far Eastern Economic Review*, 21 de agosto de 1971.

25. AP, *Christian Science Monitor*, 30 de março de 1971.

26. Phi Bang, "Screws on Thieu", *Far Eastern Economic Review.*

27. *New York Times*, 12 de outubro de 1971; Phi Bang, "Leading the Field", *Far Eastern Economic Review*, 4 de março de 1972.

28. *Business Asia*, 25 de fevereiro de 1972.
29. Phi Bang, "Leading the Field".
30. Ver François Nivolon, "Profit and Honour", *Far Eastern Economic Review*, 24 de abril de 1971.
31. Diversas partes desse estudo foram reproduzidas em *Looking Back*, julho de 1971. O material do suplemento do *Mainichi Daily News* foi reproduzido em *Looking Back*, novembro de 1971.
32. Discurso na Câmara de Comércio Norte-Americana (Saigon), *Department of State Bulletin*, 15 de fevereiro de 1971.
33. *Christian Science Monitor*, 18 de novembro de 1971; Craig Whitney, *New York Times*, 24 de janeiro de 1972.
34. *Business Asia*: "A Host of Firms Express Confidence in Vietnam's Future with Investments of Money and Know-how", 12 de novembro de 1971; "First Fruits Are Reaped from Vietnam Measures", 10 de dezembro de 1971.
35. *Business International*, 3 de dezembro de 1971.
36. Para algumas discussões recentes, ver Daniel Lee, "Blank Coup in Thailand", *New Left Review*, janeiro-fevereiro de 1972.
37. Michigan Brain Mistrust Collective, "Southeast Asia: American Power versus Regionalism", *American Report*, 10 de dezembro de 1971.
38. John G. Roberts, "The American Zaibatsu", *Far Eastern Economic Review*, 24 de julho de 1971, com outros comentários sobre o papel do Japão para ajudar os "investimentos dos Estados Unidos a darem um belo lucro".
39. Allman, "Search in Earnest".
40. Joseph Buttinger, *Vietnam: A Dragon Embattled*, vol. 2, p. 856. Jeffrey Race citou Mai Ngoc Duoc, chefe provincial da província de Long An no período de 1957 a 1961:

    Naturalmente, quando se quer uma democracia de verdade, devem-se organizar eleições, e concordo com essa idéia quando referida a outros países que não sejam assediados pelos comunistas. É difícil ter esse tipo de democracia no Vietnã, porque os comunistas atuam em toda parte, e seria difícil controlar as eleições para impedir que eles fizessem seu pessoal entrar.

    O próprio Duoc não hesitou em fraudar os resultados da eleição nacional, como assinalou Race em *War Comes to Long An*, pp. 51-52. As idéias de Duoc são, em síntese, as do governo norte-americano. Ver Capítulo 1, seção VI, sub-seção 5.2. Eleição é uma coisa ótima, particularmente para o consumo interno dos Estados Unidos, mas só quando se tem certeza de que o resultado estará de acordo com os interesses da potência imperial.
41. Para dados concernentes à indústria manufatureira, ver Raymond Vernon, *Sovereignty at Bay*, p. 65.
42. Para uma resenha do histórico de 1970 e algumas projeções, ver Brendan Jones, "Overseas Earnings Bolster U.S. Companies", *New York Times*, 6 de junho de 1971.
43. Ver Lawrence B. Krause, "Why Exports Are Becoming Irrelevant", *Foreign Policy*, vol. 1, nº 3 (1971).

44. Ver Vernon, *Sovereignty at Bay*, pp. 189-190, para uma visão cética, mas basicamente especulativa.
45. Ver, por exemplo, os comentários dos participantes trabalhistas em National Planning Association, *U.S. Foreign Economic Policy for the 1970s*, em especial os de R. Faupl, T. Hannigan e H. Samuel, pp: 44-47.
46. Takashi Oka, "American Made-in Japan", *New York Times*, seção de negócios e finanças, 13 de junho de 1971.
47. *Pentagon Papers*, IV, 564. Ver também Capítulo 1, seção III, p. 77. Ver também pp. 351-354.

CAPÍTULO 5

SOBRE OS LIMITES DA DESOBEDIÊNCIA CIVIL

Os Berrigan[t1] têm o hábito inquietante de fazer perguntas difíceis, não só pelo que escrevem e dizem, mas também pelo que fazem. Uma pessoa sensata admitirá que, em princípio, existem circunstâncias em que a desobediência civil, ou até mesmo a sabotagem, é legítima. Os Berrigan têm afirmado, com cuidado e paciência, que tais circunstâncias existem hoje em dia: especificamente, que a resistência não violenta à guerra na Indochina é uma resposta legítima aos atos criminosos do Executivo norte-americano, e que um componente legítimo dessa resistência não violenta é a destruição da propriedade que não tem o direito de existir, na medida em que sua função imediata é implementar esses atos criminosos. Sugeriram eles que uma resposta dessa ordem é não apenas legítima em princípio, como também pode ser eficaz para restringir ou, quem sabe, pôr fim à violência criminosa da guerra norte-americana. Os dois não se contentaram meramente em expor sua tese, ou — como fizeram muitos outros — em construir os argumentos dos quais essa conclusão é uma decorrência, sem tirá-la explicitamente. Em vez disso, levaram a lógica da tese a sua conclusão e agiram em consonância com ela, destruindo uma propriedade que (no dizer deles) não tem o direito de existir. Negaram também que o Estado tenha o direito de processar os que agem no sentido de coibir a violência estatal criminosa e, mais uma vez, agiram em consonância com isso, recusando-se a se entregar voluntariamente às autoridades.

Esses atos questionam crenças, atitudes e pressupostos que raramente são contestados, por uma razão: questioná-los é muito incômodo. Assim, não surpreende que o pensamento e os atos anticonvencionais dos Berrigan provoquem, às vezes, reações irracionais. Consideremos, por exemplo, a discussão de Andrew Greeley, diretor do Centro Nacional de Opinião Pública, em Chicago, na revista *Church World* (18 de setembro de 1970). Diz ele que Daniel Berrigan é um totalitarista que gostaria de prender os que não aceitam seus juízos morais, e acusa-o de defender a destruição da sociedade norte-americana, pregando o ódio a essa sociedade e a seu povo. Tais acusações hão de deixar perplexa qualquer pessoa que de fato conheça Daniel Berrigan ou tenha alguma familiaridade com seus escritos. Mas a discussão de Greeley, apesar de realmente frívola e irresponsável, não deve ser descartada apenas por essas razões, sem maiores comentários. Ao contrário, deve ser interpretada como um testemunho da seriedade das questões levantadas pelos Berrigan. É exatamente por elas serem duras e graves que aqueles que temem enfrentá-las são levados a distorções estapafúrdias e a acusações fantasiosas.

Uma reação séria ao raciocínio e aos atos dos Berrigan deve levar em conta a natureza da guerra no Sudeste Asiático, o funcionamento da democracia norte-americana e as responsabilidades do cidadão nessas circunstâncias. Seria possível, por exemplo, rejeitar o raciocínio deles sob a alegação de que a intervenção estado-unidense no Sudeste Asiático é legítima (embora talvez já não valha o seu custo e seja, por conseguinte, um erro), o que constitui a opinião dominante nos Estados Unidos de hoje, acho eu, é que a intervenção, apesar de ilegítima, não deve ser contestada por meio da desobediência civil, que é imprópria na democracia; ou que a desobediência civil, embora legítima nas circunstâncias atuais, continua a ser imprópria, por ser ineficaz (ou até "contraproducente"), ou por suas prováveis conseqüências sociais; ou que a desobediência civil, apesar de legítima e adequada, não deve incluir a destruição da propriedade e deve ser seguida pela submissão voluntária às autoridades do Estado. Essas e outras questões semelhantes são as que devem ser levantadas com respeito à opção de ação dos Berrigan, isto é, à sua decisão de agir e à sua escolha dos meios.

Por ser a opinião dominante nos Estados Unidos, ao que eu presumo, a suposição de que a intervenção norte-americana é legítima (embora insensata, talvez) não pode ser ignorada, é óbvio. Há muitas provas documentais incontestes que demonstram, creio de que maneira conclusiva, que em momento algum os Estados Unidos estiveram empenhados numa legítima defesa coletiva contra um ataque armado — única base legal para o uso da força —, mas sim que estenderam sua longa intervenção armada no Vietnã a uma invasão em larga escala do Vietnã do Sul, em 1965, porque a Frente de Libertação Nacional tinha vencido a luta civil interna, a despeito da ampla (e ilegal) intervenção norte-americana direta.

Os defensores dos atos dos Estados Unidos freqüentemente argumentam que as questões de direito são complexas demais para o leigo e devem ser deixadas a cargo dos especialistas. Neste caso, porém, a leitura criteriosa dos argumentos pró e contra revela poucas divergências quanto a questões de direito. Os temas debatidos são factuais e históricos: especificamente, os Estados Unidos estão engajados numa legítima defesa coletiva contra um ataque armado do Vietnã do Norte? Essa é uma pergunta em relação à qual o leigo tem condições de formular um juízo, e o cidadão responsável não se deixará intimidar a não fazê-lo pela alegação de que o assunto é hermético demais para sua compreensão. Há uma vasta documentação disponível e, a meu ver, ela mostra com clareza que a guerra norte-americana é criminosa, inclusive no sentido técnico estrito.

Ao nos voltarmos para o caráter da guerra, a questão do legalismo desaparece. A convicção de que a guerra é legítima, embora talvez insensata, é escandalosa, a meu ver, por padrões estritamente intelectuais, bem como por padrões morais decentes. E é profundamente perturbador que seja essa a visão dominante. Desse fato podemos concluir que outras intervenções de natureza similar se seguirão, com pouca oposição popular, e que o governo Nixon talvez consiga executar sua pretendida estratégia "de baixo custo e a longo prazo" na Indochina, mantendo a guerra tecnológica em seu atual nível fenomenal e, ao mesmo tempo, na medida do possível, contando com tropas nativas, armadas, chefiadas, abastecidas, treinadas e apoiadas pelos norte-americanos. É importante ter em mente que esse é o padrão geral da dominação militar, seja ela colonial ou de outra natureza. Os russos não usaram diretamente o exército soviético para impor a ordem na Tchecoslováquia, e até os nazistas confiaram sobretudo em forças locais para controlar os territórios ocupados da Europa. O que há de inusitado na guerra norte-americana é a impossibilidade de criar uma estrutura nativa que tenha legitimidade suficiente para controlar a população nacional. É essa deficiência que Nixon espera remediar, mantendo o ataque à Indochina em sua escala maciça atual. E, enquanto o debate nos Estados Unidos girar unicamente em torno da questão do "custo", essa estratégia poderá lograr impor a norma das elites defendidas pelo país, o que seria uma terrível tragédia para as sociedades camponesas da Indochina. Há muito mais a dizer sobre este assunto, mas este não é o lugar para fazê-lo e, por isso, vou deixá-lo de lado, apenas reiterando que não creio que se possa objetar aos atos dos Berrigan mediante a alegação de que a intervenção norte-americana é legítima, ainda que talvez insensata.

Quem concordar com este juízo se voltará, naturalmente, para a questão de determinar se a desobediência civil é uma forma apropriada de oposição à guerra, dentro de uma democracia. Aqui se misturam várias questões. Suponhamos, a bem da argumentação, que os Estados Unidos fossem uma democracia em perfeito funcionamento e que nossa política na Indochina tivesse sido determinada por um eleitorado esclarecido, através do processo democrático. Nesse caso, seria ilegítima a desobediência civil? A resposta é: decerto isso não decorreria apenas desses pressupostos. Não há nenhum princípio que respalde a conclusão de que o povo da Indochina deve ser submetido a um ataque criminoso, se assim for decidido pelo povo norte-americano mediante o exercício de seus direitos democráticos. Não há nenhum princípio do qual se deduza que uma sociedade democrática pura e impecável deve ter permissão para continuar tranqüila, sem ser perturbada, enquanto pratica atos criminosos. Ao contrário, os cidadãos de tal sociedade (nas circunstâncias aqui postuladas) ficam diante de um dilema, um conflito de princípios: por um lado, existe o compromisso com o processo democrático; por outro, há o compromisso de salvar o Vietnã (e o Laos, e agora, o Camboja) da extinção como entidade cultural e histórica — o destino previsto por Bernard Fall[1] —, ou simplesmente de defendê-lo(s) de um ataque criminoso. É preciso pesar esses princípios conflitantes e determinar qual deve prevalecer nessa situação. Mas essa questão nos leva imediatamente de volta ao problema da legitimidade e do caráter da intervenção norte-americana. Parece-me que uma avaliação objetiva e ponderada das circunstâncias e dos fatos históricos leva à conclusão de que a desobediência civil, se eficiente para coibir a agressão criminosa contra a Indochina, seria legítima, mesmo supondo que nossas políticas na Indochina fossem a expressão da vontade do povo numa democracia em perfeito funcionamento.

Entretanto, essa suposição é totalmente inaceitável. Não discutirei aqui as limitações inevitáveis da democracia num sistema capitalista estatal altamente centralizado e militarizado, do tipo norte-americano contemporâneo. Mas consideremos a determinação da política num sentido mais estrito. Em novembro de 1964, a população votou maciçamente contra as políticas implementadas imediatamente após a eleição, políticas estas que, ao que parece, tinham sido unanimemente propostas pelos assessores do presidente antes mesmo da eleição, embora o eleitorado não tenha sido informado disso. Ou então, consideremos a ação militar norte-americana no Laos, discutida no Capítulo 2, seção I. O que tem isso a ver com o estado da democracia norte-americana? Muita coisa, na verdade. A destruição da sociedade civil da zona rural do Laos, nas áreas administradas pelo Pathet Lao, foi executada em segredo. É desnecessário dizer que o que é ocultado da Comissão de Relações Exteriores do Senado dificilmente seria de conhecimento comum da população em geral. É preciso um esforço imenso para descobrir o que os Estados Unidos estão fazendo no Laos. Nessas condições, é perfeitamente sem sentido falar em interferência no processo democrático pela desobediência civil. O processo democrático tem sido gravemente solapado pelo poder executivo do governo.

Um dos estudiosos mais bem-informados e cuidadosos do processo decisório do Executivo na Indochina, Daniel Ellsberg, disse em depoimento no Congresso, em maio de 1970, que a política norte-americana, "na verdade, tem sido muito mais consciente e mais cínica, seria preciso dizer, com os círculos que têm acesso às informações sigilosas, em sua contravenção do acordo [de Genebra] e de nossos objetivos propalados de autodeterminação, do que uma pessoa de fora poderia facilmente imaginar". Como pessoa de fora, só posso dizer que o cinismo do Executivo norte-americano na Indochina, nos últimos vinte anos, tem poucos paralelos históricos, e que a guerra no Laos talvez seja o exemplo mais marcante disso. O fato de o Congresso ter praticamente abandonado seu papel constitucional não é razão para que os cidadãos tolerem de forma submissa o desgaste adicional da democracia. Se a desobediência civil pode efetivamente coibir os atos ilegais e predominantemente secretos do Executivo, ela me parece constituir um curso de ação apropriado.

Isso nos leva à pergunta seguinte e, a meu ver, mais crucial. Qual foi o impacto dos vários tipos de protestos e da resistência desde 1965, quando a dissidência elevou-se acima de um murmúrio? Neste ponto, devemos separar dois fatores: o efeito sobre o processo decisório e o efeito na opinião pública. Eles não são necessariamente correlatos. Por exemplo, é possível que uma ação leve a uma decisão de restringir o envolvimento militar norte-americano e, ao mesmo tempo, a um maior apoio popular a esse envolvimento. Duvido que isso tenha acontecido, embora uma interpretação superficial de certos fatos, aos quais retornarei, possa levar a uma conclusão diferente; mas não há dúvida de que essa é uma possibilidade. Seja como for, esses dois fatores deverão obviamente ser mantidos separados por quem quiser salvar a Indochina do destino sobre o qual Bernard Fall advertiu. Essa pessoa quererá influenciar as atitudes públicas perante a guerra e persuadir o público de que a intervenção norte-americana é ilegítima; muito mais importante, porém, ela quererá modificar as decisões tomadas pelo Executivo em sua perseguição da meta de vinte anos de subjugar a Indochina — meta, aliás, que parece persistir, a despeito dos esforços de relações públicas do governo Nixon.

Os juízos sobre o impacto da dissidência, num sentido ou no outro, só podem ser provisórios e calcados em impressões. Vez por outra, uma pessoa próxima da formulação das políticas nos dá um vislumbre do que acredita serem as considerações operacionais. Na maioria dos casos, é preciso tentar reconstruí-las a partir de indícios muito parciais. No que concerne às atitudes públicas, sabe-se ainda menos. Os poucos dados existentes são muito insignificantes. Por exemplo, parece que o efeito das manifestações de massa é antagonizar os segmentos da população que preferem não ser perturbados; assim, a popularidade do presidente tende a aumentar depois de qualquer ato que aumente a visibilidade da guerra. A verdadeira pergunta, porém, é muito diferente: quais seriam as atitudes do público se a Guerra do Vietnã não fosse continuamente imposta à consciência por esses atos, se a guerra fosse tão "invisível" para um público apático quanto tem sido a guerra secreta do Executivo no Laos nos últimos seis anos? Quais seriam as possibilidades de persuasão, de debate, de discussão dos problemas, se as manifestações de massa não concentrassem a atenção na guerra, aprofundando o compromisso dos que participam delas? Não tem havido investigações sistemáticas dessas questões — as únicas que importam. Na verdade, não está claro como se poderia estudá-las sistematicamente. Minha impressão pessoal, baseada sobretudo na vasta experiência de discursar perante uma grande variedade de platéias ao longo dos anos, é que as manifestações de massa têm sido um fator preponderante no processo de chamar a atenção do público para a guerra, e que a resistência, particularmente a resistência ao recrutamento militar, tem surtido um efeito apreciável no processo de levar muitas pessoas a examinarem sua própria cumplicidade e de atraí-las para os tipos de ação que influenciam os formuladores da política de Estado.

Em alguns casos, fica claro que o protesto e a resistência surtiram efeitos drásticos em pequena escala. Minha universidade, o Instituto de Tecnologia de Massachusetts [MIT], pode servir de exemplo. Em 1965-1966, havia pouco interesse na guerra. Os seminários de debates atraíam grupos pequenos, muitas vezes antagônicos. Na verdade, os alunos do MIT empenhavam-se sobretudo na interrupção violenta de reuniões populares contra a guerra. O clima foi mudando aos poucos com a continuação da guerra, mas a mudança realmente drástica foi causada pelo asilo concedido a um soldado desertor no outono de 1968. Isso não apenas atraiu um grande número de estudantes apáticos ou hostis para um exame sério dos problemas (e, portanto, como de praxe, para uma vigorosa oposição à guerra, com base em princípios), como também preparou o terreno para a primeira investigação crítica e já tardia, por parte dos corpos docente e discente, da cumplicidade da universidade com as iniciativas militares do Estado. Seria possível citar muitos exemplos similares.

Consideremos a questão do impacto sobre a política. Qual foi, por exemplo, o efeito dos protestos nacionais sobre a rejeição do pedido de mais 200 mil soldados, feito por Westmoreland depois da ofensiva do Ano Tet? Ou sobre a guinada de Nixon para a estratégia de uma guerra prolongada e de baixo custo? Ou sobre a decisão de suspender o bombardeio do centro de Hanói e de Haifong, em 1965-1968, bem como do resto do país, que estava devastado? Podemos dar alguns palpites esclarecidos. O interessante livro de memórias de Townsend Hoopes[2] indica que um fator interno atuante no planejamento pós-Tet foram os protestos e a resistência, com o temor de que a sociedade norte-americana se tornasse ingovernável. (Houve outros fatores, é claro, como a ameaça de uma crise monetária internacional, se prosseguisse a escalada da guerra.)

Outras pessoas que estiveram próximas da formulação política falaram em termos similares (ver Capítulo 1, seção II). Esse é um dado importante; corrobora a avaliação de que os protestos e a resistência em massa foram um fator fundamental para promover as mudanças de tática na política do Executivo nos últimos anos. Assim, o momento do anúncio de Nixon sobre a retirada de tropas, em 3 de novembro de 1969, bem como seu conteúdo e seu estilo, sugere fortemente que isso foi um esforço para responder às manifestações maciças do outono (e esvaziá-las), ou, em outras palavras, que as ações do outono foram a causa imediata desse ajuste tático. A comparação com o desempenho de Nixon em seu segundo aparecimento na televisão, uma semana depois, ao anunciar a invasão do Camboja e buscar desesperadamente construir uma ponte para estabelecer contato com os jovens, certamente sugere que a greve estudantil espontânea foi um fator limitante nos planos de invasão daquele país. (Quais terão sido eles, só nos resta imaginar, e talvez nunca saibamos.)

O sigilo e as mentiras intermináveis do Executivo são, em si mesmos, uma indicação clara do medo da reação popular às realidades factuais da guerra que ele vem travando na Indochina. Vez por outra, há testemunhos diretos que permitem vislumbrar como o Executivo espera "apaziguar" a população norte-americana. Consideremos, por exemplo, o depoimento do ministro do Exército, Stanley Resor, perante a Comissão do Senado sobre Forças Armadas e Dotações Orçamentárias, no sentido de que o tempo "está do nosso lado" no Vietnã e, "por conseguinte, se ganharmos algum tempo nos Estados Unidos com essas retiradas progressivas periódicas, e se o povo norte-americano puder manter sua paciência e determinação, creio que poderemos levar [a guerra] a uma conclusão exitosa".[3]

Ninguém afirmaria que todas as ações contra a guerra foram eficazes no combate à passividade geral que permite que os mentores do conflito ajam livremente, ou no aumento do nível de oposição a ele. Todavia, parece bastante claro que, se não fossem as ações maciças de protesto e a resistência resoluta de uns poucos, a escala e a intensidade da guerra norte-americana no Sudeste Asiático teriam sido ainda mais ferozes do que se viu nos últimos anos, e o público em geral (incluindo, aliás, a "comunidade acadêmica", que, em sua maioria, só foi despertada da inatividade pelo ativismo estudantil), ainda que talvez sem entusiasmo, teria persistido no que Hans Morgenthau chamou de "nossa subserviência conformista aos que estão no poder".

Andrew Greeley, no artigo anteriormente citado, chegou a conclusões muito diferentes. Diz ele que a guerra está chegando ao fim "não por causa de homens como Daniel Berrigan (muito pelo contrário, os dados de pesquisas sugerem que os Berrigan e o resto da ralé engajada nos protestos talvez a tenham prolongado), mas apesar deles, porque os membros de uma sociedade livre e aberta, ainda que tardiamente, tornaram impossível para o governo continuar a travá-la". Greeley acrescenta que "esta é a primeira vez, na história da raça humana, em que uma grande potência é obrigada a se retirar de uma guerra simplesmente porque seu povo não a aprova". Esta última afirmação é claramente falsa. Basta pensarmos naqueles que nos precederam no esforço de manter a dominação ocidental na Indochina. Os franceses, como assinalou Bernard Fall, "nunca se atreveram a enviar recrutas ao Vietnã nem aumentaram o alistamento militar compulsório em casa, por medo da oposição popular à guerra"[4] — a despeito de seus "interesses históricos" na Indochina. Com a doutrina Nixon, estamos começando a reduzir o compromisso norte-americano com a vitória a um nível que o governo francês nunca pôde atingir, porque "seu povo não o aprovou". Se os franceses houvessem aprovado a guerra na medida em que os norte-americanos ainda a aprovam, a França também poderia ter enviado um exército maciço de recrutas, ainda que obviamente não pudesse equiparar-se aos recursos tecnológicos com que temos assolado a Indochina.

Entretanto, apesar de sua displicência e irresponsabilidade, é importante examinarmos a sério a afirmação do diretor de programas do Centro Nacional de Opinião Pública de que "a ralé engajada nos protestos" talvez tenha prolongado a guerra. Sua afirmação de que "dados de pesquisas" não especificados corroboram essa idéia é, provavelmente, uma referência ao fato de que as pesquisas costumam indicar um aumento do apoio ao presidente depois das manifestações em massa. Já assinalei por que isso é irrelevante. Ao que eu saiba, não existem outros "dados de pesquisas" que sugiram nada de significativo sobre o efeito que os protestos em massa e a resistência exercem nas atitudes populares, e, no que concerne ao efeito sobre o processo decisório, os indícios existentes sugerem que esses protestos e essa resistência foram justamente o que levou a mudanças de tática ao longo dos anos. Mas Greeley acerta mais ou menos o alvo ao asseverar que foi o público que "[tornou] impossível para o governo continuar a [travar a guerra]". Para sermos mais exatos, foram alguns segmentos da população — sobretudo o movimento estudantil — que tornaram difícil para o governo travar a guerra com a liberdade irrestrita que ele desejaria. E esses segmentos do público, a "ralé engajada nos protestos" de Greeley, têm-se inspirado, em larga medida, em Dan e Phil Berrigan, e em mais alguns poucos como eles.

Por outro lado, se os alvos do desdém de Greeley tivessem seguido seu exemplo e seus conselhos nos últimos anos, é provável que a advertência de Bernard Fall houvesse chegado muito perto de virar realidade. Pode-se debater o grau exato de impacto dos atos dos Berrigan e outros como eles, assim como dos muitos milhares que, graças a sua resistência conscienciosa, foram influenciados a sair da apatia e a se engajar numa oposição visível à guerra. Pelo que posso ver, não há uma dúvida razoável de que os protestos e a resistência em massa foram fatores de cerceamento do Executivo, talvez fatores preponderantes. E, conquanto nesse aspecto as provas sejam menos persuasivas, parece plausível que os protestos e a resistência em massa, no correr dos anos, tenham mantido a guerra sob os olhos do público e impedido os esforços para criar o clima de subserviência conformista que permitiria o livre exercício do poderio militar norte-americano. Se continuará a ser assim, não sei. Mas, se pessoas como Greeley impuserem sua vontade e a "ralé engajada nos protestos" for silenciada, a estratégia nixoniana de uma interminável guerra de devastação poderá ser levada à "conclusão exitosa" prevista pelo ministro Resor, e, na melhor das hipóteses, as perspectivas de futuro das sociedades da Indochina serão realmente sombrias. Na pior delas, a "conclusão exitosa" de Resor poderá ser o genocídio que Townsend Hoopes identifica como "a conclusão final" de nossa "lógica estratégica" no Vietnã.[5]

Estas considerações ainda não abordam a questão mais específica dos efeitos de atos como a destruição de arquivos do alistamento compulsório em Catonsville.[t2] Suponhamos, por exemplo, que se pudesse mostrar que atos desse tipo contribuíram para criar um clima em que algumas pessoas foram levadas a praticar atos terroristas, que são deploráveis em si e só se mostram úteis para o governo, em seus esforços para implantar a subserviência conformista ao poder estatal. Nesse caso, teríamos de concluir que a destruição dos arquivos foi imprópria, por causa de suas conseqüências sociais, mesmo que fosse legítima em princípio (como creio que seja). Mais uma vez, os julgamentos só podem ser provisórios. No entanto, pelas informações de que disponho, não creio que atos como o dos Nove de Catonsville e o dos Quatorze de Milwaukee[t3] tenham feito qualquer contribuição para o terrorismo. Talvez se possa argumentar que, se tivesse havido um envolvimento maior em atos não violentos como os dos Berrigan, quem sabe o clima de desespero que leva algumas pessoas ao terrorismo se houvesse reduzido. Não sei avaliar essa possibilidade.

Será que os atos dos Berrigan e outros levaram a um aumento da conscientização e do compromisso com a oposição à guerra? Não há dúvida de que sim, embora os círculos sejam pequenos. Porventura eles produziram uma reação negativa em círculos mais amplos, digamos, uma reversão para o tipo de autoritarismo que só beneficia o poder do Estado? Não conheço razão alguma para acreditar nisso. Minha impressão é que atos como os de Catonsville e Milwaukee receberiam amplo apoio, se houvesse um esforço para explicá-los e discuti-los. Se houve alguma falha grave, creio que ela ocorreu nesse indispensável esforço secundário de apoio.

Não discuti a questão da submissão voluntária à detenção. Muitas vezes se afirma que esse é um componente necessário da desobediência civil legítima. Simplesmente não vejo a lógica dessa postura. Não há compulsão moral alguma para que a pessoa que tenta prevenir atos criminosos do Estado se submeta voluntariamente à punição por seus atos. A recusa a se submeter à punição não implica, em si mesma, uma recusa a reconhecer a legitimidade geral do governo (muitas vezes proposta como critério para distinguir a desobediência civil da rebelião), assim como a recusa a contribuir voluntariamente para atos criminosos através do pagamento de impostos de guerra não questiona, por si só, a legitimidade do governo. Ao contrário, trata-se de um questionamento da legitimidade de atos específicos, praticados por uma autoridade que pode ou não ser legítima, com base em outras razões.

Há uma pergunta mais específica: é apropriado destruir arquivos de recrutamento militar (admitindo, a bem da discussão, que todas as outras dúvidas sobre tais atos tenham sido sanadas)? Há um componente coercitivo nos atos dessa natureza, na medida em que os direitos dos alistados e as exigências feitas a eles são afetados, sem seu consentimento ou sua escolha. Além disso, o efeito não é impedir o alistamento nas forças armadas, mas redistribuí-lo. O mesmo se poderia dizer, em parte, sobre a resistência à convocação militar, embora, quando sua escala se torna significativa — como no norte da Califórnia, onde se registram índices altíssimos de recusa do alistamento, talvez próximos da casa dos dois terços —, haja uma mudança qualitativa no impacto político da ação. Tem havido muitas discussões sobre esses temas, sobretudo entre os pacifistas, e nada tenho a acrescentar. A mim me parece que a questão crucial é o impacto desses atos no término da atrocidade da guerra norte-americana. Se a contribuição for significativa, isso mais do que compensará o componente de coerção, o qual, para sermos honestos, raras vezes está ausente da desobediência civil não violenta, por mais que se possa e deva tentar diminuí-lo.

Ao discutir as questões levantadas pelas ações dos Berrigan, tentei examiná-las de forma desapaixonada. Admito que é difícil. Não estamos discutindo questões abstratas de lógica, mas o destino de um povo, a existência de uma sociedade. Não é preciso visitar a Indochina para reconhecer o horror da guerra norte-americana. O problema é que é difícil, quando nos dispomos a encarar os fatos, tentar ponderar corretamente os tipos legítimos de perturbação da ordem e os efeitos de nossa passividade na população da Indochina.

Numa escala de intensidade inferior, é difícil ser desapaixonado com respeito aos Berrigan. Ninguém que os conheça é capaz de duvidar de que eles são indivíduos heróicos, dispostos a fazer o que muitos se dão conta de que deve ser feito, independentemente do ônus pessoal, com uma simplicidade de conduta e um compromisso com os princípios que só podem inspirar o mais profundo respeito. Não são muitas as pessoas de quem se pode dizer isso com honestidade. Andrew Greeley zomba da comparação de Dan Berrigan com Dietrich Bonhöffer,[t4] mas é uma comparação muito apropriada.

Numa declaração recente, Richard Falk, professor de direito internacional em Princeton, relembrou o apelo de Roosevelt ao povo alemão:

> Hitler vem cometendo esses crimes contra a humanidade em nome do povo alemão. Peço a cada alemão e a cada homem, em qualquer lugar que esteja sob a dominação nazista, que mostrem ao mundo que não compartilham esses insanos desejos criminosos.[6]

Falk acrescentou: "É mais do que tempo de haver um apelo similar ao povo norte-americano, por parte de líderes responsáveis." Tal apelo não existiu nem existirá. Mas tem havido alguns homens e mulheres que vêm mostrando que não farão parte da agressão criminosa contra o povo da Indochina. Os irmãos Berrigan encontram-se nessa minoria.

Notas do Original e/ou de Tradução:

Este ensaio é uma versão ligeiramente abreviada do artigo originalmente publicado no *Holy Cross Quarterly*, vol. 4, nº 1 (1971).

t1. Philip Berrigan (1923-2002) e Daniel Berrigan (n. 1921), ambos naturais do estado de Minnesota, EUA, padres católicos e pacifistas militantes que promoveram e participaram de inúmeras manifestações não violentas contra a guerra, a começar pelos protestos contra a Guerra do Vietnã. Philip passou cerca de 11 anos de sua vida cumprindo diversas penas por desobediência civil, deixou o hábito em 1973, casou-se já maduro com Liz McAllister, da Jonah House, fundada por eles na cidade de Baltimore como uma comunidade de apoio à resistência, e morreu de câncer aos 79 anos. Seu irmão Daniel é poeta renomado, chegou a viver na clandestinidade e cumpriu igualmente vários períodos de penas por desobediência civil. Ainda militante, mora na cidade de Nova York e trabalha na Universidade Fordham. Ambos publicaram vários livros e artigos e, durante algum tempo, estiveram na lista dos dez fugitivos mais procurados pelo FBI.

1. Bernard Fall, *Last Reflections on a War*, pp. 33-34.
2. Townsend Hoopes, *The Limits of Intervention.*
3. Stanley Resor, depoimento de 8 de outubro de 1969, liberado em 2 de dezembro; citado *in I. F. Stone's Weekly*, 15 de dezembro de 1969. Ver também meu artigo "Revolt in the Academy", *Modern Occasions*, vol. 1, nº 1 (1970). Para maior discussão dos temas mencionados aqui, ver meu artigo "Mayday: The Case for Civil Disobedience", *New York Review of Books*, 17 de junho de 1971.
4. Fall, *Last Reflections*, p. 231.
5. Hoopes, *Limits of Intervention*, p. 129.

t2. Em maio de 1968, os irmãos Berrigan e mais sete ativistas, todos católicos, foram ao centro de alistamento militar de Catonsville, no estado de Maryland, retiraram 378 arquivos, levaram-nos para o estacionamento, derramaram sobre eles napalm feito em casa (com a ajuda de um professor de física) e lhes atearam fogo.

t3. Também com a participação dos irmãos Berrigan, esse grupo, composto por padres, freiras e leigos, incendiou cerca de dez mil arquivos do alistamento militar em setembro de 1968, na cidade de Milwaukee, no Wisconsin, em mais um protesto simbólico contra a Guerra do Vietnã.

t4. Dietrich Bonhöffer (1906-1945), teólogo e pastor luterano alemão, foi um dos mentores e signatários da Declaração de Bremen e se engajou na resistência ao nazismo e a Hitler. Perseguido e preso, foi enforcado pelos nazistas junto com seu irmão, Klaus, e com dois cunhados, poucas semanas antes de os Aliados libertarem o campo de concentração de Flossenbürg, onde estava preso.

6. Richard A. Falk, *in* Erwin Knoll e Judith N. McFadden (orgs.), *War Crimes and the American Conscience*, pp. 6-7.

CAPÍTULO 6

A FUNÇÃO DA UNIVERSIDADE EM TEMPOS DE CRISE

Escrevendo há 150 anos, o grande reformador liberal e humanista Wilhelm von Humboldt definiu a universidade como "nada além da vida espiritual de seres humanos que são impelidos pelo ócio externo ou por pressões internas para o saber e a investigação". Em todas as etapas de sua vida, o homem livre é movido, em maior ou menor grau, por essas "pressões internas". A sociedade em que ele vive pode ou não proporcionar-lhe o "ócio externo" e as formas institucionais em que ele possa realizar essa necessidade humana de descobrir e criar, de explorar, avaliar e vir a compreender, de aprimorar e exercer seus talentos, de contemplar, de fazer sua própria contribuição individual para a cultura contemporânea, e de analisar, criticar e transformar essa cultura e a estrutura social em que ela se enraíza. Mesmo que a universidade não existisse formalmente, observou Humboldt, "uma pessoa refletiria e colheria dados em particular, outra se juntaria a homens de sua idade, uma terceira encontraria um círculo de discípulos. É a essa imagem que o Estado deve manter-se fiel, se quiser dar forma institucional a operações humanas tão indefinidas e acidentais".[1]

O grau em que as formas institucionais existentes permitem que essas necessidades humanas sejam satisfeitas fornece uma medida do nível de civilização atingido pela sociedade. Um dos componentes da interminável luta para chegar a uma ordem social mais justa e humana é o esforço de eliminar as barreiras — sejam elas econômicas, ideológicas ou políticas — que bloqueiam as formas particulares de auto-realização individual e de ação coletiva que a universidade deve possibilitar.

O grande mérito do movimento estudantil da década de 1960 foi ajudar a abalar a arrogância que havia tomado conta de grande parte da vida intelectual norte-americana, tanto no tocante à sociedade estado-unidense quanto ao papel da universidade dentro dela. A renovação do interesse pela reforma universitária é, em larga medida, uma conseqüência do ativismo estudantil. Grande parte da energia tem sido orientada para os problemas de "reestruturar a universidade": democratizá-la, redistribuir o "poder" dentro dela e reduzir as restrições à liberdade dos alunos e a dependência da universidade em relação a instituições externas. Desconfio que pouco se conseguirá de verdadeira substância dentro desses moldes. As mudanças formais na estrutura universitária surtirão pouco efeito no que um estudante faz com sua vida ou na relação entre a universidade e a sociedade. Enquanto a reforma não chegar ao cerne da universidade — o conteúdo dos currículos, a interação entre alunos e professores, a natureza das pesquisas e, em alguns campos, a prática relacionada com a teoria —, ela continuará a ser superficial. Mas é duvidoso que esses temas sejam significativamente afetados pelos tipos de reforma estrutural que vêm sendo debatidos em muitos *campi* universitários.

É inútil discutir "a função da universidade" abstraindo-a das circunstâncias históricas concretas, assim como seria um desperdício de esforço estudar qualquer outra instituição social dessa maneira. Numa sociedade diferente, podem surgir questões inteiramente diversas quanto à função da universidade e aos problemas prementes. Para quem acredita como eu que nossa sociedade deve passar por mudanças drásticas, para que haja um avanço na civilização — talvez até para a sobrevivência —, a reforma universitária se afigurará um assunto insignificante, exceto na medida em que contribua para a mudança social. À parte essa questão, decerto pode haver aperfeiçoamentos na universidade, no contexto das "formas institucionais" existentes, e a revisão drástica dessas formas pouco contribuirá para eles.

Nunca é fácil determinar até que ponto as deficiências de uma dada instituição podem ser efetivamente superadas através da reforma interna, e até que ponto elas refletem características da sociedade como um todo, ou questões de psicologia individual relativamente independentes das formas sociais. Consideremos, por exemplo, a competitividade fomentada pela universidade, ou, a rigor, pelo sistema de ensino como um todo. É difícil nos convencermos de que isso atende a algum objetivo educacional. Por certo não prepara o estudante para a vida de um estudioso ou um cientista. Seria absurdo exigir de um cientista, no exercício de sua profissão, que ele guardasse segredo de seu trabalho, a fim de que seus colegas não tivessem conhecimento de suas realizações e não fossem auxiliados por suas descobertas nos estudos e pesquisas feitos por eles. No entanto, muitas vezes é isso que exigimos do aluno na sala de aula.

Numa fase posterior da vida, o esforço coletivo, com o compartilhamento das descobertas e a ajuda mútua, é o ideal; quando não é essa a norma, interpretamos acertadamente esse fenômeno como uma inadequação daqueles que não conseguem elevar-se acima do engrandecimento pessoal e que, nessa medida, são incompetentes como estudiosos, cientistas e professores. Todavia, mesmo no nível mais avançado da pós-graduação, as normas universitárias desestimulam o estudante a trabalhar como decerto optaria por fazer qualquer pessoa sensata: individualmente, no campo a que seus interesses o levarem, e coletivamente, quando lhe for possível aprender com seus pares e auxiliá-los. Os projetos de estudo e as provas são individuais e competitivos. Não apenas se exige que a dissertação doutoral seja uma contribuição puramente individual, como também, além desse requisito questionável, há uma predileção implícita pela insignificância na exigência de que um trabalho completo seja concluído num prazo fixo. O aluno é obrigado a estabelecer para si mesmo uma meta restrita, e a evitar a investigação aventureira e especulativa que possa questionar o arcabouço convencional do saber, e com isso corre um alto risco de fracassar. Nesse aspecto, as formas institucionais da universidade incentivam a mediocridade. Talvez essa seja uma das razões por que é tão comum os estudiosos dedicarem sua carreira a modificações banais daquilo que já fizeram. Os padrões de pensamento impostos a seu trabalho inicial, assim como a pobreza da concepção fomentada por formas institucionais demasiadamente rígidas, podem limitar sua imaginação e distorcer sua visão. O fato de muitos escaparem a essas limitações é um tributo à capacidade humana de resistir às pressões que tendem a restringir a variedade e a criatividade da vida e do pensamento. Esse fenômeno, que é verdadeiro até nos níveis mais avançados do ensino superior, é muito mais significativo nas etapas anteriores, como muitos críticos têm demonstrado com eloqüência. Mesmo nessa situação, contudo, não fica evidente até que ponto a culpa é das universidades e até que ponto ela é inerente ao papel atribuído a estas por uma sociedade competitiva, na qual a busca dos interesses pessoais é erigida como a meta mais elevada.

Algumas das pressões que empobrecem a experiência educacional e distorcem a relação natural entre alunos e professores originam-se, claramente, em exigências impostas na escola. Consideremos, por exemplo, um problema definido por Daniel Bell: "o ensino superior tem sido sobrecarregado com a tarefa de se tornar um guardião dos portões — talvez o único a abri-los para as posições importantes e o privilégio na sociedade. (...) isso significa que o sistema educacional já não está orientado para ensinar, e sim para julgar."[2] Jencks e Riesman fazem uma colocação semelhante: "a universidade é uma espécie de teste de aptidão protelado, para medir certos aspectos da inteligência e do caráter." Resultado: "Contar com a faculdade para que ela pré-selecione a alta classe média elimina, evidentemente, a maioria dos jovens nascidos em famílias de camadas inferiores, já que estes têm 'a postura errada' em relação ao sucesso acadêmico."[3] O efeito é que a universidade serve de instrumento para garantir a perpetuação do privilégio social.

O mesmo, aliás, se aplica a fases posteriores da vida. Para chegar ao ideal humboldtiano, a universidade deveria estar aberta a qualquer pessoa, em qualquer etapa da vida, que quisesse servir-se dessa forma institucional para promover sua "vida espiritual". Existem, de fato, cursos destinados a levar executivos empresariais ou engenheiros da indústria de volta à universidade, para uma formação especializada ou simplesmente para ampliarem seus horizontes culturais, mas, ao que eu saiba, não há nenhum para sapateiros ou operários industriais, os quais, em princípio, não tirariam menos proveito de tais oportunidades. Evidentemente, seria enganoso descrever essas desigualdades como meros defeitos da universidade.

Em geral, há pouca ou nenhuma função educacional no requisito de que a universidade se encarregue da certificação, bem como do ensino e da pesquisa. Ao contrário, essa exigência interfere em sua função apropriada. É uma exigência imposta por uma sociedade que assegura, de muitas maneiras, a preservação de certas formas de privilégio.

Ou, então, consideremos a exigência, amiúde verbalizada, de que a universidade esteja a serviço das necessidades da sociedade externa — de que suas atividades sejam "pertinentes" aos interesses da sociedade como um todo. Enunciada em linhas muito gerais, essa demanda é justificável. Traduzida na prática, porém, geralmente significa que as universidades prestam um serviço às instituições sociais existentes, àquelas instituições que estão em condições de enunciar suas necessidades e subsidiar o esforço para satisfazê-las. Não é difícil os membros da "comunidade universitária" se iludirem com a crença em que estão mantendo uma postura "neutra, isenta de valores", quando simplesmente atendem a exigências ditadas em outros lugares. Com efeito, fazer isso é tomar uma decisão política, ou seja, é ratificar a distribuição existente do poder, da autoridade e do privilégio na sociedade em geral, e assumir o compromisso de reforçá-la. O Pentágono e as grandes empresas estão aptos a formular suas necessidades e financiar o tipo de trabalho que as atenda. Os camponeses da Guatemala ou os desempregados do Harlem não têm condições de fazê-lo, obviamente. Uma sociedade livre deveria estimular o desenvolvimento de uma universidade que fugisse da compulsão nem tão sutil a ser "relevante" nesse sentido. A universidade só conseguirá dar sua contribuição a uma sociedade livre na medida em que supere a tentação a se conformar acriticamente à ideologia em vigor e aos padrões existentes de poder e privilégio.

Em sua relação com a sociedade, deve-se esperar que uma universidade livre seja, em certo sentido, "subversiva". Consideramos líquido e certo que o trabalho criativo em qualquer campo desafie a ortodoxia vigente. O físico que aprimora os experimentos de ontem, o engenheiro que busca meramente aperfeiçoar os aparelhos existentes, o artista que se limita a estilos e técnicas já inteiramente explorados, são todos acertadamente vistos como deficientes em matéria de imaginação criativa. O trabalho empolgante nas ciências, na tecnologia, na erudição ou nas artes perscruta os limites da compreensão e tenta criar alternativas para os pressupostos convencionais. Quando isso já não se aplica a um dado campo de investigação, o campo é abandonado pelos que buscam a aventura intelectual.

Estas observações são clichês que poucas pessoas contestarão — exceto no estudo do Homem e da sociedade. O crítico social que procura formular uma visão de uma ordem social mais justa e humana, e que se preocupa com a discrepância — não raro, o abismo — que separa essa visão da realidade à sua frente, é uma criatura assustadora, que deve "superar sua alienação" e se tornar "responsável", "realista" e "pragmático". Decodificando essas expressões, ele deve parar de questionar nossos valores e ameaçar nosso privilégio. Pode interessar-se por modificações técnicas da sociedade existente, que melhorem sua eficiência e disfarcem suas desigualdades, mas não deve tentar conceber uma alternativa radicalmente diferente e se envolver na tentativa de promover mudanças sociais. Portanto, deve abandonar o caminho da investigação criativa, tal como concebida em outros campos. Nem é preciso frisar que esse preconceito é ainda mais rigidamente institucionalizado nas sociedades dos Estados socialistas.

É óbvio que a mente livre pode incorrer em erros; o crítico social está tão pouco imune a essa possibilidade quanto o cientista ou o artista inventivos. É possível que, num dado estágio da tecnologia, a atividade mais importante seja aperfeiçoar o motor de combustão interna, e que, numa dada etapa da evolução social, deva-se voltar primordialmente a atenção para o estudo de medidas fiscais que melhorem o funcionamento do capitalismo de Estado das democracias ocidentais. Isso é possível, mas não chega a ser óbvio, em ambos os casos. As universidades oferecem liberdade e incentivo aos que questionam o primeiro desses pressupostos, porém mais raramente os concedem aos que questionam o segundo. As razões são bastante claras. Uma vez que a voz dominante de qualquer sociedade é a dos beneficiários do *status quo*, o "intelectual alienado" que tenta seguir o caminho normal da investigação honesta — talvez cometendo erros no percurso —, e que, portanto, muitas vezes se descobre desafiando o saber convencional, tende a ser uma figura solitária. O grau de proteção e apoio que lhe é proporcionado pela universidade, mais uma vez, é uma medida do êxito dela no cumprimento de sua função adequada numa sociedade livre. É também uma medida da disposição da sociedade de submeter sua ideologia e sua estrutura a uma análise e avaliação críticas, e de sua disposição de superar as desigualdades e falhas que venham a ser reveladas por essa crítica.

Problemas como esses — que nunca deixarão de existir, enquanto perdurarem as sociedades humanas — tornaram-se um pouco mais prementes nos últimos anos, por diversas razões. Numa sociedade industrial avançada, a ligação entre a universidade e as instituições sociais externas tende a se tornar mais estreita e intricada, em função da utilidade do "conhecimento produzido" (para usar uma expressão vulgar) e da formação oferecida. Essa é uma visão conhecida. Meio século atrás, Randolph Bourne observou que a Segunda Guerra Mundial levara para a liderança uma intelectualidade liberal técnica, "imensamente preparada para a ordenação executiva dos acontecimentos e lastimavelmente despreparada para a interpretação intelectual da focalização idealista dos objetivos"; eram intelectuais pragmáticos, que "absorveram o segredo do método científico, tal como aplicado à administração política", e estavam prontamente "alinhados a serviço das técnicas de guerra". Voltando-se para a universidade e tomando como protótipo a Universidade Columbia, ele a descreveu como "uma empresa financeira, estritamente análoga, em suas motivações e reações, à empresa interessada na produção de *commodities* industriais. (...) A universidade produz saber, em vez de aço ou borracha, mas a natureza da *commodity* acadêmica tem-se tornado cada vez menos capaz de assegurar ao trabalhador acadêmico um *status* materialmente diferente do de qualquer outro tipo de empregado". Os membros do conselho diretor, disse ele, definem sua obrigação da seguinte maneira: "certificar-se de que a qualidade da *commodity* produzida pela universidade seja tal que se afigure respeitável para a classe que eles representam". "Sob o controle do conselho diretor", prosseguiu Bourne, "a universidade norte-americana degradou seu antigo e nobre ideal de uma comunidade de saber, tornando-se uma empresa comercial privada."[4]

A caracterização da universidade formulada por Bourne pode ser questionada em muitos aspectos, mas tem um incômodo toque de autenticidade, hoje mais ainda do que na época em que ele escreveu. Não há de escapar aos leitores que o movimento estudantil dos últimos anos elaborou — com toda a independência — uma crítica muito parecida, amiúde com a mesma retórica. Também nesse caso, podemos apontar para um exagero e até para algumas fantasias, mas seria um erro fechar os olhos para o núcleo de verdade que existe nela.

Outra razão por que os problemas das universidades tornaram-se uma preocupação mais urgente do que antes é que, numa escala sem precedentes, elas passaram a ser *o* centro da vida intelectual. Não apenas cientistas e eruditos, mas também escritores e artistas são atraídos para a comunidade acadêmica. Na medida em que isso acontece, na medida em que outras comunidades intelectuais independentes vão desaparecendo, aumentam as exigências feitas à universidade. É provável que esse tenha sido um componente da crise universitária dos últimos anos. Com a despolitização da sociedade norte-americana na década de 1950 e com a redução da extensão do pensamento social, a universidade parece ter-se tornado, para muitos estudantes, quase o único centro de estimulação intelectual. Numa entrevista recente, Lionel Trilling assinalou que não pode recorrer a sua própria experiência estudantil para compreender a motivação dos "alunos militantes" da Columbia: "Como todos os meus amigos da faculdade, eu não tinha o menor interesse na universidade como instituição: pensava nela, se é que chegava a fazê-lo, como a precondição inevitável e tacanha para conseguir lazer, alguns professores interessantes e uma biblioteca. Acho difícil acreditar que não seja essa a atitude natural (...)."[5] Trata-se de um comentário oportuno. Antigamente, eram sobretudo os grupos do futebol americano e dos grêmios estudantis que se interessavam pela universidade como tal. Nesse aspecto, porém, houve mudanças substanciais. Agora, em geral são os alunos mais sérios e reflexivos que se preocupam com a natureza das universidades e se sentem prejudicados e privados por suas falhas. Vinte anos atrás, esses estudantes — numa universidade urbana, pelo menos — se voltariam para outros lugares em busca da vida intelectual e social que hoje esperam que a universidade proporcione.

Pessoalmente, creio que os claros desafios criados pelo movimento estudantil estão entre os poucos fatos novos que trazem esperança nestes anos conturbados. Seria superficial e bastante infantil, na verdade, ficarmos tão siderados com os absurdos ocasionais das formulações, ou com os atos ofensivos, que não enxerguemos a grande importância dos problemas levantados e que estão por trás do tumulto. Só uma pessoa totalmente carente de bom senso poderia sentir-se ofendida com o "extremismo estudantil" e não, numa medida imensamente maior, com os acontecimentos e situações que o motivam. Alguém capaz de escrever palavras como as que se seguem, para dizê-lo com toda a gentileza possível, perdeu sua capacidade de apreender a realidade: "Muitas de nossas universidades já decidiram que a única maneira de evitar os tumultos no *campus* é dar créditos acadêmicos aos estudantes por tumultos fora do *campus* ('trabalho de campo' nos guetos, entre trabalhadores migrantes etc.)."[6] Consideremos os pressupostos que levariam uma pessoa a descrever o trabalho nos guetos ou entre trabalhadores migrantes como uma forma de "tumulto", ou, a rigor, a encarar esse tipo de trabalho como necessariamente inadequado a um currículo universitário — ao contrário, digamos, do trabalho na guerra biológica ou na contra-insurgência, que não é descrito nesses termos.

Menos extremada, mas ainda gravemente distorcida, é a percepção do movimento estudantil expressa por George Kennan, que se preocupa com o que vê como "o estado mental extremamente perturbado e agitado de uma boa parcela de nossos jovens estudantes, que se debatem em seu próprio deserto assustador de drogas, pornografia e histeria política".[7] Mais uma vez, é impressionante que ele se sinta tão menos preocupado com o "estado mental extremamente perturbado e agitado" dos responsáveis pelo fato de que a tonelagem de bombas lançadas sobre o Vietnã do Sul ultrapassa o total lançado pela Força Aérea dos Estados Unidos em todos os teatros da Segunda Guerra Mundial, ou dos responsáveis pela "histeria política" anticomunista da década de 1950, ou, por falar nisso, da grande massa de estudantes que ainda "se debatem" no clima tradicional de conformismo e passividade das universidades, e cujos tumultos são ocasionados pelas vitórias nos jogos de futebol.

A própria irracionalidade que tem sido uma característica marcante da reação ao movimento estudantil é um fenômeno notável e digno de análise. Mais importante, porém, é o esforço de encarar o desafio representado por esse movimento como um estímulo ao pensamento crítico e à ação social, talvez de natureza muito radical — uma necessidade imperiosa numa sociedade conturbada e perigosa como a nossa. Desde a Segunda Guerra Mundial, gastamos bem mais de um trilhão de dólares na "defesa", além de bilhões de dólares numa competição infantil para pôr um homem na Lua. Cientistas e tecnólogos preparam-se para construir um sistema de mísseis antibalísticos com um custo final de muitos bilhões de dólares, embora saibam que ele não contribuirá em nada para a defesa e que, na verdade, levará a novos píncaros uma corrida armamentista potencialmente suicida. Ao mesmo tempo, nossas cidades caem aos pedaços e milhões de pessoas passam fome e necessidade, enquanto aqueles que tentam divulgar essa situação são investigados pelo FBI. É intolerável que nossa sociedade continue a se arrogar — em parte para o consumo, em parte para um desperdício inescrupuloso — quase metade dos recursos materiais do mundo, que estão longe de ser ilimitados. Simplesmente não há palavras para descrever nossa disposição de destruir, numa escala sem paralelo no mundo contemporâneo, quando nossos governantes detectam uma ameaça aos "objetivos nacionais" que eles mesmos formulam, e que uma cidadania passiva e dócil aceita. Talvez pareça extremado o juízo de um cientista social paquistanês que afirmou que "a América institucionalizou até seu genocídio", referindo-se ao fato de que o extermínio dos índios "tornou-se objeto de diversões públicas e jogos infantis".[8] Uma olhadela para os livros didáticos, entretanto, confirma sua avaliação. Consideremos a seguinte descrição do extermínio da tribo Pequot pelo capitão John Mason, num livro didático da quarta série do ensino fundamental:

> Seu pequeno exército atacou ao amanhecer, antes de clarear, e apanhou os Pequots de surpresa. Os soldados derrubaram a paliçada com seus machados, entraram correndo e atearam fogo às palhoças. Mataram quase todos os guerreiros, mulheres e crianças, e queimaram seu milho e outros alimentos. Não restou nenhum Pequot para criar outros problemas. Quando as outras tribos indígenas viram como os homens brancos eram bons lutadores, mantiveram a paz durante muitos anos.
>
> "Eu queria ser homem e ter estado lá", pensou Robert.[9]

A criança que adquire atitudes como essa na escola transforma-se no homem capaz de se portar da maneira descrita por uma testemunha ocular britânica:

> Perguntei a um norte-americano que acabara de ordenar um ataque a algumas cabanas e sampanas (destroçando estas últimas, "com pedaços do barco e dos corpos voando em todas as direções") se aquele tipo de ataque aéreo não matava muitos civis inofensivos. "Mas as pessoas não deviam continuar a morar aqui", disse ele.[10]

Nem é preciso acrescentar que as atitudes criadas nas escolas são apoiadas pelos meios de comunicação de massa, não apenas diretamente, mas também através do incentivo à passividade geral. Há muito de verdade na observação de Paul Lazarsfeld e Robert Merton de que

> esses meios de comunicação não apenas continuam a afirmar o *status quo*, como, na mesma medida, deixam de levantar questões essenciais sobre a estrutura da sociedade. Assim, por conduzir ao conformismo e proporcionar pouca base para uma avaliação crítica da sociedade, a mídia comercialmente patrocinada restringe, de maneira indireta mas eficaz, o desenvolvimento convincente de uma visão genuinamente crítica.[11]

Este não é o lugar para uma longa discussão; basta assinalar que, pelas razões sugeridas por essas poucas observações, é de extrema urgência, para nós mesmos e para a sociedade mundial, que nossas instituições e nossa ideologia sejam submetidas a uma análise crítica séria. As universidades devem ser um alvo primordial dessa análise e, ao mesmo tempo, podem proporcionar a "forma institucional" dentro da qual ela possa ser livremente realizada. Nas circunstâncias históricas específicas de hoje, é proveitoso relembrar um comentário de Bertrand Russell:

> Sem a rebeldia, a humanidade estagnaria e a injustiça seria irremediável. O homem que se recusa a obedecer à autoridade, portanto, tem uma função legítima em determinadas circunstâncias, desde que sua desobediência tenha motivos sociais, e não pessoais.[12]

São essas circunstâncias históricas que definem o contexto para um estudo da função da universidade e do atual questionamento dela.

As reações à recente onda de agitação estudantil no mundo inteiro têm sido muito variáveis. Nathan Glazer pergunta "se os estudantes radicais representam fundamentalmente um mundo melhor que possa vir a existir, ou se não estariam comprometidos com visões ultrapassadas e românticas que não podem concretizar-se, que contradizem fundamentalmente outros desejos e esperanças que eles mesmos têm, e que contradizem ainda mais os desejos da maioria das outras pessoas". Glazer tende para esta última opinião; os estudantes radicais mais fazem-no lembrar "[dos] ludditas que quebravam máquinas do que dos sindicalistas socialistas que conquistaram a cidadania e poder para os trabalhadores".[13] Em contraste, consideremos a reação de Paul Ricoeur à revolta maciça dos estudantes franceses em maio de 1968:

> Agora os sinais são eloqüentes. O Ocidente entrou numa revolução cultural que lhe é distintamente própria, a revolução das sociedades industriais avançadas, mesmo que ela ecoe ou se inspire na revolução chinesa. Trata-se de uma revolução cultural, porque questiona a visão de mundo e a concepção de vida subjacentes às estruturas econômicas e políticas, bem como a totalidade das relações humanas. Essa revolução ataca o capitalismo não apenas por ele não trazer justiça social, mas também por conseguir iludir os homens bem demais, através de seu compromisso desumano com o bem-estar quantitativo. Ela ataca a burocracia não só por ser onerosa e ineficaz, mas por colocar os homens no papel de escravos em relação à totalidade dos poderes, de estruturas e relações hierárquicas das quais eles foram alienados. Por último, ela ataca o niilismo

> de uma sociedade que, tal como um tecido canceroso, não tem outro propósito senão seu próprio crescimento. Confrontada com uma sociedade insensata, essa revolução cultural tenta encontrar o caminho para a criação de bens, idéias e valores que tenham relação com seus próprios fins. É uma empreitada gigantesca; levará anos, décadas, um século. (...)[14]

Glazer (como Brzezinski, ver nota 7) vê os rebeldes estudantis como ludditas, deslocados e incapazes de descobrir seu papel na nova sociedade de tecnologia avançada e de complexa gestão social. Eles "provêm de campos que têm um lugar restrito e ambíguo na sociedade contemporânea".[15] Ricoeur, por outro lado, expressa uma percepção muito diferente: nas sociedades industriais avançadas dos próximos anos, haverá um nítido conflito entre a força centralizadora de uma burocracia técnica, gerindo a sociedade para fins dúbios, e as forças que buscam reconstruir a vida social em escala mais humana, com base na "participação" e no controle popular. As duas interpretações intuem que há um grande processo histórico em andamento. Diferem em seu julgamento de onde têm a expectativa (e a esperança, sem dúvida) de que ele termine, e diferem correspondentemente na interpretação que dão à dissidência e à rebelião estudantis. Ambas prevêem que a universidade estará no centro do conflito. Os otimistas podem ter a esperança de que ela fique no olho do furacão, porém é mais realista esperar que ela continue a ser apanhada na controvérsia e no tumulto.

Dificilmente se poderia duvidar de que estamos em meio a um processo histórico de centralização e burocratização, não só na economia, mas também na política e na organização social. A crise das instituições parlamentares é um fenômeno mundial.[16] As reações podem ser vistas não apenas nas revoltas universitárias, mas também na busca de formas de organização e controle comunitários — que têm aberto caminho à força para as primeiras páginas dos jornais, nos últimos meses — e até, ao que parece, nas tentativas incipientes de um controle mais direto por parte dos trabalhadores, amiúde em oposição a sindicatos altamente burocratizados, que se distanciam cada vez mais das preocupações cotidianas daqueles que os dirigentes afirmam representar.[17] No Leste Europeu, há fenômenos mais ou menos análogos. O movimento estudantil, a meu ver, deve ser compreendido nesse contexto mais geral. As universidades não conseguirão isolar-se do profundo conflito social que parece provável, embora seja difícil prever seu curso. A ligação das universidades com outras instituições sociais, já assinalada, assegura isso. Na verdade, nos próximos anos, pode haver um questionamento muito sério de um pressuposto básico da sociedade moderna: o de que o desenvolvimento tecnológico é um processo intrinsecamente desejável e inevitável; e, com esse questionamento, pode haver uma crítica do papel da universidade na promoção do conhecimento e da técnica e em sua utilização. Quando os estudantes da Europa Ocidental usam "Ho, Ho, Ho Chi Minh" como seu grito de guerra, não estão meramente protestando contra a Guerra do Vietnã e a opressão dos pobres pelos ricos que ela simboliza; estão também reagindo aos valores da sociedade industrial, protestando contra o papel que lhes é atribuído de gestores dessa sociedade, e rejeitando o tipo de racionalidade não pautada por nenhum sentimento de justiça que — tal como eles a vêem, com considerável exatidão — se traduz, na prática, como um saber sobre como preservar o privilégio e a ordem, mas não sobre como atender às necessidades humanas. O movimento estudantil norte-americano também é parcialmente movido por preocupações dessa natureza.

Em muitos aspectos, a universidade é um alvo legítimo de protestos. O retrato pouco lisonjeiro que dela fazem críticos como James Ridgeway[18] pode ser exagerado, mas é basicamente realista e muito apropriadamente inquietante para o estudante interessado. O reconhecimento dessas características da universidade leva a um extremo desagrado e, muitas vezes, à militância. No entanto, os problemas trazidos à tona talvez sejam insolúveis no arcabouço da própria universidade. Consideremos, por exemplo, a questão dos contratos governamentais de pesquisa. Há um ideal liberal clássico, também ecoado por Marx, de que "o governo e a Igreja (...) sejam igualmente excluídos da influência sobre a escola".[19] Por outro lado, não há muita dúvida de que os contratos de pesquisa do governo fornecem um subsídio oculto ao orçamento acadêmico, ao apoiarem pesquisas do corpo docente que, de outro modo, teriam que ser subsidiadas pela universidade. É muito provável que a escolha dos temas de pesquisa, pelo menos nas ciências naturais, seja muito pouco influenciada pela origem dos recursos, ao menos nas grandes universidades. É duvidoso que o ensino científico possa prosseguir num nível razoável sem esse tipo de apoio. Além disso, os estudantes radicais certamente se perguntarão por que o apoio do Ministério da Defesa é mais objetável do que o apoio vindo de instituições capitalistas — em última instância, de lucros obtidos através da exploração —, ou do que o apoio recebido de doações isentas de tributação, que constituem, na verdade, um tributo imposto aos pobres para sustentar a educação dos privilegiados.[20] É impossível escapar ao fato de que, em última análise, a universidade é uma instituição parasitária, do ponto de vista econômico. Ela não pode libertar-se das desigualdades da sociedade em que existe. Ao mesmo tempo, sua existência como instituição relativamente livre depende de valores sustentados pela sociedade como um todo. Quando, por exemplo, o senador Fullbright critica as universidades por terem "traído a confiança popular", ao se associarem ao complexo industrial-militar, em vez de agirem como uma instituição crítica independente, ele expressa os valores que permitem que a universidade funcione como uma instituição livre, até onde ela consegue fazê-lo. Não é impossível que esses valores venham a constituir uma das baixas do tumulto doméstico, tumulto este que, em parte, é conseqüência do militarismo norte-americano. Seria uma tolice continuarmos cegos para esses riscos.

Um dos legados do liberalismo clássico que devemos lutar para defender com vigilância ininterrupta, dentro e fora das universidades, é o compromisso com o "livre mercado das idéias". Em certa medida, esse compromisso é meramente verbal. Mas a tarefa é ampliar, não restringir, a liberdade que existe — e que não é insignificante. Os estudantes têm razão em perguntar por que se deve permitir que os membros do corpo docente contribuam para o culto das armas ou para o trabalho sobre a contra-insurgência. Eles também assinalam, com muita justiça, que é absurdo afirmar que isso é apenas um compromisso livremente assumido. O acesso às verbas, ao poder e à influência é dado aos que realizam esse trabalho, mas não, digamos, aos que preferem estudar maneiras pelas quais guerrilheiros precariamente armados possam combater um inimigo de esmagadora superioridade tecnológica. Se a universidade fosse realmente "neutra" e "isenta de valores", um desses tipos de trabalho — como já foi assinalado — receberia tanto apoio quanto o outro. O argumento é válido, mas não altera o fato de que, ainda assim, o compromisso é assumido com avidez e com a convicção de estar certo. Somente a coação poderia eliminar a liberdade de se assumir a execução desse trabalho. Uma vez estabelecido o princípio de que a coerção é legítima nesse campo, fica muito claro contra quem ela seria usada. E o princípio da legitimidade da coerção destruiria a universidade como instituição séria; destruiria seu valor para uma sociedade livre. Isso deve ser reconhecido, mesmo à luz do fato inegável de que a liberdade fica muito aquém do ideal.

Em alguns aspectos, a questão específica do financiamento da pesquisa pelo Ministério da Defesa é enganosa. As pesquisas sobre a guerra química e biológica ou sobre a contra-insurgência não seriam mais benignas se fossem financiadas pelo Instituto Nacional de Saúde ou pelo Conselho de Pesquisas em Ciências Sociais, do mesmo modo que um trabalho sobre a física de altas energias não seria corrompido se o financiamento viesse através do Ministério da Defesa. A questão importante é a natureza do trabalho e os usos que tendem a ser feitos dele, e não a questão burocrática da origem do financiamento. Esta tem certa importância, na medida em que se poderia argumentar que o Pentágono ganha respeitabilidade por apoiar pesquisas sérias. Para a sociedade norte-americana como um todo, esse fenômeno é um sintoma insignificante de uma tragédia real — a militarização contínua e talvez irreversível da sociedade norte-americana. Mas, no caso particular das universidades, estas considerações me parecem marginais. Outro problema colateral, a meu ver, é a questão de uma base para pesquisas militares no *campus*. Na verdade, os vietnamitas pouco se importam em saber se a tecnologia de contra-insurgência utilizada para destruí-los e reprimi-los é desenvolvida nos salões da universidade[21] ou em ramificações privadas em sua periferia. E, para as vítimas da interminável corrida armamentista — as vítimas atuais do desperdício de recursos materiais e intelectuais desesperadamente necessários em outras áreas, ou as possíveis vítimas futuras de uma catástrofe devastadora —, para esses infelizes, pouco importa que seu destino seja decidido num Ministério da Morte, ou no *campus* universitário, ou em Los Alamos ou Fort Detrick, a centenas de quilômetros de distância. Retirar esse trabalho do *campus* é socialmente irrelevante. Na verdade, talvez fosse até um retrocesso. Pode-se argumentar que, enquanto esse trabalho prosseguir, é preferível que seja realizado no *campus*, onde pode se tornar objeto de um ativismo e de protestos estudantis que poderiam não apenas impedi-lo, mas também contribuir para a crescente conscientização popular.

Um dos sinais mais esperançosos, em minha opinião, é a crescente preocupação estudantil com o problema dos usos da pesquisa. Atualmente, são poucos os que concordariam com a avaliação de Edward Teller de que "devemos confiar a nossos processos sociais" a tarefa de fazer a melhor utilização dos avanços tecnológicos, e eles "não devem ser cerceados por argumentos que envolvam conseqüências ou custos".[22] A questão dos usos da tecnologia é multifacetada: implica juízos históricos e políticos complexos, bem como problemas técnicos. O adequado seria que fosse enfrentada pelos estudantes numa época da vida em que eles estivessem relativamente livres de pressões externas, livres para explorar as muitas dimensões dos problemas, e respaldados por uma comunidade com interesses similares, e não isolados num mercado competitivo de trabalho. Por essas razões, os problemas da pesquisa militar baseada no *campus* parecem-me muito complexos.

Os que acreditam que uma mudança social radical é imperativa em nossa sociedade vêem-se diante de um dilema ao examinar a reforma universitária. Eles querem que a universidade seja uma instituição livre e querem que os indivíduos dentro dela usem essa liberdade de forma civilizada. Observam que a universidade — ou, para ser mais exato, muitos de seus integrantes — "alinha-se a serviço da técnica da guerra" e, muitas vezes, funciona de modo a resguardar privilégios e apoiar a repressão. Partindo dessa observação, essencialmente correta, é fácil resvalar para sérios equívocos. É simplesmente uma falácia afirmar — como fazem muitos, hoje em dia — que a universidade só existe para fornecer mão-de-obra ao sistema empresarial, ou que ela (e a sociedade) não permite trabalhos significativos, ou que a universidade serve meramente para coagir e "canalizar" os estudantes para um estilo de vida e uma ideologia socialmente aceitos, muito embora seja verdade que é muito grande a tentação de fazer escolhas que rumem nessas direções. Numa medida preponderante, as características da vida universitária que são justificadamente ofensivas para muitos estudantes interessados não resultam do controle exercido pelo conselho diretor, nem dos contratos da defesa ou das decisões administrativas, mas das escolhas relativamente livres feitas pelo corpo docente e pelos alunos. Daí o dilema apontado acima. É improvável que a "reestruturação da universidade" seja eficaz na eliminação dos aspectos da instituição que deflagraram as críticas estudantis. Na verdade, muitas das propostas concretas que vi, desconfio, tendem a surtir o efeito inverso, ou seja, podem levar a um sistema de normas obrigatórias que talvez pareçam democráticas no papel, mas que restringirão a liberdade individual existente numa instituição que é sumamente descentralizada e bem pouco rígida em sua estrutura decisória e administrativa e, portanto, bastante receptiva aos desejos de seus integrantes.

É possível imaginar reformas úteis. Suspeito, entretanto, que elas tenham no máximo um efeito discreto no modo de funcionamento da universidade. O verdadeiro problema é muito mais profundo: modificar as escolhas e compromissos pessoais dos indivíduos que a compõem. Isso é muito mais difícil do que a modificação de estruturas formais, e não é provável que se realize com seriedade por meio desse tipo de reestruturação.

Mais pertinente, creio eu, é a idéia expressa na Declaração de Port Huron de 1962, que foi mais ou menos o "documento fundador" do SDS:

> A universidade situa-se numa posição permanente de influência social. Sua função educacional a torna indispensável e, automaticamente, faz dela uma instituição crucial na formação das atitudes sociais. Num mundo incrivelmente complexo, ela é a instituição central para organizar, avaliar e transmitir conhecimentos. (...) Relevância social, acesso ao saber e abertura interna — juntos, estes fazem da universidade uma base potencial e um agente do movimento de mudança social.
>
> Qualquer Nova Esquerda dos Estados Unidos deve ser, em larga medida, uma esquerda com reais qualificações intelectuais, comprometida com a deliberação, a franqueza e a reflexão como instrumentos de trabalho. A universidade permite que a vida política seja um auxiliar da vida acadêmica e que a ação seja esclarecida pela razão.[23]

A reforma universitária, em minha opinião, deveria orientar-se para objetivos como estes: não para a imposição de restrições, mas para a redução delas; não para a imposição do trabalho que é hoje amiúde dominante — e grande parte do qual, pessoalmente, considero detestável —, mas para a abertura de alternativas. Creio que isso pode ser feito, embora exija um grau de compromisso intelectual que tem faltado, *grosso modo*, aos envolvidos na reforma universitária.

A universidade deve compensar os fatores de distorção introduzidos pelas exigências externas, que refletem, necessariamente, a distribuição do poder na sociedade extra-universitária, e pela dinâmica da profissionalização, a qual, embora não seja objetável em si, muitas vezes tende a orientar o estudo para problemas que podem ser abordados pelas técnicas existentes e a afastá-lo dos que requerem uma nova compreensão. A universidade deve ser um centro de investigação social radical, assim como já é um centro do que se poderia chamar de "investigação radical" nas ciências puras. Ela deve afrouxar ainda mais as suas "formas institucionais", a fim de permitir uma variedade mais rica de trabalho, estudo e experimentação, e deve proporcionar acolhimento ao intelectual livre, ao crítico social, ao pensamento irreverente e radical que se faz desesperadamente necessário, se quisermos escapar da desoladora realidade que ameaça esmagar-nos. A principal barreira a esse avanço não será a má vontade dos administradores nem a teimosia do conselho diretor. Será a má vontade dos estudantes para executar o trabalho árduo e sério que é requerido, e será o temor do corpo docente de que sua segurança e sua autoridade, sua estrutura corporativista, sejam amcaçadas.

Estas, penso eu, são as verdadeiras barreiras a uma reforma e inovação sérias nas universidades, na situação atual, embora novas barreiras possam surgir, se essas forem superadas com êxito. São esses os problemas primordiais que devem motivar e orientar os esforços de transformação da universidade. Em geral, creio que a chamada Nova Esquerda tem uma tarefa de importância histórica e penso que essa tarefa foi formulada de maneira muito oportuna na Declaração de Port Huron, quando falou da necessidade de "uma esquerda com reais qualificações intelectuais, comprometida com a deliberação, a franqueza e a reflexão como instrumentos de trabalho", comprometida com uma vida política em que "a ação seja esclarecida pela razão".

Esses são objetivos muito fáceis de esquecer no calor do conflito, mas sua validade persiste, e só nos resta esperar que sejam continuamente ressuscitados como um guia da ação positiva.

Notas do Original e/ou de Tradução:

Este ensaio foi publicado pela primeira vez *in* Robert M. Hutchins e Mortimer J. Adler (orgs.), *The Great Ideas Today Nineteen Sixty-nine* (Chicago: Encyclopedia Britannica, 1969).

1. Wilhelm von Humboldt, "On the Inner and Outer Organization of the Higher Institutions of Learning in Berlin", partes do qual foram traduzidas *in* Marianne Cowan (org.), *Humanist Without Portfolio.*
2. Daniel Bell, "The Scholar Cornered", *American Scholar,* vol. 37, nº 3 (1968).

3. Christopher Jencks e David Riesman, *The Academic Revolution*, pp. 104, 100.
4. *The World of Randolph Bourne*, pp. 198, 85, 87. Não pretendo que minha citação desses comentários sugira uma aprovação do que foi afirmado ou implicado — como a idéia de que as universidades já foram uma nobre comunidade de erudição, ou de que o "trabalhador acadêmico" deve ter um *status* diferente do de outros empregados. O "trabalhador acadêmico" não é o único que deve ficar livre de servir de instrumento da produção.
5. *Partisan Review*, vol. 35, nº 2 (1968).
6. Irving Kristol, "A Different Way to Restructure the University", *New York Times Magazine*, 8 de dezembro de 1968. Não menos reveladora é a seguinte frase : "E em Harvard — logo em Harvard! — existe agora uma disciplina (Relações Sociais 148) que tem várias centenas de alunos matriculados e gera créditos, cujo currículo é planejado pelos Estudantes por uma Sociedade Democrática [Students for a Democratic Society, SDS.], cujas aulas são dadas por simpatizantes dos SDS, e cujo objetivo declarado é a 'radicalização' dos estudantes." Na verdade, por que é tão escandaloso que Harvard ("logo Harvard!") tenha uma disciplina de iniciativa dos estudantes, que oferece uma crítica radical da sociedade norte-americana e de sua conduta internacional?
7. George Kennan, discurso proferido na Associação Internacional pela Liberdade Cultural, Princeton, N.J., 2 de dezembro de 1968; *New York Times*, 4 de dezembro de 1968. Zbigniew Brzezinski, que interpreta o movimento estudantil como basicamente "luddista", descreve Kennan como alguém "num clima de ódio dos jovens".
8. Eqbal Ahmad, *in* Richard M. Pfeffer (org.), *No More Vietnams?*, p. 18.
9. Harold B. Clifford, *Exploring New England*.
10. Richard West, *Sketches from Vietnam*, pp. 97-98.
11. Paul Lazarsfeld e Robert Merton, "Mass Communication, Popular Taste, and Organized Social Action", *in* Wilbur Schramm (org.), *Mass Communications*, citado por D. W. Smythe e H. H. Wilson num estudo em que eles concluem que "a principal *função* da mídia comercialmente patrocinada nos Estados Unidos é comercializar a produção das indústrias de bens de consumo e treinar a população para que ela seja fiel ao sistema econômico-político norte-americano" ("Cold War-mindedness and the Mass Media", *in* Neal D. Houghton (org.), *Struggle Against History*, pp. 71-72) .
12. Bertrand Russell, *Power*, p. 252.
13. Nathan Glazer, "'Student Power' in Berkeley", *Public Interest*, nº 13 (outono de 1968).
14. Paul Ricoeur, *Le Monde*, 9-10 de junho de 1968.
15. Glazer, "'Student Power' in Berkeley".
16. Para uma discussão esclarecedora, ver Michael Kidron, *Western Capitalism Since the War*.
17. Idem.
18. James Ridgeway, *The Closed Corporation*.
19. Karl Marx, *Critique of the Gotha Programme*, 1875.
20. Cf. idem. "Se, em alguns estados [dos Estados Unidos], as instituições de ensino superior também são gratuitas, isso apenas significa, na verdade, bancar o custo da educação das classes superiores com a receita geral dos impostos."

21. Como continua a ser. Por exemplo, um dos iniciadores do Projeto Cambridge, no MIT, o professor Ithiel Pool, afirmou que esse projeto de 7,6 milhões de dólares "fortalecerá" as pesquisas sobre a contra-insurgência (*Scientific Research*, 15 de setembro de 1969). Ao mesmo tempo, ele caracteriza os protestos estudantis que afirmam que isso vai acontecer como "uma porção de asneiras".
22. "Teller Urges Strong Nuclear Management", *Aviation Week and Space Technology*, 22 de abril de 1963. Devemos "levar os avanços científicos até o limite", exorta Teller: "os requisitos militares não tardarão a se seguir". A preocupação com "a melhor utilização humana dos avanços já alcançados" é, em sua opinião, "um sintoma extremamente grave", que ameaça "toda a civilização dinâmica do Ocidente, da qual os Estados Unidos são a ponta-de-lança".
23. Students for a Democratic Society, Port Huron Statement (1962), reproduzida em Mitchell Cohen e Dennis Hale (orgs.), *The New Student Left*.

CAPÍTULO 7

PSICOLOGIA E IDEOLOGIA

I

Um século atrás, uma voz do liberalismo britânico descreveu o "chinês" como "uma raça inferior de orientais maleáveis".[1] Durante os mesmos anos, a antropologia profissionalizou-se como uma disciplina "intimamente associada ao aumento da 'raciologia'".[2] Confrontada com as afirmações da antropologia racista do século XIX, uma pessoa racional fará duas perguntas: Qual é o *status* científico das afirmações? e A que necessidades sociais ou ideológicas elas atendem? São perguntas logicamente independentes, mas as do segundo tipo assumem o primeiro plano, naturalmente, quando as pretensões científicas são solapadas. No caso da antropologia racista do século XIX, a questão de seu *status* científico já não constitui uma discussão séria, e não é difícil perceber sua função social. Se o chinês é maleável por natureza, que objeções poderia haver ao exercício de seu controle por uma raça superior?

Examinemos agora uma generalização da pseudociência oitocentista: não são meramente os chineses pagãos que são maleáveis por natureza, mas todas as pessoas. A ciência revelou que é uma ilusão falar em "liberdade" e "dignidade". O que a pessoa faz é totalmente determinado por sua dotação genética e sua história de reforço. Portanto, devemos servir-nos da melhor tecnologia comportamental para moldar e controlar o comportamento, a bem do interesse comum.

Mais uma vez, podemos indagar sobre o significado exato e o *status* científico dessas afirmações e sobre as funções sociais a que elas servem. Mais uma vez, se é diminuto o *status* científico do que quer que esteja claro, torna-se particularmente interessante examinar o clima de opiniões em que as afirmações são levadas a sério.

II

Em suas especulações sobre o comportamento humano, que devem ser claramente distinguidas de sua investigação experimental do condicionamento instrumental ou operante, B. F. Skinner oferece uma versão particular da teoria da maleabilidade humana. A aceitação popular tem certo interesse. Skinner foi condenado como pioneiro do pensamento totalitário e enaltecido por sua defesa de um ambiente social rigidamente administrado. É acusado de imoralidade e elogiado como porta-voz da ciência e da racionalidade nas questões humanas. Parece atacar valores humanos fundamentais, exigindo o controle, em vez da defesa da liberdade e da dignidade. Seria possível dizer que há algo de escandaloso nisso e, já que Skinner invoca a autoridade da ciência, alguns críticos condenam a ciência em si, ou "a visão científica do homem", por corroborar tais conclusões, enquanto outros nos garantem que a ciência "prevalecerá" sobre o misticismo e as crenças irracionais.

Uma análise rigorosa mostra que essa aparência engana. Skinner não diz nada sobre a liberdade e a dignidade, embora utilize as palavras "liberdade" e "dignidade" num sentido estranho e idiossincrático. Suas especulações são desprovidas de cunho científico e nem sequer sugerem os contornos gerais de uma possível ciência do comportamento humano. Além disso, ele impõe à pesquisa científica algumas limitações arbitrárias que praticamente asseguram o fracasso sistemático.

Quanto a suas implicações sociais, a ciência skinneriana do comportamento humano, por ser muito vazia, tanto é receptiva ao libertário quanto ao fascista. Se alguns de seus comentários sugerem esta ou aquela interpretação, convém frisar que elas decorrem tão pouco de sua "ciência" quanto decorre a negação delas. Creio que seria mais exato ver *O mito da liberdade*[t1] como uma espécie de teste de Rorschach. O fato de ele ser considerado por muitos como aquilo que apontou o caminho para *1984*[t2] talvez seja uma indicação sugestiva de certas tendências da sociedade industrial moderna. São poucas as dúvidas de que uma teoria da maleabilidade humana poderia ser posta a serviço da doutrina totalitária. Se, com efeito, a liberdade e a dignidade são meras relíquias de crenças místicas ultrapassadas, que objeção pode haver a controles rigorosos e eficazes, instituídos para garantir "a sobrevivência de uma cultura"?

Dados o prestígio da ciência e as tendências para um controle autoritário centralizado, facilmente detectáveis na sociedade industrial moderna, é importante investigar a sério a afirmação de que a ciência do comportamento e uma tecnologia correlata proporcionam a lógica e os meios para controlar o comportamento. O que foi efetivamente demonstrado, ou mesmo plausivelmente sugerido, a esse respeito?

Skinner nos garante repetidamente que sua ciência do comportamento tem feito avanços portentosos e que existe uma tecnologia eficaz de controle. É fato, diz ele, "que todo o controle é exercido pelo ambiente".[3] Por conseguinte, "Quando parecemos entregar o controle à própria pessoa, simplesmente passamos de uma modalidade de controle para outra" (p. 97). A única tarefa séria, portanto, é conceber controles menos "repulsivos" e mais eficazes, o que é um problema de engenharia. "Os contornos da tecnologia já estão claros" (p. 149). "Temos a tecnologia física, biológica e comportamental necessária 'para nos salvarmos'; o problema é como fazer as pessoas usá-la" (p. 158).

É fato, sustenta Skinner, que "o comportamento é moldado e mantido por suas conseqüências", e que, à medida que se investigam as conseqüências dependentes do comportamento, "elas assumem [cada vez mais] as funções explicativas antes atribuídas a personalidades, estados mentais, sentimentos, traços de caráter, propósitos e intenções" (p. 18).

> À medida que uma *ciência do comportamento* adota a estratégia da física e da biologia, o agente autônomo ao qual o comportamento foi tradicionalmente atribuído é substituído pelo meio — o meio em que a espécie evoluiu e no qual o comportamento do indivíduo é moldado e mantido. [p. 184]

Portanto, a "análise comportamental" está substituindo o "recurso tradicional a estados mentais, sentimentos e outros aspectos do homem autônomo", e "está, de fato, muito mais avançada do que seus críticos costumam perceber" (p. 160). O comportamento humano é uma função "das condições ambientais ou genéticas", e as pessoas não devem objetar "quando uma análise científica atribui a origem de seu comportamento a condições externas" (p. 75), ou quando uma tecnologia comportamental aperfeiçoa o sistema de controle.

Não apenas tudo isso já foi demonstrado, segundo Skinner, como também *é forçoso* que, com o progresso da ciência do comportamento, ela estabeleça mais plenamente esses fatos. "É da natureza do progresso científico que as funções do homem autônomo sejam tomadas uma a uma, à medida que se compreende melhor o papel do ambiente" (p. 58). Essa é a "visão científica", e "é da natureza da investigação científica" que as provas se coloquem a seu favor (p. 101). "É da natureza de uma análise experimental do comportamento humano que ela retire as funções previamente atribuídas ao homem autônomo e as transfira, uma a uma, para o ambiente controlador" (p. 198). Ademais, um dia a fisiologia "explicará por que o comportamento efetivamente se relaciona com os eventos antecedentes dos quais se pode demonstrar que ele é função" (p. 195).

Essas afirmações enquadram-se em duas categorias. Na primeira estão as afirmações sobre o que foi descoberto; na segunda, assertivas sobre o que a ciência deverá descobrir em seu progresso inexorável. É provável que a esperança, o medo ou a resignação induzidos pelas proclamações de Skinner resultem, em parte, de tais afirmações sobre a inevitabilidade do progresso científico, rumo à demonstração de que todo o controle é exercido pelo ambiente, de que a capacidade de escolha do "homem autônomo" é uma ilusão.

As afirmações do primeiro tipo devem ser avaliadas em termos dos dados apresentados para comprová-las. No caso em exame, essa é uma tarefa simples. Nenhuma prova é apresentada. Na verdade, como ficará claro ao nos voltarmos para exemplos mais específicos, a questão da comprovação é irrelevante, já que as afirmações, ao serem analisadas, desfazem-se em banalidades ou na incoerência. As que concernem à inevitabilidade das futuras descobertas são mais ambíguas. Estará Skinner dizendo que, por uma questão de necessidade, a ciência mostrará que o comportamento é completamente determinado pelo meio? Se é assim, sua afirmação pode ser descartada como puro dogmatismo, alheio à "natureza da investigação científica". É bastante concebível que, conforme seu avanço, a compreensão científica venha a revelar que, mesmo com todos os detalhes sobre a dotação genética e a história pessoal, a onisciência laplaciana pode prever muito pouco sobre o que um organismo fará. É até possível que, um dia, a ciência forneça razões fundamentadas para essa conclusão (se de fato ela for verdadeira). Mas talvez Skinner esteja meramente sugerindo que a expressão "compreensão científica" seja restringida à previsão do comportamento a partir de condições ambientais. Nesse caso, à medida que progredir, a ciência poderá revelar que "a compreensão científica do comportamento humano", nesse sentido, é intrinsecamente limitada. No momento, não temos praticamente prova científica alguma e sequer o germe de uma hipótese interessante sobre como é determinado o comportamento humano. Por conseguinte, só nos resta expressar nossas esperanças e palpites quanto ao que uma futura ciência possa demonstrar. Seja como for, as afirmações formuladas por Skinner nessa categoria são dogmáticas ou desinteressantes, dependendo da interpretação que lhes seja dada.

O componente dogmático do pensamento de Skinner é também revelado quando ele declara que "a tarefa de uma análise científica é explicar de que modo o comportamento de uma pessoa, como sistema físico, relaciona-se com as condições em que a espécie humana evoluiu e as condições em que vive o indivíduo" (p. 14). Com certeza, a tarefa de uma análise científica é descobrir os fatos e explicá-los. Suponhamos que o cérebro humano efetivamente funcione de acordo com princípios físicos (talvez desconhecidos no momento) que proporcionem o livre-arbítrio, apropriado às situações, mas apenas marginalmente afetado pelas contingências ambientais. A tarefa da análise científica não é — como acredita Skinner — demonstrar que as condições às quais ele restringe sua atenção determinam plenamente o comportamento humano, e sim descobrir se elas de fato o fazem (ou se têm alguma importância), o que é uma história muito diferente. Se elas não o determinarem, como parece muito plausível, a "tarefa de uma análise científica" será esclarecer os problemas e descobrir uma teoria explicativa inteligível que lide com os fatos reais. Certamente, nenhum cientista seguiria Skinner em sua insistência na necessidade *a priori* de que a investigação científica leve a uma conclusão particular, especificada de antemão.

Para respaldar sua convicção de que a ciência demonstrará que o comportamento é, em sua totalidade, função dos acontecimentos anteriores, Skinner observa que a física só avançou quando "parou de personificar as coisas" e de lhes atribuir "vontades, impulsos, sentimentos, propósitos" etc. (p. 8). Por isso, conclui ele, a ciência do comportamento só progredirá quando parar de personificar as pessoas e evitar a referência a "estados internos". Não há dúvida de que a física progrediu ao rejeitar a idéia de que o desejo de cair de uma pedra fosse um componente de sua "conduta", porque, na verdade, a pedra não tem desejo algum dessa ordem. Para que a tese de Skinner tenha força, ele precisa mostrar que as pessoas têm tão poucas vontades, impulsos, sentimentos, propósitos e coisas similares quanto as pedras. Se as pessoas diferirem das pedras nesse aspecto, uma ciência do comportamento humano terá que levar em conta esse fato.

Similarmente, Skinner acerta ao afirmar que "a física moderna ou a maior parte da biologia" não discutem questões como "crises de fé" ou "perda da confiança" (p. 10). Dessa observação correta, evidentemente, não decorre coisa alguma com respeito à ciência do comportamento humano. A física e a biologia, observa Skinner, "não avançaram por examinar mais de perto o júbilo de um corpo em queda livre ou (...) a natureza dos espíritos vitais, e não precisamos tentar descobrir o que realmente são as personalidades, estados mentais, sentimentos, traços de caráter, projetos, objetivos, intenções ou os outros apanágios do homem autônomo para levar adiante uma análise científica do comportamento"; e devemos desprezar os "supostos estados mentais intermediários" (p. 15). Isso é verdade, se de fato não houver estados intermediários que possam ser caracterizados por uma teoria abstrata da mente, e se as personalidades etc. não forem mais reais do que o júbilo de um corpo em queda livre. Mas, se as suposições factuais forem falsas, com certeza precisaremos tentar descobrir quais são realmente os "apanágios do homem autônomo" e determinar os "estados mentais intermediários" — pelo menos se quisermos desenvolver uma ciência do comportamento humano que tenha algum conteúdo intelectual e algum poder explicativo. Em termos mais racionais, Skinner poderia argumentar que sua "ciência" não desconsidera esses "apanágios" e estados internos, mas explica de outras maneiras os fenômenos discutidos nesses termos. Veremos dentro em pouco qual é a substância de uma afirmação dessa natureza.

Dificilmente se poderia alegar que a ciência só avançou ao repudiar as hipóteses concernentes a "estados internos". Ao rejeitar o estudo da postulação de estados internos, Skinner revela sua hostilidade não apenas à "natureza da investigação científica", mas até à prática comum da engenharia. Por exemplo, ele acredita que a "teoria da informação" deparou com um "problema, quando foi preciso inventar um 'processador' interno para converter os dados de entrada em dados de saída" (p. 18). É uma forma estranha de descrever o assunto; a "teoria da informação" não deparou com nenhum "problema" dessa ordem. A› contrário, a consideração de "processadores internos" na teoria matemática da comunicação, ou em suas aplicações à psicologia, seguiu a praxe normal da ciência e da engenharia. Suponhamos que se apresente a um investigador um dispositivo cujo funcionamento ele não compreenda, e suponhamos que, através da experimentação, ele consiga obter informações sobre as relações de entrada e saída desse dispositivo. Sendo racional, ele não hesitaria em construir uma teoria dos estados internos do dispositivo e em testá-la no cotejo com outros indícios. Poderia também tentar determinar os mecanismos que funcionam da maneira descrita por sua teoria dos estados internos e os princípios físicos em ação — deixando em aberto a possibilidade de estarem envolvidos outros princípios físicos novos e desconhecidos, o que é particularmente importante no estudo do comportamento dos organismos. Sua teoria dos estados internos bem poderia ser o único guia útil para promover as pesquisas. Ao objetar *a priori* a essa estratégia corriqueira da pesquisa, Skinner meramente condena sua estranha variedade de "ciência comportamental" a uma inépcia permanente.

O antagonismo skinneriano à ciência também é revelado pela abordagem das questões de fato. Psicólogos interessados em fatos afirmaram que a aquisição da linguagem e de vários conceitos pela criança é função, em parte, de sua idade em termos de desenvolvimento, e disseram ainda que, através de processos de maturação, a linguagem da criança cresce "como um embrião", e que o isolamento interfere em certos processos de crescimento. Skinner rejeita essas hipóteses (pp. 139, 141, 221) e afirma, antes, que as contingências verbais e outras contingências ambientais explicam todos os fenômenos observados. Nem nesse ponto nem em qualquer outro ele fornece qualquer prova ou tese racional nesse sentido; tampouco mostra outras falhas nas teorias perfeitamente inteligíveis, mesmo que possivelmente incorretas, que rejeita sumariamente. (Todavia, apresenta algumas objeções irrelevantes que, por alguma razão, parecem-lhe aplicáveis — ver as páginas citadas acima.) Seu dogmatismo nesse aspecto é particularmente curioso, já que ele decerto não negaria que os processos de maturação geneticamente determinados estão envolvidos em outros aspectos do desenvolvimento. Nessa área, porém, ele insiste em que a explicação deve estar em outro lugar. Embora sua conclusão possa estar correta, por mero acaso, seria difícil imaginar uma atitude mais fundamentalmente oposta à "natureza da investigação científica".

Não podemos especificar *a priori* quais são os postulados e hipóteses legítimos. O apriorismo skinneriano, nesse aspecto, é tão ilegítimo quanto a afirmação de que a física clássica não é uma "ciência", porque recorre à "força oculta da gravidade". Quando um conceito ou um princípio encontra lugar numa teoria explicativa, ele não pode ser excluído por alegações metodológicas, como sugere a discussão de Skinner. Em geral, a concepção skinneriana de ciência é muito esquisita. Não só seus pressupostos metodológicos apriorísticos excluem todas as teorias científicas, com exceção das mais banais, como ele também é dado a pronunciamentos estranhos, como a afirmação de que "as leis da ciência são descrições de contingências de reforço" (p. 189) — cuja decodificação fico feliz em deixar a cargo de outras pessoas.

É importante ter em mente que as restrições skinnerianas não definem a prática da ciência comportamental. Na verdade, os que se chamam de "cientistas comportamentais", ou até de "behavioristas", variam muito quanto aos tipos de constructos teóricos que se dispõem a aceitar. W. V. O. Quine, que, em outras ocasiões, tentou trabalhar dentro do arcabouço skinneriano, chega a ponto de definir o "behaviorismo" como a simples insistência em que as conjecturas e conclusões devem acabar sendo confirmadas em termos de observações.[4] Como ele assinala, qualquer pessoa sensata é "behaviorista" nesse sentido. A proposta de Quine significa o fim do behaviorismo como ponto de vista substantivo, o que não é nada mau. Qualquer que tenha sido a função cumprida pelo "behaviorismo" no passado, ele se transformou em nada além de um conjunto de restrições arbitrárias à construção "legítima" da teoria, e não há razão por que quem investiga o homem e a sociedade deva aceitar o tipo de grilhões intelectuais que os cientistas físicos decerto não tolerariam, e que condenam à insignificância qualquer busca intelectual.

Note-se que o que está em questão aqui não é o "behaviorismo filosófico", um conjunto de idéias sobre afirmações legítimas de conhecimento, mas o behaviorismo como um conjunto de condições impostas à construção teórica legítima, no estudo das aptidões e realizações mentais e da organização social humana. Portanto, a pessoa poderia aceitar a versão do "behaviorismo" proposta por Quine para a construção de teorias científicas, com isso abandonando efetivamente a doutrina, e ao mesmo tempo afirmar que as teorias científicas construídas de acordo com a condição de que as hipóteses venham a ser verificadas, em termos de observações, não constituem de fato um "conhecimento". Se for coerente, essa pessoa também rejeitará as ciências naturais como algo que não constitui um "conhecimento verdadeiro". Obviamente, é possível impor condições de severidade arbitrária ao conceito de "conhecimento". Qualquer que seja o interesse dessa iniciativa, não é isso que estou discutindo aqui. Tampouco estou discutindo se o sistema de regras e princípios inconscientes que a mente constrói, ou o esquematismo inato que proporciona a base dessas construções, devem ser propriamente chamados de "conhecimento", ou, quem sabe, receber um outro nome. Em minha opinião, nenhuma investigação do conceito de "conhecimento" em seu uso comum fornecerá uma resposta a essas questões, já que ele é demasiadamente vago e obscuro, exatamente nos pontos cruciais. Mas não é essa a questão em pauta na presente discussão, e não a levarei adiante aqui.

Examinemos com mais cuidado o que Skinner quer dizer ao afirmar que todo comportamento é controlado de fora para dentro e que o comportamento é uma função das condições genéticas e ambientais. Será que ele quer dizer que o pleno conhecimento dessas condições permitiria, em princípio, previsões específicas a respeito do que uma pessoa fará? É claro que não. Skinner pretende dizer que as condições genéticas e ambientais determinam uma "probabilidade de resposta". Mas ele é tão vago quanto a essa idéia, que não fica claro se suas afirmações a respeito do determinismo realmente significam alguma coisa. Ninguém duvidaria de que a probabilidade de eu ir à praia depende da temperatura, ou de que a probabilidade de eu produzir uma frase em inglês, em vez de chinês, é "determinada" por minha experiência prévia, ou de que a probabilidade de eu produzir uma frase numa língua humana, e não num sistema imaginável mas humanamente inacessível, é "determinada" por minha constituição genética. Dificilmente precisaríamos da ciência comportamental para nos dizer isso. Ao procurarmos previsões mais específicas, entretanto, não encontramos praticamente nada. Pior, descobrimos que as limitações skinnerianas *a priori* sobre a investigação "científica" tornam impossível que Skinner chegue sequer a formular os conceitos pertinentes, que dirá a investigá-los.

Consideremos, por exemplo, a idéia da "probabilidade de produção de uma frase em inglês e não em chinês". Dada uma caracterização de "inglês" e "chinês" por uma teoria abstrata de estados internos postulados (estados mentais, se você preferir), é possível conferir algum sentido a essa noção — embora as probabilidades, por serem desprezíveis nos termos de qualquer caracterização conhecida dos fatores determinantes, não tenham interesse algum para a previsão do comportamento.[5] Para Skinner, no entanto, até mesmo essa realização marginal é impossível. Para ele, o que chamamos de "conhecimento de francês" é um "repertório adquirido à medida que a pessoa aprende a falar francês" (p. 197). Logo, as probabilidades serão definidas com base nesses "repertórios". Mas, que significa dizer que um enunciado em inglês que nunca ouvi nem produzi pertence a meu "repertório", porém não um enunciado em chinês (de tal sorte que o primeiro tem uma "probabilidade" maior)? Nesse ponto da discussão, os skinnerianos apelam para a "semelhança" ou a "generalização", sempre sem caracterizar de que modo uma nova expressão é "semelhante" a exemplos conhecidos ou "generalizada" a partir deles. A razão dessa falha é simples. Ao que se saiba, as propriedades pertinentes só podem ser expressas em termos de teorias abstratas, que possam ser tomadas como descrições de supostos estados internos do organismo, e tais teorias são excluídas de antemão da "ciência" skinneriana. A conseqüência imediata é que os skinnerianos caem fatalmente no misticismo ("semelhanças" e "generalizações" de um tipo impossível de especificar), assim que a discussão toca no mundo dos fatos. Embora a situação talvez fique mais clara no caso da linguagem, não há razão para supor que outros aspectos do comportamento humano sejam apreendidos por uma "ciência" cerceada pelas restrições apriorísticas skinnerianas.

Aliás, é interessante ver como os defensores de Skinner reagem a essa incapacidade de lidar com questões factuais concretas. Aubrey Yates, por exemplo, refere-se a uma crítica feita por Breger e McGaugh,[6] que dizem que a abordagem skinneriana da aprendizagem e uso da linguagem não consegue lidar com fatos passíveis de serem explicados pela postulação de uma teoria abstrata (uma gramática) que seja aprendida e usada. Yates apresenta a seguinte refutação, que considera "devastadora": "a afirmação de que as crianças aprendem e utilizam uma gramática não é (...) um 'fato' que Skinner tenha de explicar, para que sua teoria continue viável, mas uma *inferência* ou um constructo teórico." "Ninguém jamais observou uma 'gramática'", e a criança seria incapaz de especificá-la; "é realmente impróprio montar um constructo teórico para explicar o comportamento verbal complexo e, em seguida, exigir que Skinner explique esse constructo teórico por meio de sua teoria".[7]

Mas Breger e McGaugh não insistem em que Skinner explique a "gramática" do constructo teórico por meio de sua teoria (o que quer que isso possa significar); afirmam, antes, que, quando se emprega o constructo teórico "gramática", é possível explicar fatos importantes que escapam aos limites do sistema skinneriano. Uma resposta apropriada seria que a explicação proposta é falha, ou que Skinner pode explicar esses fatos de outra maneira, ou que os fatos não são importantes para seus objetivos específicos. Mas a "refutação devastadora" de Yates, assim como a recusa do próprio Skinner a enfrentar o problema, é uma mera evasão. Usando uma lógica similar, um místico poderia dizer que sua explicação do movimento planetário não deve ser rejeitada sob a alegação de que é incapaz de lidar com os fenômenos explicados pela física newtoniana, a qual, afinal de contas, é uma mera teoria concebida para explicar os fatos. Quanto à observação de que a gramática não pode ser "observada" nem especificada pela criança, é claro que nenhum constructo teórico é "observável", e a insistência em que as caracterizações abstratas de estados mentais internos sejam acessíveis à introspecção, pela criança ou por qualquer outra pessoa, é, mais uma vez (apesar de seus antepassados ilustres), mero dogmatismo, a ser descartado numa investigação séria. A teoria explicativa que Breger e McGaugh discutem pode estar totalmente errada, mas é irrelevante comentar que ela não pode ser observada nem descrita pela pessoa cujo comportamento supostamente explica. Infelizmente, esse tipo de manobra é dos mais típicos.

A reação do próprio Skinner às críticas é igualmente esclarecedora. Ele acredita que as pessoas o atacam e objetam à sua "imagem científica do homem" porque "a formulação científica destruiu reforços habituais" e faz com que "o comportamento previamente reforçado pelo mérito ou pela admiração seja extinto", uma vez que "a pessoa já não pode receber os louros nem ser admirada pelo que faz". E a extinção, afirma ele, "muitas vezes leva ao ataque agressivo" (p. 212). Em outro ponto, ele acusa seus críticos de "instabilidade emocional", citando comentários de Arthur Koestler e Peter Gay no sentido de que o behaviorismo é "uma trivialidade monumental", que se destaca pela "ingenuidade inata" e pela "falência intelectual" (p. 165). Skinner não tenta enfrentar essa crítica apresentando resultados relevantes, que não sejam uma trivialidade monumental. É totalmente incapaz de perceber que a objeção a sua "imagem científica do homem" não deriva da extinção de um certo comportamento nem da oposição à ciência, mas da capacidade de distinguir a ciência da trivialidade e do erro óbvio. Skinner não compreende a crítica fundamental: quando suas formulações são interpretadas literalmente, mostram-se trivialmente verdadeiras, ou não corroboradas por provas, ou claramente falsas; e, quando são interpretadas à sua maneira caracteristicamente vaga e metafórica, não passam de um substituto precário do uso comum. Essas críticas não podem ser superadas pela magia verbal, pela mera reiteração de que a abordagem dele é científica e de que as pessoas que não enxergam isso opõem-se à ciência, ou são perturbadas.

Similarmente, Skinner afirma que a caracterização do behaviorismo formulada por Koestler está obsoleta há setenta anos, mas não indica quais foram as grandes realizações dos últimos setenta anos que Koestler negligenciou. Com efeito, as verdadeiras realizações da ciência comportamental, ao que se saiba, de modo algum corroboram as conclusões de Skinner (na medida em que não são triviais). É por essa razão, devemos presumir, que ele assegura ao leitor não ter "necessidade de conhecer os detalhes de uma análise científica do comportamento" (p. 22), nenhum dos quais é fornecido. Não é a profundidade ou complexidade de sua teoria que impede Skinner de resumi-la para o leitor leigo. Jacques Monod, por exemplo, em seu recente trabalho sobre a biologia e as questões humanas,[8] faz uma exposição bastante detalhada dos avanços da biologia moderna que ele julga serem relevantes para suas especulações (claramente identificadas). Devo acrescentar, para me tornar claro, que não estou criticando Skinner pela relativa falta de avanços significativos nas ciências comportamentais, comparadas, digamos, à biologia, mas por suas afirmações irresponsáveis a respeito da "ciência do comportamento", a qual o leitor não precisa conhecer, mas que teria produzido toda sorte de resultados notáveis no que concerne ao controle do comportamento.

III

Passemos agora às provas fornecidas por Skinner sobre suas afirmações extraordinárias, tais como as de que: "uma análise do comportamento" revela que as realizações de artistas, escritores, estadistas e cientistas podem ser quase inteiramente explicadas em termos de contingências ambientais (p. 44); é o ambiente que torna a pessoa sensata ou compassiva (p. 171); "todas essas questões sobre propósitos, sentimentos, conhecimento etc. podem ser reformuladas em termos do ambiente a que a pessoa foi exposta", e "o que uma pessoa 'pretende fazer' depende do que ela fez no passado e do que aconteceu então" (p. 72), e por aí vai.

Segundo ele, à parte a dotação genética, o comportamento é inteiramente determinado pelo reforço. Para o organismo faminto, o alimento é um reforço positivo. Isso significa que "tudo que o organismo faz e que é seguido pelo recebimento de alimento tem maior probabilidade de voltar a ser feito, sempre que o organismo sentir fome" (p. 27); entretanto, "o alimento só é reforçador no estado de privação" (p. 37). O reforço negativo é um estímulo que aumenta a probabilidade de comportamentos que reduzam a intensidade desse estímulo; ele é "aversivo" e, *grosso modo*, constitui uma ameaça (p. 27). O estímulo pode tornar-se um reforço condicionado por associação com outros reforços. Assim, o dinheiro "só é reforçador depois de ser trocado por coisas reforçadoras" (p. 33). O mesmo é válido, em geral, a respeito da aprovação e da afeição. (O leitor pode tentar algo que Skinner sempre evita, qual seja, caracterizar os "estímulos" que constituem "aprovação" — por exemplo, por que a afirmação "esse artigo deveria ser publicado na revista tal" é um exemplo de "aprovação", quando feito por determinada pessoa, e de "desaprovação", quando feito por outra?) O comportamento é moldado e mantido pela combinação desses reforços. Assim, "Alteramos a força relativa das respostas pelo reforço diferencial de cursos de ação alternativos" (pp. 94-95); o repertório comportamental de cada um é determinado pelas "contingências de reforço a que ele é exposto como indivíduo" (p. 127); "o organismo oscila entre a atividade vigorosa e a completa quiescência, dependendo dos esquemas segundo os quais foi reforçado" (p. 186). Como Skinner se apercebe (embora alguns de seus defensores não o façam),[9] é necessário um controle meticuloso para moldar o comportamento em aspectos sumamente específicos. Assim, "A cultura (...) ensina a pessoa a fazer discriminações sutis, tornando o reforço diferencial mais preciso" (p. 194), fato que acarreta problemas quando "a comunidade verbal não consegue combinar as contingências sutis necessárias para ensinar distinções delicadas entre estímulos que lhe são inacessíveis"; "como resultado, a linguagem da emoção não é precisa" (p. 106).

O problema do "esquema de uma cultura" é "tornar o meio social o mais livre possível de estímulos aversivos" (p. 42), "tornar a vida menos punitiva e, com isso, liberar para atividades mais reforçadoras o tempo e a energia consumidos na evitação do castigo" (p. 81). Trata-se de um problema de engenharia, e poderíamos resolvê-lo se ao menos fôssemos capazes de superar a preocupação irracional com a liberdade e a dignidade. O que precisamos é do uso mais eficaz da tecnologia disponível, de controles melhores e mais numerosos. De fato, "Existe uma tecnologia do comportamento que reduziria com mais sucesso as conseqüências aversivas do comportamento, imediatas ou adiadas, e maximizaria as realizações de que o organismo humano é capaz" (p. 125), mas "os defensores da liberdade se opõem a sua utilização", com isso contribuindo para o mal-estar social e o sofrimento humano. É essa irracionalidade que Skinner espera convencer-nos a superar.

Nesse ponto, introduz-se uma questão incômoda, porém óbvia. Se a tese de Skinner é falsa, de nada adianta que ele tenha escrito o livro ou que nós o leiamos. Mas, se sua tese é verdadeira, também não adianta que ele tenha escrito o livro ou que nós o leiamos. É que o único objetivo seria modificar o comportamento, e o comportamento, de acordo com a tese, é inteiramente controlado pela combinação dos reforços. Portanto, ler o livro só modificará o comportamento se ele for reforçador, isto é, se sua leitura aumentar a probabilidade do comportamento que nos levou a lê-lo (presumindo um estado apropriado de privação). A esta altura, parecemos ficar reduzidos a um palavrório sem sentido.

Como contra-argumento, seria possível dizer que, mesmo que a tese seja falsa, faz sentido escrever e ler o livro, uma vez que algumas teses falsas são esclarecedoras e instigantes. Mas essa escapatória não está disponível. No caso em exame, a tese é elementar e não tem grande interesse em si. Seu único valor reside em sua possível verdade. Mas, se a tese é verdadeira, ler ou escrever o livro pareceria uma completa perda de tempo, já que não reforça comportamento algum.

Skinner certamente afirmaria que a leitura do livro, ou talvez o próprio livro, é um "reforçador" em algum outro sentido. Ele quer que sejamos persuadidos pelo livro e, como não chega a surpreender, refere-se à persuasão como uma forma de controle comportamental, ainda que uma forma fraca e ineficaz. Skinner espera persuadir-nos a dar mais espaço aos tecnólogos comportamentais e, aparentemente, acredita que a leitura desse livro aumentará a probabilidade de nos comportarmos de maneira a lhes permitir esse espaço (liberdade?) maior. Portanto, ler o livro, diria ele, reforça esse comportamento. Modificará nossa conduta com respeito à "ciência do comportamento" (p. 24).

Deixemos de lado o problema, insuperável nos termos dele, de especificar a idéia de "comportamento que dá mais espaço aos tecnólogos comportamentais", e consideremos a afirmação de que a leitura do livro reforçaria esse comportamento. Infelizmente, a afirmação é claramente falsa, se usarmos o termo "reforço" com algo que se assemelhe a seu significado técnico. Lembremo-nos de que a leitura do livro só reforça o comportamento desejado se for uma conseqüência do comportamento, e é óbvio que colocar nossa sorte nas mãos dos tecnólogos comportamentais não foi o comportamento que levou à leitura do livro de Skinner (e que poderia, portanto, ser reforçado por ela). Assim, a afirmação só poderá ser verdadeira se privarmos o termo "reforço" de seu sentido técnico. Ao combinar estas observações, vemos que só pode haver sentido em lermos o livro, ou em Skinner tê-lo escrito, se a tese do livro for separada da "ciência do comportamento" na qual supostamente se apóia.

Consideremos ainda a questão da "persuasão". De acordo com Skinner, persuadimos ("modificamos as mentes") "pela manipulação das contingências ambientais", ou, especificamente, "apontando para estímulos associados com conseqüências positivas" e "tornando uma situação mais favorável à ação, como ao descrever prováveis conseqüências reforçadoras" (pp. 91-93). Mesmo se deixarmos de lado o fato de que a persuasão, caracterizada dessa maneira, é uma forma de controle (uma variedade de "reforço") desconhecida pela ciência de Skinner, sua argumentação de modo algum será favorecida. Suponhamos que ele dissesse que seu livro poderia persuadir-nos por apontar para conseqüências positivas da tecnologia comportamental. Mas isso não serviria. Não basta ele apontar para essas conseqüências (por exemplo, traçar imagens de pessoas felizes); seria preciso, antes, ele nos mostrar que essas de fato são *conseqüências* do comportamento recomendado. Para nos convencer, ele deve estabelecer uma ligação entre o comportamento recomendado e a situação agradável que descreve. Isso incorre numa petição de princípio, pelo uso do termo "conseqüências".[10] Não basta simplesmente juntar uma descrição do comportamento desejado e uma descrição da situação "reforçadora" (deixando de lado, mais uma vez, o fato de que nem mesmo essas idéias são expressáveis nos termos skinnerianos). Se isso fosse suficiente para a "persuasão", poderíamos "persuadir" alguém do inverso, simplesmente juntando uma descrição de uma situação desagradável com uma descrição do comportamento que Skinner espera produzir.

Se a persuasão fosse uma mera questão de apontar para estímulos reforçadores e coisas similares, qualquer argumento persuasivo preservaria sua força, se suas etapas fossem intercambiadas ao acaso, ou se algumas delas fossem substituídas por descrições arbitrárias de estímulos reforçadores. E o argumento perderia força se fossem introduzidas ao acaso descrições de circunstâncias indesejáveis. É claro que isso é absurdo. Para que um argumento seja persuasivo, pelo menos para uma pessoa racional, ele tem que ser coerente; suas conclusões devem decorrer de suas premissas. Mas essas idéias fogem inteiramente ao âmbito do arcabouço de Skinner. Quando ele declara que "derivar novas razões das antigas, o processo de dedução", meramente "depende de uma história verbal muito mais longa" (p. 96), entrega-se a um descarte dos mais lamentáveis. Nem Skinner nem qualquer outra pessoa ofereceu o mais vago indício de que o "processo de dedução" possa ser caracterizado em seus termos, com base na "história verbal", tenha ela a extensão que tiver. Uma abordagem que não consegue sequer formular adequadamente, muito menos resolver, o problema de por que uma nova expressão é inteligível, mas não, digamos, uma permutação dos elementos que a compõem (ver *supra*, p. 388), não pode nem mesmo começar a considerar as idéias de "argumento coerente" ou "processo de dedução".

Consideremos a afirmação skinneriana de que "experimentamos e modificamos o comportamento verbal, não as opiniões" (segundo revela a análise comportamental) (p. 95). Tomado ao pé da letra, isso significa que se, sob ameaça crível de tortura, eu obrigar alguém a dizer repetidamente que a Terra não se move, terei mudado sua opinião. Nem é preciso tecer comentários, e percebemos de imediato a importância da "análise comportamental" que produz essa conclusão.

Skinner argumenta que a persuasão é um método fraco de controle, e assevera que "modificar a mente é tolerado pelos defensores da liberdade e da dignidade por ser uma forma ineficaz de alterar o comportamento, e assim, o modificador de mentes pode escapar à acusação de estar controlando as pessoas"

(p. 97). Suponhamos que seu médico lhe apresentasse um argumento vigoroso e racional no sentido de que, se você continuar a fumar, terá uma morte terrível, de câncer no pulmão. Porventura esse argumento será necessariamente menos eficaz para modificar seu comportamento do que uma combinação qualquer de reforçadores verdadeiros? A rigor, o fato de a persuasão ser ou não eficaz depende do teor da argumentação (para a pessoa racional), fator este que Skinner sequer consegue começar a descrever. O problema fica ainda pior ao considerarmos outras formas de "modificação das mentes". Suponhamos que a descrição de um ataque com napalm a uma aldeia vietnamita induza alguém, numa platéia norte-americana, a praticar um ato de sabotagem. Nesse caso, o estímulo efetivo não é reforçador, a forma de alterar o comportamento pode ser muito eficaz, e o ato praticado (o comportamento "reforçado") é inteiramente novo (não faz parte do "repertório") e pode nem ter sido sugerido no "estímulo" que induziu à mudança de comportamento. Em todos os aspectos possíveis, portanto, a explicação skinneriana é simplesmente incoerente.

Desde suas Conferências William James de 1947,[11] Skinner tem-se batido com esses problemas e com outros que lhes são correlatos. Os resultados são nulos. Continua a lhe ser impossível formular as idéias relevantes em seus próprios termos, muito menos investigá-las. Mais ainda, não foi produzida sequer uma hipótese científica não trivial, com provas corroborantes, para substanciar as afirmações extravagantes em que ele é viciado.[12] Ademais, esse histórico de fracasso era previsível desde o começo, a partir de uma análise dos problemas e dos meios propostos para lidar com eles. Convém frisar que o "comportamento verbal" foi o único aspecto do comportamento humano que Skinner tentou investigar com algum detalhe. Cabe-lhe o mérito de haver reconhecido desde cedo que somente através de uma análise bem-sucedida da linguagem ele poderia ter a esperança de se haver com o comportamento humano. Ao compararmos os resultados obtidos neste período de 25 anos com as afirmações que continuam a ser formuladas, temos uma boa percepção da natureza da ciência skinneriana do comportamento. É minha impressão, na verdade, que as afirmações têm-se tornado mais extremadas e estrídulas à medida que a impossibilidade de sustentá-las e as razões desse fracasso vão ficando cada vez mais óbvias.

É desnecessário continuar a desenvolver este ponto. Evidentemente, Skinner não tem meios de lidar com os fatores envolvidos em persuadir alguém ou fazê-lo mudar de idéia. A tentativa de invocar o "reforço" conduz meramente à incoerência ou à presunção. Esse é um ponto crucial. A discussão skinneriana da persuasão e da "modificação das mentes" é uma das poucas situações em que ele tenta confrontar o que chama de "literatura da liberdade e da dignidade". O libertário condenado por Skinner distingue a persuasão de algumas formas de controle. Defende a persuasão e objeta à coação. Em resposta, Skinner afirma que a persuasão em si é uma forma (fraca) de controle e que, ao usarmos métodos fracos de controle, simplesmente deslocamos o controle para outras condições ambientais, não para a pessoa em si (pp. 97, 99). Portanto, diz ele, o defensor da liberdade e da dignidade se ilude em sua crença em que a persuasão deixa a escolha a cargo do "homem autônomo", e além disso representa um perigo para a sociedade, porque atrapalha formas de controle mais eficazes. Como vemos, entretanto, a argumentação skinneriana contra a "literatura da liberdade e da dignidade" não tem força. A persuasão nada tem a ver com uma forma de controle, no sentido de Skinner; na verdade, ele é incapaz de lidar com esse conceito em seus termos.

Mas não há dúvida de que a persuasão pode "modificar mentes" e afetar o comportamento, às vezes de maneira bastante drástica. Visto que ela não pode ser coerentemente descrita em termos da combinação de reforçadores, decorre daí que o comportamento não é inteiramente determinado pelas contingências específicas a que Skinner restringe arbitrariamente sua atenção, e a tese principal do livro é falsa. Skinner só pode fugir a essa conclusão afirmando que a persuasão *é* uma questão de combinar estímulos reforçadores, mas tal afirmação só será sustentável se o termo "reforço" for despojado de seu significado técnico e usado como mero substituto da terminologia detalhada e específica da linguagem comum (o que também se aplica à idéia de "arranjo ou programação do reforço"). Seja como for, a "ciência do comportamento" skinneriana é irrelevante; a tese do livro é falsa (se usarmos a terminologia em seu sentido técnico) ou vazia (se não o fizermos). E o argumento contra o libertário cai inteiramente por terra.

Não só Skinner é incapaz de sustentar sua afirmação de que a persuasão é uma forma de controle, como também não oferece um átimo de prova para corroborar sua declaração de que o uso de "métodos fracos de controle" simplesmente desloca a forma de controle para um obscuro fator ambiental, e não para a mente do homem autônomo. É claro que, partindo da tese de que todo comportamento é controlado pelo meio, segue-se que confiar em controles fracos, em vez de fortes, desloca o controle para outros aspectos do ambiente. Mas essa tese, se é que chega a ser clara, não tem respaldo empírico e, na verdade, pode ser perfeitamente vazia, como vimos ao discutir a "probabilidade de resposta" e a persuasão. Não resta a Skinner uma só crítica coerente da "literatura da liberdade e da dignidade".

A vacuidade do sistema skinneriano é lindamente ilustrada em sua abordagem de questões mais periféricas. Diz ele (p. 112) que a frase "Você deveria (deve) ler *David Copperfield*" pode ser traduzida por "Você será reforçado(a) se ler *David Copperfield*". Mas, que significa isso? Aplicando literalmente a definição skinneriana (ver acima), significa que o comportamento seguido pela leitura de *David Copperfield* tem mais probabilidade de se repetir se você estiver precisando ler. Ou, quem sabe, significa que o ato de ler *David Copperfield* será seguido por algum estímulo que aumentará a probabilidade desse mesmo ato. Quando digo a alguém que ele deve ler *David Copperfield*, portanto, estou dizendo alguma coisa desse tipo. Suponhamos, por exemplo, que eu lhe diga que você deve ler *David Copperfield* porque isso o(a) livrará da idéia de que vale a pena ler Dickens, ou lhe mostrará o que é o verdadeiro tédio. Na verdade, como quer que tentemos interpretar a sugestão de Skinner, ao dar ao termo "reforço" algo parecido com seu sentido literal, caímos numa profunda confusão.

Provavelmente, o que Skinner tem em mente ao usar a frase "Você será reforçado(a) se ler *David Copperfield*" é que você gostará disso, apreciará o livro ou aprenderá alguma coisa útil e, portanto, será "reforçado(a)". Mas isso entrega o jogo. Agora estamos usando "reforço" num sentido muito diferente do que consta no paradigma do condicionamento operante. Não faria o menor sentido tentar aplicar resultados sobre a programação do reforço, por exemplo, a essa situação. Além disso, não admira que possamos "explicar" o comportamento mediante o uso do termo não técnico "reforço", com toda a gama de significados de "gostar", "apreciar" ou "aprender alguma coisa", ou seja lá o que for. Similarmente, quando Skinner nos diz que um passatempo fascinante é "reforçador" (p. 36), com certeza não está afirmando que o comportamento que leva a pessoa a se entregar a esse passatempo terá sua probabilidade aumentada. Ele pretende dizer, antes, que gostamos do passatempo. A interpretação literal de comentários como esse resulta num palavrório oco, e a interpretação metafórica substitui um termo corriqueiro pelo homônimo de um termo técnico, sem que se ganhe nada em precisão.

O sistema de tradução skinneriana está facilmente ao alcance de qualquer pessoa e, a rigor, pode ser empregado sem nenhum conhecimento da teoria do condicionamento operante e seus resultados, e sem nenhuma informação, afora a observação normal, sobre as circunstâncias em que o comportamento ocorre, ou sobre a natureza do comportamento em si. Reconhecendo este fato, podemos apreciar o valor da "ciência do comportamento" skinneriana para os efeitos que estão à mão, bem como o discernimento que ela proporciona. Mas é importante ter em mente que esse sistema de tradução leva a uma perda expressiva de precisão, pela simples razão de que toda a gama de termos para descrever e avaliar o comportamento, as atitudes, as opiniões etc. tem que ser traduzida no sistema empobrecido da terminologia retirada do laboratório (e despojada de seu sentido, nessa transição).[13] Não é de admirar, portanto, que a tradução skinneriana geralmente perca de vista o que interessa, mesmo com o uso metafórico de termos como "reforço". Assim, Skinner afirma que "a pessoa quer alguma coisa quando age para obtê-la, ao surgir a oportunidade" (p. 37). Decorre daí que é impossível agir para obter algo, quando surge a oportunidade, mas sem desejá-lo — digamos, agir impensadamente, ou por um sentimento de dever (nesse caso, como de praxe, podemos reduzir a afirmativa de Skinner à trivialidade, dizendo que o que a pessoa quer é cumprir seu dever etc.). Pelo contexto, fica claro que Skinner quer dizer "quando" na acepção de "se e somente se". Portanto, deduz-se de sua definição de "querer" que é impossível a pessoa querer algo mas não agir para obtê-lo quando surge a oportunidade, digamos, por motivos de escrúpulo (mais uma vez, podemos fugir para a trivialidade, atribuindo essas razões à "oportunidade"). Ou, então, consideremos a afirmação de que "temos mais probabilidade de admirar o comportamento quando o compreendemos menos" (p. 53). No sentido forte de "explicar", decorre daí que admiramos praticamente qualquer comportamento, já que não podemos explicar praticamente nenhum. Num sentido mais frouxo, Skinner está dizendo que, se Eichmann nos é incompreensível, mas compreendemos por que os vietnamitas continuam a lutar, é provável que admiremos Eichmann, mas não a resistência vietnamita.

O verdadeiro conteúdo do sistema skinneriano só pode ser apreciado ao examinarmos casos como os seguintes, por exemplo:

"A não ser quando é fisicamente cerceada, a pessoa é menos livre ou digna quando está sob a ameaça de punição" (p. 60). Logo, quem se recusa a se curvar à autoridade diante de uma ameaça severa perdeu toda a dignidade.

"Lemos livros que nos ajudam a dizer coisas que estamos prestes a dizer, de qualquer modo, mas que não conseguimos dizer sem ajuda", e por isso "compreendemos o autor" (p. 86). Será que a idéia é que não lemos livros dos quais esperamos discordar, e não seríamos capazes de entender o que eles dizem? Se não é isso, a afirmação é vazia. Se é, ela é absurda.

As coisas que chamamos "boas" são reforços positivos, e as coisas que chamamos "ruins" são reforços negativos (p. 104, 107); trabalhamos no sentido de conseguir reforços positivos e evitar reforços negativos (p. 107).[14] Isso explica por que as pessoas, por definição, sempre buscam o bem e evitam o mal. Ademais, "O comportamento é chamado de bom ou ruim (...) de acordo com a maneira como costuma ser reforçado pelos outros" (p. 109). Enquanto Hitler era "reforçado" pelos acontecimentos e pelas pessoas que o cercavam, seu comportamento era bom. Por outro lado, o comportamento de Dietrich Bonhöffer[t3] e Martin Niemöller[t4] foi, por definição, ruim. Na história bíblica, era contraditório buscar dez homens bons em Sodoma. Vale lembrar que o estudo do reforço operante, cujas conclusões estamos examinando, é uma "ciência dos valores" (p. 104).

"A pessoa age intencionalmente (...), no sentido de que seu comportamento foi fortalecido por suas conseqüências" (p. 108) — como no caso da pessoa que intencionalmente comete suicídio.

O herói que mata um monstro é reforçado pelo louvor, "precisamente para induzi-lo a enfrentar outros monstros" (p. 111) — e, portanto, nunca é elogiado em seu leito de morte nem em seu funeral.

A afirmação "Você deve (tem que) dizer a verdade" significa, nessa ciência dos valores, "Se você for reforçado pela aprovação de seus semelhantes, será reforçado ao dizer a verdade" (p. 112). Numa subcultura tão cínica que dizer a verdade seja considerado absurdo e não seja aprovado, a pessoa reforçada pela aprovação não deve dizer a verdade. Ou, para ser mais exato, a afirmação "Você tem que dizer a verdade" é falsa. Do mesmo modo, é um erro dizer a alguém para não roubar se ele estiver quase certo de sair impune, visto que

"Você não deve roubar" pode traduzir-se por "Se você tende a evitar a punição, evite roubar" (p. 114).

"As descobertas e invenções científicas são improváveis; é isso que se quer dizer com descoberta e invenção" (p. 155). Portanto, dispondo fórmulas matemáticas de um modo novo e improvável, consigo (por definição) fazer uma descoberta matemática.

Os estímulos despertam atenção por terem sido associados a coisas importantes e terem figurado em contingências de reforço (p. 187). Portanto, se um gato com duas cabeças entrasse numa sala, somente aqueles para quem os gatos são importantes o notariam; os outros não prestariam atenção. Um estímulo completamente novo — novo para a espécie ou para o indivíduo — seria inteiramente ignorado.

A pessoa pode derivar suas normas de comportamento "de uma análise das contingências punitivas" (p. 69), e pode ser reforçada "pelo fato de que a cultura sobreviverá a ela por muito tempo" (p. 210). Portanto, uma coisa imaginada pode ser um "estímulo reforçador". (Tente aplicar a este exemplo a discussão fantasiosa dos "reforços condicionados" que "usurpam" o efeito reforçador das conseqüências adiadas, pp. 120-122.)

A pessoa "se porta com bravura quando as circunstâncias ambientais a induzem a fazê-lo" (p. 197). Uma vez que, como já foi assinalado, agimos para obter reforços positivos, podemos concluir que ninguém se porta corajosamente quando a punição ou a morte são conseqüências prováveis (a menos que ela seja "reforçada" por "estímulos" que a afetem depois da morte).

O jovem insatisfeito, desanimado, frustrado, sem nenhum objetivo etc. é simplesmente aquele que não foi adequadamente reforçado (pp. 146-147). Portanto, ninguém experimentará esses sentimentos se tiver feito fortuna e adquirido os reforços positivos que é capaz de comprar.

Note-se que, na maioria desses casos, ou talvez em todos, podemos transformar o erro em tautologia, recorrendo ao caráter vago da terminologia skinneriana: por exemplo, usando "reforço" como um termo abrangente para designar tudo que é apreciado, desejado, pretendido etc.

Podemos ter um gostinho do poder explicativo da teoria skinneriana a partir de exemplos (bastante típicos) como estes: um pianista aprende a tocar suavemente uma escala porque "as escalas tocadas com suavidade são reforçadoras" (p. 204); "a pessoa só sabe o que é lutar por uma causa depois de uma longa história, durante a qual ela aprende a perceber e a conhecer o estado de coisas a que se chama lutar por uma causa" (p. 190), e assim por diante.

Similarmente, podemos perceber a força da tecnologia comportamental de Skinner ao examinar as observações e conselhos proveitosos que ele oferece: "O comportamento passível de punição pode ser minimizado pela criação de circunstâncias em que ele não tenda a ocorrer" (p. 64); quando uma pessoa "é intensamente reforçada ao ver outras pessoas se divertindo, (...) ela planeja um ambiente em que as crianças sejam felizes" (p. 150); se a superpopulação, a guerra nuclear, a poluição e o esgotamento dos recursos naturais constituírem um problema, "podemos modificar as práticas para induzir as pessoas a terem menos filhos, gastarem menos com armas nucleares, pararem de poluir o meio ambiente e consumirem os recursos naturais em menor velocidade, respectivamente" (p. 152).

O leitor pode procurar idéias mais profundas do que essas. Pode procurálas, mas não as encontrará.

Nesse seu livro, Skinner alude com mais freqüência ao papel da dotação genética do que em suas especulações anteriores sobre o comportamento humano e a sociedade. Seria de se supor que isso levasse a alguma mudança em suas conclusões, ou a conclusões novas. Não leva. A razão é que Skinner é tão vago e pouco informativo a respeito da dotação genética quanto a respeito do controle pelas contingências de reforço. Infelizmente, zero mais zero continua a ser igual a zero.

De acordo com Skinner, "A facilidade com que é possível inventar de imediato explicações mentalistas talvez seja a melhor medida de quão pouca atenção devemos prestar a elas" (p. 160). Essa frase pode ser transformada numa afirmação verdadeira se substituirmos "mentalistas" por "skinnerianas". Com efeito, há sempre uma tradução skinneriana para qualquer descrição do comportamento — sempre podemos dizer que um ato é praticado por ser "reforçado" ou "reforçador", ou porque as contingências de reforço moldaram o comportamento dessa maneira, e assim por diante. Há uma explicação à mão para qualquer eventualidade e, dada a vacuidade do sistema, ninguém jamais poderá provar que estamos errados.

Mas o comentário de Skinner sobre as "explicações mentalistas" certamente é incorreto, dado o uso que ele faz dessa expressão. Consideremos, por exemplo, as expressões (1) a (4):

(1) Os dois homens prometeram a suas mulheres matar um ao outro.

(2) Os dois homens persuadiram suas mulheres a matar uma à outra.

(3) Os dois homens me prometeram matar um ao outro.

(4) Os dois homens me persuadiram a matar um ao outro.

Entendemos essas frases (mesmo que elas sejam novas em nossa experiência) da seguinte maneira: (1) é uma paráfrase próxima de "cada um dos dois homens prometeu a sua mulher que mataria o outro", e significa que os homens devem matar-se; (2) é uma paráfrase próxima de "cada homem persuadiu sua mulher a matar a mulher do outro", e significa que as mulheres devem se matar; (3) é uma paráfrase próxima de "cada um dos dois homens me prometeu matar o outro"; mas a frase (4) não pode ser parafraseada de nenhuma dessas maneiras e, na verdade, não é uma frase de nosso "repertório". Podemos propor uma explicação para fatos como esses numa teoria abstrata da linguagem, uma teoria que Skinner chamaria (legitimamente) de "mentalista". Mas não é nada fácil inventar uma "explicação mentalista" satisfatória para esses e muitos outros fatos correlatos,[15] isto é, um sistema de princípios gerais que explique esses fatos e não seja refutado por outros. Construir uma teoria dos "estados (mentais) internos" não é tarefa simples, ao contrário do que acredita Skinner, embora, também nesse caso, uma explicação skinneriana, empregando as idéias místicas de "semelhança" e "generalização", possa obviamente ser inventada na mesma hora, sejam quais forem os fatos. Em Skinner, a impossibilidade de compreender isso decorre de sua má vontade em tentar construir teorias explicativas que tenham um conteúdo empírico no campo do pensamento e da ação humanos. Por causa dessa má vontade, também não há um progresso discernível — as formulações de hoje nesse campo mal chegam a diferir das de quinze ou vinte anos atrás — nem uma refutação convincente, para aqueles que não se perturbam com o fato de ser possível inventar explicações na mesma hora, sejam quais forem os fatos, num sistema que é desprovido de substância.

IV

Até aqui, vimos examinando o *status* científico das afirmações skinnerianas. Passemos agora à questão da "planificação da cultura". Os princípios da "ciência" skinneriana nada nos dizem sobre planificar uma cultura (visto que não nos dizem praticamente nada), mas isso não significa que Skinner nos deixe completamente no escuro quanto ao que tem em mente. Acredita ele que "o controle da população como um todo deve ser delegado a especialistas — policiais, padres, proprietários, professores, terapeutas e assim por diante —, com seus reforçadores especializados e suas contingências codificadas" (p. 155). O controlador e o planejador da cultura devem ser membros do grupo que é controlado (p. 172). Quando a tecnologia do comportamento é "aplicada à planificação da cultura, a sobrevivência da cultura funciona como um valor". Se nossa cultura "continuar a tomar como seu valor principal a liberdade ou a dignidade, em vez de sua própria sobrevivência, é possível que uma outra cultura faça uma contribuição maior para o futuro". A recusa a exercer as formas de controle disponíveis pode ser "uma mutação cultural letal". "A vida, a liberdade e a busca da felicidade são direitos fundamentais (...) [mas] têm apenas uma pequena influência na sobrevivência da cultura" (pp. 180-183); poderíamos indagar-nos, portanto, que importância teriam para o tecnólogo comportamental que toma a sobrevivência da cultura como um valor. Essas observações e outras similares, para as quais nos voltaremos dentro em pouco, talvez sejam o que levou alguns leitores a desconfiar que Skinner defende uma forma de controle totalitário.

Não há dúvida de que, em suas recomendações específicas, por mais vagas que sejam, ele consegue diferenciar sua posição da "literatura da liberdade". Skinner afirma que esta "negligenciou (...) um controle que não tem conseqüências aversivas em nenhum momento" (p. 41) e incentivou a oposição a todas as formas de controle, ao passo que ele propõe um uso muito mais amplo de controles que não tenham conseqüências aversivas. A mais óbvia forma de controle desse tipo benigno são os salários diferenciados. Obviamente, é um erro dizer que a "literatura da liberdade" negligenciou essas formas de controle. Desde a Revolução Industrial, ela tem-se interessado muito pelos problemas da "escravidão do salário" e pelas formas "benignas" de controle que se calcam mais na privação e na recompensa do que na punição direta. Esse interesse estabelece uma clara distinção entre a literatura da liberdade e os conceitos sociais skinnerianos. Ou, então, consideremos a liberdade de expressão. A abordagem de Skinner sugere que o controle da fala pela punição direta deve ser evitado, mas que é perfeitamente apropriado controlar a fala, digamos, restringindo os bons empregos às pessoas que digam o que é aprovado pelo planejador da cultura. De acordo com suas idéias, não haveria violação da liberdade acadêmica se as promoções só fossem concedidas àqueles que, em sua fala e seus escritos, conformam-se às regras da cultura, embora fosse um erro ir mais longe e punir os que se desviam por dizerem aquilo que acreditam ser verdade. Esses desviantes simplesmente permaneceriam num estado de privação. Na verdade, ao dar às pessoas normas rígidas a serem seguidas, para que saibam exatamente o que dizer para serem "reforçadas" pela promoção, estaremos "tornando o mundo mais seguro" e, portanto, atingindo os objetivos da tecnologia comportamental (pp. 74, 81). A literatura da liberdade, muito apropriadamente, rejeitaria e abominaria tais formas de controle.

Na verdade, não há nada na abordagem skinneriana que seja incompatível com um Estado policialesco, no qual sejam impostas leis rígidas por pessoas também submetidas a elas, e com a ameaça de terríveis punições pairando sobre todas. Skinner afirma que o objetivo da tecnologia comportamental é "planejar um mundo em que o comportamento tendente a ser punido raramente ou nunca ocorra" — um mundo de "bondade automática" (p. 66). O "verdadeiro problema", explica ele, "é a eficácia das técnicas de controle" que "tornarão o mundo mais seguro". Tornamos o mundo mais seguro para "os bebês, os retardados ou os psicóticos", arrumando as coisas de modo a que raramente ocorram comportamentos passíveis de punição. Se todas as pessoas pudessem ser tratadas dessa maneira, "muito tempo e energia seriam economizados" (pp. 66, 74). Skinner chega até a oferecer, talvez não intencionalmente, algumas indicações sobre como se poderia fazer esse ambiente benigno existir:

> O Estado que transforma todos os seus cidadãos em espiões ou a religião que promove o conceito de um Deus que tudo vê tornam praticamente impossível escapar da punição, e então as contingências punitivas têm sua eficácia máxima. As pessoas se portam bem, embora não haja supervisão visível. [pp. 67-68]

Em outro trecho, aprendemos que "é claro" que a liberdade "aumenta à medida que o controle visível diminui" (p. 70). Portanto, a situação que acabou de ser descrita é a de liberdade máxima, já que não há controle visível algum; pela mesma razão, é uma situação de dignidade máxima. Além disso, visto que "nossa tarefa" é simplesmente "tornar a vida menos punitiva" (p. 81), a situação descrita pareceria ideal. Uma vez que as pessoas se portem bem, a vida será minimamente punitiva. Dessa maneira, poderemos progredir "para um ambiente em que os homens sejam automaticamente bons" (p. 73).

Ampliando essas idéias, pensemos num campo de concentração bem dirigido, com os detentos espionando uns aos outros e os fornos de gás soltando fumaça ao longe, e talvez com uma sugestão verbal ocasional, à guisa de lembrete do significado desse reforçador. Tal campo se afiguraria um mundo quase perfeito. Skinner afirma que o Estado totalitário é moralmente errado, por suas conseqüências aversivas adiadas (p. 174). Mas, na encantadora cultura que acabamos de projetar, não haveria conseqüências aversivas, nem imediatas nem adiadas. O comportamento indesejável seria eliminado desde o começo pela ameaça dos fornos crematórios e dos espiões que tudo vêem. Portanto, todos os comportamentos seriam automaticamente "bons", conforme o exigido. Não haveria castigo. Todos seriam reforçados — diferencialmente, é claro — de acordo com sua capacidade de obedecer às regras. No esquema skinneriano não há objeção a essa ordem social. Ao contrário, ela parece aproximar-se do ideal. Talvez pudéssemos aprimorá-la ainda mais, assinalando que "a libertação da ameaça torna-se mais reforçadora quanto maior é a ameaça" (como no alpinismo; p. 111). Assim, podemos acentuar o reforço total e melhorar a cultura concebendo uma ameaça ainda mais intensa, digamos, introduzindo gritos ocasionais, ou projetando imagens de torturas horrendas ao descrevermos os fornos crematórios a nossos concidadãos. A cultura sobreviveria, talvez por mil anos.

Embora as recomendações skinnerianas possam ser lidas dessa maneira, seria impróprio concluir que Skinner defende os campos de concentração e a dominação totalitária (apesar de não apresentar nenhuma objeção). Essa conclusão desconsidera uma propriedade fundamental da ciência skinneriana, a saber, sua vacuidade. Conquanto Skinner pareça acreditar que a "sobrevivência da cultura" é um valor importante para o tecnólogo comportamental, ele não leva em conta as questões que surgem de imediato. Quando a cultura se modifica, ela sobreviveu ou morreu? Suponhamos que ela se modifique de maneira a conceder os direitos individuais fundamentais que Skinner, pessoalmente, considera ultrapassados (pp. 180-183). Será isso a sobrevivência ou a morte? Queremos que o Reich milenar sobreviva? Por que não, se a cultura funciona como um valor para o tecnólogo comportamental? Digamos que as pessoas de fato sejam "reforçadas" pela (isto é, dêem preferência à) redução das sanções e do reforço diferencial. Devemos planejar a cultura para que ela leve a esse resultado, com isso diminuindo as formas efetivas de controle, em vez de ampliá-las, como insiste Skinner? Suponhamos que os seres humanos sejam construídos de tal modo que desejem a oportunidade de um trabalho produtivo livremente empreendido. Suponhamos que eles queiram livrar-se da intromissão de tecnocratas e *komissars*, banqueiros e magnatas, bombardeadores loucos que se empenhem em testes psicológicos da vontade com camponeses que defendem suas casas, cientistas comportamentais incapazes de diferenciar um pombo de um poeta, ou qualquer outra pessoa que tente acabar com a liberdade e a dignidade, ou empurrá-las para o ostracismo. Devemos então "planificar nossa cultura" para alcançar esses objetivos (os quais, é claro, podem receber uma tradução skinneriana adequada)? Não há respostas para nenhuma dessas perguntas na ciência de Skinner, apesar de sua afirmação de que ela acolhe (plenamente, ao que parece) a consideração dos "valores". É por essa razão que sua abordagem tanto serve a um anarquista quanto a um nazista, como já foi assinalado.[16]

V

A abordagem skinneriana das idéias de "ócio" e "trabalho" proporciona uma percepção interessante do sistema behaviorista de crenças (na medida em que ainda exista uma doutrina identificável; ver p. 386, *supra*). Recordemos sua assertiva de que o nível de atividade do organismo depende de sua "história ambiental de reforço", e de que "o organismo oscila entre a atividade vigorosa e a completa quiescência, dependendo dos esquemas segundo os quais foi reforçado" (p. 186). Sendo assim, o enfraquecimento dos controles poderia induzir à passividade ou a comportamentos aleatórios, particularmente em condições de abundância (baixa privação). As pessoas ficam "ociosas", observa Skinner, quando "têm pouco que fazer" — por exemplo, pessoas que "têm poder suficiente para forçar ou induzir outras a trabalharem para elas", crianças, retardados e doentes mentais, membros de sociedades ricas e de bem-estar etc. Tais pessoas "parecem capazes de 'fazer o que bem entendem'". Essa, prossegue Skinner, "é uma meta natural do libertário" (pp. 177-180). Mas o ócio "é um estado para o qual a espécie humana foi mal preparada" e, portanto, é um estado perigoso.

Evidentemente, há que traçar uma distinção entre o não ter nada para fazer e o poder fazer o que bem entende. Os dois estados pressupõem uma falta de compulsão, mas poder fazer o que se quer também exige a disponibilidade de oportunidades. Segundo os pressupostos skinnerianos, é difícil distinguir entre não ter o que fazer e poder fazer o que se quer, já que não há razão para esperar que alguém aproveite a oportunidade de trabalhar sem que haja privação nem reforço. Assim, não surpreende que Skinner resvale com facilidade da definição de "ócio" como o estado em que a pessoa parece ser capaz de fazer o que quer para a afirmação de que o ócio (ou seja, não ter nada para fazer) é um estado perigoso, como no caso de um leão enjaulado ou uma pessoa internada numa instituição.

Poder fazer o que quer é um objetivo natural do libertário, mas não ter nada para fazer não é. Embora talvez seja correto dizer que a espécie humana está mal preparada para não ter nada para fazer, é muito diferente dizer que ela está mal preparada para a liberdade de fazer o que quiser. As pessoas aptas a fazer o que querem podem trabalhar com muito afinco, havendo a oportunidade de fazer um trabalho interessante. Similarmente, a criança "ociosa", no sentido skinneriano, pode não ter que ser "reforçada" para gastar energia em atividades criativas e, ao contrário, explorar avidamente a oportunidade de fazê-lo. O uso frouxo que Skinner faz do termo "ócio", embora compreensível segundo suas suposições, obscurece a diferença fundamental entre a liberdade de fazer o que se quer (para Skinner, isso é uma aparência, pois ele crê que essa liberdade não existe) e o não ter nada que fazer, como numa instituição ou vivendo à custa da previdência social, quando não se dispõe de nenhum trabalho interessante. As observações de Skinner, portanto, dão a impressão de que seria perigoso, talvez outra "mutação cultural letal", criar arranjos em que as pessoas tenham a liberdade de escolher seu trabalho e de ficar absortas num trabalho satisfatório. Um outro comentário, o de que há necessidade de "condições culturais específicas" (não explicitadas) para permitir que as pessoas ociosas se engajem na "produtividade artística, literária e científica", contribui tanto para esclarecer as questões quanto seus outros comentários sobre as "contingências de reforço".

A discussão é perpassada por um vago pressuposto subjacente de que, a menos que se forneçam "reforços", os indivíduos vegetarão. Que haja uma necessidade humana intrínseca de encontrar um trabalho produtivo, que a pessoa livre possa, ao ter a oportunidade, buscar esse trabalho e executá-lo com energia, é uma possibilidade jamais confrontada — embora, é claro, o sistema vazio da tradução skinneriana nos permita dizer que tal trabalho é "reforçador" (e realizado por essa razão), se porventura gostarmos de tautologias.

A suposição subjacente que perpassa a discussão skinneriana do ócio e da liberdade também surge num trabalho um pouco mais sério que o de Skinner, uma vez que tem pelo menos a forma de uma tese e se baseia em algumas provas. No momento, há uma controvérsia considerável em torno de um artigo recente de um psicólogo de Harvard, Richard Herrnstein,[17] que pretende mostrar que a sociedade norte-americana está resvalando para uma meritocracia hereditária estável, com uma estratificação social calcada em diferenças inatas e uma distribuição correspondente das "recompensas". A tese se baseia na hipótese de que as diferenças nas aptidões mentais são hereditárias, e de que as pessoas com aptidões mentais próximas têm mais probabilidade de se casar e reproduzir,[18] de modo que haverá uma tendência para uma estratificação a longo prazo de acordo com as aptidões mentais, que Herrnstein considera que são medidas pelo Q.I. [quociente de inteligência]. Diz ele que o "sucesso" exige capacidade mental e que as recompensas sociais "dependem do sucesso". Essa etapa da argumentação incorpora dois pressupostos: primeiro, isso é assim de fato; segundo, tem que ser assim, para que a sociedade funcione com eficácia. A conclusão é que há uma tendência para a meritocracia hereditária, concentrando-se "a posição social (que reflete a renda e o prestígio)" nos grupos de Q.I. mais alto. Essa tendência será acelerada à medida que a sociedade se tornar mais igualitária, isto é, à medida que as barreiras sociais artificiais forem eliminadas, que os defeitos do meio pré-natal (por exemplo, o déficit nutricional) forem superados etc., de tal modo que a capacidade natural possa desempenhar um papel mais direto na obtenção das recompensas sociais. Portanto, à medida que a sociedade se tornar mais igualitária, as recompensas sociais se concentrarão numa elite meritocrática hereditária.

Herrnstein tem sido fartamente denunciado como racista por causa dessa tese, o que é uma conclusão que me parece injustificada. Mas há um componente ideológico em sua tese que lhe é absolutamente crucial. Consideremos a segunda etapa, ou seja, a afirmação de que o Q.I. é um fator na obtenção de recompensas, e que tem de ser assim para que a sociedade funcione eficazmente. Herrnstein reconhece que sua argumentação ruirá por terra se, de fato, a sociedade puder organizar-se de acordo com o "dito socialista, 'De cada um conforme sua capacidade, a cada um conforme suas necessidades'". Sua tese não seria aplicável numa sociedade em que "a renda (econômica, social e política) não fosse afetada pelo sucesso".

Na verdade, Herrnstein deixa de assinalar que sua tese não apenas exige o pressuposto de que o sucesso deve ser recompensado, mas o de que deve ser recompensado de maneiras muito específicas. Se os indivíduos forem recompensados pelo sucesso apenas através do prestígio, não se deduzirá nenhuma conclusão de peso. A única conclusão (admitindo-se seus outros pressupostos) será que os filhos de pessoas respeitadas por suas realizações terão mais probabilidade de ser respeitados por suas próprias realizações, o que é um resultado inócuo, mesmo se for verdadeiro. Pode ser que o filho de dois nadadores olímpicos tenha uma probabilidade acima da média de alcançar o mesmo sucesso (e a aclamação por ele), mas nenhuma conseqüência social terrível decorrerá dessa hipótese.

Embora a questão pareça óbvia, ela foi mal interpretada (em especial por Herrnstein), e por isso merece um comentário adicional. Suponhamos, acompanhando Herrnstein, que a capacidade "se expresse no trabalho feito unicamente pelo lucro", e que essa capacidade seja parcialmente hereditária. Consideremos um casal de pais com capacidade acima da média, que com isso obtenha um incremento R de recompensa acima da média. Por hipótese, o filho deles tenderá a ter uma capacidade superior à média, embora inferior à dos pais, dada a regressão para a média, como Herrnstein assinala. Assim, será esperável que o filho, em virtude de sua capacidade, obtenha um incremento R' de recompensa acima da média, sendo R' inferior a R. Suponhamos que a recompensa seja a riqueza. Nesse caso, o incremento total do filho, dadas as características dessa recompensa em nossa sociedade, será $R' + R_1 + R_2 + R_3$, onde R_1 é a parcela de R transmitida ao filho, R_2 é o incremento resultante do fato de o próprio R_1 gerar uma riqueza adicional, e R_3 é o aumento obtido pelo filho além de R', em virtude das vantagens iniciais que lhe são proporcionadas por R_1. Em nossa sociedade, R_1, R_2 e R_3 são substanciais e, é claro, cumulativos ao longo das gerações. Portanto, se a recompensa social for a riqueza, realmente poderá haver uma tendência a que a recompensa se concentre nas linhagens familiares, ao longo do tempo. Se, por outro lado, a recompensa social e seus efeitos não forem transmissíveis, o aumento total do filho será R', em geral inferior a R; não haverá nada que corresponda ao incremento substancial e cumulativo $R_1 + R_2 + R_3$. Portanto, se o prestígio e a aclamação bastarem como recompensa social motivadora, não haverá uma tendência significativa a que as recompensas se concentrem numa "meritocracia hereditária", como previsto por Herrnstein, e sua conclusão "sumamente inquietante" desaparecerá. Qualquer pequena tendência que possa existir nessa direção será também diminuída pelo fato de que a equiparação no tipo de aptidão que traz "recompensas" é, quando muito, um fator parcial na escolha dos parceiros. Por último, qualquer tendência que possa haver para a persistência do prestígio nas linhagens familiares não terá nenhum dos efeitos sociais em larga escala da concentração da riqueza.

Além disso, o prestígio e a aclamação diferem da riqueza no sentido de que, quando se concede a um indivíduo uma quantidade maior dessa "recompensa", outro indivíduo não é correspondentemente privado dela. Mesmo aceitando a suposição de Herrnstein de que os indivíduos só trabalham pelo lucro, se a recompensa for o prestígio, o desempenho poderá ser assegurado em geral, prestigiando-se cada indivíduo na medida em que ele tenha realizações compatíveis com suas aptidões, seja qual for sua tarefa. (Observe-se também que não há razão para conferir mais prestígio aos que têm mais capacidade, de modo que, por mais um ponto de vista, as crenças de Herrnstein sobre a inevitabilidade de uma meritocracia hereditária são infundadas, supondo-se que a recompensa seja o prestígio ou a aclamação.) Naturalmente, é concebível que um dado indivíduo só trabalhe se sua recompensa em prestígio for não apenas maior do que a que ele obteria sem trabalhar, ou trabalhando menos bem, mas também maior do que o prestígio conferido a outros por suas realizações. Tal pessoa, presumivelmente, também se sentiria privada ou punida se outras tivessem sucesso, digamos, se outra pessoa escrevesse um romance extraordinário, ou fizesse uma descoberta científica, ou executasse um belo trabalho de carpintaria, e fosse respeitada por sua realização. Em vez de se comprazer com esse fato, essa criatura infeliz sofreria com ele. Para tal pessoa, o "prestígio diferencial" seria fonte de dor ou de prazer, bem como uma condição necessária para ela fazer qualquer esforço. Mas não há razão para supor que essa forma de doença psíquica seja característica da raça humana.

É interessante notar que Herrnstein de fato acredita que os seres humanos são constituídos de tal modo, por natureza, que essa doença lhes é característica. Diz ele que, se o prestígio fosse suficientemente potente para "sustentar o trabalho tão bem quanto as recompensas de nossa sociedade, inclusive o dinheiro e o poder", a falta de prestígio causaria "tristeza e pesar" e a sociedade seria "estratificada por uma competição mortal pelo prestígio", na "meritocracia hereditária" que ele considera inevitável. Como já foi assinalado, ele se engana ao presumir uma estratificação a longo prazo, mesmo admitindo seus pressupostos, se a recompensa for o prestígio. E que dizer de seu outro pressuposto de que os seres humanos requerem uma "recompensa diferencial", em seu sentido especial, isto é, não só mais prestígio do que elas obteriam sem trabalhar, ou trabalhando menos bem, porém mais do que seus semelhantes? Se isso for verdade, podemos prever que as pessoas sofrerão "dolorosas privações psíquicas" quando outras se saírem bem e forem respeitadas, e que se engajarão numa "competição mortal pelo prestígio". Embora isso com certeza seja imaginável, é uma suposição que me parece ainda mais curiosa e implausível do que outras feitas por Herrnstein, para as quais nos voltaremos a seguir. Mas, seja qual for o *status* dessa estranha crença sobre a natureza humana, deve ficar claro que ela não tem influência alguma na conclusão central e "sumamente inquietante" de Herrnstein. Repetindo: se o prestígio e o respeito bastarem para motivar o trabalho (segundo a suposição herrnsteiniana de que a capacidade se expressa no trabalho unicamente pelo lucro), não há razão para esperar uma tendência a longo prazo, e de maior significação, para uma "meritocracia" hereditária estável, nem essa tendência será aumentada pela realização dos "objetivos políticos e sociais contemporâneos", nem há qualquer razão para aceitarmos a "extrapolação" herrnsteiniana de que, em qualquer sociedade viável, surgirá uma "meritocracia hereditária" estável. Em suma, não resta nada de sua conclusão central e "sumamente inquietante".

A conclusão que Herrnstein e outros julgam inquietante é que a riqueza e o poder tendam a se concentrar numa meritocracia hereditária. Mas ela só decorre da suposição de que a riqueza e o poder (e não o mero respeito) devem ser as recompensas das realizações bem-sucedidas, e de que estas (ou seus efeitos) se transmitem dos pais para os filhos. A questão fica confusa pelo fato de

Herrnstein não isolar os fatores específicos que são cruciais para sua argumentação, e por seu uso da expressão "renda (econômica, social e política)" para abarcar toda sorte de "recompensas", incluindo tanto o respeito quanto a riqueza. Ela se confunde ainda mais pelo fato de Herrnstein resvalar continuamente para a identificação da "posição social" com a riqueza. Assim, ele escreve como se a escala social se afunilasse numa inclinação muito íngreme, e como se a maneira óbvia de resgatar as pessoas que estão na base fosse "aumentar a riqueza agregada da sociedade, a fim de que haja mais espaço no topo" — o que não será verdade se a "posição social" for uma questão de aclamação e respeito. (Desconsideramos o fato de que, mesmo segundo esse pressuposto tácito, a redistribuição da renda pareceria ser uma estratégia igualmente óbvia.)

Consideremos, portanto, a suposição mais estreita que é crucial para a tese herrnsteiniana: a riqueza e o poder transmissíveis beneficiam a capacidade mental, e devem fazê-lo, para que a sociedade funcione bem. Se esse pressuposto for falso e a sociedade puder ser organizada mais ou menos de acordo com o "dito socialista", não restará nada dessa tese (exceto que ela se aplicará às sociedades competitivas em que seus outros pressupostos factuais forem válidos). Mas o pressuposto é verdadeiro, afirma Herrnstein. A razão é que a capacidade "se expressa no trabalho feito unicamente pelo lucro", e as pessoas "competem pelo lucro — econômico e de outra natureza". As pessoas só trabalham para ser recompensadas em termos da "influência social e política, ou da libertação da ameaça". Tudo isso é meramente afirmado; nenhuma justificativa é fornecida para as afirmações. Observe-se, mais uma vez, que a tese só corrobora a conclusão inquietante extraída por Herrnstein se identificarmos o "lucro" pelo qual as pessoas supostamente competem como sendo a riqueza e o poder transmissíveis.

Que razão existe para acreditarmos no pressuposto crucial de que as pessoas só trabalham pelo lucro em termos de riqueza e poder (transmissíveis), de modo que a sociedade não pode organizar-se de acordo com o dito socialista? Numa sociedade decente, todos teriam a oportunidade de encontrar um trabalho interessante, e se daria a cada pessoa o mais amplo espaço possível para exercer seus talentos. Será que se exigiria mais do que isso, em particular, uma recompensa extrínseca sob a forma de riqueza e poder? Só se presumirmos que a aplicação dos próprios talentos num trabalho interessante e socialmente útil não é recompensadora em si, que não há satisfação intrínseca no trabalho criativo e produtivo, adequado às aptidões de cada um, ou em ajudar terceiros (digamos, familiares, amigos, sócios, ou simplesmente outros membros da sociedade). A menos que suponhamos isso, mesmo admitindo todos os outros pressupostos de Herrnstein, não deduziremos que deverá haver uma concentração da riqueza, do poder ou da influência numa elite hereditária.

O pressuposto implícito, com efeito, é o mesmo de Skinner. Para que a tese de Herrnstein tenha alguma força, devemos presumir que as pessoas só trabalham pelo lucro, e que a satisfação no trabalho interessante, ou no trabalho socialmente benéfico, ou no trabalho bem-feito, ou no respeito demonstrado por essas atividades, não é um "lucro" suficiente para induzir ninguém a trabalhar. O pressuposto, em suma, é que, sem recompensas materiais, as pessoas vegetarão. E, para esse pressuposto crucial, não se oferece nem mesmo um simulacro de argumentação. Ao contrário, Herrnstein meramente afirma que, se os padeiros e lenhadores "recebessem os salários mais altos e o máximo da aprovação social",[19] em vez das pessoas que hoje se acham no topo da escala social, "a escala do Q.I. também se inverteria", e os mais talentosos se empenhariam em se tornar padeiros e lenhadores. Isso, é claro, não constitui um argumento, mas uma simples reiteração da assertiva que diz que, necessariamente, os indivíduos só trabalham pela recompensa externa. Ademais, trata-se de uma afirmação extremamente implausível. Duvido muito que Herrnstein se tornasse padeiro ou lenhador, se com isso pudesse ganhar mais dinheiro.

Colocações semelhantes a essas foram feitas em comentários sobre o artigo de Herrnstein,[20] mas, em resposta, ele meramente reiterou sua convicção de que não há maneira de "acabar com a praga das recompensas diferenciais". Todavia, não se deve confundir afirmação contínua com argumentação. A assertiva adicional de Herrnstein de que a história mostra isso..., a rigor, admite a derrota. É claro que a história mostra uma concentração da riqueza e do poder nas mãos dos que são capazes de acumulá-los. Seria de se esperar que Herrnstein estivesse tentando fazer mais do que meramente enunciar esse truísmo. Ao reduzir finalmente sua argumentação a essa afirmativa, ele admite implicitamente que não tem justificativa para o pressuposto crucial em que se apóia sua tese — a afirmação não argumentada e não corroborada de que os talentosos devem receber recompensas maiores.

Se examinarmos com mais cuidado o que mostram a história e a experiência, veremos que, quando se permite o livre exercício da combinação de impiedade, astúcia, subserviência e quaisquer outras qualidades que proporcionam "sucesso" nas sociedades competitivas, os que têm essas qualidades elevam-se ao topo e usam sua riqueza e seu poder para preservar e ampliar os privilégios que alcançam. Também constroem ideologias para demonstrar que esse resultado nada mais é do que lícito e justo. Constatamos ainda, contrariando a ideologia capitalista e a doutrina behaviorista (da variedade não tautológica), que muitas pessoas amiúde não agem, nem exclusiva nem primordialmente, para conseguir ganhos materiais, ou sequer para maximizar o aplauso. Quanto ao argumento (quando ele é apresentado) de que "a história mostra" a insustentabilidade do "dito socialista", o qual Herrnstein precisa rejeitar para que sua tese seja válida, pode-se atribuir a ele o mesmo *status* da tese setecentista de que a democracia capitalista é impossível, como mostra a história.

Às vezes deparamos com argumentos no sentido de que as pessoas são "maximizadores econômicos", o que se pode ver pelo fato de que, tendo a oportunidade, algumas delas se dispõem a acumular recompensas materiais e poder.[21] Por uma lógica semelhante, poderíamos provar que as pessoas são criminosos psicopatas, uma vez que, em condições sociais em que aquelas que têm violentas tendências criminosas ficassem livres de qualquer restrição, é bem possível que elas acumulassem poder e riqueza, enquanto as não psicopatas sofreriam na servidão. É evidente que, partindo das lições da história, só podemos chegar a conclusões sumamente provisórias sobre as tendências humanas básicas.

Suponhamos que a tese não argumentada e crucial de Herrnstein esteja errada. Suponhamos que de fato exista uma satisfação intrínseca em empregar os próprios talentos num trabalho instigante e criativo. Nesse caso, diríamos, isso compensaria até uma diminuição das recompensas externas, e deveria dar-se um "reforço" pela execução de tarefas desagradáveis e maçantes. Deduz-se daí que haveria uma concentração da riqueza (e do poder que advém dela) entre os menos talentosos. Não exorto a essa conclusão, mas apenas observo que ela é mais plausível que a de Herrnstein, se seu pressuposto fundamental e não corroborado for falso.

A crença em que as pessoas devem ser impelidas ou atraídas para o trabalho pelo "lucro" é curiosa. É verdadeira, é claro, se usarmos o esquema skinneriano vazio e falarmos da "qualidade reforçadora" do trabalho interessante ou útil; e pode ser verdadeira, embora irrelevante para a tese de Herrnstein, se o "lucro" buscado for meramente o respeito geral e o prestígio. A suposição necessária à tese herrnsteiniana, ou seja, a de que as pessoas têm que ser impelidas ou atraídas para o trabalho pela recompensa em forma de riqueza ou poder, obviamente não deriva da ciência nem parece ser corroborada pela experiência pessoal. Desconfio que Herrnstein se excluiria dessa generalização, como já assinalei. Por isso, não estou convencido de que ele se candidataria prontamente a um emprego de lixeiro, se este pagasse mais do que o atual cargo dele como professor e psicólogo pesquisador. Herrnstein diria, tenho certeza, que não faz seu trabalho por este maximizar a riqueza (ou mesmo o prestígio), mas por ser interessante e desafiador, ou seja, intrinsecamente recompensador, e não há razão para duvidar de que essa resposta estaria correta. Os dados estatísticos, assinala ele, sugerem que, "se sua meta é uma renda *muito* alta e você tem um Q.I. elevado, não desperdice seu tempo com a educação formal além do curso médio". Logo, se você for um(a) maximizador(a) econômico(a), não se incomode com uma educação superior, se tiver um Q.I. elevado. Poucos seguem esse conselho, provavelmente porque preferem um trabalho interessante à simples recompensa material. A suposição de que as pessoas só trabalham para obter ganhos em riqueza e poder não apenas não é fundamentada, como provavelmente é falsa, a não ser em situações de extrema privação. Mas essa suposição degradante e brutal, comum à ideologia capitalista e à visão behaviorista dos seres humanos (excetuado, mais uma vez, o behaviorismo tautológico de Skinner), é essencial na tese de Herrnstein.

Há outros componentes ideológicos na tese herrnsteiniana, mais periféricos, porém ainda dignos de nota. Ele descreve invariavelmente a sociedade a cuja evolução assiste como uma "meritocracia", com isso expressando o juízo de valor de que as características que geram recompensa são um sinal de mérito, ou seja, são características positivas. Ele examina especificamente o Q.I., mas, é claro, reconhece que pode muito bem haver outros fatores na obtenção de "sucesso social". Poderíamos especular, com bastante plausibilidade, que a riqueza e o poder tendem a se acumular entre os que são implacáveis, ardilosos, avarentos, interesseiros, desprovidos de solidariedade e compaixão, subservientes à autoridade e dispostos a abrir mão dos princípios em nome dos lucros materiais, e assim por diante. Outrossim, esses traços poderiam muito bem ser tão hereditários quanto o Q.I., e poderiam superar o Q.I. como fatores de obtenção de recompensas materiais. Tais qualidades talvez fossem justamente as mais valiosas para uma guerra de todos contra todos. Nesse caso, a sociedade resultante (para empregar o "silogismo" herrnsteiniano) dificilmente poderia ser caracterizada como uma "meritocracia". Ao usar essa palavra, Herrnstein evita algumas perguntas interessantes e revela sobre nossa sociedade pressupostos implícitos que nada têm de evidentes.

É comum os professores de escolas situadas em guetos observarem que os alunos independentes, imaginativos, ativos e pouco dispostos a se submeter à autoridade costumam ser considerados encrenqueiros e sofrer punições, e, ocasionalmente, até ser expulsos do sistema escolar. A suposição implícita de que, numa sociedade altamente discriminativa, ou numa sociedade com enormes desigualdades de riqueza e poder, os "meritórios" são recompensados é realmente curiosa.

Consideremos ainda a suposição herrnsteiniana de que, de fato, algumas recompensas sociais são acumuladas pelos que prestam serviços benéficos e necessários. Diz ele que o "gradiente das ocupações" é "uma medida natural do valor e da escassez", e que "as ligações entre Q.I., ocupação e posição social fazem sentido na prática". Essa é sua maneira de expressar a conhecida teoria de que as pessoas são automaticamente recompensadas, numa sociedade justa (e mais ou menos em nossa sociedade), conforme sua contribuição para o bem-estar social ou sua "produção". A teoria é conhecida, assim como suas falácias. Dadas as grandes desigualdades de riqueza, é esperável constatar que o "gradiente das ocupações" conforme a remuneração seja uma medida natural dos serviços prestados à riqueza e ao poder — àqueles que podem comprar e coagir —, e só por acaso será "uma medida natural do valor". Os laços entre o Q.I., a ocupação e a posição social assinalados por Herrnstein fazem sentido, "na prática", para os que têm riqueza e poder, mas não necessariamente para a sociedade ou para seus membros em geral.[22]

A idéia é óbvia. O fato de Herrnstein não a notar é particularmente surpreendente, considerando-se os dados em que ele baseou suas observações sobre a relação entre a recompensa social e a ocupação. Esses juízos foram baseados numa classificação de ocupações que mostra, por exemplo, que contadores, especialistas em relações públicas, auditores e gerentes de vendas tendem a ter um Q.I. mais alto (donde, diria ele, recebem uma remuneração maior, como convém que aconteça, para que a sociedade funcione com eficiência) do que os músicos, rebitadores, padeiros, lenhadores e motoristas de caminhão. Os contadores ocuparam o lugar mais alto das 74 ocupações listadas, ficando os peritos em relações públicas em quarto lugar, os músicos em 35º, os rebitadores em 50º, os padeiros em 65º, os motoristas de caminhão em 67º e os lenhadores em 70º. A partir desses dados, Herrnstein conclui que a sociedade vem "administrando seus recursos intelectuais" sabiamente,[23] e que o gradiente de ocupações é uma medida natural do valor e faz sentido na prática. Porventura é óbvio que um contador que ajuda uma empresa a reduzir seu recolhimento de impostos exerce um trabalho de maior valor social do que um músico, um rebitador, um padeiro, um motorista de caminhão ou um lenhador? Será que um advogado que cobra honorários de cem mil dólares para manter no mercado um medicamento perigoso vale mais para a sociedade do que um agricultor ou uma enfermeira? Acaso o cirurgião que faz cirurgias nos ricos exerce um trabalho de maior valor social do que o clínico das favelas, que trabalha muito mais por uma recompensa externa muito menor? O gradiente de ocupações usado por Herrnstein para corroborar suas afirmações a respeito da correlação entre o Q.I. e o valor social reflete, com certeza, pelo menos em parte, as exigências da riqueza e do poder; é preciso um outro argumento para demonstrar a afirmação herrnsteiniana de que os que se encontram no alto da lista são os que prestam o serviço mais importante à "sociedade", a qual gere sabiamente seus recursos ao recompensar os contadores, os especialistas em relações públicas e os engenheiros (por exemplo, os que projetam armas antipessoais) por suas habilidades especiais. O fato de Herrnstein não notar o que seus dados sugerem de imediato é mais uma indicação de sua aceitação acrítica e aparentemente inconsciente da ideologia capitalista, em sua mais crua forma.

Note-se que, correlacionando a classificação de ocupações conforme o Q.I. com a classificação baseada na renda, os dados citados por Herrnstein podem ser interpretados, em parte, como uma indicação de uma lamentável tendência a recompensar materialmente as ocupações que servem aos ricos e poderosos, e não o trabalho passível de ser mais satisfatório e mais útil em termos sociais. Pelo menos, esta com certeza parece ser uma suposição plausível, que Herrnstein jamais discute, dada a sua aceitação acrítica da ideologia vigente.

Sem dúvida existe um complexo de características conducentes à recompensa material numa sociedade capitalista de Estado. Esse complexo pode incluir o Q.I. e, muito possivelmente, outros fatores mais importantes, talvez os que já foram assinalados. Na medida em que essas características forem hereditárias (e constituírem um componente da escolha de parceiros), haverá uma tendência para a estratificação em termos dessas qualidades. Até aí, é tudo bastante óbvio.

Além disso, as pessoas de Q.I. mais elevado tenderão a ter mais liberdade na escolha da ocupação. Dependendo de seus outros traços e oportunidades, tenderão a escolher trabalhos mais interessantes ou de melhor remuneração, categorias que de modo algum são idênticas. Assim, é possível esperar uma certa correlação entre o Q.I. e a recompensa material, bem como uma certa correlação entre o Q.I. e a classificação independente das ocupações por seu interesse intrínseco e seu desafio intelectual. Se de algum modo classificássemos as ocupações por utilidade social, provavelmente encontraríamos, se tanto, uma correlação fraca com a remuneração ou o interesse intrínseco e, muito provavelmente, uma correlação negativa. A distribuição desigual da riqueza e do poder introduz, naturalmente, uma predisposição para a remuneração maior dos serviços prestados aos privilegiados, com isso fazendo a escala de remuneração divergir da escala de utilidade social em muitas situações.

Pelos dados e argumentos de Herrnstein, não podemos tirar outras conclusões sobre o que aconteceria numa sociedade justa, a menos que acrescentemos o pressuposto de que as pessoas só trabalham por ganhos materiais, por riqueza e poder, e não procuram trabalhos interessantes e adequados a suas aptidões — que preferem vegetar a fazer esse tipo de trabalho. Como Herrnstein não fornece nenhuma razão por que devamos acreditar em nada disso (e decerto há algumas razões por que não devemos), nenhuma de suas conclusões é uma decorrência de suas suposições factuais, mesmo que estas sejam corretas. Com efeito, a etapa crucial de seu "silogismo" resume-se na afirmação de que a ideologia da sociedade capitalista expressa traços universais da natureza humana, e de que alguns pressupostos correlatos da psicologia behaviorista estão certos. É concebível que essas suposições não corroboradas sejam verdadeiras. Mas, uma vez que se reconheça o quanto o papel delas é crucial na argumentação de Herrnstein, e qual é o respaldo empírico que elas têm de fato, qualquer outro interesse por essa tese parece desaparecer.

Até aqui, presumi que o prestígio, o respeito e coisas similares poderiam ser componentes do que faz as pessoas trabalharem (como implica Herrnstein). Isso não me parece nada óbvio, mas, mesmo que seja verdade, é claro que as conclusões de Herrnstein não decorrem daí. Numa sociedade decente, o trabalho socialmente necessário e desagradável seria dividido em bases igualitárias e, afora isso, as pessoas teriam, como um direito inalienável, a mais ampla oportunidade possível de fazer o trabalho de seu interesse. Poderiam ser "reforçadas" pelo amor-próprio, caso fizessem o melhor trabalho a seu alcance, ou se seu trabalho beneficiasse as pessoas com quem elas mantivessem laços de amizade, simpatia e solidariedade. Idéias como estas comumente são objeto de ridicularização — tal como era comum, num período anterior, zombar-se da idéia absurda de que um camponês tivesse os mesmos direitos inalienáveis que um nobre. Sempre houve e, sem dúvida, sempre haverá pessoas incapazes de conceber a possibilidade de que as coisas sejam diferentes do que são. Talvez elas estejam certas, porém, mais uma vez, fica-se à espera de uma argumentação racional.

Numa sociedade decente, do tipo que acaba de ser descrito — a qual, podemos supor, torna-se cada vez mais realizável com o progresso tecnológico —, não haveria escassez de cientistas, engenheiros, cirurgiões, artistas, artesãos, professores etc., pelo simples fato de que esse trabalho é intrinsecamente recompensador. Não há razão para duvidar de que as pessoas no exercício dessas ocupações trabalhariam com tanto afinco quanto costumam trabalhar, hoje em dia, os poucos afortunados que podem escolher seu trabalho. É claro que, se as suposições de Herrnstein, retiradas da ideologia capitalista e das crenças behavioristas, estiverem corretas, as pessoas preferirão ficar ociosas a fazer esse tipo de trabalho, a menos que haja privações e recompensas externas. Mas não é oferecida nenhuma razão pela qual devamos aceitar essa doutrina estranha e degradante.

No pano de fundo do debate sobre o silogismo de Herrnstein encontra-se a questão da raça, embora ele próprio mal lhe faça alusão. Seus críticos inquietam-se, justificadamente, com o fato de que sua tese sem dúvida será explorada pelos racistas para justificar a discriminação, por mais que Herrnstein possa deplorar pessoalmente esse fato. Em linhas mais gerais, a tese herrnsteiniana será adotada pelos privilegiados para justificar seu privilégio, sob a alegação de que eles estão sendo recompensados por sua capacidade e de que essa recompensa é necessária para que a sociedade funcione adequadamente. Essa situação faz lembrar a antropologia racista do século XIX, discutida no início do capítulo. Marvin Harris observou:

> O racismo também teve sua serventia como justificativa das hierarquias de classe e de casta; foi uma explicação esplêndida para os privilégios nacionais e de classe. Ajudou a manter a escravidão e a servidão; preparou o terreno para a pilhagem da África e o trucidamento dos índios norte-americanos; deu nervos de aço aos capitães da indústria de Manchester, quando eles reduziram os salários, alongaram a jornada de trabalho e contrataram mais mulheres e crianças.[24]

Podemos esperar que os argumentos de Herrnstein sejam usados de maneira parecida e por razões similares. Ao descobrirmos que sua tese não tem força, a não ser que adotemos premissas não comprovadas e implausíveis, que por acaso incorporam a ideologia dominante, é muito natural que nos voltemos para a questão da função social de suas conclusões e indaguemos por que sua tese é levada a sério, exatamente como aconteceu com a antropologia racista do século XIX.

Uma vez que esse tema costuma ser obscurecido pela polêmica, talvez valha a pena reiterar que a questão da validade e do *status* científico de determinado ponto de vista independe, é lógico, da questão de sua função social; cada qual é um tópico legítimo de investigação, e esta última adquire interesse especial quando se revela que o ponto de vista em questão é gravemente deficiente nos planos empírico ou lógico.

Com freqüência, sem dúvida, os antropólogos racistas do século XIX eram honestos e sinceros. Talvez acreditassem que eram apenas investigadores desapaixonados, que estavam promovendo a ciência e seguindo os fatos para onde eles os levavam. Feita essa admissão, no entanto, podemos questionar seu julgamento, e não simplesmente pelo fato de seus dados serem precários e seus argumentos, falaciosos. Poderíamos assinalar sua relativa despreocupação com a maneira como essas "investigações científicas" tenderiam a ser usadas. Para o antropólogo racista do século XIX, seria uma desculpa precária alegar, nas palavras de Herrnstein, que "um comentarista neutro (...) teria que dizer que a questão simplesmente não está resolvida" (no tocante à inferioridade racial) e que o "problema fundamental" é "se a investigação será (novamente) impedida, em virtude de alguém achar que é melhor deixar a sociedade na ignorância". O antropólogo racista do século XIX, como qualquer outra pessoa, era responsável pelos efeitos de seus atos, na medida em que fosse possível prevê-los com clareza. Se as conseqüências prováveis de seu "trabalho científico" eram as descritas por Harris, ele tinha a responsabilidade de levar em conta essa probabilidade. Isso se aplicaria mesmo que o trabalho tivesse um verdadeiro mérito científico — mais até nesse caso, a rigor.

Similarmente, imagine um psicólogo da Alemanha de Hitler que julgasse poder mostrar que os judeus tinham uma tendência geneticamente determinada para a usura (do mesmo modo que os esquilos acasalam para acumular um número maior de sementes), ou um impulso para a conspiração antissocial e a dominação, e assim por diante. Se fosse criticado até mesmo por fazer esses estudos, será que ele poderia meramente responder que "um comentarista neutro (...) teria que dizer que a questão simplesmente não está resolvida", e que o "problema fundamental" é "se a investigação será (novamente) impedida, em virtude de alguém achar que é melhor deixar a sociedade na ignorância"? Creio, antes, que uma resposta dessas teria deparado com um desprezo justificável. Na melhor das hipóteses, ele poderia alegar que estava diante de um conflito de valores. Por um lado, haveria a suposta importância científica de determinar se de fato os judeus tinham uma tendência geneticamente determinada para a usura e a dominação social (uma questão empírica, sem dúvida). Por outro, haveria a probabilidade de que o simples trazer à baila essa questão e considerá-la um tema de investigação científica daria munição a Goebbels, Rosenberg e seus capangas. Se esse psicólogo hipotético desconsiderasse as conseqüências sociais prováveis de sua pesquisa (ou até de ele empreender a pesquisa) nas condições sociais vigentes, seria plenamente merecedor do desprezo das pessoas decentes. É claro que a curiosidade científica deve ser incentivada (embora não a argumentação falaciosa e a investigação de questões tolas), porém ela não é um valor absoluto.

Os elogios extravagantes com que foi cumulada a frágil tese de Herrnstein e a incapacidade generalizada de assinalar sua tendenciosidade implícita e seus pressupostos injustificados[25] sugerem que não estamos lidando simplesmente com uma questão de curiosidade científica. Visto que é impossível explicar essa aclamação com base na substância ou na força da argumentação, é natural indagar se suas conclusões são tão bem-vindas, para muitos comentaristas, que eles perdem as faculdades críticas e não percebem que alguns pressupostos cruciais e não respaldados não são outra coisa senão uma variação da ideologia predominante. Essa incapacidade é inquietante — mais ainda, talvez, do que as conclusões que Herrnstein procura tirar de seu silogismo falho.

Passando à questão da raça e da inteligência, fazemos uma concessão grande demais a seu investigador contemporâneo quando o consideramos confrontado com um conflito de valores: a curiosidade científica *versus* as conseqüências sociais. Dada praticamente a certeza de que a simples realização dessa pesquisa reforçará alguns dos aspectos mais desprezíveis de nossa sociedade, a seriedade do suposto dilema moral depende crucialmente da importância científica do problema que o cientista opta por investigar. Mesmo que o significado científico fosse imenso, por certo questionaríamos a seriedade do dilema, dadas as conseqüências sociais prováveis. Mas, se o interesse científico de qualquer resultado possível fosse diminuto, o dilema desapareceria.

Na verdade, a questão da relação entre a raça e a inteligência, se é que existe, parece ter pouca importância científica (assim como não tem importância social, a não ser segundo os pressupostos de uma sociedade racista). Uma possível correlação entre o Q.I. médio e a cor da pele não tem maior interesse científico do que a correlação entre quaisquer dois traços arbitrariamente escolhidos, digamos, a estatura média e a cor dos olhos. Os resultados empíricos, sejam quais forem, parecem ter pouca relevância para qualquer problema de peso científico. No estado atual da compreensão científica, diríamos que há pouco interesse científico na descoberta de que um traço parcialmente hereditário correlaciona-se (ou não) com outro traço parcialmente hereditário. Essas questões seriam interessantes se os resultados tivessem alguma relação, digamos, com uma teoria psicológica, ou com hipóteses referentes aos mecanismos fisiológicos envolvidos, mas não é o caso. Portanto, a investigação parece ter um interesse científico limitado, e o fervor e a intensidade com que alguns a conduzem ou a acolhem não podem, a bem da razão, ser atribuídos a um desejo desapaixonado de promover a ciência. Seria uma tolice, é claro, responder com a alegação de que "a sociedade não deve permanecer na ignorância". A sociedade permanece alegremente "na ignorância" de toda sorte de questões insignificantes. E, com a maior boa vontade, é difícil não questionar a boa-fé dos que deploram o pretenso "antiintelectualismo" dos críticos das investigações cientificamente banais e socialmente nocivas. Ao contrário, conviria ao investigador da raça e da inteligência explicar a importância intelectual de seu tema de estudo e, desse modo, esclarecer-nos quanto ao dilema moral que percebe. Se ele não perceber dilema algum, a conclusão será óbvia, sem maior discussão.

Quanto à importância social, a correlação entre a raça e o Q.I. médio (caso se demonstrasse que ela existe) não acarreta nenhuma conseqüência social, a não ser em sociedades racistas, nas quais cada indivíduo é destinado a uma categoria racial e tratado não como um indivíduo independente, mas como um representante dessa categoria. Herrnstein menciona uma possível correlação entre a estatura e o Q.I. Que importância social tem isso? Nenhuma, é claro, já que nossa sociedade não sofre uma discriminação baseada na altura. Não insistimos em incluir cada adulto na categoria "abaixo de 1,83m" ou "acima de 1,83m" ao indagarmos que tipo de educação ele deve receber, ou onde deve morar, ou que trabalho deve fazer. Antes, ele é o que é, independentemente do Q.I. médio das pessoas de sua categoria de altura. Numa sociedade não racista, a categoria "raça" não teria maior significação. O Q.I. médio dos indivíduos de uma dada origem racial é irrelevante para a situação de um indivíduo em particular, que é aquilo que é. Ao reconhecer esse fato perfeitamente óbvio, resta-nos pouca ou nenhuma justificativa plausível para o interesse pela relação entre o Q.I. médio e a raça, à parte a "justificativa" fornecida pela existência da discriminação racial.

É concebível que a questão da hereditariedade do Q.I. possa ter certa importância social, digamos, com respeito à prática educacional. Até isso parece duvidoso, entretanto, e gostaríamos de ouvir uma argumentação. Aliás, para mim é surpreendente que tantos comentaristas julguem inquietante que o Q.I. possa ser hereditário, talvez predominantemente.[26] Seria também inquietante descobrir que a estatura relativa, o talento musical ou a classificação na corrida de cem metros são, em parte, geneticamente determinados? Por que se deveria ter preconcepções num sentido ou em outro acerca dessas questões, e de que modo as respostas a elas, sejam quais forem, relacionam-se com questões científicas sérias (no estado atual de nossos conhecimentos) ou com a prática social de uma sociedade decente?

VI

Voltando a Skinner, assinalamos que sua "ciência" não justifica nem fornece objeção racional a um Estado totalitário, ou mesmo a um campo de concentração bem administrado. Os libertários e humanistas de quem Skinner desdenha objetam ao totalitarismo por respeito à liberdade e à dignidade. Mas, argumenta ele, essas idéias são um mero resíduo de crenças místicas tradicionais e devem ser substituídas pelos conceitos científicos rigorosos da análise comportamental. Ocorre que não existe uma ciência comportamental que incorpore proposições não triviais, empiricamente corroboradas, e que seja aplicável aos assuntos humanos ou respalde uma tecnologia comportamental. É por isso que o livro de Skinner não contém uma só hipótese ou proposta substantiva claramente formulada. Podemos ao menos começar a especular coerentemente sobre a aquisição de certos sistemas de conhecimentos e crenças, com base na experiência e na dotação genética, e podemos esboçar a natureza geral de um dispositivo capaz de duplicar aspectos dessa aquisição. Mas, quanto à maneira como uma pessoa que adquiriu sistemas de conhecimentos e crenças passa a utilizá-los em sua vida cotidiana, estamos inteiramente no escuro, no nível da investigação científica. Se houvesse uma ciência capaz de abordar essas questões, ela bem poderia concernir precisamente à liberdade e à dignidade, e sugerir possibilidades de aumentá-las. Talvez, como ocasionalmente sugere a literatura clássica sobre a liberdade e a dignidade, haja uma inclinação humana intrínseca para a livre investigação criativa e o trabalho produtivo, e os seres humanos não sejam apenas mecanismos obtusos, moldados por uma história de reforço e que se comportam de forma previsível, sem nenhuma necessidade intrínseca além da necessidade de saciação fisiológica. Nesse caso, os seres humanos não serão sujeitos que se prestem à manipulação, e procuraremos planejar uma ordem social que se coadune com isso. Mas, no momento, não podemos recorrer à ciência para nos fornecer uma compreensão dessas questões. Afirmar o inverso é pura fraude. Por ora, o cientista honesto admitirá de imediato que não compreendemos praticamente nada, no nível da investigação científica, com respeito à liberdade e à dignidade humanas.

Não há dúvida, é claro, de que o comportamento pode ser controlado, por exemplo, pela ameaça de violência, ou por um padrão de privação e recompensa. Isso não está em discussão, e a conclusão é perfeitamente compatível com a crença no "homem autônomo". Se um tirano tem o poder de exigir certos atos, quer pela ameaça de punição, quer permitindo somente àqueles que os praticam escapar da privação (por exemplo, restringindo o emprego a essas pessoas), é possível que as pessoas subordinadas a ele optem por obedecer — embora algumas possam ter a dignidade de se recusar a fazê-lo. Elas terão consciência de se estarem submetendo sob coação. Entenderão a diferença entre essa coação e as leis que regem os corpos em queda. Não serão livres, é claro. As sanções respaldadas pela força restringem a liberdade, assim como o faz a recompensa diferencial. Um aumento dos salários, nas palavras de Marx, "não seria nada além de uma *remuneração melhor dos escravos* e não devolveria ao trabalhador nem ao trabalho sua significação humana e seu valor". Mas seria absurdo concluir, pelo simples fato de a liberdade ser limitada, que o "homem autônomo" é uma ilusão, ou desconsiderar a distinção entre a pessoa que opta por se conformar, diante da ameaça, ou da força, ou da privação e da recompensa diferencial, e a pessoa que "opta" por obedecer aos princípios newtonianos quando despenca de um prédio alto. A inferência continua a ser absurda, mesmo quando é possível prever o curso de ação a ser escolhido pela maioria dos "homens autônomos", em condições de opressão e de oportunidade restrita de sobrevivência. O absurdo só faz tornar-se mais óbvio ao considerarmos o mundo social real, no qual as "probabilidades de resposta" passíveis de ser determinadas são tão insignificantes que não têm praticamente nenhum valor preditivo. E não seria absurdo, mas grotesco, dizer que, já que é possível providenciar circunstâncias em que o comportamento é bastante previsível — como num presídio, por exemplo, ou na sociedade de campo de concentração "planejada" acima —, não há necessidade de preocupação com a liberdade e a dignidade do "homem autônomo". Quando conclusões dessa espécie são tomadas como resultado de uma "análise científica", só nos resta ficar pasmos diante da credulidade humana.

Skinner confunde ciência com terminologia. Parece acreditar que, se reformular expressões "mentalistas" corriqueiras numa terminologia retirada do estudo laboratorial do comportamento, mas despojada de seu conteúdo preciso, terá feito uma análise científica do comportamento. Seria difícil imaginar uma incapacidade mais notável de compreender sequer os rudimentos do pensamento científico. É bem possível que o público seja enganado, dado o prestígio da ciência e da tecnologia. Ele pode até optar por ser erroneamente induzido a concordar em que a preocupação com a liberdade e a dignidade deve ser abandonada. Talvez escolha esse curso, por medo e insegurança quanto às conseqüências de um interesse sério pela liberdade e pela dignidade. As tendências de nossa sociedade que levam à submissão a uma dominação autoritária podem preparar os indivíduos para uma doutrina passível de ser interpretada como justificadora dessa submissão.

Os problemas que Skinner discute — seria mais apropriado dizer "contorna" — são, muitas vezes, bastante reais. Apesar de sua curiosa crença no inverso, seus adversários libertários e humanistas não objetam à "planificação da cultura", isto é, à criação de formas sociais que sejam mais conducentes à satisfação das necessidades humanas, embora divirjam de Skinner na percepção intuitiva de quais são de fato essas necessidades. Eles não se oporiam ou, pelo menos, não deveriam opor-se à investigação científica, ou, quando possível, a suas aplicações, embora sem dúvida descartassem a caricatura apresentada por Skinner.

Se um cientista do campo da física nos assegurasse que não precisamos preocupar-nos com as fontes energéticas mundiais, por haver demonstrado em seu laboratório que os moinhos de vento com certeza bastarão para suprir todas as necessidades humanas no futuro, seria esperável que ele apresentasse provas disso; caso contrário, outros cientistas denunciariam esse absurdo pernicioso. A situação é diferente nas ciências comportamentais. Não se exige comprovação alguma da pessoa que afirma dispor de uma tecnologia comportamental que solucionará os problemas mundiais, e de uma ciência do comportamento que a sustenta e que revela os fatores determinantes do comportamento humano. Em vão esperamos que os psicólogos deixem claro, para o público em geral, quais são os limites reais daquilo que se conhece. Dado o prestígio da ciência e da tecnologia, essa é uma situação das mais lastimáveis.

Notas do Original e/ou de Tradução:

Este capítulo é a versão ampliada de um ensaio publicado em *Cognition*, vol. 1, nº 1 (1972). Partes dele foram publicadas, sob forma ligeiramente diferente, como uma crítica a B. F. Skinner, *Beyond Freedom and Dignity*, na *New York Review of Books* de 30 de dezembro de 1971. A discussão sobre o trabalho de Herrnstein saiu em parte nas revistas *Social Policy*, 1972, vol. 3, nº 1 (1972) e *Ramparts*, julho de 1972. Sobre a resposta de Herrnstein, com outros comentários meus (parcialmente incorporados aqui), ver *Cognition*, vol. 1, n. 2-3, 4 (1972).

1. *Economist*, 31 de outubro de 1862. Citado por Frederick F. Clairmonte em sua crítica de Ronald Segal, *The Race War*, no *Journal of Modern African Studies*.
2. Marvin Harris, *The Rise of Anthropological Theory*, p. 100-101. Na década de 1860, escreveu ele, "a antropologia e o determinismo racial tinham-se tornado quase sinônimos".

t1. B. F. Skinner, *Beyond Freedom and Dignity* [*O mito da liberdade*, trad. Leonardo Goulart e Maria Lúcia F. Goulart, Rio de Janeiro: Bloch, 1972].

t2. Romance de George Orwell publicado em 1948.

3. B. F. Skinner, *Beyond Freedom and Dignity* [*O mito da liberdade*], p. 82. As referências posteriores indicarão apenas os números das páginas.
4. W. V. O. Quine, "Linguistics and Philosophy", *in* Sidney Hook (org.), *Language and Philosophy*, p. 97.
5. Podemos, é claro, projetar circunstâncias em que o comportamento possa ser previsto muito de perto, como sabe qualquer interrogador militar em campo. E podemos reduzir essa questão à banalidade, encarando os desejos, intenções, objetivos etc. da pessoa como parte das circunstâncias que provocam o comportamento. Se realmente fizermos questão de nos iludir, podemos ir adiante e "traduzir" os desejos, intenções e objetivos na terminologia da teoria do condicionamento instrumental, em moldes que examinaremos dentro em pouco.
6. L. Breger e J. L. McGaugh, "Critique and Reformulation of 'Learning-Theory' Approaches to Psychotherapy and Neurosis", *Psychological Bulletin*, maio de 1965.
7. Aubrey J. Yates, *Behavior Therapy*, p. 396. Skinner também assinala, o que é irrelevante para qualquer consideração racional, que "o falante não sente as *regras gramaticais* que supostamente aplica ao compor frases, e os homens falaram gramaticalmente por milhares de anos antes que alguém soubesse que existiam regras" (p. 16).
8. Jacques Monod, *Choice and Necessity*.
9. Ver, e.g., Kenneth MacCorquodale, "On Chomsky's Review of Skinner's *Verbal Behavior*", *Journal of the Experimental Analysis of Behavior*, vol. 13, nº 1 (1970).
10. Como assinalou Koestler, em comentários citados por Skinner, a abordagem deste último representa "uma petição de princípio em escala heróica" (p. 165). Não adianta responder, como faz Skinner, dizendo que isso é "xingamento" e sinal de instabilidade emocional. Será preciso, antes, mostrar que essa não é a verdade literal e óbvia (como de fato é).
11. Ver seu livro *Verbal Behavior*, que incorpora e amplia essas conferências.
12. Ao fazer a resenha de *Verbal Behavior*, de Skinner (*Language*, vol. 35, nº 1 [1959], pp. 26-58), afirmei que não parecia haver nenhum resultado, com respeito à modificação de certos aspectos do comportamento do falante (digamos, a produção de substantivos plurais), baseado no "reforço" com expressões como "certo" e "muito bem", sem o conhecimento do falante. O resultado tem um interesse marginal, se tanto, já que, evidentemente, o comportamento do falante nesses aspectos poderia ser modificado de maneira muito mais "eficaz" através de uma simples instrução, fato que não pode ser incorporado no sistema skinneriano, se interpretado com rigor. É claro que, quando o sujeito

sabe o que o experimentador está fazendo, o resultado não tem o menor interesse. Constata-se que é bem possível que seja esse o caso. Ver D. Dulany, "Awareness, Rules and Propositional Control: A Confrontation with S-R Behavior Theory", *in* Theodore R. Dixon e David Horton (orgs.), *Verbal Behavior and General Behavior Theory*. Parece, portanto, que não se obtiveram resultados não triviais claros no estudo da fala normal humana pela aplicação do paradigma do condicionamento instrumental.

Uma leitura interessante nesse aspecto é MacCorquodale, "On Chomsky's Review of Skinner". Não posso ocupar espaço aqui para corrigir seus inúmeros erros (tais como sua compreensão equivocada da idéia de "função", que leva a muitas confusões). A confusão principal do artigo é esta: MacCorquodale presume que eu estava tentando refutar as teses de Skinner e assinala que não apresento dados que as desmintam. Ocorre que meu objetivo era demonstrar que, quando as afirmações de Skinner são tomadas literalmente, elas dão a impressão de ser falsas (MacCorquodale não discute nenhum desses exemplos com precisão) ou muito vazias (como quando dizemos que a resposta "Mozart" é controlada por um estímulo sutil), e que muitas de suas afirmações falsas podem ser convertidas em verdades desinteressantes mediante o emprego de termos como "reforço", com toda a imprecisão de "gostar", "querer", "apreciar" etc. (com perda da exatidão na transição, é claro, já que uma terminologia rica e detalhada é substituída por um punhado de termos totalmente separados do contexto em que têm alguma exatidão). Sem compreender isso, MacCorquodale "defende" Skinner, mostrando que, muitas vezes, é possível dar uma interpretação vazia a seus pronunciamentos — exatamente o que eu queria dizer. O artigo é útil, depois de eliminados os erros, para revelar a falência da abordagem do condicionamento instrumental no estudo do comportamento verbal.

13. Ver MacCorquodale, "On Chomsky's Review of Skinner", para um exemplo revelador da completa incapacidade de compreender essa idéia.

14. Note-se a mudança, na descrição de Skinner, da discussão das coisas que têm um bom sabor, ou um sabor gostoso, para juízos de valor sobre as coisas que chamamos de boas (p. 155-158).

t3. Ver Capítulo 5, nota de tradução t4, p. 357.

t4. Martin Niemöller (1892-1984), teólogo protestante alemão. Com Bonhöffer e Karl Barth, organizou em 1934 o movimento da "Igreja Confessante". Opôs-se ao nazismo e, processado em 1938, foi mandado para o campo de concentração de Dachau, onde permaneceu até o fim da guerra. São de um de seus sermões estas palavras que se tornaram célebres: "Primeiro eles vieram buscar os comunistas, mas não me mexi nem falei nada, porque eu não era comunista. Depois, vieram buscar os sindicalistas, e eu não era sindicalista. E vieram atrás dos social-democratas, e atrás dos católicos, e atrás dos judeus, mas eu não era nenhum desses e não protestei. E, quando eles vieram me buscar, já não havia ninguém para gritar em minha defesa."

15. Uma das maneiras seria negar que se trata de fatos. Tal é a abordagem de Patrick Suppes, em comentários citados por MacCorquodale. Suppes se refere a vários livros que contêm uma multiplicidade de fatos como esses e explora o problema de esclarecê-los por

uma teoria explicativa, e simplesmente afirma que tais livros não contêm dado algum. Ao que parece, Suppes quer que acreditemos que esses fatos só se transformam em "dados" quando alguém conduz um experimento em que "prova" que os fatos são tais como os conhecemos, ao pensar por um momento. É claro que seria fácil conceber experimentos desse tipo (ajustando-os, à maneira típica dos trabalhos experimentais dessa natureza, até eles fornecerem o que sabemos de antemão serem os resultados corretos), se alguém se dispusesse a desperdiçar seu tempo dessa maneira. Nesse caso, os livros conteriam "dados", no sentido de Suppes.

16. Os pensadores libertários não raro são "ambientalistas radicais", a meu ver erroneamente, por razões discutidas em outro texto (ver meu *Problems of Knowledge and Freedom*).
17. Richard Herrnstein, "I.Q.", *Atlantic Monthly*, setembro de 1971.
18. Herrnstein não menciona especificamente esse pressuposto, mas ele é necessário à argumentação. Não discutirei aqui duas questões factuais que são centrais na tese herrnsteiniana: a hereditariedade do Q.I. e a importância dele como fator determinante da recompensa econômica. Com respeito à primeira, ver Christopher Jencks *et al.*, *Inequality*, Apêndice A; essa longa análise sugere que Herrnstein aceita uma estimativa alta demais da hereditariedade. Quanto ao Q.I. como fator determinante da "recompensa social", Herrnstein não fornece provas sérias de sua afirmação de que esse é um fator fundamental, mas o assunto foi criteriosamente investigado por outros (ver Jencks *et al.* e Samuel Bowles e Herbert Gintis, "I.Q. in the U.S. Class Structure", texto mimeografado, Universidade de Harvard, julho de 1972). Bowles e Gintis concluem que o Q.I., a classe social e a educação "contribuem independentemente para o sucesso econômico, mas o Q.I. é, de longe, o menos importante"; "uma perfeita equiparação dos Q.I.s nas diferentes classes sociais reduziria a transmissão do *status* econômico entre as gerações numa proporção desprezível". Jencks *et al.* indicam, como sua "melhor estimativa", que há "uma desigualdade de renda cerca de 3% menor nas subpopulações geneticamente homogêneas do que em toda a população norte-americana" (p. 221). Em suma, as investigações empíricas indicam que o Q.I. é um fator menor na determinação da renda e que o componente genético do Q.I. é um fator desprezível. Portanto, não há nada que corrobore a crença de Herrnstein em que, numa sociedade como a nossa, um componente genético do Q.I. tenderá a produzir uma "meritocracia" hereditária estável. Estas observações bastam para descartar a discussão sumamente descuidada de Herrnstein. Contudo, meu interesse aqui não está nas inadequações empíricas, mas em seus pressupostos ideológicos e, em particular, em saber por que há tamanho interesse e aclamação por um trabalho tão carente de substância.
19. Observe-se, mais uma vez, a impossibilidade de Herrnstein distinguir a remuneração da aprovação social, embora sua argumentação rua por terra se a única recompensa for a aprovação.
20. *Atlantic Monthly*, novembro de 1971. Ver a resposta dele na p. 110, primeiro parágrafo.
21. Ver, e.g., Harty W. Blair, "The Green Revolution and 'economic man': Some Lessons for Community Development in South Asia", *Pacific Affairs*, vol. 44, nº 3 (1971).

22. Presumir que a sociedade tende a recompensar aqueles que prestam um serviço social é sucumbir essencialmente à mesma falácia (entre outras) que solapa a tese de que o livre mercado, em princípio, conduz a uma satisfação ótima das necessidades, quando, na verdade, nas situações em que a riqueza é mal distribuída, o sistema tende a produzir artigos de luxo para os poucos que podem pagar, e não artigos de primeira necessidade para os muitos que não podem.
23. De forma enganosa, Herrnstein declara que, "com efeito, a sociedade administra seus recursos intelectuais ao prezar mais os engenheiros e remunerá-los melhor". Mas, se ele realmente pretende fazer essa afirmação com base nas ligações entre o Q.I. e o *status* social reveladas por seus dados, também deve concluir que a sociedade administra seus recursos intelectuais ao ter mais apreço pelos contadores e pelos profissionais de relações públicas e ao remunerá-los melhor. Afora isso, não é tão óbvio quanto ele parece crer que a sociedade administre com sensatez seus recursos intelectuais ao empregar a maioria de seus cientistas e engenheiros na pesquisa e no desenvolvimento militar e espacial.
24. Harris, *Anthropological Theory*, p. 106.
25. Ver a correspondência em *Atlantic Monthly*, novembro de 1971.
26. Um anúncio no jornal *Harvard Crimson* de 29 de novembro de 1971, assinado por muitos membros do corpo docente, refere-se à "conclusão perturbadora de que a 'inteligência' é predominantemente genética, de tal sorte que, no correr de muitos e muitos anos, a sociedade poderia desenvolver-se em classes marcadas por níveis nitidamente diferentes de capacidade". Visto que a conclusão não é uma decorrência da premissa, como já foi assinalado, talvez o que perturba os signatários seja a "conclusão de que a 'inteligência' é predominantemente genética". Por que isso lhes pareceria perturbador, eis o que permanece obscuro.

CAPÍTULO 8

NOTAS SOBRE O ANARQUISMO

Um escritor francês que simpatizava com o anarquismo escreveu, na década de 1890, que "o anarquismo tem costas largas e, tal como o papel, suporta qualquer coisa" — inclusive, observou, aqueles cujos atos são tais que "um inimigo mortal do anarquismo não poderia sair-se melhor".[1] Tem havido muitos estilos de pensamento e ação aos quais se faz referência como "anarquistas". Seria inviável tentar abarcar todas essas tendências conflitantes numa teoria geral ou numa ideologia. E, mesmo que procuremos extrair da história do pensamento libertário uma tradição viva e em evolução, como fez Daniel Guérin em *Anarquismo*, continua a ser difícil formular suas doutrinas como uma teoria específica e definida da sociedade e da mudança social. O historiador anarquista Rudolf Rocker, que apresenta uma concepção sistemática da evolução do pensamento anarquista para o anarcossindicalismo, em moldes comparáveis aos do trabalho de Guérin, expõe bem a questão ao escrever que o anarquismo não é

> um sistema social fixo e fechado, mas uma tendência definida no desenvolvimento histórico da humanidade, a qual, em contraste com a tutela intelectual de todas as instituições clericais e governamentais, luta pelo desdobrar livre e desimpedido de todas as forças individuais e sociais da vida. Até a liberdade é apenas um conceito relativo, não absoluto, pois tende constantemente a se tornar mais amplo e a afetar círculos maiores, de maneiras mais múltiplas. Para o anarquista, a liberdade não é um conceito filosófico abstrato, mas a possibilidade vital concreta de que todo ser humano leve ao pleno desenvolvimento todas as forças, aptidões e talentos de que a natureza o dotou, e deles retire um

> proveito social. Quanto menos esse desenvolvimento natural do homem é influenciado pela tutela eclesiástica ou política, mais eficiente e harmoniosa torna-se a personalidade humana, mais ela se converte na medida da cultura intelectual em que cresceu.[2]

Poderíamos indagar que valor haveria no estudo de uma "tendência definida no desenvolvimento histórico da humanidade" que não articula uma teoria social específica e pormenorizada. Aliás, muitos comentaristas descartam o anarquismo como utópico, amorfo, primitivo ou incompatível em outros aspectos com as realidades de uma sociedade complexa. No entanto, seria possível formular uma argumentação bem diferente e dizer que, em todos os estágios da história, nossa preocupação deve ser a de desmantelar as formas de autoridade e opressão que sobrevivem de uma era em que talvez se justificassem, em termos da necessidade de segurança ou sobrevivência, ou do desenvolvimento econômico, mas que agora contribuem para o déficit material e cultural — em vez de aliviá-lo. Sendo assim, não haverá uma doutrina da mudança social fixada para o presente e o futuro, e nem mesmo, necessariamente, um conceito específico e imutável dos objetivos para os quais deve tender a mudança social. Certamente, nossa compreensão da natureza do homem ou da gama de formas sociais viáveis é tão rudimentar que qualquer doutrina de amplo alcance deve ser tratada com grande ceticismo, assim como o ceticismo é oportuno quando ouvimos que a "natureza humana", ou "as exigências da eficiência", ou "a complexidade da vida moderna", exige tal ou qual forma de opressão e de dominação autocrática.

Não obstante, num dado momento, há todas as razões para elaborar, tanto quanto o permita nosso entendimento, uma apreensão específica dessa tendência definida no desenvolvimento histórico da humanidade que seja apropriada para as tarefas do momento. Para Rocker, "o problema que se levanta para nossa época é o de libertar o homem da maldição da exploração econômica e da escravização política e social", e o método não é a conquista e o exercício do poder de Estado, nem um parlamentarismo estultificante, mas "reconstruir do zero a vida econômica dos povos e construí-la dentro do espírito do socialismo".

> Mas somente os próprios produtores estão aptos para essa tarefa, já que são o único elemento criador de valor na sociedade da qual poderá surgir um novo futuro. Deve ser deles a tarefa de libertar o trabalho de todos os grilhões que a exploração econômica lhe impôs, de libertar a sociedade de todas as instituições e processos de poder político, e de abrir caminho para uma aliança entre grupos livres formados por homens e mulheres, baseados no trabalho cooperativo e na administração planejada das coisas em benefício da comunidade. Preparar as massas trabalhadoras da cidade e do campo para essa grande meta e uni-las como uma força militante são o objetivo do moderno anarcossindicalismo, e nisso se esgota toda a sua finalidade. [p. 108]

Como socialista, Rocker presumiria "que a libertação séria, final e completa dos trabalhadores só é possível com uma condição: a apropriação do capital, isto é, da matéria-prima e dos instrumentos do trabalho, inclusive a terra, por todo o corpo de trabalhadores".[3] Como anarcossindicalista, ele insiste ainda em que as organizações de trabalhadores criem "não somente as idéias, mas também as realidades do próprio futuro" no período pré-revolucionário, que encarnem em si a estrutura da sociedade do futuro — e Rocker anseia por uma revolução social que desmantele o aparelho de Estado e exproprie os expropriadores. "O que colocamos no lugar do governo é a organização industrial."

> Os anarcossindicalistas estão convencidos de que a ordem econômica socialista não pode ser criada por decretos e leis de um governo, mas somente pela colaboração solidária dos trabalhadores que têm a mão e o cérebro em cada ramo especial da produção, ou seja, através da tomada da administração de todas as fábricas pelos próprios produtores, de tal forma que os grupos, fábricas e ramos separados da indústria sejam membros independentes do organismo econômico geral, e realizem a produção e a distribuição dos produtos em benefício da comunidade, com base em acordos mútuos e livres. [p. 94]

Rocker escreveu numa época em que essas idéias tinham sido drasticamente postas em prática na Revolução Espanhola. Pouco antes de a revolução eclodir, o anarcossindicalista Diego Abad de Santillan tinha escrito:

> ... ao enfrentar o problema da transformação social, a Revolução não pode considerar o Estado como um meio, e sim depender da organização dos produtores.
>
> Temos seguido essa norma e não vemos necessidade da hipótese de um poder superior ao da mão-de-obra organizada para estabelecer uma nova ordem das coisas. Agradeceríamos a quem nos apontasse que função, se é que ela existe, pode ter o Estado numa organização econômica em que a propriedade privada tenha sido abolida, e na qual o parasitismo e o privilégio especial não tenham lugar. A supressão do Estado não pode ser uma coisa apática: deve ser tarefa da Revolução acabar com o Estado. Ou a Revolução dá a riqueza social aos produtores, caso em que estes se organizarão para a devida distribuição coletiva e o Estado não terá nada a fazer, ou a Revolução não dá a riqueza social aos produtores e, nesse caso, terá sido uma mentira, e o Estado continuará.
>
> Nosso conselho federal de economia não é um poder político, mas um poder regulador econômico e administrativo. Recebe sua orientação das bases e atua de acordo com as resoluções das assembléias regionais e nacionais. É um órgão de ligação, mais nada.[4]

Numa carta de 1883, Engels assim expressou sua discordância dessa concepção:

> Os anarquistas viram a coisa de cabeça para baixo. Declaram que a revolução proletária deve *começar* por acabar com a organização política do Estado. (...) Mas destruí-la nesse momento seria destruir o único organismo pelo qual o proletariado vitorioso pode afirmar seu poder recém-conquistado, controlar seus adversários capitalistas e executar a revolução econômica da sociedade sem a qual toda a vitória estará fadada a acabar numa nova derrota e numa matança em massa dos trabalhadores, semelhante às que ocorreram depois da comuna de Paris.[5]

Em contrapartida, os anarquistas — sendo Bakunin o mais eloqüente entre eles — alertaram para os perigos da "burocracia vermelha", que se revelaria "a mais vil e terrível mentira criada por nosso século".[6] O anarcossindicalista Fernand Pelloutier perguntou: "Deve até mesmo o Estado transitório a que temos de nos submeter, necessária e fatalmente, ser a prisão coletivista? Não pode ele consistir numa organização exclusivamente limitada pelas necessidades da produção e do consumo, havendo desaparecido todas as instituições políticas?"[7]

Não tenho a pretensão de saber a resposta a essa pergunta. Mas parece claro que, a menos que haja alguma forma de resposta positiva, não são grandes as chances de uma revolução verdadeiramente democrática que atinja os ideais humanistas da esquerda. Martin Buber expôs o problema sucintamente, ao escrever: "Não se pode, pela natureza das coisas, esperar que de uma arvorezinha transformada num porrete brotem folhas."[8] A questão da conquista ou da destruição do poder do Estado era o que Bakunin via como o aspecto primordial que o separava de Marx.[9] De uma forma ou de outra, esse problema tem surgido repetidamente no século decorrido desde então, separando os socialistas "libertários" dos "autoritários".

Apesar das advertências de Bakunin sobre a burocracia vermelha e da concretização delas durante a ditadura de Stalin, é óbvio que seria um erro grosseiro, ao interpretar os debates de um século atrás, confiar nas afirmações dos movimentos sociais contemporâneos a respeito de suas origens históricas. Em particular, é perverso ver o bolchevismo como "o marxismo na prática". Ao contrário, a crítica esquerdista ao bolchevismo, que leva em conta as circunstâncias históricas da Revolução Russa, é muito mais pertinente.[10]

> O movimento operário esquerdista antibolchevique opôs-se aos leninistas por eles não irem longe o bastante na exploração das rebeliões russas para fins estritamente proletários. Eles se tornaram prisioneiros de seu meio e usaram o movimento radical internacional para satisfazer necessidades especificamente russas, que logo se tornaram sinônimas das necessidades do Estado-partido bolchevique. Os aspectos "burgueses" da Revolução Russa foram então descobertos no próprio bolchevismo: o leninismo foi julgado parte da social-democracia internacional, só diferindo dela nas questões táticas.[11]

Se quiséssemos procurar uma única idéia predominante na tradição anarquista, ela seria, a meu ver, a que foi expressa por Bakunin quando, escrevendo sobre a Comuna de Paris, ele se identificou da seguinte maneira:

> Sou um amante fanático da liberdade, a qual considero a única situação em que a inteligência, a dignidade e a felicidade humanas podem desenvolver-se e crescer; não a liberdade puramente formal, concedida, distribuída e regulada pelo Estado, uma mentira eterna que, na realidade, não representa nada além do privilégio de alguns, baseado na escravidão dos demais; não a liberdade

> individualista, egoísta, miserável e fictícia, enaltecida pela escola de J.-J. Rousseau e pelas outras escolas do liberalismo burguês, que considera os pretensos direitos de todos os homens, representados pelo Estado, que limita os direitos de cada um — uma idéia que leva inevitavelmente à redução dos direitos de cada um a zero. Não, eu me refiro ao único tipo de liberdade que é digno desse nome, a liberdade que consiste no pleno desenvolvimento de todos os poderes materiais, intelectuais e morais latentes em cada pessoa; a liberdade que não reconhece restrições senão as determinadas pelas leis de nossa própria natureza individual, as quais não podem ser propriamente consideradas restrições, visto que não são impostas por um legislador externo, além ou acima de nós, mas são imanentes e intrínsecas, constituindo a própria base de nosso ser material, intelectual e moral — elas não nos cerceiam, mas são as condições reais e imediatas de nossa liberdade.[12]

Essas idéias nasceram do iluminismo; suas raízes estão no *Discurso sobre a desigualdade*, de Rousseau,[t1] em *Os limites da ação do Estado*, de Humboldt,[t2] na insistência de Kant, em sua defesa da Revolução Francesa, em que a liberdade é a precondição para se adquirir a maturidade para a liberdade, e não uma dádiva a ser concedida quando essa maturidade é conquistada (ver Capítulo 9, pp. 454-455). Com o desenvolvimento do capitalismo industrial, um sistema novo e imprevisto de injustiça, foi o socialismo libertário que preservou e ampliou a mensagem humanista radical do iluminismo e os ideais liberais clássicos, que foram pervertidos numa ideologia destinada a sustentar a ordem social emergente. Na verdade, pelos mesmos pressupostos que levaram o liberalismo clássico a se opor à intervenção do Estado na vida social, as relações sociais capitalistas também são intoleráveis. Isso fica claro, por exemplo, na obra clássica de Humbolt, *Os limites da ação do Estado*, que antecipou e talvez tenha inspirado Mill, e à qual voltaremos mais adiante (Capítulo 9, pp. 459-464). Esse clássico do pensamento liberal, concluído em 1792, é, em sua essência, profundamente — embora prematuramente — anticapitalista. Suas idéias têm que ser atenuadas a ponto de se tornarem irreconhecíveis, para se transmudarem numa ideologia do capitalismo industrial.

A visão humboldtiana de uma sociedade em que os grilhões sociais são substituídos por laços sociais, e em que o trabalho é livremente empreendido, sugerem o Marx da juventude (ver Capítulo 9, nota 15), com sua discussão sobre a "alienação da mão-de-obra quando o trabalho é externo ao trabalhador (...) [e] não faz parte de sua natureza (...) [de sorte que] ele não se realiza em seu trabalho, mas nega a si mesmo (...) [e fica] fisicamente exausto e mentalmente degradado", uma alienação que "devolve alguns trabalhadores a uma espécie bárbara de trabalho e transforma outros em máquinas", com isso privando o homem de seu "caráter da espécie", da "atividade consciente livre" e da "vida produtiva". Similarmente, Marx concebe "um novo tipo de ser humano, que *necessita* de seus semelhantes. (...) [A associação dos trabalhadores torna-se] o verdadeiro esforço construtivo para criar a textura social das futuras relações humanas".[13] É verdade que o pensamento libertário clássico opõe-se à intervenção estatal na vida social, em conseqüência de pressupostos mais profundos sobre a necessidade humana de liberdade, diversidade e livre associação. Com base nos mesmos pressupostos, as relações capitalistas de produção, o trabalho assalariado, a competitividade e a ideologia do "individualismo possessivo", tudo isso deve ser considerado fundamentalmente anti-humano. O socialismo libertário deve ser encarado, propriamente, como o herdeiro das idéias liberais do iluminismo.

Rudolf Rocker descreve o anarquismo moderno como "a confluência das duas grandes correntes que, durante e depois da Revolução Francesa, encontraram uma expressão muito característica na vida intelectual da Europa: o socialismo e o liberalismo". Os ideais liberais clássicos, diz ele, naufragaram nas realidades das formas econômicas capitalistas. O anarquismo é necessariamente anticapitalista, na medida em que se "opõe à exploração do homem pelo homem". Mas o anarquismo também se opõe à "dominação do homem pelo homem". Insiste em que "*o socialismo há de ser livre, ou não existirá.* Em seu reconhecimento disso reside a justificação autêntica e profunda da existência do anarquismo".[14] Por esse ponto de vista, o anarquismo pode ser visto como a ala libertária do socialismo. Foi com esse espírito que Daniel Guérin abordou o estudo dele em *Anarquismo* e outros trabalhos.[15]

Guérin cita Adolph Fischer, que disse que "todo anarquista é socialista, mas nem todo socialista é necessariamente anarquista". De modo similar, Bakunin, em seu "manifesto anarquista" de 1865 — o programa de sua projetada fraternidade revolucionária internacional —, enunciou o princípio de que cada membro teria que ser, antes de mais nada, socialista.

O anarquista coerente tem que se opor à propriedade privada dos meios de produção e à escravidão salarial que é um componente desse sistema, considerando-os incompatíveis com o princípio de que o trabalho deve ser livremente realizado e ficar sob o controle do produtor. Como disse Marx, os socialistas anseiam por uma sociedade em que o trabalho "se torne não apenas um meio de vida, mas também o desejo supremo da vida",[16] o que se revela uma impossibilidade quando o trabalhador é impelido pela autoridade externa ou pela necessidade, e não por um impulso interno: "nenhuma forma de trabalho assalariado, ainda que uma possa ser menos execrável do que outra, é capaz de acabar com a miséria do trabalho assalariado em si."[17] O anarquista coerente deve opor-se não só ao trabalho alienado, mas também à especialização estultificante do trabalho, que ocorre quando os meios para desenvolver a produção

> mutilam o trabalhador, transformando-o num fragmento de ser humano, degradam-no para que se torne um mero apêndice da máquina, fazem de seu trabalho tamanho tormento que seu significado essencial é destruído, [e] indispõem-no com as potencialidades intelectuais do processo de trabalho, na proporção mesma da medida em que a ciência é incorporada a ele como uma força independente (...).[18]

Marx não via isso como um concomitante inevitável da industrialização, mas como um aspecto das relações de produção capitalistas. A sociedade do futuro deve preocupar-se em "substituir o atual trabalhador por tarefa, (...) reduzido a um mero fragmento de homem, pelo indivíduo plenamente desenvolvido, apto para uma variedade de tarefas (...), para quem as diferentes funções sociais (...) não passam de diversas maneiras de dar rédea livre a suas aptidões naturais".[19] O pré-requisito é a abolição do capital e do trabalho assalariado como categorias sociais (para não falar dos exércitos industriais do "Estado trabalhador" ou das várias formas modernas de totalitarismo ou de capitalismo de Estado). Em princípio, a redução do homem a um apêndice da máquina, a um instrumento especializado da produção, pode ser superada, em vez de ampliada, com o desenvolvimento e o uso adequado da tecnologia, mas não nas condições de controle autocrático da produção por aqueles que fazem do homem um instrumento para servir a seus objetivos, deixando de lado seus propósitos individuais, na expressão de Humboldt.

Mesmo no capitalismo, os anarcossindicalistas procuraram criar "associações livres de produtores livres", que se engajassem na luta militante e se preparassem para assumir o controle da organização da produção em bases democráticas. Essas associações serviriam de "escola prática de anarquismo".[20] Se a propriedade privada dos meios de produção, na frase freqüentemente citada de Proudhon, é meramente uma forma de "roubo" — "a exploração dos fracos pelos fortes"[21] —, o controle da produção por uma burocracia estatal, por mais benevolentes que sejam suas intenções, também não cria as condições em que o trabalho, tanto manual quanto intelectual, pode se tornar o desejo supremo da vida. Ambos, portanto, devem ser superados.

Em seu ataque ao direito de controle privado ou burocrático dos meios de produção, o anarquista se posiciona ao lado dos que lutam para promover "a terceira e última fase emancipatória da história", havendo a primeira transformado os escravos em servos, a segunda, os servos em assalariados, e a terceira devendo abolir o proletariado, num ato final de libertação que coloque o controle da economia nas mãos de associações livres e voluntárias de produtores (Fourier, 1848).[22] O perigo iminente para a "civilização" foi assinalado por Tocqueville, também em 1848:

> Enquanto o direito à propriedade era a origem e o fundamento de muitos outros direitos, era fácil defendê-lo — ou melhor, ele não era atacado; depois, ele foi a fortaleza da sociedade, enquanto todos os outros direitos eram suas antefortificações; não tinha que suportar o impacto do ataque e, a rigor, não houve nenhuma tentativa séria de atacá-lo. Mas hoje, quando o direito à propriedade é considerado o último remanescente não destruído do mundo aristocrático, quando apenas ele ainda está de pé, como único privilégio numa sociedade equalizada, a situação é diferente. Consideremos o que vem acontecendo no seio das classes trabalhadoras, embora eu admita que elas ainda estão calmas. É verdade que são menos inflamadas do que antes por paixões políticas propriamente ditas; mas porventura não vêem os senhores que suas paixões, longe de serem políticas, tornaram-se sociais? Não vêem os senhores que, pouco a pouco, espalham-se entre elas idéias e opiniões que almejam não apenas eliminar tais ou quais leis, tal ou qual ministério ou tal ou qual governo, mas dilapidar as próprias fundações da sociedade em si?[23]

Os trabalhadores de Paris, em 1871, romperam o silêncio e passaram

> a abolir a propriedade, a base de toda a civilização! Sim, cavalheiros, a Comuna tencionou abolir a propriedade classista, que faz do trabalho de muitos a riqueza de poucos. Ela almejou a expropriação dos expropriadores. Quis fazer da propriedade individual uma verdade, transformando os meios de produção, a terra e o capital, hoje sobretudo meios para escravizar e explorar o trabalho, em meros instrumentos do trabalho livre e associado.[24]

A Comuna, é claro, foi afogada em sangue. A natureza da "civilização" que os trabalhadores parisienses pretendiam superar, em seu ataque "às próprias fundações da sociedade em si", revelou-se mais uma vez quando as tropas do governo de Versalhes retomaram Paris de sua população. Como escreveu Marx, em tom amargo, mas preciso,

> A civilização e a justiça da ordem burguesa saem de sua luz horripilante toda vez que os escravos e serviçais dessa ordem levantam-se contra seus senhores. Então, essa civilização e essa justiça tomam posição, como uma selvageria indisfarçada e uma vingança incontrolável (...) os atos infernais da soldadesca refletem o espírito inato dessa civilização, da qual eles são os defensores mercenários (...). A burguesia do mundo inteiro, que olha enfatuada para o massacre indiscriminado depois da batalha, convulsiona-se de horror ante a profanação dos tijolos e da argamassa. [Idem, pp. 74, 77]

Apesar da violenta destruição da Comuna, Bakunin escreveu que Paris inaugurava uma nova era, "a da emancipação definitiva e completa das massas populares, e a de sua futura solidariedade verdadeira, através e apesar das fronteiras estatais (...) a próxima revolução do homem, internacional e solidária, será a ressurreição de Paris" — uma revolução pela qual o mundo está esperando até hoje.

O anarquista coerente, portanto, deve ser socialista, mas um socialista de um tipo especial. Não apenas se oporá ao trabalho alienado e especializado e ansiará pela apropriação do capital por todo o corpo de trabalhadores, como também insistirá em que essa apropriação seja direta, não exercida por uma força de elite que aja em nome do proletariado. Ele se oporá, em suma,

> à organização da produção pelo governo. Isso significa o socialismo de Estado, o comando das autoridades do Estado sobre a produção, e o comando de dirigentes, cientistas, capatazes nas fábricas. (...) A meta da classe trabalhadora é libertar-se da exploração. Essa meta não é alcançada nem pode ser alcançada por uma nova classe dirigente e governante que substitua a burguesia. Só pode ser realizada pelos próprios trabalhadores, assenhoreando-se da produção.

Essas observações foram extraídas de "Cinco teses sobre a luta de classes", do marxista esquerdista Anton Pannekoek, um dos principais teóricos do movimento comunista dos conselhos. E, com efeito, o marxismo radical fundiu-se com correntes anarquistas.

Como ilustração adicional, considere-se a seguinte caracterização do "socialismo revolucionário":

> O socialista revolucionário nega que a propriedade estatal possa terminar em algo diferente de um despotismo burocrático. Temos visto por que o Estado não pode controlar a indústria de forma democrática. A indústria só pode ser democraticamente possuída e controlada por trabalhadores que elejam comitês administrativos industriais diretamente em suas próprias fileiras. O socialismo deve ser, fundamentalmente, um sistema industrial; seus constituintes hão de ser de caráter industrial. Assim, os que exercem as atividades sociais e industriais da sociedade serão diretamente representados nos conselhos locais e centrais da administração social. Desse modo, os poderes desses representantes fluirão de baixo para cima, vindo dos que executam o trabalho e estão familiarizados com as necessidades da comunidade. Quando o comitê industrial administrativo central se reunir, ele representará todas as fases da atividade social. Por conseguinte, o Estado capitalista político ou geográfico será substituído pelo comitê administrativo industrial do socialismo. A transição de um sistema social para o outro será a *revolução social*. O Estado político, ao longo de toda a história, representou o governo *dos homens* pelas classes dominantes; a República do Socialismo será o governo *da indústria*, administrado em benefício de toda a comunidade. O primeiro significou a sujeição econômica e política da maioria; a segunda significará a liberdade econômica de todos — será, portanto, uma verdadeira democracia.

Essa declaração programática aparece em *The State, its Origins and Function* ["O Estado, suas origens e sua função"], de William Paul, escrito no começo de 1917 — pouco antes de *O Estado e a revolução*, de Lênin[t3] —, talvez seu livro mais libertário (ver nota 9). Paul era membro do Partido Operário Socialista Marxista-De Leonista e foi, mais tarde, um dos fundadores do Partido Comunista Britânico.[25] Sua crítica ao socialismo de Estado assemelha-se à doutrina libertária dos anarquistas, por seu princípio de que, como a propriedade e a gestão do Estado levarão ao despotismo burocrático, a revolução social deve substituí-lo pela organização industrial da sociedade, com controle direto dos trabalhadores. É possível citar muitas afirmações similares.

Muito mais importante é que essas idéias se materializaram em ações revolucionárias espontâneas, como, por exemplo, na Alemanha e na Itália depois da Primeira Guerra Mundial, e na Espanha (não só no interior agrícola, mas também na Barcelona industrial) em 1936. Seria possível argumentar que uma forma de comunismo de conselhos é a forma natural do socialismo revolucionário nas sociedades industriais. Ele reflete a compreensão intuitiva de que a democracia fica severamente limitada quando o sistema industrial é controlado por qualquer forma de elite autocrática, seja de proprietários, administradores e tecnocratas, seja de um partido "de vanguarda", seja da burocracia estatal. Nessas condições de dominação autoritária, os ideais clássicos libertários, mais extensamente desenvolvidos por Marx e Bakunin e por todos os revolucionários verdadeiros, não podem realizar-se; o homem não fica livre para desenvolver na plenitude as suas potencialidades, e o produtor permanece como "um fragmento de ser humano" degradado, uma ferramenta no processo produtivo, dirigido de cima para baixo.

A expressão "ações revolucionárias espontâneas" pode ser enganosa. Os anarcossindicalistas, pelo menos, levaram muito a sério a observação de Bakunin de que as organizações de trabalhadores deveriam criar "não somente as idéias, mas também as realidades do próprio futuro", durante o período pré-revolucionário. As realizações da revolução popular na Espanha, em particular, basearam-se no trabalho paciente de muitos anos de organização e educação, um dos componentes de uma longa tradição de engajamento e militância. As resoluções do Congresso de Madri de junho de 1931 e do Congresso de Zaragoza, em maio de 1936, prenunciaram, de muitas maneiras, os atos da revolução, como também o fizeram as idéias um pouco diferentes esboçadas por Santillan (ver nota 4), em sua descrição bastante específica da organização social e econômica a ser instituída pela revolução. Guérin escreveu: "A Revolução Espanhola estava relativamente madura nas mentes dos pensadores libertários, assim como na consciência popular." E existiam organizações de trabalhadores com a estrutura, a experiência e o entendimento para empreender a tarefa de reconstrução social, quando, com o golpe de Franco, o turbilhão do início de 1936 explodiu na revolução social. Em sua introdução a uma coletânea de documentos sobre a coletivização na Espanha, o anarquista Augustin Souchy escreveu:

> Durante muitos anos, os anarquistas e sindicalistas da Espanha consideraram como sua tarefa suprema a transformação social da sociedade. Nas assembléias de seus sindicatos e grupos, em seus periódicos, suas brochuras e livros, o problema da revolução social era discutido incessantemente e de forma sistemática.[26]

Tudo isso está por trás das realizações espontâneas, do trabalho construtivo da Revolução Espanhola.

As idéias do socialismo libertário, no sentido descrito, foram submersas nas sociedades industriais do último meio século. As ideologias dominantes foram as do socialismo de Estado ou do capitalismo de Estado (de caráter cada vez mais militarizado nos Estados Unidos, por razões que não são obscuras).[27] Mas tem havido um ressurgimento do interesse nos últimos anos. As teses de Anton Pannekoek que citei foram tiradas de um panfleto recente de um grupo radical de trabalhadores franceses (*Informations Correspondance Ouvrière*). As observações de William Paul sobre o socialismo revolucionário são citadas num panfleto de Walter Kendall, distribuído na Conferência Nacional sobre Controle Operário em Sheffield, na Inglaterra, em março de 1969. O movimento pelo controle dos trabalhadores tornou-se uma força significativa na Inglaterra nos últimos anos. Organizou várias conferências, produziu uma literatura panfletária substancial e conta, entre seus membros ativos, com representantes de alguns dos mais importantes sindicatos. O Sindicato Associado de Trabalhadores da Engenharia e Fundição, por exemplo, adotou como política oficial o programa de nacionalização das indústrias básicas sob o "controle dos trabalhadores em todos os níveis".[28] Na Europa continental há desdobramentos similares. Maio de 1968, é claro, acelerou o crescente interesse pelo comunismo conselhista e idéias afins na França e Alemanha, assim como na Inglaterra.

Dada a feição geral conservadora de nossa sociedade altamente ideológica, não é muito surpreendente que os Estados Unidos tenham ficado relativamente imunes a esses fenômenos. Mas isso também pode mudar. O desgaste da mitologia da Guerra Fria possibilita ao menos levantar essas questões em círculos bastante amplos. Se a onda atual de repressão puder ser repelida, se a esquerda puder superar suas tendências mais suicidas e desenvolver o que foi realizado na última década, o problema de como organizar a sociedade industrial em moldes verdadeiramente democráticos, com um controle democrático nos locais de trabalho e na comunidade, deverá tornar-se uma questão intelectual dominante para os que são sensíveis aos problemas da sociedade contemporânea, e, à medida que se desenvolver um movimento de massa em prol do socialismo libertário, a especulação deverá passar à ação.

Em seu manifesto de 1865, Bakunin previu que um componente da revolução social seria "a parcela inteligente e verdadeiramente nobre da juventude que, apesar de pertencer por nascimento às classes privilegiadas, adota, em suas convicções generosas e suas ardentes aspirações, a causa do povo". Talvez possamos ver na ascensão do movimento estudantil da década de 1960 alguns passos rumo à realização dessa profecia.

Daniel Guérin dedicou-se ao que descreveu como um "processo de reabilitação" do anarquismo. Ele argumenta, creio que de maneira convincente, que "as idéias construtivas do anarquismo conservam sua vitalidade e podem, quando reexaminadas e submetidas a uma triagem, ajudar o pensamento socialista contemporâneo a ter um novo começo (...) [e] contribuir para enriquecer o marxismo".[29] Das "costas largas" do anarquismo ele selecionou, para uma análise mais detida, as idéias e ações que podem ser descritas como socialistas libertárias. Isso é natural e correto. Esse arcabouço acolhe os maiores porta-vozes do anarquismo, assim como as ações de massa inspiradas por sentimentos e ideais anarquistas. Guérin interessa-se não apenas pelo pensamento anarquista, mas também pelas ações espontâneas das forças populares que efetivamente criam novas formas sociais no curso da luta revolucionária. Ele se interessa tanto pela criatividade social quanto pela intelectual. Além disso, tenta extrair das realizações do passado lições que enriqueçam a teoria da libertação social. Para aqueles que desejam não apenas compreender o mundo, mas também modificá-lo, essa é a maneira adequada de estudar a história do anarquismo.

Guérin descreve o anarquismo do século XIX como essencialmente doutrinal, enquanto o século XX, para os anarquistas, foi um período de "prática revolucionária".[30] *Anarquismo* reflete essa avaliação. Sua interpretação do anarquismo aponta conscientemente para o futuro. Arthur Rosenberg certa vez assinalou que as revoluções populares buscam, caracteristicamente, substituir "uma autoridade feudal ou centralizada que governa pela força" por uma forma de sistema comunitário que "implique a destruição e o desaparecimento da velha forma do Estado". Esse sistema será socialista, ou uma "forma extrema de democracia (...), [que é] a condição preliminar para o socialismo, uma vez que o socialismo só pode realizar-se num mundo que desfrute do mais alto grau possível de liberdade individual". Esse ideal, observa ele, era comum a Marx e aos anarquistas.[31] Essa luta natural pela libertação contraria a tendência vigente para a centralização na vida econômica e política.

Um século atrás, Marx escreveu que a burguesia de Paris "sentiu que só existia uma alternativa — a Comuna ou o império —, qualquer que fosse o nome com que ela pudesse reaparecer".

> O império arruinou-a economicamente, pela destruição que fez da riqueza pública, pela fraude financeira indiscriminada que fomentou, pelo respaldo que deu à centralização do capital artificialmente acelerada, e pela expropriação concomitante de suas próprias fileiras. Ele a reprimiu politicamente, chocou-a moralmente com suas orgias, insultou seu voltairianismo, ao entregar a educação de seus filhos aos *frères ignorantins*, e revoltou seu sentimento de nacionalismo francês, ao precipitá-la de ponta-cabeça numa guerra que só deixou um equivalente das ruínas que produziu — o desaparecimento do império.[32]

O lastimável Segundo Império "foi a única forma de governo possível, numa época em que a burguesia já havia perdido, e a classe trabalhadora ainda não tinha adquirido, a capacidade de governar a nação".

Não é muito difícil reformular essas observações para que elas se tornem apropriadas aos sistemas imperiais de 1970. O problema de "libertar o homem da praga da exploração econômica e da escravização política e social" continua a ser o problema de nossa época. Enquanto for assim, as doutrinas e a prática revolucionária do socialismo libertário servirão de inspiração e de guia.

Notas do Original e/ou de Tradução:

Este ensaio é uma versão revisada da introdução a Daniel Guérin, *Anarchism: From Theory to Practice*. Numa versão ligeiramente diferente, ele foi publicado na *New York Review of Books* de 21 de maio de 1970.

1. Octave Mirbeau, citado em James Joll, *The Anarchists*, pp. 145-146.
2. Rudolf Rocker, *Anarchosyndicalism*, p. 31.
3. Citado por Rocker, idem, p. 77. Essa citação e a da frase seguinte foram extraídas de Mikhail Bakunin, "The Program of the Alliance", *in* Sam Dolgoff (org. e trad.), *Bakunin on Anarchy*, p. 255.
4. Diego Abad de Santillan, *After the Revolution*, p. 86. No último capítulo, escrito vários meses depois de iniciada a revolução, ele expressa sua insatisfação com o que se havia conseguido até essa data nesses moldes. Sobre as realizações da revolução social na Espanha, ver meu livro *American Power and the New Mandarins*, cap. 1, e as referências ali citadas; de lá para cá, o importante estudo de Broué e Témime foi traduzido para o inglês. Vários outros estudos importantes surgiram desde então, em particular: Frank Mintz, *L'Autogestion dans l'Espagne révolutionnaire* (Paris: Éditions Bélibaste, 1971); César M. Lorenzo, *Les Anarchistes espagnols et le pouvoir, 1868-1969* (Paris: Éditions du Seuil, 1969); Gaston Leval, *Espagne libertaire, 1936-1939: L'Oeuvre constructive de la Révolution espagnole* (Paris: Éditions du Cercle, 1971). Ver também Vernon Richards, *Lessons of the Spanish Revolution*, edição ampliada, 1972.
5. Citado por Robert C. Tucker, *The Marxian Revolutionary Idea*, em sua discussão sobre o marxismo e o anarquismo.
6. Bakunin, numa carta para Herzen e Ogareff, 1866. Citado por Daniel Guérin, *Jeunesse du socialisme libertaire*, p. 119.
7. Fernand Pelloutier, citado *in* Joll, *Anarchists*. A fonte é "L'Anarchisme et les syndicats ouvriers", *Les Temps nouveaux*, 1895. O texto completo aparece *in* Daniel Guérin (org.), *Ni Dieu, ni Maître*, uma excelente antologia histórica do anarquismo.
8. Martin Buber, *Paths in Utopia*, p. 127.
9. "Nenhum Estado, por mais democrático que seja", escreveu Bakunin, "nem tampouco a mais vermelha das repúblicas, é capaz de algum dia dar ao povo o que ele realmente quer, ou seja, a livre auto-organização e administração de seus assuntos de baixo para cima, sem nenhuma interferência da violência vinda de cima, porque todo Estado, até o pseudo-Estado do Povo imaginado pelo Sr. Marx, é, em essência, apenas uma máquina que mói as massas de cima para baixo, através de uma minoria privilegiada de intelectuais presunçosos, que imaginam saber o que as pessoas necessitam e querem melhor do que elas mesmas (...)." "Mas o povo não se sentirá melhor se o bastão com que é surrado for rotulado de 'bastão do povo'" (*Statism and Anarchy* [1873), *in* Dolgoff, *Bakunin on Anarchy*, p. 338) — o "bastão do povo" seria a república democrática.

   Marx, é claro, via o assunto de outra maneira.

Para uma discussão do impacto da Comuna de Paris nessa disputa, ver os comentários de Daniel Guérin em *Ni Dieu, ni Maître*; eles também aparecem, ligeiramente ampliados, em seu livro *Pour un marxisme libertaire*. Ver também nota 24.

10. Sobre o "desvio intelectual" de Lênin para a esquerda durante 1917, ver Robert Vincent Daniels, "The State and Revolution: a Case Study in the Genesis and Transformation of Communist Ideology", *American Slavic and East European Review*, vol. 12., nº 1 (1953).
11. Paul Mattick, *Marx and Keynes*, p. 295.
12. Mikhail Bakunin, "La Commune de Paris et la notion de l'état", reproduzido *in* Guérin, *Ni Dieu, ni Maître*. A observação final de Bakunin sobre as leis da natureza do indivíduo como condição da liberdade pode ser comparada à abordagem do pensamento criativo desenvolvida nas tradições racionalista e romântica, discutidas no Capítulo 9. Ver meus livros *Cartesian Linguistics* e *Language and Mind*.

t1. Jean-Jacques Rousseau, *Discurso sobre a origem e os fundamentos da desigualdade entre os homens; Discurso sobre as ciências e as artes*, volume II, trad. Lourdes S. Machado, introd. e notas de Paul Arbousse-Bastide e Lourival G. Machado, São Paulo: Nova Cultural, 2000.

t2. Wilhelm von Humboldt, *Os limites da ação do Estado*, org. J. W. Burrow, introd. Denis L. Rosenfield, trad. Jesualdo Correia, Rio de Janeiro: Topbooks, 2004.

13. Shlomo Avineri, *The Social and Political Thought of Karl Marx*, p. 142, referindo-se a comentários em *A sagrada família* [de Marx e Engels, trad. Marcelo Backes, São Paulo: Boitempo Editorial, 2003]. Avineri afirma que, no movimento socialista, somente os *kibbutzim* israelenses "perceberam que as modalidades e formas da atual organização social determinarão a estrutura da futura sociedade". Mas essa era uma postura característica do anarcossindicalismo, como já foi assinalado.
14. Rocker, *Anarchosyndicalism*, p. 28.
15. Ver os trabalhos de Guérin anteriormente citados.
16. Karl Marx, *Critique of the Gotha Programme*.
17. Karl Marx, *Grundrisse der Kritik der Politischen Ökonomie*, citado por Mattick, *Marx and Keynes*, p. 306. Nesse contexto, ver também o ensaio de Mattick intitulado "Workers' Control", *in* Priscilla Long (org.), *The New Left*; e Avineri, *Social and Political Thought of Marx*.
18. Karl Marx, *Capital*, citado por Robert Tucker, que enfatiza acertadamente que Marx mais vê o revolucionário como um "produtor frustrado" do que como um "consumidor insatisfeito" (*The Marxian Revolutionary Idea*). Essa crítica mais radical das relações de produção capitalistas é uma ramificação direta do pensamento libertário do iluminismo.
19. Marx, *Capital*, citado por Avineri, *Social and Political Thought of Marx*, p. 233.
20. Pelloutier, "L'Anarchisme".
21. "Qu'est-ce que la propriété?". A frase "a propriedade é um roubo" desagradava Marx, que via um problema lógico em seu uso, já que o roubo pressupõe a existência legítima da propriedade. Ver Avineri, *Social and Political Thought of Marx*.
22. Citado em Buber, *Paths in Utopia*, p. 19.

23. Citado em J. Hampden Jackson, *Marx, Proudhon and European Socialism*, p. 60.

24. Karl Marx, *The Civil War in France*, p. 24. Avineri observa que esse e outros comentários de Marx sobre a Comuna referem-se claramente a intenções e planos. Como Marx deixou claro em outros textos, sua avaliação ponderada era mais crítica do que nesse discurso.

t3. V. I. Lênin, *O Estado e a Revolução; A revolução proletária e o renegado Kautsky*, trad. Henrique Canary, São Paulo: Ed. Instituto José Luís e Rosa Sundermann, 2005. (N. da T.)

25. Para alguns antecedentes, ver Walter Kendall, *The Revolutionary Movement in Britain*.

26. *Collectivisations: L'Oeuvre constructive de la Révolution espagnole*, p. 8.

27. Para uma discussão, ver Mattick, *Marx and Keynes*, e Michael Kidron, *Western Capitalism Since the War*. Ver também a discussão e as referências citadas em meu livro *At War with Asia*, capítulo I, p. 23-26.

28. Ver Hugh Scanlon, *The Way Forward for Workers' Control*. Scanlon é presidente do AEF, um dos maiores sindicatos da Grã-Bretanha.

    O instituto foi fundado como resultado da VI Conferência sobre o Controle dos Trabalhadores, em março de 1968, e funciona como um centro para disseminar informações e estimular a pesquisa.

29. Guérin, *Ni Dieu, ni Maître*, introdução.

30. Idem.

31. Arthur Rosenberg, *A History of Bolshevism*, p. 88.

32. Marx, *Civil War in France*, p. 62-63.

CAPÍTULO 9

LINGUAGEM E LIBERDADE

Quando fui convidado a falar sobre o tema "linguagem e liberdade", fiquei confuso e intrigado. A maior parte de minha vida profissional foi dedicada ao estudo da linguagem. Não haveria grande dificuldade em encontrar um tema para discutir nesse campo. E há muita coisa a dizer sobre os problemas da liberdade e da libertação, tal como eles se apresentam a nós e a outros em meados do século XX. O problemático no título dessa palestra é a conjunção. De que maneira se interligam a linguagem e a liberdade?

A título preliminar, permitam-me dizer apenas uma palavra sobre o estudo contemporâneo da linguagem, tal como o vejo. Há muitos aspectos da linguagem e de seu uso que levantam questões intrigantes, mas — a meu juízo — apenas alguns deles conduziram, até hoje, a trabalhos teóricos produtivos. Em particular, nossas percepções mais profundas encontram-se na área da estrutura gramatical formal. A pessoa que conhece uma língua adquiriu um sistema de regras e princípios — uma "gramática gerativa", em termos técnicos — que associa o som e o significado de maneiras específicas. Há muitas hipóteses razoavelmente bem fundamentadas e, a meu ver, bastante esclarecedoras quanto ao caráter dessas gramáticas, em relação a um bom número de línguas. Além disso, houve um ressurgimento do interesse na "gramática universal", agora interpretada como a teoria que tenta explicitar as propriedades gerais dessas línguas passíveis de ser normalmente aprendidas pelos seres humanos. Também nesse campo, conseguiu-se um progresso considerável. O tema é de particular importância. É apropriado ver a gramática universal como o estudo de uma das faculdades essenciais da mente. Por conseguinte, é de extremo interesse descobrir, como creio descobrirmos, que os princípios da gramática universal são ricos, abstratos e restritivos, e podem ser usados para construir explicações bem fundamentadas de uma variedade de fenômenos. No estágio atual de nossa compreensão, para que a linguagem forneça um trampolim para a investigação de outros problemas humanos, é para esses aspectos dela que teremos de voltar nossa atenção, pela simples razão de que só esses aspectos são razoavelmente bem entendidos. Num outro sentido, o estudo das propriedades formais da linguagem revela negativamente algo da natureza humana: frisa com grande clareza os limites de nossa compreensão das qualidades mentais que são aparentemente exclusivas do homem e que devem entrar em suas realizações culturais, de uma forma íntima, se bem que ainda bastante obscura.

Ao buscar um ponto de partida, voltamo-nos naturalmente para um período da história do pensamento ocidental em que era possível acreditar que "a idéia de fazer da liberdade a soma e a substância da filosofia emancipou o espírito humano em todas as suas relações, e (...) deu à ciência, em todas as suas partes, uma reorientação mais vigorosa do que qualquer revolução anterior".[1] A palavra "revolução" tem múltiplas associações nessa passagem, pois Schelling também proclama que "o homem nasce para agir, e não para especular"; e, quando ele escreve que "é chegado o momento de proclamar a uma humanidade mais nobre a liberdade do espírito, e de não mais ter paciência com as tristezas lamuriosas dos homens por seus grilhões perdidos", ouvimos os ecos do pensamento libertário e dos atos revolucionários do fim do século XVIII. Schelling escreve que "o começo e o fim de toda filosofia é a Liberdade". Essas palavras são investidas de significação e urgência numa época em que os homens estão lutando para se livrar de seus grilhões, para resistir a uma autoridade que perdeu seu direito à legitimidade, e para construir instituições sociais mais humanas e mais democráticas. É num momento desses que o filósofo pode ser levado a indagar sobre a natureza da liberdade humana e seus limites, e talvez concluir, com Schelling, que, com respeito ao eu humano, "sua essência é a liberdade", e que, com respeito à filosofia, "a suprema dignidade da Filosofia consiste precisamente em ela apostar tudo na liberdade humana".

Mais uma vez, estamos vivendo uma dessas épocas. Um fermento revolucionário percorre o chamado Terceiro Mundo, despertando enormes massas do torpor e da aquiescência à autoridade tradicional. Há quem sinta que as sociedades industrializadas também estão maduras para a mudança revolucionária — e não me refiro apenas a representantes da Nova Esquerda. Vejam, por exemplo, os comentários de Paul Ricoeur citados no Capítulo 6, páginas 369-370.

A ameaça da mudança revolucionária acarreta repressão e reação. Seus sinais são evidentes sob várias formas, na França, na União Soviética, nos Estados Unidos — inclusive na cidade em que estamos reunidos. É natural, portanto, que examinemos abstratamente os problemas da liberdade humana e nos voltemos com interesse e séria atenção para o pensamento de um período anterior, no qual instituições sociais arcaicas foram submetidas a uma análise crítica e a ataques contínuos. É natural e apropriado, desde que guardemos em mente a advertência de Schelling — a de que o homem não nasceu apenas para especular, mas também para agir.

Uma das primeiras e mais notáveis investigações do século XVIII sobre a liberdade e a servidão foi o *Discurso sobre a desigualdade* (1755), de Rousseau, o qual, sob muitos aspectos, foi um tratado revolucionário. Nele, Rousseau procurou "expor a origem e o progresso da desigualdade, o estabelecimento e o abuso das sociedades políticas, na medida em que seja possível deduzir essas coisas da natureza do homem apenas à luz da razão". Suas conclusões foram tão chocantes, que os juízes do concurso da Academia de Dijon aos quais o texto foi originalmente submetido recusaram-se a ouvir a leitura do manuscrito até o fim.[2] Nele, Rousseau questionou a legitimidade de praticamente todas as instituições sociais, bem como o controle individual da propriedade e da riqueza. Essas são "usurpações (...) fundamentadas apenas num direito precário e abusivo. (...) visto que só foram adquiridas à força, a força poderia levá-las embora, sem que [os ricos] tenham motivos para reclamar". Nem mesmo a propriedade adquirida pela industriosidade pessoal foi vista "com melhores títulos". Ante uma afirmação dessa ordem, seria possível objetar: "Não sabem os senhores que uma multidão de seus irmãos morre ou sofre com a necessidade daquilo que os senhores têm em excesso, e que os senhores precisariam do consentimento expresso e unânime da raça humana para se apropriarem de qualquer coisa da subsistência comum que ultrapasse sua própria subsistência?" É contrário à lei da natureza que "um punhado de homens seja abarrotado de superfluidades, enquanto faltam à multidão faminta as necessidades básicas".

Rousseau afirma que a sociedade civil mal chega a passar de uma conspiração dos ricos para garantir sua pilhagem. Com hipocrisia, os ricos convocam seus vizinhos a "instituir normas de justiça e paz a que todos estejam obrigados a se conformar, que não abram exceção para ninguém, e que compensem de algum modo os caprichos da sorte, sujeitando igualmente os poderosos e os fracos a deveres recíprocos" — as leis que, em sua majestade, como diria Anatole France, negam igualmente a ricos e pobres o direito de dormir embaixo da ponte à noite. Com tais argumentos, pobres e ricos foram seduzidos. "Todos correram ao encontro de seus grilhões, julgando haver garantido sua liberdade (...)." E, assim, a sociedade e as leis "deram novos grilhões aos pobres e novas forças aos ricos, destruíram para todo o sempre a liberdade natural, estabeleceram permanentemente a lei da propriedade e da desigualdade, transformaram uma usurpação astuta num direito irrevogável e, em prol de alguns homens ambiciosos, desde então submeteram toda a raça humana ao trabalho, à servidão e à miséria". Os governos tendem inevitavelmente para o poder arbitrário, como "sua corrupção e seu limite extremo". Esse poder é "ilegítimo por natureza", e as novas revoluções devem

> dissolver por completo o governo, ou trazê-lo para mais perto de sua instituição legítima. (...) A sublevação que termina no enforcamento ou no destronamento de um sultão é um ato tão legítimo quanto aqueles com que, na véspera, ele dispôs da vida e dos bens de seus súditos. Somente a força o sustentava, somente a força o derruba.

O interessante, no contexto atual, foi o caminho seguido por Rousseau para chegar a essas conclusões, "apenas à luz da razão", a começar por suas idéias sobre a natureza humana. Ele queria ver o homem "tal como a natureza o criou". É da natureza humana que devem ser deduzidos os princípios do direito natural e os fundamentos da vida social.

> Esse mesmo estudo do homem original, de suas verdadeiras necessidades e dos princípios fundamentais dos seus deveres, é também o único bom meio que se pode usar para eliminar as multidões de dificuldades que se apresentam sobre a origem da desigualdade moral, sobre os verdadeiros fundamentos do corpo político, sobre os direitos recíprocos de seus membros e sobre mil outras questões semelhantes, tão importantes quanto mal esclarecidas.

Para determinar a natureza do homem, Rousseau passa a compará-lo com os animais. O homem é "inteligente, livre, (...) o único animal dotado da razão". Os animais são "desprovidos de luz e de liberdade".

> Em todo animal vejo apenas uma máquina engenhosa, à qual a natureza deu sentidos para revitalizar a si mesma e para se preservar, até certo ponto, de tudo o que tende a destruí-la ou perturbá-la. Percebo precisamente as mesmas coisas na máquina humana, com a diferença de que só a natureza faz tudo nas operações do animal, ao passo que o homem concorre para as suas, por ser um agente livre. Um escolhe ou rejeita por instinto, o outro por um ato de liberdade, o que faz com que o animal não possa afastar-se da regra que lhe é prescrita, ainda que lhe fosse vantajoso fazê-lo, e com que o homem se afaste da sua, muitas vezes em prejuízo próprio. (...) Não é tanto o entendimento que estabelece entre os animais a distinção específica do homem, e sim sua qualidade de agente livre. A natureza dá ordens a todo animal, e a besta obedece. O homem sente o mesmo impulso, mas se reconhece livre para aquiescer ou resistir; e é sobretudo na consciência dessa liberdade que se mostra a espiritualidade de sua alma. Porque a física explica, de certo modo, o mecanismo dos sentidos e a formação das idéias; mas, no poder de querer, ou melhor, de escolher, e no sentimento desse poder, encontram-se tão-só atos puramente espirituais, sobre os quais as leis da mecânica nada podem explicar.

Portanto, a essência da natureza humana é a liberdade do homem e sua consciência dessa liberdade. Assim, Rousseau pode dizer que "os jurisconsultos, que pronunciaram em tom grave que o filho do escravo nasceria escravo, decidiram, em outros termos, que um homem não nasceria homem".[3]

Os políticos e intelectuais sofistas buscam maneiras de obscurecer o fato de que a propriedade essencial e definidora do homem é sua liberdade: "atribuem aos homens uma tendência natural à servidão, (...) sem pensar que com a liberdade acontece o mesmo que com a inocência e a virtude, cujo valor só é apreciado quando delas desfrutamos nós mesmos, e cujo gosto se perde tão logo as perdemos." Em contrapartida, Rousseau pergunta retoricamente "se, sendo a liberdade a mais nobre das faculdades do homem, não equivale a degradar sua natureza, a ele se colocar no nível dos animais escravos do instinto, e até a ofender o autor de seu ser, renunciar sem reserva ao mais precioso de todos os seus dons [e] submeter-se a cometer todos os crimes que nos são proibidos por ele, para comprazer a um senhor feroz ou insensato" — pergunta que foi formulada, em termos semelhantes, por muitos norte-americanos que resistiram à convocação militar nos últimos anos, e por muitos outros que começam a se recuperar da catástrofe da civilização ocidental no século XX, que tão tragicamente confirmou o julgamento de Rousseau:

> Daí saíram as guerras nacionais, as batalhas, os assassínios e as represálias que fazem a natureza estremecer e chocam a razão, e todos os terríveis preconceitos que colocam na categoria das virtudes a honra de derramar o sangue humano. A gente mais honesta aprendeu a contar entre os seus deveres o de cortar o pescoço dos semelhantes; têm-se visto, enfim, os homens se massacrarem aos milhares, sem saberem por quê; e se cometem mais assassinatos em um só dia de combate, e mais horrores na tomada de uma só cidade, do que, no estado de natureza, durante séculos inteiros, sobre toda a face da terra.

A prova de sua doutrina de que a luta pela liberdade é um atributo humano essencial, de que o valor da liberdade só é sentido enquanto se desfruta dela, Rousseau a vê "nos prodígios que fizeram todos os povos livres para se livrar da opressão". É fato que os que abandonaram a vida de homens livres

> só fazem gabar incessantemente a paz e o repouso de que gozam nos seus ferros (...), mas, quando vejo os outros sacrificarem os prazeres, o repouso, a riqueza, o poder e a própria vida à preservação do único bem tão desdenhado por aqueles que o perderam; quando vejo animais nascidos livres, e que abominam o cativeiro, quebrarem a cabeça contra as grades da prisão; quando vejo multidões de selvagens completamente nus desprezarem as voluptuosidades européias e arrostarem a fome, o fogo, a espada e a morte para tão-somente conservar sua independência, sinto que não compete a escravos raciocinar sobre a liberdade.

Idéias muito semelhantes foram expressas por Kant, quarenta anos depois. Disse ele não poder aceitar a proposição de que algumas pessoas "não estão maduras para a liberdade", a exemplo dos escravos de certos senhores:

> Se essa suposição for aceita, a liberdade jamais será conquistada, pois não se pode chegar à maturidade para a liberdade sem já a haver adquirido; é preciso ser livre para saber usar, livre e proveitosamente, os próprios poderes. As primeiras tentativas decerto serão brutas e levarão a um estado de coisas mais penoso e perigoso do que a condição anterior de estar sob o domínio, mas também sob a proteção, de uma autoridade externa. Entretanto, só se pode chegar à razão pelas experiências pessoais, e é preciso ser livre para poder tê-las. (...) Aceitar o princípio de que a liberdade não tem valor para aqueles que estão sob o nosso controle e de que temos o direito de lhas recusar para sempre, é infringir os direitos do próprio Deus, que criou o homem para ser livre.[4]

Esse comentário é particularmente interessante por seu contexto. Kant estava defendendo a Revolução Francesa, durante o Terror, contra os que afirmavam que ela mostrava que as massas não estavam prontas para o privilégio da liberdade. As observações de Kant são relevantes para nossa época. Nenhuma pessoa racional aprova a violência e o terror. Em particular, o terror do Estado pós-revolucionário, que caiu nas mãos de uma sinistra autocracia, atingiu em mais de uma ocasião níveis indescritíveis de selvageria. No entanto, nenhuma pessoa dotada de compreensão ou humanidade se precipitará a condenar a violência que muitas vezes ocorre quando as massas oprimidas durante longos períodos elevam-se contra seus opressores, ou dão os primeiros passos em direção à liberdade e à reconstrução social.

Permitam-me agora voltar à argumentação de Rousseau contra a legitimidade da autoridade estabelecida, seja ela a do poder político ou a da riqueza. É notável o quanto sua argumentação, até esse ponto, segue um modelo cartesiano conhecido. O homem está singularmente além dos limites da explicação física; o animal, por outro lado, é meramente uma máquina engenhosa, comandada pela lei natural. A liberdade do homem e sua consciência dessa liberdade distinguem-no do animal-máquina. Os princípios da explicação mecânica são incapazes de dar conta dessas propriedades humanas, embora possam explicar a sensação e até a combinação das idéias, aspecto em que "o homem só difere dos animais por uma questão de grau".

Para Descartes e seus seguidores, como Cordemoy, o único sinal seguro de que um outro organismo é dotado da mente e, portanto, também está fora dos limites da explicação mecânica, é seu uso da linguagem, da maneira humana normal e criativa, livre do controle por estímulos identificáveis, inédita e inovadora, apropriada às situações, coerente e geradora, em nossas mentes, de novos pensamentos e idéias.[5] Para os cartesianos, fica evidente, através da introspecção, que todo homem possui uma mente, uma substância cuja essência é o pensamento; seu uso criativo da linguagem reflete essa liberdade de pensamento e concepção. Quando temos indícios de que um outro organismo também usa a linguagem dessa maneira livre e criativa, somos levados a também lhe atribuir uma mente semelhante à nossa. A partir de pressupostos similares acerca dos limites intrínsecos da explicação mecânica, de sua incapacidade de explicar a liberdade do homem e sua consciência dessa liberdade, Rousseau passa a elaborar sua crítica às instituições autoritárias, que negam ao homem, em graus variáveis, seu atributo essencial de liberdade.

Se combinássemos essas especulações, poderíamos desenvolver uma ligação interessante entre a linguagem e a liberdade. A linguagem, em suas propriedades essenciais e na forma de seu uso, fornece o critério básico para determinar que outro organismo é um ser dotado de uma mente humana e da capacidade humana de liberdade de pensamento e expressão, e que tem a necessidade humana essencial de estar livre das restrições externas da autoridade repressora. Além disso, poderíamos tentar partir da investigação detalhada da linguagem e seu uso para uma compreensão mais profunda e mais específica da mente humana. Trabalhando com esse modelo, poderíamos ainda tentar estudar outros aspectos da natureza humana que, como observa Rousseau, com acerto, precisam ser corretamente concebidos, para que fiquemos aptos a desenvolver, em tese, os fundamentos de uma ordem social racional.

Voltarei a esse problema, porém primeiro gostaria de examinar um pouco mais o pensamento de Rousseau sobre o assunto. Ele diverge da tradição cartesiana em vários aspectos. Define como "característica específica da espécie humana" a "faculdade de se aperfeiçoar", a qual, "com o auxílio das circunstâncias, desenvolve sucessivamente todas as outras e reside, entre nós, tanto na espécie quanto no indivíduo". A faculdade de auto-aperfeiçoamento e de aperfeiçoamento da espécie humana através da transmissão cultural, ao que eu saiba, não é discutida em termos similares pelos cartesianos. No entanto, creio que as observações de Rousseau poderiam ser interpretadas como um desdobramento da tradição cartesiana numa direção inexplorada, e não como uma negação e rejeição dela. Não há incoerência na idéia de que os atributos restritivos da mente são a base de uma natureza humana que evolui historicamente e se desenvolve dentro dos limites estipulados por eles, ou de que esses atributos mentais fornecem a possibilidade do auto-aperfeiçoamento, ou de que, por trazerem a consciência da liberdade, esses atributos essenciais da natureza humana dão ao homem a oportunidade de criar condições sociais e formas sociais que maximizem as possibilidades de liberdade, diversidade e auto-realização individual. Para usar uma analogia aritmética, os inteiros não deixam de ser um conjunto infinito meramente por não esgotarem os números racionais. Analogamente, não é negar a capacidade humana de "auto-aperfeiçoamento" infinito afirmar que existem propriedades mentais intrínsecas que restringem o desenvolvimento do homem. Eu gostaria de argumentar que, em certo sentido, a verdade é o oposto; que, sem um sistema de restrições formais, não há atos criativos; especificamente, na falta de propriedades mentais intrínsecas e restritivas, só pode haver uma "moldagem do comportamento", mas não atos criativos de auto-aperfeiçoamento. Além disso, o interesse de Rousseau pelo caráter evolutivo do auto-aperfeiçoamento leva-nos de volta, por outro ponto de vista, a um interesse pela linguagem humana, que pareceria ser um pré-requisito dessa evolução da sociedade e da cultura para o aperfeiçoamento rousseauniano da espécie, para além das formas mais rudimentares.

Rousseau afirma que, "embora o órgão da fala seja natural ao homem, a fala em si não lhe é natural". Mais uma vez, não vejo incompatibilidade entre essa observação e a visão cartesiana típica de que as aptidões inatas são "disposições", faculdades que nos levam a produzir idéias (especificamente, idéias inatas) de uma forma particular, em determinadas condições de estimulação externa, mas que também nos proporcionam a capacidade de prosseguir em nosso pensamento sem esses fatores externos. Também a linguagem, portanto, só é natural no homem de um modo específico. Essa, a meu ver, é uma percepção importante e fundamental dos lingüistas racionalistas, que foi muito largamente desconsiderada sob o impacto da psicologia empirista do século XVIII e desde então.[6]

Rousseau discute com certa minúcia a origem da linguagem, embora se confesse incapaz de resolver o problema satisfatoriamente. Assim,

> se os homens tiveram necessidade da fala para aprender a pensar, tiveram muito mais necessidade ainda de saber pensar para descobrir a arte da palavra; (...) de sorte que mal podemos formar conjecturas sustentáveis sobre o nascimento dessa arte de comunicar pensamentos e estabelecer um comércio entre os espíritos; uma arte sublime, que já está muito distante de sua origem (...).

Afirma ele que "as idéias gerais só podem introduzir-se na mente com o auxílio das palavras, e o entendimento só as apreende por meio das proposições" — fato que impede os animais, desprovidos da razão, de formularem tais idéias ou de virem a adquirir "a perfectibilidade que depende delas". Assim, ele não consegue conceber por que meios "nossos novos gramáticos começaram a estender suas idéias e a generalizar suas palavras", ou a desenvolver os meios "para exprimir todos os pensamentos dos homens": "os números, as palavras abstratas, os aoristos e todos os tempos verbais, as partículas, a sintaxe, a ligação das proposições, o raciocínio e a formação de toda a lógica do discurso". Ele chega a especular sobre as etapas posteriores do aperfeiçoamento da espécie, "quando as idéias dos homens começaram a se difundir e a se multiplicar, e se estabeleceu entre eles uma comunicação mais estreita, [e] eles procuraram sinais mais numerosos e uma linguagem mais extensa". Infelizmente, porém, Rousseau tem que abandonar "este difícil problema: o que foi mais necessário, a sociedade já formada, para a instituição das línguas, ou as línguas já inventadas, para o estabelecimento da sociedade?"

Os cartesianos cortam o nó górdio, postulando a existência de uma característica específica da espécie, uma segunda substância que funcionaria como o que poderíamos chamar de um "princípio criador", ao lado do "princípio mecânico" que determina inteiramente o comportamento dos animais. Para eles, não havia necessidade de explicar a origem da linguagem no curso da evolução histórica. Ao contrário, a natureza do homem é qualitativamente distinta: não há passagem do corpo para a mente. Poderíamos reinterpretar essa idéia, em termos mais atuais, especulando que mutações muito súbitas e drásticas teriam levado a qualidades de inteligência que, ao que saibamos, são exclusivas do homem, sendo a posse da linguagem, no sentido humano, o índice mais característico dessas qualidades.[7] Se isso estiver certo, pelo menos como uma primeira aproximação dos fatos, é esperável que o estudo da linguagem ofereça uma cunha de entrada, ou talvez um modelo, para uma investigação da natureza humana que forneça os fundamentos de uma teoria muito mais ampla da natureza humana.

Para concluir estas observações históricas, eu gostaria de recorrer, como já fiz em outros textos,[8] a Wilhelm von Humboldt, um dos pensadores mais estimulantes e intrigantes daquele período. Humboldt foi, por um lado, um dos mais profundos teóricos da lingüística geral e, por outro, um defensor precoce e vigoroso dos valores libertários. O conceito fundamental de sua filosofia é a *Bildung*, com a qual, nas palavras de J. W. Burrow, "ele se referia ao mais pleno, mais rico e mais harmonioso desenvolvimento das potencialidades do indivíduo, da comunidade ou da raça humana".[9] Seu próprio pensamento serviria como um caso exemplar. Embora, ao que eu saiba, ele não relacione explicitamente suas idéias sobre a linguagem com seu pensamento social libertário, é muito clara a existência de uma base comum da qual eles se desenvolveram, um conceito da natureza humana que inspirou ambos. O ensaio de Mill *Sobre a liberdade* usa como epígrafe a formulação de Humboldt sobre o "princípio norteador" de seu pensamento: "a importância absoluta e essencial do desenvolvimento humano em sua mais rica diversidade." Humboldt conclui sua crítica ao Estado autoritário dizendo: "Sempre me senti movido por um sentimento do mais profundo respeito pela dignidade inerente à natureza humana e pela liberdade, que é a única coisa que convém a essa dignidade." Em termos sucintos, é o seguinte o seu conceito da natureza humana:

> A verdadeira finalidade do Homem, ou a que lhe é prescrita pelos ditames eternos e imutáveis da razão, é o desenvolvimento supremo e mais harmonioso de suas faculdades num todo completo e coerente. A liberdade é a condição primordial e indispensável pressuposta pela possibilidade desse desenvolvimento; mas há ainda outra condição essencial — intimamente ligada à liberdade, é verdade —, que é a variedade das situações.[10]

Como Rousseau e Kant, ele afirma que

> nada promove mais essa maturidade para a liberdade do que a própria liberdade. Talvez esta verdade não seja reconhecida pelos que tantas vezes usaram essa imaturidade como desculpa para continuar a repressão. Mas ela me parece decorrer, incontestavelmente, da própria natureza do homem. A incapacidade para a liberdade só pode provir da falta de capacidade moral e intelectual;

> elevar essa capacidade é a única maneira de suprir essa falta, mas fazê-lo pressupõe o exercício do poder, e esse exercício pressupõe a liberdade que desperta a atividade espontânea. Só que fica claro que não podemos chamar de dar liberdade o relaxamento de grilhões que não são sentidos como tais por aquele que os usa. Mas em nenhum homem na face da Terra — por mais negligenciado que seja pela natureza e não importa quão degradado pelas circunstâncias — isso se aplica a todos os grilhões que o oprimem. Soltemo-los um a um, à medida que o sentimento de liberdade desperta no coração dos homens, e aceleraremos o progresso a cada passo.

Os que não compreendem isso "podem ficar justificadamente sob a suspeita de compreenderem mal a natureza humana e de quererem transformar os homens em máquinas".

O homem é, fundamentalmente, um ser criativo, perscrutador e auto-aperfeiçoador: "investigar e criar — são esses os centros em torno dos quais giram, mais ou menos diretamente, todas as buscas humanas." Mas a liberdade de pensamento e o esclarecimento não são apenas para a elite. Novamente ecoando Rousseau, Humboldt afirma: "Há algo de degradante para a natureza humana na idéia de recusar a qualquer homem o direito de ser homem." E ele é otimista quanto aos efeitos exercidos em todos pela "disseminação do conhecimento científico através da liberdade e do esclarecimento". Mas "toda cultura moral provém, única e imediatamente, da vida íntima da alma, e pode somente ser estimulada na natureza humana, jamais produzida por dispositivos externos e artificiais". "O cultivo do entendimento, como de qualquer outra faculdade do homem, em geral é alcançado por sua própria atividade, sua engenhosidade, ou seus próprios métodos para usar as descobertas de terceiros (...)." A educação, portanto, deve fornecer as oportunidades de auto-realização; ela pode, no máximo, proporcionar um ambiente rico e instigante, a ser explorado pelo indivíduo à sua maneira. Nem mesmo a linguagem, estritamente falando, pode ser ensinada, mas apenas "despertada na mente: pode-se apenas fornecer o fio ao longo do qual ela se desenvolverá por si". Creio que Humboldt consideraria apropriada grande parte do pensamento de Dewey sobre a educação. E talvez também apreciasse a recente extensão revolucionária dessas idéias, por exemplo, pelos católicos radicais da América Latina, que se interessam pelo "despertar da consciência", referindo-se à "transformação das classes baixas, exploradas e passivas, em senhores conscientes e críticos de seu próprio destino",[11] exatamente à maneira dos revolucionários do Terceiro Mundo em outros lugares. Tenho certeza de que ele aprovaria a crítica que esses radicais fizeram às escolas que estão

> mais preocupadas com a transmissão do conhecimento do que com a criação, entre outros valores, do espírito crítico. Do ponto de vista social, os sistemas educacionais são orientados para manter as estruturas sociais e econômicas existentes, em vez de transformá-las.[12]

Mas a preocupação de Humboldt com a espontaneidade vai muito além da prática educacional no sentido restrito. Concerne também à questão do trabalho e da exploração. Os comentários citados há pouco sobre o cultivo do entendimento através da ação espontânea continuam assim:

> ... o homem nunca considera tão próprio aquilo que possui quanto o que ele mesmo faz; e o trabalhador que cuida de um pomar talvez seja mais dono dele, num sentido verdadeiro, do que o voluptuário apático que goza de seus frutos. (...) Em vista desta consideração,[13] é como se todos os camponeses e artesãos pudessem ser elevados a artistas, ou seja, homens que amam seu trabalho por ele mesmo aprimoram-no com seu talento formador e sua aptidão inventiva, e com isso cultivam seu intelecto, enobrecem seu caráter e enaltecem e aprimoram seus prazeres. E, assim, a humanidade seria enobrecida pelas próprias coisas que hoje, apesar de belas em si, tantas vezes servem para degradá-la. (...) Não obstante, a liberdade ainda é, sem dúvida, a condição indispensável, sem a qual nem mesmo as iniciativas mais compatíveis com a natureza humana individual podem jamais lograr produzir essas influências salutares. Tudo que não brota da livre escolha do homem, ou é apenas resultado da instrução e da orientação, não penetra no âmago de seu ser, mas permanece alheio a sua verdadeira natureza; ele não o faz com energias verdadeiramente humanas, mas apenas com exatidão mecânica.

Quando o homem age de forma puramente mecânica, reagindo a exigências externas ou à instrução, e não da maneira determinada por seus próprios interesses, sua energia e sua capacidade, "podemos admirar o que ele faz, mas desprezamos o que ele é".[14]

É nessas concepções que Humboldt alicerça suas idéias concernentes ao papel do Estado, que tende a "fazer do homem um instrumento para servir a seus propósitos arbitrários, desconsiderando os objetivos individuais que ele tem". A doutrina humboldtiana é a liberal clássica, intensamente oposta a tudo que ultrapassa as mais ínfimas formas de intervenção do Estado na vida pessoal ou social.

Por ter escrito na década de 1790, Humboldt não fazia idéia das formas que o capitalismo industrial viria a assumir. Daí não ter uma preocupação excessiva com os perigos do poder privado.

> Mas quando refletimos (ainda mantendo a distinção entre teoria e prática) que a influência de uma pessoa em particular é passível de diminuição e deterioração, pela concorrência, pela dissipação da fortuna e até pela morte, e que, claramente, nenhuma dessas contingências é aplicável ao Estado, resta-nos ainda o princípio de que este último não deve interferir em nada que não se refira exclusivamente à segurança (...).

Humboldt falava na igualdade essencial da condição dos cidadãos privados e, é claro, não tinha idéia de como a noção de "pessoa física" viria a ser reinterpretada na era do capitalismo empresarial. Ele não previu que "A democracia, com seu lema da *igualdade de todos os cidadãos perante a lei*, e o liberalismo, com seu *direito do homem sobre sua pessoa*, [naufragariam] nas realidades da economia capitalista".[15] Não anteviu que, numa economia capitalista predatória, a intervenção do Estado seria uma necessidade absoluta para preservar a vida humana e impedir a destruição do meio ambiente físico — e falo em termos otimistas. Como assinalou Karl Polanyi, entre outros, o mercado auto-regulador "não poderia existir por nenhum período sem aniquilar a substância humana e natural da sociedade; destruiria fisicamente o homem e transformaria seu meio ambiente num deserto".[16] Humboldt não previu as conseqüências do caráter de mercadoria da mão-de-obra, da doutrina (nas palavras de Polanyi) de que "não cabe à mercadoria decidir onde deve ser oferecida à venda, para que fim deve ser usada, por que preço deve ser autorizada a mudar de mãos e de que maneira deve ser consumida ou destruída". Mas a mercadoria, nesse caso, é uma vida humana e, por isso, a proteção social é uma necessidade mínima para refrear o funcionamento irracional e destrutivo do livre mercado clássico. Humboldt tampouco entendeu que as relações econômicas capitalistas perpetuariam uma forma de servidão que, já em 1767, Simon Linguet havia declarado ser ainda pior do que a escravidão.

> É a impossibilidade de viver com qualquer outro recurso que obriga nossos lavradores a trabalhar a terra cujos frutos não comerão, e nossos pedreiros a construir prédios em que não viverão. É a necessidade que os arrasta para mercados onde eles esperam por senhores que tenham a bondade de comprá-los. É a necessidade que os obriga a se ajoelharem diante do homem rico, para dele obterem permissão para enriquecê-lo. (...) Que benefício real lhes trouxe a eliminação da escravatura? (...) Ele é livre, dizem vocês. Ah! É esse o seu infortúnio. O escravo era precioso para seu amo, pelo dinheiro que lhe havia custado. Mas o artesão não custa nada ao voluptuário rico que o emprega. (...) Esses homens, há quem diga, não têm senhor — têm um, e o mais terrível, o mais imperioso dos senhores, que é a *necessidade*. É ela que os reduz à mais cruel dependência.[17]

Se há algo de degradante para a natureza humana na idéia de servidão, então é preciso esperar por uma nova emancipação, a "terceira e última fase emancipatória da história", segundo Fourier, que transformará o proletariado em homens livres, ao eliminar o caráter de mercadoria do trabalho, acabando com a escravidão salarial e colocando sob o controle democrático as instituições comerciais, industriais e financeiras.[18]

Talvez Humboldt aceitasse essas conclusões. Ele concordava com a legitimidade da intervenção do Estado na vida social, caso "a liberdade destruísse as próprias condições sem as quais não apenas a liberdade, mas a própria vida, seriam inconcebíveis" — exatamente as circunstâncias que surgem numa economia capitalista irrestrita. Seja como for, sua crítica à burocracia e ao Estado autocrático figura como uma advertência eloqüente sobre os aspectos mais desoladores da história moderna, e a base de sua crítica é aplicável a uma faixa mais ampla de instituições coercitivas do que ele havia imaginado.

Embora expressasse uma doutrina liberal clássica, Humboldt não era um individualista primitivo, no estilo de Rousseau. Rousseau enalteceu o selvagem que "vive em si mesmo"; não lhe interessava "o homem sociável, sempre fora de si, [que] só sabe viver na opinião dos outros, e (...) [que tira] exclusivamente do seu julgamento o sentimento de sua própria existência".[19] A visão de Humboldt era bem diferente:

> ... todo o teor das idéias e dos argumentos expostos neste ensaio poderiam ser licitamente reduzidos a isto: ainda que [os homens] rompessem todos os grilhões na sociedade humana, eles tentariam encontrar tantos novos laços sociais quantos fossem possíveis. O homem isolado é tão pouco capaz de se desenvolver quanto o que está agrilhoado.

Portanto, ele ansiava por uma comunidade livremente associada, sem coerção por parte do Estado ou de outras instituições autoritárias, na qual os homens livres pudessem criar e investigar, e atingir o supremo desenvolvimento de suas aptidões; colocando-se muito à frente de sua época, Humboldt expôs uma visão anarquista que seria apropriada, talvez, para a etapa seguinte da sociedade industrial. Talvez possamos ansiar por um dia em que essas diversas correntes se unam no arcabouço de um socialismo libertário, uma forma social que praticamente inexiste hoje, embora seus componentes possam ser percebidos: na garantia dos direitos individuais, conseguida em sua mais alta forma — embora ainda tragicamente falha — nas democracias do Ocidente; nos *kibbutzim* israelenses; nas experiências com conselhos de trabalhadores na Iugoslávia; no esforço para despertar a consciência popular e criar um novo engajamento no processo social, que é um componente fundamental das revoluções do Terceiro Mundo, em incômoda coexistência com uma prática autoritária indefensável.

Uma concepção similar da natureza humana está por trás do trabalho de Humboldt com a linguagem. A linguagem é um processo de criação livre; suas leis e princípios são fixos, mas a maneira como são usados os princípios gerativos é livre e infinitamente variada. Até a interpretação e o emprego das palavras envolve um processo de criação livre. O uso normal da linguagem e a aquisição dela dependem do que Humboldt chamou de forma fixa da linguagem, um sistema de processos gerativos que se enraíza na natureza da mente humana e que cerceia, mas não determina, as criações livres da inteligência normal, ou, num nível superior e mais original, as dos grandes escritores ou pensadores. Por um lado, Humboldt era um platônico que insistia em que o saber é uma espécie de reminiscência, na qual a mente, estimulada pela experiência, vale-se de seus recursos internos e segue um caminho que ela mesma determina; e era também um romântico, sintonizado com a variedade cultural e com as infinitas possibilidades de contribuições espirituais do talento criativo. Não há contradição nisso, assim como não há contradição na insistência da teoria estética em que as obras individuais do talento são restringidas por princípios e regras. O uso criativo normal da linguagem, que é, para o racionalista cartesiano, a melhor indicação da existência de outra mente, pressupõe um sistema de normas e princípios gerativos de um tipo que os gramáticos racionalistas tentaram, com algum sucesso, determinar e explicitar.

Os muitos críticos modernos que vêem uma incoerência na crença em que a criação livre ocorre dentro de um sistema de restrições e princípios diretivos — e o pressupõe, na verdade — estão muito enganados; a não ser, é claro, que falem em "contradição" no sentido solto e metafórico de Schelling, quando ele escreve que, "sem a contradição entre a necessidade e a liberdade, não apenas a filosofia, mas todas as outras ambições mais nobres do espírito sucumbiriam à morte que é peculiar às ciências em que essa contradição não tem função alguma". Sem essa tensão entre a necessidade e a liberdade, a norma e a escolha, não pode haver criatividade, comunicação nem atos significativos.

Discuti com certa minúcia essas idéias tradicionais, não por um interesse antiquado, mas por julgar que elas são valiosas e essencialmente corretas, e que projetam um curso que podemos seguir com proveito. A ação social deve ser movida pela visão de uma sociedade futura e por juízos de valor explícitos quanto ao caráter dessa sociedade futura. Tais juízos devem derivar de algum conceito da natureza humana, e os fundamentos empíricos podem ser buscados pela investigação da natureza do homem, tal como esta é revelada por seu comportamento e suas criações, materiais, intelectuais e sociais. Chegamos a um ponto da história, talvez, em que é possível pensar seriamente numa sociedade em que laços sociais livremente constituídos substituam os grilhões das instituições autocráticas, no sentido transmitido pelos comentários de Humboldt que citei, e mais plenamente elaborados na tradição de socialismo libertário dos anos que se seguiram a ele.[20]

O capitalismo predatório criou um sistema industrial complexo e uma tecnologia avançada; permitiu uma ampliação considerável da prática da democracia e fomentou alguns valores liberais, mas dentro de limites que hoje vêem sendo pressionados e devem ser ultrapassados. Ele não é um sistema adequado para meados do século XX. É incapaz de atender a necessidades humanas que só podem ser expressas em termos coletivos, e seu conceito de homem competitivo, que busca apenas maximizar a riqueza e o poder, que se submete às relações de mercado, à exploração e à autoridade externa, é anti-humano e intolerável, no sentido mais profundo. O Estado autocrático não é um substituto aceitável; tampouco o capitalismo militarizado de Estado que tem evoluído nos Estados Unidos, ou o Estado assistencial burocrático e centralizado, podem ser aceitos como a meta da vida humana. A única justificação para as instituições repressoras é o déficit material e cultural. Mas essas instituições, em certas etapas da história, perpetuam e produzem esse déficit, e até ameaçam a sobrevivência humana. A ciência e a tecnologia modernas podem liberar os homens da necessidade de um trabalho especializado e imbecil. Em princípio, podem fornecer a base para uma ordem social racional, calcada na livre associação e no controle democrático, se tivermos a disposição de criá-la.

A visão de uma futura ordem social, por sua vez, baseia-se num conceito da natureza humana. Se de fato o homem é um ser infinitamente maleável, completamente flexível, sem estruturas mentais inatas e sem necessidades intrínsecas de caráter cultural ou social, ele é um objeto adequado à "moldagem do comportamento" pela autoridade do Estado, pelo dirigente da empresa, pelo tecnocrata ou pelo comitê central. Os que têm alguma confiança na espécie humana hão de esperar que não seja assim e tentarão determinar as características humanas intrínsecas que proporcionam o arcabouço para o desenvolvimento intelectual, o crescimento da consciência moral, as realizações culturais e a participação numa comunidade livre. De maneira parcialmente análoga, uma tradição clássica falou no talento artístico que age dentro de um contexto de regras e, em certos aspectos, contesta-o. Nesse ponto, tocamos em alguns assuntos que são pouco entendidos. Parece-me que devemos romper, de maneira nítida e radical, com boa parte da ciência social e comportamental moderna, se quisermos caminhar para uma compreensão mais profunda desses temas.[21]

Também nisso, creio que a tradição que examinei sucintamente tem uma contribuição a fazer. Como já observei, os que se interessavam pela singularidade e pelo potencial humanos foram repetidamente levados a um exame das propriedades da linguagem. Creio que o estudo da linguagem pode trazer alguns vislumbres de compreensão do comportamento governado por regras e das possibilidades de ação livre e criativa dentro do arcabouço de um sistema de regras que, pelo menos em parte, reflete propriedades intrínsecas da organização mental humana. Parece-me lícito ver o estudo contemporâneo da linguagem como sendo, em certos aspectos, um retorno ao conceito humboldtiano da forma da linguagem: um sistema de processos gerativos enraizado em propriedades inatas da mente, mas que permite, nas palavras de Humboldt, um uso infinito de meios finitos. A linguagem não pode ser descrita como um sistema de organização do comportamento. Para compreender como ela é usada, devemos, antes, descobrir a forma abstrata humboldtiana de linguagem — sua gramática gerativa, em termos modernos. Aprender uma língua é construir para si mesmo esse sistema abstrato, é claro que inconscientemente. O lingüista e o psicólogo só podem proceder ao estudo do uso e da aquisição da linguagem na medida em que tenham alguma apreensão das propriedades do sistema que foi dominado pela pessoa que conhece uma dada língua. Além disso, parece-me que se pode montar uma boa defesa da afirmação empírica de que tal sistema só pode ser adquirido, nas condições dadas de tempo e acesso, por uma mente dotada de certas propriedades específicas, que hoje podemos descrever provisoriamente com alguma minúcia. Enquanto nos restringirmos, no plano conceitual, à investigação do comportamento, de sua organização e de seu desenvolvimento através da interação com o meio, estaremos fadados a perder de vista essas características da linguagem e da mente. Outros aspectos da psicologia e da cultura humanas, em princípio, poderiam ser estudados de maneira similar.

É concebível que, desse modo, possamos desenvolver uma ciência social baseada em proposições empiricamente bem fundamentadas sobre a natureza humana. Assim como estudamos com certo sucesso a gama de línguas humanamente atingíveis, também poderíamos tentar estudar as formas de expressão artística ou, quem sabe, o conhecimento científico que os seres humanos são capazes de conceber, e talvez até o leque de sistemas éticos e estruturas sociais em que os seres humanos podem viver e funcionar, dadas as suas aptidões e necessidades intrínsecas. Talvez possamos então projetar um conceito de organização social que, em determinadas condições de cultura material e espiritual, melhor incentive e acolha a necessidade humana fundamental — se é que ela existe — de iniciativa espontânea, trabalho criativo, solidariedade e busca da justiça social.

Não quero exagerar, como sem dúvida exagerei, o papel da investigação da linguagem. A linguagem é, por ora, o produto da inteligência humana mais acessível ao estudo. Uma rica tradição a via como o espelho da mente. Em certa medida, há sem dúvida uma verdade e uma percepção útil nessa idéia.

Não estou menos confuso com o tema "linguagem e liberdade" do que quando comecei — nem menos intrigado. Nestas observações especulativas e esquemáticas, há lacunas tão vastas que seria possível indagar o que restaria, se fossem eliminadas as metáforas e os palpites não consubstanciados. É sensato reconhecer — como creio ser-nos necessário — quão pouco progredimos em nosso conhecimento do homem e da sociedade, ou mesmo na formulação clara de problemas que possam ser seriamente estudados. Mas existem, acredito, algumas bases que parecem bastante sólidas. Agrada-me pensar que o estudo intensivo de um aspecto da psicologia humana — a linguagem humana — pode contribuir para uma ciência social humanista que também sirva de instrumento para a ação social. Convém frisar, é desnecessário dizer, que a ação social não pode esperar por uma teoria solidamente estabelecida do homem e da sociedade, e que a validade desta não pode ser determinada por nossas esperanças e nossos juízos morais. As duas coisas — a especulação e a ação — devem progredir da melhor maneira possível, ansiando pelo dia em que a investigação teórica venha a fornecer um guia sólido para a luta interminável, muitas vezes cruel, mas nunca inútil, pela liberdade e pela justiça social.

Notas do Original:

Este ensaio foi apresentado sob a forma de uma palestra no Simpósio sobre a Liberdade da Universidade e as Ciências Humanas, Loyola University, Chicago, 8-9 de janeiro de 1970. Deverá ser publicado nos Proceedings of the Symposium ["Atas do Simpósio"], organizados por Thomas R. Gorman. Também foi publicado em *Abraxas*, vol. 1, nº 1 (1970), e em *TriQuarterly*, nº 23-24 (1972). Vários tópicos mencionados aqui também foram discutidos em meu livro *Problemas do conhecimento e da liberdade*.

1. F. W. J. Schelling, *Philosophical Inquiries into the Nature of Human Freedom* [*A essência da liberdade humana: investigações filosóficas sobre a essência da liberdade humana e das questões conexas*, trad. e introd. Márcia C. S. Cavalcante, Petrópolis, RJ: Vozes, 1991].
2. R. D. Masters, introdução a sua edição de Jean-Jacques Rousseau, *First and Second Discourses*.
3. Comparemos com Proudhon, um século depois: "Não é necessária nenhuma discussão longa para demonstrar que o poder de negar a um homem seu pensamento, sua vontade e sua personalidade é um poder de vida e morte, e que escravizar um homem é assassiná-lo."
4. Citado em Lehning (org.), Bakunin, *Étatisme et anarchie*, nota 50 do editor, de P. Schrecker, "Kant et la révolution française", *Revue philosophique*, setembro-dezembro de 1939.
5. Discuti esse assunto em *Cartesian Linguistics* e em *Language and Mind*.
6. Ver as referências da nota 5, e também meu livro *Aspects of the Theory of Syntax*, Capítulo 1, seção 8.
7. Nem preciso acrescentar que essa não é a visão predominante. Para uma discussão, ver E. H. Lenneberg, *Biological Foundations of Language*; meu *Language and Mind*; E. A. Drewe, G. Ettlinger, A. D. Milner e R. E. Passingham, "A Comparative Review of the Results of Behavioral Research on Man and Monkey", Institute of Psychiatry, Londres, manuscrito inédito, 1969; P. H. Lieberman, D. H. Klatt e W. H. Wilson, "Vocal Tract Limitations on the Vowel Repertoires of Rhesus Monkey and other Nonhuman Primates", *Science*, 6 de junho de 1969; e P. H. Lieberman, "Primate Vocalizations and Human Linguistic Ability", *Journal of the Acoustical Society of America*, vol. 44, nº 6 (1968).
8. Nos livros citados acima e em *Current Issues in Linguistic Theory*.
9. J. W. Burrow, introdução a sua edição de Wilhelm von Humboldt, *The Limits of State Action*, do qual foi extraída a maioria das citações que se seguem.
10. Compare-se com os comentários de Kant citados acima. O ensaio de Kant foi publicado em 1793; o de Humboldt foi escrito em 1791-1792. Partes dele foram publicadas, mas o texto não foi lançado na íntegra durante sua vida. Ver Burrow, introdução a Humboldt, *Limits of State Action*.
11. Thomas G. Sanders, "The Church in Latin America", *Foreign Affairs*, vol. 48, nº 2 (1970).
12. Idem. Dizem que a fonte são as idéias de Paulo Freire. Críticas similares são muito difundidas no movimento estudantil no Ocidente. Ver, por exemplo, Mitchell Cohen e Dennis Hale (orgs.), *The New Student Left*, capítulo 3.
13. Ou seja, que o homem "só atinge a consumação mais madura e graciosa de sua atividade quando seu estilo de vida se harmoniza com seu caráter" — isto é, quando seus atos provêm de um impulso interno.
14. Esta última citação é dos comentários de Humboldt sobre a Constituição francesa de 1791 — algumas partes foram traduzidas em Marianne Cowan (org.), *Humanist Without Portfolio*.

15. Rudolf Rocker, "Anarchism and Anarcho-syndicalism", *in* Paul Eltzbacher, *Anarchism*. Em seu livro *Nationalism and Culture*, Rocker descreve Humboldt como "o mais destacado representante, na Alemanha", da doutrina dos direitos naturais e da oposição ao Estado autoritário. Quanto a Rousseau, ele o vê como um precursor da doutrina autoritária, mas só considera o *Contrato social*, e não o texto muito mais libertário do *Discurso sobre a desigualdade*. Burrow observa que o ensaio de Humboldt antecipa "muitas teorias políticas oitocentistas de caráter populista, anarquista e sindicalista", e assinala os indícios do jovem Marx. Ver também meu livro *Cartesian Linguistics*, nota 51, para alguns comentários.
16. Karl Polanyi, *The Great Transformation*.
17. Citado por Paul Mattick, "Workers' Control", *in* Priscilla Long (org.), *The New Left*, p. 377. Ver também Capítulo 8.
18. Citado em Martin Buber, *Paths in Utopia*, p. 19.
19. Entretanto, Rousseau se dedicou, como homem que perdera sua "simplicidade original" e já não podia "prescindir de leis e chefes", a "respeitar os sagrados laços" de sua sociedade e a "obedecer escrupulosamente às leis e aos homens que são seus autores e ministros", embora desdenhando de "uma constituição que só pode ser mantida com a ajuda de inúmeras pessoas respeitáveis (...), e da qual, apesar de todo o cuidado delas, sempre surgem mais calamidades reais do que vantagens aparentes".
20. Ver Capítulo 8.
21. Ver no Capítulo 7 uma discussão das afirmações fraudulentas de certas variedades da ciência comportamental a esse respeito.

BIBLIOGRAFIA

Abaya, Hernando J., *The Untold Philippine Story*, Quezon City: Malaya Books, 1968.

Ackland, Len, "No Place for Neutralism: The Eisenhower Administration and Laos", *in* Nina S. Adams e Alfred W. McCoy (orgs.), *Laos: War and Revolution*, Nova York: Harper & Row, 1970.

——, "Hue", artigo inédito.

Adams, Nina S., e Alfred W. McCoy (orgs.), *Laos: War and Revolution*, Nova York: Harper & Row, 1970.

Ahmad, Eqbal, "Revolutionary War and Counterinsurgency", *Journal of International Affairs*, vol. 25, nº 1 (1971).

Allison, Graham T., e Morton H. Halperin, "Bureaucratic Politics", *World Politics*, vol. 24, nº 3 (1972).

Allman, T. D., "Search in Earnest", *Far Eastern Economic Review*, 24 de julho de 1971.

——, "Landscape Without Figures", *Far Eastern Economic Review*, 8 de janeiro de 1972.

——, "The Blind Bombers", *Far Eastern Economic Review*, 29 de janeiro de 1972.

——, "Once More for Victory", *Far Eastern Economic Review*, 18 de fevereiro de 1972.

Alperovitz, Gar, *Cold War Essays*, Garden City, N.Y.: Doubleday & Co., Anchor Books, 1970.

Alves, Marcio Moreira, "Brazil: What Terror Is Like", *The Nation*, 15 de março de 1971.

Apple, R. W., "Calley: The Real Guilt", *New Statesman*, 2 de abril de 1971.

Arendt, Hannah, *On Revolution*, Nova York: Viking Press, 1965.

——, "Lying in Politics: Reflections on the Pentagon Papers", *New York Review of Books*, 18 de novembro de 1971. Reproduzido em Arendt, *Crisis of the Republic*, Nova York: Harcourt Brace Jovanovich, 1972.

Aronson, James, "The Media and the Message", *in The Pentagon Papers*, Senator Gravel Edition, vol. 5, *Critical Essays*, org. Noam Chomsky e Howard Zinn, Beacon Press, 1972.

Austin, Anthony, *The President's War*, Filadélfia: J. B. Lippincott Co., 1971.

Avineri, Shlomo, *The Social and Political Thought of Karl Marx*, Londres: Cambridge University Press, 1968.

Bakunin, Mikhail, *Étatisme et anarchie*, org. Arthur Lehning, Leiden: E. J. Brill, 1967.

——, "La Commune de Paris et la notion de l'état", *in* Daniel Guérin (org.), *Ni Dieu, ni Maître*, Lausanne: La Cité Editeur, s.d.

——, *Bakunin on Anarchy*, org. e trad. Sam Dolgoff, Nova York: Alfred A. Knopf, 1972.

Ball, George, "Top Secret: The Prophecy of the President Rejected", *Atlantic Monthly*, julho de 1972.

Barker, Charles A. (org.), *Power and Law: American Dilemma in World Affairs*, Baltimore: Johns Hopkins University Press, 1971.

Barnet, Richard, *Intervention and Revolution*, Nova York: World Publishing Co., 1968.

——, *The Economy of Death*, Nova York: Atheneum Publishers, 1969.

——, *Roots of War*, Nova York: Atheneum Publishers, 1972.

Bell, Daniel, "The Scholar Cornered", *American Scholar*, vol. 37, nº 3 (1968).

Bergsten, C. Fred, "Crisis in U.S. Trade Policy", *Foreign Affairs*, vol. 49, nº 4 (1971).

Berle, A. A., "The Formulation and Implementation of American Foreign Policy", *in* J. C. Vincent *et al.*, *America's Future in the Pacific*, New Brunswick, N.J.: Rutgers University Press, 1947.

Blair, Harry W., "The Green Revolution and 'Economic Man': Some Lessons for Community Development in South Asia", *Pacific Affairs*, vol. 44, nº 3 (1971).

Bodenheimer, Susanne, "Inside a State of Siege: Legalized Murder in Guatemala", *Ramparts*, junho de 1971.

Bourne, Randolph, *The World of Randolph Bourne*, org. Lillian Schlissel, Nova York: E. P. Dutton Co., 1965.

Bowles, Samuel, e Herbert Gintis, "I.Q. in the U.S. Class Structure", Harvard University, julho de 1972, texto mimeografado.

Boyd, James, "Following the Rules with Dita and Dick", *Washington Monthly*, julho de 1972.

Branfman, Fred, "Presidential War in Laos", *in* Nina S. Adams e Alfred W. McCoy, *Laos: War and Revolution*, Nova York: Harper & Row, 1970.

—— (org.), *Voices from the Plain of Jars*, Nova York: Harper & Row, 1972.

Breger, Louis, e James L. McGaugh, "Critique and Reformulation of 'Learning-Theory' Approaches to Psychotherapy and Neurosis", *Psychological Bulletin*, maio de 1965.

Brodine, Virginia, e Mark Selden (orgs.), *Open Secret: The Kissinger-Nixon Doctrine in Asia; Why We Are Never Leaving*, Nova York: Harper & Row, 1972.

——, "Henry Kissinger's Diplomacy of Force", in *Open Secret: The Kissinger-Nixon Doctrine in Asia; Why We Are Never Leaving*, Nova York: Harper & Row, 1972

Brown, Michael Barratt, *After Imperialism*, ed. revista, Nova York: Humanities Press, 1970

Browne, Malcolm W., *The New Face of War*, Indianápolis: Bobbs-Merrill Co., 1965.

Browning, Frank, e Banning, Garrett, "The New Opium War", *Ramparts*, maio de 1971.

Bruce, William, "The United States and the Law of Mankind", *in* Charles A. Barker (org.), *Power and Law*, Baltimore: Johns Hopkins University Press, 1971.

Brzezinski, Zbigniew, "Japan's Global Engagement", *Foreign Affairs*, vol. 50, nº 2 (1972).

Buber, Martin, *Paths in Utopia*, Boston: Beacon Press, 1958.

Buckley, Kevin P., "Pacification's Deadly Price", *Newsweek*, 19 de junho de 1972.

Bundy, McGeorge, "End of Either/Or", *Foreign Affairs*, vol. 45, nº 2 (1967).

Burchett, Wilfred, "The Receiving End", *in The Pentagon Papers*, Senator Gravel Edition, vol. 5, *Critical Essays*, org. Noam Chomsky e Howard Zinn, Boston: Beacon Press, 1972.

Buttinger, Joseph, *Vietnam: A Dragon Embattled*, Nova York: Frederick A. Praeger, 1967.

Caldwell, Malcolm, "Oil and Imperialism in East Asia", *Journal of Contemporary Asia*, vol. 1, nº 3 (1971).

Chaffard, Georges, *Les Deux Guerres du Vietnam*, Paris: La Table Ronde, 1969.

Chai, Nam-Yearl, "Law as a Barrier to Change", *in* Charles A. Barker (org.), *Power and Law*, Baltimore: Johns Hopkins University Press, 1971.

Chang Hsin-hai, *America and China: A New Approach to Asia*, Nova York: Simon & Schuster, 1965.

Chapelier, G., e J. Van Malderghem, "Plain of Jars: Social Changes Under Five Years of Pathet-Lao Administration", *Asia Quarterly* [Bruxelas], 1971/1.

Cherry, Benjamin, "Balance of Weakness", *Far Eastern Economic Review*, 1º de julho de 1972.

Chi, Hoang Van, *From Colonialism to Communism: A Case History of North Vietnam*, Nova York: Frederick A. Praeger, 1964.

Cho, Soon Sung, *Korea in World Politics, 1940-1950: United States Policy in the Unification of Korea*, Berkeley: University of California Press, 1967.

Chomsky, Noam, *Current Issues in Linguistic Theory*, Nova York: Humanities Press, 1964.

——, *Cartesian Linguistics*, Nova York: Harper & Row, 1966.

——, *Aspects of the Theory of Syntax*, Cambridge, Mass.: M.I.T. Press, 1969. (Reprodução da edição de 1965)

——, *American Power and the New Mandarins*, Nova York: Pantheon Books, 1969.

——, *At War with Asia*, Nova York: Pantheon Books, 1970.

——, "Revolt in the Academy", *Modern Occasions*, vol. I, nº 1 (1970).

——, "Mayday: The Case for Civil Disobedience", *New York Review of Books*, 17 de junho de 1971.

——, *Problems of Knowledge and Freedom: The Russell Lectures*, Nova York: Pantheon Books, 1971.

——, "The Pentagon Papers as Propaganda and as History", *in The Pentagon Papers*, Senator Gravel Edition, vol. 5, *Critical Essays*, org. Noam Chomsky e Howard Zinn, Boston: Beacon Press, 1972.

——, "Nixon's Peace Offer", *Ramparts*, abril de 1972.

——, "Indochina: The Next Phase", *Ramparts*, maio de 1972.

——, "Vietnam: How Government Became Wolves", *New York Review of Books*, 15 de junho de 1972.

—— e Howard Zinn (orgs.), *Critical Essays*, vol. 5 de *The Pentagon Papers: The Defense Department History of United States Decisionmaking on Vietnam*, The Senator Gravel Edition, Boston: Beacon Press, 1972.

Chronology of the Vietnam War, distribuído pela Association d'Amitié Franco-Vietnamienne, 5 rue Las Cases, Paris 75.

Citizens' Commission of Inquiry [Comissão de Inquérito dos Cidadãos], *The Dellums Committee Hearings on War Crimes in Vietnam*, Nova York: Vintage Books, 1972.

Clifford, Harold B., *Exploring New England*, New Unified Social Studies, Chicago: Follett Publishing Co., 1966.

Cohen, Mitchell, e Dennis Hale (orgs.) *The New Student Left*, ed. rev., Boston: Beacon Press, 1967.

Collectivisations: L'Oeuvre constructive de la révolution espagnole, 2ª ed., Toulouse: Éditions C.N.T., 1965. Primeira edição, Barcelona, 1937.

Committee of Concerned Asian Scholars, *The Indochina Story: A Fully Documented Account*, Nova York: Pantheon Books, 1970.

Connell-Smith, Gordon, *The Inter-American System*, Nova York: Oxford University Press, 1966.

Conroy, Hilary, "Japan's War in China: Historical Parallel to Vietnam?", *Pacific Affairs*, vol. 43, nº 2 (1970).

Cooper, Chester, *The Lost Crusade: America in Vietnam*, Nova York: Dodd, Mead & Co., 1970.

——, "The CIA and Decision-making", *Foreign Affairs*, vol. 5°, nº 2 (1972).

Cooper, Jon, "Operation Phoenix", Department of History, Dartmouth College, texto mimeografado.

Corbett, Percy E., "The Vietnam Struggle and International Law", *in* Richard A. Falk (org.), *The International Law of Civil War*, Baltimore: Johns Hopkins University Press, 1971.

Corson, William R., *The Betrayal*, Nova York: W. W. Norton & Co., 1968.

Critchfield, Richard, *The Long Charade: Political Subversion in the Vietnam War*, Nova York: Harcourt, Brace & World, 1968.

Daniels, Robert Vincent, "The State and Revolution: A Case Study in the Genesis and Transformation of Communist Ideology", *American Slavic and East European Review*, vol. 12, nº 1 (1953).

Darling, Frank C., *Thailand and the United States*, Washington, D.C.: Public Affairs Press, 1965.

Davies, Derek, "The Region", *Far Eastern Economic Review Yearbook*, Hong Kong, 1971 e 1972.

Dellums Committee Hearings [Audiências da Comissão Dellums], ver Citizens' Commission of Inquiry.

Devillers, Philippe, e Jean Lacouture, *End of a War: Indochina Nineteen Fifty-four*, Nova York: Frederick A. Praeger, 1969.

Domhoff, G. William, *The Higher Circles: The Governing Class in America*, Nova York: Random House, 1970.

Dommen, Arthur, *Conflict in Laos: The Politics of Neutralization*, ed. rev., Nova York: Praeger Publishers, 1971.

Donovan, James A., *Militarism, U.S.A.*, Nova York: Charles Scribner's Sons, 1970.

Dower, John, "Occupied Japan and the American Lake", *in* Edward Friedman e Mark Selden (orgs.), *America's Asia*, Nova York: Pantheon Books, 1971.

——, "The Superdomino in Postwar Asia: Japan in and out of the Pentagon Papers", *in The Pentagon Papers*, Senator Gravel Edition, vol. 5, *Critical Essays*, org. Noam Chomsky e Howard Zinn, Boston: Beacon Press, 1972.

Draper, Theodore, *The Abuse of Power*, Nova York: Viking Press, 1967.

Drewe, E. A., G. Ettlinger, A. D. Milner e R. E. Passingham, "A Comparative Review of the Results of Behavioral Research on Man and Monkey", Institute of Psychiatry, Londres, 1969, manuscrito inédito.

Du Boff, Richard B., "Business Ideology and Foreign Policy: The National Security Council and Vietnam", *in The Pentagon Papers*, Senator Gravel Edition, vol. 5, *Critical Essays*, org. Noam Chomsky e Howard Zinn, Boston: Beacon Press, 1972.

Dudman, Richard, *Forty Days with the Enemy*, Nova York: Liveright, 1971.

Duffett, John (org.), *Against the Crime of Silence*, Flanders, N.J.: O'Hare Books, 1968.

Dulany, D., "Awareness, Rules, and Propositional Control: A Confrontation with S-R Behavior Theory", *in* Theodore R. Dixon e David Horton (orgs.), *Verbal Behavior and General Behavior*, Englewood Cliffs, N.J.: Prentice-Hall, 1968.

Duncanson, Dennis J., *Government and Revolution in Vietnam*, Nova York: Oxford University Press, 1968.

Egan, Jean, "South Korea: Time to Face Facts", *Far Eastern Economic Review*, 15 de janeiro de 1972.

Elliot, William Y. (org.), *The Political Economy of American Foreign Policy*, Nova York: Holt, Rinehart & Winston, 1955.

Ellsberg, Daniel, "The Quagmire Myth and the Stalemate Machine", *Public Policy*, primavera de 1971.

——, *Papers on the War*, Nova York: Simon & Schuster, 1972.

Eltzbacher, Paul, *Anarchism: Exponents of the Anarchist Philosophy*, Londres: Freedom Press, 1960.

Emerson, Gloria, "Vietnam Diary", *McCall's*, agosto de 1971.

Emerson, Thomas, *Toward a General Theory of the First Amendment*, Nova York: Random House, 1966.

Enthoven, Alain C., e K. Wayne Smith, *How Much Is Enough? Shaping the Defense Program, 1961-1969*, Nova York: Harper & Row, 1971.

Ervin, Sam, "Executive Privilege: Secrecy in a Free Society", *The Nation*, 8 de novembro de 1971.

Everingham, John, "Decimation of the Meo", National Anti-War Conference, Sydney, Austrália, fevereiro de 1971.

Facts on Foreign Aid, embaixada dos Estados Unidos, Laos, 1971.

Falk, Richard A., *Legal Order in a Violent World*, Princeton, N.J.: Princeton University Press, 1968.

——, "The Circle of Responsibility", *The Nation*, 26 de janeiro de 1970.

—— (org.), *The Vietnam War and International Law*, Princeton, N.J.: Princeton University Press, 1968.

—— (org.), *The International Law of Civil War*, Baltimore: Johns Hopkins University Press, 1971.

Fall, Bernard, *The Two Viet-Nams: A Political and Military Analysis*, ed. rev., Nova York: Frederick A. Praeger, 1964.

——, "This Isn't Munich, It's Spain", *Ramparts*, dezembro de 1965. Reproduzido em Fall, *Last Reflections on a War*, Garden City, N.Y.: Doubleday & Co., 1967.

——, "Vietcong — the Unseen Enemy in Vietnam", *New Society*, 22 de abril de 1965. Reproduzido *in* Bernard Fall e Marcus G. Raskin (orgs.), *The Vietnam Reader*, Nova York: Vintage Books, 1965.

——, "Vietnam — the Agonizing Appraisal", *Current History*, fevereiro de 1965. Reproduzido *in* Bernard Fall e Marcus G. Raskin (orgs.), *The Vietnam Reader*, Nova York: Vintage Books, 1965.

——, *Vietnam Witness, 1953-66*, Nova York: Frederick A. Praeger, 1966.

——, *Last Reflections on a War*, Garden City, N.Y.: Doubleday & Co., 1967.

——, *Street Without Joy*, ed. rev., Harrisburg, Pensilvânia: Stackpole Books, 1967.

——, "Vietnam Blitz", *New Republic*, 9 de outubro de 1965. Reproduzido *in* Seymour Melman (org.), *The Name of America*, Annandale, Virgínia: Turnpike Press, 1968.

—— e Marcus G. Raskin (orgs.), *The Vietnam Reader*, Nova York: Vintage Books, 1965.

Fallaci, Oriana, "Working Up to Killing", *Washington Monthly*, fevereiro de 1972.

Farer, Thomas J., "Intervention in Civil Wars: A Modest Proposal", *in* Richard A. Falk (org.), *The Vietnam War and International Law*, Princeton, N.J.: Princeton University Press, 1968.

Feingold, David, "Opium and Politics in Laos", *in* Nina S. Adams e Alfred W. McCoy (orgs.), *Laos: War and Revolution*, Nova York: Harper & Row, 1970.

Feldman, Herbert, "Aid as Imperialism?", *International Affairs*, vol. 43, nº 2 (1967).

Ferrell, Robert H., "The Merchants of Death: Then and Now", *Journal of International Affairs*, vol. 26, nº 1 (1972).

FitzGerald, Frances, *Fire in the Lake: The Vietnamese and the Americans in Vietnam*, Boston: Little, Brown & Co., 1972.

Franck, Thomas M., "Who Killed Article 2(4)? or: Changing Norms Governing the Use of Force by States", *American Journal of International Law*, vol. 64, nº 4 (1970).

—— e Edward Weisband, *Word Politics: Verbal Strategy Among the Superpowers*, Oxford: Oxford University Press, 1971.

Freeland, Richard M., *The Truman Doctrine and the Origins of McCarthyism*, Nova York: Alfred A. Knopf, 1972.

Friedman, Edward, e Mark Selden (orgs.), *America's Asia: Dissenting Essays on Asian-American Relations*, Nova York: Pantheon Books, 1971.

Garrett, Banning, "Vietnam: How Nixon Plans to Win", *Ramparts*, fevereiro de 1971.

Gelb, Leslie H., "Lessons of the Pentagon Papers", *Life*, 17 de setembro de 1971.

——, "On Schlesinger and Ellsberg: A Reply", *New York Review of Books*, 2 de dezembro de 1971.

——, "Vietnam: The System Worked", *Foreign Policy*, vol. 1, nº 3 (1971).

Gennard, John, *Multinational Corporations and British Labour*, Londres: British-North American Committee, 1972.

Gettleman, Marvin E. (org.), *Vietnam: History, Documents and Opinions*, Nova York: Fawcett World Library, 1965.

Gitlin, Todd, "Counter-insurgency: Myth and Reality in Greece", *in* David Horowitz (org.), *Containment and Revolution*, Boston: Beacon Press, 1967.

Gittings, John, "The Great Asian Conspiracy", *in* Edward Friedman e Mark Selden (orgs.), *America's Asia*, Nova York: Pantheon Book, 1971.

Glazer, Nathan, "'Student Power' in Berkeley", *Public Interest*, nº 13 (outono de 1968).

Gold, Gerald, Allan M. Siegal e Samuel Abt (orgs.), *The Pentagon Papers*, Nova York: Bantam Books (para o *New York Times*), 1971.

Goldstein, Walter, "The American Political System and the Next Vietnam", *Journal of International Affairs*, vol. 25, nº 1 (1971).

Goodman, Allan E., "Diplomatic and Strategic Outcomes of the Conflict", *in* Walter Isard (org.), *Vietnam: Issues and Alternatives*, Cambridge, Mass.: Schenkman Publishing Co., 1969.

——, "The Ending of the War as a Setting for the Future Development of South Vietnam", *Asian Survey*, vol. 11, nº 4 (1971).

Goodstadt, Leo, "Might and Right", *Far Eastern Economic Review*, 10 de abril de 1971.

Goodwin, Richard, *Triumph or Tragedy: Reflections on Vietnam*, Nova York: Random House, 1966.

Goulden, Joseph C., *Truth Is the First Casualty; The Gulf of Tonkin Affair: Illusion and Reality*, Chicago: Rand-McNally & Co., 1969.

Goulet, Denis, e Michael Hudson, *The Myth of Aid: The Hidden Agenda of the Development Reports*, Nova York: Orbis Books e IDOC, North America, 1971.

Grant, Jonathan S., L. A. G. Moss e J. Ungar (orgs.), *Cambodia: The Widening War in Indochina*, Nova York: Washington Square Press, 1971.

Gray, Colin S., "What RAND Hath Wrought", *Foreign Policy*, vol. 1, nº 4 (1971).

Griffiths, Philip Jones, *Vietnam Inc.*, Nova York: Macmillan Co., 1971.

Guérin, Daniel, *Jeunesse du socialisme libertaire*, Paris: Librairie Marcel Rivière, 1959.

——, *Anarchism: From Theory to Practice*, trad. Mary Klopper, Nova York: Monthly Review Press, 1970.

——, *Pour un marxisme libertaire*. Paris: Robert Laffont, 1969.

—— (org.), *Ni Dieu, ni Maître*, Lausanne: La Cité Éditeur, s.d.

Halliday, Jon, "The Korean Revolution", *Socialist Revolution*, vol. 1, nº 6 (1970).

—— e Gavan McCormack, *Japanese Imperialism Today*, Nova York: Monthly Review Press, 1972.

Halperin, Ernst, introdução de Andrés Suárez, *Cuba: Castroism and Communism*, Cambridge, Mass.: M.I.T. Press, 1967.

Haney, Walter, "The Pentagon Papers and U.S. Involvement in Laos", *in The Pentagon Papers*, Senator Gravel Edition, vol. 5, *Critical Essays*, org. Noam Chomsky e Howard Zinn, Boston: Beacon Press, 1972.

Harris, Marvin, *The Rise of Anthropological Theory: A History of Theories of Culture*, Nova York: Thomas Y. Crowell Co., 1968.

Henderson, Gregory, *Korea: The Politics of the Vortex*, Cambridge, Mass.: Harvard University Press, 1968.

Herman, Edward S., *Atrocities in Vietnam: Myths and Realities*, Boston: Pilgrim Press, 1970.

Herrnstein, Richard, "I.Q.", *Atlantic Monthly*, setembro de 1971.

Hersh, Seymour, *My Lai Four: A Report on the Massacre and Its Aftermath*, Nova York: Random House, 1970,

——, *Cover-up*, Nova York: Random House, 1972.

Hilsman, Roger, *To Move a Nation*, Garden City, N.Y.: Doubleday & Co., 1967.

——, "Two American Counterstrategies to Guerrilla Warfare", *in* Tang Tsou (org.), *China in Crisis*, Chicago: University of Chicago Press, 1968.

Hobsbawm, Eric, *Industry and Empire: The Making of Modern English Society, Vol. II: 1750 to the Present Day*, Nova York: Pantheon Books, 1968.

Honda, Katsuichi, *The National Liberation Front and Vietnam: A Voice from the Villages*. Traduzido em caráter particular, reproduzido do *Asahi Simbun*, Tóquio, 1967.

Hook, Sidney, "Lord Russell and the War Crimes 'Trial'", *New Leader*, 24 de outubro de 1966.

——, "The Knight of the Double Standard", *The Humanist*, vol. 21, nº 1 (1971).

Hoopes, Townsend, *The Limits of Intervention*, Nova York: David McKay Co., 1969.

Horowitz, David, "The Foundations", *Ramparts*, abril de 1969.

——, "The Making of America's China Policy", *Ramparts*, outubro de 1971.

—— (org.), *Containment and Revolution*, Bertrand Russell Centre for Social Research (Londres), Studies in Imperialism and the Cold War, vol. 1, Boston: Beacon Press, 1967.

—— (org.), *Corporations and the Cold War*, Nova York: Bertrand Russell Peace Foundation e Monthly Review Press, 1969.

Houghton, Neal D. (org.), *Struggle Against History: U.S. Foreign Policy in an Age of Revolution*, Nova York: Washington Square Press, 1968.

Howard, Michael, "Realists and Romantics: On Maintaining an International Order", *Encounter*, abril de 1972.

Hudon, Edward G., *Freedom of Speech and Press in America*, Washington, D.C.: Public Affairs Press, 1963.

Humboldt, Wilhelm von, *Humanist Without Portfolio: An Anthology*, trad. e org. Marianne Cowan, Detroit: Wayne State University Press, 1963.

——, *The Limits of State Action*, org. J. W. Burrow, Cambridge Studies in the History and Theory of Politics, Londres: Cambridge Press, 1969 [*Os limites da ação do*

Estado, org. J. W. Burrow, introd. à edição brasileira de Denis L. Rosenfield, trad. Jesualdo Correia, Rio de Janeiro: Topbooks, 2004].

Huntington, Samuel P., "The Bases of Accommodation", *Foreign Affairs*, vol. 46, nº 4 (1968).

International Military Tribunal for the Far East, Calcutá: Sanyal & Co., 1953.

Isard, Walter (org.), *Vietnam: Issues and Alternatives*, Cambridge, Mass.: Schenkman Publishing Co., 1969.

Jackson, J. Hampden, *Marx, Proudhon and European Socialism*, Nova York: Collier Books, 1962.

Jacobson, Julius, "In Defense of the Young", *New Politics*, vol. 8, nº 1 (1970).

Jencks, Christopher, e David Riesman, *The Academic Revolution*, Garden City, N.Y.: Doubleday & Co., 1968.

—— *et al.*, *Inequality: A Reassessment of the Effect of Family and Schooling in America*, Nova York e Londres: Basic Books, 1972.

Johnson, Lyndon, *The Vantage Point: Perspectives of the Presidency*, Nova York: Holt, Rinehart & Winston, 1971.

Johnstone, L. Craig, "Ecocide and the Geneva Protocol", *Foreign Affairs*, vol. 49, nº 4 (1971).

Joll, James, *The Anarchists*, Boston: Little, Brown & Co., 1964.

Kahin, George McT, "Nixon's Peace Plan", *New Republic*, 12 de fevereiro de 1972.

—— e John W. Lewis, *The United States in Vietnam*, ed. rev., Nova York: Dial Press, 1969.

Kendall, Walter, *The Revolutionary Movement in Britain 1900-1921*, Londres: Weidenfeld & Nicolson, 1969.

Kidron, Michael, *Western Capitalism Since the War*, Londres: Weidenfeld & Nicolson, 1968.

Kindleberger, Charles, "United States Economic Foreign Policy Is Unrelievedly Evil", resenha de Harry Magdoff, *The Age of Imperialism*, *Public Policy*, verão de 1971.

King, Peter, "The Political Balance in Saigon", *Pacific Affairs*, vol. 44, nº 3 (1971).

Kissinger, Henry A., *The Necessity for Choice*, Nova York: Harper & Row, 1961.

——, *Nuclear Weapons and American Foreign Policy*, ed. resumida, org. Philip Quigg, Nova York: W. W. Norton & Co., 1969.

Knoll, Erwin, e Judith N. McFadden (orgs.), *War Crimes and the American Conscience*, Nova York: Holt, Rinehart & Winston, 1970.

Kolko, Gabriel, *The Politics of War: The World and U.S. Foreign Policy 1943-1945*, Nova York: Random House, 1969.

——, *The Roots of American Foreign Policy: An Analysis of Power and Purpose*, Boston: Beacon Press, 1969.

——, "The American Goals in Vietnam", *in The Pentagon Papers,* Senator Gravel Edition, vol. 5, *Critical Essays,* org. Noam Chomsky e Howard Zinn, Boston: Beacon Press, 1972.

—— e Joyce Kolko, *The Limits of Power: The World and United States Foreign Policy, 1945-1954,* Nova York: Harper & Row, 1972.

Komer, Robert, "Pacification: A Look Back", *Army,* junho de 1970.

——, "Impact of Pacification on Insurgency in South Vietnam", *Journal of International Affairs,* vol. 25, nº 1 (1971).

——, "Epilogue", *Journal of International Affairs,* vol. 25, nº 2 (1971).

Krause, Lawrence B., "Why Exports Are Becoming Irrelevant", *Foreign Policy,* vol. 1, nº 3 (1971).

Kristol, Irving, "A Different Way to Restructure the University", *New York Times Magazine,* 8 de dezembro de 1968.

Kunen, James S., *Standard Operating Procedure,* Nova York: Avon Books, 1971.

Lacouture, Jean, *Vietnam: Between Two Truces,* Nova York: Random House, 1966.

Lake, Anthony, e Roger Morris, "The Human Reality of Realpolitik, *Foreign Policy,* vol. 1, nº 4 (1971).

Lam, Truong Buu, *Patterns of Vietnamese Response to Foreign Intervention: 1858-1900.* Southeast Asia Studies Monograph nº 11, New Haven, Connecticut: Yale University Press, 1967.

Langer, Paul F., e Joseph Zasloff, *North Vietnam and the Pathet Lao,* Cambridge, Mass.: Harvard University Press, 1970.

Langguth, A. J., "Vietnam – 1964: Exhilaration – 1968: Frustration – 1970: Hopelessness", *New York Times Magazine,* 4 de outubro de 1970.

Lawyers Committee on American Policy Towards Vietnam [Comissão de Juristas sobre a Política Norte-americana para o Vietnã], Conselho Consultivo (presidente: Richard A. Falk; relator: John E. Fried), *Vietnam and International Law: An Analysis of the Legality of the U.S. Military Involvement,* Flandres, N.J.: O'Hare Books, 1967.

Lazarsfeld, Paul, e Robert Merton, "Mass Communications, Popular Taste, and Organized Social Action", *in* Wilbur Schramm (org.), *Mass Communications,* Urbana: University of Illinois Press, 1949.

Lee, Daniel, "Blank Coup in Thailand", *New Left Review,* janeiro-fevereiro de 1972.

Lenneberg, Eric H., *Biological Foundations of Language,* Nova York: John Wiley & Sons, 1967.

Letwin, William, "The Past and Future of the American Businessman", *Daedalus,* inverno de 1969.

Lieberman, P. H., "Primitive Vocalizations and Human Linguistic Ability", *Journal of the Acoustical Society of America,* vol. 44, nº 6 (1968).

——, D. H. Klatt e W. H. Wilson, "Vocal Tract Limitations on the Vowel Repertoires of Rhesus Monkey and Other Nonhuman Primates", *Science*, 6 de junho de 1969.

Lindholm, Richard W. (org.), *Viet-nam: The First Five Years: An International Symposium*, East Lansing: Michigan State University Press, 1959.

Littauer, Rafael, *et al.*, *The Air War in Indochina*, Relatório Preliminar, Cornell University Center for International Studies, outubro de 1971.

Long, Ngo Vinh, "Leaf Abscission", *in* Barry Weisberg (org.), *Ecocide in Indochina*, San Francisco: Canfield Press (Harper & Row), 1970.

——, *Before the August Revolution*, Cambridge, Mass.: M.I.T. Press, 1991.

Lyon, Peter, *War and Peace in South-east Asia*, Oxford: Royal Institute of International Affairs, 1969.

Magdoff, Harry, e Paul Sweezy, "The Mind of the Ruling Class", *Monthly Review*, junho de 1972.

Maneli, Mieczyslaw, *War of the Vanquished: A Polish Diplomat in Vietnam*, Nova York: Harper & Row, 1971.

Marr, David G., *Vietnamese Anti-colonialism: 1885-1925*, Berkeley: University of California Press, 1971.

Marx, Karl, *The Civil War in France, 1871*, Nova York: International Publishers, 1941.

May, Herbert K., *The Effects of United States and Other Foreign Investments in Latin America*, Conselho das Américas, 1971.

Mattick, Paul, *Marx and Keynes: The Limits of the Mixed Economy*, Extending Horizons Series, Boston: Porter Sargent, 1969.

——, "Workers' Control", *in* Priscilla Long (org.), *The New Left: A Collection of Essays*, Boston: Porter Sargent, 1969.

McAlister, John T., Jr., e Paul Mus, *The Vietnamese and Their Revolution*, Nova York: Harper & Row, 1970.

MacCorquodale, Kenneth, "On Chomsky's Review of Skinner's Verbal Behavior", *Journal of the Experimental Analysis of Behavior*, vol. 13, nº 1 (1970).

McCoy, Alfred W., com Cathleen B. Read e Leonard P. Adams, II, *The Politics of Heroin in Southeast Asia*, Nova York: Harper & Row, 1972.

McKeithen, Edwin T., *Life Under the P.L. in the Xieng Khouang Ville Area*, sem data.

——, *The Role of North Vietnamese Cadres in the Pathet Lao Administration of Xieng Khouang Province*, embaixada dos Estados Unidos, Vientiane, abril de 1970.

McNamara, Robert S., *The Essence of Security: Reflections in Office*, Nova York: Harper & Row, 1968.

McWilliams, Wilson C., resenha de Ralph Stavins *et al.* (orgs.), *Washington Plans an Aggressive War*, *New York Times Book Review*.

Melman, Seymour (org.), *In the Name of America*, Annandale, Virgínia: Turnpike Press, 1968.

——, *Pentagon Capitalism: The Management of the New Imperialism*, Nova York: McGraw-Hill Book Co., 1970.

Meyer, Charles, *Derrière le sourire khmer*, Paris: Plon, 1971.

Michigan Brain Mistrust Collective, "Southeast Asia: American Power versus Regionalism", American Report, 10 de dezembro de 1971.

Mirsky, Jonathan, "High Drama on Foggy Bottom", *Saturday Review*, 1º de janeiro de 1972.

—— e Stephen Stonefield, "The United States in Laos, 1945-1962", *in* Edward Friedman e Mark Selden (orgs.), *America's Asia*, Nova York: Pantheon Books, 1971.

Monod, Jacques, *Chance and Necessity: An Essay on the Natural Philosophy of Modern Biology*, Nova York: Alfred A. Knopf, 1971.

Nakamura, Koji, "The Okinawa Payoff", *Far Eastern Economic Review*, 21 de agosto de 1971.

National Planning Association, *U.S. Foreign Economic Policy for the 1970s: A New Approach to New Realities*, Planning Pamphlet nº 130, Washington, D.C., novembro de 1971.

Nighswonger, William A., *Rural Pacification in Vietnam*, Nova York: Frederick A. Praeger, 1967.

Nivolon, François, "Profit and Honour", *Far Eastern Economic Review*, 24 de abril de 1971.

Nulty, Timothy, e Leslie Nulty, "Pakistan: The Busy Bee Route to Development", *Trans-action*, fevereiro de 1971.

Nussbaum, Bruce, "Aid Watershed in 1972", *Far Eastern Economic Review*, 3 de julho de 1971.

Oberdorfer, Don, *Tet*, Garden City, N.Y.: Doubleday & Co., 1971.

Pannekoek, Anton, *Lenin as Philosopher: A Critical Examination of the Philosophical Basis of Leninism*, Nova York: New Essays, 1948. Traduzido da edição alemã de 1938.

Paranzino, Dennis, "Inequality and Insurgency in Vietnam: A Further Reanalysis", *World Politics*, vol. 24, nº 4 (1972).

Partan, Daniel G., "Legal Aspects of the Vietnam Conflict", *in* Richard A. Falk (org.), *The Vietnam War and International Law*, Princeton, N.J.: Princeton University Press, 1968.

Paul, William, *The State, Its Origins and Function*, Glasgow: Socialist Labour Press, s.d.

Pearson, Jeff, e Jessica Smilowitz, "Biting the Fishhook", *Bulletin of Concerned Asian Scholars*, vol. 2, nº 4 (1970).

Pelloutier, Fernand, "L'Anarchisme et les syndicats ouvriers", *Les Temps nouveaux*, 1895. Reproduzido *in* Daniel Guérin (org.), *Ni Dieu, ni Maître*, Lausanne: La Cité Editeur, s.d.

Pfaff, William, *Condemned to Freedom: The Breakdown of Liberal Society*, Nova York: Random House, 1971.

Pfeffer, Richard M. (org.), *No More Vietnams? The War and the Future of American Policy*, Nova York: Harper & Row, 1968.

Phi Bang, "Land: Theory and Practise", *Far Eastern Economic Review*, 23 de abril de 1970.

——, "Screws on Thieu", *Far Eastern Economic Review*, 27 de março de 1971.

——, "South Vietnam: A Hand-to-Mouth Economy", *Far Eastern Economic Review*, 15 de janeiro de 1972.

——, "Leading the Field", *Far Eastern Economic Review*, 4 de março de 1972.

Pike, Douglas, *Viet Cong: The Organization and Techniques of the National Liberation Front in South Vietnam*, Cambridge, Mass.: M.I.T. Press, 1966.

——, *War, Peace, and the Viet Cong*, Cambridge, Mass.: M.I.T. Press, 1969.

Polanyi, Karl, *The Great Transformation: The Political and Economic Origins of Our Time*, Boston: Beacon Press, 1957.

Pomonti, Jean-Claude, "The Other South Vietnam", *Foreign Affairs*, vol. 5°, nº 2 (1972).

—— e Serge Thion, *Des courtisans aux partisans*, Paris: Plon, 1971.

Pool, Ithiel de Sola, "Village Violence and International Violence", *in* Ithiel de Sola Pool (org.), *Reprints of Publications on Vietnam, 1966-1970*, publicação particular, maio de 1971.

Porter, D. Gareth, "The Diemist Restoration", *Commonweal*, 11 de julho de 1969.

——, "After Geneva: Subverting Laotian Neutrality", *in* Nina S. Adams e Alfred W. McCoy (orgs.), *Laos: War and Revolution*, Nova York: Harper & Row, 1970.

——, *The Myth of the Bloodbath: North Vietnam's Land Reform Reconsidered*, International Relations of East Asia, IREA Project, Cornell University, Interim Report nº 2, setembro de 1972, Ithaca, N.Y.

Quine, W. V. O., "Linguistics and Philosophy", *in* Sidney Hook (org.), *Language and Philosophy*, Proceedings of New York University Institute of Philosophy Symposium, Nova York: Nova York University Press, 1969.

Race, Jeffrey, "How They Won", *Asian Survey*, agosto de 1970.

——, *War Comes to Long An*, Berkeley: University of California Press, 1971.

Reich, Michael, e David Finkelhor, "Capitalism and the Military-Industrial Complex: The Obstacles to Conversion", *Review of Radical Political Economics*, vol. 2., nº 4 (1970).

Richards, Vernon, *Lessons of the Spanish Revolution (1936-1939)*, ed. ampliada, Londres: Freedom Press, 1972.

Ridgeway, James, *The Closed Corporation. American Universities in Crisis*, Nova York: Random House, 1968.

Roberts, Chalmers M., "How Containment Worked", *Foreign Policy*, vol. 2., nº 3 (1972).

Roberts, John G., "The American Zaibatsu", *Far Eastern Economic Review*, 24 de julho de 1971.

Roche, John P., "The Pentagon Papers", *Political Science Quarterly*, vol. 87, nº 2 (1972).

Rocker, Rudolf, *Nationalism and Culture*, Londres: Freedom Press, 1937.

——, *Anarchosyndicalism*, Londres: Secker & Warburg, 1938.

——, "Anarchism and Anarcho-syndicalism", ensaio anexado a Paul Eltzbacher, *Anarchism: Exponents of the Anarchist Philosophy*, Londres: Freedom Press, 1960.

Rogin, Michael, "Liberal Society and the Indian Question", *Polities and Society*, maio de 1971.

Rosenberg, Arthur, *A History of Bolshevism from Marx to the First Five Years' Plan*, trad. Ian F. Morrow, Nova York: Russell & Russell, 1965.

Rostow, Walt W., e Richard W. Hatch, *An American Policy in Asia*, Cambridge, Mass.: M.I.T. Press, 1955.

Rousseau, Jean-Jacques, *First and Second Discourses*, org. R. D. Masters, Nova York: St. Martin's Press, 1964 [*Discurso sobre a origem e os fundamentos da desigualdade entre os homens; Discurso sobre as ciências e as artes*, volume II, trad. Lourdes S. Machado, introd. e notas de Paul Arbousse-Bastide e Lourival G. Machado, São Paulo: Nova Cultural, c2000].

Russell, Bertrand, *Power: A New Social Analysis*, Nova York: W. W. Norton & Co., 1938.

Russo, Anthony, "Inside the RAND Corporation and Out: My Story", *Ramparts*, abril de 1972.

Sanders, Thomas G., "The Church in Latin America", *Foreign Affairs*, vol. 48, nº 2 (1970).

Sansom, Robert L., *The Economics of Insurgency in the Mekong Delta of Vietnam*, Cambridge, Mass.: M.I.T. Press, 1970.

Santillan, Diego Abad de, *After the Revolution*, Nova York: Greenberg Publishers, 1937.

SarDesai, D. R., *Indian Foreign Policy in Cambodia, Laos, and Vietnam, 1947-1964*, Berkeley: University of California Press, 1968.

Scanlon, Hugh, *The Way Forward for Workers' Control*, Institute for Workers' Control Pamphlet Series, nº 1, Nottingham, Inglaterra, 1968.

——, "International Combines Versus the Unions", *Bulletin of the Institute for Workers' Control*, vol. 1, nº 4 (1969).

Schell, Jonathan, *The Village of Ben Suc*, Nova York: Alfred A. Knopf, 1967.

——, *The Military Half: An Account of Destruction in Quang Ngai and Quang Tin*, Nova York: Alfred A. Knopf, 1968.

Schelling, F. W. T., *Philosophical Inquiries into the Nature of Human Freedom*, trad. e org. James Gutmann, Chicago: Open Court Publishing Co., 1936 [*A essência da liberdade humana: investigações filosóficas sobre a essência da liberdade humana e das questões conexas*, trad. e introd. Márcia C. S. Cavalcante, Petrópolis, RJ: Vozes, 1991].

Schlesinger, Arthur M., Jr., *A Thousand Days: John F. Kennedy in the White House*, Boston: Houghton Mifflin Co., 1965.

Schurmann, Franz, Peter Dale Scott e Reginald Zelnik, *The Politics of Escalation in Vietnam*, Nova York: Fawcett World Library, 1966.

Scigliano, Robert, *South Vietnam: Nation Under Stress*, Boston: Houghton Mifflin Co., 1964.

Scott, Peter Dale, *The War Conspiracy*, Indianápolis: Bobbs-Merrill Co., 1972.

——, "Vietnamization and the Drama of the Pentagon Papers", *in The Pentagon Papers*, Senator Gravel Edition, vol. 5, *Critical Essays*, org. Noam Chomsky e Howard Zinn, Boston: Beacon Press, 1972.

Scott, Rebecca, "Economic Aid and Imperialism in Bolivia", *Monthly Review*, maio de 1972.

Selden, Mark, "People's War and the Transformation of Peasant Society: China and Vietnam", *in* Edward Friedman e Mark Selden (orgs.), *America's Asia*, Nova York: Pantheon Books, 1971.

Shaplen, Robert, *The Lost Revolution: The United States in Vietnam*, Nova York: Harper & Row, 1965.

——, "The Challenge Ahead", *Columbia Journalism Review*, vol. 9, nº. 4 (1970-1971).

——, "Cambodia Is Sihanouk", *in* Jonathan S. Grant *et al.* (orgs.), *Cambodia: The Widening War in Indochina*, Nova York: Washington Square Press, 1971.

——, "We Have Always Survived', *New Yorker*, 15 de abril de 1972.

——, "Letter from Vietnam", *New Yorker*, 24 de junho de 1972.

Skinner, B. F., *Verbal Behavior*, Nova York: Appleton-Century Crofts, 1957.

——, *Beyond Freedom and Dignity*, Nova York: Alfred A. Knopf, 1971 [*O mito da liberdade*, trad. Leonardo Goulart e Maria Lúcia F. Goulart, Rio de Janeiro: Bloch, 1972].

Smith, George E., *P.O.W.: Two Years with the Viet Cong*, Berkeley, Califórnia: Ramparts Press, 1971.

Smythe, D. W., e M. H. Wilson, "Cold War-mindedness and the Mass Media", *in* Neal D. Houghton (org.), *Struggle Against History: U.S. Foreign Policy in an Age of Revolution*, Nova York: Washington Square Press, 1968.

"South Asia in Turmoil", *Bulletin of Concerned Asian Scholars*, vol. 4, nº 1 (1972).

Standard, William L., *Aggression: Our Asian Disaster*, Nova York, Random House, 1971.

Stamer, Frances, "I'll Do It My Way", *Far Eastern Economic Review*, 6 de novembro de 1971.

Stavins, Ralph, Richard J. Barnet e Marcus G. Raskin, *Washington Plans an Aggressive War*, Nova York: Random House, 1972.

Stavrionos, L. S., "Greece's Other History", *New York Review of Books*, 17 de junho de 1971.

Stein, Jeffrey, "Bloodbath Over the Rainbow", *The Phoenix* [Boston], 10 de maio de 1972.

Stevenson, Charles A., *The End of Nowhere: American Policy Toward Laos Since 1954*, Boston: Beacon Press, 1972.

Stone, I. F., "The Hidden Traps in Nixon's Peace Plan", *New York Review of Books*, 9 de março de 1972.

Strock, Carl, "No News from Laos", *Far Eastern Economic Review*, 30 de janeiro de 1971.

Sumida, Gerald A., "The Right of Revolution", *in* Charles A. Barker (org.), *Power and Law*, Baltimore: Johns Hopkins University Press, 1971.

Takeyama, Yasuo, "Don't Take Japan for Granted", *Foreign Policy*, vol. 1, nº 2 (1971-1972).

Tanham, George K., e Dennis J. Duncanson, "Some Dilemmas of Counterinsurgency", *Foreign Affairs*, vol. 48, nº 1 (1969).

Taylor, G. E. *The Philippines and the United States: Problems of Partnership*, Council on Foreign Relations Publications Series, Mystic, Connecticut: Lawrence Verry, 1964.

Taylor, Maxwell D., *Swords and Plowshares*, Nova York: W. W. Norton & Co., 1972.

Taylor, Telford, *Nuremberg and Vietnam: An American Tragedy*, Chicago: Quadrangle Books, 1970.

The Pentagon Papers: The Defense Department History of United States Decisionmaking on Vietnam, 5 vols., The Senator Gravel Edition, Boston: Beacon Press, 1971-1972.

Thompson, Robert, *Defeating Communist Insurgency: The Lessons of Malaya and Vietnam*, Nova York: Frederick A. Praeger, 1966.

——, *No Exit from Vietnam*, Londres: Chatto & Windus, 1969.

——, "A Successful End to the War in Vietnam", *Pacific Community*, vol. 2, nº 3 (1971).

Thome, David, e George Butler (orgs.), *The New Soldier*, Nova York: Collier Books, 1971.

Toye, Hugh, *Laos: Buffer State or Battleground*, Nova York: Oxford University Press, 1968.

Tregaskis, Richard, *Vietnam Diary*, Nova York: Holt, Rinehart & Winston, 1963.

Tsou, Tang (org.), *China in Crisis*, vol. 2: *China's Policies in Asia and America's Alternatives*, Chicago: University of Chicago Press, 1968.

Tucker, Robert C., *The Marxian Revolutionary Idea*, Nova York: W. W. Norton & Co., 1969.

Tucker, Robert W., *Nation or Empire? The Debate over American Foreign Policy*, Studies in International Affairs, nº 10, Baltimore: Johns Hopkins University Press, 1968.

——, *The Radical Left and American Foreign Policy*, Baltimore: Johns Hopkins University Press, 1971.

Van Dyke, Jon M., *North Vietnam's Strategy for Survival*, Santa Barbara, Califórnia: Pacific Press, 1972.

Vernon, Raymond, *Sovereignty at Bay*, Nova York: Basic Books, 1971.

Vien, Nguyen Khac, *South Vietnam: Realities and Prospects*, Vietnamese Studies, n. 18/19, Hanói, 1968.

Vietnam 1967-1971: Toward Peace and Prosperity, Saigon: Ministério da Informação, 1971.

Vietnam Veterans Against the War (orgs.), *Winter Soldier Investigation*, Boston: Beacon Press, 1972.

Vu, Tam, e Nguyen Khac Vien, *A Century of National Struggle: 1847-1945*, Vietnamese Studies, nº 24, Hanói, 1970.

Wald, George, "Our Bombs Fall on People", *Washington Monthly*, maio de 1972.

Weisband, Edward, e Thomas M. Franck, "The Brezhnev-Johnson Two-World Doctrine", *Trans-action*, outubro de 1971.

Weisberg, Barry (org.), *Ecocide in Indochina*, San Francisco: Canfield Press, 1970.

West, Richard, *Sketches from Vietnam*, Nova York: International Publishers Service, 1968.

——, "Vietnam: The Year of the Rat", *New Statesman*, 25 de fevereiro de 1972.

Westing, Arthur, "Poisoning Plants for Peace", *Friends Journal*, vol. 16 (1970).

——, "Ecocide in Indochina", *Natural History*, março de 1971.

——, "Leveling the Jungle", *Environment*, novembro de 1971.

Whiting, Allen S., "Scholar and Policy-maker", *World Politics*, vol. 24, nº 3 (1972).

Wiles, Peter, "The Declining Self-confidence of the Super Powers", *International Affairs*, vol. 47, nº 2 (1971).

Windchy, Eugene G., *Tonkin Gulf*, Garden City, N.Y.: Doubleday & Co., 1971.

Woodside, Alexander, "Ideology and Integration in Post-colonial Vietnamese Nationism", *Pacific Affairs*, vol. 44. nº 4 (1971-1972).

Wulff, Eric, "Le Crime de Song My: Avec les félicitations du commandant en chef", *Africasia* [Paris], 26 de abril-9 de maio de 1971.

Yale, Wesley W., "On Ignorance of Armies", *Army*, junho de 1972.

Yates, Aubrey J., *Behavior Therapy*, Nova York: John Wiley & Sons, 1970.

Zagoria, Donald, "The Strategic Debate in Peking", *in* Tang Tsou (org.), *China in Crisis*, vol. 2. Chicago: University of Chicago Press, 1968.

Zasloff, Joseph J., *Political Motivation of the Viet Cong: The Vietminh Regroupees*, RAND Memorandum RM-4703-2 ISA/ARPA, maio de 1968.

Zeitlin, Maurice, e Robert Scheer, *Cuba: Tragedy in Our Hemisphere*, Nova York: Grove Press, 1963.

Zinn, Howard, *Vietnam: The Logic of Withdrawal*, Boston: Beacon Press, 1967.

Documentos do governo dos Estados Unidos

U.S., Congress, House. Hearings on Department of Defense Appropriations Before a Subcommittee of the Committee on Appropriations, 88th Cong., 1st sess., 1963.

U.S., Congress, Senate. *Vietcong Motivation and Morale.* Hearings Before the Committee on Armed Services and the Subcommittee on the Department of Defense of the Committee on Appropriations, 89th Cong., 2nd sess., 20, 21, 24, 25 de janeiro e 2 de fevereiro de 1966.

U.S., Congress, Senate. Hearings Before the Committee on Armed Services, 92nd Cong., 1st sess., julho de 1971.

U.S., Congress, Senate, Committee on Foreign Relations. Hearings Before the [Symington] Subcommittee on United States Security Agreements and Commitments Abroad, 91st Cong. 1st sess., outubro de 1969, parte 2: "Kingdom of Thailand"; parte 3; "Kingdom of Laos."

U.S., Congress, Senate, Committee on Foreign Relations. Hearings Before the [Symington] Subcommittee on United States and Security Agreements and Commitments Abroad 91st Cong., 2nd sess., 1970, parte 2: "Kingdom of Laos."

U.S., Congress, Senate, Committee on Foreign Relations. *Laos: April 1971.* Staff Report of the (Symington) Subcommittee on United States Security Agreements and Commitments Abroad, 92nd Cong., 1st sess., abril de 1971.

U.S., Congress, Senate, Committee on Foreign Relations. Hearings Before the [Church] Subcommittee on Western Hemisphere Affairs, 92nd Cong., 1st sess., maio de 1971.

U.S., Congress, Senate. *The United States and Vietnam: 1944-47.* Staff Study for the Foreign Relations Committee by Robert Blum *et al.,* 92nd Cong., 2nd sess., 3 de abril de 1972.

U.S., Congress, Senate, Committee on the Judiciary. Hearings Before the [Kennedy] Subcommittee on Refugees and Escapees, 91st Cong., 2nd sess., 7 de maio de 1970.

U.S., Congress, Senate, Committee on the Judiciary. *Refugee and Civilian War Casualty Problems in Indochina.* Staff Report for the [Kennedy] Subcommittee on Refugees and Escapees, 91st Cong., 2nd sess., 28 de setembro de 1970.

U.S., Congress, Senate, Committee on the Judiciary. *War-Related Civilian Problems in Indochina.* Hearings Before the [Kennedy] Subcommittee on Refugees and Escapees, 92nd Cong., 1st sess., 21-22 de abril de 1971, parte 3: "Laos and Cambodia."

U.S., Congress, Senate, Committee on the Judiciary. Hearings Before the [Kennedy] Subcommittee on Refugees and Escapees, 92nd Cong., 1st sess., 22 de julho de 1971, apêndice 2: "A Survey of Civilian War Casualties Among Refugees from the Plain of Jars", de Walter Haney.

U.S., Congress, Senate, Committee on the Judiciary. *Problems of War Victims in Indochina.* Hearings Before the [Kennedy] Subcommittee on Refugees and Escapees, 92nd Cong., 2nd sess., 9 de maio de 1972, parte 2: "Cambodia and Laos", apêndice 2: "A Survey of Civilian Fatalities Among Refugees from Xieng Khouang Province, Laos", de Walter Haney.

U.S., Department of the Army. *The Law of Land Warfare.* Field Manual FM 27-10, 1956.

U.S., Department of Defense. *United States-Vietnam Relations, 1945-67.* 12 vols. Washington, D.C., Government Printing Office, 1971.

U.S., Department of State. *Kingdom of Laos: Background Notes.* Washington, D.C.: Government Printing Office, março de 1969.

ÍNDICE REMISSIVO

Abrams, Creighton, 282
Acheson, Dean, 60, 74, 79-81, 103, 105, 180
Ackland, Len, 288
Acordos de Genebra (1954), 34, 63, 73; violação norte-americana dos, 74, 79, 153-57, 180, 274, 296-99, 349
Acordos de Genebra sobre o Laos (1962), 186, 235, 237
acordos SALT [Tratados de Limitação de Armas Estratégicas], 43
África do Sul, 112
Agência Central de Informações [Central Intelligence Agency]: *ver* CIA
agressão: política norte-americana sobre a, 166-79; como crime de guerra, 271-74, 296-305
Ahmad, Eqbal, 140
ajuda externa: japonesa, 331; norte-americana, 321, 322
Alemanha Ocidental, 100
Alemanha: movimentos trabalhistas, 444; revolução depois da Primeira Guerra Mundial, 442; na Segunda Guerra Mundial, 271; *ver também* julgamentos de Nuremberg
Allende, Salvador, 109
Allman, T. D., 228, 247, 249, 255, 257, 326, 336
Alsop, Joseph, 32, 33, 205
ambição de poder, 110-11
América Latina: investimentos norte-americanos na, 324; equipamento militar dos EUA na, 303-04
American Motors, 334
anarquismo, 431-45
Ano Tet, ofensiva do (1968), 38, 39, 48, 52, 59, 81, 136, 137, 169, 288, 292, 330, 351
antropologia racista, 379-420
Apoio das Operações Civis ao Desenvolvimento Revolucionário, *ver* CORDS
Apple, R. W., 281, 282
Arbenz Guzmán, Jacobo, 109
Arendt, Hannah, 103
Army (revista), 150
Arnett, Peter, 135
Ásia não-comunista no Pacífico, *ver* NOCPA
Asian Survey, 328
Associação Nacional de Planejamento, 112
Austin, Anthony, 68
Austrália, 92; soldados australianos no Vietnã, 174
Avaliação do Serviço Secreto Nacional, 190
Ayub Khan, Mohammed, 88

baía de Cam Ranh, 323, 331, 333
Bakunin, Michael A., 434, 437, 440, 442, 444
Balaguer, Joaquin, 324
Baldwin, Hanson, 68
Ball, George, 66, 181, 183
Banco de Desenvolvimento Asiático [Asian Development Bank], 320
Bao Dai, 60, 81, 82
Beard, Dita, 30
Bell, Daniel, 362
Ben Suc, 123
Ben Tre, 292
Benoit, Émile, 320, 326
Berle, A. A., 31, 32
Berrigan, Daniel, 346, 352, 356
Berrigan, irmãos, 345, 346, 348, 352, 357
Bico do Papagaio, 250, 252, 260
Bien Hoa, 131, 173, 333
Bien Hoa, província de, 143
Birmânia, 92
bombardeios: ataques por aviões B-52, 13, 57, 58, 123-24, 131, 170, 242, 276; no Camboja, 134, 243, 245, 250, 260, 255; decisões contra, 351; de diques e represas, 29-30, 119, 121-22, 283; de Haifong, 28, 29, 68, 351; de Hanói, 165, 351; de Hue, 289; do Laos, 68, 134, 171, 176, 227-32, 236-37, 242-43, 284-85; moral afetado pelos, 123, 129, 151; do Vietnã do Norte, 56, 58, 75, 118-22, 125-27, 131, 151, 163-65, 173, 270; do Vietnã do Sul, 56-58, 122-39, 151, 152, 284; dos vietcongues, 57-58, 123-24, 130-33; baixas entre os vietcongues, 124, 130, 133; como crime de guerra, 124-26, 270-71, 274-77, 282-86, 288-89; na Segunda Guerra Mundial, 271
Bonesteel, Charles Hartwell, 150
Bonhöffer, Dietrich, 356
Bosch, Juan, 109
Bourne, Randolph, 365
Boyd, James, 30
Branfman, Fred, 230
Brasil, 109, 112, 325; ajuda norte-americana ao, 113-14
Breger, L., 388-89
Brown, Harold, 122
Brzezinski, Zbigniew, 98, 370
Buber, Martin, 435
budistas, 160, 162; no Camboja, 245-46
Bundy, McGeorge, 90, 122, 126, 166, 168, 181
Bundy, William, 82, 86, 97, 105, 123, 129, 157, 158, 164, 166, 177, 182, 183, 287
Bunker, Ellsworth, 142, 152, 333
Burrow, J. W., 459
Buttinger, Joseph, 336
Byrnes, James F., 147

Calley, William, 281
Camboja, 86, 87, 102, 154, 233, 243-62; bombardeio do, 134, 243-45, 250, 260, 285; negação de influência chinesa no, 251, 260-61; golpe contra Sihanouk, 246, 247-49, 251-52; FUNC (Frente Unida Nacional), 245, 246; governo, 243, 244, 246; influência japonesa no, 249; guerrilheiros khmers, 244; Khmer Serei [Khmer Livre ou Movimento de Libertação Khmer], 245, 248, 252, 259; proposta de neutralização do, 183, 186, 188; refugiados, 243, 284-85; êxodo de sul-vietnamitas para o, 254, 258; forças sul-vietnamitas no, 244, 246, 248-50, 253, 260; Tailândia como ameaça ao, 252; ações dos EUA no, 244-55, 247-50, 252-61, 351, 352; necessidade de ajuda norte-americana, 252; atividades clandestinas dos EUA no, 63, 247-50, 252, 258; comunistas vietnamitas no, 244-48, 251, 253-58
Can Lao, 36
Carta das Nações Unidas, 72-77, 154, 155, 164, 172, 173, 174; crimes de guerra e, 272-73, 296, 298, 299, 302

Carta de Nuremberg, 272-73, 279, 296
Carver, George, 115, 150, 168
Castro, Fidel, 108, 109, 112
Catonsville (Os Nove de Catonsville), 354-55
Centro Nacional de Opinião Pública, 353
Chaffard, Georges, 186
Chauvel, Jean, 153
Chefe do Comando de Ajuda Militar dos EUA no Vietnã, *ver* COMUSMACV
Chiang Kai-shek, 88, 84
Chile, 109, 113
China nacionalista, 154; unidades militares no Vietnã e no Laos, 145, 176, 301
China, República Popular da, 166, 325; negação de influência no Camboja, 251, 259-61; progresso econômico, 83-84; vista como inimiga na política dos EUA, 93, 108, 154, 168-69, 178; expansão ideológica, 84, 88; comparada com a Índia, 88; pretensa influência no Vietnã, 35, 59, 61, 75, 86-87, 103-05, 111, 168-69, 176, 301; Japão influenciado pela, 97; e movimentos nacionalistas de libertação, 87; Nixon solicita cooperação com a, 37; ajuda soviética à, 98; e unificação do Vietnã, 86-87; comércio dos EUA com a, 91-92
Chomsky, Noam, *At War with Asia*, 255-56, 257
Churchill, Winston, 147
CIA (Agência Central de Informações), 35, 119-21, 150, 168-69, 176; análise feita pela (1964), 90; no Camboja, 245, 247-50, 252; no Laos, 65, 159, 171, 176, 235-37; no programa de pacificação, 141, 143-44; relatório da (1962), 132
CINCPAC [Comandante-em-Chefe no Pacífico], 122, 126-28, 176, 259; plano de operação, 84-116; Fase III, 178
Cingapura, 323
Colby, William, 295
Comandante-em-Chefe no Pacífico, *ver* CINCPAC
comando sul-vietnamita, *ver* COSVN
Comissão da Presidência para Estudo do Programa de Ajuda Militar dos Estados Unidos (Comissão Draper), 172-73
Comissão de Avaliação de Herbicidas, Associação Norte-Americana para o Progresso da Ciência (AAAS), 284-86
Comissão de Inquérito dos Cidadãos sobre Crimes de Guerra dos Estados Unidos [Citizens' Commission of Inquiry on United States War Crimes], 280
Comissão de Relações Exteriores do Senado, 74, 349
Comissão Draper, 172-73
Comissão Especial sobre o Sudeste Asiático, 168
Comissão Internacional de Controle (na década de 1950), 156
Companhia Nacional do Vietnã, 332
Comuna de Paris, 434, 435, 440, 445
comunismo internacional, supostos agentes do, 87, 104-05, 108-09, 167-68, 175; no Sudeste Asiático, declaração do Conselho de Segurança Nacional, 153; oposição dos EUA ao, 108-117
comunistas no Vietnã: ação no Camboja, 243-47, 250-51, 253-60; e governo de coalizão, 183; e eleições, 156-60, 187-88; unificação do país, 86-87; agressão norte-americana aos, 166-78; vistos como perigo pelos EUA, 16, 59-61, 75, 84-87, 89-92, 96
COMUSMACV [Chefe do Comando de Ajuda Militar dos EUA no Vietnã], 126, 128, 129, 132, 137, 138, 141
conferência de Jacarta (1970), 249
Conferência de Juristas Asiáticos em Bangkok, 76
Connell-Smith, Gordon, 113
Conselho de Segurança da ONU, 72, 175, 273, 298
Conselho de Segurança Nacional [National Security Council (NSC)], 32, 33, 75, 85,

92-94, 97, 115, 148, 167, 176, 183; sobre Conferência de Genebra (NSC 5429/2), 153-55; NSAM 288 (1964), 96; relatório (1949), 91; estudo da diretoria (1952), 92-93
Convenção de Haia (1907), 270
Cooper, Chester, 95, 157, 166, 177, 185, 296-98
Coordenação e Exploração de Informações, *ver* ICEX
Coordenadoria de Operações, plano da (1959), 170
Cordemoy, Gérauld de, 455
CORDS [Apoio das Operações Civis ao Desenvolvimento Revolucionário], 140-43, 285
Coréia, 89, 323-25, 329; apoio dos EUA à ditadura, 295-320
COSVN [comando sul-vietnamita], 254
crimes de guerra dos EUA, 139-46, 269-89; agressão como crime, 271-74, 296-304; bombardeios como crime, 124-26, 270-71, 274-76, 282-85, 288-89; legítima defesa coletiva e, 296-304; crimes contra civis, 279-89; justificação dos, 71-78; necessidade militar dos, 289-96; responsabilidade pelos, 286-88
crimes de guerra: no direito internacional, 270-73; japoneses, 286-87; Carta de Nuremberg, 272, 273, 279; julgamentos de Nuremberg, 269-73, 275, 276, 286, 287, 291, 296, 303, 304
CSN: *ver* Conselho de Segurança Nacional
Cuba: invasão da baía dos Porcos, 109; crise dos mísseis, 95
Cushman, John H., 294-95

Da Nang, 127, 129, 130, 160
de Gaulle, Charles, 189
Declaração de Direitos e Garantias, 71
Decornoy, Jacques, 232, 255, 321
Dellums, Ronald, 280
delta do Mekong, 38, 134, 145, 170, 273, 294
democracia: atitude capitalista dos EUA em relação à, 113; no Vietnã, versão norte-americana da, 158-62
Departamento de Estado, 33, 35, 74, 92, 104, 152; relatório do serviço de informações (1962), 132-33; explicitação da orientação política (1948), 84-85; explicitação da orientação política (1967), 81
Descartes, René, 455
Desenvolvimento Revolucionário (DR), 141
desfolhantes, 284
desobediência civil, 345-57
destruição da lavoura, 284-86
determinismo econômico, 116
Dewey, John, 460
Diem, Ngo Dinh: *ver* Ngo Dinh Diem
Do Cao Tri, 250
Dommen, Arthur, 177, 241
doutrina Brezhnev, 300
doutrina Nixon, 243, 247, 249, 353
Dower, John, 91
Draper, Theodore, 174, 175
Drinan, Robert, 191
Dubrow, embaixador, 159
Dudman, Richard, 285
Dulles, John Foster, 148, 157
Duncanson, Dennis, 133, 227, 241

Eaton, Bob, 28
Eisenberg, indústrias, 334
Eisenhower, Dwight D., 149
eleições no Vietnã do Sul, 154-62, 187-88, 319, 337
Ellsberg, Daniel, 349
Emerson, Thomas, 67-68
Engels, Friedrich, 434
Ervin, Sam, 64
Estado-Maior das Forças Armadas [EUA], 77, 83-85, 92, 94, 127, 149, 150, 169-70, 174, 259-60

Estados Unidos: capitalismo, política determinada pelo, 112-18; comunismo, oposição ao, 108-15; imperialismo, 99-102, 115-16; intervenção em outros países, 15-16, 76, 153-57, 278, 295, 303-04; objetivos a longo prazo e estratégia global, 83-118; previsão de políticas no pós-guerra, 320-38; atitude vietnamita em relação aos, 81-82, 146-52; na Guerra do Vietnã: *ver* Guerra do Vietnã; crimes de guerra dos EUA
Estudantes por uma Sociedade Democrática [Students for a Democratic Society (SDS)], Declaração de Port Huron, 375, 376
estudantes: *ver* universidades
Everingham, John, 235
Ewell, Julian Johnson, 38

Falk, Richard, 273, 356
Fall, Bernard, 57, 120, 123, 156, 273, 276, 278-79, 283, 298, 302, 348, 350, 353, 354
Far Eastern Economic Review, 101, 355
Farer, Thomas J., 273
fascismo, 112
Filipinas, 92, 295
filosofia cartesiana, 455-58
Fineberg, Richard A., 248
First National City Bank of New York, 334
Fischer, Adolph, 437
FLN (Frente de Libertação Nacional), 139, 170, 175, 179, 182-86, 241, 273, 277, 290, 347; no Camboja, 246, 250, 251, 253, 254, 257, 259; baixas, 136; no massacre de Hue, 288; na reforma agrária, 36; evitando ação militar, 276; sob pretenso controle dos norte-vietnamitas, 176-77; no programa de pacificação, 144-46; postura política, 185-86, 327; nos planos do pós-guerra, 327; ação norte-americana contra, 184
Força de Operações Especiais, 274
Ford Motor Company, 334; subdivisão Philco, 335
Forrestal, Michael, 84, 133
Fourier, F. M. C., 439, 463
França, 100, 444, 451; na Revolução Norte-americana, 302; Comuna de Paris, 434, 435, 440, 445; Revolução Francesa, 436, 455; revolta estudantil (1968), 369-70
France, Anatole, 452
franceses na Indochina, 33, 60, 79, 82, 85, 87, 89, 90, 103, 108, 111, 147, 167-68, 180, 353
Franck, Thomas M., 299-302
Frente de Libertação Nacional: *ver* FLN
Frente Unida Nacional Cambojana, *ver* FUNC
Friedman, Alvin, 122
Fulbright, J. William, 65, 66, 372
FUNC (Frente Unida Nacional Cambojana), 245, 246
Fundação Woodrow Wilson, 112
fuzileiros: em Da Nang, 129, 130; enviados ao Vietnã, 125-27

Gallagher, Philip, 147
Gay, Peter, 389
Gelb, Leslie, 62, 102, 105
Gilpatric, *ver* relatório da Força-Tarefa Gilpatric
Glazer, Nathan, 369-70
Goering, Hermann, 286
Goldwater, Barry, 162
golfo de Tonquim, 68, 154, 161
Goodman, Allan, 143
Goodwin, Richard, 294
Goulart, João, 114
governo de Hanói: *ver* Vietnã do Norte
governo de Phnom Penh: *ver* Camboja
governo de Saigon: *ver* Vietnã do Sul
governo do Vietnã [GVN]: *ver* Vietnã do Sul
governo Eisenhower, 92
governo Johnson, 296

governo Kennedy, 61, 87, 304
governo Nixon, 29, 65, 134, 192, 321, 347, 350
Governo Revolucionário Provisório da FLN, 37
governo Truman, 92
Grã-Bretanha, 31, 32; operários da indústria automobilística, 113; e Acordos de Genebra (1954), 156; e Acordos de Genebra (1962) sobre o Laos, 186; intervenção na Grécia, 300; movimentos trabalhistas, 443; Iêmen, ataques ao, 119
Gravel, Mike, 249
Grécia: comunismo na, 62, 105, 106, 167; fascismo na, 111, 112; intervenções na, 300, 303
Greeley, Andrew, 346, 353-54, 356
Griffiths, Philip Jones, 55, 289
Grupo Clifford, 122
Grupo Consultivo sobre Desenvolvimento do Sudeste Asiático, *ver* SEADAG
Guam, 276
Guatemala, 105, 106, 109, 113, 300, 304
Guérin, Daniel, 431, 437, 443, 444
Guerra da Coréia, 320
Guerra do Vietnã: agressão, política norte-americana, 166-79, 273-74; baixas civis, 120-21, 135-36, 274, 279-89; escalada, 70, 75, 135, 161-65, 174, 179, 297; fases finais, 317-20; paz: *ver* negociações de paz; caracterizada a guerra popular, 275-76; gastos dos EUA na, 99; objetivos dos EUA, política oficial, 80-84, 84-85, 96, 107-08, 154, 166-92, 289-95, 317; crimes de guerra: *ver* crimes de guerra dos EUA
Guerra dos Bôeres, 99
guerrilheiros khmers, 244
GVN, *ver* Vietnã do Sul

Haiphong: bombardeio de, 25, 28-29, 37, 69, 351; porto minado, 37
Haney, Walter, 231-32
Hanói: bombardeio de, 165, 351; reunião do Partido Comunista (1959), 171; consulado dos EUA, 156
Harriman, Averell, 188
Harrington, Michael, 25
Harris, Marvin, 419
Harwood, Richard, 30
Henderson, Oran, 279
Herrnstein, Richard, 408-23
Heymann, Hans, Jr., 327-28
Hilsman, Roger, 158
Ho Chi Minh, 33, 42, 60, 81, 82, 84, 86, 89, 106; como fantoche chinês ou russo, 79, 104; nas negociações de paz, 166
Holmquist, C. O., 120-21
Hong Kong, 2323, 329
Honolulu, reunião em (1965), 131, 174
Hook, Sidney, 125, 170
Hoopes, Townsend, 147, 288, 351, 354
Hou Youn, 246
Hue, 160; massacre de, 288-89; bombardeio norte-americano de, 289
Humboldt, Wilhelm von, 359, 436, 438, 459-64
Hungria, invasão soviética da, 106
Huntington, Samuel, 326-27, 337

IBM do Japão, 99
ICEX (Coordenação e Exploração de Informações), 144
Iêmen, ataques britânicos ao, 119
imperialismo dos Estados Unidos, 99-102, 115-17
Índia, 89, 91; comparada com a China, 88
índios norte-americanos, 172, 368
Indonésia, 89, 90, 111, 176; petróleo, 92, 93, 326
Instituto de Análise da Defesa, divisão Jason, 150
Instituto de Tecnologia de Massachusetts [Massachusetts Institute of Technology, MIT], 351

intelectualidade técnica, 95, 150, 364
Investigação Winter Soldier, 280
investimentos dos EUA: ajuda externa e, 321, 322; na América Latina, 324-25; na Bacia do Pacífico, 337; no Vietnã, 333-35
Itália, movimento revolucionário na, 442
ITT, 30

Jackson, Robert H., 270
Japão, 153, 295; influência no Camboja, 250; influência comunista no, 85, 89, 91-93, 97; expansão econômica, 320-21, 324, 325, 328-29; fascismo no, 111, 112; ajuda externa do, 331; desenvolvimento industrial, 98-101; no desenvolvimento do Vietnã no pós-guerra, 330-33; como aliado dos EUA, 98-99, 107, 115, 336-37; política norte-americana sobre, 83, 91-94, 98-101, 154, 335-37; julgamentos por crimes de guerra, 348
Javits, Jacob, 238
Jefferson, Thomas, 64
Jencks, Christopher, 362
Johnson, Alexis, 66
Johnson, Harold K., 128, 129
Johnson, Lyndon B., 88, 128, 282, 287, 327; escalada da guerra, 69-70, 161, 163-65, 297; *The Vantage Point,* 176, 189
julgamentos de Nuremberg, 269-73, 275, 276, 286, 287, 291, 303, 304

Kant, Immanuel, 436, 454-55
Katzenbach, Nicholas, 137
Kendall, Walter, 443
Kennan, George, 366
Kennedy, Edward, 243
Kennedy, John F., 97, 158, 189; sobre a agressão comunista, 168, 173; escalada da guerra, 34; política externa, 95; sobre Trujillo e Castro, 108; sobre o Vietnã (pronunciamento de 1956), 93
Khanh, Nguyen: *ver* Nguyen Khanh
Khiem: *ver* Tran Thien Khiem
Khmer Serei [Khmer Livre ou Movimento de Libertação Khmer], 245, 248, 252, 259
Kindleberger, Charles, 98
Kissinger, Henry, 29, 32, 37, 41, 43, 55, 61, 65, 105, 261, 304; sobre a política vietnamita, 187-80
Kleindienst, Richard, 30
Koestler, Arthur, 390
Kolko, Gabriel, 62, 326
Komer, Robert, 82, 293-94, 327; e pacificação, 141-46; e programas de refugiados, 136-38, 141
Kontum, 129
Kruchov, Nikita, 87
Ky, Nguyen Cao: *ver* Nguyen Cao Ky

Langer, Paul F., 234
Langguth, A. J., 129
Lansdale, Edward G., 34, 36, 155, 159
Lao Issara, 235
Laos, 86, 87, 90, 102, 149, 154, 177, 180, 183, 227-43, 261; bombardeio do, 68, 134, 171, 176, 227-32, 235-36, 242, 284-85; pretenso apoio chinês ao, 301; planos para uma conferência, 166; Acordos de Genebra sobre (1962), 186, 235, 237; tribo Meo, 235, 238; proposta de neutralização do, 183, 185, 189; forças norte-vietnamitas no, 228, 232-34, 238, 240; refugiados, 231, 236, 239-42, 285; soldados tailandeses no, 66; baixas norte-americanas no, 235; atividades clandestinas dos EUA no, 63, 65-66, 160, 176, 235-36; embaixada dos EUA, *Facts on Foreign Aid,* 236; operações dos EUA no, 236-39, 242, 349, 350; política dos EUA sobre, 172-73, 233-34, 237; prisioneiros vietnamitas no, 234
Lazarsfeld, Paul, 368

legítima defesa coletiva, 296-304, 346-47
Lei de Espionagem, 67
Leifer, Michael, 256
Lelyveld, Joseph, 280
Lênin, Nikolai, 442
Lewis, Anthony, 29
liberdade: Kant sobre, 454-55; linguagem e, 449-50, 456-60, 464-65, 467-68; Rousseau sobre, 451-54
Lin Piao, 87
linguagem: teoria comportamental da, 385, 387-88; liberdade e, 449-50, 456-59, 464-65, 467-68; idéias de Rousseau sobre, 456-60; gramática universal, 449-50
Linguet, Simon, 463
Lodge, Henry Cabot, 82, 152, 163, 183, 187, 189, 259; e eleições, 160
Lon Nol, 245, 246, 248

MACCORDS [relatório sobre pacificação], 149
Mainichi Daily News, 332
Malásia, 93, 100
Maneli, Mieczyslaw, 185
Mao Tsé-tung, 87, 105
mão-de-obra, socialismo e, 433, 436-44, *ver também* trabalho
Marasco, Robert, 248
Marshall, George C., 62, 147
Marx, Karl, 371, 425, 435-40, 442, 445
massacre de My Khe, 38
massacre de My Lai, 38, 143, 279, 282, 287
massacre de Son My, 278
Matsushita, indústrias, 332
McAlister, John, 185
McCarthy, John J., 248
McCloskey, Paul, 285, 286
McCone, John A., 161, 181
McGaugh, J. L., 388-89
McKinley, William, 278, 295
McNamara, Robert, 57, 62, 87, 122, 127, 131, 135, 136, 140, 146, 161, 169, 179, 181, 186, 189, 192, 260, 287; sobre bombardeios, 120, 121, 123, 124; sobre democracia, 44; e negociações de paz, 162-64; declaração sobre orientação política, 81; sobre treinamento de vietnamitas, 150
McNaughton, John, 56, 77, 81, 76, 122, 125, 129, 131, 169, 181, 186, 259, 292; sobre bombardeios, 119, 121
meritocracia, 408-11, 416
Merton, Robert, 368
Meyer, Charles, 244-45, 247, 249-56, 261
Mill, John Stuart, 436, 459
Ministério da Defesa [Defense Department], 371, 373
Ministério da Justiça [Justice Department], 70
Moffat, Abbot, 147
Monod, Jacques, 390
montanheses, 133
Moorer, Thomas, 25, 27, 29
Morgenthau, Hans, 352
Morrow, Michael, 229
movimentos de libertação nacional: caracterização, 300-02; comunistas e, 87, 95, 173; nos países em desenvolvimento, 97-98
My Khe, *ver* massacre de My Khe
My Lai, *ver* massacre de My Lai

Nam Viet Motor Corporation [Empresa de Motores Nam Viet], 334
negociações de paz: cessar-fogo, condições dos EUA para o, 187; e escalada da guerra, 162-66; plano de Nixon, 318, 337; postura norte-vietnamita, 190; acordo político sugerido, 182-90
Nehru, Jawaharlal, 156
New York Times, The, 155
Ngo Dinh Diem, 35, 79, 82, 88, 96, 128, 148, 159, 187, 258, 286, 336; e eleições, 157, 160; deposição de, 183
Ngo Dinh Nhu, 158
Nguyen Cao Ky, 60, 160, 186, 259

Nguyen Khanh, 70, 181
Nguyen Van Thieu, 60, 82, 331
Nicholson, Joe, Jr., 230
Nighswonger, William, 286
Nixon, Richard M., 29, 37, 41, 43, 55, 65, 66, 234, 261, 281-82, 347; política para o Camboja, 247, 352; ataque ao Laos e ao Camboja, 134; reunião com Sato, 331; plano de paz, 318, 337; retirada de tropas, 351; políticas de guerra, 349, 351-54
NOCPA (Ásia não-comunista no Pacífico), 328-29, 335, 339
Nova Esquerda, 375, 376, 451

Oberdorfer, Don, 288
Operação Cedar Falls, 122
Operação Daniel Boone, 260
Operação Junction City, 254, 257
Operação Rolling Thunder [Ronco do Trovão], 118
Operação Sunrise [Alvorada], 159
oposição à guerra, 33, 339; desobediência civil, 345-57; pesquisas de opinião pública, 318, 353; *ver também* protestos contra a guerra
Organização das Nações Unidas, 31, 260
Organização do Tratado do Sudeste Asiático, *ver* SEATO
Osborne, Milton, 255-56

países comunistas, ajuda ao Vietnã do Norte, 42, 75, 297
países em desenvolvimento, 112; intervenção nos, 303; libertação nacional nos, 97
Panamá, 304
Pannekoek, Anton, 44, 441, 443
Papéis do Pentágono, 18, 19, 30, 34, 45, 227, 257, 292, 293, 317; análise dos, 55-192; registro histórico e, 78-82; objetivos a longo prazo, 83-118; planos militares, 118-39, 166-79; objetivos políticos, 179-90; liberação dos, 64, 71 crimes de guerra, justificação dos, 71-78
Paquistão, 323, 325
Paranzino, Dennis, 40
Pathet Lao, 172, 232-36, 238, 246, 285, 349; pretensa influência norte-vietnamita no, 176-77; programas do, 238-41
Paul, William, 442, 443
Peers, William Raymond, 38
Pelloutier, Fernand, 434
península de Batangan, 282
península de Camau, 273
pesquisa Harris, 318
Pfaff, William, 147
Pham Van Dong, 78
Phnom Penh, 245
Phonesavan [cidade], 240, 241
Phoumi Nosavan, 171
Phuc Loc, 29
Phuqui, 283
Pike, Douglas, 162, 275, 288
planície de Jars, 17, 41, 227-31, 236-39, 285
Plano Conjunto de Campanha (1967), 135, 142
Polanyi, Karl, 462
Pomonti, Jean-Claude, 243, 245, 247, 249-55
Pool, Ithiel de Sola, 242
Portugal, 111
Pridi Phanomyong, 295
Primeira Emenda da Constituição [EUA], 66-69
programa *Phung Hoang*, 144-46, 187
programas de pacificação, 136, 139-46, 149-51
Projeto Cereja, 248
Projeto Fênix, 39, 125, 144-46, 294, 318
protestos contra a guerra, 77; desobediência civil, 345-57; resistência ao recrutamento militar, 355; efeitos dos, 350-55; estudantis, 25-26, 351, 352, 353, 371; de veteranos do Vietnã, 27

Proudhon, Pierre, 71, 439
província de Kompong Cham (Camboja), 253
província de Nghe An, 119
província de Phuyen, 319
província de Quang Nam, 285, 286
província de Quang Ngai, 242, 279
província de Sam Neua (Laos), 232
província de Svay Rieng (Camboja), 253
província de Than Hoa, 119
psicologia comportamental, 379-408, 424-26

Q.I: idéias de Herrnstein sobre, 408-09, 413, 415-18; raça e, 422-23
Quang Ngai, 282
Quatorze de Milwaukee, Os, 354
Quine, W. V. O., 386

racismo, 419-23; na antropologia, 379, 420-21; inteligência e raça, 422-23
RAND Corporation, estudos da, 57, 132, 151-52
reforma agrária: no Laos, 239; no Vietnã do Sul, 36, 40
refugiados: no Camboja, 243, 284-85; no Laos, 231, 235-36, 239-43, 284; no Vietnã do Sul, 136-37, 141
relatório da Força-Tarefa Gilpatric, 168
relatório oficial do governo cambojano (1970), 256
Relatório Oficial dos Estados Unidos (1965), 176, 177, 297
"relatórios Kissinger", 32
República Democrática do Vietnã: *ver* Vietnã do Norte
República Dominicana, 106, 113, 324-25
resistência ao recrutamento militar, 355
Resor, Stanley, 352, 354
Revolução Espanhola, 433-34, 442-43
Revolução Norte-americana, 302
Rickenbach, Ronald J., 235
Ricoeur, Paul, 369-70, 451
Ridgeway, James, 371
Riesman, David, 362
Robinson, Donald, 304
Roche, John, 188
Rocker, Rudolf, 431-33, 437
Rojas, Marroquin, 304
Romênia, 98
Roosevelt, Franklin D., 356
Rosenberg, Arthur, 445
Rostow, Walt, 83, 105, 107, 287
Rousseau, Jean-Jacques, 436, 451-60, 463
Ruina, Jack, 150
Rusk, Dean, 42, 74, 87, 122, 161, 167, 181, 287; sobre escalada da guerra, 69-71; sobre tropas norte-vietnamitas no sul, 173-75
Russell, Bertrand, 124-25, 369
Russo, Anthony, 66

Saigon, 181; aumento populacional, 329-30; vietcongues na área de, 134, 138
Santillan, Diego Abad de, 433-34, 442
Sarit, 88
Sato, Eisaku, 331
Schelling, F. W. J., 450, 465
Schlesinger, Arthur, Jr., 32
SDS: *ver* Estudantes por uma Sociedade Democrática
Seaborn, Blair, 35
SEADAG [Grupo Consultivo sobre Desenvolvimento do Sudeste Asiático], Conselho sobre Estudos Vietnamitas, simpósio, 326-29, 332, 338
Seamans, Robert, 227-29
SEATO [Organização do Tratado do Sudeste Asiático], 72-73, 173, 258
Seção de Análise de Sistemas, 186, 191-91
Segunda Guerra Mundial; bombardeios na, 271; EUA na, 14-15; Guerra do Vietnã comparada com, 293
Senado, investigação da CIA no Laos, 65-66

Shaplen, Robert, 189, 286
Sharp, Richard, 147
Sharp, U. S. C., 127
Sheehan, Neil, 282
Sihanouk, Norodom, 244, 251, 257, 261; deposto por golpe de Estado, 246, 248-50, 251-52
Singer, fábrica de máquinas de costura, 334
sistema da Guerra Fria, 41-42
Skinner, B. F., *Beyond Freedom and Dignity*, 379-408, 415, 424-26
Smithies, Arthur, 321-26, 331
socialismo, 432-37, 441-45, 464
sociedade Dragão Negro, 249
Son My, *ver* massacre de Son My
Son Ngoc Thanh, 248-49
Souchère, Elena de la, 324
Souchy, Augustin, 443
Souphanouvong, príncipe, 229
Souvanna Phouma, 171
Stalin, Josef, 105, 435
Stans, Maurice, 112
Stavins, Ralph, 96, 112
Stevenson, Adlai, 105, 118, 166, 172; sobre a Grécia, 166-67
Stone, I. F., 297
Strock, Carl, 234
Subcomissão Kennedy, 285; relatório de assessoramento sobre o Laos, 237
Sudeste Asiático: comunismo no, declaração do Conselho de Segurança Nacional, 153; dominação comunista do, 85-86; futuro econômico do, 320-21; aliados dos EUA no, 88; interesses dos EUA no, 83, 92, 118; política dos EUA no, 94
Sukarno, Achmed, 176
Sullivan, William, 84, 228, 231, 232
Sulzberger, Cyrus, 45
Superior Tribunal de Contas, EUA [General Accounting Office (GAO)], 243
Symington, Stuart, 66
Tailândia, 92, 180, 238, 276; Camboja, ações no, 252, 258; comunismo como ameaça à, 85-87; unidades militares no Laos, 65-66; unidades militares no Vietnã, 145; pretensa influência norte-vietnamita na, 176; atividades dos EUA na, 63, 154, 215, 335
Taiwan, 323, 325; *ver também* China nacionalista
Tan Son Hai, 249
Tanham, George K., 227
Tay Ninh, 260
Taylor, Maxwell, 70, 148, 161, 173, 181-83, 191, 198; e bombardeios, 127-29, 131; e escalada da guerra, 163-64; sobre ação militar norte-vietnamita, 179
Taylor, Telford, 269-75, 227-79, 282, 287, 290-96, 298-99, 303
Tchecoslováquia, invasão soviética da, 106, 113, 175
Teller, Edward, 373
teoria dos dominós, 62, 83, 85, 88-90, 93, 96, 100, 168
Than Hoa, 120
Thant, U, 165-66, 302
Thieu, Nguyen Van: *ver* Nguyen Van Thieu
Thion, Serge, 243, 246-47, 249, 255
Thompson, *Sir* Robert, 158-59
Tidwell, W. A., 124
Tocqueville, Alexis de, 439
Touby Lyfoung, 235
trabalho: idéias de Herrnstein sobre, 409-19; idéias de Marx sobre, 436-38; idéias de Skinner sobre, 406-09, 414
Tran Thien Khiem, 60
Tregaskis, Richard, 274
Triângulo de Ferro, 123
tribo Meo, 235, 238
Trilha de Ho Chi Minh, 233, 285
Trilling, Lionel, 365
tropas coreanas: no Camboja, 260; no Vietnã, 174

Trujillo, Rafael, 108, 112, 324
Truong Chinh, 276
Truong Khanh, 280
Tucker, Robert W., 94, 108-09

União Sindical dos Trabalhadores da Indústria Elétrica, panfleto da, 338
União Soviética, 107, 148, 166, 451; ajuda à China, 98; ajuda ao Vietnã do Norte, 175-76; invasão da Tchecoslováquia, 106, 113, 175, 184; suposta ameaça de dominação da Ásia, 91, 92; invasão da Hungria, 106; pretensa influência no Vietnã, 61, 75, 103-04, 111, 176; intervenção no Leste Europeu, 71; Revolução, 435; navios da, atacados pelos EUA, 37; relações dos EUA com a, 42-43, 95
Universidade Columbia, 365; passeatas/protestos estudantis, 366
universidades, 359-76; verbas do Ministério da Defesa para, 372, 373; revolta dos estudantes franceses, 369-70; pesquisas militares nas, 372-73; movimento estudantil pela reforma das, 360, 366-67, 370-72; protestos estudantis contra a guerra, 25-26, 350, 351, 354, 371
USAID [Agência Norte-Americana para o Desenvolvimento Internacional] (Laos), 235-37

vale do Mekong, 66, 238, 329
Van Fleet, James A., 169
Vang Pao, 235
Vann, John Paul, 290, 293, 294, 296
venenos, uso de, 231
Vennema, Alje, 279
Vientiane, 232, 234, 237
vietcongues, 16-17, 32, 35-36, 42, 59, 96, 103, 106, 148, 286, 290, 318; bombardeio dos, 58, 123-24, 129-33; no Camboja, 245, 258, 259; e eleições, 158; no massacre de Hue, 288; problemas no Laos atribuídos aos, 242; ajuda norte-vietnamita aos, 96, 103, 170-71, 181; programa de pacificação contra os, 139-46, 150-51; força dos, 186; ação dos EUA contra os, 134-38, 170, 173, 180-82, 275
Vietminh [Frente de Independência do Vietnã], 34, 40, 60, 74, 79, 149, 170-71, 180, 286, 319; como agentes do comunismo internacional, 87, 105, 107, 167-68; na reforma agrária, 36
Vietnã do Norte (República Democrática, DRV): pretensa agressão, 37, 39, 74, 78, 168-79; bombardeios do, *ver* bombardeios; Camboja, ações no, 243-48, 250, 258; baixas na guerra, 136; ajuda comunista ao, 75, 297; desenvolvimento econômico, 88; e eleições, 157; e escalada da guerra, 162-66; Laos, forças no, 228, 232-35, 237-38, 240; ações militares como resposta à agressão dos EUA, 75, 177-79, 188, 296-97, 320; FLN supostamente controlada pelo, 176-77; e negociações de paz, 162-66, 190; ajuda soviética ao, 175; pretensa influência na Tailândia, 176; propaganda dos EUA no, 148-49; ajuda aos vietcongues, 96, 103, 171, 181
Vietnã do Sul (República do, GVN): forças armadas treinadas pelos EUA, 133-34; atitude em relação aos EUA, 81-82, 146-52; bombardeios do: *ver* bombardeios; Camboja, migração para o, 254, 258; no Camboja como aliado dos EUA, 244, 247, 248-50, 253, 259-61; definição do, 73; desenvolvimento econômico, 88-89, 321-39; eleições, 154-61, 187, 319, 336; indústrias japonesas no, 331-33; reforma agrária, 36-37, 40; Assembléia Nacional, 160; programas de pacificação, 136, 139-46, 149-52; acordo político sugerido, 182-90; unidades de tropas de assalto, 132; vilarejos estratégicos, 158; interpretação do, pelos EUA, 146-52; começo da inter-

venção norte-americana, 36, 73-75; ajuda não militar dos EUA, 89; operações dos EUA, 122-39; programas de treinamento norte-americanos, 149-52, 170; violência do governo contra civis, 38, 79
Vietnã: possibilidade de governo de coalizão, 183, 187; futuro econômico, 320-38; força de trabalho, 320-23; nacionalismo, 27, 34, 36, 60; neutralização oposta pelos EUA, 183, 185, 189; reservas de petróleo, 326; território definido, 73; unificação do, 87, 185; previsão de políticas dos EUA no pós-guerra, 319-39
vilarejos estratégicos, 159
vilarejos/aldeias estratégicos, 159
Vinh, 120

Walkley, James, 230
Warnke, Paul, 122
Washington Post, 30, 32
West, Richard, 289
Westing, Arthur, 284
Westmoreland, William, 58, 69, 127, 130, 131, 137-39, 179, 259, 282, 351; no programa de pacificação, 141, 143-44
Wheeler, Earle E., 127, 128, 161, 181, 186

Yates, Aubrey, 388-89

Zasloff, Joseph J., 234

Este livro foi composto na tipologia Agaramond,
em corpo 11,5/15,5, e impresso em papel
off-white 80g/m², no Sistema Cameron
da Divisão Gráfica da Distribuidora Record.